Der niederländische Ehevertrag unter richterlicher Aufsicht

Studien zum vergleichenden und internationalen Recht -
Comparative and International Law Studies

Herausgeber: Bernd von Hoffmann (†), Erik Jayme, Heinz-Peter Mansel,
Christine Budzikiewicz, Michael Stürner, Karsten Thorn
und Marc-Philippe Weller

Band 210

Maximilian Strutz

Der niederländische Ehevertrag unter richterlicher Aufsicht

Eine Untersuchung im Spiegel des deutschen Rechts

Bibliografische Information der Deutschen Nationalbibliothek
Die Deutsche Nationalbibliothek verzeichnet diese Publikation
in der Deutschen Nationalbibliografie; detaillierte bibliografische
Daten sind im Internet über http://dnb.d-nb.de abrufbar.

Zugl.: Köln, Univ., Diss., 2020

D 38

ISBN 978-3-631-84683-4 (Print)
E-ISBN 978-3-631-84929-3 (E-PDF)
E-ISBN 978-3-631-84930-9 (EPUB)
E-ISBN 978-3-631-84931-6 (MOBI)
DOI 10.3726/b18139

© Peter Lang GmbH
Internationaler Verlag der Wissenschaften
Berlin 2021
Alle Rechte vorbehalten.

Peter Lang – Berlin · Bern · Bruxelles · New York ·
Oxford · Warszawa · Wien

Das Werk einschließlich aller seiner Teile ist urheberrechtlich
geschützt. Jede Verwertung außerhalb der engen Grenzen des
Urheberrechtsgesetzes ist ohne Zustimmung des Verlages
unzulässig und strafbar. Das gilt insbesondere für
Vervielfältigungen, Übersetzungen, Mikroverfilmungen und die
Einspeicherung und Verarbeitung in elektronischen Systemen.

Diese Publikation wurde begutachtet.

www.peterlang.com

Vorwort

Die aus den Niederlanden stammende, in Hannover tätige Journalistin Alexandra Kleijn setzt sich in Beiträgen in ihrem Blog *buurtaal* (Nachbarsprache) lesenswert mit Gemeinsamkeiten und Unterschieden der niederländischen und deutschen Kultur auseinander. Sie beschreibt in einem ihrer Beiträge, dass die Wahrnehmung der Niederlande aus deutscher Perspektive romantisiert sei. So würden ihrer Einschätzung nach die Niederlande oftmals mit der Nennung von Windmühlen, Weideland, Tulpenfeldern, Kühen und Holzschuhen auf Klischees reduziert, obwohl es sich um ein gesellschaftlich hochmodernes, stark technologisch entwickeltes Land handele. Jenseits der vorstehend genannten Stereotype verfügen die Niederlande zudem über eine vielseitige Rechtskultur, die einen Blick über den Tellerrand lohnt. Die vorliegende Dissertation soll dazu in einem Teilbereich des Familienrechts einen Beitrag leisten.

Inhaltsübersicht

Vorwort 5

Abkürzungsverzeichnis 17

1. Abschnitt: Einleitung 21
   A. Einführung in den Untersuchungsgegenstand und die Untersuchungsmethodik 21
   B. Grundlegende Methodik der Untersuchung 23
   C. Rechtsvergleichende Methodik 24

2. Abschnitt: Ausgangspunkte ehevertraglicher Vereinbarungen 27
   A. Erster Ausgangspunkt: Der gesetzliche Güterstand 27
   B. Zweiter Ausgangspunkt: Das Unterhaltsrecht 131
   C. Dritter Ausgangspunkt: Der Ausgleich von Rentenanwartschaften ... 165

3. Abschnitt: Der Ehevertrag 191
   A. Der Ehevertrag im niederländischen Recht – unter Einschluss von Vereinbarungen über den nachehelichen Unterhalt und den Ausgleich von Rentenanwartschaften 191
   B. Der Ehevertrag im deutschen Recht 234
   C. Vergleichende Synthese und Evaluation 244

4. Abschnitt: Modifikation des Güterrechts durch den Ehevertrag 247
   A. Wahlgüterstände im niederländischen Recht 247
   B. Wahlgüterstände im deutschen Recht 295

C. Vergleichende Synthese 306

5. Abschnitt: Der Ehevertrag unter richterlicher Aufsicht 309
    A. Rechtslage in Niederlanden 309
    B. Inhalts- und Ausübungskontrolle im deutschen Recht 401
    C. Vergleichende Synthese und Evaluation 434

6. Abschnitt: Evaluation 439

Literaturverzeichnis 451

Abbildungsverzeichnis 499

Zusammenfassung 501

Samenvatting 505

Dankeswort 509

Inhaltsverzeichnis

Vorwort 5

Abkürzungsverzeichnis 17

1. Abschnitt: Einleitung 21
   A. Einführung in den Untersuchungsgegenstand und die Untersuchungsmethodik 21
   B. Grundlegende Methodik der Untersuchung 23
   C. Rechtsvergleichende Methodik 24

2. Abschnitt: Ausgangspunkte ehevertraglicher Vereinbarungen 27
   A. Erster Ausgangspunkt: Der gesetzliche Güterstand 27
      I. Die Gütergemeinschaft des niederländischen Rechts 28
         1. Rechtsnatur der Gütergemeinschaft 29
         2. Veränderungen des Güterstands durch den Gesetzgeber 36
            a) Historie der Gesetzgebungsverfahren 36
            b) Wirkung der gesetzlichen Novellierungen 41
         3. Umfang der Gütergemeinschaft 42
            a) Aktiva als Teil der Gütergemeinschaft 44
            b) Passiva als Teil der Gütergemeinschaft 46
            c) Gesetzlich vorgesehene Ausnahmen 49
               aa) Nachlassvermögen und andere Zuwendungen 49
                  (1) Einschluss des Erworbenen und Ausschlussklausel 50
                  (2) Ausschluss des Erworbenen und Insluitingsclausule 55
                  (3) Nachlassverbindlichkeiten nach neuem Recht 58

(4) Schutz des überlebenden Ehegatten durch andere gesetzliche Bestimmungen 59
bb) Verbindlichkeiten mit Bezug zu von der Gemeinschaft ausgeschlossenen Gütern 63
cc) Rentenanwartschaften 65
dd) Die sog. Verknochtheid 66
ee) Sonderregel bei Früchten eines Guts 69
ff) Surrogate und Vergütungsansprüche 71
gg) Vergütungsansprüche bei der Erfüllung von Verbindlichkeiten 77
4. Ende der Gütergemeinschaft 80
a) Zeitpunkt der Beendigung 80
b) Rechtsfolgen der Beendigung – Ende des Entstehens gemeinschaftlichen Vermögens, Aufteilung der Gemeinschaft 83
II. Die Zugewinngemeinschaft des deutschen Rechts 90
1. Der Anspruch auf Zugewinnausgleich 91
a) Beendigung des gesetzlichen Güterstands 91
b) Bestimmung des Anfangs- und Endvermögens 93
aa) Das Anfangsvermögen 93
bb) Das Endvermögen 97
cc) Erhöhung des Endvermögens aufgrund illoyaler Vermögensminderung 98
c) Die Modalitäten des Ausgleichsanspruchs 104
d) Zugewinnausgleich im Todesfall 111
2. Probleme der Zugewinngemeinschaft 114
3. Die Aufteilung der Haushaltsgegenstände 121
III. Vergleichende Synthese und Evaluation 128
B. Zweiter Ausgangspunkt: Das Unterhaltsrecht 131
I. Anspruch auf Ehegattenunterhalt im niederländischen Recht 132
1. Grundlegende Anspruchsvoraussetzungen: Bedürftigkeit und Leistungsfähigkeit 133
2. Beschränkung des nachehelichen Unterhalts 135
a) Ermessensspielraum des Richters 135

        b) Befristung der Unterhaltsverpflichtung 138
        c) Beendigung bei Eintritt in eine neue Beziehung 140
    3. Aktuelle Entwicklungen 142
  II. Anspruch auf Ehegattenunterhalt im deutschen Recht 146
    1. Grundlegende Anspruchsvoraussetzungen: Bedarf, Bedürftigkeit und Leistungsfähigkeit 147
    2. Weitere Voraussetzung: Das Bestehen einer besonderen Bedarfslage 150
    3. Befristung und Herabsetzung des nachehelichen Unterhalts 156
    4. Verwirkung des nachehelichen Unterhaltsanspruchs 159
  III. Vergleichende Synthese und Evaluation 163
C. Dritter Ausgangspunkt: Der Ausgleich von Rentenanwartschaften 165
  I. Teilhabe an den Rentenanwartschaften im niederländischen Recht 166
    1. Der güterrechtliche Ausgleich 166
    2. Neue gesetzliche Grundlage: Das Wet verevening pensioenrechten bij scheiding 168
  II. Teilhabe an Rentenanwartschaften nach deutschem Recht 173
    1. Grundprinzip des Versorgungsausgleichs 174
    2. Die Konzeption des Versorgungsausgleichs vor und nach der Strukturreform 175
    3. Der Wertausgleich bei der Scheidung nach den Vorschriften des Versorgungsausgleichsgesetzes 176
  III. Vergleichende Synthese und Evaluation 185

3. Abschnitt: Der Ehevertrag 191

A. Der Ehevertrag im niederländischen Recht – unter Einschluss von Vereinbarungen über den nachehelichen Unterhalt und den Ausgleich von Rentenanwartschaften 191
  I. Vereinbarungen über das Güterrecht durch huwelijkse voorwaarden 192
    1. Historische Entwicklung des Ehevertrags 193
        a) Germanischer Ursprung 193
        b) Einfluss des kanonischen und reformierten Rechts 195

c) Veränderung durch neutralisiertes Recht 196
d) Zusammenfassung der historischen Entwicklung 197
2. Der Ehevertrag im Sinne des heutigen Burgerlijk Wetboek .. 198
   a) Formelle Definition 198
   b) Materielle Definition 199
   c) Erweiterte formelle Definition 202
   d) Das Echtscheidingsconvenant – ein Ehevertrag? 202
   e) Das Verblijvingsbeding – eine ehevertragliche Regelung? 205
   f) Evaluation der unterschiedlichen Auffassungen 207
3. Die notarielle Beurkundung des Ehevertrags 208
   a) Status des Notars 210
   b) Aufgabe des Notars und Verhältnis zwischen Notar und Beteiligten des Ehevertrags 212
   c) Aktuelle Entwicklungen 216
4. Wirkungsbeginn des Ehevertrages 220
5. Das Ehegüterregister 221

II. Unterhaltsvereinbarungen 225
III. Vereinbarungen über den Ausgleich der Rentenanwartschaften 230

B. Der Ehevertrag im deutschen Recht 234
   I. Die Legaldefinition des § 1408 BGB – unter besonderer Berücksichtigung des Versorgungsausgleichs 234
   II. Erweiterter Ehevertragsbegriff 236
   III. Die notarielle Beurkundung des Ehevertrags 237
      1. Status des Notars 238
      2. Aufgabe des Notars und Verhältnis zwischen dem Notar und den Parteien 240
   IV. Das Güterrechtsregister 241

C. Vergleichende Synthese und Evaluation 244

4. Abschnitt: Modifikation des Güterrechts durch den Ehevertrag 247

Inhaltsverzeichnis

A. Wahlgüterstände im niederländischen Recht 247
   I. Vereinbarung einer güterrechtlichen Regelung unter einer Bedingung? 248
   II. Ausschluss jeglicher Gütergemeinschaft 250
      1. Rechtsfolgen des kalten Ausschlusses 251
      2. Die praktische Relevanz des kalten Ausschlusses 252
      3. Kritik an der Vereinbarung des kalten Ausschlusses 257
   III. Verrechnungsklauseln 260
      1. Gestaltungsoptionen bei Verrechnungsklauseln 264
      2. Problematik der nicht ausgeführten periodischen Verrechnung 268
      3. Die Erfüllung des Anspruchs auf Durchführung der Verrechnung 270
      4. Untergang des Verrechnungsanspruchs 274
   IV. Ehevertraglich modifizierte Gütergemeinschaften 279
      1. Von der beschränkten zur umfassenden Gütergemeinschaft 280
      2. Beschränkung der Gütergemeinschaft 281
      3. Beschränkte Gütergemeinschaften in der früheren Fassung des Burgerlijk Wetboeks 285
         a) Die Gemeinschaft der Früchte und Einkünfte 286
         b) Die Gemeinschaft von Gewinn und Verlust 289
   V. Güterstand der gesetzlichen Teilhabe 290

B. Wahlgüterstände im deutschen Recht 295
   I. Gütertrennung 296
   II. Gütergemeinschaft 297
   III. Deutsch-französischer Wahlgüterstand 302
   IV. Modifizierte Zugewinngemeinschaft 304

C. Vergleichende Synthese 306

5. Abschnitt: Der Ehevertrag unter richterlicher Aufsicht 309

A. Rechtslage in Niederlanden 309
   I. Wirksamkeit des Ehevertrages 309

1. Verstoß gegen zwingendes Recht, die guten Sitten oder
   die öffentliche Ordnung 310
   a) Definition des zwingenden Rechts 310
   b) Definition der guten Sitten und der öffentlichen
      Ordnung 311
2. Verstoß gegen spezifische güterrechtliche und elterliche
   Pflichten 315
3. Vorliegen von Willensmängeln 317
   a) Abgabe einer Willenserklärung aufgrund eines
      Irrtums 318
   b) Bildung des Willens unter äußerer, widerrechtlicher
      Einwirkung 324
      aa) Drohung 325
      bb) Betrug 328
      cc) Missbrauch der Umstände 331
4. Gerichtliche Genehmigung bei der erstmaligen
   Vereinbarung 334
   a) Voraussetzungen und Wirkung der Genehmigung 336
   b) Entfall der gerichtlichen Genehmigung 338

II. Auslegung von Eheverträgen 340
1. Grundlagen der Auslegung 340
2. Auslegung von Vereinbarungen anhand von Haviltex-
   und CAO-Norm 342
3. Anwendung der Auslegungsgrundsätze auf Eheverträge 346

III. Richterliche Kontrolle der Vertragsausübung 353
1. Vertragsanpassung nach Treu und Glauben 353
   a) Anwendung auf den Ehevertrag? 355
   b) Ergänzende Wirkung 356
   c) Beschränkende Wirkung 357
      aa) Lex specialis: Anpassung bei
         unvorhergesehenen Umständen 358
      bb) Beschränkende Wirkung im Allgemeinen 361
      cc) Kritische Würdigung der beschränkenden
         Wirkung 365

Inhaltsverzeichnis 15

  2. Auflösung bei Nichterfüllung 368
  3. Ausgleich über das Nebengüterrecht 370
   a) Rechtsgrundlagen für Vermögensverschiebungen 370
    aa) Andauernde Leihe 371
    bb) (unentgeltliche) Zuwendungen 372
    cc) Sog. natürliche Verbindlichkeit 375
   b) Mögliche Anspruchsgrundlagen 377
    aa) Gelddarlehen 377
    bb) Sog. Lastgeving 379
    cc) Arbeitsvertrag 381
    dd) Gesellschaftsrechtliche Ansprüche 383
    ee) Vertrag sui generis 387
    ff) Beistandspflicht gemäß Art. 1:81 BW 387
    gg) Ansprüche bei Beteiligung an der Bildung
      fremden Vermögens 388
    hh) Ungerechtfertigte Bereicherung 391
    ii) Unverschuldete Bezahlung 396
    jj) Unrechtmäßige Handlung 397
B. Inhalts- und Ausübungskontrolle im deutschen Recht 401
 I. Rechtshistorische Entwicklung 402
  1. Frühere Rechtsprechung des Bundesgerichtshofs 402
  2. Wendepunkt durch Entscheidungen des
   Bundesverfassungsgerichts 405
 II. Inhalts- und Ausübungskontrolle 408
  1. Disponibilität der Scheidungsfolgen 408
  2. Richterliche Inhalts- und Ausübungskontrolle 414
   a) Inhaltskontrolle – Ehevertrag bei Vertragsschluss
    sittenwidrig? 414
    aa) Das Verdikt der Sittenwidrigkeit begünstigende
      Umstände 417
    bb) Rechtsfolge der Sittenwidrigkeit 419
   b) Ausübungskontrolle – Anpassung des Ehevertrages? 420
    aa) Rechtliche Grundlage der Ausübungskontrolle 421

bb) Rechtsfolge der Ausübungskontrolle 422
cc) Der Zugewinnausgleich in der Ausübungskontrolle 424
III. Ausgleich durch das Nebengüterrecht 426
1. schuldrechtliche Anspruchsgrundlagen 426
2. Rückforderung der ehebezogenen Zuwendung 429
3. Ausgleich im Rahmen der Ehegatteninnengesellschaft 431
4. Familienrechtlicher Kooperationsvertrag 433
C. Vergleichende Synthese und Evaluation 434

6. Abschnitt: Evaluation 439

Literaturverzeichnis 451

Abbildungsverzeichnis 499

Zusammenfassung 501

Samenvatting 505

Dankeswort 509

Abkürzungsverzeichnis

AA	Ars Aequi
Abs.	Absatz
AcP	Archiv für die civilistische Praxis
Art.	Artikel
ausf.	ausführlich
bearb.	bearbeitet
BGB	Bürgerliches Gesetzbuch
BGB (a.F.)	Bürgerliches Gesetzbuch (alte Fassung)
BGBl	Bundesgesetzblatt
BGH	Bundesgerichtshof
BNB	Beslissingen in belastingzaken, Nederlandse Belastingrechtspraak
BNotO	Bundesnotarordnung
BT-Drucks.	Drucksache des Bundestags
BVerfG	Bundesverfassungsgericht
BVerfGE	Entscheidungssammlung des Bundesverfassungsgerichts
BW	Burgerlijk Wetboek
BW (a.F.)	Burgerlijk Wetboek (alte Fassung)
bzw.	beziehungsweise
ders.	derselbe
dies.	dieselbe
DM	Deutsche Mark
DNotZ	Deutsche Notar-Zeitschrift
DStR	Deutsches Steuerrecht
EB	Echtscheiding Bulletin
EJLE	European Journal of Law and Economics
f.	folgende (Einzahl)
FA	Fiscaal advies
FamFG	Familienverfahrensgesetz
FamFR	Familienrecht und Familienverfahrensrecht
FamRB	Der Familien-Rechts-Berater
FamRZ	Zeitschrift für das gesamte Familienrecht
FBN	Fiscale berichten voor het Notariaat
FF	Forum Familienrecht
ff.	folgende (Mehrzahl)

FJR	Tijdschrift voor Familie- en Jeugdrecht
FPR	Familie Partnerschaft Recht
FTV	Fiscaal Tijdschrift Vermogen
FuR	Familie und Recht
GG	Grundgesetz
HR	Hoge Raad
hrsg.	herausgegeben
Hs.	Halbsatz
iVm.	in Verbindung mit
JBN	Juridische Berichten voor het Notariaat
JIN	Jurisprudentie in Nederland
JOL	Jurisprudentie OnLine
JPF	Jurisprudentie Personen- en Familierecht
Jura	Juristische Ausbildung
JuS	Juristische Schulung
JV	Justitiële verkenningen
JZ	Juristenzeitung
lit.	litera (Buchstabe)
LJN	Landelijk jurisprudentienummer
MDR	Monatsschrift für Deutsches Recht
MittBayNot	Mitteilungen des Bayerischen Notarvereins, der Notarkasse und der Landesnotarkammer Bayern
MvA II	Memorie van Antwoord aan de Tweede Kamer
MvT	Memorie van Toelichting
MvT Inv.	Memorie van Toelichting Invoeringswet
MvV	Maandblad voor Vermogensrecht
NJ	Nederlandse Jurisprudentie
NJB	Nederlands Juristenblad
NJOZ	Neue Juristische Online-Zeitschrift
NJW	Neue Juristische Wochenschrift
NJWE-FER	Neue Juristische Wochenschrift – Entscheidungsdienst Familien- und Erbrecht
NJW-RR	Neue Juristische Wochenschrift, Rechtsprechungsreport
NJW-Spezial	Neue Juristische Wochenschrift – Spezial
Nr.	Nummer
NTBR	Nederlands Tijdschrift voor Burgerlijk Recht
NZFam	Neue Zeitschrift für Familienrecht
REP	Tijdschrift Relatierecht en Praktijk
RFR	Rechtspraak Financieel Recht. Praktisch bewerkt

RFR	Rechtspraak Familierecht
RMThemis	Rechtsgeleerd Magazijn Themis
RN	Rechtspraak Notariaat. Praktisch bewerkt
Rn.	Randnummer
RNotZ	Rheinische Notarzeitschrift
RvdW	Rechtspraak van de Week
RW	Regt en wet
S.	Satz/Seite
sog.	sogenannt
Stb.	Staatsblad van het Koninkrijk der Nederlanden
Stcrt.	Staatscourant
TE	Tijdschrift Erfrecht
TM	Toelichting Meijers
TREMA	Tijdschrift voor de Rechterlijke Macht
u.a.	und andere
v.	vom/von
VersAusglG	Gesetz über den Versorgungsausgleich
Vgl.	Vergleiche
W	Weekblad van het recht
WFR	Weekblad Fiscaal Recht
WN	Weekblad voor het notariaat
WPNR	Weekbald voor Privaatrecht, Notariaat en Registratie/Weekblad voor Privaatrecht, Notaris-ambt en Registratie
WVPS	Wet verevening pensioenrechten bij scheiding

1. Abschnitt: Einleitung

Der Untertitel der vorliegenden Ausarbeitung ist irreführend. Zwar erfolgen die Darstellung des ehevertraglichen Güterrechts und der ausgeübten richterlichen Aufsicht in den Niederlanden im Spiegel und damit in Kontrastierung des deutschen Rechts. Die Ausarbeitung erschöpft sich jedoch nicht in der bloßen Gegenüberstellung der Rechtslage in den beiden Ländern und geht über eine deskriptive Zusammenstellung hinaus. Solch eine isolierte Betrachtungsweise würde letztlich dazu führen, dass man sich in die Schneckenhäuser der Heimatrechte, wie Kötz es veranschaulicht, zurückzieht.[1] Aufbauend auf einer rechtsvergleichenden Methodik sollen Empfehlungen für die jeweiligen Rechtsordnungen herausgearbeitet werden. Dies setzt voraus, dass das Bild, welches das deutsche Recht reflektiert, mit dem Bildnis des niederländischen Rechts verglichen und evaluiert wird. Die darauf basierenden Empfehlungen stellen kein Ergebnis einer bloßen Spiegelung dar, sondern sind Ergebnisse des Prozesses der rechtsvergleichenden Betrachtungsweise.

A. Einführung in den Untersuchungsgegenstand und die Untersuchungsmethodik

Die Wirksamkeits- und Ausübungskontrolle von Eheverträgen hat sich seit der wegweisenden Entscheidung des Bundesverfassungsgerichts im Jahr 2001 als ein Gegenstand erwiesen, der insbesondere die Rechtsprechung weiterhin beschäftigt.[2] In der Zusammenstellung und Analyse der diesbezüglichen Entscheidungen offenbart sich, dass der Schwerpunkt selten auf Fragestellungen des ehelichen Güterrechts liegt. Die Zugewinngemeinschaft als gesetzlicher Güterstand nimmt in der Rechtsprechung des Bundesgerichtshofs den letzten Rang in der Rangfolge der gesetzlichen Scheidungsfolgen ein; vergleichsweise selten sind Fälle, in denen eine Veränderung des ehelichen Güterrechts maßgeblicher Gegenstand der Wirksamkeits- und Ausübungskontrolle ist.[3] Letztlich verfestigt sich der Eindruck, dass eine richterliche Korrektur des Güterrechts nur im Rahmen einer Gesamtabwägung bei Vorliegen

---

1 *Zweigert/Kötz*, Einführung in die Rechtsvergleichung, S. V.
2 Siehe zur maßgeblichen Rechtsprechung des Bundesverfassungsgerichts *BVerfGE* 103, 89; zur aktuellen Rechtsprechung siehe *BGH* FamRZ 2018, 577 (577 ff.).
3 Siehe dazu *BGH* NJW 2008, 1076 (1079); FamRZ 2014, 1978 (1981).

anderweitiger Umstände vorgenommen werden kann. In der Literatur wird im Rahmen der güterrechtlichen Regelungen eine Rückkehr zum vor der Entscheidung des Bundesverfassungsgerichts vorherrschenden Grundsatz der Vertragsfreiheit angedeutet.[4]

In den Niederlanden sind ehevertragliche Vereinbarungen zwischen Ehegatten ebenfalls ein wiederkehrendes Thema, das Rechtsprechung und Literatur seit mehreren Jahrzehnten intensiv beschäftigt. Zentrale Anknüpfungspunkte in den gerichtlichen Entscheidungen sind im Gegensatz zu den Entscheidungen nach deutschem Recht die in die Vereinbarung aufgenommenen Regelungen zum ehelichen Güterrecht.[5]

Die bloße Gegenüberstellung dieses auf den ersten Blick bestehenden Gegensatzes ist ein unzureichender Ansatz für eine rechtsvergleichende Untersuchung. Vielmehr ist auf die Grundfrage nach Funktion und Ziel der Rechtsvergleichung abzustellen. Wissenschaft dient in erster Linie der Erkenntnis. Funktion und Ziel der Rechtsvergleichung als wissenschaftlicher Methode ist folglich primär der Erkenntnisgewinn. Die Rechtsvergleichung ist zur Erreichung dieses Ziels nicht auf das nationale Recht als Erkenntnisquelle begrenzt, sondern bezieht Modelle zur Verhinderung oder Lösung sozialer Konflikte aus anderen Rechtsordnungen mit ein. Sie erweitert den Blick des Rechtsvergleichers, der die verschiedenen Modelle einer kritischen Überprüfung unterziehen kann. Die auf diese Weise gewonnenen Erkenntnisse können der Völkerverständigung, einer Vereinheitlichung des Rechts oder der Erweiterung der Lehre dienen. Außerdem können sie in der Praxis als Hilfestellung für den nationalen Gesetzgeber und als Auslegungshilfe dienen oder dem Aufbau und der Ausrichtung internationaler Organisationen dienen.[6]

In den eingangs aufgezeigten Entwicklungen der Rechtsprechung in Deutschland und den Niederlanden zeigt sich, dass in beiden Rechtsordnungen ehevertragliche Regelungen Gegenstand von streitigen Auseinandersetzungen sind. Der Rechtsvergleich dient dazu, die Lösungsmodelle der

---

4 So *Münch*, FamRZ 2014, S. 808; *Wellenhofer*, JuS 2013/II, S. 846.
5 Vgl. dazu HR 12.06.1987, ECLI: NL: HR:1987: AC2558, NJ 1988/150, S. 635 ff.; HR 11.04.1986, ECLI: NL: PHR:1986: AC1957, NJ 1986/622, S. 2313 ff.; HR 22.05.1987, ECLI: NL: PHR:1987: AC9857, NJ 1988/231, S. 913 ff.; HR 04.12.1987, ECLI: NL: PHR:1987: AB8961, NJ 1988/678, S. 2367–2377; HR 18.06.2004, ECLI: NL: PHR:2004: AO7004, NJ 2004/399, S. 3424 ff.; HR 09.09.2005, ECLI: NL: PHR:2005: AT8238, NJ 2006/99, S. 905 ff.
6 *Kokkini-Iatridou*, Inleiding tot het rechtsvergelijkende onderzoek, S. 14 f.; *Zweigert/Kötz*, Einführung in die Rechtsvergleichung, S. 14.

beiden Rechtsordnungen in dieser Frage gegenüberzustellen und kritisch zu überprüfen. Die Hauptfragen der nachfolgenden Untersuchung sind, ob einerseits Eheverträge im niederländischen Recht einer Kontrolle durch die Gerichte unterliegen und, sofern dies zutrifft, ob die jeweils im Ehevertrag enthaltenen Regelungen bei Bedarf durch die Gerichte als unwirksam erachtet oder angepasst werden können. Darüber hinaus ist die Frage zu stellen, ob sich Rechtsgedanken aus dem niederländischen Recht in das deutsche Recht bzw. ob sich Lösungen des deutschen Rechts in das niederländische übertragen lassen. In diesem Zusammenhang ist zu prüfen, ob in beiden Rechtsordnungen gleiche oder ähnliche Kernprobleme bestehen, die durch den Rechtsvergleich einer Lösung zugeführt werden können.

B. Grundlegende Methodik der Untersuchung

Die soeben genannten Hauptfragen der vorliegenden Untersuchung gliedern sich in fünf weitere, nachstehend genannte Abschnitte.

Im zweiten Abschnitt soll die Frage beantwortet werden, was im niederländischen und deutschen Recht jeweils Ausgangspunkt der ehevertraglichen Modifikation ist. Zu diesem Zwecke werden zunächst in einem Teilabschnitt die Gütergemeinschaft bzw. die *gemeenschap van goederen* des niederländischen Rechts und die Zugewinngemeinschaft als gesetzlicher Güterstand nach deutschem Recht gegenübergestellt. In einem Unterpunkt sind das niederländische und das deutsche Unterhaltsrecht als weiterer möglicher Gegenstand ehevertraglicher Vereinbarungen gegenüberzustellen. Im deutschen Recht kann zudem der Versorgungsausgleich Gegenstand ehevertraglicher Vereinbarungen sein, sodass im dritten Unterabschnitt der Untersuchung die grundlegenden Züge dieses Rechtsinstituts darzustellen sind sowie zu prüfen ist, ob das niederländische Recht ein vergleichbares Institut kennt.

Ob sowohl im niederländischen als auch im deutschen Recht vorgesehen ist, dass die jeweiligen Ehepartner den gesetzlichen Güterstand, das Unterhaltsrecht oder den Versorgungsausgleich durch Vereinbarungen abändern können, ist Gegenstand des dritten Abschnitts. Hierbei sind die Definitionen der einzelnen Vertragstypen herauszuarbeiten. Daran schließt sich die Frage an, ob die einzelnen Vereinbarungen spezifischen Anforderungen unterliegen.

Im Anschluss soll im vierten Abschnitt untersucht werden, ob und welche konkreten Formen derartiger Vereinbarungen das niederländische und das deutsche Recht kennen. Dies beinhaltet einerseits die Darstellung des

Regelungscharakters sowie anderseits das Aufzeigen der mit den jeweiligen Regelungen verbundenen Vor- und Nachteile.

Der fünfte Untersuchungsabschnitt thematisiert, welche Möglichkeiten die jeweiligen Rechtsordnungen den Gerichten bieten, die getroffenen Vereinbarungen der Ehegatten zu prüfen und, falls möglich, zu korrigieren, anzupassen oder als unwirksam zu klassifizieren.

Gegenstand des sechsten Abschnitts ist die Beantwortung der eingangs gestellten Hauptfrage. Hier soll untersucht werden, ob aus der vorangestellten Untersuchung Empfehlungen für das deutsche oder niederländische Recht abgeleitet werden können.

Die Beantwortung sowohl der Haupt- als auch der Teilfragen beruht auf einer Analyse der Literatur und Rechtsprechung in den Niederlanden und Deutschland sowie den zur Verfügung stehenden Materialen des jeweiligen Gesetzgebers. In den Niederlanden handelt es sich hierbei um die *Kamerstukken* der ersten und zweiten Kammer des Parlaments, für Deutschland sind die Bundestagsdrucksachen zu Rate gezogen worden. Sowohl Rechtsprechung und Literatur sind bis zum 31.10.2018 berücksichtigt worden, aktuelle gesetzgeberische Vorhaben bis zum 15.06.2020.

C. Rechtsvergleichende Methodik

Der rechtsvergleichende Teil der Untersuchung des ehevertraglich geregelten Güterrechts nach niederländischem und deutschen Recht erfolgt in jedem der zuvor genannten Abschnitte in drei Schritten: Der Analyse, der Synthese und der darauf aufbauenden Evaluation.

Die **Analyse** wird anhand der **simultanen Methode** durchgeführt. Der Untersuchungsgegenstand wird in einzelne rechtliche Fragestellungen unterteilt, anhand derer die Antworten der zu vergleichenden Rechtsordnungen gesucht werden.[7] Die anderweitig angewendete sukzessive Methode, anhand derer die Problemstellungen und Lösungsansätze der jeweiligen Rechtsordnung insgesamt in einem durchgängigen Bericht herauszuarbeiten sind, eignet sich im Allgemeinen nur für kleinere und leicht überschaubare vergleichende Arbeiten.[8]

---

7 *Curry-Sumner*, All's well that ends registered?, S. 9; *Ebert*, Rechtsvergleichung, S. 145 f.; *Kokkini-Iatridou*, Inleiding tot het rechtsvergelijkende onderzoek, S. 187 f.; *Zweigert/Kötz*, Einführung in die Rechtsvergleichung, S. 42.

8 So *Ebert*, Rechtsvergleichung, S. 146 und *Kokkini-Iatridou*, Inleiding tot het rechtsvergelijkende onderzoek, S. 188.

Im Anschluss an die Analyse der ausgewählten Teilaspekte der deutschen und niederländischen Rechtsordnung erfolgt eine vergleichende **Synthese**. In diesem Arbeitsschritt werden die Unterschiede und Gemeinsamkeiten der Lösungsansätze der verschiedenen Rechtsordnungen herausgearbeitet.[9] Aufbauend auf der Analyse und Synthese ist im letzten Schritt des Rechtsvergleichs eine **Evaluation** vorzunehmen.[10] Die Durchführung der Evaluation sucht Anschluss an die Rechtsphilosophie Gustav Radbruchs, der davon ausgeht, dass Grundlage einer Rechtsidee, die in positives Recht umgewandelt wird, stets die drei Aspekte Gerechtigkeit, Zweckmäßigkeit und Rechtssicherheit sind. Gerechtigkeit definiert Radbruch in diesem Zusammenhang als eine objektive Form der Gerechtigkeit, die an das Verhältnis der Menschen untereinander anknüpft. Teil der Gerechtigkeit sei auch stets die Gleichheit, die sich im Privatrecht als ausgleichende Gerechtigkeit zwischen den Rechtssubjekten auswirke. Weiterer Aspekt der Rechtsidee sei die Zweckmäßigkeit. Zweckmäßig sei, was der eigentlichen Aufgabe des Rechts diene, die im Schutz von Individual-, Kollektiv-, oder Werkewerten bestehen könne. Sowohl mit der Positivität des Rechts als auch der Praktikabilität des Rechts soll dem dritten Aspekt, der Rechtsicherheit, gedient werden. Diese Teilaspekte der Rechtsidee würden sich gegenseitig bedingen, stünden aber auch im Widerspruch zueinander. Je stärker ein Teilaspekt in den Vordergrund trete, desto schwächer würden die anderen erscheinen.[11] Anlehnend an den soeben aufgezeigten Gedankengang soll in der Evaluation das Spannungsfeld zwischen den Begriffen der Rechtssicherheit und der Gerechtigkeit in den Vordergrund gerückt werden. Vorliegend wird der Begriff der Rechtssicherheit dahingehend präzisiert, dass ein Bestand der Modifikation der Rechtslage durch eine ehevertragliche Regelung als rechtssicher bewertet wird. Demgegenüber wird eine richterliche Entscheidung, die eine ehevertragliche Regelung modifiziert oder als unwirksam klassifiziert, als rechtsunsicher bewertet. Bezüglich des Begriffs der Gerechtigkeit wird Anschluss an Radbruchs Begriff der ausgleichenden Gerechtigkeit gesucht. Hinsichtlich der Thematik der Ausarbeitung

---

9 *Curry-Sumner*, All's well that ends registered?, S. 10; *Ebert*, Rechtsvergleichung, S. 145 f.; *Kokkini-Iatridou*, Inleiding tot het rechtsvergelijkende onderzoek, S. 187; *Zweigert/Kötz*, Einführung in die Rechtsvergleichung, S. 43.
10 *Curry-Sumner*, All's well that ends registered?, S. 10; *Ebert*, Rechtsvergleichung, S. 145 f.; *Kokkini-Iatridou*, Inleiding tot het rechtsvergelijkende onderzoek, S. 176 ff.; *Zweigert/Kötz*, Einführung in die Rechtsvergleichung, S. 46 f.
11 Ausf. dazu *Radbruch*, Rechtsphilosophie, § 4 und § 9.

ist zu berücksichtigen, dass ein gerechter Ausgleich der Interessen beider Ehegatten Maßstab für die jeweiligen Gesetzgeber bei der Schaffung der Normen des Güterrechts, des Unterhaltsrechts und des Versorgungsausgleichs war. Vor diesem Hintergrund sollen die jeweils anzuwendenden gesetzlichen Normen als Maßstab für die ausgleichende Gerechtigkeit dienen.

2. Abschnitt: Ausgangspunkte ehevertraglicher Vereinbarungen

Um die Hauptfragen danach, ob im niederländischen Recht einerseits eine ehevertragliche Regelung der richterlicher Kontrolle unterliegt und welche Möglichkeiten der Richter hat, die Vereinbarung anzupassen, und welche Empfehlungen sich aus dieser Untersuchung sowohl für das deutsche als auch für das niederländische Recht ableiten lassen, zu beantworten, sollen im vorliegenden Abschnitt die bereits genannten Aspekte, die Grundlage ehevertraglicher Vereinbarungen sein können, einer Untersuchung unterzogen werden.

Nachstehend werden die gesetzlichen Güterstände, die Grundprinzipien des Unterhaltsrechts und des Ausgleichs der Rentenanwartschaften in den Niederlanden und Deutschland dargestellt.

A. Erster Ausgangspunkt: Der gesetzliche Güterstand

In einem ersten Schritt ist zunächst der Ausgangspunkt jeder güterrechtlichen Vereinbarung unter Ehegatten zu ermitteln. Grundlage einer solchen Vereinbarung sind die jeweiligen Vorschriften der gesetzlichen Güterstände in den jeweiligen Rechtsordnungen. Das deutsche Recht kennt dabei den Güterstand der **Zugewinngemeinschaft**. Dieser Begriff wird richtigerweise vielfach als irreführend bezeichnet, da die Eheschließung keine unmittelbaren vermögensrechtlichen Folgen hat. Ein gemeinschaftliches Vermögen entsteht durch die Eheschließung nicht. In der niederländischen Rechtsordnung ist der gesetzliche Güterstand hingegen eine (beschränkte) Gütergemeinschaft, die sogenannte *gemeenschap van goederen*, bei der durch die Eheschließung ein (beschränktes) gemeinschaftliches Vermögen entsteht.

Diese beiden Güterstände sind zunächst im Einzelnen darzustellen, um sie anschließend im Rahmen einer Synthese zu vergleichen und zu evaluieren. Sowohl bei der Darstellung des deutschen als auch des niederländischen Rechts ist die Wirkung der gesetzlichen Güterstände herauszuarbeiten, wobei aufgrund der unterschiedlichen Konstruktion der Güterstände eine abweichende Darstellung erfolgt.

Bei der Gütergemeinschaft ist zunächst die Frage voranzustellen, welche Rechtsnatur sie hat. In einem zweiten Schritt sind die bisherigen Gesetzgebungsverfahren, die zu einer Abänderung der einschlägigen gesetzlichen Vorschriften geführt haben, näher darzustellen. Maßgeblich für die Auswirkungen des gesetzlichen Güterstands ist ferner der Umfang der Gütergemeinschaft. In einem der weiteren Abschnitte soll daher die Frage beantwortet werden, welche Güter und welche Verbindlichkeiten der Ehegatten mit der Eheschließung in Sinne des *Burgerlijk Wetboek* (BW) gemeinschaftlich werden. Danach soll dargestellt werden, wie die gemeinschaftlichen Güter und Schulden während der Ehe verwaltet werden. Sodann ist zu untersuchen, welche gesetzlichen Bestimmungen bei einer Beendigung der Gemeinschaft Anwendung finden und auf welche Weise eine Auseinandersetzung erfolgt.

Die Untersuchung der Zugewinngemeinschaft gliedert sich in drei Abschnitte. Einerseits ist der Anspruch auf Zugewinnausgleich bei Beendigung des gesetzlichen Güterstands darzustellen. In einem zweiten Abschnitt soll die Zugewinngemeinschaft einer kritischen Würdigung unterzogen werden, analog zur Wiedergabe der in den Niederlanden vorgetragenen Auffassungen zu den Gesetzesentwürfen. Ergänzend soll dann auf die Verteilung der Haushaltsgegenstände eingegangen werden, die keine unmittelbare Folge der Zugewinngemeinschaft ist, da auch diese Auseinandersetzung einen vermögensrechtlichen Ausgleich darstellt, der im niederländischen Recht den güterrechtlichen Vorschriften unterliegt.

In einem letzten Abschnitt sollen beide Güterstände miteinander verglichen und evaluiert werden.

I. Die Gütergemeinschaft des niederländischen Rechts

In den Niederlanden sieht das *Burgerlijk Wetboek* vor, dass zwischen den Ehegatten im Moment des Vollzugs der Ehe kraft Gesetzes eine Gütergemeinschaft entsteht.

Eine entsprechende Regelung findet sich in Art. 1:94 Abs. 1 BW.

Art. 1:94 Abs. 1 BW:
„1. Van het ogenblik der voltrekking van het huwelijk bestaat tussen de echtgenoten van rechtswege een gemeenschap van goederen. [...]"
Deutsch[12]:
1. Von dem Moment des Vollzugs der Ehe an besteht zwischen den Ehegatten kraft Gesetzes eine Gemeinschaft von Gütern. [...]

In welchem Moment die Ehe im Sinne dieser Vorschrift als vollzogen angesehen werden kann, ergibt sich aus den Vorschriften des 4. Abschnitts des 5. Titels des

---

12 Übersetzung hier und im Folgenden, sofern nicht anders vermerkt, durch den Bearbeiter.

1. Buches des *Burgerlijk Wetboek*, der mit der Überschrift „*De voltrekking van het huwelijk*" versehen ist. Die Ehe wird demgemäß in Gegenwart eines Standesbeamten und von mindestens zwei, höchstens jedoch vier Zeugen öffentlich vollzogen. Die zukünftigen Ehepartner müssen dazu in Gegenwart dieses Beamten und der Zeugen die Erklärung abgeben, dass sie einander als Ehegatten annehmen. Im Anschluss erklärt der Standesbeamte, dass die Parteien nunmehr durch die Ehe miteinander verbunden sind.[13] Der Gesetzgeber verfolgt mit diesen Anforderungen und Formalien verschiedene Ziele. Die Eheschließung erfolge öffentlich, um geheimen und illegalen Eheschließungen vorzubeugen. Weiterhin werde bezweckt, die beteiligten Personen vor übereilten Entscheidungen zu schützen sowie sicherzustellen, dass der Standesbeamte nicht leichtfertig eine Ehe schließt, und schließlich Rechtssicherheit ob des Bestehens der Ehe zu schaffen.[14]

1. Rechtsnatur der Gütergemeinschaft

Die Bestimmung der Rechtsnatur der Gütergemeinschaft ist in der Literatur umstritten. Der Auseinandersetzung wird durch die doppeldeutigen gesetzlichen Regelungen noch Vorschub geleistet. So wird die Gemeinschaft im *Burgerlijk Wetboek* teilweise als das gemeinsame Vermögen der Ehegatten dargestellt, das infolge der vermögensrechtlichen Beziehung zwischen ihnen entstanden ist, während der Begriff in anderen Vorschriften die Rechtsbeziehung zwischen den Ehegatten bezeichnet, kraft derer die Vermögen der Ehegatten zusammenfließen.[15] Im folgenden Abschnitt sollen die unterschiedlichen in der Literatur vertretenen Ansichten zur Rechtsnatur der gemäß Art. 1:94 Abs. 1 BW zwischen den Ehegatten bestehenden Gütergemeinschaft dargestellt werden.

Vereinzelt wurde zur Bestimmung der Rechtsnatur der Gütergemeinschaft Anschluss im Gesellschaftsrecht gesucht.[16] Das niederländische Recht kennt mit der sogenannten *Maatschap*, also der **einfachen Gesellschaft**, eine Form der Verbindung von mehreren Personen. Gemäß der Legaldefinition wird unter einer solchen Gesellschaft eine Verbindung von zwei oder mehr Personen verstanden,

---

13 Dies ergibt sich insbesondere aus Art. 1:63 BW und Art. 1:67 BW; vgl. *Kolkman/Salomons*, in: *Asser* 1-II, Rn. 102; *Vlaardingerbroek/Blankman/Van der Linden/Punselie/Schrama*, Personen- en familierecht. S. 126 ff.
14 *Kolkman/Salomons*, in: *Asser* 1-II, Rn. 79.
15 *Kolkman/Salomons*, in: *Asser* 1-II, Rn. 265; vgl. *Luijten*, Huwelijksvermogensrecht, S. 71.
16 *De Groot*, Inleiding tot de Hollandsche rechts-gleertheid, S. 80; *Vroom*, RW 1867, S. 408.

die darauf ausgerichtet ist, den Gewinn, der durch die Einlagen erwirtschaftet wird, zu teilen.
Die Legaldefinition der *Maatschap* ergibt sich aus Art. 7A:1655 BW.

Art. 7A:1655 BW:
„Maatschap is eene overeenkomst, waarbij twee of meerdere personen zich verbinden om iets in gemeenschap te brengen, met het oogmerk om het daaruit ontstaande voordeel met elkander te deelen."
Deutsch:
Die Gesellschaft ist eine Vereinbarung, mit der zwei oder mehrere Personen sich verbinden, um etwas in eine Gemeinschaft einzubringen, mit dem Zweck, den daraus entstehenden Gewinn miteinander zu teilen.

Zur Begründung wurde auf den damaligen Gesetzestext verwiesen. Dieser spreche ausdrücklich davon, dass, unbeschadet der gesetzlichen Vorschriften des Personen- und Familienrechts, das Gesetz keine von Gesetzes wegen entstehenden Gesellschaftsformen kenne. Zudem spreche die Verwendung der Worte „Verwaltung der Gemeinschaft" im Titel der Vorschriften über die Gütergemeinschaft für den Willen des Gesetzgebers, die Gütergemeinschaft als einfache Gesellschaft zu sehen. Ferner umfasse die Gütergemeinschaft nach dem damaligen Gesetzestext ausdrücklich auch den Gewinn als Teil der Gütergemeinschaft.[17] Die Einordnung als einfache Gesellschaft wird mittlerweile jedoch weitgehend abgelehnt. Innerhalb der Gütergemeinschaft unter Ehegatten erfolge der Zusammenfluss der Vermögenswerte von Gesetzes wegen und werde an das Bestehen von deren Ehe gebunden. Die Gemeinschaft diene mithin nicht der Erlangung von Vorteilen, sondern sei vielmehr Ausdruck der ehelichen Verbindung. Damit bleibe für eine Ansicht, die die eheliche Gütergemeinschaft als *Maatschap* sieht, nach heutigem Verständnis kein Raum.[18] Auch ist darauf hinzuweisen, dass die damals geltenden Vorschriften, auf die die erstgenannte Auffassung Bezug nimmt, keinen Anknüpfungspunkt mehr bieten können. Im aktuellen *Burgerlijk Wetboek* fehlen entsprechende Formulierungen. Zuzugestehen ist dieser Auffassung allerdings, dass auch das aktuelle *Burgerlijk Wetboek* einen Abschnitt über die Verwaltung der Gütergemeinschaft enthält. Der bloße Verweis auf das Wort *Verwaltung* ist jedoch nicht geeignet, die bereits vorgebrachten Argumente gegen diese Auffassung zu entkräften, zumal jede Form gemeinschaftlichen

---

17 *Vroom*, RW 1867, S. 409 f.
18 *De Bruijn/Huijgen/Reinhartz*, Het Nederlandse Huwelijksvermogensrecht, 5. druk, S. 110; *Luijten*, Huwelijksvermogensrecht, S. 71; *Luijten/Meijer*, in: *Klaassen/Eggens*, Huwelijksgoederenrecht, Rn. 161; *Verstappen*, Rechtsopvolging, S. 363.

Erster Ausgangspunkt: Der gesetzliche Güterstand

Vermögens der Verwaltung bedarf, ohne dass es sich hierbei stets um eine einfache Gesellschaft handelt. Teilweise wurde das **Condominium** des römischen Rechts herangezogen, um die Rechtsnatur der Gütergemeinschaft zu bestimmen.[19] Dieses Institut ist eine Form der Bruchteilsgemeinschaft. Jedes Mitglied der *Communio pro indivisio* oder des *Condominiums* hat einen ideellen Anteil am Sacheigentum, einen Eigentumsbruchteil inne.[20] Zwar steht es jedem Miteigentümer frei, über seinen Anteil nach Belieben zu verfügen; über die Sache als Ganzes können aber nur alle Miteigentümer gemeinsam verfügen.[21] Der Bruchteil eines jeden Mitglieds ist ein Recht, das einerseits die gesamte Sache erfasst, aber andererseits durch die Rechte der anderen Mitglieder eingeschränkt wird. Dieser Teil beschränkt sich somit nur rechnerisch auf eine Quote und ist kein selbstständiges, abgetrenntes Eigentumsrecht.[22]

Soweit in der Literatur auf das römische Recht Bezug genommen wird, erfolgt dies nahezu ausschließlich zum Zwecke der Abgrenzung. Einhellig wird davon ausgegangen, dass dieses Rechtsinstitut nicht mit der Gütergemeinschaft gleichgesetzt werden kann, da die Regelungen des römisch-rechtlichen Miteigentums nicht auf die niederländische Gütergemeinschaft übertragen werden könnten. Gegen die Einordnung der Gütergemeinschaft als *Condominium* spreche bereits, dass die Ehegatten keine gesonderten Bestandteile an den einzelnen Vermögensgegenständen erwerben würden.[23]

Des Weiteren wird zur Frage der Rechtsnatur der Gütergemeinschaft auf das germanische Recht verwiesen.[24] Das germanische Recht kannte das Institut der **Gezamende Hand** oder *Gemeinderschaft* als Form der gemeinschaftlichen Berechtigung an Vermögenswerten. Grundgedanke dieses Rechtsinstituts war, dass das Vermögen nicht dazu bestimmt war, einer einzelnen Person zu dienen, sondern als Besitz der gesamten Familie angesehen wurde und damit allen

---

19 Siehe *Smidt*, Geschiedenis van het Wetboek van Strafrecht, S. 525.
20 *Kaser/Knütel*, Römisches Privatrecht, § 23 Rn. 22.
21 *Kaser/Knütel*, Römisches Privatrecht, § 23 Rn. 24.
22 *Kaser/Knütel*, Römisches Privatrecht, § 23 Rn. 25.
23 *De Bruijn/Huijgen/Reinhartz*, Het Nederlandse Huwelijksvermogensrecht, 5. druk, S. 110; *Kolkman/Salomons*, in: *Asser* 1-II, Rn. 265; *Luijten*, Huwelijksvermogensrecht, S. 71; *Luijten/Meijer*, in: *Klaassen/Eggens*, Huwelijksgoederenrecht, Rn. 161; *Verstappen*, Rechtsopvolging, S. 363.
24 *Nuytinck*, WPNR 1989, S. 446; siehe auch *Kamerstukken I* 1955/56, Opheffing van de handelingsonbekwaamheid van de gehuwde vrouw, S. 2384.

Familienmitgliedern dienen sollte.[25] Waren Parteien durch dieses Rechtsinstitut miteinander verbunden, so konnten sie nur gemeinsam über Bestandteile ihrer Gemeinschaft verfügen. Es war den einzelnen Teilhabern weder möglich, eigenständig über einen separaten Anteil der Gemeinschaft, noch über die gesamte Gemeinschaft ohne Mitwirkung der anderen zu verfügen.[26] Verließ einer der Teilhaber die Gemeinschaft, beispielsweise durch Tod oder Austritt, kam es zugunsten des verbleibenden Teilhabers zur Anwachsung.[27]

Die Einordnung der Gütergemeinschaft als *Gezamende Hand* ist durch verschiedene Entscheidung des obersten Zivilgerichtshofs der Niederlande (den *Hoge Raad*) wieder in den Fokus gerückt. So führt der *Hoge Raad* ausdrücklich aus, dass mit Entstehen der Gütergemeinschaft jeder der Ehegatten, jeder für sich, vollumfängliche Rechte an den gemeinschaftlichen Gütern innehabe, aber während bestehender Ehe keine gesonderten Anteile bestimmt werden könnten.[28] Vergleichbare, jedoch weniger eindeutige Feststellungen finden sich auch in früheren Entscheidungen.[29] Damit scheint sich der *Hoge Raad* im Ergebnis der Auffassung anzuschließen, wonach die Gütergemeinschaft eine Form der *Gezamende Hand* ist. Diese Feststellung findet teilweise Zustimmung in der Literatur.[30]

Andererseits wird zutreffend darauf verwiesen, dass der *Hoge Raad* in anderen Entscheidungen von einer jeweils hälftigen Berechtigung der Ehegatten ausgegangen ist, was einer Klassifizierung der Gütergemeinschaft als *Gezamende Hand* widerspreche.[31] Zudem stehe die gesetzliche Systematik dieser Einordnung

---

25 *Thielen*, Ontstaan van de algehele gemeenschap van goederen, S. 58; *Verstappen*, Rechtsopvolging, S. 363 f., siehe auch *Kamerstukken II* 1911/12, Vaststelling van regelen betr. den rechtstoestand der van ouds genaamde „genieene heiden en weiden van Gooiland", S. 1834.
26 *De Bruijn*, Het Nederlandse huwelijksvermogensrecht. S. 175; *Thielen*, Ontstaan van de algehele gemeenschap van goederen, S. 57 f.; *Verstappen*, Rechtsopvolging, S. 364.
27 *De Bruijn*, Het Nederlandse huwelijksvermogensrecht. S. 175; *Kolkman/Salomons*, in: Asser 1-II, Rn. 265; *Verstappen*, Rechtsopvolging, S. 364, vgl. auch *Kamerstukken II* 1911/12, Vaststelling van regelen betr. den rechtstoestand der van ouds genaamde „genieene heiden en weiden van Gooiland", S. 1834.
28 *HR* 03.02.2017, ECLI: NL: HR:2017:156, NJ 2017/226, Rn. 5.2.4.
29 *HR* 05.10.2012, ECLI: NL: HR:2012: BW9239, NJ 2013/140, Rn. 3.64. und 3.4.1. sowie *HR* 10.03.2006, ECLI: NL: HR:2006: AU2004, BNB 2007/15, Rn. 3.3.2.
30 *Nuytinck*, WPNR 2012, S. 933; *ders.*, WPNR 2017, S. 477.
31 So *Van Straaten*, FTV 2017/10; *Verstappen*, NJ 2013/140; vgl. auch *HR* ECLI: NL: HR:1961:25, NJ 1961/41, S. 200 und *HR* ECLI: NL: HR:1988: AC1018, NJ 1989/239, Rn. 3.4.2.

entgegen. Es sei nicht ersichtlich, dass der moderne Gesetzgeber der Gütergemeinschaft einen entsprechenden Charakter habe geben wollen.[32] Eine Form der Anwachsung kenne diese Gemeinschaft nicht.[33] Einzeln bestimmbare Anrechte der Ehegatten würden zudem erst mit einer Auflösung der Gütergemeinschaft entstehen. Zuvor seien die Ehegatten als Teilhaber einer Gemeinschaft zu sehen, denen keine konkreten Anrechte zustünden.[34] Derartige Bruchteile kenne das germanisch Recht nicht.[35]

Ferner wird vertreten, dass im Rahmen der Ermittlung der Rechtsnatur der Gütergemeinschaft nicht auf historische Rechtsinstitute zurückgegriffen werden dürfte, sondern eine neue Terminologie eingeführt werden müsste. In diesem Zusammenhang wird der Begriff des **gebundenen Miteigentums** aufgeführt. Dabei handele es sich um ein besonderes Sachenrecht, das jeder Miteigentümer an der gemeinsamen Sache bzw. den gemeinsamen Sachen habe. Die Gebundenheit dieses Rechts ergebe sich daraus, dass die Miteigentümer aus persönlichen oder sachlichen Gründen bei der Ausübung ihres Rechtes beschränkt seien. Die eheliche Gütergemeinschaft weise eine solche Gebundenheit auf, die durch das Verhältnis der Ehegatten untereinander begründet werde.[36]

Des Weiteren wird im Zusammenhang mit der Gütergemeinschaft auch von der *boedelgemeenschap met gebonden aandelen*, also der **Besitztumsgemeinschaft mit gebundenen Anteilen**, gesprochen. Die Bezeichnung *boedel* entspreche der ehelichen Gütergemeinschaft eher als eine Reduzierung auf das Sachenrecht, denn es handele sich bei dieser Gemeinschaft um ein gesamtes Vermögen und damit um einen Komplex von verschiedenen Vermögensbestandteilen. Die persönliche Verbindung der Ehegatten untereinander führe dazu, dass

---

32 *Van Mourik*, WPNR 2003, S. 637; *Van Mourik/Verstappen*, Nederlands vermogensrecht bij scheiding, Deel A, S. 91.
33 *Verstappen*, Rechtsopvolging, S. 364.
34 *Breederveld*, Huwelijksgemeenschap bij echtscheiding, S. 54 f.; vgl. auch De Bruijn/Huijgen/Reinhartz, Het Nederlandse Huwelijksvermogensrecht, 5. druk, S. 110; *Van Mourik*, WPNR 2003, S. 637; *Van der Ploeg*, WPNR 1990, S. 41.
35 *Van Mourik*, WPNR 2003, S. 637.
36 *Luijten/Meijer*, in: *Klaassen/Eggens*, Huwelijksgoederenrecht, Rn. 163; *Luijten*, Huwelijksvermogensrecht, S. 71; *Van Mourik*, Onderneming in het nieuwe huwelijksvermogensrecht, S. 56; *Van Mourik/Verstappen*, Nederlands vermogensrecht bij scheiding, Deel A, S. 91.

sie nicht über die Anteile der Gütergemeinschaft verfügen könnten und gebunden seien.[37]

Weiterhin wird vertreten, dass es sich bei der Gütergemeinschaft der Ehegatten um eine **Rechtsperson** handelt.[38] Der Ursprung dieser Lehre findet sich zu Beginn des 19. Jahrhunderts in Deutschland und Frankreich.[39] Maßgeblicher Ausgangspunkt für diese Lehre ist, dass die Güter der Gütergemeinschaft jeweils zur Hälfte beiden Ehegatten und somit vollumfänglich der Gemeinschaft zuzuordnen sind.[40]

Diese Ansicht wird mittlerweile jedoch kritisch hinterfragt. Das *Burgerlijk Wetboek* gebe in keiner Weise vor, die Gütergemeinschaft als Rechtsperson anzuerkennen. Es bedürfe stets einer gesetzlichen Grundlage für die Zuerkennung der Eigenschaft als Rechtsperson. Der Begriff der Gemeinschaft werde im Gesetzbuch ausschließlich entweder im Sinne des gemeinsamen Vermögens der Ehegatten oder der Rechtsbeziehung zwischen den Ehegatten, kraft derer die Vermögen zusammenfließen, verwendet; aus der Verwendung dieser Begrifflichkeit könne das Entstehen einer Rechtspersönlichkeit jedoch nicht abgeleitet werden.[41] Ferner würden die Regelungen zur Auflösung der Gütergemeinschaft den entsprechenden Regelungen, die auf eine Rechtsperson anwendbar seien, widersprechen.[42] Außerdem sei unstreitig, dass zwischen Ehegatten und der Gütergemeinschaft keine Rechtsbeziehungen bestehen könnten, was aber möglich sein müsste, wäre diese Gemeinschaft eine Rechtsperson.[43]

Ferner wird die in Frankreich entwickelte Idee, diese Gemeinschaft als ein **Rechtsinstitut** *sui generis*, also als ein Institut eigener Art, zu sehen, auf die niederländische Gütergemeinschaft der Ehegatten übertragen. Diese Gemeinschaft

---

37 *Naber*, WN 1913, S. 141 und 579 f.; sich anschließend *Kleijn*, Boedelscheiding, S. 77; *Gisolf*, Verknochtheid in het huwelijksvermogensrecht, S. 15; vgl. auch *De Bruijn*, Het Nederlandse huwelijksvermogensrecht. S. 181 f.
38 *Eggens*, WPNR 1949, S. 596; *Schoordijk*, WPNR 1971, S. 75; *ders.*, WPNR 1988, S. 199.
39 *De Bruijn/Huijgen/Reinhartz, Het Nederlandse Huwelijksvermogensrecht*, 5. druk, S. 112.
40 *Eggens*, WPNR 1949, S. 596.
41 *De Bruijn/Huijgen/Reinhartz, Het Nederlandse Huwelijksvermogensrecht*, 5. druk, S. 113; *Kolkman/Salomons*, in: Asser 1-II, Rn. 266; *Verstappen*, Rechtsopvolging, S. 364; siehe auch *Luijten/Meijer*, in: Klaassen/Eggens, Huwelijksgoederenrecht, Rn. 162.
42 *De Bruijn/Huijgen/Reinhartz, Het Nederlandse Huwelijksvermogensrecht*, 5. druk, S. 113 f.; *Luijten*, Huwelijksvermogensrecht, S. 71.
43 *De Bruijn/Huijgen/Reinhartz, Het Nederlandse Huwelijksvermogensrecht*, 5. druk, S. 113; *Luijten/Meijer*, in: Klaassen/Eggens, Huwelijksgoederenrecht, Rn. 162.

sei von anderen Rechtsinstituten nur durch ihre eigene Art, wie sie durch die Vorschriften des *Burgerlijk Wetboek* bestimmt wird, zu unterscheiden.[44] Im heutigen *Burgerlijk Wetboek* wird die Gütergemeinschaft nicht nur von den anderen Gemeinschaften getrennt im 1. Buch des *Burgerlijk Wetboek* geregelt, sondern ist auch innerhalb des 1. Buches in einem eigenen Abschnitt zu finden. Diese gesonderte Stellung im Gesetz unterstreicht den eigenen Charakter der Gütergemeinschaft.

Die Darstellung der verschiedenen Auffassungen über die Rechtsnatur der Gütergemeinschaft offenbart, dass es nicht ohne erhebliche Schwierigkeiten möglich ist, die eheliche Gütergemeinschaft einem anderen Rechtsinstitut zuzuordnen.

Historische Rechtsinstitute wie das *Condominium* oder die *Gezamende Hand* teilen bestimmte Regelungen mit der Gütergemeinschaft, weisen aber ebenso Unterschiede zu dieser auf. Zudem hat der Gesetzgeber nie ausdrücklich erklärt, ein historisches Institut in das niederländische Recht inkorporieren zu wollen. Ohne einen konkreten Hinweis hierzu kann nicht auf einen entsprechenden Willen geschlossen werden. Soweit der *Hoge Raad* in seiner jüngeren Rechtsprechung Bezug auf die *Gezamende Hand* zu nehmen scheint, ist festzustellen, dass die Rechtsnatur der Gütergemeinschaft weder Gegenstand der Entscheidung war noch der Gerichtshof ausdrücklich eine Stellungnahme zur Frage der Rechtsnatur abgegeben hat. Es ist daher bereits fraglich, ob der *Hoge Raad* bezüglich der bestehenden Problematik eine endgültige Entscheidung treffen wollte. Davon ist, insbesondere unter Berücksichtigung der divergierenden Rechtsprechung des Gerichtshofs, nicht auszugehen.

Auch die Zuordnung der Gütergemeinschaft zu einem dem niederländischen Recht bekannten Rechtsinstitut, wie der *Maatschap*, oder die Einordnung als Rechtsperson sind problematisch. Die einfache Gesellschaft ist mit der Erwirtschaftung von Gewinnen auf einen anderen Zweck als die durch die eheliche Lebensgemeinschaft bedingte Gütergemeinschaft ausgerichtet. Zudem widersprechen die Vorschriften der Gütergemeinschaft der Zuerkennung einer Rechtspersönlichkeit.

Kritisch ist auch die Bezeichnung der Gütergemeinschaft als gebundenes Miteigentum oder Besitztumsgemeinschaft mit gebunden Anteilen zu sehen. Beide

---

44 *Breederveld*, Huwelijksgemeenschap bij echtscheiding, S. 38; *De Bruijn*, Het Nederlandse huwelijksvermogensrecht, S. 187; *De Bruijn/Huijgen/Reinhartz, Het Nederlandse Huwelijksvermogensrecht*, 5. druk, S. 114; *Kraan/Marck*, Huwelijksvermogensrecht, S. 64; *Luijten*, Huwelijksvermogensrecht, S. 73; *Verstappen*, Rechtsopvolging, S. 370.

Begriffe gehen jeweils davon aus, dass den Ehepartnern ein besonderes Recht oder ein Anteil an der Gütergemeinschaft zusteht, aber sie durch ihr persönliches Verhältnis zueinander gebunden sind und nicht frei über das Recht bzw. den Anteil verfügen können. Diese Übereinstimmungen lassen darauf schließen, dass es sich insoweit um beliebige Begriffe ohne eine feste Kontur handelt.

Vor diesem Hintergrund ist es vorzugswürdig, die Gütergemeinschaft als ein Institut *sui generis* zu sehen, dessen genauer Umfang durch die entsprechenden gesetzlichen Vorschriften vorgegeben wird. Dafür spricht auch die spezielle Stellung, die der Gesetzgeber der Gütergemeinschaft im *Burgerlijk Wetboek* eingeräumt hat.

2. Veränderungen des Güterstands durch den Gesetzgeber

Den nachfolgenden Untersuchungsschritten soll der Hinweis auf die kürzlich abgeschlossenen Gesetzgebungsverfahren im Bereich des ehelichen Güterrechts vorangestellt werden, da diese Novellierungen sich unmittelbar auf die nachfolgend dargestellten Teilaspekte auswirken. Das Rechtsgebiet des ehelichen Güterrechts hat in diesem Jahrzehnt erhebliche Veränderungen erfahren. Grundlage für diese Anpassungen sind zwei unterschiedliche Gesetzgebungsvorhaben, mit denen jeweils beabsichtigt wurde, das eheliche Güterrecht tiefgreifenden Veränderungen zu unterziehen.

a) Historie der Gesetzgebungsverfahren

Ausgangspunkt des ersten **Gesetzgebungsvorhabens unter der Nummer 28 867** war die Anpassung des Güterstands der *algehele gemeenschap van goederen*. Der seit dem zweiten Weltkrieg unverändert geltende Güterstand wurde als nicht mehr zeitgemäß erfahren und sollte an die gesellschaftlichen Entwicklungen angeglichen werden.[45] Grundlegende Idee war es, die zuvor geltende umfassende Gütergemeinschaft dahingehend zu beschränken, dass weder Güter noch Schulden, die bereits vor Entstehen der Gütergemeinschaft bestanden, oder Schenkungen und erbrechtliche Zuwendungen Teil der Gütergemeinschaft werden. Darüber hinaus sollten die Rechte der Gläubiger beschränkt werden: Sofern ein Privatgläubiger eines der Ehegatten zur Befriedigung seiner Forderung auf ein Gemeinschaftsgut zugreifen würde, sollte ihm der Erlös, der für dieses Gut erzielt worden wäre, nur zur Hälfte zustehen. Die andere Hälfte des Erlöses sollte in das Privatvermögen des unverschuldeten Ehegatten übergehen.

---

45 *Kamerstukken II* 2002/03, 28 867, Nr. 3, S. 1 (MvT).

Zudem war vorgesehen, dass dieser Ehegatte gegen Zahlung der Hälfte des Erlöses dazu berechtigt sein sollte, das Gut vollständig in sein Privatvermögen zu übernehmen.[46] Dieses Vorhaben war sowohl in der Literatur als auch in der Politik umstritten. Insbesondere wurde beanstandet, dass mit dieser Modifikation die Schlichtheit der Gütergemeinschaft vollständig verloren gehe. Nunmehr müsse zwischen dem eigenen Vermögen der Ehegatten, das sich einerseits aus Zuwendungen und Erbschaften und andererseits aus dem vorehelichen Vermögen zusammensetze, und dem der Gütergemeinschaft unterschieden werden.[47] Auch wurde die Differenzierung der Zugehörigkeit der Vermögensgegenstände zu den jeweiligen Vermögen als problematisch bewertet, da diese eine ordnungsgemäße Buchführung erfordere, welche erfahrungsgemäß jedoch nur in den wenigsten Fällen vorgenommen werde.[48]

Soweit der Entwurf vorsah, dass das Vermögen, das jeder Ehegatte vor Vollziehung der Ehe erwirtschaftet hatte, nicht Teil der Gütergemeinschaft werden würde, wurde er als im Widerspruch zu den tatsächlichen Verhältnissen stehend kritisiert. Insoweit werde übersehen, dass die Ehegatten in der Regel bereits vor der Eingehung der Ehe zusammenleben und gemeinsam einen Hausstand aufbauen würden. Dies führe bereits vor Beginn der Ehe zum Entstehen eines gemeinsamen Vermögens.[49]

Ferner wurde problematisiert, dass die Befugnis zur Übernahme von Gütern der Ehegatten beim Zugriff von Privatgläubigern des anderen Ehegatten auf ebendiese Güter einerseits ohne Not mit dem Prinzip der Gütergemeinschaft breche.[50] Andererseits sei der neuartige Begriff der Übernahme zu unbestimmt, da sich nicht erkennen lasse, nach welchen Rechtsnormen sich diese richte und welche Rechtsfolgen sich an diese anschließen würden.[51] Kritisiert wurden

---

46 Siehe *Kamerstukken II* 2002/03, 28 867, Nr. 1 – 2, S. 2 f.
47 *Breederveld*, FJR 2003, S. 201; *Breedveld-de Voogd/Huijgen*, WPNR 2004, S. 44; *Van der Burght/Luijten/Meijer*, WPNR 2003, S. 652 f.; *Van Mourik*, WPNR 2004, S. 165; *Reinhartz*, FJR 2008, S. 14; anderer Ansicht *Nuytinck*, WPNR 2008, S. 814: Die Umstellung sei unproblematisch, da auch nach der bisherigen Gesetzeslage in der Regel zumindest drei verschiedene Vermögen bestehen würden.
48 *Van der Burght/Luijten/Meijer*, WPNR 2003, S. 653; *Reinhartz*, WPNR 2001, S. 826; *dies.*, FJR 2006, S. 6; *dies.*, FJR 2008, S. 14.
49 *Breederveld*, FJR 2003, S. 201; *Van Mourik*, WPNR 2003, S. 638 f.; anderer Ansicht *Verbeke*, WPNR 2001, S. 987; *ders.*, WPNR 2004, S. 170.
50 *Van Mourik*, WPNR 2004, S. 167.
51 *Van der Burght/Luijten/Meijer*, WPNR 2003, S. 655; zurückhaltend *Van Mourik*, WPNR 2003, S. 642 f.; *Vegter*, WPNR 2003, S. 647.

außerdem die möglichen Folgen der Übernahmebefugnis. Dabei handele es sich um eine unangemessene Regelung, die der Gütergemeinschaft Güter entziehe und zugleich Interessen der gemeinschaftlichen Gläubiger nicht ausreichend berücksichtige, sondern deren Zugriffsmöglichkeit ohne einen finanziellen Ausgleich stark beschränken würde.[52] Es stehe zudem zu befürchten, dass es im Falle des Erlasses dieser Regelung zu Missbrauch dieser Übernahmebefugnis in großer Zahl komme.[53] Es sei mit erheblichen Schwierigkeiten verbunden, die Übernahme zu beweisen[54].

Die grundlegende Vorstellung, die bislang geltende umfassende Gütergemeinschaft dahingehend einzuschränken, dass weder Schenkungen noch Nachlassvermögen Gegenstand der Gütergemeinschaft werden sollten, wurde dennoch in der Literatur weitgehend als empfehlenswert angesehen.[55] Verschiedene Literaten wandten sich während eines längeren Ruhens des Gesetzgebungsverfahrens in einem offenen Brief an den Gesetzgeber und forderten diesen auf, das Verfahren fortzusetzen und den vorliegenden Entwurf zu akzeptieren.[56]

Der Gesetzgeber hat während des Gesetzgebungsverfahrens Abstand von einer erheblichen Veränderung der Vorschriften über die Gütergemeinschaft genommen. Zunächst hat er davon abgesehen, vorehelich erworbene Vermögen der Ehegatten nicht Teil der Gütergemeinschaft werden zu lassen und die Gläubiger der Ehegatten in ihren Forderungsmöglichkeiten zu beschränken. In diesem Zusammenhang hat er lediglich angemerkt, dass eine Diskussion über die an der neuen Regelung geäußerte Kritik zwar möglich, aber im Gesamtzusammenhang dennoch die bisherige Rechtslage beizubehalten sei.[57] Weiterhin wurde auf Vorschlag eines Mitglieds der *Tweede Kamer der Staten-Generaal* die

---

52 *Van Mourik*, WPNR 2003, S. 642; *Vegter*, WPNR 2003, S. 645 f.
53 *Van Mourik*, WPNR 2004, S. 167.
54 Ausf. dazu *Breedveld-de Voogd/Huijgen*, WPNR 2004, S. 47 ff.; *Van der Burght/Luijten/ Meijer*, WPNR 2003, S. 655.
55 Vgl. *Lokin*, RMThemis 2001, S. 194; *Van Mourik*, WPNR 2003, S. 644; *ders.*, WPNR 2004, S. 167; *Verbeke*, WPNR 2004, S. 174; *Verstappen*, WPNR 2003, S. 636; anderer Ansicht *Van der Burght/Luijten/Meijer*, WPNR 2003, S. 657.
56 *Bartels/Boele-Woelki/Kolkman/Lokin/Nuytinck/Schols/Sonneveldt/Stille/Stollenwerck/ Stubbé/Van Mourik/Verbeke/Verstappen/Vlaardingerbroek*, in: NRC 03.01.2008, S. 7; vgl. auch *Van der Burght*, FTV 2014/3; *Lieber*, WPNR 2014, S. 1131; *Nuytinck*, WPNR 2017, S. 478; *Schols*, WPNR 2014, S. 1128; *Stollenwerck*, FTV 2014/10.
57 Siehe hierzu *Kamerstukken II* 2005/06, 28 867, Nr. 9, S. 8 und 12.

vorgestellte Vorschrift bezüglich der Erbschaften und Zuwendungen zugunsten der bisherigen Regelung zurückgenommen.[58]

Die nunmehr am 01.01.2012 in Kraft getretene gesetzliche Novellierung entsprach größtenteils nicht mehr dem ursprünglich vorgestellten Vorhaben. Folglich wurde konstatiert, dass eine grundlegende Änderung des gesetzlichen Güterstands mit dieser Gesetzesänderung nicht einhergegangen sei. Mehrheitlich wurde das Ergebnis des Gesetzgebungsverfahrens als vertane Gelegenheit angesehen, das eheliche Güterrecht zu modernisieren.[59] Teilweise wurde der Gesetzesentwurf als enthauptet, die erheblichen Einschränkungen des ursprünglichen Vorschlags als Herzamputation charakterisiert.[60]

Aufgrund der vorstehenden Entwicklung wurde in der folgenden Legislaturperiode erneut ein **Gesetzgebungsverfahren** unter dem Kennzeichen **33 987** mit dem ausdrücklich erklärten Ziel, eine beschränkte Gütergemeinschaft einzuführen, eingeleitet. Gemeinschaftlich sollte grundsätzlich nur das Vermögen werden, welches von den Ehegatten während der Ehe jeweils einzeln oder gemeinsam erworben wurde.[61] Zur Begründung wurde ausgeführt, dass der nunmehr vorgelegte Gesetzgebungsentwurf auf einer veränderten sozialen Wirklichkeit beruhe, dem Wunsch des Großteils der Bevölkerung entspreche und im internationalen Vergleich der Regel entspreche.[62]

Zunächst erscheint die These, dass der nunmehr vorgelegte Entwurf eines Änderungsgesetzes an gesellschaftliche Veränderungen anknüpfe, gewagt. Ausgehend davon, dass das zuvor beschlossene Gesetz zur Aktualisierung des gesetzlichen Güterstands erst am 01.01.2012 in Kraft getreten ist, dürften die gesellschaftlichen Entwicklungen größtenteils noch im vorherigen Gesetzgebungsverfahren berücksichtigt worden sein. Ebenso ist jedoch zu berücksichtigen, dass mit den zuvor genannten, erheblichen Einschränkungen im vorherigen Gesetzgebungsverfahren die Anpassung des Güterstands an gesellschaftliche Veränderungen *de facto* unterblieben ist.[63]

---

58 *Kamerstukken II* 2007/08, 28 867, Nr. 14, S. 2; *Kamerstukken I* 2008/09, 28 867, Nr. A, S. 2 f.
59 *Breederveld*, FJR 2009, S. 70; *Schols*, UCERF 2018, S. 21.
60 So beispielsweise *Luijten/Meijer*, WPNR 2013, S. 76; *Van Mourik*, WPNR 2012, S. 1; *Nuytinck*, WPNR 2008, S. 813; *Schols*, WPNR 2014, S. 1127.
61 *Kamerstukken II* 2013/14, Nr. 2, S. 1.
62 *Kamerstukken II* 2013/13, 33 987, Nr. 3, S. 1 (MvT).
63 Vgl. *Schols*, WPNR 2014, S. 1127; *Labohm/Stollenwerck*, WPNR 2015, S. 314, weisen darauf hin, dass sich aufgrund der Weltwirtschaftskrise im Jahr 2007 und der darauf

Aufgrund des unmittelbaren zeitlichen Zusammenhangs blieben die Positionen in der Literatur nahezu unverändert. Größtenteils wurde der erneute Vorstoß des Gesetzesgebers begrüßt.[64] Befürchtet wurde jedoch auch, dass der Gesetzgeber von einer fehlerhaften Annahme ausgehe, soweit darauf verwiesen werde, dass es im Zusammenhang mit der vielfach genutzten Ausschlussklausel in Testamenten nicht zu besonderen Schwierigkeiten gekommen sei. Diese Konstellation führe regelmäßig zu Rechtsstreitigkeiten über Vergütungsforderungen der (ehemaligen) Ehegatten.[65]

Auch bleibe die Problematik bestehen, dass die Ehegatten weiterhin aufgefordert seien, ordnungsgemäß Buch über die vermögensrechtliche Entwicklung zu führen, was in der Praxis grundsätzlich unterlassen werde.[66]

In Reaktion auf den Entwurf wurde zudem problematisiert, dass die Beschränkung der Gütergemeinschaft auf während der Ehe erworbenes Vermögen die vermögensrechtliche Lage unnötig kompliziert erscheinen lasse. Sollte der Entwurf unverändert in Kraft treten, entstünden vier unterschiedliche Vermögen, nämlich das private Vermögen beider Ehegatten, das nach der Eheschließung erworbene gemeinschaftliche Vermögen und das vorehelich gemeinsam erworbene Vermögen.[67]

Teilweise wurde aufgrund der genannten Kritikpunkte von einer Umsetzung des Gesetzgebungsvorhabens abgeraten; der vorgelegte Entwurf wurde sogar als asozial bezeichnet.[68]

Im weiteren Verfahren hat der Gesetzgeber aufgrund der vorstehenden Kritik davon Abstand genommen, das vor der Ehe gemeinsam von den Ehegatten

---

beruhenden Immobilienblase in den Niederlanden die Privatvermögen negativ entwickelt hätten.
64 *Kleefmann*, TREMA 2017/8; *Kolkman*, FTV 2013/12; *ders.*, WPNR 2014, S. 1221; *Labohm*, REP 2015/3; *Labohm/Stollenwerck*, WPNR 2015, S. 315; *Lieber*, WPNR 2014, S. 1142; *Mellema-Kranenburg*, AA 2016, S. 938; *Reijnen*, FBN 2016/3; *Schols*, WPNR 2014, S. 1128; *Stollenwerck*, FTV 2014/10; *Verstappen*, JV 2016, S. 94; teilweise zustimmend *Van der Burght*, FTV 2014/13.
65 *Van der Burght*, FTV 2014/13; ausf. zur Ausschlussklausel siehe S. 50 ff.
66 *Van der Burght*, FTV 2014/13; *Huijgen*, FTV 2014/10; *ders.*, FTV 2016/7–8; *Mellema-Kranenburg*, WPNR 2015, S. 271 f.; *dies.*, AA 2016, S. 938; *Subelack*, WPNR 2014, S. 1183.
67 *Breederveld*, REP 2015/3; *Huijgen*, FTV 2014/10; *Mellema-Kranenburg*, WPNR 2015, S. 271; *Zonnenberg*, EB 2015, S. 181; *ders.*, EB 2017, S. 143.
68 *Huijgen*, FTV 2014/10; *ders.*, FTV 2016/7–8.

erworbene Vermögen von der Wirkung der Gütergemeinschaft auszunehmen.[69] Weiteren wesentlichen Veränderungen unterlag der ursprünglich vorgelegte Entwurf des Gesetzes im Verfahren jedoch nicht. Das Änderungsgesetz, das die beschränkte Gütergemeinschaft als Güterstand einführte, trat zum 01.01.2018 in Kraft.[70]

b) Wirkung der gesetzlichen Novellierungen
Jede Gesetzesänderung hat nach niederländischem Verständnis mit dem Inkrafttreten grundsätzlich eine **unmittelbare Wirkung**. Die neu in Kraft getretene gesetzliche Bestimmung ist anwendbar, wenn die der Anwendung zugrundeliegenden Tatsachen im Zeitpunkt des Inkrafttretens vorliegen. Dies betrifft sowohl nach dem Inkrafttreten entstandene Tatsachen bzw. Umstände als auch bei Inkrafttreten fortbestehende Rechtszustände.[71] Im Umkehrschluss gilt, dass keine Auswirkung auf den Zeitraum vor Inkrafttreten besteht, mithin ein Gesetz auf solche Tatsachen, die sich vor dessen Inkrafttreten ereignet haben und abgeschlossen sind, nicht anzuwenden ist.[72]

Dies ergibt sich unmittelbar aus Art. 4 *Wet algemene bepalingen* (Wet AB):

Art. 4 Wet AB:
„De wet verbindt alleen voor het toekomende en heeft geene terugwerkende kracht."
Deutsch:
Das Gesetz knüpft allein an das Zukünftige Folgen und hat keine zurückwirkende Kraft.

Die unmittelbare Wirkung gilt jedoch nicht ausnahmslos. So wird im Gegensatz zu dieser von einer **respektierenden Wirkung** gesprochen, wenn die gesetzliche Novellierung bzw. das erstmals in Kraft getretene Gesetz an solche Tatsachen keine Rechtsfolgen knüpft, die im Moment des Inkrafttretens vorliegen. Maßgeblich für die Anordnung der respektierenden Wirkung ist, dass bei einer unmittelbaren Auswirkung des Gesetzes ein bestehendes Rechtsverhältnis in

---

69 *Kamerstukken II* 2014/15, 33 987, Nr. 11, S. 3. Der Gesetzgeber weist zugleich darauf hin, dass es unzutreffend sei, wenn suggeriert würde, dass gemeinsames Miteigentum der Ehegatten zum Entstehen eines weiteren Vermögens führen würde. Vielmehr seien die Miteigentumsanteile Teil des privaten Vermögens der Ehegatten. Siehe hierzu auch *Reijnen*, FTV 2016/3; *Schols*, UCERF 2018, S. 16.
70 *StB.* 2017, 177; *StB.* 2017, 178.
71 *Knigge*, Wetgeving, S. 90 bis 93; *Luijten/Meijer*, WPNR 2013, S. 75; *Verbeke*, WPNR 2003, S. 658.
72 *Knigge*, Wetgeving, S. 91; *Luijten/Meijer*, WPNR 2013, S. 76.

ungerechtfertigter Weise verletzt werden würde. Diese Ausnahme muss jedoch im Gesetz selbst angelegt sein.[73]

Das erste Gesetz zur Aktualisierung der gesetzlichen Gütergemeinschaft enthält Bestimmungen zum Übergangsrecht, ordnet jedoch nur in begrenztem Umfang eine respektierende Wirkung an.[74] Folglich hat die Gesetzesnovellierung grundsätzlich eine unmittelbare Wirkung und gilt damit einerseits für nach dem Inkrafttreten neu entstandene, aber ebenso für zuvor entstandene und mit dem Inkrafttreten fortbestehende Gütergemeinschaften.[75] Das zweite Änderungsgesetz hingegen hat hauptsächlich eine unmittelbare Auswirkung auf Ehen und eheliche Gütergemeinschaften, die nach dessen Inkrafttreten geschlossen worden sind; hinsichtlich bereits bestehender Ehen verbleibt es bezüglich des Umfangs der Gemeinschaft grundsätzlich bei der bis zum 31.12.2017 geltenden gesetzlichen Regelung.[76]

In der folgenden Darstellung wird aufgrund des Grundsatzes der unmittelbaren Wirkung der gesetzlichen Novellierungen auf die derzeit geltende Gesetzeslage Bezug genommen. Sofern auf die weiterhin bestehende Rechtslage zuvor geltendes Recht anwendbar ist, soll dies mit Bezug zur derzeit geltenden gesetzlichen Norm dargestellt werden. Wird in der nachfolgenden Darstellung auf eine außer Kraft getretene Norm Bezug genommen, wird ausdrücklich darauf hingewiesen.

3. Umfang der Gütergemeinschaft

Grundsätzlich erfolgt bei Vollzug der Ehe eine Vergemeinschaftung von Gütern und Schulden der Ehegatten. Dieser Zusammenfluss zu einem gemeinschaftlichen Vermögen stellt sich nach niederländischem Recht als Erwerb von Gütern im Sinne von Art. 80 Abs. 2 des 1. Abschnitts des 4. Titels des 3. Buches des *Burgerlijk Wetboek* dar und wird als *Boedelmenging* bezeichnet.[77] Der Begriff *Boedelmenging* ist in etwa mit Mischung des Hab und Guts zu übersetzen. Prinzipiell

---

73 *Knigge*, Wetgeving, S. 85 f.; *Luijten/Meijer*, WPNR 2013, S. 76; *Verbeke*, WPNR 2003, S. 658.
74 *Stb.* 2011, 205.
75 Vgl. auch *Luijten/Meijer*, WPNR 2013, S. 76 f.; *Verbeke*, WPNR 2003, S. 658; *Verstappen*, WPNR 2003, S. 635.
76 *Stb.* 2017, 177.
77 *Breederveld*, Huwelijksgemeenschap bij echtscheiding, S. 38; *Duynstee*, in: *Luijten*, Een kapitein, twee schepen, S. 58; *Perrick*, Gemeenschap, schuldeisers en verdeling, S. 56 f.; *Verstappen*, Rechtsopvolging, S. 327.

werden bei einer Mischung von Hab und Gut in diesem Sinne eine unbestimmte Anzahl von Gütern, Schulden und Rechtsbeziehungen zu einer Gütergemeinschaft verschmolzen.[78]

Fraglich ist, ob mit der *Boedelmenging* zugleich eine Veräußerung der Rechte an den jeweiligen Gütern, Schulden oder Rechtsbeziehung einhergeht. Sollte dies der Fall sein, würden unveräußerliche Rechte jedoch nicht von der Mischung erfasst und folglich nicht Teil der Gütergemeinschaft werden.[79] Eine derartige Sichtweise sei nicht mit den geltenden gesetzlichen Bestimmungen in Einklang zu bringen. Einerseits widerspreche diese Ansicht allgemeinen Rechtsvorschriften, wonach Grundlage jeder Verfügung eine Willenserklärung sei, an der es im Falle der *Boedelmenging* infolge einer Eheschließung jedoch fehle.[80] Außerdem wird geltend gemacht, dass in einer früheren Fassung des Bürgerlichen Gesetzbuches ausdrücklich die Mischung von Hab und Gut bei unveräußerlichen Rechten ausgeschlossen wurde. Würde die Unveräußerlichkeit stets dazu führen, dass keine *Boedelmenging* stattfinden könnte, so wäre diese Bestimmung nicht von Nöten gewesen.[81] In diesem Zusammenhang ist auch darauf hinzuweisen, dass das Gesetz selbst verschiedene, noch zu benennende Ausnahmen vom Umfang der Gütergemeinschaft vorsieht, die Unveräußerlichkeit in diesem Zusammenhang jedoch kein Tatbestandsmerkmal ist. Mehrheitlich wird daher vertreten, dass die *Boedelmenging* zwar zur Folge habe, dass die Güter in das Gemeinschaftsvermögen übergehen würden, jedoch verliere der Ehegatte, der Eigentümer des Guts ist, weder die Rechte noch die Verfügungsbefugnis. Auch werde der andere Ehegatte nicht Miteigentümer der Güter.[82]

Der Umfang der Mischung bei Entstehen der ehelichen Gütergemeinschaft ist nicht umfassend, sondern beschränkt. Das Gesetz gibt vor, welche Güter, Schulden und Rechtsbeziehungen von der *Boedelmenging* erfasst werden. In diesem Zusammenhang ist zudem zu berücksichtigen, dass der Umfang variabel ist, da

---

78 *Breederveld*, Huwelijksgemeenschap bij echtscheiding, S. 39; *Van Mourik*, WPNR 2003, S. 637; *Van Mourik/Verstappen*, Nederlands vermogensrecht bij scheiding, Deel A, S. 91; *Verstappen*, Rechtsopvolging, S. 327.
79 Vgl. *Van der Ploeg*, WPNR 1960, S. 515; *Smits*, WPNR 1963, S. 353.
80 *Breederveld*, Huwelijksgemeenschap bij echtscheiding, S. 41.
81 *Verstappen*, Rechtsopvolging, S. 369.
82 *Breederveld*, Huwelijksgemeenschap bij echtscheiding, S. 41; *Duynstee*, in: *Luijten*, Een kapitein, twee schepen, S. 58; *Kolkman/Salomons*, in: *Asser* 1-II, Rn. 269; *Smits*, WPNR 1963, S. 354; *Verstappen*, Rechtsopvolging, S. 369, geht davon aus, dass keine unmittelbare Rechtsveräußerung vorliege, die Berechtigung des anderen Ehegatten jedoch mittelbar dazu führe.

das Güterrecht Gegenstand der bereits dargestellten gesetzlichen Novellierungen war. Wurde die Ehe nach dem 01.01.2018 geschlossen, sind damit die seit diesem Zeitpunkt geltenden Vorschriften anwendbar; wurde die Ehe hingegen bis zum 31.12.2017 eingegangen, sind die bis zu diesem Zeitpunkt geltenden gesetzlichen Vorschriften weiterhin anwendbar. In der nachfolgenden Darstellung werden, soweit erforderlich, die unterschiedlichen Regelungen unmittelbar gegenübergestellt.

a) Aktiva als Teil der Gütergemeinschaft

Abhängig vom Zeitpunkt der Eheschließung divergiert bereits die grundsätzliche Regel, welche Güter der Ehegatten Teil der Gütergemeinschaft werden. Wurde die Ehe vor Inkrafttreten der letzten Novellierung geschlossen, gilt weiterhin, dass grundsätzlich alle Güter der Ehegatten Teil der Gütergemeinschaft werden.

Dies ergibt sich aus Art. 1:94 Abs. 2 Hs. 1 BW:

Art. 1:94 Abs. 2 Hs. 1 BW:
„2. De gemeenschap omvat, wat haar baten betreft, alle goederen der echtgenoten, bij aanvang van de gemeenschap aanwezig of nadien, zolang de gemeenschap niet is ontbonden, verkregen, […]"
Deutsch:
2. Die Gemeinschaft umfasst, was die Aktiva betrifft, alle Güter der Ehegatten, die zu Beginn der Gemeinschaft anwesend sind und danach erworben werden, solange die Gemeinschaft nicht aufgelöst worden ist, […]

Der zuvor geltende Grundsatz hat durch die Gesetzesänderung zum 01.01.2018 eine erhebliche Veränderung erfahren. Nunmehr werden, sofern nicht durch weitere Ausnahmen ausgenommen, nur solche Güter Teil der Gütergemeinschaft, die von den Ehegatten entweder allein oder gemeinsam während der Ehe angeschafft werden oder bereits vor der Eheschließung im Miteigentum beider Ehegatten standen.

Eine entsprechende Regelung findet sich in Art. 1:94 Abs. 2 Hs. 1 BW (neu):

Art. 1:94 Abs. 2 Hs. 1 BW (neu):
„De gemeenschap omvat, wat haar baten betreft, alle goederen die reeds vóór de aanvang van de gemeenschap aan de echtgenoten gezamenlijk toebehoorden, en alle overige goederen van de echtgenoten, door ieder van hen afzonderlijk of door hen tezamen vanaf de aanvang van de gemeenschap tot haar ontbinding verkregen, […]"
Deutsch:
Die Gütergemeinschaft umfasst, was die Aktiva betrifft, alle Güter, die bereits vor Beginn der Gemeinschaft den Ehegatten gemeinsam gehörten sowie alle übrigen Güter der

Ehegatten, die jeder von ihnen gesondert oder von ihnen gemeinsam ab dem Beginn der Gemeinschaft bis zu deren Ende erworben werden, [...]

Wie bereits dargestellt wurde, sah der im ursprünglich vorgelegten Gesetzesentwurf enthaltene Grundsatz vor, dass nur eine Vergemeinschaftung des während der Ehe erworbenen Vermögens erfolgen sollte. Soweit die Ehegatten vor der Ehe Vermögen aufgebaut hatten, sollte dies, selbst wenn es gemeinsames Vermögen der Ehegatten darstellte, nicht Teil der Gütergemeinschaft werden.[83] Eine im Gesetzgebungsverfahren vorgenommene Erweiterung der *Boedelmenging* auf voreheliches gemeinsames Vermögen der Ehegatten sollte der in der Literatur geäußerten Kritik begegnen sowie die neue gesetzliche Regelung vereinfachen.[84]

Die Erweiterung der Gütergemeinschaft in diesem Sinne ist nicht unproblematisch. Aufgrund der seit dem 01.01.2018 geltenden gesetzlichen Regelung ist gemeinsam vorehelich erworbenes Vermögen der *Boedelmenging* unterworfen, selbst wenn die Ehegatten bis zum Vollzug der Ehe unterschiedliche Anteile daran innehatten. Da die Ehegatten jedenfalls bei der Auflösung der Gütergemeinschaft jeweils einen hälftigen Anteil an den gemeinschaftlichen Gütern halten, werden auf diese Weise Anteile von unterschiedlichem Wert durch die Rechtsfolgen der *Boedelmenging* nivelliert. Sind die Ehegatten beispielsweise vor der Eheschließung Miteigentümer einer Immobilie, der eine jedoch nur zu einem Drittel, der andere zu zwei Dritteln, werden sie aufgrund der Vergemeinschaftung letztlich zu gleichen Teilen an dieser Immobilie berechtigt sein. Die Nivellierung unterschiedlicher Anrechte am vorehelichen gemeinsamen Vermögen ist zwar ebenfalls eine Rechtsfolge des Eintritts der unbeschränkten Gütergemeinschaft in Form des bisherigen Art. 1:94 Abs. 2 BW; diese Rechtsfolge widerspricht jedoch der eigentlichen Prämisse des jüngeren Gesetzgebers, wonach ausschließlich das während der Ehe erworbene Vermögen den Ehegatten zu gleichen Teilen gehören soll. Dessen ungeachtet handelt es sich nicht um eine versehentliche oder unvorhergesehene Rechtsfolge. Der Gesetzgeber hat diese Problematik erkannt, sich aus Gründen der Praktikabilität jedoch für die nunmehr in Kraft getretene Formulierung entschieden, und somit den Widerspruch zum Leitmotiv bewusst in Kauf genommen. Zudem ist der Gesetzgeber der Auffassung, dass von Ehegatten, die bewusst unterschiedliche hohe Anteile an einem Vermögensgegenstand erworben hätten, erwartet werden könnte, dass sie unliebsamen Rechtsfolgen der *Boedelmenging* durch ehevertragliche

---

83 Siehe S. 39.
84 Siehe S. 40 f.

Regelungen begegnen würden.[85] Es steht jedoch zu befürchten, dass die Ehegatten diese Nuancierung nicht ohne weiteres erkennen.[86]

b) Passiva als Teil der Gütergemeinschaft

Neben den Aktiva werden auch Passiva Teil der Gütergemeinschaft. In welchem Umfang auch die Schulden den Rechtsfolgen der *Boedelmenging* unterliegen, richtet sich ebenfalls nach dem Datum der Eheschließung. Sofern die Ehe bis zum Ablauf des 31.12.2017 geschlossen wurde, werden grundsätzlich alle Schulden Teil der Gütergemeinschaft.
Eine entsprechende Regelung findet sich in Art. 1:94 Abs. 5 BW:

Art. 1:94 Abs. 5 BW:
„5. De gemeenschap omvat, wat haar lasten betreft, alle schulden van ieder der echtgenoten, […]"
Deutsch:
5. Die Gemeinschaft umfasst, was ihre Lasten betrifft, alle Schulden beider Ehegatten, […]

Wurde die Ehe hingegen ab dem 01.01.2018 eingegangen, gilt der Grundsatz, dass alle Schulden Teil der Gütergemeinschaft werden, aufgrund des ab diesem Zeitpunkt geltenden Gesetzes nicht mehr. Nunmehr unterliegen grundsätzlich lediglich die Schulden der *Boedelmenging*, die während des Bestehens der Gemeinschaft von den Ehegatten eingegangen werden. Analog zur Erweiterung der Zugehörigkeit von vorehelichen Gütern erstreckt sich die Wirkung der Gütergemeinschaft zudem auf solche Verbindlichkeiten, die bereits vor Eheschließung gemeinsame Schulden der Ehegatten waren, und solche, die auf Gütern lasten, die bereits vor Beginn der Gemeinschaft den Ehegatten gemeinsam gehörten.
Dies ergibt sich aus Art. 1:94 Abs. 7 BW (neu).

Art. 1:94 Abs. 7 BW (neu):
„7. De gemeenschap omvat, wat haar lasten betreft, alle vóór het bestaan van de gemeenschap ontstane gemeenschappelijke schulden, alle schulden betreffende goederen die reeds vóór de aanvang van de gemeenschap aan de echtgenoten gezamenlijk toebehoorden, en alle tijdens het bestaan van de gemeenschap ontstane schulden van ieder van de echtgenoten, […]"
Deutsch:
7. Die Gemeinschaft umfasst, was ihre Lasten betrifft, alle vor Bestehen der Gemeinschaft entstandenen gemeinsamen Schulden, alle Schulden mit Bezug zu Gütern, die

---

85 Siehe hierzu *Kamerstukken I* 2016/17, 33 987, C, S. 3 (MvA).
86 Vgl. *Kleefmann*, TREMA 2017/8; *Schols*, UCERF 2018, S. 17.

bereits vor Beginn der Gemeinschaft beiden Ehegatten gemeinsam gehörten, und alle während des Bestehens der Gemeinschaft entstehenden Schulden, [...]

Umstritten ist, welche Rechtsfolge sich an die gemäß Art. 1:94 Abs. 5 BW bzw. Art 1:94 Abs. 7 BW (neu) vorgesehene Vergemeinschaftung der Schulden anschließt. Teilweise wird zur Beantwortung dieser Frage auf den Wortlaut des *Burgerlijk Wetboek* verwiesen. Art. 1:94 BW spreche sowohl bei Gütern als auch Schulden davon, dass diese von der Gütergemeinschaft *omvat*, also umfasst, würden. Aus der Wahl des Gesetzgebers für dasselbe Wort wird der Schluss gezogen, dieser habe sich damit für die gleiche Behandlung von Gütern und Schulden ausgesprochen. Folglich müssten Schulden auf die gleiche Art und Weise wie die Güter Teil der Gütergemeinschaft werden. Die Gemeinschaft stelle sich als Komplex von gemeinschaftlichen Gütern und Schulden dar.[87]

Daneben wird, wie bereits dargestellt, vereinzelt vertreten, dass es sich bei der Gütergemeinschaft um eine eigene Rechtsperson handele. Die Eigenschaft der Gütergemeinschaft als Rechtsperson sei auch bei der Behandlung der Schulden zu berücksichtigen, sodass diese in ihrer Eigenschaft als Rechtsperson selbst Schuldner werde.[88]

Darüber hinaus sind Teile der Literatur der Auffassung, dass allein der Ehegatte Schuldner bleibe, der die Schuld eingegangen sei, und damit ein Zugriff des Gläubigers auf die Gemeinschaftsgüter ermöglicht werde.[89] Die Literatur sucht Anschluss an die Begriffe der *Schuld* und *Haftung* der deutschen Rechtswissenschaft. Einerseits solle nur der Ehegatte, der die Schuld eingegangen ist, zur Leistung verpflichtet sein. Andererseits solle nicht nur dessen eigenes Vermögen, sondern auch das Vermögen der Gemeinschaft als Haftungsmasse dienen.[90] Die letztgenannte Auffassung findet eine Stütze im Gesetz. Laut den Vorschriften des *Burgerlijk Wetboeks* können zur Begleichung einer Schuld neben den Gütern des Schuldners, die nicht Teil der Gütergemeinschaft geworden sind, auch alle Güter der Gemeinschaft herangezogen werden. Zur Begleichung einer Verbindlichkeit, die nicht Teil der Gütergemeinschaft ist, können die Güter der

---

87 De Bruijn/Huijgen/Reinhartz, Het Nederlandse Huwelijksvermogensrecht, 5. druk, S. 153.
88 Schoordijk, WPNR 1982, S. 401.
89 De Bruijn/Huijgen/Reinhartz, Het Nederlandse Huwelijksvermogensrecht, 5. druk, S. 154; Kolkman/Salomons, in: Asser 1-II, Rn. 306; Lieber, FJR 2016, S. 216; Luijten/Meijer, in: Klaassen/Eggens, Huwelijksgoederenrecht, Rn. 237; Waaijer, WPNR 1982, S. 646 f.
90 De Bruijn/Huijgen/Reinhartz, Het Nederlandse Huwelijksvermogensrecht, 5. druk, 153.

Gemeinschaft nicht herangezogen werden, sofern der andere Ehegatte auf eigene Güter des Ehegatten, der Schuldner ist, verweist, die zur Begleichung der Schuld ausreichen. Zudem können Privatgüter eines Ehegatten zur Begleichung einer Gemeinschaftsschuld ebendieses Ehegatten nicht herangezogen werden, wenn er auf gemeinschaftliche Güter verweist, die zur Begleichung der Verbindlichkeit genügen.

Eine entsprechende Regel findet sich in Art. 1:96 Abs. 1 und Abs. 2 BW:

Art. 1:96 BW:

„1. Voor een schuld van een echtgenoot kunnen, ongeacht of deze in de gemeenschap is gevallen, zowel de goederen van de gemeenschap als zijn eigen goederen worden uitgewonnen.
2. Voor een niet in de gemeenschap gevallen schuld van een echtgenoot kunnen de goederen van de gemeenschap niet worden uitgewonnen, indien de andere echtgenoot eigen goederen van eerstgenoemde aanwijst, die voldoende verhaal bieden. Voor een in de gemeenschap gevallen schuld van een echtgenoot kunnen de eigen goederen van deze echtgenoot niet worden uitgewonnen, indien hij goederen van de gemeenschap aanwijst, die voldoende verhaal bieden. [...]"

Deutsch:
1. Für die Begleichung einer Schuld eines Ehegatten können, ungeachtet dessen, ob diese der Gemeinschaft unterfällt, sowohl die Güter der Gemeinschaft als auch seine eigenen Güter herangezogen werden.
2. Für die Begleichung einer nicht in die Gemeinschaft gefallenen Schuld eines Ehegatten können die Güter der Gemeinschaft nicht herangezogen werden, wenn der andere Ehegatte eigene Güter des erstgenannten anweist, die dem Anspruch des Gläubigers genügen. Für die Begleichung einer der Gemeinschaft unterfallenden Schuld eines Ehegatten können die privaten Güter dieses Ehegatten nicht herangezogen werden, wenn er Güter der Gemeinschaft anweist, die dem Anspruch des Gläubigers genügen. [...]

Zunächst geht aus dieser Vorschrift hervor, dass die Privatschulden des einen Ehegatten zwar sowohl mit gemeinschaftlichen Gütern als auch mit dessen Privatvermögen beglichen werden können, jedoch nicht mit dem Privatvermögen des anderen Ehegatten. Falls aufgrund der Vergemeinschaftung ein Zusammenfluss der Schulden erfolge, müsste jedoch auch das Vermögen dieses Ehegatten zur Begleichung der Gemeinschaftsschuld zur Verfügung stehen.[91] Der Regelung in der vorgenannten Vorschrift bedürfte es ferner ohnehin nicht, falls der andere Ehegatte aufgrund der Vergemeinschaftung ohne weiteres als Schuldner neben den Ehegatten treten würde, der die Verbindlichkeit eingegangen ist. Der

---

91 So auch *Kolkman/Salomons*, in: Asser 1-II, Rn. 306.

letztgenannten Ansicht, die davon ausgeht, dass mit der *Boedelmenging* lediglich eine Erweiterung der Haftung einhergeht, ist daher im Ergebnis zu folgen.

c) Gesetzlich vorgesehene Ausnahmen

Die Wirkung der Gütergemeinschaft war allerdings bereits unter der früheren Rechtslage nicht dergestalt, dass sie ausnahmslos alle Güter und Schulden der Ehegatten umfasste. Vielmehr sollten nach dem Willen des Gesetzgebers bestimmte Vermögensgegenstände und Verbindlichkeiten bereits nach der gesetzlichen Grundkonstellation nicht Teil der Gütergemeinschaft werden. Diese Ausnahmen sind teilweise in der nochmaligen Novellierung zum 01.01.2018 in das neue Recht inkorporiert worden oder aufgrund der respektierenden Wirkung weiterhin gültig. Zudem sind weitere Ausnahmeregeln in Folge der Gesetzesänderung in das Gesetz aufgenommen worden. Im Folgenden sollen die gesetzlichen Ausnahmeregelungen eingehender dargestellt werden, wobei auf die Frage der Geltung der jeweiligen Vorschrift gesondert eingegangen wird.

aa) Nachlassvermögen und andere Zuwendungen

Eine erste Ausnahmeregelung kennt das Gesetz sowohl in der früheren als auch in der derzeitigen Form hinsichtlich der Gegenstände, die einem Ehegatten im Wege der Erbfolge oder anderweitig zugewendet worden sind bzw. werden. Die Frage, ob Nachlassgüter und anderweitig zugewendete Vermögensgegenstände Teil der Gütergemeinschaft werden, stellt neben der Ausnahme vorehelichen Vermögens von den Wirkungen der Gütergemeinschaft einen weiteren wesentlichen Unterschied zwischen den bis zum 31.12.2017 geltenden und den nunmehr geltenden Vorschriften dar. Wie sich bereits aus der Darstellung der Gesetzeshistorie ergibt, war diese Regelung bereits Teil des erstmaligen Gesetzesentwurfs zur Aktualisierung des gesetzlichen Güterstands. Da die Thematik, ob Nachlassgüter und Zuwendungen Teil der Gütergemeinschaft bleiben sollten, im Rahmen des ersten Gesetzgebungsverfahrens umstritten war, wurde die ursprünglich beabsichtigte Änderung nicht umgesetzt. Erst im Rahmen des im Jahr 2014 eingeleiteten Gesetzgebungsverfahrens konnte die Erweiterung des Ausschlusses von Nachlassgegenständen und Zuwendungen durchgesetzt werden.[92] Im Folgenden soll zunächst die Rechtslage der früheren Regelung dargestellt werden. Diese ist aufgrund der respektierenden Wirkung weiterhin anwendbar, sofern die Eheschließung bis zum Ablauf des 31.12.2017 erfolgte. Im Anschluss sollen

---

92 Siehe S. 39.

die gesetzlichen Vorschriften untersucht werden, die anwendbar sind, falls die Ehe ab dem 01.01.2018 geschlossen wurde.

(1) Einschluss des Erworbenen und Ausschlussklausel
Grundsätzlich werden, sofern die Ehe unter Geltung des früheren Rechts geschlossen wurde, alle Güter Teil der Gütergemeinschaft. Diese Regelung ergibt sich aus Art. 1:94 Abs. 2 BW[93] und schließt folglich auch alle Vermögensgegenstände ein, die ein Ehegatte vor und während der bestehenden Ehe aufgrund einer erbrechtlichen Regelung oder einer Zuwendung erhalten hat, selbst wenn der anderen Ehegatte nicht unmittelbar durch den Verfügenden bedacht worden ist.

Gleichwohl hat der Gesetzgeber vorgesehen, dass ausnahmsweise solche Güter, die einer der Ehegatten infolge einer Erbschaft oder Zuwendung erhält, nicht Teil der Gütergemeinschaft werden, wenn die Erblasser oder Verfügenden bzw. Geber ihren Willen durch eine entsprechende Erklärung kenntlich gemacht haben. Diese Erklärung wird in der Literatur als *Uitsluitingsclausule* bezeichnet, was mit Ausschlussklausel übersetzt werden kann.[94]

Dies ergibt sich aus Art. 1:94 Abs. 2 lit. a BW.

Art. 1:94 Abs. 2 lit. a BW:
„2. De gemeenschap omvat, wat haar baten betreft, alle goederen der echtgenoten, bij aanvang van de gemeenschap aanwezig of nadien, zolang de gemeenschap niet is ontbonden, verkregen, met uitzondering van:
    a. goederen ten aanzien waarvan bij uiterste wilsbeschikking van de erflater of bij de gift is bepaald dat zij buiten de gemeenschap vallen; [...]"
Deutsch:
2. Die Gemeinschaft umfasst bezüglich ihrer Aktiva alle Güter der Ehegatten, die zu Beginn der Gemeinschaft anwesend sind und danach erhalten werden, solange die Gemeinschaft nicht aufgelöst worden ist, mit Ausnahme von:
    a. Gütern, die durch testamentarische Regelung vom Erblasser oder mit der Zuwendung dazu bestimmt sind, nicht in die Gemeinschaft zu fallen; [...]

In diesem Zusammenhang ist darauf hinzuweisen, dass das niederländische Zivilgesetzbuch in seiner aktuellen Fassung zwischen der *Schenking*, also Schenkung, und dem *Gift*, was in Abgrenzung dazu mit Zuwendung übersetzt werden

---

93 Siehe S. 44.
94 So *De Boer*, in: *Asser* 1, Rn. 318; *Breederveld*, Huwelijksgemeenschap bij echtscheiding, S. 62; *ders.*, FJR 2013/71; *Heida*, EB 2018, S. 4; *Van Mourik/Verstappen*, Nederlands vermogensrecht bij scheiding, Deel A, S. 168.; *Soons*, WPNR 1995, S. 432.

müsste, unterscheidet, falls eine Partei auf Kosten des eigenen Vermögens eine andere mit der Absicht bereichert, diese zu bevorteilen. Der Begriff der Zuwendung ist dabei weiter als der Begriff der Schenkung. Bereits die Vornahme einer Handlung, die bewusst zur Bereicherung des Begünstigten auf Kosten des Bevorteilenden führt, ist ausreichend, um von einer Zuwendung zu sprechen.[95]

Hat der Erblasser bzw. Geber die Erbschaft oder Zuwendung mit einer solchen Ausschlussklausel verbunden, kommt es **nicht zu der Mischung von Hab und Gut**. Das vererbte oder zugewendete Gut verbleibt im Privateigentum des Erben oder Beschenkten. Dies hat insbesondere zur Folge, dass der Ehegatte, der nicht Erbe geworden ist oder begünstigt wurde, keine Berechtigung bezüglich dieses Guts erwirbt.[96]

Die Ausschlussklausel enthält darüber hinaus in der Praxis vielfach eine **Bedingung**, wodurch die **Zugehörigkeit zur Gütergemeinschaft nur für den Fall der Ehescheidung verneint** wird. Wird an eine Ausschlussklausel eine Bedingung geknüpft, wird von einer weichen Ausschlussklausel gesprochen.[97] Ob dies zulässig ist, ist in der Literatur umstritten.

Teilweise wird die güterrechtliche Regelung in der Ausschlussklausel als bedingungsfeindlich eingestuft. Im Zeitpunkt des Erwerbs eines Guts müsse deutlich werden, ob das Gut Teil der Gütergemeinschaft werde. Diese Ansicht knüpft an den Wortlaut des Gesetzes an, der nicht vorsehe, dass eine Ausschlussklausel unter eine Bedingung gestellt werden könnte. Eine spätere Aufnahme in die Gütergemeinschaft widerspreche dem Grundsatz der Einheitlichkeit des ehelichen Güterrechts.[98]

Eine vermittelnde Ansicht geht davon aus, dass es möglich sei, an die Ausschlussklausel Bedingungen zu knüpfen, dies jedoch nicht mit einer güterrechtlichen Wirkung. Vielmehr müsse aufgenommen werden, dass der betreffende Vermögensgegenstand nicht Teil der Gütergemeinschaft werde, jedoch bei Beendigung durch den Tod eine Verrechnung des Wertes des Gutes zugunsten

---

95 *Perrick*, in: *Asser* 4, Rn. 206; ausf. zum Unterschied zwischen Schenkung und Zuwendung siehe S. 372 ff.
96 *HR* 21.11.1980, ECLI: NL: PHR:1980: AC7049, NJ1981/193, S. 673; *De Boer*, in: *Asser* 1, Rn. 318; *Breederveld*, Huwelijksgemeenschap bij echtscheiding, S. 62; *De Bruijn/ Huijgen/Reinhartz*, Het Nederlandse Huwelijksvermogensrecht, 4. druk, S. 126 f.; *Van Hoepen/Zandvoort-Gerritsen*, WFR 2017, S. 799.
97 *Van der Geld*, TE 2017, S. 80; *Van Hoepen/Zandvoort-Gerritsen*, WFR 2017, S. 799; *Huzink*, FA 2017, S. 26.
98 *Breederveld*, Huwelijksgemeenschap bij echtscheiding, S. 66 f; vgl. auch *Vegter*, WPNR 2010, S. 33.

der Gemeinschaft zu erfolgen habe. Eine güterrechtlich wirkende Klausel diene zudem nicht der Rechtssicherheit.[99]

Andere Stimmen in der Literatur gehen davon aus, dass es zulässig sei, eine güterrechtlich wirkende Bedingung an die Ausschlussklausel zu knüpfen. Hinsichtlich der geäußerten Kritik an einer güterrechtlichen Wirkung werde übersehen, dass der Eintritt der Bedingung keine Rückwirkung entfalte. Soweit auf den Wortlaut der Vorschrift verwiesen wird, sei zu berücksichtigen, dass es nicht erforderlich sei, dass die Zulässigkeit einer Bedingung ausdrücklich durch das Gesetz eröffnet werde. In diesem Zusammenhang wird ein Vergleich mit dem Erbrecht gesucht, das solche Bedingungen kenne, die jedoch ebenfalls nicht ausdrücklich vorgesehen seien.[100] Zudem wird darauf verwiesen, dass die Möglichkeit der Bedingung der Verwirklichung des Willens des Erblassers diene, was Zweck von Art. 1:94 Abs. 2 lit. a BW sei.[101] Der letztgenannten Ansicht ist zu folgen. Fraglich ist bereits, inwieweit der Grundsatz der Einheitlichkeit im Ehegüterrecht noch herangezogen werden kann.[102] Darüber hinaus ist jedoch zu beachten, dass aus der gesetzlichen Systematik nicht ersichtlich ist, warum die Ausschlussklausel bedingungsfeindlich sein sollte. Es entspricht vielmehr der Systematik, dass an diese eine Bedingung geknüpft werden kann, ohne dass dies ausdrücklich aus der Norm hervorgeht.

Die Tatsache, dass Verfügenden die Möglichkeit gegeben wurde, derartig Einfluss auf die Bildung der Gütergemeinschaft zu nehmen, wirft ferner die Frage auf, inwieweit dessen **Entscheidung für die Ehegatten bindend** ist.

In Betracht kommt zunächst, dass diese in ihren Ehevertrag eine Klausel aufnehmen, wonach ein Vermögensgegenstand Teil der Gütergemeinschaft wird, selbst wenn es einer der Ehegatten infolge einer Erbschaft oder Zuwendung unter einer Ausschlussklausel erhalten haben sollte.

Der *Hoge Raad* hat jedoch entschieden, dass es den Ehegatten nicht freisteht, die Wirkung der Ausschlussklausel im Rahmen einer ehevertraglichen Vereinbarung aufzuheben. Zur Begründung verwies er einerseits darauf, dass eine

---

99 *Kleijn*, JBN 1996/87; *ders.*, JBN 1997/41; *Luijten/Meijer*, in: *Klaassen/Eggens*, Huwelijksgoederenrecht, Rn. 173; *Meijer*, WPNR 1996, S. 648; *Van Mourik*, WPNR 1995/I, S. 13; *ders.*, WPNR 1996/II, S. 510; *Vegter*, WPNR 2010, S. 33 f.
100 *Kraan*, WPNR 1995/II, S. 265; zustimmend: *De Bruijn/Huijgen/Reinhartz*, Het Nederlandse Huwelijksvermogensrecht, 5. druk, S. 152; *Kolkman/Salomons*, in: *Asser* 1-II, Rn. 293; *Kolkman/Verstappen*, WPNR 2006, S. 54; dieser Auffassung schließt sich auch der Gesetzgeber an: *Kamerstukken I* 2016/17, 33 987, C, S. 28.
101 *Smalbraak*, WPNR 1982, S. 480.
102 Vgl. *Bossers-Cnossen/Schols*, WPNR 2016, S. 27 – 35, S. 56 – 62.

entsprechende Bestimmung der gesetzlichen Vorschrift über den Umfang der Gütergemeinschaft – und damit zwingendem Recht – widerspreche. Zudem würde eine andere Sichtweise den Willen des Erblassers bzw. Gebers nicht ausreichend respektieren.[103] Im zur Entscheidung vorliegenden Fall hatten die Ehegatten ehevertraglich das Bestehen jeglicher Gemeinschaft ausgeschlossen. Zugleich hatten sie vereinbart, dass im Falle des Todes eines von ihnen eine Auseinandersetzung anhand der Vorschriften über die gesetzliche Gütergemeinschaft stattfinden sollte – unter Einbeziehung der Güter, die sie unter Verwendung einer Ausschlussklausel erhalten hatten.[104]

Alternativ kommt in Betracht, dass sich die Ehegatten untereinander mit Gütern, die sie unter Verwendung einer Ausschlussklausel erhalten haben, beschenken und so die Wirkung der Klausel umgehen. Das Gut würde durch die Schenkung ohne Verwendung einer Ausschlussklausel übereignet und infolgedessen Teil der Gütergemeinschaft. Diese Option findet in der Literatur Zustimmung. Zur Begründung wird darauf verwiesen, dass dies zuzulassen sei, um Umgehungsgeschäfte mit Dritten zu vermeiden. Selbst unter der Voraussetzung, dass der Wille des Erblassers bzw. Gebers Vorrang und die Ausschlussklausel die Unwirksamkeit der Bevorteilung des anderen Ehegatten zur Folge habe, dürfte die Ausschlussklausel auf die Schenkung an einen Dritten gleichwohl keinen Einfluss haben. Der Dritte wiederum unterliege keinen Beschränkungen und könnte somit das Gut auch an den anderen Ehegatten übereignen. Um solche Konstellationen zu vermeiden, sei auch unter Ehegatten die Schenkung von Gütern, die unter einer *Uitsluitingsclausule* erworben wurden, als zulässig zu erachten.[105]

Zwischen der letztgenannten Auffassung und den Ausführungen des *Hoge Raads* besteht nur scheinbar ein Widerspruch: Die Vorschriften zum Umfang der gesetzlichen Gütergemeinschaft stellen zwingendes Recht dar, sodass die

---

103 *HR* 21.11.1980, ECLI: NL: PHR:1980: AC7049, NJ 1981/193, S. 673; vgl. auch *De Boer*, in: *Asser* 1, Rn. 318; *Breederveld*, Huwelijksgemeenschap bij echtscheiding, S. 64; *Heida*, EB 2018, S. 4.; *Breederveld*, FJR 2013/71, vertritt sogar, dass im Umkehrschluss auch der Wille des Erblassers, der keine Ausschlussklausel aufgenommen hätte, dem Willen der Ehegatten vorgehen müsse, sodass diese solche Güter auch nicht von der Zugehörigkeit zur Gütergemeinschaft ausnehmen können; kritisch *Verstappen*, Rechtsopvolging, S. 374.
104 *HR* (o. Fn. 103), S. 671.
105 *Breederveld*, Huwelijksgemeenschap bij echtscheiding, S. 65; *Van Mourik*, WPNR 2009, S. 584, problematisiert, dass dieses Rechtsgeschäft der Ehegatten unter bestimmten Umständen sittenwidrig sein könnte; *Soons*, WPNR 1995, S. 43.

Ehegatten auch durch einen Ehevertrag keine Änderung vereinbaren können. Die Ausschlussklausel ist jedoch nicht als über das Ehegüterrecht hinauswirkende Verfügungsbeschränkung zu sehen. Folglich muss es den Ehegatten freistehen, andere Vereinbarungen miteinander zu treffen und beispielsweise dem anderen Ehegatten einen Miteigentumsanteil oder das gesamte Gut zu schenken.

Darüber hinaus ist zu berücksichtigen, dass die Grundregel im Fall der Zuwendung nicht ausnahmslos gilt. So wird ein Gut zum gemeinschaftlichen Gut, wenn sich die Zuwendung für den Begünstigten nur indirekt auswirkt. Dies ist der Fall, wenn dem Begünstigten zwar das Gut übergeben wird, aber es diesem nicht als solches zugewendet wird, sondern ihm nur ein gewisser Wert zugutekommen soll. Hierbei ist beispielhaft der Verkauf eines Gegenstands zu einem Preis, der unter dem Verkehrswert liegt, unter Verwendung einer Ausschlussklausel zu nennen. Das übergebene Gut unterfällt sodann der allgemeinen Wirkung der Gütergemeinschaft; der Käufer bzw. der Begünstigte erhält indes einen Anspruch auf Vergütung in Höhe des Verkehrswertes abzüglich des tatsächlich gezahlten Kaufpreises.[106] Ferner ist nicht abschließend geklärt, wie sich eine Begünstigung auswirkt, die in der Form erfolgt, dass ein Gläubiger eine Gemeinschaftsschuld erlässt. Vertreten wird, dass – sollte mit dem Schuldenerlass eine Ausschlussklausel verbunden worden sein – die Wirkung der Klausel ausschließlich erhalten bleiben könne, indem der begünstigte Ehegatte einen Ausgleichsanspruch gegenüber der Gütergemeinschaft erhalte.[107]

Trotz der gesetzlichen Novellierung hat die Ausschlussklausel auch unter der neuen Rechtslage ihre Bedeutung nicht vollständig eingebüßt. Der Gesetzgeber hat insoweit vorgesehen, dass, falls ein Vermögensgegenstand, den einer der Ehegatten infolge eines Erbes oder eines Vermächtnisses oder durch eine Zuwendung erhält, mit einer Ausschlussklausel verbunden ist, die Ehegatten die sich daraus ergebende Rechtsfolge durch eine ehevertragliche Regelung nicht ändern können. Die Ausschlussklausel ist somit eine zwingende Bestimmung.

Dies ergibt sich aus Art. 1:94 Abs. 4 BW (neu):

---

106 *De Boer*, in: *Asser* 1, Rn. 318; *De Bruijn*, Het sluiten van zaken buiten de huwelijksgemeenschap, S. 128; *Luijten/Meijer*, in: *Klaassen/Eggens*, Huwelijksgoederenrecht, Rn. 170; *Meijer*, WPNR 1996, S. 629; *Schuttevâer*, WPNR 1981, S. 872; vgl. auch *Breederveld*, Huwelijksgemeenschap bij echtscheiding, S. 72 f., der ausführt, dass es dem Verfügenden obliege, das Gut zum Verkehrswert zu veräußern und eine weitere Schenkung unter Verwendung einer Ausschlussklausel vorzunehmen; eine andere Vorgehensweise sei systemwidrig.

107 *De Bruijn*, Het sluiten van zaken buiten de huwelijksgemeenschap, S. 128; *Meijer*, WPNR 1996, S. 629.

Art. 1:94 Abs. 4 BW (neu):
„4. Goederen, alsmede de vruchten van die goederen, ten aanzien waarvan bij uiterste wilsbeschikking of bij de gift is bepaald dat zij buiten de gemeenschap vallen, blijven buiten de gemeenschap, ook al zijn echtgenoten bij huwelijkse voorwaarden overeengekomen dat krachtens erfopvolging bij versterf, making, lastbevoordeling of gift verkregen goederen dan wel de vruchten daarvan in de gemeenschap vallen."
Deutsch:
Güter, sowie Früchte dieser Güter, die mittels Testament vom Erblasser oder mit der Zuwendung dazu bestimmt sind, nicht in die Gemeinschaft zu fallen, werden auch nicht Teil der Gemeinschaft, wenn die Ehegatten durch einen Ehevertrag vereinbart haben, dass aufgrund einer Erbfolge bei Versterben, durch eine letztwillige Verfügung, ein Vermächtnis oder aufgrund einer Zuwendung erhaltene Güter Teil der Gütergemeinschaft werden.

Der Gesetzgeber geht dennoch davon aus, dass die Bedeutung der Ausschlussklausel in der Praxis rasch abnehmen wird.[108] In der Literatur wird gleichwohl darauf hingewiesen, dass diese Einschätzung unzutreffend ist, da es für den Verfügenden, der bewusst nur einen Ehegatten bevorteilen wolle, notwendig sei, auch diese Form der Vergemeinschaftung auszuschließen.[109]

(2) Ausschluss des Erworbenen und Insluitingsclausule
Im Gegensatz zu der zuvor dargestellten Grundregel werden nach der Konzeption des jüngeren Gesetzgebers alle aufgrund eines Erbrechtes oder einer Zuwendung erhaltenen Vermögensgegenstände kein Teil der Gütergemeinschaft – unabhängig davon, ob einer der Ehegatten diese Gegenstände vor oder während der Ehe erhält.
Dies ergibt sich aus Art. 1:94 Abs. 2 lit. a BW (neu).

Art. 1:94 Abs. 2 lit a BW (neu):
„2. De gemeenschap omvat, wat haar baten betreft, alle goederen die reeds vóór de aanvang van de gemeenschap aan de echtgenoten gezamenlijk toebehoorden, en alle overige goederen van de echtgenoten, door ieder van hen afzonderlijk of door hen tezamen vanaf de aanvang van de gemeenschap tot haar ontbinding verkregen, met uitzondering van:
    a. krachtens erfopvolging bij versterf, making, lastbevoordeling of gift verkregen goederen; [...]"
Deutsch:

---

108 *Kamerstukken II* 2014/15, 33 987, Nr. 10, S. 15.
109 *Beers/Opgenoort/Schoenmaker*, in: FA 2018, S. 29; *Burgerhart*, EstateTip Review 2018/11; *Van Hoepen/Zandvoort-Gerritsen*, WFR 2017, S. 800; *Huijgen*, FTV 2015/1; vgl. auch *Van der Geld*, TE 2017, S. 79 f.

2. Die Gütergemeinschaft umfasst, was die Aktiva betrifft, alle Güter, die bereits vor Beginn der Gemeinschaft den Ehegatten gemeinsam gehörten sowie alle übrigen Güter der Ehegatten, die jeder von Ihnen gesondert oder von Ihnen gemeinsam ab dem Beginn der Gemeinschaft bis zu Ihrem Ende erworben werden, mit Ausnahme von:
a. aufgrund einer Erbfolge bei Versterben, durch eine letztwillige Verfügung, ein Vermächtnis oder aufgrund einer Zuwendung erhaltenen Gütern. [...]

Diese Regelung setzt den Grundgedanken des Gesetzgebers um, der mit der Gesetzesnovellierung ausschließlich die Vermögensgegenstände und Verbindlichkeiten den Wirkungen der Gütergemeinschaft unterwerfen wollte, die von den Ehegatten **während** der Ehe erwirtschaftet werden. Die im Wege der Erbschaft oder im Rahmen einer unentgeltlichen Zuwendung erhaltenen Güter seien von Natur aus dem Privatvermögen zuzuordnen, weshalb das Güterrecht dem folgen müsste.[110] Diese Argumentation wurde dahingehend ergänzt, dass der Umgang mit Nachlassvermögen und Zuwendungen unter der Rechtslage bis zum 01.01.2018 als willkürlich erfahren wurde. Einerseits wurde zur Begründung der Willkürlichkeit auf den zufälligen Zeitpunkt des Erwerbs des Vermögensgegenstands abgestellt. Erwerbe ein Ehegatte unmittelbar nach der Auflösung der Gütergemeinschaft einen Vermögensgegenstand als Erbe oder im Rahmen einer Zuwendung, sei dieser nicht mehr Gegenstand der Gütergemeinschaft, während andernfalls die Hälfte dieses Gegenstands dem anderen Ehegatten zukomme. Auch werde es als willkürlich erachtet, dass es vom Vorliegen einer Ausschlussklausel abhänge, ob bestimmte Vermögensgegenstände Teil der Gütergemeinschaft werden. Nicht gerechtfertigt sei dies insbesondere, wenn ein Ehegatte ein Erbe unter einer Ausschlussklausel erhalte, der andere hingegen ein Erbe erhalte, welches nicht mit einer solchen Klausel verbunden sei.[111]

Dessen ungeachtet hat der Gesetzgeber Ausnahmen vorgesehen, wonach Nachlassgegenstände und Zuwendungen Teil der Gütergemeinschaft werden. Einerseits sollen Gegenstände, die der Gütergemeinschaft entstammen, weiterhin Teil der Gütergemeinschaft werden, wenn die Ehegatten sich diese untereinander zuwenden. Darüber hinaus unterfallen Nachlassgegenstände und Zuwendungen weiterhin den Vorschriften über die Gütergemeinschaft, wenn dies aus einer Anordnung des Erblassers oder des Gebers hervorgeht.

Eine entsprechende Regel findet sich in Art. 1:94 Abs. 3 BW (neu).

Art. 1:94 Abs. 3 BW (neu):
„3. Het tweede lid, aanhef en onderdeel a, is niet van toepassing op:

---

110 *Kamerstukken II* 2013/14, 33 987, Nr. 3, S. 6 (MvT).
111 *Handelingen I* 2016/17, Nr. 21, item 10, S. 2.

a. giften van tot de gemeenschap behorende goederen aan de andere echtgenoot;
b. goederen, alsmede de vruchten van die goederen, ten aanzien waarvan bij uiterste wilsbeschikking of bij de gift is bepaald dat zij in de gemeenschap vallen."
Deutsch:
3. Der zweite Absatz, Anfang und Untersatz a, sind nicht anwendbar auf:
   a. Zuwendungen von zur Gütergemeinschaft gehörenden Gütern an den anderen Ehegatten;
   b. Güter und Früchte der Güter, die mittels letztwilliger Verfügung oder anlässlich der Zuwendung nicht dazu bestimmt sind, der Gemeinschaft zu unterfallen.

Der Gesetzgeber bezweckt mit Einführung der Ausnahme gemäß Art. 1:94 Abs. 3 lit. a BW (neu), der Gefahr entgegenzuwirken, dass die Ehegatten die vorgesehene Beschränkung der Gütergemeinschaft ausnutzen, um die Gemeinschaft durch Zuwendungen aneinander auszuhöhlen.[112] Diese Regelung ist im Zuge des Gesetzgebungsverfahrens kaum Gegenstand der Diskussion in Politik oder Literatur gewesen. In der Literatur wurde vertreten, dass die Vorschrift eine sinnvolle Lösung darstelle, um zu verhindern, dass die Regelungen des gesetzlichen Güterstands untergraben werden.[113] Eine anderweitige Regelung bleibt Eheverträgen vorbehalten.[114]

Darüber hinaus hat der Gesetzgeber in den neuen Gesetzestext explizit die Möglichkeit aufgenommen, dass der verfügende Erblasser oder Geber durch eine *Insluitingsclausule* vorgeben kann, dass der zugewendete Gegenstand entgegen der grundsätzlich geltenden Rechtslage Teil der ehelichen Gütergemeinschaft wird.[115] Die *Insluitingsclausule*, was mit Einbeziehungsklausel zu übersetzen ist, stellt damit das Gegenstück zur Ausschlussklausel dar.

Als hauptsächlicher Beweggrund des Verfügenden, an einen Vermögensgegenstand eine Einbeziehungsklausel zu knüpfen, wird die Nachlassgestaltung, insbesondere mit Bezug zur Erbschaftssteuer, gesehen.[116] Bereits unter der

---

112 *Kamerstukken II* 2013/14, 33 987, Nr. 3, S. 15 (MvT).
113 *Verstappen*, REP 2014/6; *Zonnenberg*, EB 2017, S. 143, weist darauf hin, dass sich der Schenker mithin selbst bedenke, wenn das geschenkte Gut mit Gemeinschaftsgütern angeschafft worden sei; siehe auch *Reinhartz*, FJR 2006, S. 6, zur vergleichbaren Bestimmung im Gesetzesentwurf 28 567.
114 *Reinhartz*, in: GS Personen- en familierecht, Art. 1:94 BW, Rn. 6.
115 Siehe hierzu *Kamerstukken II* 201, 33 987, Nr. 3, S. 16 (MvT).
116 *Beers/Opgenoort/Schoenmaker*, in: FA 2018, S. 29; *Van der Geld*, TE 2017, S. 80; *Van Hoepen/Zandvoort-Gerritsen*, WFR 2017, S. 800; *Huzink*, FA 2017, S. 26; *Lieber*, WPNR 2014, S. 1133; siehe auch *Brinkman/Burgerhart/Tuinstra/Verstappen*, WPNR 2018, S. 466 – 474.

früheren Rechtslage habe ein Bedürfnis bestanden, im Rahmen der Nachlassgestaltung die Beteiligung des Ehegatten des Erben am Gegenstand des Nachlasses nur für den Fall, dass die Ehe des Erben geschieden wird, auszuschließen. Die Entwicklung der weichen Ausschlussklausel sei eine Auswirkung ebendieses Bedürfnisses. Um auch unter der neuen Rechtslage, entsprechende Gestaltungen zu ermöglichen, sei die Einbeziehungsklausel ausdrücklich in das Gesetz aufgenommen worden.[117]

Auch wird darauf verwiesen, dass im alten Recht eine Entsprechung der Einbeziehungsklausel in der sog. Gemeinschaftsklausel zu sehen sei, welche angeordnet habe, dass bestimmte Vermögensgegenstände entgegen der güterrechtlichen Systematik Teil der früheren Wahlgüterstände der Gemeinschaft von Gewinn und Verlust und der Gemeinschaft der Früchte und Einkünfte wurden.[118]

Im Gegensatz zur Ausschlussklausel ist die Einbeziehungsklausel für die Ehegatten jedoch unverbindlich. Folglich kann in einem Ehevertrag eine anderweitige Regelung getroffen werden, die die Wirkung der Einbeziehungsklausel nivelliert.[119]

Es wird als möglich erachtet, die Einbeziehungsklausel, ähnlich wie die Ausschlussklausel, unter eine auflösende oder aufschiebende Bedingung zu stellen.[120]

(3) Nachlassverbindlichkeiten nach neuem Recht
Ferner sieht die zum 01.01.2018 in Kraft getretene Neuregelung vor, dass Schulden, die zu einem Nachlass gehören, an dem ein Ehegatte als Erbe oder Vermächtnisnehmer Rechte innehat, nicht zur Gütergemeinschaft gehören.
Eine entsprechende Regelung findet sich in Art. 1:94 Abs. 7 lit. c BW (neu).

Art. 1:94 Abs. 7 lit. c BW (neu):
„[…] met uitzondering van schulden: […]
  b. die behoren tot een nalatenschap waartoe een echtgenoot is gerechtigd; […]"
Deutsch:
[…] mit Ausnahme der Schulden: […]

---

117 *Van der Geld*, TE 2017, S. 80; *Van Hoepen/Zandvoort-Gerritsen*, WFR 2017, S. 801.
118 *Reinhartz*, in: GS Personen- en familierecht, Art. 1:94 BW, Rn. o9; ausf. zu den Wahlgüterständen siehe S. 285 ff.
119 *Beers/Opgenoort/Schoenmaker*, in: FA 2018, S. 29; *Burgerhart*, EstateTip Review 2018/11; *Van der Geld*, TE 2017, S. 80; *Heida*, EB 2018, S. 4; *Lieber*, WPNR 2014, S. 1133; *Reinhartz*, FJR 2015, S. 5.
120 *Beers/Opgenoort/Schoenmaker*, in: FA 2018, S. 29; *Van der Geld*, TE 2017, S. 81; *Van Hoepen/Zandvoort-Gerritsen*, WFR 2017, S. 801; *Huzink*, FA 2017, S. 26.

b. die zu einem Nachlass gehören, an welchem ein Ehegatte Rechte innehat; [...]

Der Gesetzgeber hat diese Norm im Laufe des Gesetzgebungsverfahrens eingefügt, um zu vermeiden, dass die Nachlassverbindlichkeiten die beschränkte Gütergemeinschaft belasten würden, falls das Nachlassvermögen nur oder hauptsächlich aus Passiva bestehen sollte.[121]

(4) Schutz des überlebenden Ehegatten durch andere gesetzliche Bestimmungen

Weiterhin wird nach der gesetzlichen Konzeption auch der Fruchtgebrauch im Sinne des 3. Titels des 4. Buches des *Burgerlijk Wetboeks* nicht von der Wirkung der ehelichen Gütergemeinschaft umfasst.

Eine entsprechende Regelung findet sich in Art. 1:94 Abs. 2 lit. c BW.

Art. 1:94 Abs. 2 lit. c BW:
„[...] met uitzondering van: [...]
  c. rechten op het vestigen van vruchtgebruik als bedoeld in de artikelen 29 en 30 van Boek 4, vruchtgebruik dat op grond van die bepalingen is gevestigd, alsmede hetgeen wordt verkregen ingevolge artikel 34 van Boek 4.

Deutsch:
[...] mit Ausnahme von: [...]
  c. Rechten zur Begründung von Fruchtgebrauch im Sinne der Artikel 29 und 30 des vierten Buchs, Fruchtgebrauch, der aufgrund dieser Bestimmung begründet worden ist, sowie dem, was gemäß Artikel 34 des vierten Buchs empfangen wird.

Die Vorschriften dieses Titels des 4. Buches dienen der Sicherstellung der Versorgung des überlebenden Ehegatten. Der Ehegatte, der nicht Erbe oder zumindest nicht alleiniger Erbe geworden ist, soll durch einen Anspruch auf Gebrauch bestimmter Nachlassgüter geschützt werden. Dieses Rechtsinstitut wird in der Literatur als *verzorgingsvruchtgebruik*, also Versorgungsfruchtgebrauch, bezeichnet.[122] Der überlebe Ehegatte hat gegen den Erben oder die Miterbengemeinschaft einen Anspruch auf Überlassung der Wohnung, des Hausrats und der Güter, die er zu seiner Versorgung benötigt, zu seinem persönlichen Gebrauch. Dies ergibt sich aus Art. 4:29 BW sowie aus Art 4:30 BW. Während die Versorgungsbedürftigkeit im Falle der Wohnung und des Hausrats vermutet wird, ist der überlebende Ehegatte, wenn er seinen Anspruch auf Gebrauch

---

121 *Kamerstukken II* 2014/15, 33 987, Nr. 11, S. 3; zur Kritik siehe *Perrick*, WPNR 2015, S. 609.
122 *Kolkman*, NE 2006, S. 27.

von anderen Gütern geltend macht, verpflichtet, seine Bedürftigkeit nachzuweisen.[123] Zudem kann der überlebende Ehegatte – vorausgesetzt der soeben dargestellte Versorgungsfruchtgebrauch erweist sich als unzureichend – verlangen, dass eventuelle Schenkungen des Erblassers an den Erben und (ausnahmsweise) getroffene Vermächtnisse zugunsten des überlebenden Ehegatten nachträglich beschränkt werden. Dies ergibt sich aus Art. 4:34 BW.[124]

Diese Ansprüche des überlebenden Ehegatten sollen diesem auch im Falle einer erneuten Eheschließung erhalten bleiben; der Schutz des Versorgungsfruchtgebrauchs soll nicht durch eine erneute Eheschließung aufgehoben werden.[125] Der Gesetzgeber hat aus diesem Grund den Ehegatten auch die Möglichkeit genommen, in ihren Ehevertrag eine abweichende Regelung aufzunehmen.

Dies ergibt sich aus Art. 1:121 Abs. 3 BW.

Art. 1:121 Abs. 3 BW:
„3. Zij kunnen niet afwijken van de rechten die uit het ouderlijk gezag voortspruiten, noch van de rechten die de wet aan een langstlevende echtgenoot toekent."
Deutsch:
3. Sie können weder von den Rechten abweichen, die sich aus der elterlichen Sorge ergeben, noch von denen, die das Gesetz dem längstlebenden Ehegatten zuerkennt.

Die gesetzliche Ausnahme von der Zugehörigkeit zur Gütergemeinschaft ist bereits zum 01.01.2003 in das *Burgerlijk Wetboek* aufgenommen worden.[126] Mit der Gesetzesänderung zum 01.01.2012 sollte keine neue Regelung geschaffen werden; der Entwurf stimme mit der bisherigen Regelung überein und diene lediglich der Aufzählung.[127]

Die weitere Novellierung des Gesetzestextes zum 01.01.2018 hat bezüglich des Versorgungsfruchtgebrauchs zu einer Ergänzung des Gesetzestextes geführt. Umfasst von der Ausnahme ist nunmehr nicht ausschließlich der Versorgungsfruchtgebrauch, den der überlebende Ehegatte nach Versterben seines Ehepartners beanspruchen kann.

Ausgenommen von der Gütergemeinschaft sind Anrechte des Kindes gegen den Erben bzw. die Miterbengemeinschaft auf einen Vorschuss auf den

---

123 *Burgerhart*, in: TK/Erfrecht, Art. 4:29 BW, Rn. 2; *ders.*, in: TK/Erfrecht, Art. 4:30 BW, Rn. 2; *Kolkman*, NE 2006, S. 27; *Perrick*, in: *Asser* 4, Rn. 365.
124 *Burgerhart*, in: TK/Erfrecht, Art. 4:34 BW, Rn. 1; *Perrick*, in: *Asser* 4, Rn. 386.
125 *Kamerstukken II* 1999/2000, 27 245, Nr. 3, S. 2 (MvT).
126 *StB*. 2002, 230.
127 *Kamerstukken II* 2005/06, 28 867, Nr. 9, S. 22.

Lebensunterhalt gemäß Art. 4:35 BW und die Anrechte des Kindes auf Zahlung einer angemessenen Vergütung aufgrund einer Erwerbstätigkeit nach Art. 4:36 BW sowie der Anspruch auf Übernahme von Betriebsgütern, sofern der Betrieb durch das Kind des Erblassers fortgesetzt wird (Art. 4:38 BW).[128]

Ferner werden Ansprüche aufgrund eines bestehenden Pflichtteilsrechts nicht Teil der Gütergemeinschaft. Die entsprechenden Rechtsgrundlagen finden sich in Art. 4:63 BW bis einschließlich Art. 4:92 BW.[129]

Abschließend hat der Gesetzgeber die sog. Quasi-Vermächtnisse im Sinne des Art. 4:126 Abs. 1 und Abs. 2 lit. a und c BW von der Zugehörigkeit zur Gütergemeinschaft ausgenommen. In diesem Fall hat der Erblasser vorgesehen, dass der Berechtigte einen Vermögensgegenstand bzw. mehrere Gegenstände in Falle seines Ablebens erhält, dies jedoch weder im Rahmen eines Vermächtnisses noch eines Erbes, sondern als Zuwendung oder Schenkung.[130]

Eine entsprechende Regelung findet sich in Art. 1:94 Abs. 2 lit. c BW (neu).

Art. 1:94 Abs. 2 lit. c BW (neu):
„[…] met uitzondering van: […]
c. rechten op het vestigen van vruchtgebruik als bedoeld in de artikelen 29 en 30 van Boek 4, vruchtgebruik dat op grond van die bepalingen is gevestigd, alsmede hetgeen wordt verkregen ingevolge de artikelen 34, 35, 36, 38, 63 tot en met 92 en 126, eerste lid en tweede lid, onderdelen a en c, van Boek 4."
Deutsch:
[…] mit Ausnahme von […]
c. Rechten zur Begründung von Fruchtgebrauch im Sinne der Artikel 29 und 30 des vierten Buchs, Fruchtgebrauch, der aufgrund dieser Bestimmung begründet worden ist, sowie dem, was gemäß Artikel 34, 35, 36, 38, 63 bis 92 und 126 Abs. 1 und 2 lit. a und c des vierten Buches empfangen wird.

Die nunmehr erfolgte Erweiterung der Ausnahme von der Zugehörigkeit zur Gütergemeinschaft ist jedoch aufgrund des Übergangsrechts nur anwendbar, wenn die Ehe ab dem 01.01.2018 geschlossen worden ist.

Ausgenommen von Grundsatz der Zugehörigkeit zur Gütergemeinschaft sind ausweislich des Gesetzestextes ferner Verbindlichkeiten der Ehegatten im Sinne des Art. 4:126 Abs. 1 und Abs. 2 lit. a und c BW. Hierbei handelt es sich um solche Verbindlichkeiten, die entstehen, wenn, wie bereits dargestellt, durch einen Ehegatten festgelegt wird, dass ein gemeinschaftliches Gut oder mehrere

---

128 *Perrick*, in: *Asser* 4, Rn. 387, 388 und 393.
129 *Perrick*, in: *Asser* 4, Rn. 297 ff.
130 *De Boer*, in: *Asser* 1, Rn. 362 und Rn. 379ja; *Reinhartz*, in: TK/Erfrecht, Art. 4:126 BW, Rn. 1.

gemeinschaftliche Güter nach seinem Ableben einem anderen zugewendet werden bzw. geschenkt werden sollen.[131] Diese Ausnahme soll dem Schutz des überlebenden Ehegatten dienen. Der Gesetzgeber hat hierzu ausgeführt, dass eine solche Verfügung faktisch die Gütergemeinschaft belaste, aber durch den überlebenden Ehegatten nicht verhindert werden könne. Auch stehe zu befürchten, dass der verfügende Ehegatte eine solche Anordnung leichtfertig treffe, da die tatsächliche Belastung erst mit seinem Tod und nicht bereits zu seinen Lebzeiten eintreten würde.[132]

Eine entsprechende Regelung ergibt sich aus Art. 1:94 Abs. 7 lit. b BW (neu) bzw. Art. 1:94 Abs. 5 lit. b BW.

Art. 1:94 Abs. 7 lit. b BW (neu):
„[…] met uitzondering van schulden: […]
c. uit door een der echtgenoten gedane giften, gemaakte bedingen en aangegane omzettingen als bedoeld in artikel 126, eerste lid, en tweede lid, onder a en c, van Boek 4."

Deutsch:
[…] mit Ausnahme der Schulden: […]
c. aufgrund einer von einem der Ehegatten getätigten Zuwendung, vereinbarten Bedingung und begonnenen Konvertierung im Sinne des Artikels 126 Absatz 1 und Absatz 2 lit. a und c des vierten Buches.

Diese Bestimmung hat erstmals mit der Gesetzesänderung im Jahr 2012 Eingang ins *Burgerlijk Wetboek* gefunden. Ausweislich der maßgeblichen Übergangsvorschriften findet diese Vorschrift keine Anwendung auf eheliche Gütergemeinschaften, die vor dem 01.01.2012 entstanden sind. Insoweit besteht eine respektierende Wirkung.[133] Unverändert anwendbar ist die Vorschrift nach dem Inkrafttreten des zweiten Änderungsgesetzes am 01.01.2018. Eine Modifikation der Rechtslage ist mit der Gesetzesänderung nicht verbunden; sie hat lediglich zu einer veränderten Anordnung innerhalb des Artikels geführt.[134]

---

131 *De Boer*, in: *Asser 1*, Rn. 362 und Rn. 379ja; *Reinhartz*, in: TK/Erfrecht, Art. 4:126 BW, Rn. 1.
132 *Kamerstukken II* 2005/06, 28 867, Nr. 9, S. 16 f.
133 *StB.* 2011, 205.
134 Kamerstukken II 2013/14, 33 987, Nr. 3, S. 16 (MvT).

bb) Verbindlichkeiten mit Bezug zu von der Gemeinschaft ausgeschlossenen Gütern

Ausgenommen von der Gütergemeinschaft sind ferner solche Verbindlichkeiten, die in Beziehung zu Gütern stehen, die den Rechtsfolgen der Gütergemeinschaft nicht unterliegen. Hintergrund der diesbezüglichen Bestimmung ist, dass Verbindlichkeiten bezüglicher etwaiger Güter, die aufgrund einer ehevertraglichen Regelung oder einer Ausschlussklausel der Gütergemeinschaft entzogen sind, die Gemeinschaft nicht zusätzlich belasten sollen.[135]

Die Regelung ist aufgrund des Änderungsgesetzes in Art. 1:94 Abs. 7 lit. a BW (neu) zu finden, stimmt jedoch mit der vormals in Art. 1:94 Abs. 5 lit. a BW enthaltenen Formulierung überein.

Art. 1:94 Abs. 7 lit a BW (neu):
„[…] met uitzondering van schulden:
a. betreffende van de gemeenschap uitgezonderde goederen; […]"
Deutsch:
[…] mit Ausnahme der Schulden:
a. die Güter betreffen, die von der Gemeinschaft ausgesondert sind; […]

Fraglich ist, in welchem Fall die Verbindlichkeiten den nach dem Gesetz erforderlichen Bezug zu Gütern aufweisen, die selbst nicht Teil der Gütergemeinschaft sind. Insbesondere ist umstritten, ob etwa ein Darlehen, das zum Erwerb eines nicht der Gemeinschaft unterfallenden Vermögensgegenstands, eine derartige Verbindlichkeit darstellen kann.

Grundsätzlich wird darauf verwiesen, dass die Verbindlichkeit einen unmittelbaren Bezug zum Gut aufweisen müsse. Hierbei handele es sich beispielsweise um Rechnungen von Dritten, die Leistungen verrichtet haben, der Unterhaltung des Guts dienen. Unzureichend sei, wenn die Verbindlichkeit nur zugunsten des Gutes eingegangen worden sei, wie beispielsweise ein Darlehen, um die Kosten von Unterhalt oder Aufwendungen in Bezug auf das Gut zu finanzieren.[136]

Unter Bezugnahme auf die Gesetzesmaterialen wird vertreten, dass ein Darlehen, das zum Erwerb eines Guts aufgenommen worden sei, eine nur einem Ehegatten zuzuordnende Verbindlichkeit im Sinne des Art. 1:94 Abs. 7 BW sei. Der Gesetzgeber habe sich im Rahmen der parlamentarischen Auseinandersetzung

---

135 *Kolkman/Salomons*, in: *Asser* 1-II, Rn. 310; *Reinhartz*, in: GS Personen- en familierecht, Art. 1:94 BW, Rn. 28.
136 *Breederveld*, De aangepaste gemeenschap van goederen, S. 116.

ausdrücklich unter Verweis auf eine Entscheidung des Gerichtshofs *Arnhem-Leeuwarden* auf diesen Standpunkt gestellt.[137]

Andere Stimmen sind der Auffassung, dass ein Darlehen, das dem Erwerb eines Guts diene, nicht zu Gunsten dieses Guts aufgenommen worden sei. Es fehle – unter Anschluss an die erstgenannte Auffassung – insoweit der unmittelbare Bezug. Der Verweis des Gesetzgebers auf die Entscheidung des Gerichtshofs sei verfehlt. Der Gerichtshof habe im Rahmen eines unter Verwendung einer Ausschlussklausel vererbten Guts entschieden, dass die im Rahmen der Erbauseinandersetzung aufgenommene Verbindlichkeit ebenfalls als private Verbindlichkeit zu klassifizieren sei. Dies setze jedoch voraus, dass das Gut bereits zuvor kein Teil der Gütergemeinschaft gewesen sei. Jedenfalls in Fällen, in denen ein früheres Gemeinschaftsgut in das Privateigentum eines Ehegatten übergehe, könnte mithin ein Darlehen, welches zum Erwerb dieses Guts aufgenommen worden sei, nicht als Privatschuld eines Ehegatten angesehen werden.[138]

Folgerichtig ist es, anzunehmen, dass ein dem Erwerb eines Vermögensgegenstands dienendes Darlehen nicht Teil der Gütergemeinschaft wird, wenn auch das Gut selbst nicht Teil der Gütergemeinschaft ist oder wird. Eine andere Sichtweise widerspricht zunächst dem ausdrücklich erklärten Willens des Gesetzgebers und würde darüber hinaus zu Wertungswidersprüchen führen. So ist nicht nachzuvollziehen, dass die Forderungen von Dritten, wie beispielsweise Handwerkern, die Arbeiten am Gut durchführen, als Privatschulden klassifiziert werden müssten, das Darlehen, das ein Ehegatte aufnimmt, um diese Forderungen zu erfüllen, jedoch als gemeinschaftliche Verbindlichkeit anzusehen sein soll.[139] Problematisch ist zudem, dass sich bei der vorgenannten Konstellation Vergütungsansprüche ergeben würden, falls das Darlehen nicht Teil der Gütergemeinschaft wird. In diesem Fall würde die private Verbindlichkeit letztlich mit Gemeinschaftsgütern, nämlich dem aufgrund des Darlehens erhaltenen Betrag, erfüllt.[140]

---

137 *Kolkman/Salomons*, in: *Asser* 1-II, Rn. 310; *Reinhartz*, in: GS Personen- en familierecht, Art. 1:94 BW, Rn. o.35; siehe *Kamerstukken I* 2016/17, 33 987, G, S. 4.
138 So *Luijten*, EB 2018, S. 49 f., falls die Verbindlichkeit bei der Übernahme eines Guts gemäß Art. 1:96 Abs. 3 BW entstanden sei; ausf. hierzu siehe S. 78 ff.
139 Vgl. *Luijten*, EB 2018, S. 48.
140 Zu Vergütungsansprüchen siehe S. 77 ff.

cc) Rentenanwartschaften

Weiterhin sieht das *Burgerlijk Wetboek* vor, dass sowohl Rentenanwartschaften, auf die das *Wet verevening pensioenrechten bij scheiding* (WVPS) anwendbar ist, als auch Anrechte aufgrund einer Hinterbliebenenrente von der Zugehörigkeit zur Gütergemeinschaft ausgenommen sind.

Eine entsprechende Regelung findet sich in Art. 1:94 Abs. 2 lit. b BW (neu).

> Art. 1:94 Abs. 2 lit. b BW (neu):
> „[…] met uitzondering van […]
> b. pensioenrechten waarop de Wet verevening pensioenrechten bij scheiding van toepassing is alsmede met die pensioenrechten verband houdende rechten op nabestaandenpensioen; […]"
> Deutsch:
> […] mit Ausnahme von […]
> b. Rentenansprüchen, auf die das Gesetz über den Ausgleich von Rentenansprüchen bei Scheidung Anwendung findet, sowie den Rentenansprüchen, die in Verbindung zu Ansprüchen auf Hinterbliebenenrente stehen; […]

Das WVPS sieht vor, dass im Falle der Ehescheidung ein Ausgleich von den Ansprüchen aus der Rentenversicherung, die ein Ehegatte nach der Eheschließung und vor der Scheidung aufgebaut hat, verlangt werden kann. Die Rentenansprüche sind grundsätzlich hälftig unter den Ehegatten aufzuteilen.[141]

Der Ausschluss von Rentenanwartschaften von der Wirkung der Gütergemeinschaft ist bereits im Jahr 1995 in das *Burgerlijk Wetboek* im Zuge des Erlasses des WVPS aufgenommen worden. Eine Beteiligung am Aufbau der Rentenanwartschaften sollte ausschließlich bei der Anwendung dieses Gesetzes und damit unabhängig vom güterrechtlichen Regime erfolgen; die zuvor vorgenommene güterrechtliche Lösung über eine Verteilung der Rentenanwartschaften im Rahmen der Auflösung der Gütergemeinschaft sollte ausgeschlossen werden.[142] Die Novellierung zum 01.01.2012 hat den Ausschlusstatbestand im Gesetz selbst neu angeordnet und umformuliert; eine inhaltliche Änderung war hiermit jedoch nicht verbunden.[143] Die Gesetzesänderung zum 01.01.2018 hat die Norm unverändert fortbestehen lassen.[144]

---

141 Siehe S. 168 ff.
142 *Kamerstukken II* 1990/91, 21 893, Nr. 3, S. 33 (MvT); siehe auch *Van Mourik/Verstappen*, Nederlands vermogensrecht bij scheiding, Deel B, S. 182; *Reijnen*, WPNR 2012, S. 92.
143 *Kamerstukken II* 2003/04, 28 867, Nr. 3, S. 33 (MvT); *Kamerstukken II* 2003/04, 28 867, Nr. 6, S. 12.
144 *Kamerstukken II* 2013/14, 33 987, Nr. 3, S. 15 (MvT).

dd) Die sog. Verknochtheid

Ferner werden gemäß Art. 1:94 Abs. 3 BW bzw. gemäß Art. 1:94 Abs. 5 BW (neu) Güter und Schulden, die mit einem der Ehegatten *verknocht* sind, nur dann Teil der Gütergemeinschaft, soweit ihre besondere Verbindung dem nicht widerspricht. Der Begriff der Verknochtheid stammt vom Wort *verknopen* ab, was mit dem Ausdruck *auf besonders innige Weise miteinander verbinden* gleichgesetzt werden kann.[145]

Die Novellierung des *Burgerlijk Wetboeks* zum 01.01.2018 hat in diesem Zusammenhang leidglich zu einer anderweitigen Anordnung des Absatzes innerhalb des maßgeblichen Paragraphen geführt, eine inhaltliche Änderung ist damit nicht verbunden.[146] Vor diesem Hintergrund wird im Folgenden ausschließlich der aktuelle Gesetzestext wiedergegeben.

Die entsprechende Regelung findet sich in Art. 1:94 Abs. 5 BW (neu):

Art. 1:94 Abs. 5 BW (neu):
„5. Goederen en schulden die aan een der echtgenoten op enigerlei bijzondere wijze verknocht zijn, vallen slechts in de gemeenschap voor zover die verknochtheid zich hiertegen niet verzet."
Deutsch:
5. Güter und Schulden, die mit einem der Ehegatten auf irgendeine besondere Weise verbunden sind, werden nur Teil der Gemeinschaft, soweit diese Verbundenheit dem nicht widerspricht.

In erster Linie ist fraglich, in welchen Fällen ein Gut oder eine Schuld eine solche *Verknochtheid* aufweist. Im *Burgerlijk Wetboek* fehlt eine Legaldefinition.

Die besondere Verbindung wird grundsätzlich als juristische Verbindung zwischen Gut oder Schuld und Ehegatte angesehen, die ihre Eigenschaft durch Art und Charakter der Rechtsbeziehung erhalte oder deren Zweck sei, nur einem Ehegatte zu dienen bzw. deren Erfüllung nur einem Ehegatten zugutekommen soll – jeweils unter Ausschluss weiterer Personen.[147] Der *Hoge Raad* stellt stets auf den Einzelfall ab. Eine besondere Verbundenheit von Gut oder Schuld mit einem der Ehegatten bestehe, falls die Rechtsfolgen der Gütergemeinschaft angesichts der besonderen Verbundenheit des Guts oder der Schuld nicht eintreten sollen. Dies sei von der Art des Guts oder der Schuld abhängig, wobei insbesondere darauf abzustellen sei, wie die gesellschaftliche Auffassung die

---

145 *Gisolf*, Verknochtheid in het huwelijksvermogensrecht, S. 122; *Van Mourik*, Onderneming in het nieuwe huwelijksvermogensrecht, S. 58.
146 Vgl. *Kamerstukken II* 2013/14, 33 987, Nr. 3, S. 16 (MvT).
147 *Gisolf*, Verknochtheid in het huwelijksvermogensrecht, S. 139.

Art bestimme.[148] Die Rechtsprechung nimmt bei der Feststellung der besonderen Bindung hauptsächlich auf die gesetzlichen Vorschriften, die auf das Gut anwendbar sind, Bezug. Bei Verbindlichkeiten ist hingegen primär auf deren Grundlage abzustellen.[149]

Teile der Literatur verweisen in diesem Zusammenhang darauf, dass die besondere Verbundenheit eines Guts oder einer Schuld mit einem der Ehegatten innerhalb des gesetzlichen Güterstands der Gütergemeinschaft eine Ausnahme darstelle. Daher sei dieses Tatbestandsmerkmal, wie sich auch aus dem Wortlaut der Vorschrift ergebe, restriktiv auszulegen.[150] Andere Stimmen in der Literatur sehen keinen Bedarf für eine restriktive Auslegung. Sie sind vielmehr der Auffassung, die Möglichkeit, Güter oder Schulden von der Zugehörigkeit zur Gütergemeinschaft auszuschließen, müsste regelmäßig angewendet werden. Diese Notwendigkeit zeige sich vor allen Dingen in Fällen, in denen die Rechtsfolgen der Gütergemeinschaft im Widerspruch zu Rechtsfolgen von besonderen Rechtsfiguren (wie beispielsweise im Fall des Bestehens einer Personengesellschaft) stehen würden.[151]

Ob das Surrogat eines besonders verbundenen Guts in derselben Form wie das ursprüngliche Gut nicht Teil der Gütergemeinschaft wird, ist bereits Gegenstand der Rechtsprechung des *Hoge Raads* geworden. Der Gerichtshof hat herausgestellt, dass die Frage der *Verknochtheid* stets anhand des einzelnen Guts und folglich anhand des Surrogats selbst überprüft werden müsse; es komme nicht zur Fortsetzung der besonderen Verbindung des ursprünglichen Guts am Surrogat.[152]

Zu berücksichtigen ist außerdem, dass dem Gesetzeswortlaut entsprechend Güter und Schulden nur Teil der Gütergemeinschaft werden, *soweit* die

---

148 HR 23.12.1988, ECLI: NL: PHR:1988: AD0567, NJ 1989/700, S. 2629; HR 24.10.1997, ECLI: NL: HR:1997: CZ2470, RvdW 1997/210; HR 03.11.2006, ECLI: NL: HR:2006: AX7805, RvdW 2006/1032.
149 Vgl. *Driessen-Klein*, JBN 2007/23.
150 *Kolkman/Salomons*, in: Asser 1-II, Rn. 272; *Luijten/Meijer*, in: *Klaassen/Eggens*, Huwelijksgoederenrecht, Rn. 184; *Smits*, WPNR 1963, S. 354.
151 *Van Mourik*, Onderneming in het nieuwe huwelijksvermogensrecht, S. 59 f.; *Verstappen*, in: Naar een nieuw huwelijksvermogensrecht?, S. 11 ff., vgl. außerdem die ausf. Darstellung bei *Van Mourik/Verstappen*, Nederlands vermogensrecht bij scheiding, Deel A, S. 114 – 153.
152 HR 26.09.2008, ECLI: NL: PHR:2006: BF2295, RvdW 2008/889; zustimmend *Nuytinck*, AA 2008, S. 808; siehe auch *Gisolf*, Verknochtheid in het huwelijksvermogensrecht, S. 151; *Hammerstein*, Zaaksvervanging, S. 117.

besondere Verbundenheit dieser Rechtsfolge nicht widerspricht. Demgemäß muss die besondere Verbundenheit nicht zwangsläufig den völligen Ausschluss von Gütern und Schulden zur Folge haben; die **Rechtsfolgen der Gütergemeinschaft** können auch nur **teilweise** eintreten.

In der Literatur sind verschiedene **Fallgruppen** entwickelt worden, die jedoch nicht unumstritten sind. Die Gruppen können anhand der Rechtsfolge unterteilt werden: Einerseits wird das *verknochte* Gut als Teil der Gütergemeinschaft gesehen, andererseits wird davon ausgegangen, dass dieses Gut nicht Teil der Gütergemeinschaft wird.

Vertreten wird beispielsweise, dass, falls die besondere Verbundenheit eines Guts teilweise den Rechtsfolgen der Gütergemeinschaft widerspreche, ebendieses Gut selbst nicht Teil der Gütergemeinschaft wird, dessen ökonomischer Wert jedoch der Gütergemeinschaft zuzurechnen sei.[153] Teilweise wird auch vertreten, dass das Gut aufgrund der besonderen Verbindung nicht Teil der Gütergemeinschaft wird, bei einer Verteilung der Gütergemeinschaft jedoch dergestalt zu berücksichtigen sei, dass dem anderen Ehegatten, mit dem das Gut nicht besonders verbunden sei, eine Ausgleichszahlung in Höhe des hälftigen Wertes zu zahlen sei.[154]

Im Gegensatz dazu wird vorgeschlagen, das Gut den Rechtsfolgen der Gütergemeinschaft zu unterwerfen, falls die Art der besonderen Verbindung dies zulasse, zugleich jedoch dem Privatvermögen des Ehegatten, der mit dem Gut auf besondere Weise verbunden ist, eine Ausgleichsforderung gegenüber der Gütergemeinschaft in Höhe des vollständigen Wertes des Gutes zuzurechnen.[155] Auch wird vertreten, dass in diesem Fall das betreffende Gut zwar Teil der Gütergemeinschaft wird, jedoch bei der Auflösung der Gütergemeinschaft dem Ehegatten zuzuteilen ist, mit dem es besonders verbunden ist.[156] Dies gegebenenfalls

---

153 *Drielsma*, WPNR 1955, S. 134; *Lubbers*, WPNR 1961, S. 555; *Luijten/Meijer*, in: *Klaassen/Eggens*, Huwelijksgoederenrecht, Rn. 187; *Reinhartz*, in: GS Personen- en familierecht, Art. 1:94 BW (oud), Rn. o26; *Rombach*, WPNR 1960, S. 308; anderer Ansicht *Kolkman/Salomons*, in: *Asser* 1-II, Rn. 272.

154 *Verstappen*, in: Naar een nieuw huwelijksvermogensrecht?, S. 14; vgl. *Van Mourik*, Onderneming in het nieuwe huwelijksvermogensrecht, S. 119 f.

155 *De Bruijn*, Het Nederlandse huwelijksvermogensrecht, S. 214 ff.; *Drielsma*, WPNR 1955, S. 135.

156 *Driessen-Klein*, JBN 2007/23; *Luijten/Meijer*, in: *Klaassen/Eggens*, Huwelijksgoederenrecht, Rn. 187; *Reinhartz*, in: GS Personen- en familierecht, Art. 1:94 BW (oud), Rn. o.27.

gegen Leistung eines Ausgleichs oder Verrechnung des Wertes zugunsten der Gütergemeinschaft.[157]

Widerspricht die besondere Verbundenheit einer Schuld zum Teil dem Eintritt der Rechtsfolgen der Gütergemeinschaft, kann die Wirkung dahingehend beschränkt sein, dass sich ausschließlich Gläubiger dieser Schuld auf den Eintritt der Rechtsfolgen der Gütergemeinschaft berufen können. Dies ist anzunehmen, wenn es treuwidrig wäre, von Gläubigern zu verlangen, dass sie die besondere Verbundenheit gegen sich gelten lassen müssen, während vom anderen Ehegatten nicht verlangt werden kann, die Schuld (teilweise) mit zu tragen. Andererseits kann die Wirkung dahingehend beschränkt sein, dass der Zugriff der Gläubiger der Schuld auf die Güter der Gemeinschaft ausgeschlossen ist, während die Rechtsfolgen der Gütergemeinschaft für die Ehegatten untereinander bezüglich der Schuld Anwendung finden.[158]

ee) Sonderregel bei Früchten eines Guts

Fraglich ist ferner, wie mit Früchten als Erzeugnissen eines Vermögensgegenstands umzugehen ist, falls dieses Gut nicht Teil der Gütergemeinschaft ist. Diese Thematik ist in der Vergangenheit weder in der Literatur noch in der Rechtsprechung aufgrund der größtenteils unbeschränkten Wirkung der Gütergemeinschaft Gegenstand der juristischen Auseinandersetzung gewesen. Erst im Rahmen des ersten Gesetzgebungsverfahrens zur Aktualisierung der Gütergemeinschaft hat eine Regelung Eingang in den Gesetzestext gefunden.[159]

Grundsätzlich gilt, dass Früchte den Wirkungen des gesetzlichen Güterstands unterfallen, sofern das Gut, dessen Erzeugnis die Früchte sind, selbst Teil der Gütergemeinschaft ist bzw. war. Dies ergibt sich aus einem Umkehrschluss aus der Formulierung des Art. 1:94 BW. Demgemäß werden **ausnahmsweise** die Früchte nicht Teil der Gütergemeinschaft, die Erzeugnisse eines Guts sind, das selbst nicht zur Gütergemeinschaft gehört. Sollte eine Forderung nicht Teil der Gütergemeinschaft sein, gehört auch das, was aufgrund der Geltendmachung dieser Forderung erworben wird, nicht zur Gütergemeinschaft. Ebensowenig sind Vergütungsansprüche, die als Surrogat an die Stelle eines eigenen Guts der Ehegatten treten, Teil der Gütergemeinschaft.

---

157 *Driessen-Klein*, JBN 2007/23; *Kolkman/Salomons*, in: Asser 1-II, Rn. 272; *Van Mourik*, Onderneming in het nieuwe huwelijksvermogensrecht, S. 120; *Reinhartz*, in: GS Personen- en familierecht, Art. 1:94 BW (oud), Rn. o.28.
158 *Kolkman/Salomons*, in: Asser 1-II, Rn. 313; *Vegter*, WPNR 1993, S. 752.
159 Siehe *Kamerstukken II* 2002/03, 28 867, Nr. 3, S. 21 (MvT).

Dies ergibt sich aus Art. 1:94 Abs. 6 BW (neu):

Art. 1:94 Abs. 6 BW (neu):
„6. Vruchten van goederen die niet in de gemeenschap vallen, vallen evenmin in de gemeenschap. Buiten de gemeenschap valt hetgeen wordt geïnd op een vordering die buiten de gemeenschap valt, alsmede een vordering tot vergoeding die in de plaats van een eigen goed van een echtgenoot treedt, waaronder begrepen een vordering ter zake van waardevermindering van zulk een goed."
Deutsch:
6. Früchte von Gütern, die nicht in die Gemeinschaft fallen, fallen ebensowenig in die Gemeinschaft. Nicht in die Gemeinschaft fällt dasjenige, was aufgrund einer Forderung, die aus der Gemeinschaft fällt, eingezogen wird, sowie ein Anspruch auf Vergütung, der an die Stelle eines eigenen Guts von einem der Ehegatten tritt, worunter auch ein Anspruch wegen Wertminderung eines solchen Guts zu verstehen ist.

Eine entsprechende Bestimmung findet sich auch in der früheren Formulierung des Gesetzes in Art. 1:94 Abs. 4 BW wieder, die zum 01.01.2012 in Kraft getreten ist. Nachdem ursprünglich beabsichtigt war, die Vorschrift in der sich anschließenden Gesetzesänderung zum 01.01.2018 dahingehend zu ergänzen, dass bei Früchten eines Gut, das mit einem der Ehegatten besonders verbunden ist, erneut geprüft werden solle, ob auch dessen Erzeugnisse ebenfalls das Merkmal der *Verknochtheid* aufwiesen, verblieb es nach Kritik eines beratenden Gremiums bei der bisherigen Regelung.[160]

Es ist nachvollziehbar, dass bei einer Beschränkung der Gütergemeinschaft ein Umgang mit der Frage, wie mit Gegenständen umgegangen werden muss, die durch den Einsatz eines Guts, das selbst nicht Teil der Gütergemeinschaft geworden ist, gefunden werden muss. In diesem Zusammenhang ist allerdings zu berücksichtigen, dass die Änderung der Gesetzeslage im Jahr 2012 zunächst nicht zur Beschränkung der Gütergemeinschaft geführt hat, sodass in vergleichsweise wenig Fällen Früchte eines Guts, das selbst nicht Teil der Gütergemeinschaft ist, existieren dürften. Aufgrund der nunmehr geltenden Rechtlage und der damit einhergehenden weitreichenden Beschränkung der Gütergemeinschaft ist zu erwarten, dass die Relevanz der soeben dargestellten Ausnahme zunimmt.

---

160 *Kamerstukken II* 2013/14, 33 987, Nr. 3, S. 16 (MvT); *Kamerstukken II* 2014/15, 33 987, Nr. 4, S. 3; *Kamerstukken II* 2014/15, 33 987, Nr. 6, S. 16.

ff) Surrogate und Vergütungsansprüche

Im Gegensatz zur Frage, ob Früchte eines Guts Teil der Gütergemeinschaft werden, hat der Umgang mit Surrogaten eines Guts sowohl in der Rechtsprechung als auch in der Literatur Eingang in die Debatte gefunden.

Unproblematisch ist dies, wenn durch Einsatz von Gütern weitere Gegenstände erworben werden, die jeweils dem Vermögen zuzuordnen sind, aus welchem das zu ersetzende Gut stammte. Anders ist dies zu beurteilen, wenn für den Erwerb des Gutes nicht ausschließlich das Vermögen des erwerbenden Ehegatten oder das gemeinschaftliche Vermögen eingesetzt wurde. Falls ein Ehegatte oder die Gütergemeinschaft ein neues Gut durch Einsatz von Vermögensgegenständen erwirbt, die nicht vollständig seinem bzw. ihrem Vermögen, sondern entweder dem Vermögen des anderen Ehegatten oder dem gemeinschaftlichen Vermögen zuzuordnen sind, können Vergütungsansprüche zugunsten des Vermögens, aus welchem die hingegebenen Vermögensgegenstände stammten, entstehen. Die Rechtsfolgen, die sich an einen solchen Neuerwerb knüpfen, unterscheiden sich erheblich anhand der jeweiligen Gesetzeslage. Insbesondere die Novellierungen zum 01.01.2012 und zum 01.01.2018 haben eine erhebliche Veränderung der Rechtslage mit Blick auf Surrogate herbeigeführt.

Vor den soeben genannten Novellierungen fand sich im *Burgerlijk Wetboek* keine unmittelbar anwendbare Vorschrift. Entsprechend der Rechtsprechung des *Hoge Raads* wurden in diesem Zusammenhang die Vorschriften des gesetzlichen Wahlgüterstands der Früchte und Einkünfte analog angewendet. Abhängig von dem jeweiligen Zeitpunkt ist aufgrund der Novellierung der Wahlgüterstände zum 01.01.1992 anhand der jeweils analog anwendbaren Vorschrift zu unterscheiden. Vor dem 01.01.1992 wurde ein Gut lediglich dann nicht Teil des Vermögens, wenn die für den Erwerb erforderliche Gegenleistung insgesamt nicht diesem Vermögen entstammte. Ab dem 01.01.1992 war das neu erworbene Gut entweder dem eigenen Vermögen des Ehegatten oder der Gütergemeinschaft zuzuordnen war, sofern mehr als die Hälfte des Einsatzes, der dem Erwerb des Guts gedient hatte, aus diesem Vermögen stammte.[161] Kam es aufgrund des Einsatzes unterschiedlicher Mittel im Rahmen des Neuerwerbs zu einer Vermögensverschiebung, entstand ein Vergütungsanspruch zugunsten der Vermögensmasse, mit deren Einsatz das Gut insgesamt oder teilweise angeschafft worden war. Dessen Höhe richtete sich nach der Höhe des hingegebenen Betrages bzw. des Wertes des eingesetzten Guts. Eine Beteiligung an

---

161 Siehe *Brinkman/Burgerhart/Tuinstra/Verstappen*, WPNR 2018, S. 468.

der Wertentwicklung oder eine Verzinsung erfolgte grundsätzlich nicht. Nur ausnahmsweise konnte eine anderweitige Bewertung nach Treu und Glauben erfolgen.[162]

Der Gesetzgeber hat zunächst im Zuge der Änderung der Vorschriften über die Gütergemeinschaft zum 01.01.2012 eine Vorschrift eingefügt, die sich detailliert mit dem Erwerb von Surrogaten auseinandersetzt, wenn die zu ersetzenden Güter teilweise zur Gütergemeinschaft und zum anderen Teil dem Privatvermögen eines der Ehegatten entstammen. Demnach wird ein Gut, welches einer der Ehegatten für eine Gegenleistung erhalten hat, nicht Teil der Gemeinschaft, wenn mehr als die Hälfte der Gegenleistung aus dem Privatvermögen dieses Ehegatten stammt. Der erwerbende Ehegatte ist dazu gehalten, den aus dem Vermögen der Gütergemeinschaft stammenden Teil zu ersetzen. Umgekehrt hat ein Ehegatte einen Anspruch auf Ausgleich, wenn ein erworbenes Gut Teil der Gemeinschaft wird, der Ehegatte aber mit seinem Privatvermögen zur Gegenleistung für den Erhalt dieses Guts beigetragen hat.

Eine entsprechende Regelung findet sich in Art. 1:95 Abs. 1 und Abs. 2 BW.

Art. 1:95 Abs. 1 S. 1 und 2 HS. 2 und Abs. 2 HS. 1 BW:

„1. Een goed dat een echtgenoot anders dan om niet verkrijgt, blijft buiten de gemeenschap indien de tegenprestatie bij de verkrijging van dit goed voor meer dan de helft ten laste komt van zijn eigen vermogen. Voor zover de tegenprestatie ten laste van de gemeenschap komt, is de echtgenoot gehouden tot een vergoeding aan de gemeenschap. [...]
2. Indien een goed tot de gemeenschap gaat behoren en een echtgenoot bij de verkrijging uit zijn eigen vermogen aan de tegenprestatie heeft bijgedragen, komt deze echtgenoot een vergoedingsvordering toe, [...]"
Deutsch:
1. Ein Gut, das ein Ehegatte nicht ohne Gegenleistung erhält, wird nicht Teil der Gemeinschaft, wenn die Gegenleistung bei dem Erwerb dieses Guts zu mehr als der Hälfte aus seinem eigenen Vermögen stammt. Soweit die Gegenleistung zulasten der Gemeinschaft erbracht wird, ist der Ehegatte gehalten, eine Vergütung an die Gemeinschaft zu entrichten. [...]
2. Wenn ein Gut zu der Gemeinschaft gehören wird und ein Ehegatte aus seinem eigenen Vermögen zur Gegenleistung beigetragen hat, erhält dieser Ehegatte einen Anspruch auf Vergütung, [...]

Mit der Einführung dieser Vorschrift wurde bezweckt, das Fehlen einer solchen Regelung unter der zuvor geltenden Rechtslage zu kompensieren und die in diesem Zusammenhang notwendige Analogie entbehrlich zu machen. Zudem wird

---

162 HR 12.06.1987, ECLI: NL: HR:1987: AC2558, NJ 1988/150, S. 635 f.; ausf. hierzu siehe S. 359 ff.

in der Gesetzesbegründung ausgeführt, dass die neue Vorschrift der Rechtssicherheit diene, indem einerseits die Güter im Ganzen zu einem Vermögen zugeordnet würden und andererseits diese Zuordnung bereits bei Erwerb der Güter erfolge.[163]

Umstritten ist, ob hinsichtlich des jeweils erworbenen Guts eine einheitliche Entscheidung zu treffen ist. Teils wird davon ausgegangen, dass anhand der jeweils bei Erwerb eingebrachten Anteile zu entscheiden sei, sodass ein neu erworbenes Gut sowohl teilweise zum Vermögen der Ehegatten als auch teilweise zum Vermögen der Gütergemeinschaft gehören kann.[164] Weiterhin wird vertreten, dass hinsichtlich des jeweiligen Guts eine einheitliche Entscheidung zu treffen sei, zu welchem Vermögen es zuzuordnen ist. Erfolge eine Zuordnung, entstünden Vergütungsansprüche zugunsten der Vermögen, die weiter am Erwerb des Gutes beteiligt waren. In diesem Zusammenhang wird von einem güterrechtlichen Einheitsprinzip gesprochen.[165] Der letztgenannten Ansicht ist zuzustimmen. Aus dem Gesetzeswortlaut lässt sich eine entsprechende Intention des Gesetzgebers ableiten. Zuzuordnen ist ausweislich der Vorschrift *ein Gut*, sodass dieses insgesamt einem Vermögen zuzuordnen sein dürfte. Andernfalls wäre in die Bestimmung aufgenommen worden, dass eine Zuordnung zur Gemeinschaft erfolgen müsste, *soweit* das neu erworbene Gut mit Mittel aus dieser angeschafft worden ist.

Die Novellierung wurde als Kehrtwende im Ehegüterrecht bezeichnet; dies jedoch nicht aufgrund der gesetzgeberischen Entscheidung, die Analogie durch eine gesetzliche Regelung zu ersetzen, sondern aufgrund der Entscheidung, bei der Ermittlung der Höhe des Vergütungsanspruchs die weitere Wertentwicklung zu berücksichtigen.[166] Dieses gesetzgeberische Vorhaben hat bereits während des Gesetzgebungsverfahrens vielfach Eingang in die Debatte in der Literatur gefunden.[167] Die Ermittlung der Höhe eines solchen Anspruchs soll in der folgenden Untersuchung nicht weiter vertieft werden.

---

163 *Kamerstukken II* 2002/03, 28 867, Nr. 3, S. 22 (MvT); *Perrick*, WPNR 2015, S. 611, hält die Regelung für nicht weitgehend genug.
164 *Breederveld*, Huwelijksgemeenschap bij echtscheiding, S. 177 f.
165 *Brinkman/Burgerhart/Tuinstra/Verstappen*, WPNR 2018, S. 470 f. im Anschluss an HR 08.09.2017, ECLI: NL: PHR:2017:464, URL: https://uitspraken.rechtspraak.nl/inziendocument?id=ECLI:NL:PHR:2017:464 (zuletzt abgerufen am 30.10.2018), der die Zuordnung der ehelichen Wohnung thematisiert.
166 So *Verstappen*, WPNR 2003, S. 634.
167 Siehe *Breederveld*, FJR 2009, S. 68; *Van der Burght/Luijten/Meijer*, WPNR 2003, S. 652; *Van Mourik*, WPNR 2004, S. 166; *ders.*, WPNR 2012, S. 3; *Reinhartz*, FJR 2006, S. 3; *dies.*, FJR 2008, S. 29; *Verbeke*, WPNR 2004, S. 172; *Verstappen*, WPNR 2003, S. 634 f.

Ergänzend ist darauf hinzuweisen, dass eine Vergütungsforderung gemäß Art. 1:95 BW ausschließlich geltend gemacht werden kann, wenn sie nach dem Inkrafttreten der Gesetznovellierung entstanden ist. Sofern eine Forderung geltend gemacht wird, die auf Umständen beruht, die zeitlich vor dem Inkrafttreten der Novellierung liegen, gilt die bisherige Rechtslage fort. Ausschließlich Art. 1:95 Abs. 1 S. 1 BW findet in beiden Fällen unmittelbar Anwendung.[168] Der Vergütungsanspruch besteht darüber hinaus nur dann, wenn kein anderweitiger Rechtsgrund für die Vermögensversicherung vorliegt, wie beispielsweise eine vertragliche Grundlage.[169]

Eine weitere Veränderung ergibt sich durch die Novellierung zum 01.01.2018. Demnach sind Unternehmen, die aufgrund der Neuregelung nicht Teil der Gütergemeinschaft werden, nicht vollständig von der Zugehörigkeit ausgenommen. Der Gesetzeswortlaut sieht vor, dass eine Kompensation in Form eines Vergütungsanspruchs erfolgt, falls ein Ehegatte Kenntnis, Fertigkeiten oder Arbeit in ebendieses Unternehmen einbringt. Die Höhe der Vergütung richtet sich dabei nach Billigkeitsgesichtspunkten. Es entspricht der Absicht des Gesetzgebers, über das Tatbestandsmerkmal der Angemessenheit eine vom Einzelfall abhängige und damit variable Bestimmung des Anspruchs zu ermöglichen. Er gibt vor, dass für die Höhe des Vergütungsanspruchs sowohl der Zeitpunkt der Gründung des Unternehmens als auch die Feststellung, wieviel Zeit und Energie dieser Ehegatte während der bestehenden Ehe in das Unternehmen investiert habe, maßgeblich sein könnte.[170] Die Ermittlung der Zunahme des Wertes des Unternehmens während des Bestehens des Güterstands ist nach Auffassung des Gesetzgebers eine taugliche Grundlage zur Bestimmung der Höhe des Vergütungsanspruchs.[171] Ausgeschlossen ist der Vergütungsanspruch, falls eine solche Vergütung bereits gezahlt wird oder gezahlt worden ist. Dieser Grundsatz gilt entsprechend, falls es sich bei dem Unternehmen um eine Personengesellschaft oder eine Rechtsperson handelt, an der ein Ehegatte Anteile hält, aufgrund derer er über die Auskehrung von Gewinnen entscheiden kann.

Eine entsprechende Regelung findet sich in Art. 1:95a BW.

Art. 1:95a BW (neu):
„1. Indien een onderneming buiten de gemeenschap valt, komt ten bate van de gemeenschap een redelijke vergoeding voor de kennis, vaardigheden en arbeid die een

---

168 *Stb.* 2011, 205.
169 Siehe *Reijnen*, WPNR 2014/I, S. 99 f.
170 *Kamerstukken II* 2014/15, 33 987, Nr. 11, S. 4.
171 *Kamerstukken II* 2014/15, 33 987, Nr. 11, S. 4.

Erster Ausgangspunkt: Der gesetzliche Güterstand 75

echtgenoot ten behoeve van die onderneming heeft aangewend, voor zover een dergelijke vergoeding niet al op andere wijze ten bate van beide echtgenoten komt of is gekomen.
2. Ook indien een onderneming op naam en voor rekening van een personenvennootschap of een rechtspersoon wordt uitgeoefend, de gerechtigdheid tot die personenvennootschap of die rechtspersoon buiten de gemeenschap valt en de echtgenoot die daartoe is gerechtigd, in overwegende mate bij machte is te bepalen dat de winsten van die onderneming hem rechtstreeks of middellijk ten goede komen, komt ten bate van de gemeenschap een redelijke vergoeding voor de kennis, vaardigheden en arbeid die een echtgenoot ten behoeve van de onderneming heeft aangewend, voor zover een dergelijke vergoeding niet al op andere wijze ten bate van beide echtgenoten komt of is gekomen."
Deutsch:
1. Falls ein Unternehmen nicht der Gemeinschaft unterfällt, besteht zugunsten der Gemeinschaft ein angemessener Vergütungsanspruch für die Kenntnis, Fertigkeiten und Arbeit, die ein Ehegatte im Interesse des Unternehmens eingebracht hat, soweit ein solcher Vergütungsanspruch nicht bereits zugunsten eines der beiden Ehegatten erfüllt wird oder erfüllt worden ist.
2. Auch falls ein Unternehmen im Namen oder auf Rechnung einer Personengesellschaft oder einer Rechtsperson betrieben wird, die Berechtigung an der Personengesellschaft oder der Rechtsperson nicht der Gemeinschaft unterfällt und der Ehegatte, der Anrechte an dieser innehat, in überwiegendem Maße berechtigt ist, zu entscheiden, dass der Gewinn des Unternehmens ihm unmittelbar oder mittelbar zugutekommt, besteht zugunsten der Gemeinschaft eine angemessener Vergütungsanspruchs für die Kenntnis, Fertigkeiten und Arbeit, die ein Ehegatte im Interesse des Unternehmens eingebracht hat, soweit ein solcher Vergütungsanspruch nicht bereits zugunsten eines der beiden Ehegatten erfüllt wird oder erfüllt worden ist.

Der Gesetzgeber hat diese Vorschrift eingeführt, da seiner Auffassung nach andernfalls ein Widerspruch zum Grundgedanken der beschränkten Gütergemeinschaft eingetreten wäre. Sollen die Ehegatten nur das teilen, was während des Bestehens der Gütergemeinschaft erworben wird bzw. wurde, müsse dies den Gewinn eines Unternehmens einschließen, den ein Ehegatte nicht auszahlen lasse. Diese Norm soll mithin das missbräuchliche Verhalten des Ehegatten unterbinden, der seine monatlichen Einkünfte aus dem Unternehmen, die der beschränkten Gütergemeinschaft unterfallen, reduziert, um das Vermögen innerhalb des vorehelichen Unternehmens zu belassen.[172]

Der ursprüngliche Entwurf des Gesetzgebers, der vorsah, dass Vergütungen anhand von Gewinn und Verlust des Unternehmens ermittelt werden sollten,

---

172 *Kamerstukken II* 2013/14, 33 987, Nr. 3, S. 17 (MvT).

unterlag erheblicher Kritik. So wurde problematisiert, dass die frühere Fassung der Vorschrift die Begriffe Unternehmen und Unternehmensvermögen synonym verwende, obwohl diese von unterschiedlicher Bedeutung sein könnten.[173] Zudem wurde darauf verwiesen, dass der Ansatz des Gesetzgebers, Gewinn und Verlust zu ermitteln, problematisch sei. Es sei bereits nicht hinreichend deutlich, welchen Gewinnbegriff der Gesetzgeber vor Augen habe. Auch sei zu berücksichtigen, dass gegebenenfalls unternehmerische Interessen, insbesondere die Möglichkeit zukünftiger Investierungen des Unternehmens, die Bilanz beeinflussen könnten.[174] Dies gelte spiegelbildlich für den Verlust.[175] Die vorangestellte Kritik hat dazu geführt, dass davon Abstand genommen worden ist, wie ursprünglich beabsichtigt, die Vergütungsforderung maßgeblich nach Gewinn und Verlust des Unternehmens beeinflussen zu lassen.[176]

Dennoch ist die Vorschrift weiterhin Kritik ausgesetzt. Es wird hauptsächlich befürchtet, dass sich in der Praxis schwerlich feststellen lasse, welche Vergütung angemessen sei.[177] Weiterhin wird es als unredlich angesehen, dass zwar eine Wertsteigerung des Unternehmens berücksichtigt werden könne, eine Beteiligung an Verlusten jedoch nicht erfolge.[178]

In diesem Zusammenhang sei auch problematisch, dass die Vergütung nunmehr nicht an den Gewinn anknüpfe, was zur zusätzlichen Belastung eines in wirtschaftlichen Schwierigkeiten befindlichen Unternehmens führen könnte, in das einer der Ehegatten viel Zeit und Energie investiert habe. Zur wirtschaftlichen Belastung trage bei, dass jeder der Ehegatten jederzeit einen Anspruch auf Zahlung der Vergütung geltend machen könne.[179] Unklar sei zudem, ob der Vergütungsanspruch bereits während bestehender Ehe verjähren könne, da der Gesetzgeber davon ausgehe, dass sich dieser Anspruch gegen das Unternehmen selbst und nicht gegen den betreibenden Ehegatten richte.[180]

Weiterhin wird problematisiert, dass Ehegatten die Unterscheidung der Rechtsfolgen für die Unternehmung anhand des Zeitpunkts der

---

173 *Huijgen*, FTV 2014/10; *Labohm/Stollenwerck*, WPNR 2015, S. 316.
174 *Labohm/Stollenwerck*, WPNR 2015, S. 316 f.; *Lieber*, WPNR 2014, S. 1136; *Subelack*, WPNR 2014, S. 1186.
175 *Labohm/Stollenwerck*, WPNR 2015, S. 317.
176 *Kamerstukken II* 2013/14, 33 987, Nr. 3, S. 17 (MvT).
177 *Kleefmann*, TREMA 2017/8; *Mellema-Kranenburg*, AA 2016, S. 939; *Reinhartz*, FJR 2015, S. 10; *Zonnenberg*, EB 2015, S. 183; *ders.*, EB 2017, S. 144.
178 *Zonnenberg*, EB 2017, S. 144; siehe auch *Breederveld*, REP 2015/3.
179 *Huijgen*, FTV 2016/7–8; siehe auch *Breederveld*, REP 2015/3.
180 *Huijgen*, FTV 2016/7–8.

Unternehmensgründung nicht überblicken könnten.[181] Falls bestimmte Vermögensbestandteile während des Bestehens der Gütergemeinschaft erworben werden würde, die aber wirtschaftlich dem Unternehmen zuzuordnen seien, sei das Entstehen unübersichtlicher und komplexer Situationen zu erwarten. Dies beruhe darauf, dass unter bestimmten Umstände Teile des Unternehmens aufgrund der in Art. 1:95 Abs. 1 und 2 BW enthaltenen Regelung dennoch der Gütergemeinschaft zuzuordnen seien.[182] Diese Problematik ist durch den Gesetzgeber bewusst in Kauf genommen worden, der ausdrücklich eine Anwendung der Vorschrift bei Unternehmen vorsieht.[183]

In der Literatur wird im Ergebnis erwartet, dass diese Regelung zu einer Zunahme von Rechtsstreitigkeiten zwischen Ehegatten führen wird.[184]

Bemerkenswert ist, dass Art. 1:95a BW aufgrund des im Änderungsgesetz enthaltenen Übergangsrechts unmittelbare Wirkung auf alle Gütergemeinschaften hat, ungeachtet des Zeitpunkts ihres Entstehens.[185] Es steht gleichwohl zu vermuten, dass diese Vorschrift hauptsächlich auf Gütergemeinschaften, die seit dem 01.01.2018 entstanden sind, Anwendung findet.[186]

gg) Vergütungsansprüche bei der Erfüllung von Verbindlichkeiten

Weitere Vergütungsansprüche und Vermögensverschiebungen, die Einfluss auf den Umfang der Gütergemeinschaft haben, können bei der Erfüllung von Verbindlichkeiten entstehen.

Dies ergibt sich bereits daraus, dass das *Burgerlijk Wetboek* den Gläubigern, ungeachtet der Frage, ob die Verbindlichkeit der Gütergemeinschaft unterfällt oder als Privatverbindlichkeit eines Ehegatten zu klassifizieren ist, Zugriff sowohl auf das Vermögen der Gütergemeinschaft als auch auf das Privatvermögen der Ehegatten ermöglicht.[187] Wird aufgrund des Zugriffs der Gläubiger eine Verbindlichkeit, die der Gütergemeinschaft zuzuordnen ist, durch Vermögen eines Ehegatten erfüllt, besteht zugunsten dieses Ehegatten ein Vergütungsanspruch, der mit Gütern der Gemeinschaft zu erfüllen ist. Ebenfalls besteht ein

---

181 *Mellema-Kranenburg*, AA 2016, S. 939.
182 *Huijgen*, FTV 2014/10; *Lieber*, WPNR 2014, S. 1136 f.; *Reijnen*, FBN 2016/3; *Subelack*, WPNR 2014, S. 1185; *Zonnenberg*, EB 2015, S. 183.
183 *Kamerstukken I* 2016/17, 33 987, C, S. 30.
184 *Kleefmann*, TREMA 2017/8; *Reijnen*, FBN 2016/3; *Subelack*, WPNR 2014, S. 1186.
185 StB. 2017, 177.
186 Vgl. *Brinkman/Burgerhart/Tuinstra/Verstappen*, WPNR 2018, S. 466.
187 Siehe S. 46 ff.

Vergütungsanspruch zugunsten der Gütergemeinschaft, wenn mit Vermögensgegenständen, welche dieser zuzuordnen sind, Verbindlichkeiten erfüllt werden, die allein einem der Ehegatten zuzuordnen sind.

Eine entsprechende Regelung findet sich in Art. 1:96 Abs. 4 und 5 BW (neu).

Art. 1:96 Abs. 4 und 5 BW (neu):
„3. De echtgenoot uit wiens eigen goederen een schuld der gemeenschap is voldaan, heeft deswege recht op vergoeding uit de goederen der gemeenschap. […]
4. De echtgenoot wiens niet in de gemeenschap gevallen schuld uit goederen der gemeenschap is voldaan, is deswege gehouden tot vergoeding aan de gemeenschap, […]"
Deutsch:
3. Der Ehegatte, mit dessen eigenen Gütern eine Schuld der Gemeinschaft erfüllt wurde, hat deswegen einen Anspruch auf Vergütung mit den Gütern der Gemeinschaft.
4. Der Ehegatte, dessen nicht der Gemeinschaft unterfallene Schuld mit Gütern der Gemeinschaft erfüllt wurde, ist deswegen verpflichtet, dies der Gemeinschaft zu vergüten, […]

Diese Regelung stimmt mit der seit dem 01.01.2012 geltenden Rechtslage überein. Die Novellierung hat lediglich zu einer anderweitigen Anordnung der Bestimmungen innerhalb des Gesetzestextes geführt.

Daneben ist im Vergleich zur bisherigen Rechtslage eine erhebliche Veränderung mit der Neuregelung zum 01.01.2018 durch die Begrenzung des Zugriffs der Gläubiger von Verbindlichkeiten, die nicht der Gütergemeinschaft unterfallen, und die Einführung eines Übernahmerechts des Ehegatten, der nicht zugleich Schuldner ist, eingetreten. Greift der Gläubiger einer Verbindlichkeit, die nicht Teil der Gütergemeinschaft ist, zur Erfüllung ebendieser auf gemeinschaftliche Güter zu, so kann er lediglich die Hälfte des im Rahmen der Verwertung dieses Guts erzielten Betrages beanspruchen. Die andere Hälfte des erzielten Betrages steht dem Ehegatten zu, der nicht Schuldner dieses Gläubigers ist, und ist fortan dessen Privatvermögen zuzurechnen. Darüber hinaus besteht ein Anspruch dieses Ehegatten, das Gut, auf das der Gläubiger zugreift, vollständig in sein Privatvermögen zu übernehmen. Gleichwohl ist er in diesem Fall gehalten, dem Gläubiger einen Betrag in Höhe des hälftigen Wertes dieses Guts zu zahlen.

Dies ergibt sich in Art. 1:96 Abs. 3 BW (neu)

Art. 1:96 Abs. 3 BW (neu):
„3. Het verhaal op de goederen van de gemeenschap voor een niet tot de gemeenschap behorende schuld van een echtgenoot is beperkt tot de helft van de opbrengst van het uitgewonnen goed. De andere helft komt de andere echtgenoot toe en valt voortaan buiten de gemeenschap. De andere echtgenoot is bevoegd, indien een schuldeiser verhaal op een goed van de gemeenschap zoekt ter zake van een niet tot de gemeenschap behorende schuld, het goed waarop de schuldeiser verhaal zoekt, over te nemen tegen

betaling van de helft van de waarde van dat goed uit zijn eigen vermogen. Vanaf het tijdstip van de overneming is dit een eigen goed van deze echtgenoot, dat niet in de gemeenschap valt."
Deutsch:
3. Der Zugriff auf Güter der Gemeinschaft zur Begleichung einer nicht der Gemeinschaft unterfallenden Schuld ist begrenzt auf die Hälfte des Verwertungserlöses des verwerteten Guts. Die andere Hälfte gebührt dem anderen Ehegatten und unterfällt fortan nicht der Gemeinschaft. Der andere Ehegatte ist berechtigt, falls der Gläubiger zur Begleichung einer Schuld, die nicht der Gemeinschaft unterfällt, auf ein Gut der Gemeinschaft zugreift, das Gut, auf das der Gläubiger zugreift, zu übernehmen, indem er einen Betrag aus seinem eigenen Vermögen in Höhe des hälftigen Wertes dieses Guts bezahlt. Ab dem Zeitpunkt der Übernahme handelt es sich um ein Gut dieses Ehegatten, das nicht der Gemeinschaft unterfällt.

Diese Neuregelung war bereits im ursprünglichen Entwurf enthalten, der in der Legislaturperiode 2002/2003 dem Parlament zur erstmaligen Beschränkung der Gütergemeinschaft vorgelegt wurde. Zum damaligen Zeitpunkt wurde die Regelung erheblich kritisiert, sodass sich der Gesetzgeber schließlich entschlossen hat, von der Einführung der Vorschrift Abstand zu nehmen.[188] Er hat sich dennoch entschieden, diese Vorschrift nochmals in das Gesetzgebungsverfahren einzuführen. Zur Begründung wurde ausgeführt, dass vermieden werden sollte, dass Gemeinschaftsgüter den Gläubigern eines Ehegatten zum Opfer fallen. Die Aufteilung des Verwertungserlöses zwischen Gläubiger und dem Ehegatten, der nicht zugleich Schuldner ist, verhindere das Entstehen von Vergütungsansprüchen der Ehegatten untereinander sowie das Risiko, dass ein Ehegatte für Verbindlichkeiten einstehen müsse, die er selbst nicht eingegangen sei.[189]

Teilweise wird in der Literatur die Beschränkung des unmittelbaren Zugriffs der Gläubiger eines Ehegatten auf das gemeinschaftliche Vermögen als Aufweichen der bislang als unangemessen empfundenen Regelung begrüßt.[190] Ergänzend wird allerdings darauf verwiesen, dass zu befürchten sei, dass Privatgläubiger aufgrund der Beschränkung auf den hälftigen Anteil nun mehr Güter als zuvor einer Vollstreckung unterwerfen würden, was sich letztlich nachteilig auswirke.[191]

---

188 Siehe S. 36 ff.
189 *Kamerstukken II* 2013/14, 33 987, Nr. 3, S. 18 (MvT).
190 *Kolkman*, WPNR 2014, S. 1218; *Mellema-Kranenburg*, AA 2016, S. 940; *Schols*, UCERF 2018, S. 20.
191 *Kolkman*, WPNR 2014, S. 1217; *Lieber*, FJR 2016, S. 219.

Andere Stimmen sehen die Bestimmung kritischer. Sie gehen davon aus, dass die nunmehr erlassene Vorschrift private Gläubiger eines Ehegatten und den anderen Ehegatten, der berechtigt sei, das Gut zu übernehmen, grundlos bevorteile.[192] Insbesondere wird problematisiert, dass das Verhältnis zwischen den verschiedenen Gläubigern ungeklärt sei. Es fehle an Regelungen, wenn sowohl Gläubiger eines Ehegatten als auch Gläubiger einer Verbindlichkeit, die Teil der Gütergemeinschaft ist zwecks Erfüllung ihrer Forderungen auf dasselbe Gut zugreifen würden.[193] Diskutiert wird erneut, wie im Rahmen des ersten Gesetzgebungsverfahrens, welches zur Novellierung im Jahr 2012 geführt hat, dass die Übernahme im Sinne dieser Vorschrift ein rechtliches Novum und nicht klar sei, welche Rechtsfolgen daran zu knüpfen seien.[194]

4. Ende der Gütergemeinschaft

Abschließend bleibt zu klären, wann die Vergemeinschaftung der Vermögen der Ehegatten durch den gesetzlichen Güterstand ihr Ende findet und welche Rechtsfolgen an eine Auflösung der Gütergemeinschaft geknüpft werden. Dies soll in den folgenden Abschnitten behandelt werden.

a) Zeitpunkt der Beendigung

Davon ausgehend, dass das Entstehen der Gütergemeinschaft an die Vollziehung der Ehe geknüpft wird, müsste sie grundsätzlich mit dem Ende der Ehe beendet werden. Das *Burgerlijk Wetboek* enthält diesbezüglich eine detailliertere Regelung.

Verstirbt einer der Ehegatten (oder der Partner einer registrierten Partnerschaft), wird die Gütergemeinschaft zeitgleich mit dessen Tod aufgelöst.

Ferner ist möglich, dass die Gütergemeinschaft mit dem Zeitpunkt, zu welchem bei Gericht ein Antrag gestellt wird, aufgelöst wird. Auf diesen Zeitpunkt ist abzustellen, falls ein Antrag auf Ehescheidung, auf Auflösung einer registrierten Partnerschaft oder Scheidung von Tisch und Bett gestellt wird. Der Zeitpunkt der Antragsstellung ist außerdem in gerichtlichen Verfahren, die lediglich zur Auflösung der Gütergemeinschaft führen sollen, maßgeblich.

Dagegen findet die Auflösung am Tag nach der Erstellung der notariellen Urkunde statt, wenn die Gütergemeinschaft durch Abschluss eines Ehevertrages

---

192 *Lieber*, WPNR 2014, S. 1139; *Perrick*, WPNR 2015, S. 607; *Zonnenberg*, EB 2017, S. 145.
193 *Huijgen*, FTV 2014/10; *Lieber*, FJR 2016, S. 219; ausf. dazu *Perrick*, WPNR 2015, S. 607 – 609.
194 *Lieber*, WPNR 2014, S. 1139 f.; siehe auch *Kolkman*, WPNR 2014, S. 1218 f.

beendet wird. Treffen die registrierten Partner eine Vereinbarung zur Beendigung ihrer Partnerschaft in gegenseitigem Einvernehmen, so ist das Datum des Abschlusses der Vereinbarung entscheidend. Ausnahmsweise kann die Auflösung der Gemeinschaft mit dem Zeitpunkt einer gerichtlichen Entscheidung zusammenfallen. Wird einer der Ehegatten vermisst und will der andere erneut heiraten bzw. eine registrierte Partnerschaft eingehen, ist das Datum der gerichtlichen Todeserklärung maßgeblich. Dies ergibt sich aus Art. 1:99 Abs. 1 BW.

Art. 1:99 Abs. 1 BW:
„1. De gemeenschap wordt van rechtswege ontbonden:
a. in geval van het eindigen van het huwelijk of het geregistreerd partnerschap door overlijden: op het tijdstip van overlijden;
b. in geval van beëindiging van het huwelijk door echtscheiding of ontbinding van het geregistreerd partnerschap door de rechter: op het tijdstip van indiening van het verzoek tot echtscheiding onderscheidenlijk indiening van het verzoek tot ontbinding van het geregistreerd partnerschap;
c. in geval van scheiding van tafel en bed: op het tijdstip van indiening van het verzoek tot scheiding van tafel en bed;
d. in geval van opheffing van de gemeenschap door een beschikking: op het tijdstip van indiening van het verzoek tot opheffing van de gemeenschap;
e. in geval van beëindiging van het geregistreerd partnerschap met wederzijds goedvinden: op het tijdstip waarop de overeenkomst tot beëindiging wordt gesloten;
f. in geval van vermissing en een daarop gevolgd huwelijk of geregistreerd partnerschap: op het tijdstip waarop de beschikking, bedoeld in artikel 417, eerste lid, in kracht van gewijsde is gegaan;
g. in geval van opheffing bij latere huwelijkse voorwaarden: op het tijdstip, bedoeld in artikel 120, eerste lid. [...]"
Deutsch:
1. Die Gemeinschaft wird von Gesetzes wegen aufgelöst:
a. falls die Ehe oder registrierte Partnerschaft durch den Tod beendet wird: Im Zeitpunkt des Todes;
b. falls die Gemeinschaft durch Ehescheidung oder Auflösung der registrierten Partnerschaft durch den Richter beendet wird: Zum Zeitpunkt, in dem der Antrag auf Ehescheidung oder Auflösung der registrierten Partnerschaft eingereicht wird;
c. im Falle einer Scheidung von Tisch und Bett: Im Zeitpunkt der Einreichung des Antrags auf Scheidung von Tisch und Bett;
d. im Falle einer Auflösung durch eine Verfügung: Im Zeitpunkt der Einreichung des Antrags auf diese Verfügung;
e. im Falle eines Beendens einer registrierten Partnerschaft unter gegenseitiger Billigung: Zum Zeitpunkt, in dem die Vereinbarung über die Beendigung geschlossen wird;

f. im Falle einer Vermisstenmeldung und einer darauffolgenden Ehe oder registrierten Partnerschaft: Zum Zeitpunkt, in dem die Verfügung im Sinne von Artikel 417 Abs. 1 rechtskräftig wird;
g. im Falle einer Aufhebung durch einen späteren Ehevertrag: Zum Zeitpunkt, der in Art. 120 Abs. 1 genannt wird. [...]

Dass der Zeitpunkt der Auflösung der Gütergemeinschaft nicht stets mit dem Zeitpunkt des Endes der Ehe übereinstimmt, ist eine bewusste Entscheidung des Gesetzgebers. Dies solle den tatsächlichen Verhältnissen Rechnung tragen, da oftmals in den im Gesetz genannten Momenten die Solidarität der Ehegatten untereinander, die Grundlage des Bestehens der gesetzlichen Gütergemeinschaft sei, entfalle. Ab diesen Momenten bestehe ein großes Risiko, dass einer der Ehegatten die Wirkung der Gütergemeinschaft zulasten des anderen Ehegatten missbrauche. Insofern sei es folgerichtig, die Gemeinschaft zu diesen Zeitpunkten enden zu lassen.[195]

Sollte es wider Erwarten zu einer endgültigen Versöhnung der Ehegatten oder der registrierten Partner kommen, lebt die Gütergemeinschaft wieder auf. Dies ist abhängig von zwei Voraussetzungen: Zunächst muss die Gütergemeinschaft infolge eines Antrags auf Ehescheidung, Auflösung der Partnerschaft, Scheidung von Tisch und Bett oder Auflösung der Gemeinschaft oder einer Vereinbarung über die Auflösung der registrierten Partnerschaft aufgelöst worden sein. Weiterhin darf zwischenzeitlich nicht ein anderer Grund für die Auflösung eingetreten sein.

Eine entsprechende Regelung findet sich in Art. 1:99 Abs. 3 BW.

Art. 1:99 Abs. 3 BW:
[...] 3. Indien vast komt te staan dat een verzoek als bedoeld in het eerste lid, onder b, c en d, dan wel een overeenkomst als bedoeld in het eerste lid, onder e, niet meer kan leiden tot echtscheiding, ontbinding van het geregistreerd partnerschap, scheiding van tafel en bed, opheffing van de gemeenschap door een beschikking, onderscheidenlijk beëindiging van het geregistreerd partnerschap met wederzijds goedvinden, herleven van rechtswege alle gevolgen van de gemeenschap, alsof er geen verzoek was ingediend of overeenkomst was gesloten, tenzij zich inmiddels een andere grond voor ontbinding heeft voorgedaan. [...]
Deutsch:
[...] 3. Falls ein Antrag im Sinne des ersten Absatzes lit. b, c und d oder eine Vereinbarung im Sinne von lit. e nicht mehr zu einer Ehescheidung, Auflösung der registrierten Partnerschaft, Scheidung von Tisch und Bett, Aufhebung der Gemeinschaft durch Verfügung oder Beendigung der registrierten Partnerschaft unter gegenseitiger Billigung

---

195 *Kamerstukken II* 2002/03, 28 867, Nr. 3, S. 27 (MvT).

führen kann, leben von Gesetzes wegen alle Folgen der Gemeinschaft wieder auf, als sei kein Antrag eingereicht worden oder keine Übereinkunft geschlossen worden, es sei denn mittlerweile hat sich ein anderer Grund für die Auflösung hervorgetan. [...]
Sofern für den Zeitpunkt der Auflösung der Zeitpunkt der Antragsstellung maßgeblich ist (Antrag auf Ehescheidung, Auflösung der registrierten Partnerschaft, Scheidung von Tisch und Bett oder der Antrag auf Auflösung der Gütergemeinschaft), gilt nach den Übergangsvorschriften des ersten Änderungsgesetzes die vorherige Rechtslage fort, wenn der Antrag vor Inkrafttreten der Novellierung gestellt worden ist.[196] In diesen Fällen endet die Wirkung der Gütergemeinschaft erst im Zeitpunkt der Ehescheidung, der Auflösung der registrierten Partnerschaft, der Scheidung von Tisch und Bett oder der gerichtlichen Entscheidung über die Auflösung der Gütergemeinschaft.[197] Weiterhin sieht das Änderungsgesetz, das zum 01.01.2012 in Kraft getreten ist, vor, dass auch bei Abschluss einer Vereinbarung der registrierten Partner im Sinne des Art. 1:99 Abs. 1 lit. e BW die vorherige Rechtslage Anwendung findet, wenn die Vereinbarung zum Zeitpunkt des Inkrafttretens noch nicht im standesamtlichen Register erfasst wurde.[198] In diesem Fall ist der Zeitpunkt der Einschreibung der für das Ende der Gütergemeinschaft maßgebliche Zeitpunkt.[199]

b) Rechtsfolgen der Beendigung – Ende des Entstehens gemeinschaftlichen Vermögens, Aufteilung der Gemeinschaft

Mit der Auflösung der Gütergemeinschaft geht ein **Ende der Mischung von Hab und Gut**, der so genannten *Boedelmenging*[200], einher. **Zukünftig** erworbene Güter der Ehegatten sind damit grundsätzlich als **Privatvermögen** anzusehen, während die bisherige **Gütergemeinschaft** zunächst in ihrem Zustand zur Zeit der Auflösung fixiert wird.[201] Die aufgelöste Gütergemeinschaft besteht in den meisten Fällen aus einer Vielzahl verschiedener Güter, wie Registergütern, beweglichen Sachen und Rechten, sowie den Schulden der Gütergemeinschaft, die im Anschluss an die Aufstellung verteilt werden können.[202] Einkünfte, die

---

196 *Stb.* 2011, 205.
197 *De Boer*, in: *Asser* 1, Rn. 351.
198 *Stb.* 2011, 205.
199 *De Boer*, in: *Asser* 1, Rn. 351.
200 Siehe S. 42 ff.
201 HR 19.03.1965, ECLI: NL: PHR:1965: AC4549, NJ 1966/435, S. 1261; *De Bruijn/Huijgen/Reinhartz*, Het Nederlandse Huwelijksvermogensrecht, 5. druk, S. 194.
202 HR 29.04.1988, ECLI: NL: PHR:1988: AD0301, NJ 1989/155, S. 492; *Breederveld*, Huwelijksgemeenschap bij echtscheiding, S. 371.

die Ehegatten im Anschluss an diesem Zeitpunkt erwerben, sind ihrem jeweiligen Privatvermögen zuzuordnen.[203]

Das *Burgerlijk Wetboek* regelt zunächst, wie sich die **Verteilung der Güter der Gemeinschaft** gestaltet. Grundsätzlich haben die Ehegatten je einen hälftigen Anteil an der aufgelösten Gütergemeinschaft inne, sofern sie nicht in einem Ehevertrag oder einer Scheidungsfolgenvereinbarung eine abweichende Regelung getroffen haben.

Eine entsprechende Regelung findet sich in Art. 1:100 Abs. 1 BW.

Art. 1:100 Abs. 1 BW:
„1. De echtgenoten hebben een gelijk aandeel in de ontbonden gemeenschap, tenzij anders is bepaald bij huwelijkse voorwaarden of bij een overeenkomst die tussen de echtgenoten bij geschrift is gesloten met het oog op de aanstaande ontbinding der gemeenschap anders dan door de dood of ten gevolge van opheffing bij huwelijkse voorwaarden. "
Deutsch:
1. Die Ehegatten haben einen gleichen Anteil an der aufgelösten Gemeinschaft, es sei denn, dies wird in einem Ehevertrag oder einer Vereinbarung, die beide Ehegatten schriftlich in Angesicht der bevorstehenden Auflösung der Gemeinschaft in anderen Fällen als dem Tod oder der Aufhebung durch einen Ehevertrag geschlossen haben, anderweitig geregelt.

Bestimmte Güter können gegen eine Ausgleichszahlung durch einen Ehegatten allein übernommen werden können. So kann ein Ehegatte ein Anrecht auf Übernahme von seiner Kleidung, Schmuckstücken, Betriebs- und Berufsmitteln, Familienunterlagen und Gedenkstücken geltend machen. Diese gesetzliche Bestimmung ergänzt die Sonderregel, wonach Vermögensgegenstände, die mit einem der Ehegatten auf eine besondere Weise verbunden sind, nicht Teil der Gütergemeinschaft werden.[204] Soweit die in der Norm bezeichneten Gegenstände diese besondere Verbindung nicht aufweisen, können sie dennoch eine starke Bindung an einer Ehegatten haben und daher aus Gründen der Billigkeit vornehmlich diesem zustehen, was in der Verteilung zu dessen Gunsten zu berücksichtigen ist.[205] In der Literatur wird davon ausgegangen, dass die

---

203 *De Bruijn/Huijgen/Reinhartz*, Het Nederlandse Huwelijksvermogensrecht, 5. druk, S. 194.
204 Siehe S. 66 ff.
205 *Reinhartz*, in: GS Personen- en familierecht, Art. 1:101 BW, Rn. A2; siehe auch *Hof Arnhem-Leeuwarden* 15.03.2018, ECLI: NL: GHARL:2017:8191, REP 2018/2, URL: http://deeplinking.kluwer.nl/?param=00D0BC58&cpid=WKNL-LTR-Nav2 (zuletzt abgerufen am 30.10.2018).

in der Norm enthaltene Aufzählung nicht enumerativ ist, sodass auch andere Vermögensgegenstände primär an einen der Ehegatten gegen Festsetzung einer Ausgleichszahlung zugeteilt werden können, wenn dies Treu und Glauben entspricht.[206]
Eine entsprechende Regelung findet sich in Art. 1:101 BW.

Art. 1:101 BW:
„Na de ontbinding der gemeenschap heeft ieder der echtgenoten de bevoegdheid de te zijnen gebruike strekkende kleren en kleinodiën, alsmede zijn beroeps- en bedrijfsmiddelen en de papieren en gedenkstukken tot zijn familie behorende, tegen de geschatte prijs over te nemen."
Deutsch:
Nach der Auflösung der Gemeinschaft ist jeder der Ehegatten befugt, die zu seinem Gebrauch dienende Kleidung und Schmuckstücke, sowie seine Berufs- und Betriebsmittel und die Papiere und Gedenkstücke seiner Familie gegen den geschätzten Preis zu übernehmen.

Das Gesetz sieht über die in Art. 1:100 Abs. 1 BW genannten Möglichkeiten hinaus grundsätzlich nicht vor, dass die hälftige Berechtigung an der aufgelösten Gemeinschaft in ein anderes Verhältnis gesetzt werden kann. Selbst die Möglichkeit der Übernahme bestimmter Gegenstände mit starkem Bezug zu einem der Ehegatten weicht hiervon nicht ab, da insoweit nur die Übernahme gegen Leistung einer Ausgleichszahlung ermöglicht wird, was dem Grundsatz der hälftigen Anteile entspricht.

Eine solche Ausnahme kann vielmehr nur bei Anwendung der Generalklauseln, insbesondere von Treu und Glauben, gerechtfertigt werden, wobei die Voraussetzungen entsprechend hoch einzustufen sind.[207] Der *Hoge Raad* hat beispielsweise in einem Fall Art. 1:100 Abs. 1 BW nicht angewendet, obwohl die Ehegatten weder einen Ehevertrag noch eine Scheidungsfolgenvereinbarung abgeschlossen hatten, die eine abweichende Regelung enthielten. Der *Hoge Raad* sah es dennoch als unbillig an, dass der junge Pfleger, der die von ihm betreute, pflegebedürftige Frau zunächst geheiratet und anschließend getötet hatte, Anrecht auf die Hälfte der Güter, die von der Seite seiner Frau in das gemeinschaftliche Vermögen gefallen waren, gehabt hätte.[208] Diese Entscheidung ist aufgrund der extremen Umstände allerdings nicht verallgemeinerungsfähig.[209]

---

206 *Breedveld-de Voogd*, in: TK/Personen- en familierecht, Art. 1:101 BW, Rn. 2.
207 *Breedveld-de Voogd*, in: TK/Personen- en familierecht, Art. 1:100 BW, Rn. 4; *Lieber*, FJR 2016, S. 221; *Nuytinck*, WPNR 2018, S. 210.
208 *HR* 07.12.1990, ECLI: NL: HR:1990: ZC0071, NJ 1991/593, S. 2478 ff.
209 *Luijten*, WPNR 1994, S. 263; *Vranken*, WPNR 1991, S. 196.

Vor diesem Hintergrund ist bemerkenswert, dass der *Hoge Raad* in einer anderen Entscheidung den Sachvortrag, der für sich genommen nicht außergewöhnlich war, als hinreichend erachtet hat, um von der gesetzlichen Regelung abzuweichen, und den Rechtsstreit zur Entscheidung zurückverwiesen hat. Im zur Entscheidung vorliegenden Fall bestand zwischen den Ehegatten während der kurzen Ehe nur vorrübergehend eine häusliche Gemeinschaft. Die Ehefrau hatte vorgetragen, dass unter Berücksichtigung des Grundsatzes von Treu und Glauben ein Abweichen von der gesetzlichen Regelung angezeigt sei, da die Verbindlichkeiten durch den Ehemann vor der Eheschließung eingegangen worden seien, sie erst im Rahmen des Scheidungsverfahrens von diesen Kenntnis erlangt und die Aufnahme der Verbindlichkeiten dem Erwerb von Gütern des Ehemanns in Marokko und nicht der Finanzierung der Hochzeitsfeier gedient hätte.[210] Damit weicht der *Hoge Raad* letztlich die hohen Anforderungen an die Generalklausel auf, was in der Literatur zur Kritik an der vorstehenden Entscheidung geführt hat.[211] Die geringen Anforderungen werden teilweise darauf zurückgeführt, dass die maßgebliche Entscheidung sich mit der Zugehörigkeit von Schulden auseinandergesetzt habe.[212]

Die **Verteilung der Schulden** unterliegt zudem im **Innenverhältnis** einer weiteren Einschränkung. Sollte sich **ausnahmsweise** bei der Verteilung der Güter ergeben, dass die vorhandenen Güter nicht genügen, um die gemeinschaftlichen Schulden zu bedienen, übernimmt jeder der Ehegatten an den noch bestehenden Verbindlichkeiten einen Anteil in gleicher Höhe, sofern der Grundsatz von Treu und Glauben nicht eine anderweitige Verteilung der Haftung erfordert.

Eine entsprechende Regelung findet sich in Art. 1:100 Abs. 2 BW.

Art. 1:100 Abs. 2 BW:
„2. Voor zover bij de ontbinding van de gemeenschap de goederen van de gemeenschap niet toereikend zijn om de schulden van de gemeenschap te voldoen, worden deze gedragen door beide echtgenoten ieder voor een gelijk deel, tenzij uit de eisen van redelijkheid en billijkheid, mede in verband met de aard van de schulden, een andere draagplicht voortvloeit. "

---

210 HR 30.03.2012, ECL: NL: HR:2012: BV1749, NJ 2012/407, S. 352; siehe auch *Hof Amsterdam* 14.06.2016, ECL: NL: GHAMS:2016:2280, URL: https://uitspraken.rechtspraak.nl/inziendocument?id=ECLI:NL:GHAMS:2016:2280 (zuletzt abgerufen am 30.10.2018); *Hof Arnhem-Leeuwarden* 13.03.2014, ECL: NL: GHARL:2014:2472, RFR 2014/72, URL: https://uitspraken.rechtspraak.nl/inziendocument?id=ECLI:NL:PHR:2015:2478 (zuletzt abgerufen am 30.10.2018).
211 *Lieber*, FJR 2016, S. 221; *Wortmann*, NJ 2012/407, S. 3527.
212 *Kolkman/Salomons*, in: *Asser* 1-II, Rn. 357.

Deutsch:
2. Sofern bei der Auflösung der Gemeinschaft die Güter nicht ausreichend sind, um die Schulden der Gemeinschaft zu erfüllen, werden die Schulden von beiden Ehegatten jeweils zu gleichen Teilen getragen, es sei denn, aus dem Grundsatz von Treu und Glauben ergibt sich, unter anderem in Zusammenhang mit der Art der Schuld, eine andere Haftungsverteilung.

Diese Bestimmung ist im Rahmen der letzten Änderung des Gesetzestextes zum 01.01.2018 in das *Burgerlijk Wetboek* aufgenommen worden. Die Regelung ist auf den Ausnahmefall zugeschnitten, dass bei einer Auflösung der Gütergemeinschaft mehr Schulden verbleiben als werthaltige Güter vorhanden sind. Mit dieser Regelung hat der Gesetzgeber Anschluss an eine früher im *Burgerlijk Wetboek* als Wahlgüterstand vorgesehene beschränkte Gütergemeinschaft gesucht.[213] Gemäß der früher geltenden Regelung war zunächst vorgesehen, dass grundsätzlich der Ehegatte für Verbindlichkeiten haften sollte, von dessen Seite aus sie in die Gütergemeinschaft gefallen waren.[214]

Schon die frühere Rechtslage war erheblicher Kritik ausgesetzt. Insbesondere wurde auf die Missbrauchsgefahr hingewiesen. Es stehe zu befürchten, dass einer der Ehegatten vor der Auflösung die Schulden, die von seiner Seite aus in die Gemeinschaft gefallen sind, mit gemeinschaftlichen Gütern erfülle. Dies könnte zur Folge haben, dass die Güter der Gemeinschaft nicht mehr genügen würden, um auch die Schulden, die von der Seite des anderen Ehegatten aus in die Gemeinschaft gefallen sind, zu erfüllen, weshalb dieser Ehegatte im Innenverhältnis für diese Schulden hafte. Damit wirke sich die Regelung zu seinen Lasten aus, obwohl er dies nicht zu verantworten habe.[215] Dieser Kritikpunkt wurde in Reaktion auf den vorgelegten Gesetzgebungsentwurf erneut vorgebracht.[216] Zudem wurde darauf hingewiesen, dass das Tatbestandsmerkmal, von wessen Seite eine Verbindlichkeit in die Gemeinschaft gefallen sei, in der Praxis nur schwerlich dem Beweis zugänglich sei.[217]

Der Gesetzgeber hat versucht, dieser Kritik dadurch zu begegnen, indem die Vorschrift dahingehend angepasst wurde, dass beide Ehegatten die Gemeinschaftsschulden grundsätzlich zu gleichen Teilen tragen, falls die Güter der

---

213 *Kamerstukken II* 2013/14, 33 987, Nr. 3, S. 19 (MvT).
214 *Kamerstukken II* 2013/14, 33 987, Nr. 2, S. 3.
215 *De Boer*, in: *Asser* 1, Rn. 484; *De Bruijn/Huijgen/Reinhartz*, Het Nederlandse Huwelijksvermogensrecht, 4. druk, S. 324.
216 *Lieber*, WPNR 2014, S. 1141; *Reinhartz*, FJR 2015, S. 11; *Subelack*, WPNR 2014, S. 1188.
217 *Huijgen*, FTV 2014/10; *Subelack*, WPNR 2014, S. 1188.

Gemeinschaft unzureichend sind, die Verbindlichkeiten vollständig abzudecken, jedoch eine Ausnahme geboten sei, wenn sich dies aus dem Grundsatz von Treu und Glauben unter Berücksichtigung der Art der Schuld ergebe.[218] Diese Bestimmung ist letztlich in Kraft getreten und zum 01.01.2018 für alle Gütergemeinschaften bindendes Recht.[219]

Die Neufassung von Art. 1:100 Abs. 2 BW erübrigt mithin im Ausnahmefall den oben angezeigten Rückgriff auf die Generalklausel und unterliegt folglich geringeren Anforderungen. Dies gibt der Gesetzgeber selbst zu erkennen, da er hinsichtlich der Art der Verbindlichkeit ausdrücklich Verbindlichkeiten als Beispiel nennt, die ein Ehegatte ohne Wissen des anderen eingegangen ist.[220] In der Literatur wird daher davon ausgegangen, dass die Vorschrift durch die unbestimmten Rechtsbegriffe (zunächst) Unsicherheit schaffe und zu einer Zunahme von Rechtsstreitigkeiten führen werde.[221]

Die Vorschrift des Art. 1:100 Abs. 2 BW unterliegt ausweislich des im Änderungsgesetz enthaltenen Übergangsrechts der unmittelbaren Wirkung und ist folglich unabhängig von der Frage der Eheschließung auf alle Gütergemeinschaften anwendbar.[222] Gleichwohl darf bezweifelt werden, ob diese Vorschriften auch bei unbeschränkten Gütergemeinschaften zur Anwendung gelangt. Typischerweise umfassen diese Gemeinschaften fast ausschließlich alle Vermögenswerte der Ehegatten, während bei den beschränkten Gütergemeinschaften gerade die Gefahr besteht, dass wesentliche Vermögenswerte nicht Teil dieser Gemeinschaften werden, sodass eine höhere Wahrscheinlichkeit bestehen dürfte, dass das Saldo der Gütergemeinschaft bei der Auflösung negativ ist. Dementsprechend hat sich der jüngere Gesetzgeber auch bei einer Idee des früheren Gesetzgebers bedient, die nur bei dem Wahlgüterstand der beschränkten Gemeinschaft Anwendung gefunden hat.

Im **Außenverhältnis** haftet nach der Auflösung der umfassenden Gütergemeinschaft weiterhin jeder der Ehegatten für die Schulden, für die er zuvor gehaftet hat. Für andere Schulden der Gütergemeinschaft haftet jeder Ehegatte

---

218 *Kamerstukken II* 2014/15, 33 987, Nr. 11, S. 5.
219 *StB.* 2017, 177; *StB.* 2017, 178.
220 Vgl. *Kamerstukken II* 2014/15, 33 987, Nr. 11, S. 5.
221 *Kleefmann*, TREMA 2017/8; *Lieber*, WPNR 2014, S. 1141; *ders.*, FJR 2016/53; *Van Wijk-Verhagen/Yildiz*, WPNR 2018, S. 603; *Labohm*, REP 2015/3, geht davon aus, dass es diese Norm dem Richter ermögliche, zu gerechten Entscheidungen zu gelangen.
222 Siehe S. 41 f.

gesamtschuldnerisch, allerdings nur mit den Gütern, die er in Folge der Verteilung der Gemeinschaft erhalten hat.
Dies ergibt sich aus Art. 1:102 S. 1 und 2 BW.

Art. 1:102 S. 1 und 2 BW:
„Na ontbinding van de gemeenschap blijft ieder der echtgenoten voor het geheel aansprakelijk voor de gemeenschapsschulden waarvoor hij voordien aansprakelijk was. Voor andere gemeenschapsschulden is hij hoofdelijk met de andere echtgenoot verbonden, met dien verstande evenwel dat daarvoor slechts kan worden uitgewonnen hetgeen hij uit hoofde van verdeling van de gemeenschap heeft verkregen, onverminderd de artikelen 190, eerste lid, en 191, eerste lid, van Boek 3. [...]."
Deutsch:
Nach der Auflösung der Gütergemeinschaft haftet jeder der Ehegatten gänzlich für die Gemeinschaftsschulden, für die er auch zuvor gehaftet hat. Für andere Gemeinschaftsschulden ist er gesamtschuldnerisch mit dem anderen Ehegatten verbunden, unter Berücksichtigung, dass dafür nur auf das zugegriffen werden kann, was er gemäß der Verteilung der Gemeinschaft erhalten hat, unbeschadet der Artikel 190 Abs. 1 und 191 Abs. 1 des dritten Buchs. [...]

Bezüglich dieser nachträglichen Haftung hat die Novellierung der Vorschriften über die Gütergemeinschaft zum 01.01.2012 zu einer erheblichen Veränderung geführt: Zuvor haftete jeder der ehemaligen Ehegatten nach der Auflösung auch zur Hälfte für die gemeinschaftlichen Verbindlichkeiten, deren eigentlicher Schuldner der andere Ehegatte war. Die Haftung erstreckte sich auf das gesamte Vermögen, selbst wenn es zuvor als Privatvermögen (insbesondere Erbschaften oder Zuwendungen unter Verwendung der Ausschlussklausel) nicht Teil der Gütergemeinschaft war.

Diese Regelung wurde in großem Maße kritisiert, da sie zu einer erheblichen Benachteiligung führen konnte. Dies gelte insbesondere für den nicht erwerbstätigen Ehegatten, der nach der Auflösung mit seinem gesamten Vermögen zur Hälfte für die Schulden, die im Rahmen der Erwerbstätigkeit bzw. des Betriebes des anderen Ehegatten entstanden seien, hafte.[223] Dementsprechend wurde die gesetzliche Änderung durch die Literatur größtenteils begrüßt.[224]

Allerdings hat der Gesetzgeber in diesem Zusammenhang ausnahmsweise eine respektierende Wirkung in das Änderungsgesetz aufgenommen. Ist die

---

[223] Vgl. *Rapport van de Commissie rechten en plichten van echtgenoten*, S. 80.
[224] *Van Mourik*, WPNR 2004, S. 167; *Verstappen*, WPNR 2004/I, S. 178; anderer Ansicht ist *Vegter*, WPNR 2003, S. 647, der die Interessen der Gläubiger durch den Umstand, dass sie in der Regel keine Kenntnis von der Verteilung der Gütergemeinschaft haben, als nicht ausreichend berücksichtigt ansieht.

Haftung für Schulden der Gütergemeinschaft infolge einer Auflösung der Gemeinschaft bereits vor Inkrafttreten des Änderungsgesetzes entstanden, findet der insoweit abgeänderte Art. 1:102 BW keine Anwendung. Die vorherige Rechtslage bleibt bezüglich dieser Haftung bestehen.[225]

II. Die Zugewinngemeinschaft des deutschen Rechts

Im deutschen Recht ist ebenfalls die durch die Eheschließung eingetretene Veränderung der vermögensrechtlichen Beziehung der Ehegatten untereinander Gegenstand des ehelichen Güterrechts.[226]

Gemäß § 1363 Abs. 1 BGB sind die Ehegatten mit dem Tag der Eheschließung im Güterstand der **Zugewinngemeinschaft** miteinander verbunden, sofern sie nicht in einem Ehevertrag eine abweichende Regelung getroffen haben. Der Begriff der Zugewinngemeinschaft ist irreführend, da er suggeriert, dass ein gemeinschaftliches Vermögen entsteht. Ausweislich § 1363 Abs. 2 BGB findet jedoch **keine Vergemeinschaftung der Vermögen** statt. Jeder Ehegatte bleibt Eigentümer der Vermögensgegenstände, die vor der Eheschließung in seinem Eigentum standen. Während der Ehe erworbene Vermögensgegenstände gehen grundsätzlich in das Eigentum des jeweils erwerbenden Ehegatten über; es kommt nicht ohne weiteres zur Bildung gemeinschaftlichen Vermögens.[227]

Das güterechtliche Verhältnis ist im deutschen Recht somit grundlegend anders gestaltet als das spiegelbildliche Verhältnis im niederländischen Recht. Vor diesem Hintergrund erscheint eine gegenüberstellende Darstellung des deutschen Rechts nicht angezeigt. Im Folgenden soll vielmehr der zentrale Kompensationsanspruch untersucht werden, wobei im ersten Abschnitt die Anspruchsvoraussetzungen und im zweiten Abschnitt die von der Literatur aufgeworfenen Probleme des Zugewinnausgleichs thematisiert werden sollen. In einem weiteren Abschnitt soll die vom gesetzlichen Güterstand losgelöste Aufteilung einzelner Haushaltsgegenstände erörtert werden, da der niederländische Güterstand eine gesonderte Regelung nicht vorsieht. Eine Aufteilung dieser Gegenstände erfolgt im Rahmen der Verteilung der Gütergemeinschaft, soweit diese Gegenstände deren Wirkung unterliegen.

---

225 Siehe *Stb.* 2011, 205.
226 BT-Drucks. 16/10798, S. 10.
227 Den Ehegatten bleibt es unbenommen, durch Abschluss von Rechtsgeschäften gemeinschaftliches Vermögen entstehen zu lassen. Vgl. *Palandt/Brudermüller*, § 1363 BGB, Rn. 3.

1. Der Anspruch auf Zugewinnausgleich

Trotz der eingangs genannten Grundvorstellung betrachtet der Gesetzgeber die Ehegatten nicht als voneinander unabhängige Individuen. Dem gesetzlichen Güterstand liegt die Vorstellung zugrunde, dass die Ehe beide Ehepartner in einer auf Lebenszeit eingegangenen, gleichberechtigten Gemeinschaft verbindet. Nach der Vorstellung des Gesetzgebers setzen in dieser Lebens- und Wirtschaftsgemeinschaft die Ehegatten gemeinsam ihre Fähigkeiten und Möglichkeiten ein und erwirtschaften gleichwertig das während der Ehe aufgebaute Vermögen.[228] Der Vermögenserwerb des einen Ehegatten wird regelmäßig durch einen unmittelbaren oder mittelbaren Beitrag des anderen ermöglicht, wobei ein solcher Beitrag auch in einem Erwerbsverzicht zu sehen ist. Stellt einer der Ehegatte seine Erwerbstätigkeit und damit auch seine berufliche Weiterentwicklung zugunsten der ehelichen Gemeinschaft zurück oder ein, um sich beispielsweise der Haushaltsführung und Kindererziehung zu widmen, ermöglicht er dem anderen die vollschichtige Erwerbstätigkeit und den daraus resultierenden Aufbau seines Vermögens.[229] Vereinzelt wird auch darauf verwiesen, dass die Vermögensbildung eines Ehegatten auf dem Konsumverzicht beider beruhe. Die eheliche Gemeinschaft wird dabei als Konsumgemeinschaft gesehen.[230]

Aufgrund des gemeinsamen Einsatzes der Ehegatten zur Vermögensbildung besteht zu Kompensationszwecken ein Ausgleichsanspruch bei Beendigung der Zugewinngemeinschaft, wonach grundsätzlich ein wechselseitiger Anspruch der Ehegatten auf Ausgleich in Höhe des Betrages besteht, um den das Vermögen des einen Ehegatten bei Beendigung der Zugewinngemeinschaft sein Vermögen zu Beginn des Güterstandes übersteigt. Dies ergibt sich aus § 1378 Abs. 1 BGB. Die Anspruchsvoraussetzungen sollen in den folgenden Abschnitten dargestellt werden.

a) Beendigung des gesetzlichen Güterstands

Der Ausgleichsanspruch setzt zunächst voraus, dass eine **Beendigung des Güterstands** eingetreten ist. Die Zugewinngemeinschaft ist als ehelicher Güterstand

---

228 BT-Drucks. 16/10798, S. 10.
229 *BGH* NJW 1966, 2109 (2111); NJW 1976, 328 (328); *Gernhuber/Coester-Waltjen*, Familienrecht, § 34, Rn. 3; *Jaeger*, in: *Johannsen/Henrich*, Familienrecht, Vorbemerkungen § 1372, Rn. 4; MüKoBGB/*Koch*, Vorbemerkungen § 1363–§§ 1391 – 1407 BGB, Rn. 8.
230 *Battes*, FuR 1990, S. 314 ff.; ausdrücklich ablehnend *Diederichsen*, FamRZ 1992, S. 7 f. und *Jaeger*, in: *Johannsen/Henrich*, Familienrecht, Vorbemerkungen § 1372, Rn. 4.

mit dem Bestehen der Ehe verknüpft und teilt ihr Schicksal. Findet die Ehe ihr Ende, wird auch der gesetzliche Güterstand beendet.[231]

Gemäß § 1564 S. 2 BGB ist die Ehe aufgelöst, sobald der gerichtliche Beschluss über die **Ehescheidung** rechtskräftig wird. Falls ein Aufhebungsverfahren eingeleitet wird, gilt gemäß § 1313 S. 2 BGB ebenfalls, dass mit Rechtskraft der gerichtlichen **Aufhebungsentscheidung** die Ehe aufgelöst ist.

Heiratet ein Ehegatte erneut, nachdem der andere Ehegatte zu Unrecht für tot erklärt wurde, tritt eine Auflösung der Ehe im Zeitpunkt der **Wiederverheiratung** ein. Dies ergibt sich aus § 1319 Abs. 2 S. 1 BGB. Etwas anderes gilt nur dann, wenn beide Ehegatten im Zeitpunkt der Eheschließung wussten, dass der frühere Ehegatte im Zeitpunkt der Todeserklärung noch lebte.

Wird die Ehe durch den **Tod eines Ehegatten** aufgelöst, wird gemäß § 1371 Abs. 1 S. 1 BGB auch der Güterstand beendet. Gleichwohl stellt der Tod eines Ehegatten im Rahmen des Zugewinnausgleichs einen Sonderfall dar, da nicht ohne weiteres der Zugewinnausgleichsanspruch ermittelt werden muss.[232]

Darüber hinaus kann auch bei Fortbestand der Ehe die Zugewinngemeinschaft beendet werden. Durch die **ehevertragliche Vereinbarung** eines anderen Güterstands oder der Aufhebung des gesetzlichen Güterstands während bestehender Ehe wird die bereits bestehende Zugewinngemeinschaft beendet. Eine entsprechende Regelung findet sich in § 1408 Abs. 1 BGB.

Ferner kann unter bestimmten Voraussetzungen eine **vorzeitige Aufhebung** der Zugewinngemeinschaft durch einen gerichtlichen Beschluss gefordert werden. Grundgedanke dabei ist, dass in Fällen, in denen die Ehegatten die gemeinsame Lebens- und Wirtschaftsgemeinschaft nicht nur vorrübergehend aufgeben, bereits die Grundlage für das Bestehen der Zugewinngemeinschaft entfallen ist, ohne dass die Ehe ein Ende findet.[233] § 1585 BGB normiert, dass eine vorzeitige Auflösung in Betracht kommt, wenn die Ehegatten seit mindestens drei Jahren voneinander getrennt leben, ein Ehegatte durch Verfügungen die Ausgleichsforderung erheblich gefährdet, ein Ehegatte wesentliche wirtschaftliche Verpflichtung, die aus dem ehelichen Verhältnis resultieren, über einen längeren Zeitraum nicht erfüllt oder ein Ehegatte sich ohne Grund beharrlich weigert, Auskunft über den Bestand seines Vermögens zu erteilen. Gemäß § 1388 BGB geht die Beendigung der Zugewinngemeinschaft in diesen Fällen mit der Rechtskraft der gerichtlichen Entscheidung über die vorzeitige Auflösung einher.

---

231 *Mayer*, in: *Bamberger/Roth*, BGB, § 1372, Rn. 3.
232 Siehe dazu S. 111 ff.
233 Siehe *Mayer*, in: *Bamberger/Roth*, BGB, § 1385, Rn. 1.

b) Bestimmung des Anfangs- und Endvermögens

Zur Berechnung der nach Beendigung der ehelichen „Gemeinschaft" bestehenden Ausgleichsforderung sind das jeweilige Anfangs- und Endvermögen eines jeden Ehegatten zu ermitteln.

Die vermögensrechtliche Auseinandersetzung erfordert eine **stichtagsgenaue, schematische und starre Betrachtungsweise**. Es ist grundsätzlich unerheblich, ob hinsichtlich einzelner Vermögensgegenstände vor oder nach dem Stichtag wesentliche Veränderungen eingetreten sind. Sofern diese Gegenstände am Stichtag dem Vermögen eines der Ehegatten zuzuordnen sind, sind diese bei der Feststellung entsprechend zu berücksichtigen.[234] Nur in äußersten Ausnahmefällen kann nach der neueren Rechtsprechung des Bundesgerichtshofs eine Abkehr von den gesetzlich geregelten Stichtagen angezeigt sein. Voraussetzung ist, dass sich ohne eine entsprechende Korrektur des Stichtagsprinzips das Ergebnis als grob unbillig darstellen und die Gewährung des Ausgleichsanspruchs in der vom Gesetz vorgesehenen Art und Weise dem Gerechtigkeitsempfinden in unerträglicher Weise widersprechen würde.[235]

aa) Das Anfangsvermögen

Der Umfang des Anfangsvermögens, also des Vermögens, über das ein Ehegatte im Zeitpunkt der Eheschließung verfügt, wird durch § 1374 BGB konkretisiert. Das Vermögen besteht aus den Aktivposten im Zeitpunkt des Eintritts des Güterstands, vermindert um die zu diesem Zeitpunkt bestehenden Verbindlichkeiten.

Fraglich ist, wie der Begriff Aktivposten zu definieren ist. Gemeinhin wird vertreten, dass das Anfangsvermögen aus den **rechtlich geschützten Positionen von wirtschaftlichem Wert** besteht, die einem Ehegatten zum Eintritt des Güterstands zustanden. Folglich fließen alle objektiv bewertbaren Rechte eines Ehegatten ins Anfangsvermögen. Keine Rolle spielt, ob Ansprüche bereits fällig sind und Rechte unbedingt bestehen oder vererblich sind. Der Bundesgerichtshof führt in diesem Zusammenhang aus, dass selbst eine Forderung, deren Realisierung fraglich ist, Teil des Anfangsvermögens ist.[236] Unberücksichtigt bleiben

---

234 *Schulz/Hauß*, Vermögensauseinandersetzung, Kapitel 1, Rn. 14–16; *Jaeger*, in: *Johannsen/Henrich*, Familienrecht, Vorbemerkungen § 1372, Rn. 5.
235 *BGH* NJW 2018, 610 (611).
236 *BGH* NJW 2001, 439 (440); siehe dazu auch *BGH* NJW 1983, 2445 (2246); FPR 2004, 384 (385); sowie *Kappler/Kappler*, in: *Soergel*/BGB, § 1374, Rn. 11 und 14 mit weiteren Nennungen.

bloße Erwerbsaussichten und noch in der Entwicklung begriffene Recht, die noch nicht zum Anwartschaftsrecht erstarkt sind.[237]

Ausgenommen vom Anfangsvermögen sind zudem diejenigen Ansprüche auf wiederkehrende Leistungen, die sich aus vor dem Stichtag begründeten Rechts- und Dauerschuldverhältnissen ergeben. Nach einhelliger Auffassung stellen diese keinen im Anfangsvermögen zu berücksichtigenden gegenwärtigen Vermögenswert dar, sondern dienen der Absicherung des künftigen Einkommens und folglich des laufenden Unterhalts der Ehegatten.[238] Diese Einschränkung gilt nicht, sofern Ansprüche aus bei Eintritt des Güterstands begründeten Rechts- oder Dauerschuldverhältnis bereits fällig sind. Ein fälliger Anspruch ist ein Teil des Vermögens des Anspruchsinhabers und folgerichtig dem Anfangsvermögen hinzuzurechnen.[239]

Die zum Eintritt des Güterstands bestehenden **Verbindlichkeiten mindern den Wert des Anfangsvermögens**. Im Unterschied zu den Aktiva bedarf es zur Berücksichtigung von Verbindlichkeiten im Anfangsvermögen nicht deren Fälligkeit; es genügt, dass die Schuld vor dem Stichtag entstanden ist.[240] Ist die Forderung allerdings noch nicht fällig, verbietet sich eine Anrechnung in der vollen Höhe. Die Verbindlichkeit ist entsprechend zu kürzen, wobei Ausgangspunkt ist, wie ein objektiver Dritter die Zahlungsverpflichtung zum Stichtag bewerten würde.[241]

Gemäß § 1374 Abs. 3 BGB sind diese Verbindlichkeiten auch über die Höhe des Anfangsvermögens hinaus abzuziehen und somit in voller Höhe berücksichtigungsfähig. Die Regelung, wonach Verbindlichkeiten maximal bis zur Höhe des Anfangsvermögens abzuziehen waren, hat der Gesetzgeber im Jahr 2009 aufgehoben.[242] Mit dieser und weiteren im Änderungsgesetz enthaltenen Modifikationen wollte der Gesetzgeber Defizite im Rahmen des Zugewinnausgleichs beheben. Die Regelung, dass das Anfangsvermögen selbst unter Berücksichtigung von Verbindlichkeiten allenfalls mit Null und somit unter keinen

---

237 *BGH* NJW 2001, 439 (440); FPR 2004, 384 (385); siehe auch *Kappler/Kappler*, in: Soergel/BGB, § 1374, Rn. 15 mit weiteren Nennungen.
238 *BGH* NJW 1980, 229 (229); NJW 1981, 1038 (1039); NJW 1982, 279 (279); *Jaeger*, in: *Johannsen/Henrich*, Familienrecht, § 1374, Rn. 10; *Mayer*, in: *Bamberger/Roth*, BGB, § 1374, Rn. 5.
239 Vgl. *BGH* NJW 1981, 1038 (1039).
240 *BGH* NJW 1983, 2445 (2246); NJW-RR 1986, 226 (227); NJW 1991, 1547 (1550).
241 *BGH* FamRZ 1990, 1217 (1218 f.); *OLG Hamm* FamRZ 1995, 611 (612).
242 Gesetz zur Änderung des Zugewinnausgleichs- und Vormundschaftsrechts vom 9. Juli 2009, BGBl 2009 I, 1696.

Umständen negativ bewertet werden konnte, wurde als ungerecht kritisiert. Praktisch konnte der Ehegatte, dessen Verbindlichkeiten höher waren als das Anfangsvermögen, den anderen Ehegatten über den Zugewinnausgleich an der Tilgung seiner Schulden beteiligen. Da nicht der tatsächlich während der Ehe erzielte Gewinn als Zugewinn gewertet wurde, sondern ausschließlich der Betrag, der das mit Null bewertete Anfangsvermögen überstieg, während beim Ehegatten, der bei Eintritt des Güterstands nicht über die Höhe seines Anfangsvermögens hinaus verschuldet war, der gesamte Gewinn bei der Berechnung des Zugewinnausgleichs herangezogen wurde, wirkte sich die gesetzliche Regelung durch die unterschiedlicher Bewertung wirtschaftlich gleichwertiger Posten zulasten des letztgenannten Ehegatten aus.[243]

Eine Besonderheit ergibt sich hinsichtlich solcher **Vermögensgegenstände**, die ein Ehegatte **während bestehender Ehe** aufgrund gesetzlicher oder gewillkürter **Erbfolge**, im Wege der **vorweggenommenen Erbfolge** (mit Rücksicht auf ein künftiges Erbrecht), durch **Schenkung** oder als **Ausstattung** im Sinne des § 1624 BGB erwirbt. Gemäß § 1374 Abs. 2 BGB sind diese grundsätzlich zum Anfangsvermögen hinzuzurechnen. Der Gesetzgeber privilegiert die genannten Erwerbstatbestände in der Annahme, dass Grund für die Übertragung der Vermögensgegenstände die persönliche Beziehung zwischen Veräußerer und Erwerber ist und der Veräußernde typischerweise ausschließlich den Erwerber bevorteilen möchte. Von Bedeutung ist insoweit auch, dass der andere Ehegatte an einem solchen Erwerbsvorgang keinen Anteil hat.[244] Durch die zusätzliche Berücksichtigung im Anfangsvermögen unterfallen die privilegierten Vermögensgegenstände nur eingeschränkt dem Zugewinnausgleich. Ein „Gewinn" besteht ausschließlich, sofern sich der Wert des jeweiligen Vermögensgegenstands im Endvermögen erhöht hat.

§ 1374 BGB lässt nicht unberücksichtigt, dass nicht jede Zuwendung der Vermögensbildung dient. Wird während bestehender Ehe ein Vermögensgegenstand im Wege der Erbfolge, der vorweggenommenen Erbfolge, durch Schenkung oder als Ausstattung erworben, ist dieser nicht Teil des Anfangsvermögens, wenn er den **Einkünften** hinzuzurechnen ist. Dies ist der Fall, wenn die Zuwendung der Deckung des laufenden Lebensbedarfs dient und nicht die Vermögensbildung fördern soll.[245] Damit entfällt der Sachgrund für die zusätzliche

---

243 Vgl. BT-Drucks. 16/10798, S. 11; siehe auch *Brudermüller*, FamRZ 2009, S. 1185.
244 BT-Drucks. 2/224, S. 43; siehe dazu auch BGH NJW 1981, 1836 (1837); NJW 1987, 2814 (2815); NJW 1995, 3113 (3114); FPR 2004, 384 (386).
245 *BGH* NJW 1987, 2816 (2817); *OLG Celle* FamRZ 2016, 369 (370); *OLG Zweibrücken* FamRZ 1984, 276 (276).

Berücksichtigung im Anfangsvermögen. Insoweit wird von einer **Verzerrung des Zugewinnausgleichs** gesprochen.[246] Nicht erforderlich ist, dass es sich dabei um regelmäßige oder wiederkehrende Zuwendungen handelt; auch eine einmalige Zuwendung kann zu den Einkünften im Sinne des § 1374 Abs. 2 BGB zu rechnen sein.[247] Besondere Bedeutung kann dem Anlass der Zuwendung, der Absicht des Zuwendenden und den Verhältnissen des Empfängers beigemessen werden.[248] Ohne Bedeutung ist allerdings, ob der Vermögensgegenstand durch den Erwerber auch zweckentsprechend verwendet wird; die Privilegierung entfällt dennoch. Sind Einkünfte zum Endstichtag noch vorhanden, erhöhen sie somit ausschließlich das Endvermögen.[249]

Diskutiert wird, ob eine analoge Anwendung von § 1374 Abs. 2 BGB möglich ist, falls der Erwerb von Vermögensgegenständen während bestehender Ehe in keinem Zusammenhang mit dem Zweck der Zugewinngemeinschaft steht, der Erwerb also „eheneutral" ist. Nach einer in der Literatur vertretenen Auffassung ist die Vorschrift des **§ 1374 Abs. 2 BGB analog** anzuwenden. Demnach wäre ein **eheneutraler Erwerb** sowohl im Anfangs- als auch im Endvermögen zu berücksichtigen und allein bei einer eventuellen Wertsteigerung in die Berechnung des Zugewinns einzustellen.[250] Als Beispiele für den eheneutralen Erwerb nennt die Literatur den Anspruch auf Zahlung von Schmerzensgeld, der während der Ehe entstanden ist, oder Abfindungen für Schadensersatzrenten wegen geminderter Erwerbsfähigkeit sowie Abfindungen für die durch eine Wiederheirat verlustig gehende Witwenrente.[251]

---

246 *BGH* NJW 2014, 294 (296 f.); *Cziupka*, in: *Bamberger/Roth*, BGB, § 1374, Rn. 40.
247 Vgl. *BGH* NJW 2014, 294 (297); *OLG Zweibrücken* FamRZ 1984, 276 (276); *Jaeger*, in: *Johannsen/Henrich*, Familienrecht, § 1374, Rn. 39; *Palandt/Brudermüller*, § 1376 BGB, Rn. 17.
248 *BGH* NJW 1987, 2816 (2817); NJW 2014, 294 (296); *OLG Celle* FamRZ 2016, 369 (370); *OLG Frankfurt* FamRZ 2009, 1065 (1066); *OLG Zweibrücken* FamRZ 1984, 276 (276); siehe auch *Cziupka*, in: *Bamberger/Roth*, BGB, § 1374, Rn. 40; *Palandt/Brudermüller*, § 1376 BGB, Rn. 17; *Schwab*, in: Handbuch des Scheidungsrechts, Teil VII, Rn. 155.
249 *OLG Zweibrücken* FamRZ 1984, 276 (276); *Palandt/Brudermüller*, § 1376 BGB, Rn. 17; *Schwab*, in: Handbuch des Scheidungsrechts, Teil VII, Rn. 155.
250 *Schröder*, FamRZ 1997, S. 4; *Schwab*, FamRZ 1984, S. 435; *ders.*, in: Handbuch des Scheidungsrechts, Teil VII, Rn. 161; *Herr*, NJW 2008, S, 266, spricht sich im Falle eines etwaigen Anspruchs auf Schmerzensgeld dafür aus, § 1374 Abs. 2 BGB teleologisch zu reduzieren, schließt die Analogie aber auch nicht aus.
251 *Schwab*, in: Handbuch des Scheidungsrechts, Teil VII, Rn. 162 f.; siehe auch *Herr*, NJW 2008, S. 262 – 266.

Der Bundesgerichtshof lehnt die analoge Anwendung des § 1374 Abs. 1 BGB ab. Er führt dazu aus, dass den gesetzlichen Regelungen zum Zugewinnausgleich zwar die Vorstellung zugrunde liege, dass eine Vermögensmehrung durch das Zusammenwirken der Ehegatten eingetreten sei; jedoch sei auch zu beachten, dass der Gesetzgeber sich bewusst für eine starre und schematische Regelung entschieden habe, die grundsätzlich alle Vermögensgegenstände umfasse – unabhängig davon, ob und welcher der Ehegatten am Erwerb mitgewirkt habe. Die Privilegierung des § 1374 Abs. 2 BGB stelle eine Ausnahme dar, beruhe jedoch im Unterschied zum eheneutralen Erwerb nicht allein auf der Art des Erwerbs, sondern auch auf der persönlichen Beziehung des Ehegatten zum Zuwender. Die Aufzählung des § 1374 Abs. 2 BGB sei abschließend, eine entsprechende Anwendung beim eheneutralen Erwerb scheide aus.[252]

Die Literatur kritisiert die ablehnende Haltung des Bundesgerichtshofs. Sie verweist darauf, dass der Gerichtshof inkonsequent vorgehe, wenn er einerseits die Analogie kategorisch ablehne, aber zugleich die gesetzlichen Begriffe Erwerb von Todes wegen und Erwerb mit Rücksicht auf ein zukünftiges Erbrecht sehr großzügig auslege.[253]

bb) Das Endvermögen

Das Endvermögen ist ausweislich der Legaldefinition das Vermögen, das einem Ehegatten nach Abzug der Verbindlichkeiten bei der Beendigung des Güterstands gehört.

Die gesetzliche Regelung zur Bestimmung des Endvermögens orientiert sich an den soeben zur Bestimmung des Anfangsvermögens dargestellten Grundsätzen. Gemäß § 1375 Abs. 1 S. 1 stellt das Vermögen, das einem Ehegatten bei der Beendigung des Güterstands gehört, sein Endvermögen dar, sodass auch in diesem Fall alle **rechtlich geschützten Positionen von wirtschaftlichem Wert**, die einem der Ehegatten zuzuordnen sind, zu ermitteln sind. **Verbindlichkeiten** sind wie beim Anfangsvermögen in voller Höhe zu berücksichtigen und folglich über die Höhe des Endvermögens hinaus abzuziehen. Eine entsprechende Regelung findet sich in § 1375 Abs. 1 S. 2 BGB.

---

[252] *BGH* FamRZ 1977, 124 (125); siehe auch *BGH* FamRZ 1981, 239 (240); FamRZ 2004, 781 (782); FamRZ 2007, 1307 (1308); im Ergebnis zustimmend *Gernhuber/Coester-Waltjen*, Familienrecht, § 36, Rn. 27; *Hoppenz*, FamRZ 2008, S. 1891; *Stollenwerk*, FPR 2007, S. 181.

[253] So *Schwab*, in: Handbuch des Scheidungsrechts, Teil VII, Rn. 161.

Maßgeblicher Zeitpunkt sowohl für die Bestimmung des Endvermögens als auch für die Höhe des Ausgleichsanspruchs ist grundsätzlich der Zeitpunkt, in dem die **Zugewinngemeinschaft beendet** wird. Im Falle der Scheidung oder der Auflösung der Ehe ist jedoch gemäß § 1384 BGB (in Verbindung mit § 1318 Abs. 1 und 3 BGB) der **Zeitpunkt der Zustellung des gerichtlichen Antrags** an den Antragsgegner bzw. die Antragsgegnerin maßgeblich. Wird die Zugewinngemeinschaft vorzeitig aufgehoben, ist gemäß § 1387 BGB bei der Ermittlung des Endvermögens auf den **Zeitpunkt** abzustellen, in dem die entsprechenden **Anträge gestellt worden** sind. Diese Ausnahmeregelungen sollen der Manipulation des Zugewinnausgleichsanspruchs durch einen der Ehegatten entgegenwirken. Der Gesetzgeber hat unter diesem Gesichtspunkt auch davon Abstand genommen, die Ausgleichsforderung auf die Höhe des im Zeitpunkt der Rechtskraft der gerichtlichen Entscheidung vorhandenen Vermögens zu begrenzen, um den Ehegatten die Möglichkeit zu nehmen, während des laufenden gerichtlichen Verfahrens die Höhe des Anspruchs zu beeinflussen.[254]

cc) Erhöhung des Endvermögens aufgrund illoyaler Vermögensminderung

Die Intention des Gesetzgebers, einer absichtlichen Beeinflussung des Ausgleichsanspruchs entgegenzuwirken, zeigt sich darüber hinaus in der in § 1375 Abs. 2 BGB enthaltenen Regelung. Demgemäß sind dem Endvermögen eines Ehegatten Beträge hinzuzurechnen, die dieser durch eine illoyale Vermögensminderung dem anzurechnenden Vermögen entzogen hat.[255] § 1375 Abs. 2 S. 1 BGB enthält nach allgemeiner Meinung eine abschließende Aufzählung von Tatbeständen, die nicht analogiefähig ist.[256] Illoyal im Sinne des Gesetzestextes sind unentgeltliche Zuwendungen, die nicht einer sittlichen Pflicht oder einer auf den Anstand zu nehmenden Rücksicht entsprechen, Handlungen, mit denen Vermögen verschwendet wird, sowie solche Handlungen, die ein Ehegatte vorgenommen hat, um den anderen zu benachteiligen.

---

254 BT-Drucks. 16/10798, S. 11.
255 Vgl. BT-Drucks. 16/10798, S. 11 f.; *BGH* NJW-RR 2015, 132 (133); *Haußleiter/Kuch*, NJW-Spezial 2005, S. 343; *Jaeger*, in: *Johannsen/Henrich*, Familienrecht, § 1375, Rn. 25.
256 *OLG Karlsruhe* FamRZ 1986, 167 (168); *Haußleiter/Kuch*, NJW-Spezial 2005, S. 343; *Jaeger*, in: *Johannsen/Henrich*, Familienrecht, § 1375, Rn. 29; *Palandt/Brudermüller*, § 1376 BGB, Rn. 25; *Plettenberg*, NZFam 2016, S. 492; *Schwab*, in: Handbuch des Scheidungsrechts, Teil VII, Rn. 181.

In erster Linie sind gemäß § 1375 Abs. 2 S. 1 Nr. 1 BGB dem Endvermögen eines Ehegatten Beträge hinzuzurechnen, sofern sich sein Vermögen dadurch vermindert hat, dass er nach Eintritt des Güterstands unentgeltliche Zuwendungen gemacht hat, die nicht auf einer sittlichen Pflicht oder einer auf den Anstand zu nehmenden Rücksicht beruhen.

Fraglich ist zunächst, bei Vorliegen welcher Voraussetzungen eine Vermögensverfügung eine **unentgeltliche Zuwendung** darstellt. Im Anschluss an § 516 Abs. 1 BGB ist eine Verfügung als unentgeltlich zu klassifizieren, wenn sie zumindest teilweise ohne Gegenleistung erfolgt (objektive Unentgeltlichkeit) und sich Erwerber und Veräußerer darüber einig sind, dass eine Gegenleistung nicht erfolgt (subjektive Unentgeltlichkeit).[257] Der Begriff umfasst somit nicht nur Schenkungen im Sinne des § 516 Abs. 1 BGB, sondern auch Ausstattungen im Sinne des § 1624 BGB, Stiftungen im Sinne des § 82 BGB oder Verträge zugunsten Dritter, abhängig von deren Ausgestaltung im Valutaverhältnis.[258] Auch eine gemischte Schenkung gegen Hingabe einer geringerwertigen Leistung kann eine unentgeltliche Zuwendung sein, die teilweise dem Endvermögen hinzuzurechnen ist, sofern unter Berücksichtig subjektiver und objektiver Maßstäbe von der Unentgeltlichkeit des einen Teils ausgegangen werden kann.[259]

Darüber hinaus ist fraglich, wann **ein Ehegatte** bei Übergabe einer unentgeltlichen Zuwendung **einer sittlichen Pflicht genügt** oder wenn diese **einer auf Anstand beruhenden Rücksicht entspricht**. Bei der Definition dieser Rechtsbegriffe kann ebenfalls Anschluss an das Schenkungsrecht, insbesondere an §§ 534, 1421 Abs. 2, 1641 S. 2 BGB, gesucht werden.[260] Eine sittliche Pflicht besteht, wenn das Ausbleiben einer Belohnung als sittlich anstößig zu sehen ist, wohingegen bei einer dem Anstand entsprechenden Zuwendung darauf abzustellen ist, ob die Zuwendung den Gepflogenheiten sozial gleichgestellter Personen entspricht und das Ausbleiben ebendieser zu einer Einbuße an Achtung

---

257 MüKoBGB/*Koch*, § 1375 BGB, Rn. 26; *Plettenberg*, NZFam 2016, S. 492; *BGH* FamRZ 1986, 565 (567) sucht ebenfalls Anschluss im Schenkungsrecht.
258 *Jaeger*, in: *Johannsen/Henrich*, Familienrecht, § 1375, Rn. 25; *Mayer*, in: *Bamberger/Roth*, BGB, § 1375, Rn. 39; MüKoBGB/*Koch*, § 1375 BGB, Rn. 27.
259 *OLG Düsseldorf* FamRZ 2007, 830 (831); *AG Langenfeld*, Beschluss vom 10.03.2013 – Az. 42 F 134/07, BeckRS 2015, 05081; *Haußleiter/Kuch*, NJW-Spezial 2005, S. 343; *Jaeger*, in: *Johannsen/Henrich*, Familienrecht, § 1375, Rn. 25; MüKoBGB/*Koch*, § 1375 BGB, Rn. 27; *Plettenberg*, NZFam 2016, S. 492.
260 *Jaeger*, in: *Johannsen/Henrich*, Familienrecht, § 1375, Rn. 32; *Mayer*, in: *Bamberger/Roth*, BGB, § 1375, Rn. 41; *Plettenberg*, NZFam 2016, S. 492.

in diesem Personenkreis führen würde.[261] Von einer Anstandsschenkung kann insbesondere bei kleineren Zuwendungen anlässlich Geburtstagen, den Weihnachtsfeiertagen oder Hochzeiten gesprochen werden.[262] Ausgenommen von der Zurechnung zum Endvermögen sind nach einhelliger Auffassung unentgeltliche Zuwendungen, die einer der Ehegatten dem anderen zu Gute kommen lässt. Dies ergibt sich aus einem Rückschluss aus § 1375 Abs. 3 Hs. 2 BGB, wonach eine Anrechnung unterbleibt, wenn der andere Ehegatte mit der Vermögensverfügung einverstanden gewesen ist. Jede Vermögensverfügung setzt auch eine Willenserklärung des Erwerbers voraus, die auf die Zustimmung zum Erwerb gerichtet ist, sodass bei Vollzug einer **unentgeltlichen Zuwendung der Ehegatten untereinander** der empfangende Ehegatte notwendigerweise seine Zustimmung im Sinne des § 1375 Abs. 3 Hs. 2 BGB erteilt haben muss.[263]

Gemäß § 1375 Abs. 2 S. 1 Nr. 2 BGB sind auch Beträge dem Endvermögen eines Ehegatten hinzuzurechnen, wenn dieser **Vermögen verschwendet** hat.

Von einer Verschwendung kann stets gesprochen werden, wenn ein Ehegatte Ausgaben tätigt, die unnütz und übermäßig sind und in keinem Verhältnis zu seinen Einkommens- und Vermögensverhältnissen stehen.[264] Ein bloß großzügiger Lebensstil oder ein Leben über die Verhältnisse soll jedoch nicht ausreichen.[265] In welchen Fällen davon auszugehen ist, dass einer der Ehegatten sein Vermögen verschwendet hat, ist stets anhand des Einzelfalls zu prüfen. Eine pauschale Einordnung kann nicht vorgenommen werden. Dementsprechend ist der Umgang in der Rechtsprechung selbst bei ähnlich gelagerten Fällen nicht einheitlich. Teilweise wird beispielsweise ein affektives Handeln aus Wut und Enttäuschung, in dessen Verlauf Vermögen sinnlos vernichtet wird, nicht als Verschwendung im Sinne des § 1375 Abs. 2 S. 1 Nr. 2 BGB charakterisiert, da dies „menschlich verständlich" sei.[266] Andere Gerichte lehnen diese

---

261 *BGH* NJW 1981, 111 (111); 1984, 2939 (2940); NJW 2000, 3488; siehe auch *OLG München* FamRZ 1985, 814 (814); *Palandt/Weidenkaff*, § 534 BGB, Rn. 2 f.
262 Exemplarisch *Palandt/Weidenkaff*, § 534 BGB, Rn. 3.
263 *Jaeger*, in: *Johannsen/Henrich*, Familienrecht, § 1375, Rn. 25; *Palandt/Brudermüller*, § 1376 BGB, Rn. 25.
264 *BGH* NJW-RR 2015, 132 (132); *OLG Düsseldorf* FamRZ 1981, 806 (807); *OLG Karlsruhe* FamRZ 1986, 167 (168); *OLG Schleswig* FamRZ 1986, 1208 (1209).
265 *BGH* NJW 2000, 2347 (2348); NJW-RR 2015, 132 (132).
266 Ausdrücklich *OLG Schleswig* FamRZ 1986, 1208 (1209); so auch *Haußleiter/Kuch*, NJW-Spezial 2005, S. 344; *Jaeger*, in: *Johannsen/Henrich*, Familienrecht, § 1375, Rn. 27; *Mayer*, in: *Bamberger/Roth*, BGB, § 1375, Rn. 42; MüKoBGB/*Koch*, § 1375 BGB, Rn. 36; *Schwab*, in: Handbuch des Scheidungsrechts, Teil VII, Rn. 185.

Argumentation ab und führen aus, dass die Motivation des Verschwendenden stets unerheblich und auf objektive Umstände abzustellen sei.[267] Umstritten ist ferner, ob das bloße Verstreichenlassen einer Chance zur Vermögensmehrung verschwenderisch sein kann.[268] Unter Verweis darauf, dass die Rechtsprechung Gewinne aus Glücksspielen beim Zugewinnausgleich anrechnet, zieht Schwab den Rückschluss, dass die Verluste aus solchen Glücksspielen folgerichtig keine Verschwendung darstellen könnten.[269]

Weiterhin sind Beträge dem Endvermögen hinzuzurechnen, die ein Ehegatte dem Vermögen durch **Handlungen in der Absicht, den anderen Ehegatten zu benachteiligen**, entzogen hat.

Der Gesetzeswortlaut ist mit dem Begriff „Handlung" weit gefasst, sodass sowohl jedes tatsächliche Vorgehen als auch jede rechtliche Tätigkeit eine Handlung im Sinne des § 1375 Abs. 2 S. 1 Nr. 3 BGB sein kann.[270] Entscheidend ist jedoch, dass diese Handlung mit Benachteiligungsabsicht ausgeführt wurde, wobei die Absicht das leitende, aber nicht das alleinige Motiv der Handlung gewesen sein muss.[271] Liegen weitere Beweggründe vor, die die Benachteiligungsabsicht überlagern oder gleichwertig sind, ist die Anwendung des § 1375 Abs. 2 S. 1 Nr. 3 BGB ausgeschlossen.[272]

Analog zur Prüfung des Vorliegens einer Vermögensverschwendung kann auch das Bestehen von Benachteiligungsabsicht nicht pauschal festgestellt werden. Vor diesem Hintergrund werden die einzelnen Fallkonstellationen divers bewertet. Der Bundesgerichtshof hat beispielsweise in einem *orbiter dictum* ausgeführt, dass auch die steuerliche Mehrbelastung, die durch die Wahl der getrennten Veranlagung entstanden ist, als benachteiligende Handlung gesehen werden könnte. Der Verlust durch die Mehrbelastung wäre sodann dem Endvermögen nach § 1375 BGB hinzuzurechnen.[273] Gleichwohl wird in der Literatur

---

267 OLG Rostock FamRZ 2000, 228 (228).
268 zustimmend: *Haußleiter/Kuch*, NJW-Spezial 2005, S. 344; *Schwab*, in: Handbuch des Scheidungsrechts, Teil VII, Rn. 185; ablehnend: *Palandt/Brudermüller*, § 1376 BGB, Rn. 27; *Plettenberg*, NZFam 2016, S. 493.
269 *Schwab*, in: Handbuch des Scheidungsrechts, Teil VII, Rn. 185.
270 *OLG Düsseldorf* FamRZ 2008, 1858 (1860); *Palandt/Brudermüller*, § 1376 BGB, Rn. 28; vgl. *BGH* NJW-RR 1986, 1325 (1326) zur Benachteiligung durch Überziehung des Girokontos.
271 *BGH* NJW 2000, 2347 (2348); NJW-RR 2015, 132 (132 f.); *OLG Düsseldorf* FamRZ 2008, 1858 (1860); *OLG Köln* FamRZ 1988, 174 (175).
272 MüKoBGB/*Koch*, § 1375 BGB, Rn. 36.
273 *BGH* FamRZ 1977, 38 (40); zustimmend: *Palandt/Brudermüller*, § 1376 BGB, Rn. 29; *Plettenberg*, NZFam 2016, S. 493.

vertreten, dass es grundsätzlich nicht genüge, festzustellen, dass ein Ehegatte die getrennte Veranlagung gewählt habe, um eine Benachteiligungsabsicht zu unterstellen.[274] Das Oberlandesgericht Frankfurt hat es abgelehnt, in der einem Suizidversuch vorangegangenen Zerstörung von Bargeld, Teilen des Hausrats und der umfangreichen Privatbibliothek eine Handlung mit Benachteiligungsabsicht zu sehen. Das Gericht vertrat den Standpunkt, dass die Zerstörungshandlungen des Ehegatten hauptsächlich Ausdruck seines pathologischen Zustands gewesen seien, der aufgrund der Verstrickung der Ehegatten in der Ehe als Schicksalsgemeinschaft vom anderen Ehegatten mitzutragen sei.[275] Andererseits sieht das Oberlandesgericht Rostock durch die Vernichtung von gemeinsamen Ersparnissen zwecks Abreaktion von Wut und Enttäuschung über das Scheitern der Beziehung den Tatbestand des § 1375 Abs. 2 S. 1 Nr. 3 BGB als erfüllt an.[276]

Die Ehegatten unterliegen im gerichtlichen Verfahren zum Zugewinnausgleich als Familienstreitsache im Sinne des § 112 Nr. 2 des Familienverfahrensgesetzes (FamFG) den allgemeinen Grundsätzen zur Darlegung- und Beweislast, sodass es grundsätzlich dem Ausgleichsgläubiger obliegt, das Endvermögen des Ausgleichsschuldners darzulegen und zu beweisen.[277] Dementsprechend ist der Ehegatte, der geltend macht, dass das Endvermögen des anderen aufgrund einer illoyalen Vermögensminderung zu erhöhen ist, verpflichtet, das Vorliegen dieser darzulegen und unter Beweis zu stellen.[278] Erforderlich ist eine konkrete Behauptung unter Angabe, dass der andere Ehegatte eine bestimmte Handlung zum Zwecke der Benachteiligung vorgenommen habe; im Rahmen der sekundären Darlegungs- und Beweislast sei dann der andere Ehegatte aufgefordert, das Vorliegen substantiiert zu bestreiten.[279] Der Bundesgerichtshof stellt in der Praxis geringe Anforderungen an die konkrete Behauptung. Er hat

---

274 *Mayer*, in: *Bamberger/Roth*, BGB, § 1375, Rn. 43; *Tiedtke*, FamRZ 1977, 691.
275 *OLG Frankfurt* FamRZ 1984, 1097 (1098).
276 *OLG Rostock* FamRZ 2000, 228 (228); ablehnend MüKoBGB/*Koch*, § 1375 BGB, Rn. 36.
277 *BGH* NJW 1987, 321 (322); NJW 1989, 2821 (2822); NJW-RR 2015, 132 (133); *OLG Hamm* NJWE-FER 1996, 1 (1); *Mayer*, in: *Bamberger/Roth*, BGB, § 1375, Rn. 46; *Plettenberg*, NZFam 2016, S. 493; siehe auch *BGH* NJW 2012, 3635 (3637).
278 *OLG Düsseldorf* FamRZ 1981, 806 (807); *AG Köln* NJWE-FER 1998, 100 (100 f.); *Mayer*, in: *Bamberger/Roth*, BGB, § 1375, Rn. 47; MüKoBGB/*Koch*, § 1375 BGB, Rn. 44.
279 *BGH* NJW-RR 1986, 1325 (1326); NJW-RR 2015, 132 (133); *AG Köln* NJWE-FER 1998, 100 (101); *Brudermüller*, FamRZ 2009, S, 1186 f.; kritisch zur Rechtsprechung: *Braeuer*, FamRZ 2015, S. 234; *Koch*, FamRZ 2015, S. 1076.

es beispielsweise genügen lassen, dass ein unstreitig auf einem Girokonto vorhandener Geldbetrag nicht im Rahmen einer ordnungsgemäßen Lebensführung verbraucht worden sein könne.[280] Eine weitere Beweiserleichterung für den Gläubiger des Zugewinnausgleichsanspruchs ergibt sich direkt aus dem Gesetz. Gemäß § 1375 Abs. 2 S. 2 BGB hat der Ehegatte, dessen Endvermögen geringer ist als zum Zeitpunkt der Trennung, darzulegen und zu beweisen, dass er sein Vermögen weder durch eine unentgeltliche Zuwendung, Verschwendung oder eine Handlung in Benachteiligungsabsicht vermindert hat.

Von Gesetzes wegen ist eine **Zurechnung zum Endvermögen** in zwei Fällen **ausgeschlossen**.

Einerseits erfolgt gemäß § 1375 Abs. 3 BGB eine Hinzurechnung nicht, wenn die ausschlaggebende Vermögensminderung **zehn Jahre vor Beendigung des Güterstands** eingetreten ist. Für die Beurteilung, ob eine Vermögensminderung innerhalb der Frist eingetreten ist, kommt es hauptsächlich darauf an, zu welchem Zeitpunkt die Verpflichtung zum vermögensmindernden Akt begründet worden ist. Somit kann eine vermögensmindernde Handlung außerhalb des zehnjährigen Zeitraums liegen und deshalb unberücksichtigt bleiben, selbst wenn die eigentliche Vermögensminderung innerhalb der zehnjährigen Frist eintritt. Unter Berücksichtigung des zivilrechtlichen Trennungsprinzips, wonach Verfügungs- und Verpflichtungsgeschäft voneinander zu trennen sind, ist dies konsequent. Das Verpflichtungsgeschäft ist bereits die Grundlage für die eintretende Vermögensminderung.[281] Der Ausgleichsschuldner ist für das Vorliegen der Entlastung nach § 1375 Abs. 3 BGB darlegungs- und beweisbelastet.[282]

Teilweise erfährt die Entscheidung des Gesetzgebers, in diesem Zusammenhang eine zehnjährige Frist festzulegen, deutliche Kritik. Die Wahl einer solchen Frist sei angesichts des gesetzlichen Güterstands, der für die Gesamtdauer der Ehe gelte, verfehlt.[283]

Ferner erfolgt eine Zurechnung zum Endvermögen nicht, wenn der Ehegatte des Verfügenden **mit der unentgeltlichen Zuwendung oder der Verschwendung einverstanden** gewesen ist. Ein Hinweis auf die Handlung mit Benachteiligungsabsicht im Sinne des § 1375 Abs. 2 S. 1 Nr. 3 BGB ist an dieser Stelle nicht

---

280 *BGH* NJW-RR 2015, 132 (133).
281 So auch *Mayer*, in: *Bamberger/Roth*, BGB, § 1375, Rn. 44; MüKoBGB/*Koch*, § 1375 BGB, Rn. 41; *Palandt/Brudermüller*, § 1376 BGB, Rn. 29.
282 *Mayer*, in: *Bamberger/Roth*, BGB, § 1375, Rn. 49.
283 MüKoBGB/*Koch*, § 1375 BGB, Rn. 41.

notwendig, da das Einverständnis des anderen Ehegatten bereits von vornherein diesen Tatbestand ausschließt.[284] Die Einverständniserklärung kann sowohl konkludent als auch ausdrücklich erfolgen. Aus dem fehlenden Widerspruch oder aus dem bloßen Schweigen des anderen Ehegatten kann nach allgemeiner Meinung allerdings nicht auf ein Einverständnis geschlossen werden.[285]

c) Die Modalitäten des Ausgleichsanspruchs

Durch Ermittlung des Anfangs- und Endvermögens beider Ehegatten kann anhand der soeben dargestellten Grundsätze der **Zugewinn** ermittelt werden. Übersteigt das Endvermögen eines Ehegatten dessen Anfangsvermögen, ist gemäß § 1373 BGB dieser Betrag als Zugewinn zu klassifizieren.

Umstritten ist, ob der Zugewinn, also das Ergebnis der Gegenüberstellung des Anfangs- und Endvermögens, negativ sein kann.

Teilweise wird vertreten, dass bereits aus der Begrifflichkeit „Zugewinn" abgeleitet werden könne, dass ein positives Ergebnis stets die Voraussetzung für die Feststellung eines Zugewinns ist. Aufgrund der konkreten Formulierung des § 1373 BGB, der von einem das Anfangsvermögen übersteigenden Endvermögen spricht, könne ein Zugewinn nicht festgestellt werden, wenn Anfangs- und Endvermögen eines Ehegatten gleich zu bewerten sind oder das Anfangsvermögen das Endvermögen übersteigt. Der Zugewinn sei in diesen Fällen mit Null zu bewerten und mit diesem Wert in die weitere Berechnung einzustellen.[286]

Ebenso wird vertreten, dass auch ein negatives Ergebnis bei der Feststellung des Zugewinns Berücksichtigung finden müsse. Zur Begründung wird auf die Vorschrift des § 1377 Abs. 3 BGB verwiesen, wonach vermutet, dass der Zugewinn eines Ehegatten seinem Endvermögen entspreche, sofern über das Anfangsvermögen kein Vermögensverzeichnis erstellt worden sei. Sei das Endvermögen aber unter Anwendung der oben dargestellten Grundsätze zur Bestimmung des Endvermögens negativ, müsse bei einer Anwendung des § 1377 Abs. 3 BGB der Zugewinn ebenfalls negativ sein.[287] Weiterhin wird darauf Bezug genommen,

---

284 *Haußleiter/Kuch*, NJW-Spezial 2005, S. 344; MüKoBGB/*Koch*, § 1375 BGB, Rn. 40.
285 *Jaeger*, in: *Johannsen/Henrich*, Familienrecht, § 1375, Rn. 30; *Mayer*, in: *Bamberger/Roth*, BGB, § 1375, Rn. 44; MüKoBGB/*Koch*, § 1375 BGB, Rn. 40; *Plettenberg*, NZFam 2016, S. 493.
286 BGH FamRZ 2011, 25 (27 f.); *Brudermüller*, FamRZ 2009, S. 1187; *Büte*, FF 2010, S. 285; *Gernhuber/Coester-Waltjen*, Familienrecht, § 36, Rn. 73; *Jaeger*, in: *Johannsen/Henrich*, Familienrecht, § 1373, Rn. 3; *Nickel*, in: *Meyer-Götz*, Familienrecht, § 10, Rn. 10.
287 *Braeuer*, FamRZ 2010, S. 1615.

dass der Begriff des Zugewinns und Vermögens nach der Gesetzesänderung nicht zwangsläufig mit einem positiven Vermögenswert gleichzusetzen sei. Der Begriff des Endvermögens umfasse nunmehr auch den Zustand der Überschuldung.[288] Soweit von der Gegenmeinung auf die Gesetzesbegründung verwiesen werde, wonach der Zugewinn nicht negativ sein solle, um die Bevorteilung von Gläubigern des anderen Ehegatten auszuschließen, sei einerseits festzustellen, dass ein negativer Zugewinn nicht stets auf einer Überschuldung beruhe, und andererseits die mögliche Befreiung eines Ehegatten von seinen Verbindlichkeiten aufgrund einer Erfüllung des Zugewinnausgleichanspruchs ein typischer Vorteil des gesetzlichen Systems sei.[289]

Der zuerst genannten Ansicht, wonach der Zugewinn nicht negativ sein kann, ist zu folgen. Einerseits übersieht die Gegenauffassung, dass vorrangig auf den Wortlaut des § 1373 BGB abzustellen ist, der eine Legaldefinition des Zugewinns enthält. Zugewinn ist demgemäß der Betrag, um den das Endvermögen das Anfangsvermögen übersteigt, sodass ein negativer Zugewinn bereits nach mathematischen Grundsätzen unmöglich gebildet werden kann, da der übersteigende Betrag nur mit null oder einem positiven Wert angesetzt werden kann. Auch der Einwand, dass „dem Vermögen" im gesetzlichen System des Zugewinns ein negativer Wert beigemessen werden kann, greift zu kurz. Dies hat keine Auswirkungen auf die Definition des Begriffs des Gewinns als eine Form des Zuwachses, der entweder nicht vorliegt oder mit einem bestimmten Betrag bemessen werden kann. Darüber hinaus wird von der Gegenauffassung die systematische Stellung der Vermutungsregel des § 1377 Abs. 3 BGB übersehen. Diese ist in der Vorschrift zum Verzeichnis des Anfangsvermögens zu finden, sodass die Vermutungsregel vorrangig in Bezug zum fehlenden Verzeichnis des Anfangsvermögens sowie der sich daraus ergebenden Bewertung mit Null zu sehen ist und keine Modifikation der Legaldefinition des Zugewinns darstellt.[290] Ergänzend wird darauf verwiesen, dass die Funktion des § 1377 Abs. 3 BGB darin bestehe, die Ehegatten zur Erstellung eines Vermögensverzeichnisses zu motivieren.[291]

Gemäß § 1378 Abs. 1 BGB besteht – wie bereits eingangs erwähnt – ein Anspruch auf **Zugewinnausgleich**, falls der Zugewinn des einen Ehegatten den des anderen übersteigt. In diesem Fall steht dem Ehegatten, der während der

---

288 *Braeuer*, FamRZ 2010, S. 1615.
289 *Braeuer*, FamRZ 2010, S. 1616.
290 Siehe hierzu auch *Jaeger*, in: *Johannsen/Henrich*, Familienrecht, § 1373, Rn. 3.
291 *Jaeger*, in: *Johannsen/Henrich*, Familienrecht, § 1373, Rn. 3.

Ehe den geringeren Gewinn erzielt hat, die Hälfte des Betrages zu, um den der Gewinn des anderen Ehegatten seinen eigenen übersteigt. Der Anspruch auf Zugewinnausgleich ist dabei auf Zahlung eines Geldbetrages gerichtet. Nach den allgemeinen Grundsätzen des Schuldrechts kommt eine Erfüllung durch Leistung anderer Gegenstände nur im Rahmen der Annahme an Erfüllung statt mit Einverständnis des Gläubigers gemäß § 364 Abs. 1 BGB in Betracht. Eine dingliche Beteiligung des Anspruchsinhabers am Vermögen des zum Ausgleich verpflichteten Ehegatten findet dennoch grundsätzlich nicht statt.[292]

Nur ausnahmsweise kann das Familiengericht gemäß § 1383 Abs. 1 BGB dem ausgleichsberechtigten Ehegatten auf dessen Antrag bestimmte Vermögensgegenstände unter Anrechnung auf die Ausgleichsforderung übertragen. Ein gleichlautender Antrag des Schuldners des Zugewinnausgleichsanspruchs ist nach dem Gesetzeswortlaut ausgeschlossen. Gemäß § 1383 Abs. 1 BGB setzt eine solche Übertragung zudem voraus, dass die Übereignung erforderlich ist, um für den Gläubiger eine grobe Unbilligkeit zu vermeiden, und dem zur Zahlung des Ausgleichs verpflichteten Ehegatten zugemutet werden kann. Ob diese Voraussetzungen vorliegen, lässt sich nicht pauschal feststellen. Eine Rolle kann jedenfalls die enge Beziehung des Gläubigers zu dem bezeichneten Vermögensgegenstand spielen.[293] Auch wird teilweise vertreten, dass zu berücksichtigen sein dürfte, ob die Durchsetzung der Ausgleichsforderung auf erhebliche Schwierigkeiten stößt.[294] Gleichwohl wird mehrheitlich darauf verwiesen, dass diese Norm ein eng gefasstes Billigkeitskorrektiv darstellt.[295]

Aufgrund grober Unbilligkeit kann darüber hinaus die Verpflichtung, zum Ausgleich des Zugewinns eine Zahlung vorzunehmen, gänzlich entfallen. Eine entsprechende Regelung findet sich in § 1381 Abs. 1 BGB. Demnach kann der Schuldner den **Ausgleich verweigern**, sofern die Durchsetzung des

---

[292] Vgl. *Gernhuber/Coester-Waltjen*, Familienrecht, § 36, Rn, 109.
[293] Konstituierend, aber im konkreten Fall ablehnend *OLG Hamm* FamRZ 1978, 687 (689); *Erman/Budzikiewcz*, § 1383, Rn. 8; *Feuersänger*, FamRZ 2003, S. 647; *Gernhuber/Coester-Waltjen*, Familienrecht, § 36, Rn, 112; *Kappler/Kappler*, in: *Soergel*/BGB, § 1383, Rn. 11.
[294] *Erman/Budzikiewcz*, § 1383, Rn. 8; *Gernhuber/Coester-Waltjen*, Familienrecht, § 36, Rn. 112; zurückhaltend *Kappler/Kappler*, in: *Soergel*/BGB, § 1383, Rn. 12; anderer Ansicht *Feuersänger*, FamRZ 2003, S. 647.
[295] So *OLG Hamm* FamRZ 1978, 687 (689); siehe auch *Feuersänger*, FamRZ 2003, S. 647; *Gernhuber/Coester-Waltjen*, Familienrecht, § 36, Rn, 112; *Kappler/Kappler*, in: *Soergel*/ BGB, § 1383, Rn. 9; *Palandt/Brudermüller*, § 1383 BGB, Rn. 4.

Zahlungsanspruchs nach den Umständen des Falles **grob unbillig** wäre. Die Rechtsprechung konkretisiert das Tatbestandsmerkmal der groben Unbilligkeit dahingehend, dass der vom Gesetzgeber vorgesehene Ausgleich dem Gerechtigkeitsempfinden in unerträglicher Weise widersprechen muss.[296] Dabei ist auch zu berücksichtigen, dass nach der Auffassung des Bundesgerichtshofs Zurückhaltung bei der Annahme grober Unbilligkeit geboten ist. Die Einstufung der Gewährung des Zugewinnausgleichsanspruchs als grob unbillig soll eine seltene Ausnahme sein. Systemimmanente Unbilligkeiten allein genügen nicht, um eine grobe Unbilligkeit im Sinne des § 1381 BGB anzunehmen.[297]

§ 1381 Abs. 2 BGB normiert, dass die Geltendmachung des Zugewinnausgleichsanspruchs grob unbillig sein kann, wenn der Ehegatten, der den geringen Zugewinn erzielt hat, längere Zeit schuldhaft die sich aus der Ehe ergebenden **wirtschaftlichen Verpflichtungen nicht erfüllt** hat. Fraglich ist, wann eine derartige Pflichtverletzung vorliegt. Anerkannt ist, dass wirtschaftliche Verpflichtungen im Sinne des § 1381 Abs. 2 BGB die Pflicht zum Familienunterhalt einschließlich der Pflicht zur Haushaltsführung nach § 1360 BGB, die Pflicht zur Zahlung von Trennungsunterhalt nach § 1361 BGB und die Unterhaltsverpflichtung gegenüber einem gemeinsamen Kind sein können.[298] Diese Pflichtverletzung muss grundsätzlich schuldhaft über längere Zeit erfolgt sein, wobei das zeitliche Moment anhand der Dauer der Zugewinngemeinschaft zu bemessen ist und die konkret erforderliche Dauer von der Schwere der Pflichtverletzung beeinflusst wird. So könnte eine besonders schwerwiegende Pflichtverletzung das zeitliche Moment vollständig in den Hintergrund treten lassen.[299]

Die Regelung in § 1381 Abs. 2 BGB ist gleichwohl nicht abschließend, sodass auch die Verletzung anderweitiger Verpflichtungen das Tatbestandsmerkmal der groben Unbilligkeit erfüllen kann. Dies ergibt sich bereits aus dem Wortlaut der

---

296 *BGH* NJW 1966, 2109 (2110); NJW 1973, 749 (749); NJW-RR 1992, 900 (901); NJW 2013, 3642 (3644); NJW 2013, 3645 (3646); NJW 2018, 2871 (2875); vgl. BT-Drucks. 2/224, S. 48.
297 So bereits *BGH* NJW 1966, 2109 (2112).
298 *OLG Düsseldorf* FamRZ 1987, 821 (822); siehe auch *BGH* NJW-RR 1992, 900 (901); *Jaeger*, in: *Johannsen/Henrich*, Familienrecht, § 1381 BGB, Rn. 7; *Löhnig*, in: *Kaiser/Schnitzler/Friederici/Schilling*, Familienrecht, § 1381 BGB, Rn. 7; MüKoBGB/*Koch*, § 1381 BGB, Rn. 13.
299 *Jaeger*, in: *Johannsen/Henrich*, Familienrecht, § 1381 BGB, Rn. 8; MüKoBGB/*Koch*, § 1381 BGB, Rn. 15; *Palandt/Brudermüller*, § 1381 BGB, Rn. 12; *Reinken*, FamFR 2013, S. 412.

Norm, die die Bestimmung als Sonderregel ausweist.[300] Ob beispielsweise auch eine **Pflichtverletzung im persönlichen Bereich** ein Verhalten darstellt, das zur groben Unbilligkeit führen kann, ist umstritten. Der Bundesgerichtshof betont den Ausnahmecharakter des § 1381 BGB und vertritt dementsprechend, dass nicht jede schuldhafte Verletzung einer ehelichen Pflicht die Unbilligkeit der Durchführung des Zugewinnausgleichs zur Folge habe. Erforderlich sei, dass das schuldhafte Verhalten besonders ins Gewicht falle, was regelmäßig nur angenommen werden könne, wenn sich das schuldhafte Verhalten über einen langen Zeitraum erstrecke.[301] Mehrfach ist der Ehebruch als Kriterium der Unbilligkeit überprüft worden.[302] Ferner ist der Ausschluss des Zugewinnausgleichs in Fällen von mehrfacher Misshandlung und Unterdrückung oder Tötung des Ehegatten Gegenstand der Rechtsprechung geworden.[303]

Vereinzelt wird in der Literatur darauf verwiesen, dass die Auffassung des Bundesgerichtshofs hinsichtlich des Ausnahmecharakters zu restriktiv sei. Zumindest müsse das Merkmal der Unbilligkeit in Betracht gezogen werden, wenn einer der Ehegatten die Fortsetzung der Ehe ohne entscheidenden Grund ablehne und damit grundlos aus der Ehe ausgebrochen sei.[304]

Dagegen wird eingewandt, dass die Anknüpfung an persönliches Fehlverhalten im Rahmen des § 1381 BGB dazu führe, dass an eine persönliche Verfehlung eine Sanktion geknüpft werde, was systemwidrig sei. Das Gesetz erfordere zur Scheidung der Ehe ausschließlich, dass die Ehe zerrüttet sei. Die Schuldfrage

---

300 *Reinken*, FamFR 2013, S. 412.
301 *BGH* NJW 1966, 2109 (2111); NJW 1970, 1600 (1601); FamRZ 1980, 877 (877); *OLG Celle* FamRZ 1979, 431 (432).
302 *BGH* NJW 1966, 2109 (2112); NJW 1970, 1600 (1601); FamRZ 1980, 877 (877); *OLG Celle* FamRZ 1979, 431 (432); *OLG Hamm* FamRZ 1976, 633 (633); FamRZ 1990, 627 (627).
303 *OLG Bamberg* NJW-RR 1997, 1435 (1436); *OLG Karlsruhe* FamRZ 1987, 823 (824); *LG Nürnberg-Fürth* FamRZ 2012, 1940 (1941); zustimmend *Knoop*, NZFam 2016, S. 55 und *Löhnig*, in: *Kaiser/Schnitzler/Friederici/Schilling*, Familienrecht, § 1381 BGB, Rn. 20; anders *OLG Düsseldorf* FamRZ 2009, 1068 (1070), wenn der ausgleichsberechtigte Ehegatte einseitig Vermögensbildung zugunsten des ausgleichspflichtigen Ehegatten betrieben hat.
304 *Mikosch*, MDR 1978, S. 887; siehe auch *Roth-Stielow*, NJW 1986, S. 1595, zu einer Entscheidung des OLG Düsseldorf.

dürfe nicht über den Zugewinnausgleich wieder eingeführt werden.[305] Aus diesem Grund wird die Prüfung persönlichen Fehlverhaltens abgelehnt.[306] Vereinzelt wird dahingehend differenziert, ob sich das persönliche Fehlverhalten eines Ehegatten wirtschaftlich ausgewirkt hat. In diesem Fall sei es möglich, dieses Verhalten bei der Prüfung der Unbilligkeit des Zugewinnausgleichs zu berücksichtigen.[307]

Diskutiert wird ferner, ob die mangelhafte Verwaltung des eigenen Vermögens Anlass für die Annahme grober Unbilligkeit sein kann. So wird vertreten, dass dies in Fällen angenommen werden müsse, in denen ein Ehegatte leichtfertig sein Vermögen verliere, aber andererseits durch den Zugewinnausgleich partizipieren wolle.[308] Dagegen wird mit Recht eingewandt, dass der Ausgleichsanspruch im Zugewinn nicht von einer konkreten Beteiligung an der Vermögensmehrung abhänge. Es sei keine Voraussetzung des Zugewinnausgleichsanspruchs, dass der ausgleichsberechtigte Ehegatte ebenfalls sein Vermögen vermehrt oder Vermögen verloren habe.[309] Dieser Auffassung ist beizupflichten, weil der Gesetzgeber mit der Zurechnung illoyaler Vermögensminderungen nach § 1375 Abs. 2 BGB bereits ein Instrument geschaffen hat, um den leichtfertigen Umgang mit Vermögen zu sanktionieren. Es nicht ersichtlich, dass diese Bestimmung diese Problematik nicht abschließend regeln sollte.

Auch wird vertreten, dass eine grobe Unbilligkeit sich daraus ergeben könnte, dass der Zugewinnausgleichsanspruch auf dem Sparverhalten eines Ehegatten beruht, das über das übliche Maß hinausgeht und welches keine Entsprechung im Verhalten des ausgleichsberechtigten Ehegatten gefunden hat.[310] Bedenken gegen diese Auffassung ergeben sich aus erneut aus dem Umstand, dass der gesetzliche Güterstand keine konkrete Beteiligung am Vermögensaufbau erfordert. Zudem ist darauf hinzuweisen, dass der sparsame Ehegatte das Verhalten

---

305 *Jaeger*, in: *Johannsen/Henrich*, Familienrecht, § 1381 BGB, Rn. 15; *Löhnig*, in: *Kaiser/Schnitzler/Friederici/Schilling*, Familienrecht, § 1381 BGB, Rn. 20; MüKoBGB/*Koch*, § 1381 BGB, Rn. 30.
306 MüKoBGB/*Koch*, § 1381 BGB, Rn. 30.
307 *Jaeger*, in: *Johannsen/Henrich*, Familienrecht, § 1381 BGB, Rn. 15; *Knoop*, NZFam 2016, S. 55; *Löhnig*, in: *Kaiser/Schnitzler/Friederici/Schilling*, Familienrecht, § 1381 BGB, Rn. 18.
308 MüKoBGB/*Koch*, § 1381 BGB, Rn. 16.
309 *Groß*, FPR 2007, S. 177; *Jaeger*, in: *Johannsen/Henrich*, Familienrecht, § 1381 BGB, Rn. 9; *Palandt/Brudermüller*, § 1381 BGB, Rn. 16; *Reinken*, FamFR 2013, S. 413.
310 So *LG Wiesbaden* FamRZ 1973, 657 (658); *Schulz/Hauß*, Familienrecht, § 1381, Rn. 23; andere Ansicht *Kappler/Kappler*, in: *Soergel*/BGB, § 1381, Rn. 15.

des anderen während der Ehe zumindest geduldet hat, sodass er sich nunmehr nicht auf die grobe Unbilligkeit berufen kann.[311]

Aus dem Vorliegen der Unbilligkeit muss sich nicht zwangsläufig die **Rechtsfolge** des vollständigen Ausschlusses etwaiger Zugewinnausgleichsansprüche ergeben. Ebenso kommt in Betracht, dass die Ausgleichsforderung herabgesetzt wird, einzelne Vermögensgegenstände nicht in die Ausgleichsbilanz aufgenommen werden, dass erbrachte Zahlungen als Vorausempfang angerechnet werden oder der Zahlungsanspruch prozentual gekürzt wird.[312]

Verbleibt nach Prüfung der groben Unbilligkeit eines etwaigen Anspruchs eine Ausgleichsforderung, ist zu berücksichtigen, dass die **Ausgleichsforderung auf das Vermögen begrenzt** ist, das bei Beendigung des Güterstands nach Abzug der Verbindlichkeiten vorhanden ist. Eine entsprechende Regelung findet sich in § 1378 Abs. 2 S. 1 BGB. Erhöhend sind allerdings die Vermögenswerte, die dem Endvermögen aufgrund illoyaler Vermögensminderung hinzuzurechnen sind, zu berücksichtigen. Der Gesetzgeber hat diese Beschränkung aus Gesichtspunkten des Gläubigerschutzes eingeführt, um einen übermäßigen Zugewinn durch Berücksichtigung des negativen Anfangsvermögens aufzufangen.[313] Der nach § 1378 Abs. 2 S. 1 BGB maßgebliche Zeitpunkt wird bei der Beendigung des Güterstands in Folge einer Scheidung, dem vorzeitigen Ausgleich oder der vorzeitigen Auflösung der Zugewinngemeinschaft dahingehend abgeändert, dass gemäß § 1384 BGB auf den Zeitpunkt der Rechtshängigkeit des Scheidungsverfahrens abzustellen ist bzw. gemäß § 1387 BGB auf den Zeitpunkt der Antragstellung. Kritisiert wird, dass durch die Vorverlegung des maßgeblichen Zeitpunkts die Entwicklung der vermögensrechtlichen Verhältnisse während des Ehescheidungsverfahrens nicht mehr berücksichtigt werden könnte, was den Schuldner benachteilige, da auch redliche Minderungen nicht mehr in die Berechnung einbezogen werden könnten. Es komme in Betracht, in Ausnahmefällen eine Korrektur über § 1381 BGB vorzunehmen.[314] In der Rechtsprechung ist bereits angenommen worden, dass es unbillig sein kann, wenn das Vermögen des Ausgleichspflichtigen Ehegatten hauptsächlich nach der Trennung erwirtschaftet worden ist. In diesem Fall könne es am inneren Zusammenhang zur

---

311 MüKoBGB/*Koch*, § 1381 BGB, Rn. 17.
312 MüKoBGB/*Koch*, § 1381 BGB, Rn. 34 f.; *Reinken*, FamFR 2013, S. 414; *Roth-Stielow*, NJW 1986, S. 1596.
313 BT-Drucks. 16/13027, S. 7.
314 *Brudermüller*, NJW 2010, S. 404 f.; *Reinken*, FamFR 2013, S. 413.

Lebensgemeinschaft der Eheleute fehlen.[315] Der Bundesgerichtshof hat darüber hinaus entsprechend einzelner Meinungen in der Literatur herausgestellt, dass diese Korrektur auch in Betracht käme, falls es zwischen der Zustellung des Scheidungsantrages als Bewertungsstichtag und dem Entstehen der Ausgleichsforderung zu einem schuldlosen Vermögensverlust komme.[316]

d) Zugewinnausgleich im Todesfall

Das Gesetz standardisiert die Beendigung der Ehe durch den Tod als einen weiteren Fall der Beendigung der Zugewinngemeinschaft, durch den ein Ausgleichsanspruch ausgelöst wird. Dennoch enthält § 1371 BGB einige Sonderregelungen, die der durch den Todesfall eingetretenen Verknüpfung von Familien- und Erbrecht Rechnung tragen.

Ist der überlebende aufgrund des Eintritts der gesetzlichen Erbfolge Erbe des verstorbenen Ehegatten geworden, wird der Zugewinnausgleich gemäß § 1371 Abs. 1 Hs. 1 BGB dadurch verwirklicht, dass sich sein **gesetzlicher Erbteil pauschal um ein Viertel erhöht**. Dieser Ansatz wird als „**erbrechtliche Lösung**" bezeichnet.[317] Unerheblich ist in diesem Zusammenhang, ob und in welcher Höhe während der Ehe tatsächlich eine Vermögensmehrung eingetreten ist, die einen Anspruch auf Ausgleich des Zugewinns des überlebenden Ehegatten auslöst. Dies ergibt sich aus § 1371 Abs. 1 Hs. 2 BGB.

In welcher Höhe der Ehegatte gesetzlicher Erbe geworden ist, richtet sich gemäß § 1931 Abs. 1 BGB danach, ob weitere Personen gesetzliche Erben des Erblassers geworden sind. Gegenüber Abkömmlingen – und für den Fall des Versterbens eines Abkömmlings gegenüber dessen Abkömmlingen – als **Erben erster Ordnung** im Sinne des § 1924 BGB ist der Ehegatte **zu einem Viertel** Erbe. Gegenüber Eltern – und für den Fall des Versterbens der Eltern oder eines Elternteils gegenüber deren Abkömmlingen – als **Erben zweiter Ordnung** im Sinne des § 1925 BGB **oder neben Großeltern** erhöht sich der gesetzliche Erbteil des Ehegatten **auf die Hälfte**. Weitere Verwandte sind von der Erbfolge ausgeschlossen. Ihnen gegenüber erbt der Ehegatte gemäß § 1931 Abs. 2 BGB allein.

---

315 *BGH* NJW-RR 2002, 865 (867); *OLG München* FamFR 537 (537); siehe auch *BGH* FamRZ 1980, 877 (878).
316 *BGH* NJW 2012, 2657 (2659) im Anschluss an *Palandt/Brudermüller*, § 1381 BGB, Rn. 4; *Schwab*, FamRZ 2009, S. 1447 ff.
317 Zu den Begriffen erbrechtliche und güterrechtliche Lösung siehe: *Palandt/Brudermüller*, § 1371 BGB, Rn. 1; *Siede*, in: *Bamberger/Roth*, BGB, § 1371 BGB, Rn. 1 und 3.

Eine besondere Konstellation ergibt sich für den Fall, dass ein Großelternteil verstirbt. Sollte der Großelternteil Abkömmlinge haben, treten diese **nicht**, wie nach § 1926 Abs. 3 BGB üblich, an dessen Stelle; der auf die Abkömmlinge entfallende Erbanteil wächst vielmehr gemäß § 1931 Abs. 1 S. 1 BGB dem überlebenden Ehegatten an. Falls der verstorbene Großelternteil jedoch keine Abkömmlinge hat, wächst dessen Erbteil gemäß § 1926 Abs. 2 BGB den verbleibenden Großeltern zu gleichen Teilen an, da diese nach § 1931 BGB nicht von der Erbfolge ausgeschlossen sind.[318] Umstritten ist in diesem Zusammenhang, ob bei der Berechnung der jeweiligen Erbteile nur die gesetzlichen Erbteile zu berücksichtigen sind oder die Erhöhung des Erbteils des Ehegatten durch den pauschalierten Ausgleichsanspruch nach § 1371 Abs. 1 BGB einzubeziehen ist. Die Entscheidung, welcher Erbteil Ausgangspunkt der Berechnung ist, hat erhebliche Auswirkungen auf die Erbenstellung der verbleibenden Großelternteile. Werden nur die gesetzlichen Erbteile in der Berechnung berücksichtigt, werden bei Überleben nur eines Großelternteils oder zweier Großelternteile diese allein nach mathematischen Grundsätzen von der Erbfolge ausgeschlossen. Teilweise wird vertreten, dass es rechtspolitisch unbedenklich sei, die Ehegatten den Großeltern gegenüber zu bevorzugen, sodass vom gesetzlichen Erbteil auszugehen sei. Zur Begründung wird Anschluss an das Pflichtteilsrecht gesucht, das die Großeltern ebenfalls nicht als schützenswert nennt.[319] Dieser Ansatz widerspricht jedoch der Intention des Gesetzgebers, der die Großeltern als Erben dritter Ordnung, die eigentlich gegenüber dem Ehegatten von der Erbfolge ausgeschlossen sind, privilegieren wollte.[320] Unter Berücksichtigung des Gedankens der Privilegierung ist der letztgenannten Ansicht zu folgen.

Alternativ zur erbrechtlichen Lösung kann der Ehegatte die „**güterrechtliche Lösung**" wählen.[321] In diesem Fall schlägt der überlebende Ehegatte das Erbe aus und kann gegenüber den Erben den **Pflichtteil seines gesetzlichen Erbteils** nach § 1931 Abs. 1 S. 1 BGB geltend machen. Gleichzeitig wird die Beendigung der

---

318 *Palandt/Weidlich*, § 1931 BGB, Rn. 8; *Dickhuth-Harrach*, FamRZ 2001, S. 1661, schließt sich im Ergebnis an, kritisiert den Ausschluss der Abkömmlinge aber als nicht plausibel.
319 *Schlüter/Röthel*, Erbrecht, 17. Auflage, § 9 Rn. 13; im Ergebnis zustimmend *Belling*, Jura 1986, 579, 585 f. und *Brox/Walker*, Erbrecht, 26. Auflage, Rn. 77.
320 So auch *Michalski*, Erbrecht, Rn. 79; *Muscheler*, Erbrecht Band I, Rn. 1480; *Olshausen*, FamRZ 1981, S. 633 f.; *Olzen*, Erbrecht, 2. Kapitel, § 2, Rn. 189; *Palandt/Weidlich*, § 1931 BGB, Rn. 7; im Ergebnis auch *Mayer*, FPR 2006, S. 131.
321 Zu den Begriffen erbrechtliche und güterrechtliche Lösung siehe: *Palandt/Brudermüller*, § 1371 BGB, Rn. 1; *Siede*, in: *Bamberger/Roth*, BGB, § 1371 BGB, Rn. 1 und 3.

Zugewinngemeinschaft durch Tod eines Ehegatten den übrigen Fällen der Beendigung gleichgestellt, sodass der überlebende Ehegatte zusätzlich zum Pflichtteil den **Zugewinnausgleichsanspruch** geltend machen kann. Eine entsprechende gesetzliche Regelung findet sich in § 1371 Abs. 3 BGB. Der Gesetzgeber eröffnet dem überlebenden Ehegatten mit dieser Regelung die Möglichkeit, zu taktieren und die finanziell vorteilhafteste Variante zu wählen. Sollte der während der Ehe erzielte Zugewinn den wesentlichen Teil des Vermögens ausmachen, könnte sich für den überlebenden Ehegatten im Verhältnis zu seinem Erbteil ein höherer Zugewinnausgleichsanspruch ergeben.[322] Allerdings wird nachdrücklich darauf verwiesen, dass die Wahl der güterrechtlichen Lösung durch den Verlust der dinglichen Berechtigung an der Erbmasse und des Vorausvermächtnisses nach § 1932 BGB sowie durch den Verweis auf die Geltendmachung des Zugewinnausgleichs mit erheblichen Risiken verbunden sei, die nur bei genauer Kenntnis der Situation eingegangen werden sollten.[323]

Hat der Erblasser seinen Ehegatten aufgrund letztwilliger Verfügung von der Erbfolge ausgeschlossen und nicht mit einem Vermächtnis bedacht, ist dieser gemäß § 1373 Abs. 2 BGB zur Realisierung des Zugewinnausgleichsanspruch auf die Geltendmachung gegenüber den Erben angewiesen. Der Gesetzgeber verweist insoweit auf die §§ 1373 bis 1383, 1390 BGB. Daneben ist der Ehegatte zudem pflichtteilsberechtigt, wobei sich die Höhe des Pflichtteilsanspruchs *in diesem Fall* nach dem nicht erhöhten gesetzlichen Erbteil eines Ehegatten richtet. Umstritten ist, ob neben einem eventuell bestehenden Zugewinnausgleichsanspruch stets nur der Pflichtteil, der sich lediglich nach dem gesetzlichen Ehegattenerbrecht nach § 1931 BGB berechnet (kleiner Pflichtteil), geltend gemacht werden kann oder dem Ehegatten ein Wahlrecht dahingehend zusteht, auf den Zugewinnausgleichsanspruch zu verzichten und den großen Pflichtteil (berechnet nach dem um den pauschalierten Zugewinnausgleichsanspruch erhöhten Erbteil) geltend zu machen. Ausgehend vom gesetzlichen Wortlaut sind die Vertreter der **Wahltheorie** der Auffassung, dass der Ehegatte zwischen beiden Varianten wählen kann. Die Formulierung „in diesem Fall" sei dahingehend zu verstehen, dass die Beschränkung auf den kleinen Pflichtteil nur bei

---

322 *Bosch*, FamRZ 1958/3, S. 86; *ders*. FamRZ 1958/8/9, S. 296 f.; *Horn*, NZFam 2016, S. 542; *Mayer*, FPR 2006, S. 132.
323 *Bosch*, FamRZ 1958/8/9, S. 297; *Lange*, NJW 1957, S. 1383; *Mayer*, FPR 2006, S. 132; MüKoBGB/*Koch*, § 1371 BGB, Rn. 38; *Siede*, in: *Bamberger/Roth*, BGB, § 1371 BGB, Rn. 32.

tatsächlicher Geltendmachung des Zugewinnausgleichsanspruchs erfolge.[324] Die Vertreter der **Einheitstheorie** sind hingegen der Auffassung, dass stets nur der kleine Pflichtteil geltend gemacht werden kann. Zur Begründung wird insbesondere ausgeführt, dass der Zusatz „in diesem Falle" auf § 1371 Abs. 2 S. 1 BGB verweise und nicht auf die tatsächliche Geltendmachung.[325] Nach der hier vertretenen Auffassung ist der Einheitstheorie zu folgen, da sie sich deutlicher am Wortlaut des Gesetzes orientiert.[326]

2. Probleme der Zugewinngemeinschaft

Bereits im Zuge ihrer **Einführung zum 01.07.1958** durch das Gleichberechtigungsgesetz vom 18.06.1957[327] war der gesetzliche Güterstand der Zugewinngemeinschaft **deutlich kritisiert** worden.

So hat sich Thierfelder im Jahr 1959 gegen die Ablösung des vorherigen gesetzlichen Güterstands der Gütertrennung durch die Zugewinngemeinschaft ausgesprochen. Er bezeichnete deren Einführung im Ergebnis als Eingriff, der über das hinausgehe, was „dem Gesetzgeber in Angelegenheiten des Familien- und Erbrechts erlaubt ist".[328] Dabei setzte er sich mit der vom Gesetzgeber nachdrücklich abgelehnten Errungenschaftsgemeinschaft auseinander und konstatierte, dass die Zugewinngemeinschaft letztlich zur Entstehung vergleichbarer, im Zusammenhang mit der Errungenschaftsgemeinschaft vom Gesetzgeber selbst angeführter Schwierigkeiten führen würde. Im Einzelnen problematisierte er, dass die Auseinandersetzung bei der Beendigung des Güterstands nur unter erheblichen Schwierigkeiten durchzuführen sei. Die Berücksichtigung von

---

324 *Lange*, NJW 1957, S. 1381 f.; zustimmend: *Bärmann*, AcP 1958/1959, S. 189 f.; *Boehmer*, NJW 1958, S. 526; *Rittner*, DNotZ 1958, S. 191 f.
325 *BGH* NJW 1964, 2404 (2407); bestätigt in *BGH* NJW 1982, 2497 (2497); *Bosch*, FamRZ 1958/8/9, S. 297; *Braga*, FamRZ 1957, S. 338; *Hampel*, FamRZ 1957, S. 165 f.; *Muscheler*, Erbrecht Band I, Rn. 1503; *Thiele*, FamRZ 1958, S. 393 ff.; *Reincke*, NJW 1958, S. 122 f.
326 Ausf. zur Wahl- und Einheitstheorie siehe: *Muscheler*, Erbrecht Band I, Rn. 1503.
327 Gesetz über die Gleichberechtigung von Mann und Frau auf dem Gebiete des Bürgerlichen Rechts (Gleichberechtigungsgesetz – GleichberG) vom 18. Juni 1957, BGBl 1957 I, 609 (640).
328 *Thierfelder*, FamRZ 1959/10, S. 392;

Wertsteigerungen bei der Berechnung des Zugewinns des jeweiligen Ehegatten erschwere die Berechnung weiter.[329]

Ferner kritisierte er die Erhöhung des gesetzlichen Erbteils des Ehegatten durch den pauschalierten Zugewinnausgleich nach § 1371 Abs. 1 BGB. Die pauschale Erhöhung des Erbteils wurde auch von weiteren Stimmen in der Literatur als ungerecht gekennzeichnet, da sie selbst dann greife, wenn kein Zugewinn erzielt worden sei oder der ausgleichsberechtigte Ehegatte versterbe. Diese Regelung sei besonders aufgrund der Benachteiligung etwaiger Kinder, die sich einerseits den erhöhten Erbteil entgegen halten lassen müssten und/oder nicht am während der Ehe erwirtschafteten Vermögen beteiligt würden, sachlich nicht gerechtfertigt.[330] Unter diesen Gesichtspunkten wurde die gesetzliche Regelung teilweise wegen Verstoßes gegen den durch Art. 3 GG gewährleisteten Gleichberechtigungsgrundsatz für verfassungswidrig gehalten.[331]

Der Gesetzgeber hat mit dem Gesetz zur **Änderung des Zugewinnausgleichs- und Vormundschaftsrechts vom 09.07.2009** bereits Anstrengungen unternommen, um im Rahmen des Zugewinnausgleichs bestehende Defizite zu beheben. Die Zugewinngemeinschaft wurde hierbei als bewährte Möglichkeit der Teilhabe am Vermögenserwerb während der Ehe charakterisiert. Der gesetzliche Güterstand sei zugunsten der Einfachheit und Handhabung in der Praxis stark schematisiert worden. Zugleich erkannte der Gesetzgeber an, dass die einzelnen Regelungen reformbedürftig waren, da die bisherige Regelung unredliche Vermögensverschiebungen nur unzureichend verhindert habe und die Tilgung von Schulden während der Ehe unberücksichtigt bleibe.[332]

Teilweise wird jedoch mit Blick auf eine durch das Bundesministerium für Familien, Senioren, Frauen und Jugend in Auftrag gegebene Studie darauf

---

329 *Thierfelder*, FamRZ 1959/10, S. 389 f.; *ders.* problematisiert die Berücksichtigung von Wertsteigerungen in FamRZ 1959/6, S. 225–227 eingehender; siehe auch *Lange*, NJW 1957, S. 1384.

330 *Thierfelder*, FamRZ 1959/10, S. 391; siehe auch: *Bärmann*, AcP 1958/1959, S. 183 f.; *Braga*, FamRZ 1957, S. 335 f.; *Ferid*, FamRZ 1957, S. 70; *Lange*, NJW 1957, S. 1386 f.; *Müller-Freienfels*, JZ 1957, S. 690 f.; *Thiele*, FamRZ 1958, S. 395 f.; *Ulmer*, FamRZ 1958/ 4, S. 114; *Bärmann*, AcP 1958/1959, S. 171 ff., hat in diesem Zusammenhang sogar die Überlegung anstellt, ob nicht bereits ein Anwartschaftsrecht auf den Ausgleich des Zugewinns entstehen könnte, der auf die Erben des ausgleichsberechtigten Ehegatten übergehen würde.

331 *Ulmer*, FamRZ 1958/4, S. 115; *ders.*, FamRZ 1958/7, S. 252; siehe auch *Bärmann*, AcP 1958/1959, S. 183 f.

332 BT-Drucks. 16/10798, S. 10; siehe auch *Hoppenz*, FamRZ 2008, S. 1890 und 1892.

hingewiesen, dass auch gegenwärtig die gesetzlichen Regelungen den Missbrauch durch einen der Ehegatten in der Praxis nicht verhindern würden.[333] Die Studie zeigt unter anderem auf, dass die Ehegatten, die selbst im gesetzlichen Güterstand leben, völlig falsche Vorstellungen über das eheliche Güterrecht haben. 93 Prozent der befragten Frauen und 87 Prozent der befragten Männer gaben an, dass beide Partner stets hälftige Miteigentümer der Vermögensgegenstände werden, die während der Ehe erworben werden. 65 Prozent der insgesamt befragten Personen vermuteten zudem, dass ohnehin das Vermögen beiden Ehepartnern gemeinsam gehört. Offenkundig herrscht in der Öffentlichkeit die Auffassung vor, dass die Ehepartner in einer Form der Gütergemeinschaft leben. Anhand der im Jahr 2010 erhobenen Daten lässt sich ferner feststellen, dass sich diese Auffassung mit zunehmendem Lebensalter und zunehmender Ehedauer weiter verfestigt.[334] Die Ehegatten verlassen sich mehrheitlich blind darauf, dass die gesetzlichen Rechtsfolgen ihrem eigenen Gerechtigkeitsempfinden entsprechen.[335]

Die vorstehenden Gegebenheiten verdeutlichen, dass in der Vorstellung der Mehrzahl der Ehegatten der gesetzliche Güterstand eine Teilhabe am Vermögen ermöglicht. Die Struktur des Ausgleichs bevorteilt jedoch den vermögenden Ehegatten, da eine dingliche Teilhabe nicht erfolgt, was ihm die Möglichkeit gibt, den Zugewinnausgleichsanspruch zu manipulieren. So wird darauf verwiesen, dass typischerweise der Ehegatte, der sich trennen wolle, durch eine erste rechtliche Beratung einen Überblick über die tatsächliche rechtliche Situation erlange, sodass es ihm möglich sei, das gesetzliche Regelwerk zulasten des anderen Ehegatten zu nutzen. Insbesondere sei es möglich, die Stichtage für ihn genehm zu legen oder das Vermögen in Benachteiligungsabsicht im Rahmen des rechtlich Erlaubten beiseite zu schaffen. Aufgrund der fehlenden Kenntnis über die Wirkungen des gesetzlichen Güterstands und der nachweislich oft bestehenden Fehlvorstellungen könne der andere Ehegatte diesem Verhalten nicht oder nur unzureichend entgegenwirken. Die Regelung des § 1375 Abs. 2 BGB bezüglich illoyaler Vermögensminderungen greife vielfach nicht, da die Darlegungs- und Beweislast der übervorteilte Ehegatte trage, der den Nachweis oft nicht führen könnte.[336] Ergänzend ist darauf hinzuweisen, dass der Ehegatte, der den

---

333 *Meyer-Wehage*, NZFam 2016, S. 1057 ff.; *Brudermüller*, FamRZ 2009, S. 1191, hat bereits mit Inkrafttreten des Gesetzes entsprechende Befürchtungen geäußert.
334 *BMFSFJ*, Partnerschaft und Ehe – Entscheidungen im Lebensverlauf, S. 49 f.
335 *BMFSFJ*, Partnerschaft und Ehe – Entscheidungen im Lebensverlauf, S. 50 f.
336 *Meyer-Wehage*, NZFam 2016, S. 1058 f.

Trennungszeitpunkt vorgibt, die Möglichkeit hat, die Beweiserleichterung des § 1375 Abs. 2 S. 2 BGB zu umgehen. Diese Norm greift bei einer Vermögensminderung vor Eintritt des Stichtages nicht.

Problematisiert wird ferner, dass der Güterstand der Zugewinngemeinschaft keine gleichberechtigte Teilhabe am Vermögenserwerb ermögliche, da *de facto* eine Gütertrennung vorliege, die weiterhin den Ehegatten benachteilige, der seine Erwerbstätigkeit zugunsten der Ehe bzw. Familie aufgebe oder einschränke und weder eigenes Vermögen aufbaue noch direkt am Vermögenserwerb des anderen partizipiere. Der Gedanke der Teilhabe im Güterrecht sei eine Illusion.[337]

Zudem bestehen die bei Einführung des gesetzlichen Güterstands aufgezeigten Kritikpunkte fort.

So wird der pauschalierte Zugewinnausgleich nach § 1371 Abs. 1 BGB weiterhin als Durchbrechung des Systems des Zugewinnausgleichs bewertet.[338]

Ebenso wird mit Blick auf die praktische Durchsetzbarkeit des Zugewinnausgleichs konstatiert, dass die Ehegatten häufig mit der Aufstellung und Bezifferung des Anfangs- und Endvermögens überfordert seien. Dies führe regelmäßig zu langwierigen gerichtlichen Verfahren mit „endlosen Beweislaufnahmen".[339]

Ferner wird die Berücksichtigung von jeder Wertsteigerung im Zugewinnausgleich als ungerecht eingestuft. Problematisiert wird einerseits, dass auch Wertsteigerungen des Anfangsvermögens ohne Rücksicht darauf, ob sie durch den anderen Ehegatten mitverursacht wurden, in die Berechnung einbezogen werden.[340] Andererseits wird kritisiert, dass in den gesetzlichen Regelungen der eheneutrale Erwerb, also ein Vermögenszuwachs, der unabhängig von der Ehe entstanden sei, keine gesonderte Stellung einnehme.[341]

Selbst die Auswahl der Zugewinngemeinschaft als gesetzlicher Güterstand wird weiterhin in Frage gestellt. Die Frage der Legitimation des gesetzlichen Güterstands sei mit der Frage verknüpft, welchem Zweck diese Norm dienen würden, was wiederum mit der Frage verbunden sei, welche Form der Ehe den

---

337 *Meyer-Wehage*, NZFam 2016, S. 1058.
338 *Erman/Budzikiewcz*, Vor § 1363, Rn. 2; *Rauscher*, Familienrecht, Rn. 376–378; *Hoppenz*, FamRZ 2008, S. 1889, bezeichnet diesen ebenfalls als systemwidrig, erkennt aber dessen Vorteile in der Umsetzung an.
339 *Meyer-Wehage*, NZFam 2016, S. 1060.
340 *Battes*, FamRZ 2007, S. 313 f.; *Brudermüller*, FF 2012, S. 287; *Herr*, FF 2010, S. 17; dem Grunde nach zustimmend *Grziwotz*, DNotZ 2000, S. 487 f.; *Hoppenz*, FamRZ 2008, S. 1891; *Schröder*, FamRZ 1997, S. 6; anderer Ansicht *Stollenwerk*, FPR 2007, S. 180.
341 *Brudermüller*, FF 2012, S. 285; *Hoppenz*, FamRZ 2008, S. 1891; vgl. auch *Herr*, FF 2010, S. 17.

gesetzlichen Regelungen zugrunde liege. Im Ergebnis wird festgestellt, dass die gesetzlichen Regelungen nur einem Ehetypus dienen könnten, der jedoch nicht umfassend alle im Geltungsbereich des Bürgerlichen Gesetzbuches geschlossenen Ehen treffe. Die Zugewinngemeinschaft sei daher rechtspolitisch nicht zu rechtfertigen, weshalb konsequenterweise auf einen gesetzlichen Güterstand verzichtet werden sollte.[342]

Nicht alle Stimmen in der Literatur ziehen aus der Legitimationsproblematik diesen Rückschluss. Teilweise wird auch anerkannt, dass die im Rahmen des Zugewinnausgleichs vorgesehene Teilung zwar idealisierende Tendenzen habe, aber bei einer Gemeinschaft von zwei Person die vorzuziehende Lösung sei.[343] In der Kommentarliteratur wird auch darauf verwiesen, dass es zwar nicht möglich sei, den gesetzlichen Güterstand passend für jeden Ehetypus zu gestalten. Jedoch stehe es den Ehegatten frei, den ehelichen Güterstand durch eine ehevertragliche Vereinbarung der persönlichen Situation anzupassen.[344] Unter Berücksichtigung der Tatsache, dass die Ehegatten mehrheitlich davon ausgehen, dass es durch den gesetzlichen Güterstand zu einer Vergemeinschaftung von Gütern kommt, darf allerdings bezweifelt werden, dass die Ehegatten, die tatsächlich von einer anderen Gestaltung des ehelichen Güterrechts profitieren würden, den Weg zum Notar auf sich nehmen. Die bereits zitierte Studie des Bundesministeriums für Familie, Senioren, Frauen und Jugend in Auftrag zeigt, dass die Ehegatten annehmen, ausreichend über den Güterstand informiert zu sein. 85 Prozent der befragten Frauen und 93 Prozent der befragten Männer gaben an, sich in Bezug auf das Thema Ehe bzw. eingetragene Partnerschaft gut informiert zu fühlen und keine weitere Unterstützung zu benötigen.[345] Wird die Fehlvorstellung keiner Überprüfung unterzogen, können die Ehegatten gar nicht zur Frage gelangen, ob ihr güterrechtliches Verhältnis ihren gelebten Ehetypus widerspiegelt. Geradezu absurd mutet es an, wenn trotz dieses Rückschlusses nahezu 90 Prozent der befragten Ehegatten angegeben haben, dass es wichtig sei, individuelle Vereinbarungen zu treffen, falls der familienrechtlich vorgegebene Rahmen nicht zu den persönlichen Lebensverhältnissen und -vorstellungen passe.[346] Vor diesem

---

342 *Muscheler*, Familienrecht, Rn. 336.
343 *Gernhuber/Coester-Waltjen*, Familienrecht, § 34, Rn. 2; siehe auch *Schulz/Hauß*, Vermögensauseinandersetzung, Kapitel 1, Rn. 3.
344 zustimmend für Unternehmer und Freiberufler *Battes*, FamRZ 2007, S. 321; *Schulz/ Hauß*, Vermögensauseinandersetzung, Kapitel 1, Rn. 2.
345 *BMFSFJ*, Partnerschaft und Ehe – Entscheidungen im Lebensverlauf, S. 50 f.
346 *BMFSFJ*, Partnerschaft und Ehe – Entscheidungen im Lebensverlauf, S. 50.

Hintergrund ist davon auszugehen, dass hauptsächlich diejenigen Ehegatten, die eine Bildung gemeinschaftlichen Vermögens vermeiden wollen, die Beratung durch einen Rechtsanwalt oder Notar suchen. Um dies auszuschließen, bedarf es jedoch keines Ehevertrages. In der Literatur wird dementsprechend der Abschluss von Eheverträgen, die den Güterstand der Gütertrennung einführen, als oftmals unnötig bezeichnet.[347] Einschränkend ist ferner zu berücksichtigen, dass die notarielle Vereinbarung gerade ein gesetzliches System voraussetzt, das modifiziert werden kann, da die Aufgabe des Notars nicht die Rechtsfortbildung ist, sondern er für die Vertragsparteien die Lösung finden muss, die ihrer Situation gerecht wird und Rechtssicherheit bietet.[348]

Darüber hinaus dürfte es ohnehin unzureichend sein, die Zugewinngemeinschaft als gesetzlichen Güterstand nur durch die Modifikationsmöglichkeit der gesetzlichen Normen zu legitimieren. Der gesetzliche Güterstand sollte vielmehr geeignet sein, den hauptsächlich im Geltungsbereich gelebten Ehetypus widerzuspiegeln. Es bedarf mithin einer Legitimation der Zugewinngemeinschaft aus sich selbst heraus. Hierbei ist zu berücksichtigen, dass der Anspruch auf Zugewinnausgleich grundsätzlich nur bei einer unterschiedlichen Entwicklung des jeweiligen Vermögens der Ehegatten eine Kompensation eröffnet. Das Gesetz geht damit von einem Ehetypus aus, in der ein Ehegatte allein das Einkommen erwirtschaftet bzw. der andere Ehegatte einen geringeren Verdienst erzielt.

Aktuelle Untersuchungen zu der Lebenswirklichkeit von Familien unterstützen die Annahme, dass es sich insoweit um das Familien- bzw. Ehemodell, das weiterhin weit verbreitet ist.

Insgesamt erzielen nur in 10 Prozent der Ehen die Partner ein etwa gleich hohes Einkommen. Zu 13 Prozent erzielt die Ehefrau das höhere Einkommen, zu 77 Prozent der Ehemann.[349] Sofern Ehepaare mindestens ein minderjähriges Kind unter 15 Jahren in ihrem Haushalt betreuen, gibt ein Elternteil häufig entweder seine eigene Erwerbstätigkeit auf oder stellt diese zurück, um sich Kindererziehung und Haushalt zu widmen. Durchschnittlich 58 Prozent der Mütter und 84 Prozent der Väter gehen einer Erwerbstätigkeit nach. Während der Anteil der Mütter erheblich vom Alter der jeweiligen Kinder abhängt, ist der

---

347 So *Schnitzler/Brambring*, in: Münchener Anwalts Handbuch – Familienrecht, § 23, Rn. 45; zustimmend *Münch*, Ehebezogene Rechtsgeschäfte, Rn. 339, 341 und 342.
348 Vgl. *Meyer-Wehage*, NZFam 2016, S. 1061.
349 Pressemitteilung des Statistischen Bundesamtes vom 5.3.2015, URL: https://www.destatis.de/DE/PresseService/Presse/Pressemitteilungen/2015/03/PD15_077_122.html (zuletzt abgerufen am 30.10.2018).

Anteil der Väter durchweg konstant. Nur ein Drittel der Mütter, die unter dreijährige Kinder betreuen, geht einer Erwerbstätigkeit nach. Ist das Kind hingegen drei bis sechs Jahre alt, verdoppelt sich der Anteil der erwerbstätigen Mütter, bis er 72 Prozent bei denen erreicht, die ein minderjähriges Kind im Alter von 10 bis 15 Jahren betreuen.[350] Ein Großteil der verheirateten Mütter geht lediglich einer Erwerbtätigkeit in Teilzeit nach. Nur 24 Prozent üben eine Vollzeittätigkeit aus.[351] Insoweit ist zu berücksichtigen, dass diese Anzahl nicht einer Gleichwertigkeit der Einkünfte entspricht. Nur in 21 Prozent der Fälle üben beide Elternteile eine vollschichtige Erwerbstätigkeit aus. Zu 76 Prozent übt ein Partner eine Tätigkeit in Teilzeit aus, was eine gleichwertige Entwicklung des Vermögensstands beider Ehepartner verhindert. In 3 Prozent der Fälle üben beide Ehegatten eine Teilzeittätigkeit aus.[352]

Unter Berücksichtigung der soeben dargelegten tatsächlichen Verhältnisse erscheint ein Ausschluss von jeglicher Beteiligung am Vermögenszuwachs während der Ehe, wie er teilweise vorgeschlagen wird, nicht gerecht. Ob darüber hinaus die Zugewinngemeinschaft als solche oder einzelne Regelungen reformbedürftig ist bzw. sind, wäre ein eigener Untersuchungsgegenstand und würde über den vorliegend zur Verfügung stehenden Rahmen hinausgehen. Nachstehend soll daher nur kurz zu einigen der Kritikpunkte Stellung genommen werden.

Soweit kritisiert wird, dass die Zugewinngemeinschaft keine wirkliche Teilhabe am Vermögenszuwachs ermögliche, ist der Literatur zuzugestehen, dass diese Feststellung richtig ist. Allerdings erscheint fraglich, ob es die richtige Lösung ist, eine dingliche Beteiligung der Ehegatten an den während der Ehe erworbenen Vermögensgegenständen zu realisieren. Nicht unerwähnt bleiben sollte, dass diese Beteiligung neben dem Vorteil der unmittelbaren Beteiligung auch Risiken für den Ehegatten birgt, der im Rahmen des ehelichen Güterstands am Vermögensgegenstand beteiligt wird. Hier ist beispielsweise an etwaige Haftungsfälle zu denken, bei der sich die Haftung an der Eigentümerstellung orientiert oder sich aufgrund der Vergemeinschaftung automatisch auf den anderen Ehegatten erstreckt.

Auch der Einwand, dass trotz der gesetzlichen Neuerungen weiterhin ein Missbrauch zulasten eines Ehegatten möglich ist, greift dem Grunde nach. Allerdings wird es unmöglich sein, eine gesetzliche Regelung zu schaffen, die einen

---

350 *Statistisches Bundesamt*, Datenreport 2016, S. 55.
351 *Statistisches Bundesamt*, Datenreport 2016, S. 56.
352 *Statistisches Bundesamt*, Datenreport 2016, S. 57.

Missbrauch bzw. eine Manipulation vollständig ausschließt. Die Grundlage für eine Benachteiligung bildet auch nicht die gesetzliche Regelung selbst, sondern vielmehr die mangelhafte Kenntnis der Ehegatten zum ehelichen Güterrecht. Um dieses Defizit zu beseitigen, müssten beide Ehegatten angemessen über das gegenwärtig geltende Güterrecht informiert werden.

3. Die Aufteilung der Haushaltsgegenstände

Wie bereits eingangs erwähnt, erfolgt die Aufteilung der zum ehelichen Haushalt gehörenden beweglichen Gegenstände im deutschen Recht unabhängig vom jeweils gewählten Güterstand. Die entsprechenden gesetzlichen Bestimmungen finden sich im allgemeinen Abschnitt zur Ehe bzw. im Abschnitt über die Scheidung der Ehe im Bürgerlichen Gesetzbuch. Aus dieser Feststellung lässt sich bereits die grundsätzliche Differenzierung im deutschen Recht ableiten. Zu unterscheiden ist, ob eine Aufteilung des ehelichen Haushalts in der Trennungsphase während der noch bestehenden Ehe erfolgt oder eine Aufteilung des Hausrates anlässlich der Ehescheidung erfolgt. Beiden Vorschriften gemein ist jedoch die vermögensrechtliche Grundlage.

Die Ehegatten sind grundsätzlich auch nach einer Eheschließung alleinige Eigentümer der Vermögensgegenstände, die sie vor und während der Ehe erworben. Entsprechend dieses Grundgedankens sind gemäß § 1361a Abs. 1 BGB bei einer Trennung die Haushaltsgegenstände an den Ehegatten herauszugeben, in dessen alleinigem Eigentum sie stehen. Einschränkend ist während der Trennungszeit zu prüfen, ob die im Alleineigentum eines Ehegatten stehenden Haushaltsgegenstände unter Billigkeitsgesichtspunkten dem anderen Ehegatten zur vorrübergehenden Nutzung zu überlassen sind. Haushaltsgegenstände, die im gemeinsamen Eigentum stehen, sind gemäß § 1361a Abs. 2 BGB zwischen den Ehegatten, erneut unter Billigkeitsgesichtspunkten, zu verteilen. Mit der Verteilung bzw. Nutzungsüberlassung ist grundsätzlich keine Eigentumsübertragung verbunden, geregelt werden ausschließlich vorübergehend die Besitzverhältnisse. Dies ergibt sich bereits aus dem Wortlaut der Vorschrift, die keine Übertragung des Eigentums anordnet. Zudem ergibt sich dies aus der ausdrücklichen Anordnung in § 1361a Abs. 4 BGB.[353] Gegebenenfalls kann gemäß § 1361a Abs. 3 BGB eine Vergütung für die Nutzung der Haushaltsgegenstände geschuldet sein.

---

353 So auch *Jacobs*, NJW 2012, S. 3604; *Neumann*, in: Bamberger/Roth, § 1361a BGB, Rn. 3.

Im Anschluss an die Aufteilung des Besitzes an den Haushaltsgegenständen soll nach der Vorstellung des Gesetzgebers anlässlich der Ehescheidung eine Regelung der **Eigentumsverhältnisse** an den gemeinsamen Hausratsgegenständen erfolgen. So sieht § 1568b Abs. 1 BGB vor, dass ein Ehegatte die Übertragung und Überlassung eines im Eigentum beider Ehegatten stehenden Haushaltsgegenstands verlangen kann, wenn er auf diesen Gegenstand unter Berücksichtigung des Wohls der im Haushalt lebenden Kinder und der ehelichen Lebensverhältnisse oder unter Berücksichtigung anderer Billigkeitsgründe in stärkerem Maße angewiesen ist. Der Ehegatte, der seinen Anteil an den anderen Ehegatten überträgt, kann gemäß § 1568b Abs. 3 BGB eine Ausgleichszahlung verlangen. Hausratsgegenstände gelten gemäß § 1568b Abs. 2 BGB als gemeinsames Eigentum, wenn keiner der Ehegatten sein Alleineigentum an dem betreffenden Gegenstand beweisen kann. Eine Herausgabe von im Alleineigentum stehenden Gegenständen anlässlich der Ehescheidung kann allerdings nur nach den allgemeinen sachenrechtlichen Vorschriften verlangt werden.[354]

Sowohl für die Anwendung von § 1361a BGB als auch von § 1568b BGB ist von entscheidender Bedeutung, welche Gegenstände als solche des Haushalts zu klassifizieren sind. Diese Frage ist bereits unter der früheren Rechtslage Gegenstand der höchstrichterlichen Rechtsprechung geworden. Die insoweit maßgeblichen Entscheidungen sind weiterhin anwendbar; die nunmehr geltende Vorschrift übernimmt ausweislich der Gesetzesbegründung zu einem Großteil Regelungen der zuvor geltenden Hausratsverordnung.[355]

Nach der Rechtsprechung des Bundesgerichtshofs sind diejenigen **beweglichen Sachen** dem Hausrat zuzuordnen, die nach den Vermögens- und Lebensverhältnissen der Ehegatten **für die Wohnung, die Hauswirtschaft und das Zusammenleben der Familie bestimmt** sind. Gegenstände, die der Vermögensanlage oder dem Beruf eines der Ehegatten dienen, werden hingegen nicht als Haushaltsgegenstände angesehen.[356] Gegenstände, die ausschließlich dem persönlichen Gebrauch eines Ehegatten dienen, sind ebenfalls keine Haushaltsgegenstände.[357] Maßgeblich für die Zuordnung dieser Gegenstände zum Hausrat ist die tatsächliche Nutzung.[358] Grundsätzlich ist stets eine Einzelfallbetrachtung

---

354 *Jacobs*, NJW 2012, S. 3601 f.
355 Siehe BT-Drucks. 16/10798, S. 23; *Jacobs*, NJW 2012, S. 3601.
356 *BGH* NJW 1984, 484 (486); NJW 1984, 1758 (1758); *OLG Düsseldorf* NJW-RR 1986, 1136 (1136); *OLG Hamm* NJW-RR 1990, 1031 (1031).
357 *BGH* NJW 1984, 484 (485); *OLG Hamm* NJW-RR 1990, 1031 (1032).
358 *OLG Düsseldorf* NJW-RR 1986, 1137 (1138).

anhand der jeweiligen Lebensverhältnisse der Ehegatten vorzunehmen. Gemeinhin werden jedoch Möbel, andere Einrichtungsgegenstände, Haus- und Küchengeräte, Nahrungsmittel einschließlich der Vorräte und alle Geräte der Unterhaltungselektronik sowie Sport- und Freizeitgeräte als Haushaltsgegenstände anzusehen sein.[359] Auch Haustiere können Haushaltsgegenstände sein, da gemäß § 90a BGB die sachenrechtlichen Vorschriften auf diese entsprechend anwendbar sind.[360]

Werthaltige Gegenstände sind nach Auffassung des Bundesgerichtshofs nicht von vorneherein der Haushaltsteilung entzogen, da die maßgeblichen Vorschriften ungeachtet des Wertes oder der Qualität alle Streitigkeiten mit Bezug zu Hausratsgegenständen bei einer Trennung von Ehegatten oder einer Ehescheidung erfasse. Vielmehr sei gesondert festzustellen, ob die besonders werthaltigen Gegenstände ihrer Art nach Haushaltsgegenstände darstellen können, wobei auf die Lebensverhältnisse der Ehegatten abzustellen sei.[361] Anerkannt worden ist in der Rechtsprechung, dass eine Münzsammlung[362] und ein Weinvorrat, der ausschließlich durch einen Ehegatten erworben und verwaltet worden ist,[363] nicht dem Hausrat zuzuordnen sind. In der Literatur wird gleichwohl darauf verwiesen, dass auf den Einzelfall abzustellen und zu prüfen sei, ob die einzelnen Gegenstände der Sammlung für den üblichen, gemeinsamen Konsum bestimmt waren oder es sich um wertvolle Raritäten handelte, die ausschließlich dem Hobby eines Ehegatten dienten.[364]

Einen Sonderfall stellen **Kraftfahrzeuge** dar. Diese können als bewegliche Sachen dem ehelichen Haushalt zuzuordnen sein. Voraussetzung ist nach einer Auffassung, dass die jeweiligen Kraftfahrzeuge der grundlegenden Definition des Bundesgerichtshofs entsprechend hauptsächlich zum Zwecke der Haushalts- und privaten Lebensführung genutzt worden sind und nicht in erster Linie dem persönlichen oder beruflichen Belangen eines Ehegatten gedient haben. Die bloße Mitnutzung zum Zwecke der Haushalts- und privaten Lebensführung wird in diesem Zusammenhang allerdings als unzureichend erachtet. Vielmehr müsse das Kraftfahrzeug überwiegend für familiäre Belange genutzt

---

359 *Neumann*, NZFam 2014, S. 481; *Neumann*, in: *Bamberger/Roth*, § 1568b BGB, Rn. 7.
360 *OLG Bamberg* FamRZ 2004, 559 (559); *OLG Hamm* NJW-RR 2011, 583 (583); *OLG Nürnberg* NJW-RR 2017, 387 (388); *OLG Schleswig* NJW 1998, 3127 (3127); *OLG Stuttgart* NJW 2014, 1101 (1101); *OLG Zweibrücken* NJWE-FER 1998, 145 (145).
361 *BGH* NJW 1984, 1758 (1759).
362 *OLG Düsseldorf* NJW-RR 1986, 1136 (1136); siehe auch *BGH* NJW 1984, 1758 (1759).
363 *AG München* FamRZ 2010, 1304 (1305).
364 *Neumann*, NZFam 2014, S. 482.

worden sein.³⁶⁵ Teilweise wird demgegenüber darauf abgestellt, ob es sich bei dem betreffenden Fahrzeug um das einzige Kraftfahrzeuge der Familie handelt. In diesem Fall komme es nicht darauf an, ob das Fahrzeug häufiger für berufliche Fahrten genutzt werde als für andere Zwecke. Entscheidend sei, dass dieses Fahrzeug notwendigerweise für sämtliche Fahrten, die der Familie dienten, genutzt worden wäre.³⁶⁶ Die letztgenannte Ansicht erscheint vorzugswürdig. Vertreten werden kann sogar, dass das tatsächliche Nutzungsverhältnis grundsätzlich nicht maßgeblich ist, wenn lediglich ein Kraftfahrzeug vorhanden ist. Ausweislich der bisherigen Rechtsprechung ist regelmäßig entscheidungserheblich, wie eine bewegliche Sache von den Ehegatten gewidmet worden ist. Verfügen die Ehegatten nur über ein Kraftfahrzeug, so ist davon auszugehen, dass dieses ausdrücklich oder konkludent dahingehend gewidmet worden ist, sämtlichen Familienfahrten zu dienen. In diesem Fall ist zu vermuten, dass die Widmung zur Vornahme von Familienfahrten für die Ehegatten von derart maßgeblicher Bedeutung ist, dass diese Fahrten in der Vorstellung der Ehegatten den Vorzug vor einer anderweitigen Nutzung genießen.

Im Alleineigentum eines Ehegatten stehende Haushaltsgegenstände sind gemäß § 1361a Abs. 1 S. 2 BGB an den anderen Ehegatten herauszugeben, soweit dieser sie zur Führung eines abgesonderten Haushalts benötigt und die Überlassung nach den Umständen des Falles **der Billigkeit entspricht**. Fraglich ist, wie das Tatbestandsmerkmal der Billigkeit auszulegen. In der Kommentarliteratur wird darauf verwiesen, dass bei der Beurteilung, ob die Überlassung des Besitzes eines Haushaltsgegenstands an einen Ehegatten angemessen ist, stets eine Betrachtung unter Berücksichtigung der Umstände des Einzelfalls vorzunehmen sei, bei der die Notwendigkeit des beanspruchten Gegenstands für den

---

365 *OLG Düsseldorf* NJW-RR 1993, 453 (453); *OLG Karlsruhe* FamRZ 2001, 760 (760); *OLG Koblenz* NJOZ 2005, 44165 (4417); *OLG Köln* FamRZ 1980, 249 (250); FamRZ 2002, 322 (323); *OLG Hamburg* FamRZ 1990, 1118 (1118); *OLG Hamm* NJW-RR 1990, 1031 (1032); *OLG Naumburg* NJOZ 2005, 1575 (1576); *OLG Oldenburg* FamRZ 1996, 942 (942); *OLG Zweibrücken* FamRZ 1991, 848 (848); FamRZ 2005, 902 (902); *Jacobs*, NJW 2012, S. 3602.

366 *KG* FamRZ 2003, 1927 (1927); *OLG Düsseldorf* NJW 2007, 1001 (1002); *OLG Frankfurt* NJW 2015, 2346 (2347); zustimmend *Götz*, in: *Johannsen/Henrich*, Familienrecht, § 1361a BGB, Rn. 10; *Schulz/Hauß*, Vermögensauseinandersetzung, Kapitel 4, Rn. 132; *Neumann*, NZFam 2014, S. 482, verweist darauf, dass ein Haushaltsgegenstand seine Eigenschaft als solcher nicht verliere, nur weil er *de facto* nur von einem Ehegatten genutzt worden sei; *Neumann*, in: *Bamberger/Roth*, § 1568b BGB, Rn. 7, hält es für ausreichend, dass das Kraftfahrzeug „auch" für familiäre Fahrten genutzt wird.

herausverlangenden Ehegatten gegen die Belange des Eigentümers abgewogen werden müssten. In diesem Zusammenhang könnten zudem die Interessen von gemeinsamen Kindern oder die Umstände der Trennung, insbesondere soweit eine mögliche Verwirkung des Unterhaltsanspruchs im Raum steht, berücksichtigt werden.[367] Da die Überlassung ausweislich des Gesetzestextes **zur Fortführung eines eigenen Haushalts** erfolgt, kann eine Überlassung unbillig sein, wenn der den Anspruch stellende Ehegatte beabsichtigt, die Gegenstände zu verbrauchen oder nicht selbst zu gebrauchen.[368]

Ist zu prüfen, an welchen Ehegatten ein Haushaltsgegenstand, der im gemeinsamen Eigentum steht, zu überlassen ist, richtet sich dies ebenfalls nach Billigkeitsgesichtspunkten, wobei sich die Entscheidung an den soeben dargestellten Maßstäben orientiert.[369] Zu prüfen ist ferner, welcher der Ehegatten in stärkerem Maße auf die Benutzung eines Gegenstands angewiesen ist.[370]

Ferner ist auf Billigkeitsgesichtspunkte abzustellen, wenn anlässlich einer Ehescheidung die Eigentumsübertragung gemäß § 1568 b Abs. 1 BGB erfolgen soll. Ausweislich des Wortlauts ist diesbezüglich zu prüfen, ob ein Ehegatte auf die Nutzung des Haushaltsgegenstands **unter Berücksichtigung des Wohls der im Haushalt lebenden Kinder und der Lebensverhältnisse** in stärkerem Maße angewiesen ist als der andere oder dies **aus anderen Gründen der Billigkeit** entspricht. Die Kommentarliteratur stellt in diesem Zusammenhang primär darauf ab, welcher Ehegatte auf die Nutzung der Sachen in stärkerem Maße angewiesen ist, und, ob dem andere Ehegatten der Verzicht auf die streitigen Haushaltsgegenstände oder auch deren Neuanschaffung eher zugemutet werden kann.[371] Die Billigkeitsgründe stellen eine Alternative dar, falls beide Ehegatten in gleichem Maße auf den Gebrauch des Gegenstands angewiesen sind.[372] In

---

367 Götz, in: *Johannsen/Henrich*, Familienrecht, § 1361a BGB, Rn. 27; *Neumann*, in: *Bamberger/Roth*, § 1361a BGB, Rn. 9; MüKoBGB/*Weber-Monecke*, § 1361a BGB, Rn. 12; siehe auch *KG* FamRZ 2003, 1927 (1927).
368 So *AG Borken* FamRZ 2008, 696 (697); MüKoBGB/*Weber-Monecke*, § 1361a BGB, Rn. 11.
369 *Götz*, in: *Johannsen/Henrich*, Familienrecht, § 1361a BGB, Rn. 27; *Neumann*, in: *Bamberger/Roth*, § 1361a BGB, Rn. 9.
370 *OLG Köln* NJW-RR 2010, 150 (150).
371 *Götz*, in: *Johannsen/Henrich*, Familienrecht, § 1568 b BGB, Rn. 8; *Neumann*, in: *Bamberger/Roth*, § 1568b BGB, Rn. 13; MüKoBGB/*Weber-Monecke*, § 1568b BGB, Rn. 10.
372 BT-Drucks. 16/10798, S. 37.

diesem Rahmen kann auch das Verhältnis eines Ehegatten zur streitgegenständlich Sache berücksichtigt werden.[373]

Ob **Haushaltsgegenstände im Rahmen des Zugewinnausgleichs** bei der Berechnung des Endvermögens berücksichtigt werden können, wird unterschiedlich beurteilt.

Der Bundesgerichtshof hat sich dafür ausgesprochen, dass die Vorschriften der Hausratsteilung Sonderregeln darstellen würden, sodass sämtliche diesen Vorschriften unterliegende Gegenstände dem Zugewinnausgleich entzogen sein müssten.[374] Zu berücksichtigen ist jedoch, dass zum Zeitpunkt des Erlasses dieser Entscheidung die Hausverordnung in Kraft war. Gemäß § 9 Abs. 1 der Hausratsverordnung waren der Eigentumsaufteilung auch im Alleineigentum eines Ehegatten stehende Gegenstände unterworfen, die damit der Zuweisung durch den zuständigen Richter unterlagen.

Unter Verweis auf den Willen des Gesetzgebers wird überwiegend davon ausgegangen, dass die Vorschrift des § 1568b BGB weiterhin *lex specialis* im Verhältnis zu den Vorschriften über die güterrechtliche Auseinandersetzung ist, Haushaltsgegenstände, die **im Alleineigentum eines Ehegatten** stehen, jedoch nicht dieser Vorschrift unterfallen und mithin in der Berechnung des Zugewinnausgleichs zu berücksichtigen sind.[375]

Umstritten ist, ob **im Miteigentum beider Ehegatten** stehender Haushaltsgegenstände dem Zugewinnausgleich entzogen sind.

Unter Verweis auf die ursprüngliche Rechtsprechung des Bundesgerichtshofs wird vertreten, dass die Haushaltsgegenstände dem Zugewinnausgleich entzogen bleiben, selbst wenn ein Anspruch nach § 1568b BGB nicht geltend gemacht worden ist.[376] Teilweise wird insoweit darauf verwiesen, dass sich die Berücksichtigung gemeinsamer Haushaltsgegenstände und etwaiger Forderungen bei der Berechnung des Zugewinnausgleichsanspruchs regelmäßig nicht auswirken würden, da eventuelle Ansprüche ins Aktiv- und Passivvermögen der Ehegatten

---

373 *Götz*, in: *Johannsen/Henrich*, Familienrecht, § 1568 b BGB, Rn. 8; MüKoBGB/*Weber-Monecke*, § 1568b BGB, Rn. 15.
374 So bereits *BGH* NJW 1984, 484 (485).
375 *BGH* NJW 2011, 601 (605); *Brudermüller*, NJW 2010, S. 405; *Götz*, in: *Johannsen/Henrich*, Familienrecht, § 1568 b BGB, Rn. 5; *Jaeger*, in: *Johannsen/Henrich*, Familienrecht, § 1375 BGB, Rn. 12; *Palandt/Brudermüller*, § 1375 BGB, Rn. 5; *Schwab*, in: Handbuch des Scheidungsrechts, Teil VII, Rn. 29; siehe auch BT-Drucks. 16/10798, S. 37.
376 *Brudermüller*, NJW 2010, S. 405; *Götz*, in: *Johannsen/Henrich*, Familienrecht, § 1568 b BGB, Rn. 20; *Jaeger*, in: *Johannsen/Henrich*, Familienrecht, § 1375 BGB, Rn. 13; MüKoBGB/*Wellenhofer*, § 1568b BGB, Rn. 31.

einzugruppieren wären.[377] Der Grundsatz, dass die Verteilung der Haushaltsgegenstände vorrangig sei, erstrecke sich auch auf eine Ausgleichsforderung, die zum Endstichtag bestehe, aber noch nicht gezahlt worden sei. Diese sei weder als Forderung im Endvermögen des ausgleichsberechtigten Ehegatten, noch als Verbindlichkeit im Endvermögen des anderen Ehegatten zu berücksichtigen.[378]

Im Gegensatz dazu wird von anderen Stimmen in der Literatur eine Differenzierung vorgenommen, ob und wann eine Verteilung der Haushaltsgegenstände erfolgt ist. In diesem Zusammenhang wird darauf verwiesen, dass die Regelungen des § 1568b BGB als Ansprüche ausgestaltet seien, während die vorherige Regelung eine Verteilung durch den Richter vorsah. Es sei nicht ersichtlich, warum diese nicht entsprechend der allgemeinen Grundsätze in das Endvermögen einzustellen seien. Soweit vertreten werde, dass sich dies nicht auswirke, handele es sich lediglich um eine praktische Erwägung. Sei bereits vor dem Eintritt des für den Zugewinnausgleich maßgeblichen Endstichtags eine Verteilung erfolgt, würden die Gegenstände bereits im Alleineigentum eines Ehegatten stehen und seien daher bei der Bestimmung des Endvermögens zu berücksichtigen. Sei eine Verteilung zu diesem Zeitpunkt noch nicht erfolgt, sei der Wert der Haushaltsgegenstände jeweils hälftig in den Vermögen der Ehegatten zu berücksichtigen.[379]

Es erscheint vorzugswürdig, die im Miteigentum der Ehegatten stehenden Haushaltsgegenstände stets von der Berechnung des Zugewinnausgleichs auszuschließen. Treffen die Ehegatten eine Vereinbarung über die Aufteilung der Haushaltsgegenstände und der damit gegebenenfalls verbundenen Ausgleichszahlung, ist davon auszugehen, dass sie damit eine abschließende Regelung schaffen wollten. Werden etwaige Ansprüche bei der Bestimmung des Endvermögens berücksichtigt, wirkt sich dies jedoch stets aus, wenn der Ehegatte, der die Haushaltsgegenstände erhält, einen höheren Zugewinn erzielt hat. Folglich wäre die von den Ehegatten getroffene Regelung nicht abschließend, was der Parteiautonomie widersprechen würde. Nimmt man jedoch mit Rücksicht auf den Parteiwillen den vereinbarungsgemäß aufgeteilten Hausrat von der Bestimmung im Endvermögen aus, ist es folgerichtig, auch bei einer anderweitigen Regelung so zu verfahren. Da § 1568b BGB den Ehegatten die Aufteilung anlässlich der Ehescheidung, aber nicht nur bis zur Rechtskraft der Ehescheidung ermöglicht, verbleibt es auch bei einem Vorrang einer Regelung nach 1568b BGB vor der

---

377 *Jaeger*, in: *Johannsen/Henrich*, Familienrecht, § 1375 BGB, Rn. 13.
378 *Jaeger*, in: *Johannsen/Henrich*, Familienrecht, § 1375 BGB, Rn. 14.
379 *Neumann*, in: *Bamberger/Roth*, § 1568b BGB, Rn. 22–24.

güterrechtlichen Auseinandersetzung, wenn diese vor einer Regelung des Zugewinnausgleichsanspruchs noch nicht erfolgt, aber weiterhin möglich ist.

III. Vergleichende Synthese und Evaluation

Nachstehend werden die gesetzlichen Regelungen des ehelichen Güterstands im niederländischen und deutschen Recht vergleichend gegenübergestellt, um anschließend eine wertende Betrachtung vorzunehmen.

Das deutsche Recht sieht vor, dass durch den gesetzlichen Güterstand eine Teilhabe am während der Ehe erwirtschafteten Vermögen sichergestellt werden soll. Ein entsprechender Grundgedanke liegt der gesetzlichen Novellierung des niederländischen Rechts zugrunde, die am 01.01.2018 in Kraft getreten ist. Der Gesetzgeber hat diesbezüglich ausgeführt, dass ein gemeinschaftliches Vermögen und mithin eine Beteiligung der Ehegatten an diesem nur hinsichtlich des Vermögens entstehen soll, das die Ehegatten während des Bestehens der Ehe erworben haben. Im Übrigen sieht das niederländische Recht – unter Berücksichtigung verschiedener, gesetzlich vorgesehener Ausnahmen – eine weitreichendere Teilhabe am Vermögen des jeweils anderen Ehegatten vor. Unabhängig von der Frage, welche rechtlichen Vorschriften im niederländischen Recht im Einzelnen anzuwenden sind, ist beiden Rechtsordnungen gemein, dass die Ehegatten am Vermögen oder zumindest am Vermögenszuwachs des jeweils anderen Ehegatten während der Ehe bzw. während des Bestehens des Güterstands partizipieren sollen.

Bereits die grundlegende Systematik des Güterrechts unterscheidet sich im deutschen und niederländischen Recht jedoch erheblich voneinander. Während es im deutschen Recht bei einer Trennung der Vermögensmassen der Ehegatten auch bei Eintritt des gesetzlichen Güterstands verbleibt, wird im niederländischen Recht durch die Eheschließung bei Eintritt der Gütergemeinschaft ein gemeinsames Vermögen gebildet.

Mit Eintritt der Gütergemeinschaft wirkt sich diese durch die damit einhergehende Mischung von Hab und Gut auf das güterrechtliche Verhältnis aus, sodass sich mit Eintritt des Güterstands bzw. bei Erwerb eines Vermögensgegenstands unter Berücksichtigung der verschiedenen, gesetzlich vorgesehenen Ausnahmen entscheidet, ob der Vermögensgegenstand Teil der Gütergemeinschaft wird oder gegebenenfalls dem Privatvermögen eines der Ehegatten zuzuordnen ist. Sonderregeln bestehen insbesondere bei Nachlassgegenständen und Zuwendungen sowie bei Vermögensgegenständen und Verbindlichkeiten, die aus anderen Gründen nur einem der Ehegatten gebühren bzw. diesen belasten, und bei Vermögensverschiebungen zwischen dem gemeinschaftlichen und privaten Vermögen. Der Gütergemeinschaft kommt daher im niederländischen Recht eine wesentliche Teilhabefunktion zu, die dem Güterstand im deutschen Recht fehlt.

Die Zugewinngemeinschaft wirkt sich aufgrund des Fehlens einer güterrechtlichen Wirkung nicht auf das Vermögen oder die Verbindlichkeiten der Ehegatten aus; im Wesentlichen ist die Zugewinngemeinschaft auf den Ausgleichsanspruch bei Beendigung gerichtet.

Im Rahmen der Auseinandersetzung bei einer Beendigung der Güterstände zeigen sich ebenfalls deutliche, durch die Grundsystematik bedingte Unterschiede.

Bei Beendigung der Gütergemeinschaft bedarf es zwingend einer güterrechtlichen Auseinandersetzung, in welcher die einzelnen Vermögensgegenstände – einschließlich der Haushaltsgegenstände – zu verteilen sind. Hinsichtlich der Verbindlichkeiten der Gütergemeinschaft besteht im Außenverhältnis eine Gesamtschuldnerschaft mit der Einschränkung, dass ein Ehegatte, der die jeweilige Verbindlichkeit nicht eingegangen ist, für diese nur insoweit haftet, wie er Vermögensgegenstände aus der Gütergemeinschaft erhalten hat. Für Verbindlichkeiten, die ein Ehegatte persönlich eingegangen ist, haftet dieser weiterhin mit seinem gesamten Vermögen.

Die vermögensrechtliche Auseinandersetzung im Rahmen des Zugewinnausgleichs erfolgt durch Geltendmachung eines schuldrechtlichen Anspruchs, des Zugewinnausgleichsanspruchs. Dessen Bestehen hängt von der Ermittlung des Anfangs- und Endvermögens zu jeweils gesetzlich bestimmbaren Stichtagen und des gegebenenfalls entstandenen Zugewinns ab. Verbindlichkeiten können im Rahmen der Ermittlung des Vermögens berücksichtigt werden; eine anderweitige Haftung ist damit aufgrund der Wirkung des gesetzlichen Güterstands nicht verbunden. Der Anspruch ist grundsätzlich auf einen entgeltlichen Ausgleich gerichtet. Ob ein Zugewinnausgleichsanspruch geltend gemacht wird, obliegt der Entscheidung des Ausgleichsberechtigten; eine zwingende Notwendigkeit besteht nicht. Wird davon abgesehen, verjährt der Anspruch nach den regelmäßigen Verjährungsfristen. Losgelöst davon erfolgt eine Aufteilung der Haushaltsgegenstände, wobei die maßgeblichen Vorschriften sich ebenfalls nicht primär sachenrechtlich auswirken. Die Aufteilung während der Trennungszeit berücksichtigt die bestehenden Eigentumsverhältnisse und sieht nur im Ausnahmefall eine anderweitige, zeitweise Begründung von Besitz unter Billigkeitsgesichtspunkten vor. Bei einer Hausratsteilung im Rahmen der Ehescheidung besteht unter eingeschränkten Voraussetzungen ein Anspruch eines Ehegatten auf Überlassung und Eigentumsübertragung an Haushaltsgegenständen, die im Eigentum des anderen Ehegatten stehen.

Bei einer wertenden Betrachtung beider Rechtsinstitute ist, wie eingangs ausgeführt, das Spannungsverhältnis zwischen Rechtssicherheit und Gerechtigkeit zu beachten. Rechtssicherheit gewährt hinsichtlich der güterrechtlichen Verhältnisse ein Güterstand, dessen Regelungen ohne weiteres für eine Vielzahl von Ehegatten implementiert werden können. Hierbei ist zu beachten, dass sowohl der niederländische als auch der deutsche Gesetzgeber bemüht waren, einen gesetzlichen Güterstand zu schaffen, der auf den gelebten Ehetypus der meisten Ehen zutrifft. Ein gerechtes Ergebnis hingegen dürfte für die jeweiligen Ehegatten im Einzelfall erzielt werden, wenn der gesetzliche Güterstand den durch den Gesetzgeber vorgegebenen Zweck einer gerechten Teilhabe erfüllt. Dies setzt unter anderem voraus, dass die Ehegatten sich der jeweiligen güterrechtlichen Regelung bewusst sind. Auch diese Fragestellung hat sowohl in der niederländischen Rechtswissenschaft im Zuge der Novellierungen des gesetzlichen Güterstands als auch in der deutschen Rechtswissenschaft bei der Ausgestaltung der Zugewinngemeinschaft Eingang in die Diskussion gefunden.

Der niederländischen Literatur ist dahingehend zuzustimmen, dass das Grundkonzept der Gütergemeinschaft, die eine Teilhabe am Vermögen des anderen Ehegatten ermöglicht, grundsätzlich durch seine Einfachheit besticht. Problematisch ist jedoch, dass die Gütergemeinschaft nicht im Sinne der ursprünglich im *Burgerlijk Wetboek* enthaltenen *algehele gemeenschap van goederen* Anwendung findet, sondern der gesetzliche Güterstand im Laufe der Zeit, insbesondere durch die Novellierungen im letzten Jahrzehnt, Einschränkungen erfahren hat. Greift einer der verschiedenen, gesetzlich vorgeschriebenen Ausnahmetatbestände ein, werden die jeweiligen Vermögensgegenstände oder Verbindlichkeiten nicht Teil der Gütergemeinschaft. Der Gesetzgeber rechtfertigt die Einschränkungen nachvollziehbar, wie beispielsweise die Beschränkung auf ehelich erworbenes Vermögen mit der Anpassung an die gesellschaftliche Entwicklung; jedoch geht dadurch letztlich die Einfachheit des Güterstands der Gütergemeinschaft verloren, was nicht zur Rechtssicherheit beiträgt.

Allerdings ist insoweit zu beachten, dass der Güterstand der Gütergemeinschaft sowohl in Deutschland als auch in den Niederlanden offensichtlich eher an die in der Öffentlichkeit bzw. unter den meisten Ehegatten vorherrschende Auffassung zu den güterrechtlichen Verhältnissen anschließt. Vor diesem Hintergrund wirkt sich aus der Perspektive der Ehegatten die Gütergemeinschaft ihren Erwartungen entsprechend und mithin „gerechter" aus.

In der Debatte in der deutschen Rechtswissenschaft ist die Zugewinngemeinschaft verschiedentlich kritisiert worden, da sie den durch den Gesetzgeber vorgesehenen Zweck einer gerechten Teilhabe verfehle. Da die Zugewinngemeinschaft zu keiner güterrechtlichen Änderung führt und die Vermögensmassen grundsätzlich getrennt bleiben, sofern die Ehegatten nicht aufgrund rechtsgeschäftlicher Verfügung gemeinsames Vermögen oder gemeinsame Verbindlichkeiten schaffen, besteht *de facto* eine Gütertrennung, die es den Ehegatten nicht ermöglicht, unmittelbar am Vermögenserwerb zu partizipieren.

Allerdings ist die dingliche Beteiligung der Ehegatten am Vermögen des jeweils anderen bzw. eine Vergemeinschaftung der Vermögen mit Risiken verbunden. Insoweit können die Vorschriften zur Gütergemeinschaft des niederländischen Rechts herangezogen werden, wonach während des Bestehens der Gütergemeinschaft letztlich eine umfassende Haftung besteht. Soweit Vergütungsansprüche eventuelle Ungerechtigkeiten kompensieren sollen, bedarf es einer ausreichenden Liquidität der Gemeinschaft. Auch mit Beendigung der Gütergemeinschaft besteht die Haftung eines Ehegatten für Verbindlichkeiten, die dieser nicht selbst eingegangen ist, fort – wenn auch eingeschränkt. Die Zugewinngemeinschaft bietet vor diesem Hintergrund Rechtssicherheit.

Dass die Zugewinngemeinschaft mit dem schuldrechtlichen Ausgleichsanspruch vor allem auf den Typus der Alleinverdiener-Ehe abstellt, der weiterhin in Deutschland weit verbreitet ist, wurde bereits im Rahmen der kritischen Würdigung der Zugewinngemeinschaft erörtert.

B. Zweiter Ausgangspunkt: Das Unterhaltsrecht

Neben einer Regelung des Güterrechts kann es für Ehegatten auch von Bedeutung sein, hinsichtlich ihrer gegenseitigen, nach der Scheidung der Ehe bestehenden Unterhaltsverpflichtung eine von den geltenden gesetzlichen Bestimmungen abweichende Regelung zu treffen.

In der folgenden Darstellung sollen die Vorschriften des niederländischen Rechts denen des deutschen über den nachehelichen Unterhalt gegenübergestellt werden. Außer Betracht bleiben die Unterhaltspflichten, die nach dem niederländischen oder deutschem Recht bestehen können, falls die Ehegatten getrennt voneinander leben, aber noch nicht voneinander geschieden worden sind.

Im Zuge der Darstellung des nachehelichen Unterhaltsanspruchs gemäß den Vorschriften des *Burgerlijk Wetboeks* sollen zunächst die allgemeinen Grundlagen eines Unterhaltsanspruchs nach niederländischem Recht analysiert werden. Sodann wird aufgezeigt, welche Beschränkungen der Unterhaltspflicht sich aus dem Gesetz ergeben. In einem letzten Abschnitt wird auf aktuelle Entwicklungen hingewiesen, wobei der Fokus auf den Versuchen des Gesetzgebers, das Unterhaltsrecht abzuändern, liegen soll.

Die Darstellung des nachehelichen Unterhaltsanspruchs im deutschen Recht erfolgt in vergleichbarer Art und Weise. Zunächst werden die

Grundvoraussetzungen eines Unterhaltsanspruchs – Bedarf, Bedürftigkeit und Leistungsfähigkeit – dargelegt. In einem weiteren Abschnitt werden die verschiedenen Tatbestandsvoraussetzungen der unterschiedlichen gesetzlich vorgeschriebenen Bedarfslagen analysiert. Weiterhin sollen die Befristung und Herabsetzungsmöglichkeiten sowie die Verwirkung des Unterhaltsanspruchs erörtert werden.

I. Anspruch auf Ehegattenunterhalt im niederländischen Recht

Grundsätzlich gilt im niederländischen Recht, dass nach der Ehescheidung eine Verpflichtung zur Zahlung von Unterhalt bestehen kann. Der Ehegatte, der nicht in der Lage ist, sich selbst zu unterhalten, kann beanspruchen, dass der andere Ehegatte gerichtlich zur Unterhaltsleistung verurteilt wird.
Dies ergibt sich aus Art. 1:157 Abs. 1 BW.

Art. 1:157 Abs. 1 BW:
„1. De rechter kan bij de echtscheidingsbeschikking of bij latere uitspraak aan de echtgenoot die niet voldoende inkomsten tot zijn levensonderhoud heeft, noch zich in redelijkheid kan verwerven, op diens verzoek ten laste van de andere echtgenoot een uitkering tot levensonderhoud toekennen. [...]"
Deutsch:
Der Richter kann im Scheidungsbeschluss oder in einem späteren Urteil auf Antrag des Ehegatten, der nicht über ausreichende Einkünfte zu seinem Lebensunterhalt verfügt oder redlicherweise erwerben kann, diesem zulasten des anderen Ehegatten eine Zahlung zum Lebensunterhalt zusprechen. [...]

Die Grundlage für diesen nachehelichen Unterhaltsanspruch wird dabei in der Veränderung der Lebensumstände durch die Ehe gesehen. Diese Veränderung wirke – zumindest teilweise – auch bei Beendigung der Ehe durch eine Scheidung fort und könne im Einzelfall einen Unterhaltsanspruch erforderlich machen.[380] Der Unterhaltsanspruch knüpft mithin an die nacheheliche Solidarität an. In der Literatur wird teilweise hinsichtlich der Legitimation des Unterhaltsanspruchs auch darauf verwiesen, dass in vielen Ehen ein Partner die Betreuung der (gemeinsamen) Kinder übernehme und damit zugleich Kompromisse bei der Ausübung seines eigenen Berufs eingehe. Regelmäßig sei es ihm nicht oder nur schwer möglich, seinen Beruf weiter auszuüben und sich beruflich weiterzuentwickeln. Bei der Beendigung der Ehe werde in vielen Fällen deutlich, dass

---

[380] HR 28.09.1977, ECLI: NL: PHR:1977: AC6056, NJ 1978/432, S. 1471; 14.11.1997, *HR* 14.11.1997 ECLI: NL: HR:1997: ZC2496, NJ 1998/112, S. 606 f.; *HR* 09.12.2001, ECLI: NL: PHR:2001: AA9900, NJ 2001/216, S. 1466.

insbesondere aufgrund der (teilweisen) Aufgabe einer eigenen Berufstätigkeit ein ausreichender Unterhalt nicht nur aus eigener Tätigkeit erworben werden könnte.[381]

Die praktische Bedeutung des nachehelichen Unterhaltsrechts scheint zahlenmäßig gleichbleibend. Im Jahr 2001 erhielten in 18 Prozent der Fälle die Ehefrauen nachehelichen Unterhalt, gerechnet von der Anzahl der Ehescheidungen im betreffenden Jahr. Im Jahr 2007 betrug der Anteil 20 Prozent, im Jahr 2013 16 Prozent.[382]

1. Grundlegende Anspruchsvoraussetzungen: Bedürftigkeit und Leistungsfähigkeit

Fraglich ist dabei, von welchen Voraussetzungen der Unterhaltsanspruch des Ehegatten abhängt. Im Allgemeinen ist bei Unterhaltsansprüchen zu prüfen, ob und wie der (gegebenenfalls) Unterhaltsberechtigte überhaupt *behoeftig*, also bedürftig, ist. Des Weiteren müsste der Unterhaltspflichtige über eine ausreichende *draagkracht* verfügen, was mit Leistungsfähigkeit zu übersetzen ist.

Eine entsprechende Regelung findet sich in Art. 1:397 Abs. 1 BW.

Art. 1:397 Abs. 1 BW:
„1. Bij de bepaling van het volgens de wet door bloed- en aanverwanten verschuldigde bedrag voor levensonderhoud wordt enerzijds rekening gehouden met de behoeften van de tot onderhoud gerechtigde en anderzijds met de draagkracht van de tot uitkering verplichte persoon. [...]"
Deutsch:
1. Bei der Bestimmung des nach dem Gesetz von Blutsverwandten und angeheirateten Verwandten geschuldeten Beitrags zum Lebensunterhalt wird einerseits Rechnung gehalten mit der Bedürftigkeit der zum Unterhalt berechtigten und andererseits mit der Leistungsfähigkeit der zur Leistung verpflichteten Person. [...]

Einhellig wird vertreten, dass diese Bestimmung auch unter Ehegatten Anwendung findet. Die allgemeinen Vorschriften zum Unterhalt des 1. Abschnitts des 17. Titels des 1. Buches sind ergänzend heranzuziehen, sofern die Unterhaltspflicht zwischen Ehegatten entsprechend der Vorschriften im Titel *Burgerlijk Wetboek* zum nachehelichen Unterhalt geprüft wird. Es sei unerheblich, dass der Wortlaut „Blutsverwandte und angeheiratete Verwandte" einer Anwendung auf

---

381 *De Bruijn-Lückers*, Alimentatieverplichtingen, S. 22.
382 Pressemitteilung des CBS vom 28.10.2014, URL: https://www.cbs.nl/nl-nl/nieuws/2014/44/minder-vrouwen-krijgen-alimentatie-bedragen-nemen-iets-af (zuletzt abgerufen am 30.10.2018).

Ehegatten widerspreche. Diese Formulierung sei vom Gesetzgeber nur eingeführt worden, um deutlich zu machen, dass der Unterhaltsanspruch von (ehemaligen) Ehegatten von weiteren Faktoren abhängig sei.[383]

Fraglich ist, in welchen Fällen eine Bedürftigkeit des Berechtigten besteht und wann von einer Leistungsfähigkeit des Verpflichteten gesprochen werden kann. Der Anspruchssteller ist regelmäßig als **bedürftig** anzusehen, wenn er nicht über ausreichende Einkünfte aus einer Erwerbstätigkeit oder seinem Vermögen verfügt, um seinen Lebensunterhalt eigenständig zu bestreiten.[384] Es ist aber zu berücksichtigen, dass das *Burgerlijk Wetboek* hinsichtlich des Unterhaltsanspruchs des geschiedenen Ehegatten eine Einschränkung vornimmt. Diesem obliegt es gemäß Art. 1:157 Abs. 1 BW, seinen Unterhalt durch eine eigene Erwerbstätigkeit primär selbst sicherzustellen. Einkünfte, die der den Anspruch stellende Ehegatte selbst erzielt oder redlicherweise erzielen könnte, mindern dessen Bedürftigkeit.

Die Bemessung der **Leistungsfähigkeit** des Unterhaltsverpflichteten hingegen richtet sich nach den finanziellen Mitteln, über die dieser verfügt oder in redlicher Weise verfügen könnte. Das Gericht kann dabei prinzipiell jede Einkommensquelle des Verpflichteten berücksichtigen.[385] Allerdings können die Einkünfte um Belastungen, die der Unterhaltsverpflichtete tragen muss, gemindert werden. In diesem Zusammenhang sind grundsätzlich alle finanziellen Belastungen zu beachten – unabhängig davon, ob sie während der Ehe zugunsten der Familie oder erst danach entstanden sind.[386] Dennoch kann es insbesondere bei den finanziellen Belastungen, die der Verpflichtete erst nach der Scheidung eingegangen ist, angemessen und notwendig sein, die Unterhaltsverpflichtung

---

383 *Dorn/De Bruijn-Lückers*, Alimentatieverplichtingen, S. 27.
384 HR 10.05.1974, ECLI: NL: PHR:1974: AC1417, NJ 1975/183, S. 546; *De Bruijn-Lückers*, Alimentatieverplichtingen, S. 35; *De Bruijn-Lückers/Labohm*, WPNR 2012, S. 712; *De Kok*, in: Notaris en scheiding, S. 159; *Vlaardingerbroek/Blankman/Van der Linden/ Punselie/Schrama*, Personen- en familierecht, S. 165.
385 *De Bruijn-Lückers*, Alimentatieverplichtingen, S. 53; *De Bruijn-Lückers/Labohm*, WPNR 2012, S. 712; *Vlaardingerbroek/Blankman/Van der Linden/Punselie/Schrama*, Personen- en familierecht, S. 167.
386 *De Bruijn-Lückers*, Alimentatieverplichtingen, S. 59; *De Bruijn-Lückers/Labohm*, WPNR 2012, S. 712; *Vlaardingerbroek/Blankman/Van der Linden/Punselie/Schrama*, Personen- en familierecht, S. 167.

gegenüber der Belastung höherrangig einzustufen. Ob dies der Fall ist, obliegt der Entscheidung des zuständigen Gerichts.[387]

2. Beschränkung des nachehelichen Unterhalts

Neben der Bedürftig- und Leistungsfähigkeit als grundlegende Voraussetzungen eines nachehelichen Unterhaltsanspruchs sind gesetzlich vorgesehene Einschränkungen zu berücksichtigen. Vornehmlich kann der Unterhaltsanspruch durch den zuständigen Richter ausgestaltet werden. Ferner ist der Anspruch zeitlich beschränkt und kann unter Umständen bei einer neuen Beziehung entfallen.

a) Ermessensspielraum des Richters

Zunächst ist zu beachten, dass das *Burgerlijk Wetboek* dem zuständigen Richter grundsätzlich aufgrund der gewählten Formulierungen einen Ermessensspielraum bei der Feststellung des Unterhaltsanspruchs eröffnet. Den ersten Ausgangspunkt für eine Einschränkung bietet dabei die Formulierung des Art. 1:157 Abs. 1 BW, wonach der Richter eine Verpflichtung zum Lebensunterhalt feststellen *kann*.[388] Zudem sieht das *Burgerlijk Wetboek* vor, dass es dem Richter freisteht, die Unterhaltspflicht unter eine Bedingung zu stellen oder Unterhalt für einen bestimmten Zeitraum zu gewähren. Allerdings ist er dabei an eine Höchstgrenze von zwölf Jahren gebunden.

Dies ergibt sich aus Art. 1:157 Abs. 3 BW.

Art. 1:157 Abs. 3 BW:
"3. De rechter kan op verzoek van één van de echtgenoten de uitkering toekennen onder vaststelling van voorwaarden en van een termijn. Deze vaststelling kan niet ten gevolge hebben dat de uitkering later eindigt dan twaalf jaren na de datum van inschrijving van de beschikking in de registers van de burgerlijke stand."
Deutsch:
3. Der Richter kann auf Antrag eines der Ehegatten die Zahlung unter der Feststellung einer Bedingung oder eines Termins zusprechen. Folge dieser Feststellung kann nicht

---

387 *HR* 01.02.1991,ECLI: NL: HR:1991: ZC0138, NJ 1991/323, S. 1377; *HR* 17.03.2000, ECLI: NL: PHR:2000: AA5167, NJ 2000/359, S. 2420; *De Bruijn-Lückers*, Alimentatieverplichtingen, S. 60.
388 So auch *Vlaardingerbroek/Blankman/Van der Linden/Punselie/Schrama,* Personen- en familierecht, S. 165; *Zonnenberg*, EB 2004/60.

sein, dass die Zahlung später als zwölf Jahre nach dem Datum der Einschreibung des Beschlusses in das *register van de burgerlijke stand*[389] endet.

Die Rechtsprechung geht in diesem Zusammenhang davon aus, dass der Richter aufgrund seines Ermessensspielraums alle Umstände des Einzelfalls berücksichtigen kann, selbst wenn diese nicht finanzieller Art sind.[390] Allerdings hat der *Hoge Raad* deutlich herausgestellt, dass der Richter verpflichtet ist, eine von der gesetzlichen Grundregel abweichende Entscheidung auch hinreichend zu begründen.[391] Bedeutender Sachvortrag der Verfahrensbeteiligten darf in der Entscheidung nicht unberücksichtigt gelassen werden.[392]

In Betracht kommt insbesondere, **persönliches Fehlverhalten** bei der Feststellung des Unterhaltsanspruchs mit der Folge, dass der geschiedene Ehegatte keinen Anspruch (mehr) hat oder dieser reduziert wird, zu berücksichtigen. Hierbei sei das Gebot der nachehelichen Solidarität in Bezug zum persönlichen Verhalten zu setzen. Es dürfte nur in sehr außergewöhnlichen Einzelfällen anzunehmen sein, dass das persönliche Verhalten eines Ehegatten so sehr in Widerspruch zu der in Anspruch genommenen Solidarität stehe, dass letztlich der Unterhaltsanspruch zu versagen sei.[393] Die nachstehende Übersicht der Rechtsprechung ist keiner Verallgemeinerung zugänglich, sondern dient lediglich einem Überblick.

---

389 Das *register van de burgerlijke stand* ist ein öffentliches Register, das der Eintragung des allgemeinen Rechtszustands einer Person (Geburt, Abstammung, Nationalität, Familienstand, Tod) dient. Vgl. De Boer, in: Asser 1, Rn. 64. Es entspricht damit weitgehend dem deutschen Personenstandsregister.
390 *HR* 16.05.1952, ECLI: NL: HR:1952:202, NJ 1952/416, S. 804 f.; *HR* 03.01.1975; ECLI: NL: PHR:1975: AB6890, NJ 1976/330, S. 995 f.; *HR* 03.11.1978, ECLI: NL: PHR:1978: AB7214, NJ 1979/107, S. 303; *HR* 09.12.2001, ECLI: NL: PHR:2001: AA9900, NJ 2001/216, S. 1466; *Hof Arnhem* 03.02.1976, ECLI: NL: GHARN:1976: AB6894, NJ 1977/69, S. 226; *Hof 's-Gravenhage* 23.06.1976, ECLI: NL: GHSGH:1976: AC5750, NJ 1977/462, S. 1549.
391 *HR* 29.6.2001, ECLI: NL: PHR:2001: AB2376, NJ 2001/495, S. 3668; *HR* 06.06.2008, ECHLI: NL: HR:2003: BC8415, RvdW 2008/601, URL: https://uitspraken.rechtspraak.nl/inziendocument?id=ECLI:NL:HR:2008:BC8415 (zuletzt abgerufen am 30.10.2018).
392 *HR* 06.06.2008, ECHLI: NL: HR:2003: BC8415, RvdW 2008/601, URL: https://uitspraken.rechtspraak.nl/inziendocument?id=ECLI:NL:HR:2008:BC8415 (zuletzt abgerufen am 30.10.2018).
393 *De Bruijn-Lückers*, Alimentatieverplichtingen, S. 71; *Heida*, EB 20088/; *Wortmann*, in: GS Personen- en familierecht, Art. 1:157 BW, Rn. 13; *Zonnenberg*, EB 2004/60.

Der *Hoge Raad* geht in diesem Zusammenhang davon aus, dass zu berücksichtigen sein kann, ob das Verhalten des Ehegatten, der Unterhalt beansprucht, zu einem Scheitern der Ehe geführt hat.[394] So ist beispielsweise in einer Entscheidung im Jahr 1976 das Fehlen von Geschlechtsverkehr innerhalb der Ehe aufgrund einer psychischen Erkrankung der Ehefrau zum Anlass genommen worden, den Unterhaltsanspruch dieser abzuweisen.[395] Die Aufnahme einer gleichgeschlechtlichen Beziehung kann, ohne das Hinzutreten weiterer Umstände, keinen Anlass mehr bieten, Unterhaltszahlungen zu verweigern.[396]

Darüber hinaus ist anerkannt worden, dass wiederholte und andauernde Belästigungen durch den Unterhaltsberechtigten zu einem Wegfall der Unterhaltsverpflichtung führen können.[397] Insbesondere im Falle von Gewalt gegenüber dem in Anspruch genommenen Ehepartner kann ein Unterhaltsanspruch zurückgewiesen werden.[398]

Auch fehlende Rücksicht auf die finanziellen Belange des anderen Ehegatten können eine dementsprechende Entscheidung rechtfertigen, wie beispielsweise die Verweigerung der eigenen Beistandspflichten während der bestehenden Ehe, das Handeln gegen die finanziellen Interessen des Ehegatten nach der Ehescheidung oder der Versuch der Rufschädigung.[399]

---

394 HR 03.01.1975; ECLI: NL: PHR:1975: AB6890, NJ 1976/330, S. 996.
395 *Hof Arnhem* 03.02.1976, ECLI: NL: GHARN:1976: AB6894, NJ 1977/69, S. 266.
396 HR 29.4.1994, ECLI: NL: HR:1994: ZC1364, NJ 1994/625, S. 2952; abweichend von HR 19.12.1980, ECLI: NL: PHR:1980: AB8542, NJ 1982/65, S. 229.
397 *Hof 's-Hertogenbosch* 27.03.2003, ECLI: NL: GHSHE:2003: AF8062, EB 2003/37, S. 146.
398 *Hof Arnhem-Leeuwarden* 18.06.2015, ECLI: NL: GHARL:2015:4495, RFR 2015/122, S. 832; *Hof Arnhem-Leeuwarden* 20.07.2017, ECLI: NL: GHARL:2017:6321, URL: http://deeplinking.kluwer.nl/?param=00D0BF65&cpid=WKNL-LTR-Nav2 (zuletzt abgerufen am 30.10.2018); *Hof 's-Hertogenbosch* 23.09.1980, ECLI: NL: GHSHE:1980: AC6988, NJ 1981/324, S. 1082; *Hof 's-Hertogenbosch* 10.07.2014, ECLI: NL: GHSHE:2014:2117, URL: https://uitspraken.rechtspraak.nl/inziendocument?id=ECLI:NL:GHSHE:2014:2117 (zuletzt abgerufen am 30.10.2018); Gewalt als nicht ausreichend bewertet: *Hof 's-Hertogenbosch* 27.03.2003, ECLI: NL: GHSHE:2003: AF8062, FJR 2003/48, S. 219.
399 *Hof Arnhem-Leeuwarden* 03.04.2014, ECLI: NL: GHARL:2014:2658, URL: http://deeplinking.kluwer.nl/?param=00CC5164&cpid=WKNL-LTR-Nav2 (zuletzt abgerufen am 30.10.2018); *Hof 's-Hertogenbosch* 10.07.2014, ECLI: NL: GHSHE:2014:2117, URL: https://uitspraken.rechtspraak.nl/inziendocument?id=ECLI:NL:GHSHE:2014:2117 (zuletzt abgerufen am 30.10.2018); Versuch der Rufschädigung führt zur Reduzierung der Unterhaltspflicht: *Hof Amsterdam* 09.11.2006, ECLI: NL: GHAMS:2006: AZ9605, URL: https://uitspraken.rechtspraak.nl/

Weitere objektive Umstände können die **Dauer der Ehe und des Zusammenlebens** während der Ehe, der **Zeitraum zwischen der Ehescheidung und der Antragstellung** und bzw. oder der Eintritt des Zeitpunkts, in welchem eine **Berechtigung entsteht, eine Rente** nach den Vorschriften des *Algemene Ouderdomswets* (AOW) zu beziehen, sein.[400] Eine Beschränkung des Unterhaltsanspruchs bietet sich zudem in Fällen an, in denen der Unterhaltsberechtigte zunächst aufgrund des **Alters von Kindern** gehindert ist, einer (vollschichtigen) Erwerbstätigkeit nachzugehen. Mit zunehmendem Alter bzw. des Eintritts der Schulpflicht kann eine weitergehende Tätigkeit verlangt werden.[401]

b) Befristung der Unterhaltsverpflichtung

Aus den vorangestellten Ausführungen ergibt sich, dass nach dem aktuellen Konzept des nachehelichen Unterhalts des *Burgerlijk Wetboeks* keine Verpflichtung zur lebenslangen Zahlung mehr besteht. Vielmehr ist nur eine zeitlich begrenzte Unterhaltsleistung vorgesehen.

Gemäß Art. 1:157 Abs. 4 BW endet die Verpflichtung zur Leistung von Unterhaltszahlungen stets mit Ablauf eines Zeitraums von zwölf Jahren, beginnend mit dem Datum der Eintragung des Scheidungsbeschlusses in das öffentliche Register.

Art. 1:157 Abs. 4 BW:
„[…] 4. Indien de rechter geen termijn heeft vastgesteld, eindigt de verplichting tot levensonderhoud van rechtswege na het verstrijken van een termijn van twaalf jaren, die aanvangt op de datum van inschrijving van de beschikking in de registers van de burgerlijke stand. […]"
Deutsch:
[…] 4. Wenn der Richter keinen Termin festgelegt hat, endet die Verpflichtung zur Leistung von Lebensunterhalt von Rechtswegen nach dem Verstreichen eines Zeitraums

---

inziendocument?id=ECLI:NL:GHAMS:2006:AZ9605 (zuletzt abgerufen am 30.10.2018).
400 *HR* 14.11.1997 ECLI: NL: HR:1997: ZC2496, NJ 1998/112, S. 606 f.; *Hof Arnhem-Leeuwarden* 21.05.2015, ECLI: NL: GHARL:2015:3655, URL: http://deeplinking.kluwer.nl/?param=00CC5203&cpid=WKNL-LTR-Nav2 (zuletzt abgerufen am 30.10.2018); *Hof Arnhem-Leeuwaarden* 09.06.2016, ECLI: NL: GHARL:2016:4636, URL: http://deeplinking.kluwer.nl/?param=00CC5549&cpid=WKNL-LTR-Nav2 (zuletzt abgerufen am 30.10.2018); *De Bruijn-Lückers*, Alimentatieverplichtingen, S. 71; weitere Ausführungen zum AOW siehe S. 169.
401 *De Bruijn-Lückers*, Alimentatieverplichtingen, S. 75.

von zwölf Jahren, der mit dem Datum der Einschreibung des Beschlusses in das *register van de burgerlijke stand* beginnt. [...]

Sollte die Ehe jedoch nicht länger als fünf Jahre gedauert haben und keine Kinder aus dieser Verbindung entstanden sein, wird die Bezugsdauer der Unterhaltsleistungen gemäß Art. 1:157 Abs. 6 S. 1 BW noch weiter beschränkt. Die Verpflichtung endet in diesem Fall bereits mit dem Ablauf eines Zeitraums über die Dauer der Ehe, ebenfalls beginnend mit dem Datum der Eintragung des Scheidungsbeschlusses in das öffentliche Register.

Art. 1:157 Abs. 6 S. 1 BW:
„[...] 6. Indien de duur van het huwelijk niet meer bedraagt dan vijf jaren en uit dit huwelijk geen kinderen zijn geboren, eindigt de verplichting tot levensonderhoud van rechtswege na het verstrijken van een termijn die gelijk is aan de duur van het huwelijk en die aanvangt op de datum van inschrijving van de beschikking in de registers van de burgerlijke stand. [...]"
Deutsch:
[...] 6. Wenn die Dauer der Ehe nicht mehr beträgt als fünf Jahre und in dieser Ehe keine Kinder geboren wurden, endet die Verpflichtung zur Zahlung von Lebensunterhalt von Rechtswegen nach dem Verstreichen eines Zeitraums, der ebenso lang ist wie die Dauer der Ehe und mit dem Datum der Einschreibung des Beschlusses in das *register van de burgerlijke stand* beginnt. [...]

Allerdings kommt auch eine Verlängerung des Bezugszeitraums in Betracht, wenn es ausnahmsweise mit Treu und Glauben unvereinbar sein sollte, dass der Anspruch auf Unterhalt fristgemäß endet. Erforderlich ist in diesem Fall, dass eine Beendigung der Unterhaltsberechtigung für den Berechtigten von einschneidender Art und ihm nach dem Gebot von Treu und Glauben unzumutbar ist, sich am Ablauf des Zeitraums festhalten zu lassen. In diesem Fall ist durch das Gericht eine anderweitige Frist festzusetzen.

Dies ergibt sich aus Art. 1:157 Abs. 5 S. 1 BW.

Art. 1:157 Abs. 5 S. 1 BW:
"[...] 5. Indien de beëindiging van de uitkering ten gevolge van het verstrijken van de in het vierde lid bedoelde termijn van zo ingrijpende aard is dat ongewijzigde handhaving van die termijn naar maatstaven van redelijkheid en billijkheid van degene die tot de uitkering gerechtigd is niet kan worden gevergd, kan de rechter op diens verzoek alsnog een termijn vaststellen. [...]"
Deutsch:
[...] 5. Wenn die Beendigung der Zahlung aufgrund des Verstreichens des im vierten Absatz genannten Termins von so einschneidender Art ist, dass eine unveränderte Handhabung des Termins nach dem Gebot von Treu und Glauben von demjenigen, der zum Empfang der Leistung berechtigt ist, nicht verlangt werden kann, kann der Richter auf dessen Antrag nachträglich einen Termin feststellen. [...]

Gemäß Art. 1:157 Abs. 6 S. 3 BW gilt dies entsprechend bei einer zeitlichen Beschränkung auf die Dauer der Ehe. Der Ehegatte, der eine gerichtliche Entscheidung zur Verlängerung der Unterhaltspflicht über den gesetzlich festgelegten Zeitraum hinaus nach Treu und Glauben begehrt, unterliegt einer strengen Darlegungsverpflichtung. Die Beendigung der Unterhaltszahlungen als Folge der gesetzlich vorgeschriebenen Befristung muss von derart einschneidender Art sein, dass die Umsetzung der gesetzlichen Regelung nach dem Gebot von Treu und Glauben nicht verlangt werden kann. Der anspruchstellende Ehegatte trägt zudem die Beweislast für das Vorliegen dieser Umstände. Gibt das Gericht einem entsprechenden Antrag statt, ist es außerdem verpflichtet, seinen Entschluss ausführlich zu begründen.[402] Eine Rolle kann in diesem Zusammenhang das Verhalten des Unterhaltsberechtigten während des Leistungsbezugs darstellen; insbesondere ist zu berücksichtigen, ob von diesem Anstrengungen unternommen worden sind, eine finanzielle Selbstständigkeit zu erwerben, oder aus welchen Gründen entsprechende Anstrengungen nicht unternommen worden sind.[403] Auch kann berücksichtigt werden, ob der Unterhaltsberechtigte sich während des Bezugs der Unterhaltsleistungen dem neuen, von der Ehe losgelösten Lebensstandard angepasst hat.[404]

c) Beendigung bei Eintritt in eine neue Beziehung

Ferner sieht das niederländische Recht vor, dass die Unterhaltsberechtigung bereits vor Ablauf der im Einzelfall geltenden Frist zum Erliegen kommt, wenn der Berechtigte eine neue Beziehung zu einer anderen Person aufnimmt. Dies gilt jedenfalls dann, wenn der Berechtigte eine Ehe eingeht oder

---

402 *HR* 19.12.2008, ECLI: NL: HR:2008: BF3928, NJ 2009/136, S. 1070 f.; *Spalter*, NJB 2012, S. 1577; *Zonnenberg*, EB 2004/60.
403 Verlängerung zugesprochen: *Hof Amsterdam* 05.06.2008, ECLI: NL: GHAMS:2008: BL4862, EB 2008/66, URL: http://deeplinking.kluwer.nl/?param=00A42106&cpid=WKNL-LTR-Nav2 (zuletzt abgerufen am 30.10.2018); Verlängerung abgewiesen: *HR* 19.12.2008, ECLI: NL: HR:2008: BF3928, NJ 2009/136, S. 1072; *Rechtbank Groningen* 07.09.2010, ECLI: NL: RBGRO:2010: BN6912, URL: https://uitspraken.rechtspraak.nl/inziendocument?id=ECLI:NL:RBGRO:2010:BN6912&showbutton=true&keyword=%09LJN+BN6912 (zuletzt abgerufen am 30.10.2018).
404 *Hof 's-Hertogenbosch* 25.04.2012, ECLI: NL: GHSHE:2012: BW4020, EB 2012/56, URL: http://deeplink.rechtspraak.nl/uitspraak?id=ECLI:NL:GHSHE:2012:BW4020 (zuletzt abgerufen am 30.10.2018).

eine Lebenspartnerschaft förmlich registrieren lässt.[405] Der Gesetzgeber lässt es jedoch für eine Beendigung der Unterhaltspflicht auch genügen, wenn der Unterhaltsberechtigte und die andere Person zwar nicht durch Ehe oder formelle Lebenspartnerschaft verbunden sind, aber so zusammenleben, als sei dies der Fall.

Eine entsprechende Regelung findet sich in Art. 1:160 BW.

Art. 1:160 BW:
"Een verplichting van een gewezen echtgenoot om uit hoofde van echtscheiding levensonderhoud te verschaffen aan de wederpartij, eindigt wanneer deze opnieuw in het huwelijk treedt, een geregistreerd partnerschap aangaat dan wel is gaan samenleven met een ander als waren zij gehuwd of als hadden zij hun partnerschap laten registreren."

Deutsch:
Eine Verpflichtung eines ehemaligen Ehegatten, um aufgrund der Ehescheidung an die Gegenpartei einen Beitrag zum Lebensunterhalt zu verschaffen, endet, wenn diese wieder eine Ehe schließt, eine formelle Lebenspartnerschaft eingeht oder beginnt, mit einer anderen Person zusammenzuleben, als wären sie verheiratet oder hätten ihre Lebenspartnerschaft registrierten lassen.

Bemerkenswert ist, dass der Gesetzgeber den Unterhaltsanspruch nicht bloß bei erneuter Heirat oder Beginn einer formellen Lebenspartnerschaft enden lässt, sondern es dafür bereits genügt, dass der Unterhaltsberechtigte mit einer anderen Person zusammenlebt. Hintergrund dieser besonderen Regelung soll das Bestreben des Gesetzgebers gewesen sein, zu verhindern, dass die neuen Partner nur zugunsten einer weiterhin bestehenden Unterhaltsberechtigung von der Eingehung einer neuen Ehe oder registrierten Partnerschaft Abstand nehmen würden.[406]

---

405 Der Gesetzgeber hat die formelle Lebenspartnerschaft oder *geregistreerd partnerschap* mit Gesetz vom 05.07.1997 ins Leben gerufen. Mit der Registrierung einer formellen Lebenspartnerschaft sollte jedes Paar die Möglichkeit haben, seine Verbundenheit juristisch festlegen zu können. Die Regelung sollte ursprünglich gleichgeschlechtlichen Paaren eine Möglichkeit der öffentlichen Anerkennung bieten. Der Gesetzgeber hat sich im Zuge der Öffnung der Ehe für alle Paare im Jahr 2000 mit der Begründung, dass auch Personen, die alle Voraussetzungen für eine Ehe erfüllen, das Bedürfnis haben könnten, die registrierte Partnerschaft einer solchen vorzuziehen, für eine Öffnung der *geregistreerd partnerschap* für alle Paare entschieden. Ausf. hierzu: *Boele-Woelki/Curry-Sumner/Jansen/Schrama*, Huwelijk of geregistreerd partnerschap, S. 8 ff.; *Commissie-Kortmann*, S. 22.

406 HR 29.4.1994, ECLI: NL: HR:1994: ZC1364, NJ 1994/625, S. 2952; *Vlaardingerbroek/Blankman/Van der Linden/Punselie/Schrama*, Personen- en familierecht, S. 174 f.

Dennoch führt nicht jede neue romantische Beziehung des Unterhaltsberechtigten zur Beendigung der Unterhaltszahlung. Der *Hoge Raad* hat dazu ausgeführt, dass die Norm restriktiv auszulegen sei. Das Zusammenleben müsse Züge einer ehelichen Beziehung, wie beispielsweise die gegenseitige Versorgung der Partner oder das Bilden einer wirtschaftlichen Einheit, tragen.[407]

3. Aktuelle Entwicklungen

Im vergangenen Jahrzehnt hat der niederländische Gesetzgeber verschiedene Anläufe unternommen, um den Nachscheidungsunterhalt einer Novellierung zuzuführen.

In einem ersten Gesetzesentwurf unter der Nummer 33 311 wurde vorgeschlagen, die Höchstdauer des Unterhaltsanspruchs von zwölf auf fünf Jahre zu reduzieren.[408] Anlass für die Initiatoren waren die gesellschaftlichen Veränderungen seit der letzten Reform des Unterhaltsrechts im Jahre 1994. So hätte die Anzahl der Ehescheidungen erheblich zugenommen und in Folge der Emanzipation der Frau würden mehr Ehefrauen als bisher einer Erwerbtätigkeit nachgehen. Zudem würden Umfragen nahelegen, dass die heutige gesetzliche Regelung in der Bevölkerung als zeitlich zu umfangreich erfahren werde und deshalb keinen Rückhalt habe.[409]

In einem parallel unter der Nummer 33 312 vorgebrachten Entwurf wurden weitere Einschränkungen vorgeschlagen. Bei einer kinderlosen Ehe sollte grundsätzlich kein Unterhaltsanspruch bestehen. Hätte die Ehe länger als drei Jahre gedauert, sollte ausnahmsweise nachehelicher Unterhalt dennoch für die hälftige Dauer der Ehe, höchstens jedoch für fünf Jahre, gewährt werden. Sofern aus der Ehe Kinder hervorgegangen sein sollten und einer der Ehepartner auf eine vollschichtige Erwerbstätigkeit verzichtet habe, sollte der nacheheliche Unterhalt verlängert werden bis das jüngste Kind zwölf Jahre alt geworden sei, in jedem Fall jedoch für die hälftige Dauer der Ehe mit einem maximalen Bezugszeitraum von fünf Jahren andauern. Ferner sah das Konzept der Gesetzesvorlage eine Ausnahme vor, wenn die Ehe mehr als 15 Jahre gedauert und einer

---

407 *HR* 25.11.1977, ECLI: NL: HR:1977: AC6112, NJ 1978/291, S. 1018; *HR* 22.2.1985, ECLI: NL: PHR:1985: AG4967, NJ 1986/82, S. 305; *HR* 14.1.1994, ECLI: NL: HR:1994: ZC1235, NJ 1994/333, S. 1536 f.; *HR* 25.11.1994, ECLI: NL: HR:1994: ZC1557, NJ 1995/299, S. 1382 f.; *HR* 09.11.2001, ECLI: NL: HR:2001: AD5303, NJ 2001/691, S. 5140.
408 *Kamerstukken II* 2011/12, 33 311, Nr. 2, S. 1.
409 *Kamerstukken II* 2011/12, 33 311, Nr. 3, S. 1 f. (MvT).

der Partner keine volle Erwerbstätigkeit ausgeübt hat. In diesem Fall sollte ein Anspruch auf Unterhalt grundsätzlich für die hälftige Dauer der Ehe, höchstens jedoch für zehn Jahre bestehen.[410] Ausgangspunkt für diese Vorlage war, dass die lange Dauer des Anspruchs nach der derzeitigen Rechtslage als unangemessen erfahren werde, da der Unterhaltsverpflichtete einen substantiellen Teil seines Einkommens einsetzen müsste, der Unterhaltsberechtigte jedoch keinen Anreiz habe, um während dieser Zeit selbst für seinen Unterhalt zu sorgen. Zwar müsse es möglich sein, dass dem Unterhaltsberechtigten genug Zeit gegeben werde, um sich an die Verhältnisse nach der Scheidung anzupassen; dennoch sollte zugleich die Selbstständigkeit nach der Ehescheidung betont werden.[411]

Beide Gesetzgebungsvorlagen haben Eingang in die parlamentarische Debatte gefunden, sind jedoch nicht weiterverfolgt worden.

Mit einer erneuten Vorlage unter der Nummer **34 231** wird ausweislich der Ausführungen in der Gesetzesbegründung beabsichtigt, das Unterhaltsrecht ehrlicher, einfacher und kürzer zu gestalten.[412] Die vorgeschlagene zeitliche Beschränkung entspricht dabei größtenteils den bereits unter der Nummer 33 312 vorgeschlagenen Einschränkungen. Darüber hinaus soll die Unterhaltspflicht auch enden, wenn der Unterhaltsberechtigte aufgrund seines Alters Anspruch auf eine Rente nach den Bestimmungen des *Algemene Ouderdomswets* hat.[413] Die Beendigung des Unterhaltsanspruchs bei Eingehung einer neuen Partnerschaft soll entfallen.[414] Zudem soll die Berechnung des Unterhaltsanspruchs vereinfacht werden. Ausgangspunkt des Entwurfs ist dabei nicht die nacheheliche Solidarität, sondern die Kompensation des anderen Ehegatten für eine durch die Ehe bedingte Einschränkung der Verdienstmöglichkeit. Aus diesem Grund soll bezüglich der Unterhaltsberechtigung nicht auf die Bedürftigkeit eines Ehegatten abgestellt, sondern diese vielmehr anhand eines Vergleichs der Einkünfte des unterhaltsberechtigten Ehegatte bei der Ehescheidung mit dessen Einkünften bei der Eheschließung ermittelt werden.[415] Die Initiatoren des Entwurfs schlagen ferner vor, dass

---

410 *Kamerstukken II* 2011/12, 33 312, Nr. 2, S. 3.
411 *Kamerstukken II* 2011/12, 33 312, Nr. 2, S. 2.
412 *Kamerstukken II* 2014/15, 34 231, Nr. 3, S. 1 (MvT).
413 *Kamerstukken II* 2014/15, 34 231, Nr. 2, S. 3; weitere Ausführungen zum AOW siehe S. 169.
414 *Kamerstukken II* 2014/15, 34 231, Nr. 2, S. 4.
415 *Kamerstukken II* 2014/15, 34 231, Nr. 3, S. 6 f. (MvT); zustimmend *Reijnen*, WPNR 2014/II, S. 145; *Nuytinck*, WPNR 2015, S. 875 f.; kritisch *Van Coolwijk/Moons*, EB 2015, S. 178.

die Höhe des Unterhalts grundsätzlich ausgehend von den tatsächlichen Einkünften beider Ehegatten im Zeitpunkt der Ehescheidung abzüglich der zu berücksichtigenden Verbindlichkeiten zu bemessen ist. Nach einem Abzug von 40 Prozent von den jeweiligen Einkünften sollen die Einkünfte addiert und der verbleibende, addierte Betrag gleichmäßig unter den Ehegatten aufgeteilt werden.[416]

Von der im Gesetzgebungsverfahren propagierten neuen Konzeption der Berechnung hat der Gesetzgeber im weiteren Verlauf Abstand genommen, sodass grundlegend für den Anspruch auf nachehelichen Unterhalt weiterhin die nacheheliche Solidarität ist. Abzustellen ist weiterhin auf die Bedürftigkeit und Leistungsfähigkeit, die nunmehr konkreter normiert werden sollen.[417] Aus diesem Grund hat der Gesetzgeber ebenfalls davon abgesehen, das Eingehen einer neuen Partnerschaft als Beendigungsgrund, wie ursprünglich beabsichtigt, abzuschaffen. Weitergehend soll nunmehr sogar bei einer Beendigung dieser Partnerschaft die Unterhaltsverpflichtung wieder aufleben, falls die Partnerschaft nicht länger als sechs Monate Bestand hatte und der Unterhaltsberechtigte den Beginn des Zusammenlebens mit dem neuen Partner unter Mitteilung des entsprechenden Datums gegenüber dem Unterhaltsberechtigten angezeigt hat.[418] In der Literatur wird darauf verwiesen, dass damit nur die ursprünglich vorgestellte Änderung des gesetzlich vorgesehenen Bezugszeitraums verbliebe.[419]

Diese Gesetzesvorlagen haben in der Literatur erhebliche Kritik hervorgerufen.

In erster Linie wird problematisiert, dass die Emanzipation der Frau in der niederländischen Gesellschaft nicht abgeschlossen sei. Tatsächlich würden weiterhin eher Ehefrauen als Ehemänner zugunsten der Haushaltsführung und Kindererziehung Einschränkungen in der Ausübung ihres Berufs hinnehmen. Zudem würden Frauen durchschnittlich in schlechter bezahlten Position arbeiten und hätten im Mittelmaß ein geringeres Einkommen als Männer.[420] Ob die Emanzipation eine Anpassung der nachehelichen Unterhaltspflicht rechtfertige,

---

416 *Kamerstukken II* 2014/15, 34 231, Nr. 3, S. 15 (MvT).
417 *Kamerstukken II* 2016/17, 34 231, Nr. 7, S. 6.
418 *Kamerstukken II* 2016/17, 34 231, Nr. 7, S. 3.
419 So *De Bruijn-Lückers*, EB 2017, S. 150; *Hoens*, EstateTip Review 2017/13.
420 *De Bruijn-Lückers/Labohm*, WPNR 2012, S. 716 f.; *Van Coolwijk/Moons*, EB 2015, S. 180; *Reijnen*, WPNR 2012, S. 93; *Spalter*, NJB 2012, S. 1580.

sei an der ökonomischen Wirklichkeit zu messen und stelle angesichts der aktuellen Situation der Frau keine geeignete Grundlage dar.[421]

Kritisiert wird ferner, dass die Verkürzung der Unterhaltsdauer ausschließlich den Unterhaltsverpflichteten begünstige. Die Unterhaltsberechtigten hingegen müssten befürchten, zukünftig in Armut zu leben und auf staatliche Hilfe angewiesen zu sein.[422] In diesem Zusammenhang wird erwartet, dass die geschiedenen Ehegatten bei einer Verkürzung des Bezugszeitraums in stärkerem Maße auf eine Verlängerung nach Treu und Glauben angewiesen seien. Problematisch sei, dass dies an hohe Anforderungen geknüpft sei.[423] Vereinzelt wird darauf hingewiesen, dass die gesetzliche Regelung grundsätzlich genug Spielraum biete, um eine dem Einzelfall angemessene Unterhaltsregelung zu finden.[424]

Die eingereichte Vorlage ist weiterhin Gegenstand der aktuellen Diskussion.[425] Ob es tatsächlich zu einer Gesetzesänderung kommen wird, ist daher gegenwärtig nicht abzusehen.[426]

---

421 *De Bruijn-Lückers/Labohm*, WPNR 2012, S. 717.
422 *Van Coolwijk/Moons*, EB 2015, S. 178; *Spalter*, NJB 2012, S. 1581.
423 *Van Coolwijk/Moons*, EB 2015, S. 178.
424 *De Bruijn-Lückers/Labohm*, WPNR 2012, S. 714.
425 Siehe *Kamerstukken II* 2018/19, 34 231, Nr. 13, S. 1 – 3.
426 Zum Zeitpunkt der Disputation ist die Vorlage zum Teil umgesetzt worden. Die gesetzlichen Änderungen sind zum 01.01.2020 in Kraft getreten. Der nacheheliche Unterhaltsanspruch wurde grundsätzlich auf fünf Jahre bzw. die Hälfte der Ehezeit, falls dieser Zeitraum kürzer sein sollte, befristet. Ausdrücklich sind neben einer Härteklausel Fälle ausgenommen, in denen die Ehe länger als fünfzehn Jahre gedauert hat und der Unterhaltsberechtigte binnen zehn Jahren nach der Ehescheidung das Rentenalter erreicht, und Fälle, in denen minderjährige, eheliche Kinder betreut werden, die das zwölfte Lebensjahr noch nicht vollendet haben. Sodann endet der Unterhaltsanspruch mit Rentenbeginn bzw. frühestens mit Vollendung des zwölften Lebensjahres des jüngsten Kindes. Ist der Unterhaltsberechtigte vor dem 01.01.1970 geboren, wird die Befristung um fünf Jahre auf einen Zeitraum von zehn Jahren verlängert. Die Berechnungsmethodik des Unterhaltsanspruchs ist unverändert geblieben; URL: https://www.rijksoverheid.nl/onderwerpen/scheiden/vraag-en-antwoord/hoe-lang-partneralimentatie-betalen (zuletzt abgerufen am 22.08.2020); siehe auch *Hoogeveen*, Nieuwe regels partneralimentatie.

II. Anspruch auf Ehegattenunterhalt im deutschen Recht

Das deutsche Recht unterscheidet im Rahmen des Ehegattenunterhalts zwischen dem Unterhaltsanspruch, der besteht, falls die Ehegatten getrennt voneinander leben, aber noch nicht voneinander geschieden sind, und dem Unterhaltsanspruch, der nach dem Eintritt der Rechtskraft der Ehescheidung bestehen kann. Grundlegende Voraussetzung ist in beiden Fällen, dass ein Bedarf besteht, der Unterhaltsberechtigte bedürftig und der Unterhaltsverpflichtete leistungsfähig ist.

Der sogenannte Trennungsunterhaltsanspruch nach § 1361 Abs. 1 BGB knüpft an das fortbestehende Eheband an und orientiert sich primär an den ehelichen Lebensverhältnissen.

Zentraler Gedanke des nachehelichen Unterhaltsanspruchs ist hingegen, dass das zwischen den Ehegatten bestehende Band bereits getrennt worden ist. Der Gesetzgeber hat in § 1569 S. 1 BGB die Eigenverantwortlichkeit betont, sodass es jedem Ehegatten mit der rechtskräftigen Ehescheidung grundsätzlich obliegt, selbst den eigenen Lebensbedarf sicherzustellen. Der nacheheliche Unterhaltsanspruch knüpft darüber hinaus an besondere, im Gesetz normierte Bedarfslagen an. Er existiert in einem Spannungsfeld zwischen der nach Rechtskraft der Ehescheidung fortwirkenden ehelichen Solidarität und der Eigenverantwortlichkeit des unterhaltsberechtigten Ehegatten.[427]

Zwischen Trennungs- und Nachscheidungsunterhaltsanspruch besteht keine Anspruchsidentität.[428]

Ausgehend von den vorstehenden Erörterungen zur Unterhaltspflicht im niederländischen Recht wird nachstehend der nacheheliche Unterhaltsanspruch einer Untersuchung unterzogen. Eine Erörterung der Grundlagen der Unterhaltsverpflichtung während der Trennungszeit bis zur Rechtskraft der Ehescheidung erfolgt nicht.

---

427 BT-Drucks. 16/1830, S. 14; siehe auch *Häberle*, in: *Soergel*/BGB, § 1569, Rn. 3 – 5; MüKoBGB/*Maurer*, § 1569 BGB, Rn. 18.

428 *BGH* NJW 1981, 978 (979); siehe auch *Beutler*, in: *Bamberger/Roth*, BGB, § 1569, Rn. 2; *Börger*, NZFam 2015, S 852; *Graba*, NZFam 2018, S. 112 f.; *Häberle*, in: *Soergel*/BGB, § 1569, Rn. 7.

1. Grundlegende Anspruchsvoraussetzungen: Bedarf, Bedürftigkeit und Leistungsfähigkeit

Wie bereits eingangs ausgeführt, ist für das Vorliegen eines Unterhaltsanspruchs zunächst der Bedarf des Unterhaltsberechtigten zu ermitteln. Als Bedarf ist grundsätzlich die Summe der unterhaltsrechtlichen Bedürfnisse bzw. der Betrag, den der Unterhaltsberechtigte benötigt, um seine Lebensführung fortzusetzen, zu verstehen.[429] Die Bedürfnisse eines Ehegatten richten sich im Rahmen des nachehelichen Unterhalts gemäß § 1578 Abs. 1 S. 1 BGB nach den **ehelichen Lebensverhältnissen**. Ausschlaggebend ist stets, welche Verhältnisse den Lebenszuschnitt in der Ehe geprägt und folglich den ehelichen Lebensstandard bestimmt haben. Dies richtet sich insbesondere nach den jeweiligen Einkommens- und Vermögensverhältnissen während der Ehezeit.[430] Maßgeblich ist eine tatsächliche Prägung der Lebensverhältnisse. Einkommen, das zwar während der Ehe erwirtschaftet wurde, aber zu keinem Zeitpunkt die ehelichen Lebensverhältnisse beeinflusst hat, bleibt bei der Ermittlung des Bedarfs außer Betracht. Dies kann insbesondere angenommen werden, falls bestimmte Beträge des Einkommens stets der Vermögensbildung gedient haben und nicht zur Deckung des Lebensbedarfs zur Verfügung standen.[431] Ob dies im Einzelfall angenommen werden kann, ist anhand eines objektiven Maßstabs zu beurteilen.[432]

Maßgeblicher **Stichtag zur Bestimmung** der ehelichen Lebensverhältnisse im Zuge der Ermittlung des nachehelichen Unterhaltsanspruchs ist der Tag, an welchem die Ehescheidung rechtskräftig wird. Nach der Trennung eintretende Veränderungen, wie das Hinzutreten weiterer Unterhaltsberechtigter oder Einkommenssteigerungen, können daher bei der Bestimmung der ehelichen Lebensverhältnisse berücksichtigt werden, sofern diese Veränderungen vor Eintritt des Stichtages eingetreten sind.[433] Das grundsätzlich geltende

---

429 *Borth*, Praxis des Unterhaltsrechts, Rn. 2; vgl. auch MüKoBGB/*Born*, § 1610 BGB, Rn. 10.
430 So bereits *BGH* NJW 1982, 1870 (1871); NJW 1984, 292 (293); NJW 1985, 1026 (1027); NJW 2001, 2254 (2255); NZFam 2018, 130 (131); siehe auch *Borth*, Praxis des Unterhaltsrechts, Rn. 246; *Gerhardt*, in: *Wendl/Dose*, Das Unterhaltsrecht in der familienrichterlichen Praxis, § 4, Rn. 409; MüKoBGB/*Maurer*, § 1578 BGB, Rn. 17.
431 *BGH* FamRZ 1984, 36 (39); NJW 1984, 292 (294); DNotZ 2008, 193 (194); siehe auch *BGH* NJW 1992, 1044 (1045).
432 *BGH* DNotZ 2008, 193 (195); NZFam 2018, 130 (132); vgl. *BGH* NJW 1997, 735 (738).
433 Grundlegend *BGH* NJW 2012, 384 (386); siehe zur Entscheidung des BVerfG, die zur Abänderung der Rechtsprechung des BGH zu den wandelbaren ehelichen

Stichtagsprinzip schließt nicht aus, dass nach der Rechtskraft der Ehescheidung eintretende Veränderungen bei der Bedarfsbestimmung stets unberücksichtigt bleiben müssen. Diese können Einfluss auf die Bedarfsermittlung haben, falls sie in der Ehe angelegt sind oder bei fortbestehender Ehe die damit einhergehend weiterhin bestehenden ehelichen Lebensverhältnisse geprägt hätten. So können nachehelich eingetretene Umstände, wie eine Einkommenssteigerung, ein Einkommensrückgang oder der Verlust einer Erwerbstätigkeit die ehelichen Lebensverhältnisse beeinflussen, sofern diese Veränderungen in unterhaltsrechtlich nicht vorwerfbarer Weise eingetreten sind.[434]

Das Vorliegen eines Unterhaltsanspruchs setzt ferner voraus, dass der unterhaltsberechtigte Ehegatte bedürftig ist.

Bedürftig in diesem Sinne ist grundsätzlich, wer seinen Bedarf nicht aus eigenen Mitteln decken kann.[435] Im Rahmen des nachehelichen Unterhalts ist einschränkend zu berücksichtigen, dass der Gesetzgeber mit § 1596 S. 1 BGB die Eigenverantwortlichkeit der Ehegatten betont hat, indem er diesen auferlegt, nach der Ehescheidung selbst für die Deckung des eigenen Unterhalt zu sorgen. Diese grundlegende Bestimmung erfährt durch § 1577 BGB eine Konkretisierung. So besteht ein Unterhaltsanspruch nur, sofern der unterhaltsberechtigte Ehegatte nicht in der Lage ist, sich durch seine eigenen Einkünfte aus Einkommen oder Vermögen selbst zu unterhalten. Diese Regelung hat zunächst zur Folge, dass zur Feststellung der Bedürftigkeit die Einkommens- und Vermögensverhältnisse des Berechtigten erneut zu ermitteln sind. In diesem Zusammenhang sind auch solche Einkünfte aus Einkommen oder Vermögen zu berücksichtigen, die im Rahmen der Ermittlung des Bedarfs anhand der ehelichen Lebensverhältnisse außer Betracht geblieben sind.[436] Zudem folgt aus dem Grundsatz der Eigenverantwortung eine Obliegenheit des unterhaltsberechtigten Ehegatten, seine Arbeitskraft so gut wie möglich einzusetzen. Diese Obliegenheit erfährt in § 1574 Abs. 2 BGB eine genauere Bestimmung, wonach es dem Ehegatten obliegt, eine seiner Ausbildung, seinen Fähigkeiten, seines Lebensalters, einer früheren Erwerbsfähigkeit und seinem Gesundheitszustand angemessene Tätigkeit auszuüben.

Lebensverhältnissen geführt hat: *BVerfG* NJW 2011, 836 (836 ff.); *Borth*, Praxis des Unterhaltsrechts, Rn. 300 f; kritisch *Gerhardt*, in: *Wendl/Dose*, Das Unterhaltsrecht in der familienrichterlichen Praxis, § 4, Rn. 427 ff.

434 Grundlegend *BGH* NJW 2012, 384 (387); siehe auch *BGH* FamRZ 1988, 356 (257); NJW 2003, 1518 (1519); NJW 2012, 923 (924); NJW 2016, 153 (155).

435 *Borth*, Praxis des Unterhaltsrechts, Rn. 2; MüKoBGB/*Maurer*, § 1577 BGB, Rn. 6.

436 *Dose*, in: *Wendl/Dose*, Das Unterhaltsrecht in der familienrichterlichen Praxis, § 1, Rn. 37; MüKoBGB/*Maurer*, § 1578 BGB, Rn. 37.

Dies beinhaltet gemäß § 1574 Abs. 3 BGB, dass der Ehegatte gegebenenfalls eine Aus- oder Fortbildung oder eine Umschulung zu absolvieren hat, soweit dies zur Aufnahme der Tätigkeit erforderlich ist. Verletzt ein Ehegatte ebendiese Obliegenheit, indem er seine Arbeitskraft nicht vollständig ausschöpft, obwohl ihm dies möglich und zumutbar wäre, können ihm fiktiv Einkünfte angerechnet werden, die seine Bedürftigkeit entsprechend mindern.[437] Des Weiteren besteht eine Obliegenheit, bestehendes Vermögen ertragreich anzulegen. Auch hier führt eine Verletzung der Obliegenheit zur Anrechnung von fiktiven Erträgen aus diesem Vermögen.[438]

Weiterhin ist als grundlegende Voraussetzung zu ermitteln, ob der Unterhaltsverpflichtete **leistungsfähig** ist.

Dies setzt gemäß § 1581 S. 1 BGB voraus, dass er den zur Bedarfsdeckung des Unterhaltsberechtigten erforderlichen Betrag aus seinem Einkommen oder seinem Vermögen decken kann, ohne dass er seinen eigenen angemessenen Unterhalt gefährdet.[439] Die Leistungsfähigkeit bestimmt sich dabei in erster Linie nach den tatsächlich erzielten Einkünften des Unterhaltspflichtigen. Abzustellen ist nicht auf die im Rahmen der Bedarfsermittlung angesetzten Einkünfte; vergleichbar mit der Einkommensermittlung bei der Prüfung der Bedürftigkeit sind auch bei der Ermittlung der Leistungsfähigkeit Einkünfte zu berücksichtigen, die nicht als eheprägend zu bewerten sind.[440] Hierbei können ebenfalls Umstände Berücksichtigung finden, die nach der Eheschließung eingetreten sind. Ein Vertrauensschutz des Unterhaltsberechtigten besteht insoweit nicht.[441] Darüber hinaus können dem unterhaltspflichtigen Ehegatten jedoch auch Einkünfte aus einer ihm möglichen und zumutbaren Erwerbstätigkeit oder Vermögensverwertung angerechnet werden, wenn er seine Obliegenheit zur Ausübung

---

437 *BGH* FamRZ 1988, 927 (929); FamRZ 2010, 629 (631); zur Obliegenheit im Trennungsunterhalt: *BGH* FamRZ 1988, 256 (258); *Bömelburg*, in: *Wendl/Dose*, Das Unterhaltsrecht in der familienrichterlichen Praxis, § 4, Rn. 102; MüKoBGB/*Maurer*, § 1569 BGB, Rn. 17.

438 *BGH* FamRZ 1986, 560 (561); FamRZ 1988, 145 (149); FamRZ 1990, 269 (271); FamRZ 2010, 629 (631); zur Obliegenheit im Trennungsunterhalt: *BGH* FamRZ 1986, 439 (440); *Borth*, Praxis des Unterhaltsrechts, Rn. 352; *Dose*, in: *Wendl/Dose*, Das Unterhaltsrecht in der familienrichterlichen Praxis, § 1, Rn. 633.

439 *Borth*, Praxis des Unterhaltsrechts, Rn. 2.

440 *BGH* NJW 2012, 384 (390); NJW 2013, 2662 (2667).

441 BT-Drucks. 16/1830, S. 24; siehe auch *BGH* NJW 2012, 384 (388).

einer vollschichtigen Erwerbstätigkeit bzw. ertragreichen Anlage seines Vermögens in unterhaltsrechtlich vorwerfbarer Weise verletzt.[442]

Die Leistungsfähigkeit findet ihre Schranke im **Selbstbehalt** des Unterhaltspflichtigen. Dieser Betrag muss ihm stets zur Deckung des eigenen Lebensbedarfs verbleiben. Grundsätzlich gilt, dass der eigene angemessene Unterhalt nicht geringer sein darf als der an den Unterhaltsberechtigten zu leistende Betrag.[443] Die Leitlinien der Oberlandesgerichte setzen derzeit bei der Bemessung der Leistungsfähigkeit im Rahmen des Ehegattenunterhalts einen Betrag von 1.200,00 Euro als angemessenen Selbstbehalt an.[444]

2. Weitere Voraussetzung: Das Bestehen einer besonderen Bedarfslage

Aufgrund der Beendigung der Ehe durch die Scheidung, der damit einhergehenden Aufhebung der ehelichen Solidarität und der Betonung der Eigenverantwortlichkeit, stellt der Gesetzgeber über das Vorliegen der soeben genannten Tatbestandsvoraussetzungen hinausgehende Anforderungen an das Bestehen eines nachehelichen Unterhaltsanspruchs. Verschiedene Ausnahmetatbestände knüpfen an unterschiedliche, nach der Ehe bestehende Bedarfslagen an, über die im Folgenden ein kurzer Überblick gegeben werden soll.

In erster Linie hat der Ehegatte, der mindestens ein gemeinsames Kind pflegt oder erzieht, gegen den anderen Ehegatten gemäß § 1570 BGB einen Anspruch auf **Betreuungsunterhalt**. Ziel der Vorschrift ist es, bei einer Trennung einem Elternteil die Betreuung des gemeinsamen Kindes zu ermöglichen, indem dieser Elternteil von einer voll- oder teilschichtigen Erwerbstätigkeit freigestellt wird. Der Anspruch dient mithin primär dem Kindeswohl.[445] Die Neugestaltung dieser Norm und Angleichung an den Unterhaltsanspruch lediger Elternteile im Rahmen der Unterhaltsrechtsreform beruht auf einer Entscheidung des Bundesverfassungsgerichts, die die unterschiedliche Gestaltung der Unterhaltsansprüche

---

442 *BGH* FamRZ 1988, 145 (147); *Dose*, in: *Wendl/Dose*, Das Unterhaltsrecht in der familienrichterlichen Praxis, § 1, Rn. 634 und 735; *Häberle*, in: *Soergel*/BGB, § 1581, Rn. 6 und 9; vgl. zur Obliegenheit des Unterhaltspflichtigen im Kindesunterhalt *BVerfG* NJW 2010, 1658 (1659); *BGH* FamRZ 2003, 1471 (1473).
443 *BGH* NJW 1990, 1172 (1176); NJW 2012, 384 (388); NJW 2013, 2662 (2667).
444 Siehe B. IV. der Düsseldorfer Tabelle, Stand 01.01.2019, URL: http://www.olg-duesseldorf.nrw.de/infos/Duesseldorfer_Tabelle/Tabelle-2019/Duesseldorfer-Tabelle-2019.pdf (zuletzt abgerufen am 25.02.2019).
445 *Büttner*, FPR 2009, S. 92; *Häberle*, in: *Soergel*/BGB, § 1570, Rn. 6; MüKoBGB/*Maurer*, § 1570 BGB, Rn. 1.

Zweiter Ausgangspunkt: Das Unterhaltsrecht

von Ehegatten und lediger Elternteile aufgrund der Betreuung des Kindes, insbesondere hinsichtlich der Dauer, als verfassungswidrig einstufte.[446]

Gemäß § 1570 Abs. 1 S. 1 BGB besteht ein Unterhaltsanspruch **mindestens für drei Jahre nach der Geburt** eines gemeinsamen Kindes. Dies setzt zunächst voraus, dass die Ehegatten Eltern des jeweiligen Kindes im rechtlichen Sinne sind.[447] Ferner muss das Kind der Pflege oder Erziehung bedürfen. Davon ausgehend, dass Pflege als Förderung des körperlichen Wohls und die Erziehung als Ausbildung der geistigen Fähigkeiten und Anlagen zu verstehen sind, ist ein minderjähriges Kind stets in diesem Sinne betreuungsbedürftig, ein volljähriges Kind betreuungsbedürftig, falls es trotz Eintritt der Volljährigkeit weiterhin der Pflege bedarf.[448]

Der Bezugszeitraum des Unterhalts kann **verlängert** werden, sofern dies unter Berücksichtigung der Belange des Kindes und der bestehenden Möglichkeiten der Kinderbetreuung nach § 1570 Abs. 1 S. 2 und 3 BGB oder unter Beachtung der Gestaltung von Kinderbetreuung und Erwerbstätigkeit in der Ehe und der Dauer der Ehe nach § 1570 Abs. 2 BGB der **Billigkeit** entspricht. In Abkehr von dem in der Rechtsprechung entwickelten Altersphasenmodell, wonach die Obliegenheit eines Ehegatten zur Ausübung einer Erwerbstätigkeit pauschal anhand des Alters des gemeinsamen Kindes bzw. der gemeinsamen Kinder festgestellt werden konnte, erfordert das Gesetz nunmehr eine Einzelfallbetrachtung.[449] Eine Verlängerung kann zunächst aufgrund **kindbezogener Belange** angezeigt sein. Dies ist dann der Fall, wenn das Kind aufgrund besonderer Umstände auch nach Vollendung des dritten Lebensjahres der persönlichen Betreuung durch den Unterhaltsberechtigten bedarf. Insbesondere ist hierbei zu berücksichtigen, dass der Gesetzgeber mit Vollendung des dritten Lebensjahres den Vorrang der persönlichen Betreuung vor einer Fremdbetreuung aufgegeben hat. Dies führt dazu, dass es, soweit das Kind im Einzelfall eine kindgerechte Einrichtung besucht oder besuchen könnte, einer persönlichen Betreuung grundsätzlich nicht mehr bedarf.[450] Relevant kann auch eine Erkrankung des Kindes

---

446 BT-Drucks. 16/6980, S. 8; siehe auch *BVerfG* NJW 2007, 1735 (1737) und *Büttner*, FPR 2009, S. 92.
447 *Bömelburg*, in: *Wendl/Dose*, Das Unterhaltsrecht in der familienrichterlichen Praxis, § 4, Rn. 164; *Häberle*, in: *Soergel*/BGB, § 1570, Rn. 11; MüKoBGB/*Maurer*, § 1570 BGB, Rn. 13.
448 *Häberle*, in: *Soergel*/BGB, § 1570, Rn. 8; MüKoBGB/*Maurer*, § 1570 BGB, Rn. 15.
449 So ausdrücklich BT-Drucks. 16/1830, S. 18.
450 BT-Drucks. 16/6980, S. 9; siehe auch *BGH* NJW 2009, 1876 (1877); NJW 2009, 2592 (2594); NJW 2010, 3369 (3370); NJW 2011, 1582 (1583); NJW 2011, 2430 (2432).

sein.⁴⁵¹ Zu berücksichtigen ist weiterhin, ob das Kind aufgrund einer sportlichen oder musischen Betätigung der Betreuung bedarf.⁴⁵² Ferner kommt eine Verlängerung aufgrund **elternbezogener Gründe**, die in der Ehe liegen, in Betracht. Maßgeblich sind insoweit die tatsächlichen und auf Dauer bestehenden, nicht notwendigerweise einvernehmlichen Betreuungsverhältnisse während der Ehe. Die Verlängerung setzt grundsätzlich ein schützenwertes Vertrauen dahingehend voraus, dass die in der Ehe gelebten Betreuungsverhältnisse trotz des Eintritts der Ehescheidung fortgesetzt werden würden.⁴⁵³

Zudem hat ein Ehegatte gegen den anderen gemäß § 1571 BGB einen Unterhaltsanspruch, wenn von ihm **wegen seines Alters** keine Erwerbstätigkeit mehr erwartet werden kann. Beurteilungszeitpunkt ist entweder der Zeitpunkt der Scheidung, der Zeitpunkt der Beendigung der Betreuung eines gemeinsamen Kindes oder der Moment, in dem ein Unterhaltsanspruch gemäß §§ 1572, 1573 BGB entfällt. In der Rechtsprechung wird in diesem Zusammenhang angenommen, dass mit Erreichen der Regelaltersgrenze im Sinne des § 35 SGB VI ein Unterhaltsberechtigter nicht mehr auf die Ausübung einer Erwerbstätigkeit verwiesen werden könne;⁴⁵⁴ gleichwohl schließt dies nicht aus, dass die Anspruchsvoraussetzungen bereits zu einem früheren Zeitpunkt erfüllt sein können, falls der Unterhaltsberechtigte aufgrund seines Alters an der Ausübung einer angemessenen Erwerbstätigkeit im Sinne des § 1574 BGB gehindert ist.⁴⁵⁵

Gemäß § 1572 BGB hat der geschiedene Ehegatte einen Anspruch auf Unterhalt, wenn von ihm **wegen einer Krankheit, anderer Gebrechen oder Schwäche** seiner körperlichen oder geistigen Kräfte keine Erwerbstätigkeit erwartet werden kann. Voraussetzung ist, dass der Unterhaltsberechtigte aufgrund einer konkreten Erkrankung keine reale Chance mehr hat, eine Erwerbstätigkeit aufzunehmen. Es bedarf einer krankheitsbedingten Erwerbsunfähigkeit oder einer

---

451 *BGH* FPR 2008, 509 (517); NJW 2014, 3649 (3650); *OLG Düsseldorf* NJW-RR 2010, 145 (146); *OLG Hamm* FamRZ 2009, 2092 (2093).
452 *BGH* FamRZ 2014, 1987 (1989); siehe auch *Häberle*, in: Soergel/BGB, § 1570, Rn. 15.
453 *BGH* NJW 2009, 1876 (1878); NJW 2011, 1582 (1584); NJW 2011, 2430 (2432).
454 So *BGH* NJW 1999, 1547 (1549), wonach bei Bezug einer Rente mit *flexibler* Altersgrenze gesondert Erwerbsobliegenheiten des Unterhaltsberechtigten zu prüfen sind; siehe auch *BGH* NJW 2011, 670 (671); NZFam 2017, 61 (63); *OLG Hamm* NJOZ 2014, 1446 (1449).
455 *BGH* NJW 1983, 1483 (1483); NJW 1987, 2739 (2740); *OLG Hamm* FamRZ 1995, 1416 (1416).

Erwerbsminderung. Maßgeblich ist insoweit, ob dem Unterhaltsberechtigten die Aufnahme einer angemessenen Tätigkeit nicht mehr möglich ist.[456]

Der Unterhaltsanspruch wegen Krankheit oder Gebrechen besteht jedoch nur, wenn die Voraussetzungen der Unterhaltsberechtigung im Zeitpunkt der Scheidung, der Beendigung der Betreuung gemeinsamer Kinder, der Beendigung der Aus- oder Fortbildung oder bei Wegfall des Unterhaltsanspruch gemäß § 1573 BGB vorliegen.

Weiterhin knüpft das Bürgerliche Gesetzbuch an die Tatsache, dass der geschiedene Ehegatte nicht in der Lage ist, eine angemessene Erwerbstätigkeit zu finden, den Anspruch auf Unterhalt. Die entsprechende Regelung zum **Unterhalt wegen Erwerbslosigkeit** findet sich in § 1573 Abs. 1 BGB. Voraussetzung des Bestehens des Unterhaltsanspruchs ist in diesem Fall, dass es dem Unterhaltsberechtigten nicht gelingt, Einkommen aus einer angemessenen Erwerbstätigkeit im Sinne von § 1574 BGB zu erzielen, um seinen Unterhaltsbedarf selbst zu decken.[457]

Einschränkend ist zu berücksichtigen, dass den Unterhaltsberechtigten eine Obliegenheit trifft, seinen Unterhaltsbedarf selbst sicherzustellen. Dementsprechend hat der Unterhaltsberechtigte ausreichende Anstrengungen zu unternehmen, um einer geeigneten Erwerbstätigkeit nachzugehen.[458] Leichtfertig und schuldhaft unterlassene Bemühungen lassen den Unterhaltsanspruch entfallen.[459]

Erforderlich ist darüber hinaus ein zeitlicher Zusammenhang mit der Ehescheidung. Der Gesetzeswortlaut spricht in diesem Zusammenhang von dem Eintritt der Erwerblosigkeit nach der Scheidung, sodass der Unterhaltsberechtigte nicht bereits im Zeitpunkt der Ehescheidung erwerbslos sein muss; gleichwohl ist nach der herrschenden Auffassung zumindest ein engerer zeitlicher Zusammenhang erforderlich.[460] Teilweise wird bereits das Verstreichen

---

456 *Bömelburg*, in: *Wendl/Dose*, Das Unterhaltsrecht in der familienrichterlichen Praxis, § 4, Rn. 245; *Häberle*, in: *Soergel*/BGB, § 1572, Rn. 2 – 3; vgl. *BGH* FamRZ 1987, 684 (685).
457 *Beutler*, in: *Bamberger/Roth*, BGB, § 1573, Rn. 5; siehe auch *BGH* NJW 1980, 393 (394).
458 *BGH* NJW 1980, 393 (394); NJW 1985, 430 (432); NJW 1987, 898 (899); NJW 1987, 2739 (2740); *OLG Hamm* FamRZ 1992, 63 (63); *OLG Oldenburg* NJW 1986 199 (199); siehe auch *BGH* FamRZ 1986, 244 (246) zur Obliegenheit im Trennungsunterhalt.
459 So *Beutler*, in: *Bamberger/Roth*, BGB, § 1573, Rn. 6, der Anschluss an die entsprechende Obliegenheit im Trennungsunterhalt sucht.
460 *BGH* NJW 1988, 2034 (2035); NJW 2012, 3434 (3435); *OLG Bamberg* FamRZ 1984, 897 (898); *OLG Oldenburg* NJW 1986, 199 (200).

eines Zeitraums von drei Monaten als ausreichend beurteilt, um den zeitlichen Zusammenhang entfallen zu lassen.[461] Ausnahmsweise kann der Einsatzzeitpunkt nach hinten verlagert werden, falls durch die zunächst aufgenommene Erwerbstätigkeit der Lebensbedarf noch nicht nachhaltig gesichert werden konnte. Dies ergibt sich aus § 1573 Abs. 4 BGB.[462]

Sollte es dem Ehegatten zwar gelingen, eine Erwerbstätigkeit aufzunehmen, aber die Einkünfte aus ebendieser Tätigkeit nicht genügen, um den vollen Lebensbedarf nach den ehelichen Lebensverhältnissen zu erwirtschaften, kommt ein **Anspruch auf Aufstockungsunterhalt** in Betracht. Wenn der andere Ehegatte nicht bereits gemäß der §§ 1570 bis 1572 BGB zur Zahlung von Unterhalt verpflichtet ist, muss er dem anderen Ehegatten gemäß § 1573 Abs. 2 BGB den Unterschiedsbetrag zwischen den Einkünften und dem vollen Unterhalt zahlen.

Ferner besteht gemäß § 1575 Abs. 1 S. 1 & Abs. 2 BGB ein Anspruch auf Unterhalt, wenn der geschiedene Ehegatte eine **Ausbildung, Fortbildung oder Umschulung** aufnimmt, um eine angemessene Erwerbstätigkeit, die den Unterhalt nachhaltig sichert, zu erlangen und der erfolgreiche Abschluss der Ausbildung zu erwarten ist. Grundlegende Voraussetzung ist, dass der Unterhaltsberechtigte aufgrund der Ehe eine konkret beabsichtigte Ausbildung nicht aufgenommen oder abgebrochen hat. Ausreichend ist, dass die (bevorstehende) Eheschließung mitursächlich für den Verzicht auf die Aufnahme bzw. den Abbruch einer Ausbildung ist.[463] Der Unterhaltsberechtigte muss sich nicht auf den ursprünglich beabsichtigten Ausbildungsweg verweisen lassen. Es genügt, dass die nunmehr aufgenommene Ausbildung der früheren gleichwertig hinsichtlich sozialer Einordnung, Ausbildungsvoraussetzungen, Anforderungen und Umfang ist.[464] Die Ausbildung muss jedoch erforderlich sein, um eine angemessene Erwerbstätigkeit aufzunehmen. Sollte eine angemessene Tätigkeit ohne die weitergehende Ausbildung ausgeübt werden können, fehlt es an der Erforderlichkeit.[465] Die Ausbildung ist zeitnah, jedoch nicht im unmittelbaren Anschluss an die die Ehescheidung aufzunehmen. Dem Unterhaltsberechtigten ist eine

---

461 *Häberle*, in: *Soergel*/BGB, § 1573, Rn. 10; im Anschluss daran MüKoBGB/*Maurer*, § 1573 BGB, Rn. 7.
462 Siehe *BGH* NJW 1985, 430 (431).
463 Vgl. *BGH* NJW 2001, 973 (975); siehe auch *Reinecke*, FPR 2008, S. 373.
464 *BGH* NJW 1984, 1685 (1686); *OLG Düsseldorf* FamRZ 1980, 585 (586); *OLG Hamm* FamRZ 1983, 181 (183); *OLG Köln* FamRZ 1996, 867 (868).
465 *BGH* NJW 1984, 1685 (1686); NJW 1987, 2233 (2234); *OLG Düsseldorf* FamRZ 1980, 585 (586); *OLG Frankfurt*, FamRZ 1985, 712 (713); *OLG Saarbrücken* NJW-RR 2007, 1452 (1453); *OLG Schleswig* FamRZ 1984, 588 (589).

gewisse Übergangsfrist unter Berücksichtigung weiterer ehebedingter Faktoren oder nicht vorwerfbarer Verzögerungen, wie einer Erkrankung, einzuräumen.[466] Ausweislich § 1575 Abs. 1 S. 2 BGB besteht der Unterhaltsanspruch nur für die Zeit, in der die Ausbildung, Fortbildung oder Umschulung im Allgemeinen abgeschlossen wird, wobei ehebedingte Verzögerungen zu berücksichtigen sind.

Darüber hinaus kann ein geschiedener Ehegatte gemäß § 1576 S. 1 BGB Unterhalt verlangen, soweit und solange aus schwerwiegenden Gründen eine Erwerbstätigkeit nicht erwartet werden kann und die Versagung eines solchen Anspruchs unter Berücksichtigung von Belangen beider Ehegatten **grob unbillig** wäre. Die Vorschrift soll Ungerechtigkeiten, die sich aus der enumerativen Benennung der Bedarfslagen ergeben könnte, auffangen. Sie ist als Härteklausel konzipiert und hat mithin einen entsprechenden Ausnahmecharakter.[467] Eine Rückkehr zum Schuldprinzip ist mit dieser Anspruchsgrundlage gemäß § 1576 S. 2 BGB nicht verbunden. Der Unterhalt ist ausschließlich nach wirtschaftlichen Gesichtspunkten zu bemessen und zu gewähren.[468] Bedeutung kommt der Norm in der Praxis insbesondere in Fällen zu, in denen ein Ehegatte ein Kind, das – wie ein Pflegekind – nicht von beiden Ehegatten oder nur von einem abstammt, betreut. Maßgeblich ist hierbei, ob das Kind aufgrund eines gemeinschaftlichen Entschlusses aufgenommen wurde, mit welchem Alter es aufgenommen und inwieweit das Kind in den Familienkreis eingegliedert worden ist.[469]

Neben den bereits genannten Unterhaltstatbeständen kennt das deutsche Recht auch **Krankenvorsorge- und Altersvorsorgeunterhalt**. Eine gesetzliche Regelung des Krankenvorsorgeunterhalts findet sich in § 1578 Abs. 2 BGB. Demgemäß sind bei der Ermittlung des Lebensbedarfs des Unterhaltsberechtigten auch die Kosten einer angemessenen Versicherung für den Krankheitsfall und für eine Pflegeversicherung einzubeziehen. Der Altersvorsorgeunterhalt hingegen wird in § 1578 Abs. 3 BGB normiert, wonach die Kosten einer angemessenen Versicherung für den Fall des Alters Teil des Lebensbedarfs, sofern ein Unterhaltsanspruch nach den §§ 1570 bis 1573 BGB oder § 1576 BGB besteht.

---

466 So *OLG Hamm* FamRZ 1983, 181 (183); *OLG Köln* FamRZ 1996, 867 (868); siehe auch *Reinecke*, FPR 2008, S. 374.
467 BT-Drucks. 7/4361, S. 17; siehe auch *BGH* FamRZ 1983, 800 (801); NJW 1984, 1538 (1540); *OLG Hamm* FamRZ 1996, 1417 (1418).
468 BT-Drucks. 7/4361, S. 31.
469 *BGH* NJW 1984, 1538 (1540); NJW 1984, 2355 (2356); *OLG Hamm* FamRZ 1996, 1417 (1418).

3. Befristung und Herabsetzung des nachehelichen Unterhalts

Liegen die Voraussetzungen für die Gewährung von Unterhaltsleistungen nach den soeben genannten Maßstäben vor, ermöglicht es das Bürgerliche Gesetzbuch, diese Unterhaltspflicht der Höhe nach und/oder zeitlich zu beschränken. Eine entsprechende Regelung ergibt sich aus § 1578b Abs. 1 und 2 BGB. Demgemäß kann der Unterhalt sowohl **auf den angemessenen Lebensbedarf gesenkt** als auch **zeitlich begrenzt** werden, soweit ein unbeschränkter Anspruch unter Wahrung der Belange eines durch den Unterhaltsberechtigten betreuten gemeinsamen Kindes unbillig wäre. Hierbei ist auch zu berücksichtigen, ob und inwieweit der unterhaltsberechtigte Ehegatte durch die Ehe Nachteile mit Blick auf die Möglichkeit, den eigenen Unterhaltsbedarf selbst sicherzustellen, erlitten hat. Gemäß § 1578b Abs. 3 BGB können Herabsetzung und zeitliche Befristung kombiniert werden.

Mit der Einführung dieser Vorschrift beabsichtigte der Gesetzgeber, die Eigenverantwortung der Ehegatten zu betonen und die Tendenz, über die Regelungen des nachehelichen Unterhalts eine Lebensstandsgarantie im Sinne einer unbegrenzten und nicht abänderbaren Teilhabe zu schaffen, zurückzudrängen. Die nacheheliche Verantwortung erfordere vielmehr einen Ausgleich für die Nachteile zu schaffen, die aufgrund der Gestaltung der ehelichen Lebensverhältnisse bestehen würden.[470] Die Herabsetzung und Befristung sind jedoch nicht der Regelfall, sondern erfordern eine Billigkeitsabwägung. Bei § 1578b BGB handelt sich um eine unterhaltsbegrenzende Norm mit Ausnahmecharakter.[471]

In der für die Frage der Herabsetzung und Befristung erforderlichen Abwägung ist gemäß § 1578b Abs. 1 S. 2 BGB insbesondere darauf abzustellen, ob der Unterhaltsberechtigte **ehebedingte Nachteile** erlitten hat. Demgemäß manifestieren sich solche Nachteile in der Unmöglichkeit, selbst für den eigenen Unterhalt sorgen zu können. Der Nachteil kann sich in erster Linie aus der Dauer der Pflege und Erziehung eines gemeinsamen Kindes, der Gestaltung der Haushaltsführung und Erwerbstätigkeit während der Ehe und deren Dauer ergeben. Besteht ein ehebedingter Nachteil, kommen eine Herabsetzung oder Befristung des Unterhaltsanspruchs nur bei Vorliegen außergewöhnlicher Umstände in Betracht.[472]

---

470 BT-Drucks. 16/1830, S. 18.
471 BT-Drucks. 16/1830, S. 19 f.; siehe auch *BGH* FamRZ 2010, 1633 (1635); FamRZ 2010, 875 (877).
472 *BGH* FamRZ 2010, 538 (541); FamRZ 2011, 628 (630).

Ob ein Nachteil vorliegt, ist durch einen Vergleich zwischen den Einkünften, die der Berechtigte im Zeitpunkt der Unterhaltsbemessung erzielt, sowie den prognostizierten Einkünften, welche er erzielt hätte, wenn die Ehe nicht bestanden hätte, zu ermitteln.[473]

Der Nachteil ist ehebedingt, wenn die Ehe ursächlich für das Entstehen des Nachlasses war.[474] So ist ein Nachteil, der auf einer Aufgabe des Arbeitsplatzes beruht, um sich Haushaltsführung und Kindererziehung zu widmen, regelmäßig durch die Ehe bedingt; im Falle des Verlustes des Arbeitsplatzes aufgrund äußerer Umstände, wie einer krankheits- oder betriebsbedingten Kündigung, hingegen fehlt es an einem ursächlichen Zusammenhang mit der Ehe.[475] Eine Erkrankung wird ebenfalls dem allgemeinen Lebensrisiko zuzuordnen sein. Sie kann ausnahmsweise ehebedingt sein, wenn sie auf der Rollenverteilung in der Ehe oder auf mit der Ehe zusammenhängenden Tatsachen, wie andauernden ehelichen Konflikten, beruht.[476] Auch den Verzicht auf den Erwerb von eigenen Versorgungsanwartschaften hat der Bundesgerichtshofs in der Vergangenheit als möglichen ehebedingten Nachteil benannt, sofern der Nachteil nicht bereits anderweitig, wie regelmäßig durch die Durchführung des Versorgungsausgleichs, ausgeglichen werden konnte.[477] In seiner jüngeren Rechtsprechung hat er diesen Grundsatz dahingehend akzentuiert, dass Unterbrechungen der Erwerbstätigkeit nicht zu einem Nachteil führen können, sofern für diese Zeit der Versorgungsausgleich stattgefunden hat.[478]

Die **Billigkeitserwägung** erschöpft sich gleichwohl nicht in der Ermittlung ehebedingter Nachteile; vielmehr sind **alle Umstände** des jeweiligen Einzelfalls gegeneinander abzuwägen. Dies ergibt sich bereits aus dem Wortlaut des § 1578b Abs. 1 S. 2 BGB, wonach ehebedingte Nachteile nur insbesondere zu berücksichtigen sind.[479] Die nachstehende Übersicht der Umstände dient lediglich einem

---

473 *BGH* FamRZ 2010, 875 (877); FamRZ 2010, 1971 (1973); FamRZ 2011, 1381 (1384); FamRZ 2011, 2059 (2062); FamRZ 2012, 93 (95); FamRZ 2012, 197 (198); FamRZ 2012, 951 (953); NJW 2014, 1302 (1303); NJW 2016, 2257 (2256).
474 *BGH* FamRZ 2010, 1633 (1635); FamRZ 2011, 628 (629).
475 *BGH* FamRZ 2010, 875 (878); FamRZ 2010, 1633 (1635); FamRZ 2011, 628 (630); FamRZ 2011, 2059 (2061).
476 *BGH* FamRZ 2009, 406 (408); FamRZ 2009, 1207 (1210); FamRZ 2010, 1057 (1058); FamRZ 2011, 713 (715); FamRZ 2012, 93 (95); FamRZ 2012, 772 (775).
477 *BGH* FamRZ 2008, 1325 (1329); FamRZ 2008, 1508 (1511); FamRZ 2010, 1633 (1635); FamRZ 2010, 1971 (1973); FamRZ 2011, 1721 (1723); FamRZ 2011, 1381 (1383); FamRZ 2012, 951 (953); NJW 2013, 2434 (2435); NJW 2014, 1302 (1303).
478 *BGH* NJW 2018, 2636 (2637).
479 *BGH* FamRZ 2010, 1971 (1974); FamRZ 2012, 197 (199); FamRZ 2012, 951 (953).

exemplarischen Überblick. Üblicherweise sind in diesem Zusammenhang die jeweiligen Einkommens- und Vermögensverhältnisse der Ehegatten zu berücksichtigen.[480] Auch können die Dauer der Ehe sowie die darin gelebte Rollenverteilung und die Lebensleistung des Berechtigten eine Rolle spielen.[481] Im Zusammenhang mit der Ehedauer wird auch eine wirtschaftliche Ver- oder Entflechtung der Ehegatten zu berücksichtigen sein.[482] Ferner wird zu prüfen sein, ob der Unterhaltsberechtigte berechtigterweise auf den Fortbestand der Unterhaltsleistungen vertrauen durfte.[483] Des Weiteren können Dauer und Umfang der Zahlung von Trennungsunterhalt Auswirkungen auf die Beschränkung haben.[484]

Ergänzend ist zu berücksichtigen, dass eine zeitliche Befristung ausscheidet, sofern ein Ehegatte Unterhalt aufgrund der Betreuung eines gemeinsamen Kindes gemäß § 1570 BGB erhält. Dies ist darauf zurückzuführen, dass sowohl die Verlängerung des Betreuungsunterhalts aufgrund kind- oder elternbezogener Gründe im Sinne von § 1570 Abs. 1 S. 2 BGB als auch die Befristung nach § 1578b Abs. 2 BGB eine umfassende Billigkeitsabwägung aller Umstände erfordern. Liegen bereits Umstände vor, die eine Verlängerung rechtfertigen, können diese Umstände nicht zugleich zu einer Befristung führen.[485] Der Gesetzgeber sieht den Anspruch auf Betreuungsunterhalt, ungeachtet der Frage, ob aus kind- oder elternbezogenen Gründen eine Verlängerung erfolgt, als einheitlichen Anspruch, sodass die vorstehenden Erwägungen stets greifen, solange ein Ehegatte einen Anspruch auf Betreuungsunterhalt hat.[486] Eine Herabsetzung im

---

480 *BGH* FamRZ 2010, 629 (634); FamRZ 2010, 1971 (1975); FamRZ 2011, 1381 (1383); FamRZ 2012, 93 (97); FamRZ 2012, 772 (774); FamRZ 2012, 1637 (1641); NJW 2016, 2257 (2256).
481 *BGH* FamRZ 2012, 951 (954); NJW 2013, 2434 (2435); NJW 2014, 1302 (1304); NJW 2016, 2256 (2257); FamRZ 2018, 1506 (1508).
482 *BGH* FamRZ 2009, 406 (408); FamRZ 2010, 1971 (1975); FamRZ 2011, 1381 (1384); FamRZ 2012, 93 (97); FamRZ 2012, 197 (199); FamRZ 2018, 1506 (1509); *OLG Hamm* FamRZ 2019, 110 (111).
483 *BGH* FamRZ 2011, 1721 (1723); FamRZ 2012, 772 (775); FamRZ 2012, 951 (954); NJW 2013, 2434 (2435); NJW 2016, 2257 (2256).
484 *BGH* FamRZ 2011, 1721 (1723); FamRZ 2011, 1381 (1384); FamRZ 2012, 197 (199); FamRZ 2012, 772 (774); FamRZ 2012, 951 (954); NJW 2014, 1302 (1304).
485 *BGH* NJW 2009, 1876 (1879); FamRZ 2009, 1124 (1128); FamRZ 2010, 1050 (1055); unter anderem in Anschluss an *Schwab*, FamRZ 2005, S. 1419; siehe auch *Borth*, Praxis des Unterhaltsrechts, Rn. 135; *Häberle*, in: *Soergel/BGB*, § 1578b, Rn. 29.
486 Zur Auffassung des Gesetzgebers siehe BT-Drucksache 16/6980, S. 9.

Sinne von § 1578b Abs. 1 BGB ist dennoch auch bei Vorliegen eines Anspruchs auf Betreuungsunterhalt möglich, obgleich bereits der Gesetzgeber aufgrund des ausdrücklich zu berücksichtigenden Kindeswohls davon ausgeht, dass dies nur in Ausnahmefällen in Betracht komme.[487]

4. Verwirkung des nachehelichen Unterhaltsanspruchs

Eine weitere Billigkeitskorrektur des Unterhaltsanspruchs ermöglicht § 1579 BGB. Demgemäß kann eine Anpassung in Fällen vorgenommen werden, in denen die Inanspruchnahme des Unterhaltspflichtigen durch den Unterhaltsberechtigten rechtsmissbräuchlich wäre. Aufgrund dieser Norm können insbesondere – vergleichbar mit dem ehemals geltenden Schuldprinzip im Scheidungs- und Unterhaltsrecht – Umstände berücksichtigt werden, die andernfalls bei der grundsätzlich schuldunabhängigen Feststellung des Unterhaltsanspruchs außer Betracht bleiben würden. Das Gesetz knüpft sowohl an objektive als auch an subjektive Tatbestandsmerkmale an.[488]

Damit eine Verwirkung des Unterhalts überhaupt in Betracht kommt, bedarf es zunächst des Vorliegens eines ausdrücklich in § 1579 BGB genannten Tatbestandes. Die einzelnen Fallgruppen sollen im Folgenden schematisch dargestellt werden.

Gemäß § 1579 Nr. 1 BGB kommt eine Verwirkung insbesondere in Betracht, wenn die **Ehe von kurzer Dauer** war. Ob dies der Fall ist, bestimmt sich nicht anhand eines abstrakten Zeitraums, sondern nach der Lebenssituation der Ehegatten und deren Abstimmung aufeinander im jeweiligen Einzelfall.[489] Aus praktischen Erwägungen wird jedoch gemeinhin bei einer Ehezeit von unter zwei Jahren von einer kurzen Dauer ausgegangen.[490] Maßgeblich ist der Zeitraum von der Eheschließung bis zur Rechtshängigkeit des Scheidungsverfahrens.[491]

---

487 BT-Drucks. 16/1830, S. 19; siehe auch *Borth*, Praxis des Unterhaltsrechts, Rn. 136; *Häberle*, in: *Soergel*/BGB, § 1578b, Rn. 29.
488 *Häberle*, in: *Soergel*/BGB, § 1579, Rn. 2.
489 Grundlegend *BGH* NJW 1981, 754 (755); siehe auch *BGH* NJW 1982, 823 (824); NJW 1982, 929 (930); FamRZ 1986, 886 (887); NJW 1999, 1630 (1631).
490 *BGH* NJW 1981, 754 (756); NJW 1982, 823 (824); NJW 1982, 929 (930); FamRZ 1986, 886 (887); FamRZ 1989, 483 (486); NJW 1990, 1847 (1848); FamRZ 1995, 1405 (1408); NJW 1999, 1630 (1631); FamRZ 2011, 791 (794).
491 *BGH* NJW 1981, 754 (755); NJW 1982, 823 (824); NJW 1982, 2442 (2442); NJW 1990, 1847 (1848); FamRZ 1995, 1405 (1407).

Weiterhin kann eine Verwirkung anzunehmen sein, wenn der Unterhaltsberechtigte in einer **verfestigten Lebensgemeinschaft** lebt. Dies ergibt sich aus § 1579 Nr. 2 BGB. Die Eingehung einer nichtehelichen Partnerschaft erfüllt den Tatbestand nicht ohne weiteres; vielmehr muss der Unterhaltsberechtigte durch die Gemeinschaft zu erkennen geben, dass er der nachehelichen Solidarität nicht bedarf. Die innere Bindung der Partner aneinander muss sich anhand äußerer Umstände, wie das Erscheinungsbild und die Dauer der Partnerschaft von regelmäßig über zwei bis drei Jahren, objektivieren lassen.[492] Vereinzelt wird der Zeitraum aufgrund des Vorliegens besonderer Umstände verkürzt.[493] Von Bedeutung kann auch eine sozio-ökonomische Gemeinschaft sein, in der sich die Partner wirtschaftlich stützen oder stützen könnten.[494]

Sollte sich der Berechtigte eines **Verbrechens oder schweren vorsätzlichen Vergehens** gegen den Verpflichteten oder einen nahen Angehörigen schuldig gemacht haben, kann gemäß § 1579 Nr. 3 BGB dessen Unterhaltsanspruch verwirkt worden sein. Bereits aus dem Wortlaut ergibt sich, dass es sich um strafbare Handlungen von erheblichem Gewicht handeln muss.[495] Ob eine strafrechtliche Verfolgung der Taten erfolgt, ist für die unterhaltsrechtliche Bewertung jedoch nicht relevant.[496]

Des Weiteren kommt gemäß § 1579 Nr. 4 BGB eine Verwirkung in Betracht, wenn der Berechtigte seine **Bedürftigkeit mutwillig** herbeigeführt hat. Dies betrifft Konstellationen, in denen der Unterhaltsberechtigte seine Bedürftigkeit durch eigenes Verhalten hervorruft, das als leichtfertig oder verantwortungslos

---

492 *BGH* NJW 1984, 2692 (2693); FamRZ 1991, 670 (672); FamRZ 1989, 487 (491); FamRZ 1995, 540 (542); FamRZ 1997, 671 (672); NJW 2002, 217 (219); NJW 2011, 3089 (3091); NJW 2011, 3712 (3713); *OLG Bamberg* NJOZ 2008, 3198 (3199); *OLG Hamburg* FamRZ 2014, 1209 (1209); *OLG Karlsruhe* NJW 2009, 860 (862); *OLG Oldenburg*, NJW 2017, 963 (964); *OLG Saarbrücken* NJW-RR 2017, 1092 (1093).
493 *OLG Oldenburg* NJW 2012, 2450 (2451); NJW 2017, 963 (964).
494 *BGH* FamRZ 1989, 487 (490); FamRZ 1995, 540 (542); *OLG Karlsruhe* NJW 2009, 860 (861).
495 *Beutler*, in: *Bamberger/Roth*, BGB, § 1579, Rn. 10; *Häberle*, in: *Soergel*/BGB, § 1579, Rn. 14; siehe zu einzelnen Straftatbeständen: *BGH* NJW 1982, 100 (101); NJW 1997, 1439 (1440); *OLG Bremen* FamRZ 1981, 953 (953); *OLG Hamm* NJW-RR 1988, 8 (9); NJW 1990, 1119 (1120); *OLG Koblenz* NJW-FER 198, 122 (122); *OLG Oldenburg* FamRZ 2018, 680 (681).
496 *BGH* NJW 1981, 1609 (1610); FamRZ 2003, 848 (853); *OLG Hamm* NJW 1990, 1119 (1120).

zu klassifizieren ist.[497] Insbesondere kommt die Erfüllung dieses Tatbestandes in Betracht, wenn der Berechtigte zugleich eine Obliegenheit verletzt.[498]

Gemäß § 1579 Nr. 5 BGB ist eine Verwirkung ferner in Fällen, in denen sich der Unterhaltsberechtigte **mutwillig über schwerwiegende Vermögensinteressen** des Verpflichteten **hinweggesetzt** hat, zu prüfen. Die Tatbestandsvoraussetzung erfüllt sowohl eine Handlung, die sich unmittelbar auf Vermögensinteressen auswirken kann, als auch eine solche, die sich lediglich mittelbar auf das Vermögen auswirkt bzw. auswirken würde. So ist das Verhalten eines Berechtigten tatbestandsmäßig, wenn er im Rahmen der Geltendmachung eines titulierten Unterhaltsanspruchs über das erforderliche Maß hinaus tätig wird, sein Verhalten den Verpflichteten nachhaltig schädigen und damit die Erfüllung der Unterhaltspflicht erheblich erschweren oder unmöglich machen kann.[499] Ausreichend ist, dass vermögensrechtliche Interessen des Unterhaltspflichtigen gefährdet werden; ein Vermögensschaden muss nicht bereits eingetreten sein. Sowohl der Gefährdung als auch der Pflichtverletzung muss jedoch erhebliches Gewicht zukommen.[500]

Hat der Berechtigte vor der Trennung längere Zeit seine Pflicht, zum **Familienunterhalt** beizutragen, **gröblich verletzt**, kommt gemäß § 1579 Nr. 6 BGB eine Verwirkung in Betracht. Der Familienunterhalt betrifft die während der intakten Ehe bestehende Unterhaltspflicht. Dies schließt sowohl die wirtschaftliche Unterhaltspflicht als auch die Haushaltsführung und Pflege und Erziehung gemeinsamer Kinder mit ein.[501] Diese Verpflichtung müsste über einen längeren Zeitraum verletzt worden sein, was im Einzelfall unter Berücksichtigung der gesamten Ehezeit zu bestimmen ist.[502] Die gröbliche Verletzung setzt zudem

---

497 *BGH* FamRZ 1981, 1042 (1044); FamRZ 1984, 364 (367); FamRZ 1990, 989 (991).
498 MüKoBGB/*Maurer*, § 1579 BGB, Rn. 54; siehe auch *OLG Hamm* FamRZ 2014, 1027 (1029 f.).
499 So hat das *OLG Düsseldorf* NJW-RR 1996, 1155 (1156) den Äußerungen der Unterhaltsberechtigten gegenüber Geschäftspartnern des Unterhaltsverpflichteten über u.a. dessen Liquidität besonderes Gewicht beigemessen, da dies dessen Erwerbsgrundlage gefährdet habe; siehe auch *OLG Hamm* FamRZ 1994, 168 (168); NJW-RR 2004, 1229 (1239); *OLG Karlsruhe* FamRZ 1998, 746 (747); NJWE-FER 1998, 52 (53).
500 *BGH* NJW 2008, 2581 (2583); NJW 2009, 1956 (1958); *OLG Hamm* NJW-RR 2004, 1229 (1239).
501 *Beutler*, in: *Bamberger/Roth*, BGB, § 1579, Rn. 22; MüKoBGB/*Maurer*, § 1579 BGB, Rn. 86.
502 *Beutler*, in: *Bamberger/Roth*, BGB, § 1579, Rn. 21; *Hohloch*, in: *Kaiser/Schnitzler/Friederici/Schilling*, Familienrecht, § 1579 BGB, Rn. 61; MüKoBGB/*Maurer*, § 1579 BGB, Rn. 88; vgl. zum Ausschluss des Versorgungsausgleichs bei einer

voraus, dass weitere objektive Merkmale vorliegen, die dem pflichtwidrigen Verhalten ein besonderes Gewicht verleihen.[503]

Ferner kommt eine Verwirkung in Betracht, wenn den Berechtigten ein **offensichtlich schwerwiegendes, eindeutig bei ihm liegendes Fehlverhalten** im Sinne von § 1579 Nr. 7 BGB trifft. Dieser Tatbestand setzt eine grobe Verantwortungslosigkeit und Pflichtwidrigkeit seitens des Unterhaltsberechtigten voraus, die sich in einem schuldhaften Handeln des Berechtigten ausgedrückt haben muss.[504] In der Praxis wird die Verwirkung nach § 1579 Nr. 7 BGB regelmäßig bei Verstößen gegen die eheliche Treue thematisiert. Maßgeblich ist, ob der Berechtigte sich widersprüchlich verhält, indem er einerseits durch den Unterhaltsanspruch die eheliche Solidarität einfordert, andererseits jedoch diese Solidarität durch ein evidentes und einseitiges Fehlverhalten verletzt.[505] Gleichwohl führt nicht jeder Verstoß zu einer Verwirkung; insoweit ist auch zu berücksichtigen, ob der Verstoß gegen die Treuepflicht selbst zum Scheitern der Ehe geführt hat, was nicht der Fall ist, wenn sich die Beteiligten bereits zuvor von den ehelichen Bindungen losgesagt haben.[506] Auch kann das Vorspiegeln einer Vaterschaft wider besseren Wissens ein schwerwiegendes Fehlverhalten darstellen.[507]

Einen Auffangtatbestand enthält § 1579 Nr. 8 BGB, wonach eine Verwirkung auch zu prüfen ist, falls ein **anderer, nicht benannter Grund** vorliegt, der ebenso schwer wirkt, wie die zuvor aufgeführten. Die Auffangklausel erfasst sowohl subjektive als auch objektive Umstände, die dazu führen, dass dem Verpflichteten die mit der Unterhaltszahlung verbundene Belastung unzumutbar

---

Unterhaltspflichtverletzung: *BGH* FamRZ 1987, 49 (51); *OLG Celle* FamRZ 1981, 576 (576).

503 *Beutler*, in: *Bamberger/Roth*, BGB, § 1579, Rn. 21; *Hohloch*, in: *Kaiser/Schnitzler/Friederici/Schilling*, Familienrecht, § 1579 BGB, Rn. 59; MüKoBGB/*Maurer*, § 1579 BGB, Rn. 89 f.; vgl. zum Ausschluss des Versorgungsausgleichs bei einer Unterhaltspflichtverletzung: *BGH* NJW 1986, 1934 (1935); FamRZ 1987, 49 (50); *OLG Celle* FamRZ 1981, 576 (577); *OLG Hamburg* FamRZ 1984, 712 (713); *OLG Karlsruhe* FamRZ 1983, 818 (820).

504 *BGH* NJW 1990, 253 (254); *OLG Karlsruhe* FamRZ 1980, 1011 (1011); siehe auch *Häberle*, FamRZ 1982, S. 558 f.

505 *BGH* FamRZ 1980, 665 (666); FamRZ 1983, 569 (572); FamRZ 1989, 1279 (1280); NJW 2008, 2779 (2780); NJW 2011, 1582 (1585); *KG* NJOZ 2007, 414 (415).

506 *BGH* NJW 1981, 1214 (1215); NJW 1983, 683 (684); *KG* NJOZ 2007, 414 (415); *OLG Oldenburg* NJW 2012, 2450 (2451); siehe auch *Häberle*, FamRZ 1982, S. 559.

507 *BGH* NJW 1985, 428 (429); NJW 2012, 1443 (1446); *OLG Brandenburg* NJW-RR 2000, 1098 (1099); *OLG Hamm* NZFam 2015, 965 (965 f.); FamRZ 2017, 724 (726); siehe zum Versorgungsausgleich: *BGH* FamRZ 1985, 267 (268); NJW 2008, 3429 (3431).

wird.⁵⁰⁸ Dies trifft beispielsweise in Fällen zu, in denen die Ehegatten lange voneinander getrennt gelebt und sich in der Trennungszeit die Lebensverhältnisse bereits vollumfänglich verselbstständigt haben.⁵⁰⁹

Das Vorliegen eines der soeben genannten Tatbestände führt nicht stets zur Verwirkung des Unterhalts. Vielmehr eröffnet § 1579 BGB in diesem Fall erst die Möglichkeit, unter Berücksichtigung der Belange eines durch den Berechtigten betreuten Kindes zu erwägen, ob die Inanspruchnahme des Unterhaltspflichtigen durch den Berechtigten **grob unbillig** wäre. Eine solche Unbilligkeit besteht, falls die Gewährung von Unterhalt dem Gerechtigkeitsempfinden in unerträglicher Weise widersprechen würde. Das Vorliegen grober Unbilligkeit führt nicht stets zu einer vollständigen Versagung des Unterhalts, vielmehr kommt entsprechend der ausdrücklichen Formulierung der Norm auch eine Befristung oder Herabsetzung in Betracht.⁵¹⁰ Dieses Tatbestandsmerkmal kennzeichnet § 1579 BGB als Ausnahmetatbestand.⁵¹¹

III. Vergleichende Synthese und Evaluation

Nachstehend erfolgt zunächst eine vergleichende Synthese der Ausgestaltung des nachehelichen Unterhaltsanspruchs im deutschen und niederländischen Recht. Anschließend soll eine wertende Betrachtung unter Berücksichtigung der der Ausarbeitung vorangestellten Erwägungen zur Rechtssicherheit und Gerechtigkeit vorgenommen werden.

Sowohl das niederländische als auch das deutsche Recht sehen den nachehelichen Unterhaltsanspruch eines Ehegatten als Ausdruck eines Nachwirkens der ehelichen Solidarität trotz der Trennung des Ehebandes durch die Scheidung. Gleichzeitig wird in beiden Rechtsordnungen die Eigenverantwortlichkeit des Unterhaltsberechtigten betont, indem ihm die Obliegenheit auferlegt wird, selbst seinen Lebensbedarf sicherzustellen – im deutschen Recht ausdrücklich durch § 1569 S. 1 BGB, im niederländischen Recht im Rahmen der Bedürftigkeitsprüfung.

---

508 *BGH* FamRZ 1983, 569 (572); FamRZ 1985, 267 (268); FamRZ 1985, 911 (912); *OLG Celle* FamRZ 1986, 910 (912).
509 *BGH* FamRZ 1986, 244 (246); NJW-RR 1988, 834 (835); *OLG Bamberg* NZFam 2014, 1095 (1096); *OLG Celle* FamRZ 1990, 519 (520); *OLG Köln* NJW-FER 1999, 2 (2); *OLG Frankfurt* FPR 2004, 25 (25); vgl. auch *BGH* NJW 1980, 2247 (2249).
510 *BGH* FamRZ 1982, 583 (584); FamRZ 1983, 670 (672).
511 So ausdrücklich *Häberle*, in: *Soergel*/BGB, § 1579, Rn. 42.

Auch die grundlegenden Voraussetzungen eines Unterhaltsanspruchs ähneln sich in beiden Rechtsordnungen. Das deutsche Recht ermittelt zunächst den Bedarf des Unterhaltsberechtigten, stellt sodann jedoch wie das niederländische Recht darauf ab, ob der Unterhaltsberechtigte bedürftig und der Unterhaltsverpflichtete leistungsfähig ist. Der Nachscheidungsunterhaltsanspruch des Bürgerlichen Gesetzbuches setzt jedoch darüber hinaus das Vorliegen weiterer Tatbestandsmerkmale voraus, wodurch der Anspruch weiter beschränkt wird. Der deutsche Gesetzgeber knüpft insoweit an besondere Bedarfslagen, wie die Betreuung minderjähriger Kinder, das Bestehen einer Erkrankung oder andere Erwerbseinschränkungen, wie das Alter, an. Eine entsprechende Einschränkung kennt das niederländische Recht nicht.

Hinsichtlich der Beschränkung und Befristung des Unterhaltsanspruchs räumt das *Burgerlijk Wetboek* dem Richter einen Ermessensspielraum ein, der eine Gesamtbetrachtung aller Umstände des jeweiligen Einzelfalls erfordert. Hierbei kann auch persönliches Fehlverhalten eines Ehegatten berücksichtigt werden, wobei der Unterhaltsanspruch grundsätzlich auf höchstens zwölf Jahre zu befristen ist. Auch das deutsche Recht stellt hinsichtlich einer Befristung und Herabsetzung auf eine Gesamtbetrachtung ab und berücksichtigt insbesondere, ob ehebedingte Nachteile gegen eine solche sprechen. Persönliches Fehlverhalten hingegen kann im Rahmen der Verwirkung des Unterhaltsanspruchs berücksichtigt werden. Die Systematik der Beschränkung und Befristung unterscheidet sich in beiden Rechtsordnungen; jedoch erfordern beide eine Billigkeitsabwägung unter Berücksichtigung aller Umstände des jeweiligen Einzelfalls. Dementsprechend ist wenig überraschend, dass sowohl im deutschen als auch im niederländischen Recht ähnliche Fallgestaltungen Eingang in die Rechtsprechung gefunden haben, die sich mit einer Beschränkung oder Befristung des Unterhaltsanspruchs auseinandersetzen. Dies betrifft beispielsweise die Umstände, die zum Scheitern der Ehe geführt haben, oder die fehlende Rücksicht des Unterhaltsberechtigten auf finanzielle Belange des Unterhaltspflichtigen.

Vor dem Hintergrund der Ähnlichkeit des Unterhaltsrechts in den Niederlanden und in Deutschland ist eine wertende Betrachtung unter Berücksichtigung des eingangs genannten Maßstabs schwerlich vorzunehmen. Das Spannungsfeld zwischen Rechtssicherheit und Gerechtigkeit ergibt sich vorliegend daraus, dass die Anspruchsgrundlagen in beiden Rechtsordnungen zwar gesetzlich normiert sind, diese gleichzeitig dem Richter jedoch die Möglichkeit eröffnen, durch die letztlich erforderliche Billigkeitsabwägung eine gerechte und an den Einzelfall angepasste Entscheidung zu treffen. Dies trifft auf beide Rechtsordnungen zu. Zuzugestehen ist, dass der Unterhaltsanspruch im Bürgerlichen Gesetzbuch, insbesondere unter Berücksichtigung der Möglichkeit einer Befristung und

Herabsetzung nach § 1578b BGB und der Verwirkung nach § 1579 BGB, eindeutiger strukturiert worden ist, was zur Rechtssicherheit beiträgt. Das niederländische Recht stellt insoweit allein auf den Ermessensspielraum des Richters ab, ohne daran weitere gesetzlich normierte Voraussetzungen zu knüpfen. Gleichzeitig trägt die Aufnahme einer ausdrücklich normierten zeitlichen Begrenzung des Unterhaltsanspruchs, wie sie Art. 1:157 BW kennt, zur Rechtssicherheit bei.

C. Dritter Ausgangspunkt: Der Ausgleich von Rentenanwartschaften

Inhalt einer Vereinbarung unter Ehegatten kann auch der Ausgleich von Rentenanwartschaften sein. Sowohl das deutsche als auch das niederländische Recht sehen durch besondere gesetzliche Regelungen vor, dass ein solcher Ausgleich zwischen Ehegatten erfolgt, falls die Ehe geschieden wird. Im deutschen Recht richtet sich dies nach den Vorschriften des Versorgungsausgleichgesetzes, das niederländische Recht kennt mit dem *Wet verevening pensioenrechten bij scheiding* (WVPS) eine vergleichbare Regelung.

Im Folgenden sollen die Grundsätze beider Rechtsinstitute untersucht werden, um anschließend einen Vergleich vorzunehmen und die Rechtsinstitute zu evaluieren.

Im Rahmen der Darstellung des *Wet verevening van pensioenrechten bij scheiding* soll zunächst die Rechtslage vor Inkrafttreten des Gesetzes dargestellt werden, die auf einer Entscheidung des *Hoge Raads* beruht. Diese Gerichtsentscheidung hat die Entwicklung der nun bestehenden gesetzlichen Regelung maßgeblich beeinflusst. Im Anschluss daran sollen die grundlegenden gesetzlichen Bestimmungen näher untersucht werden.

Die deutsche Rechtslage soll anhand der grundlegenden Bestimmungen des Versorgungsausgleichsgesetzes dargestellt werden. In einem ersten Schritt sollen die Grundprinzipien dieses Rechtsinstituts erläutert werden. Im Anschluss daran erfolgt eine Gegenüberstellung der Durchführung des Versorgungsausgleichs nach der bis zur Strukturreform des Versorgungsausgleichs und der seitdem geltenden Gesetzeslage. Abschließend wird die geltende Rechtslage unter Berücksichtigung der Durchführung des Wertausgleichs bei der Scheidung schematisch dargestellt.

I. Teilhabe an den Rentenanwartschaften im niederländischen Recht

Wie bereits oben ausgeführt wurde, sieht das niederländische Recht vor, dass die Ehegatten im Falle einer Ehescheidung grundsätzlich an den während der Ehe aufgebauten Rentenanwartschaften des jeweils anderen Ehegatten beteiligt werden sollen. Die entsprechenden gesetzlichen Bestimmungen finden im *Wet verevening pensioenrechten bij scheiding* (WVPS).

1. Der güterrechtliche Ausgleich

Der Ausgleich der Rentenanwartschaften erfolgt jedoch nicht ausnahmslos entsprechend den Vorschriften des WVPS. Das Gesetz über den Ausgleich der Rentenansprüche hat grundsätzlich keine Rückwirkung, sofern die Ehe bis zum Zeitpunkt des Inkrafttretens dieses Gesetzes, also bis zum 01.05.1995, geschieden worden ist. In diesem Fall erfolgt ein Rentenausgleich entsprechend der früheren Rechtslage. Besteht die Ehe jedoch noch am 01.05.1995 oder wird diese danach geschlossen, sind die Vorschriften des WVPS anwendbar. Deshalb wird bezüglich bereits bestehender Ehen von einer beschränkten Rückwirkung gesprochen.[512]

Eine entsprechende Regelung findet sich in Art. 12 Abs. 1 WVPS.

> Art. 12 Abs. 1 WVPS:
> „1. Deze wet is niet van toepassing op een scheiding die heeft plaatsgevonden voor de datum van inwerkingtreding van deze wet. [...]"
> Deutsch:
> 1. Dieses Gesetz ist nicht auf eine Scheidung anwendbar, die vor dem Datum des Inkrafttretens dieses Gesetzes erfolgt ist. [...]

Vor dem Erlass des Gesetzes konnte ein Ausgleich der Rentenanwartschaften allenfalls im Rahmen des ehelichen Güterrechts erfolgen. Umstritten war jedoch, ob Rentenanwartschaften als bedingte Anrechte überhaupt Teil der Gütergemeinschaft werden können.

In diesem Zusammenhang wurde zunächst durch den *Hoge Raad* vertreten, dass die Rentenanwartschaften derartig mit dem jeweiligen Ehegatten, der sie erworben habe, verbunden seien, dass diese Verbundenheit den Wirkungen der Gütergemeinschaft widersprechen würde. Die Zuteilung von Rentenanwartschaften im Rahmen der Auflösung der Gütergemeinschaft an einen Ehegatten

---

512 Der Zeitpunkt des Inkrafttretens ergibt sich aus *Stb.* 1994, 342; zur Rückwirkung des Gesetzes siehe *Reijnen*, WPNR 2012, S. 91.

stelle eine Schenkung dar, da diese Anwartschaften aufgrund der besonderen Verbindung nicht Teil der Gütergemeinschaft werden würden.[513]

Mit dieser Auffassung hat der *Hoge Raad* in seiner Entscheidung vom 27.11.1981 ausdrücklich gebrochen. Der Gerichtshof hat im Zuge dieser Entscheidung ausgeführt, dass Rentenanwartschaften wie andere Rechte aufgrund der *Boedelmenging* Teil der Gütergemeinschaft seien. Da es sich bei Rentenanwartschaften um bedingte Rechte handele, die bereits zum Zeitpunkt der Ehescheidung bestehen würden, seien diese der Gütergemeinschaft zuzurechnen. Die Rentenanwartschaften seien nicht derartig mit den Ehegatten verbunden, dass sie von vornherein nicht der Gütergemeinschaft unterfallen würden. Es sei zu beachten, dass die zu beziehende Rente regelmäßig auch der Versorgung beider Ehegatten dienen sollte und der Aufbau von Rentenansprüchen grundsätzlich als Aufwendung beider Ehegatten zu sehen sei, was der Annahme einer besonderen Verbundenheit, die der Zugehörigkeit zur Gemeinschaft widerspreche, im Wege stehe. Folglich sei eine Verteilung der Rentenansprüche – als Teil der Gütergemeinschaft – bei einer Ehescheidung erforderlich. Aufgrund der Eigenart des Rentenanspruchs komme jedoch nur eine Verrechnung des Werts in Betracht.[514] Grundsätzlich sei von einem Anspruch auf Verrechnung in Höhe der Hälfte des Werts der Rentenansprüche auszugehen, wenn sich nicht ausnahmsweise aufgrund von Treu und Glauben ergebe, dass in einem anderen Verhältnis zum Entstehen der Rentenansprüche beigetragen worden sei.[515] Eine Ausnahme von diesem Grundsatz gibt der *Hoge Raad* selbst vor: Der güterrechtliche Ausgleich der Rentenanwartschaften könne nicht erfolgen, falls die Verteilung der Gütergemeinschaft bereits vor dem Datum der Entscheidung abgeschlossen worden sei. Diese Regelung sei erforderlich, da die jeweiligen Ehegatten berechtigterweise bei einer bereits erfolgten Verteilung auf deren Gültigkeit vertrauen würden. Werde diese Verteilung nachträglich in Frage gestellt, führe dies zu einer erheblichen Rechtsunsicherheit.[516]

Zur Begründung des Ausgleichs der Rentenanwartschaften wurde in der Literatur zum Teil nicht an das Güterrecht angeknüpft. Der Grundgedanke des Ausgleichs beruhe vielmehr auf der im allgemeinen Teil des Eherechts enthaltenen

---

513 *HR* 07.10.1959, ECLI: NL: HR:1959: AY0928, BNB 1959/355, URL: http://deeplinking.kluwer.nl/?param=00A9B5E5&cpid=WKNL-LTR-Nav2 (zuletzt abgerufen am 30.10.2018).
514 *HR* 22.11.1981, ECLI: NL: PHR:1981: AG4271, RvdW 1981/157, S. 747.
515 *HR* (o. Fn. 514), S. 748.
516 *HR* (o. Fn. 514), S. 748.

Verpflichtung, den anderen Ehegatten zu versorgen. Dementsprechend sei auch ein Ausgleich durchzuführen, wenn die Ehegatten den gesetzlichen Güterstand durch einen Ehevertrag abbedungen hätten.[517] Dieser Ansicht folgte der *Hoge Raad* nicht. Er sah den Anknüpfungspunkt im ehelichen Güterrecht. Hätten die Ehegatten das Bestehen jeglicher Gemeinschaft zwischen ihnen ehevertraglich ausgeschlossen, komme ein Ausgleich von Rentenanwartschaften nicht in Betracht.[518]

Bemerkenswert ist ferner, dass aufgrund der damals geltenden gesetzlichen Bestimmung der Ausgleich der Rentenanwartschaften grundsätzlich auch solche umfasste, die vor der Vollziehung der Ehe und damit vor Beginn der Gütergemeinschaft erwirtschaftet worden waren. Eine Beschränkung der Rechtsfolgen der Gütergemeinschaft hinsichtlich des vorehelichen Vermögens der Ehegatten bestand nicht.[519] Gegebenenfalls kann es allenfalls gegen das Gebot von Treu und Glauben verstoßen, den vorehelichen Erwerb von Rentenanwartschaften zu berücksichtigen; der *Hoge Raad* geht hiervon insbesondere dann aus, wenn eine Verrechnung nach einer zweiten Eheschließung erfolgt und die vorehelichen Anwartschaften auch solche aus der ersten Ehe sind.[520]

2. Neue gesetzliche Grundlage: Das Wet verevening pensioenrechten bij scheiding

Im Anschluss an den Erlass der Entscheidung des *Hoge Raads* haben sich Stimmen in der Literatur für eine Kodifizierung des Ausgleichs der Rentenanwartschaften ausgesprochen, um eine gesetzliche Grundlage zu schaffen, die unabhängig von dem gesetzlichen Güterstand einen Ausgleich ermöglicht.[521] Im Zuge eines ersten Gesetzgebungsverfahrens wurde darauf gedrungen, den Ausgleich der Rentenanwartschaften nicht anhand einer Verrechnung des Wertes

---

517 *Schoordijk*, WFR 1982/205.
518 HR 05.10.1990, ECLI: NL: HR: PHR:1990: AB9188, NJ 1991/567, URL: http://deeplinking.kluwer.nl/?param=0019E038&cpid=WKNL-LTR-Nav2 (zuletzt abgerufen am 30.10.2018); siehe auch *Wortmann*, in: GS Personen- en familierecht, Art. 1:155 BW, Rn. 1.
519 *Wortmann*, in: GS Personen- en familierecht, Art. 1:155 BW, Rn. 1.
520 HR 13.06.2014, ECLI: NL: HR:2014:1402, NJ 2014/311, URL: http://deeplinking. kluwer.nl/?param=00C928F5&cpid=WKNL-LTR-Nav2 (zuletzt abgerufen am 30.10.2018).
521 *Schoordijk*, WFR 1982/205; *Schoordijk/Vilain*, WTF 1985, S. 1707; *Verschuur-de Sonnaville*, AA 1995, S. 866, bezeichnet die Entscheidung als „Startschuss"; siehe auch *Bod*, Pensioen en privaatrecht, S. 189 – 230.

der Rentenanwartschaften zum Zeitpunkt der Ehescheidung vorzunehmen, sondern zu ermitteln, welchen Wert die Rentenanwartschaften eines Ehegatten haben würden, wenn ausschließlich Anwartschaften während des Bestehens der Ehe erworben worden wären. In dieser Höhe müsste ein eigener Anspruch des anderen Ehegatten begründet werden.[522] Auf diesen Grundgedanken hat der Gesetzgeber in einem späteren Verfahren, in welchem letztlich das WVPS eingeführt werden konnte, zurückgegriffen.[523]

Gemäß den Vorschriften des WVPS können im Falle der Ehescheidung die Ehegatten wechselseitig den Ausgleich von den Ansprüchen aus der Rentenversicherung, die der andere Ehegatte nach der Eheschließung und vor der Scheidung aufgebaut hat, beanspruchen. Rentenanwartschaften in diesem Sinne sind solche, die der Berechtigte in einem bestimmten Zeitabschnitt aufbaut und die er erst mit dem Erreichen eines bestimmten Lebensalters beanspruchen kann, wobei der Anspruch auf eine monatliche Auszahlung gerichtet ist. Ausgeglichen werden können mithin ausschließlich Anwartschaften auf eine Altersrente. Ausgeschlossen ist ein Ausgleich bei einer Hinterbliebenen- oder Invaliditätsrente.[524] Nicht umfasst ist zudem eine Rente nach den Bestimmungen des *Algemene Ouderdomswets*, da diese Altersrente allgemein gewährt werde und nicht auf einem Einsatz des jeweiligen Ehegatten während der Ehe beruhe.[525] Eine solche Rente setzt lediglich voraus, dass der Berechtigte eine gewisse Zeit in den Niederlanden gelebt oder gearbeitet hat; die Höhe der Rente ist unabhängig von den Beitragszahlungen, sondern bemisst sich nach den Versicherungsjahren. Es handelt sich um eine Volks- oder Bürgerversicherung.[526]

Die gesetzliche Grundlage findet sich in Art. 2 Abs. 1 WVPS.

Art. 2 Abs. 1 WVPS:
„1. In geval van scheiding en voor zover de ene echtgenoot na de huwelijkssluiting en voor de scheiding pensioenaanspraken heeft opgebouwd, heeft de andere echtgenoot

---

522 *Bod*, WPNR 1986, S. 154.
523 *Kamerstukken II* 1990/91, 21 893, Nr. 3, S. 3 (MvT).
524 *Kamerstukken II* 1990/91, 21 893, Nr. 3, S. 21 (MvT); vgl. *Siegman*, Pensioen en scheiding, S. 43; *Verschuur-de Sonnaville*, AA 1995, S. 868; *Vlaardingerbroek/Blankman/Heida/Van der Linden/Punselie*, Personen- en familierecht, S. 163; *Wortmann*, in: GS Personen- en familierecht, Art. 1:155 BW, Rn. 8.
525 *Kolkman/Salomons*, in: Asser 1-II, Rn. 629; *Wortmann*, in: GS Personen- en familierecht, Art. 1:155 BW, Rn. 8.
526 Informationsseite der *Sociale Verzekeringsbank* (SVB), URL: https://www.svb.nl/int/nl/aow/wat_is_de_aow/wie_krijgt_aow/wanneer_verzekerd/ (zuletzt abgerufen am 30.10.2018).

overeenkomstig het bepaalde bij of krachtens deze wet recht op pensioenverevening, tenzij de echtgenoten de toepasselijkheid van deze wet hebben uitgesloten bij huwelijkse voorwaarden of bij een bij geschrift gesloten overeenkomst met het oog op de scheiding. [...]"
Deutsch:
1. Im Falle einer Scheidung und soweit der eine Ehegatte nach der Eheschließung und vor der Scheidung Rentenanwartschaften erworben hat, hat der andere Ehegatte übereinstimmend mit den Bestimmungen dieses Gesetzes ein Anrecht auf Rentenausgleich, sofern nicht die Ehegatten die Anwendbarkeit dieses Gesetzes durch einen Ehevertrag oder durch eine schriftliche Vereinbarung im Hinblick auf die Scheidung ausgeschlossen haben.

Grundsätzlich soll der ausgleichsberechtigte Ehegatte durch den Ausgleich der Rentenanwartschaften einen unmittelbaren eigenen Anspruch gegenüber dem Versorgungsträger erhalten. Dies setzt voraus, dass einer der Ehegatten innerhalb von zwei Jahren nach Eintragung der Ehescheidung in das öffentliche Register den Versicherungsträger sowohl von der Scheidung als solcher als auch vom Zeitpunkt der Scheidung in Kenntnis gesetzt hat. Hierbei ist ein bestimmtes Formular zu verwenden.[527]

Eine entsprechende Regelung findet sich in Art. 2 Abs. 2 S. 1 WVPS.

Art. 2 Abs. 2 S. 1 WVPS:
„[...] 2. Ingevolge het in het eerste lid bedoelde recht op verevening ontstaat jegens het uitvoeringsorgaan een recht op uitbetaling van een deel van elk van de uit te betalen termijnen van het pensioen, mits binnen twee jaar na het tijdstip van scheiding van die scheiding en van het tijdstip van scheiding door een van beide echtgenoten mededeling is gedaan aan het uitvoeringsorgaan door middel van een formulier waarvan het model wordt vastgesteld door Onze Minister van Sociale Zaken en Werkgelegenheid en bekend gemaakt in de Staatscourant. [...]"
Deutsch:
[...] 2. In Folge des im ersten Absatz genannten Anrechts auf Ausgleich entsteht gegenüber dem Ausführungsorgan ein Anspruch auf Auszahlung von einem Teil von jeder auszuzahlenden Rentenrate, sofern einer der beiden Ehegatten innerhalb von zwei Jahren nach der Scheidung unter Verwendung eines Formulars, dessen Modell durch den Minister für Soziales und Arbeit festgestellt und im Staatscourant bekanntgemacht wird, dem Ausführungsorgan die Scheidung und den Scheidungszeitpunkt mitgeteilt hat. [...]

Der grundlegende Anspruch nach dem WVPS erlischt nicht, wenn eine der in Art. 2 Abs. 2 S. 1 WVPS genannten Voraussetzungen nicht vorliegt. Wird beispielsweise die Frist zur Anzeige versäumt, erwirbt der Ehegatte lediglich keinen

---

527 Dieses Formular wurde am 16.2.1995 im *Staatscourant* (*Stcrt.* 1995, 34) veröffentlicht.

originären Anspruch. Es verbleibt dennoch bei dem Anspruch auf Auszahlung des Rentenbetrages gegenüber dem anderen Ehegatten.[528]
Die gemäß den Vorschriften des WVPS durchgeführte Berechnung stellt eine Fiktion dar, da in der Regel die Dauer der Ehe nicht dem Zeitraum entspricht, in welchem der ausgleichspflichtige Ehegatte Rentenanwartschaften erworben hat.[529] Wie bereits ausgeführt wurde, hat der Gesetzgeber insoweit Anschluss an die Meinungen in der Literatur gesucht. In der Berechnung wird fingiert, dass nur ein Erwerb der Anwartschaften während der Ehe stattgefunden hat, mit dem Ende der Ehe auch der Erwerb der Ansprüche endet und folglich der Bezugszeitraum beginnt, sowie dass der Ausgleichsverpflichtete im Zeitpunkt der Auszahlung verheiratet ist oder in einer formellen Lebenspartnerschaft verbunden ist. Die Rentenanwartschaften, die während der Ehe entstanden sind, sind hälftig unter den Ehegatten aufzuteilen.
Dies ergibt sich aus Art. 3 Abs. 1 WPVS.

> Art. 3 Abs. 1 WVPS:
> „1. Het deel bedoeld in artikel 2, tweede lid, bedraagt de helft van het pensioen dat zou moeten worden uitbetaald indien:
> a. de tot verevening verplichte echtgenoot uitsluitend gedurende de deelnemingsjaren tussen de huwelijkssluiting en het tijdstip van scheiding zou hebben deelgenomen;
> b. hij op het tijdstip van scheiding de deelneming beëindigd zou hebben; en
> c. hij tijdens de periode dat hij recht op pensioen heeft gehuwd of geregistreerd zou zijn. [...]"
> Deutsch:
> 1. Der Teil, genannt in Art. 2 Abs. 2, beträgt die Hälfte der Rente, die ausbezahlt werden müsste, falls:
> a. der zum Ausgleich verpflichtete Ehegatte ausschließlich während der Teilnahmejahre zwischen Eheschließung und dem Zeitpunkt der Scheidung Ansprüche erworben hätte;
> b. er zum Zeitpunkt der Scheidung den Erwerb von Ansprüchen beendet hätte; und
> c. er während der Zeit, in der er Rentenanwartschaften erworben hat, verheiratet oder in einer formellen Lebenspartnerschaft verbunden gewesen wäre. [...]

Bemerkenswert ist weiter, dass der Tod eine wesentliche Grenze im Rahmen des Ausgleichs der Rentenanwartschaften darstellt. Verstirbt der ausgleichsverpflichtete Ehegatte, endet auch eine Beteiligung des anderen Ehegatten an den während der Ehe aufgebauten Rentenanwartschaften. Verstirbt der ausgleichsberechtigte

---

528 *Verschuur-de Sonnaville*, AA 1995, S. 868; *Wortmann*, in: GS Personen- en familierecht, Art. 1:155 BW, Rn. 11.
529 *Siegman*, Pensioen en scheiding, S. 53; *Verschuur-de Sonnaville*, AA 1995, S. 869.

Ehegatte, wächst dessen Anteil an den während der Ehe erworbenen Anwartschaften dem ausgleichspflichtigen Ehegatten erneut an. Er erhält mithin erneut seine vollständige Altersrente.[530]
Eine entsprechende gesetzliche Regelung findet sich in Art. 2 Abs. 4 S. 1 WVPS.

Art. 2 Abs. 4 S. 1 WVPS:
„4. Het recht op uitbetaling eindigt op het tijdstip waarop het recht op pensioen eindigt of met het einde van de maand waarin de tot verevening gerechtigde echtgenoot is overleden. [...]"
Deutsch:
4. Das Anrecht auf Auszahlung endet im Zeitpunkt, mit dem das Anrecht auf Rente endet, oder mit dem Ende des Monats, in dem der ausgleichsberechtigte Ehegatte verstorben ist. [...]

Ausnahmsweise ist der soeben dargestellte Ausgleich auch auf Fälle anwendbar, in denen ein Ausgleich von Rentenanwartschaften weder im Rahmen des WVPS noch über die güterrechtliche Lösung des *Hoge Raads* möglich ist. Sofern die Ehe mindestens 18 Jahre gedauert hat, während der Ehe minderjährige, nicht notwendigerweise gemeinsame Kinder betreut werden mussten und der Umstand, dass der eine Ehegatte keine oder nicht ausreichende Rentenansprüche aufgebaut hat, nicht bereits berücksichtigt wurde, kann dennoch ein Ausgleich entsprechend den Vorschriften des WVPS erfolgen. In diesem Fall besteht ein Anspruch auf ein Viertel des Wertes der Rentenanwartschaften.
Dies ergibt sich aus Art. 12 Abs. 1 S. 2 WVPS.

Art. 12 Abs. 2 S. 1 WVPS:
„2. Niettemin is deze wet van overeenkomstige toepassing op een scheiding die heeft plaatsgevonden vóór 27 november 1981, mits het huwelijk ten minste 18 jaren heeft geduurd en er tijdens het huwelijk minderjarige kinderen waren van de echtgenoten te zamen of van één van hen, en met dien verstande dat het deel bedoeld in artikel 2, tweede lid, slechts één vierde bedraagt van het pensioen dat ingevolge artikel 3, eerste en tweede lid, zou moeten worden uitbetaald, en dat er geen recht op pensioenverevening is voor zover reeds aantoonbaar rekening is gehouden met de omstandigheid dat de tot verevening gerechtigde echtgenoot geen of onvoldoende pensioen had opgebouwd. [...]
Deutsch:
2. Dennoch ist dieses Gesetz entsprechend anwendbar auf eine Scheidung, die vor dem 27.11.1981 stattgefunden hat, sofern die Ehe mindestens 18 Jahre gedauert hat, während dieser Ehe minderjährige Kinder, entweder gemeinsame der Ehegatten oder von einem von ihnen, betreut worden sind und unter der Voraussetzung, dass der Anteil, der in

---

530 Vgl. *Verschuur-de Sonnaville*, AA 1995, S. 869.

Art. 2 Abs. 2 genannt wird, nur ein Viertel der Rente beträgt, die gemäß Art. 3 Abs. 1 und 2 ausgezahlt werden müsste, dass kein Anrecht auf Rentenausgleich besteht und sofern dem Umstand, dass der zum Ausgleich berechtigte Ehegatte keine oder nicht ausreichende Rentenanwartschaften aufgebaut hat, nicht nachweislich bereits Rechnung getragen wurde. [...]

Der Gesetzgeber geht davon aus, dass auch bei Ehegatten, deren Ehescheidung und Verteilung der Gütergemeinschaft vor dem 27.11.1981 erfolgt sind, ein Bedarf bestehe, die Rentenanwartschaften auszugleichen.[531] Um die Gerichte zu entlasten, bedarf es keiner richterlichen Entscheidung anhand des Gebots von Treu und Glauben; vielmehr hat sich der Gesetzgeber entschieden, die nachträgliche Durchführung von Rentenanwartschaften von engen, objektiv feststellbaren Voraussetzungen abhängig zu machen.[532] In der Literatur ist insoweit angemerkt worden, dass diese Bestimmung mit der Grundregel des Übergangsrechts, wonach ein Gesetz keine Rückwirkung entfaltet, breche.[533] Diese Bestimmung wird als Verstoß gegen das Gebot der Rechtssicherheit sowie gegen das Gebot von Treu und Glauben kritisiert.[534] Zudem wurde problematisiert, dass mit dieser Bestimmung eine Ungleichbehandlung der Ehegatten einhergehe, deren Gütergemeinschaft vor dem 27.11.1981 aufgelöst und verteilt worden sei, und solchen Ehegatten, die ehevertraglich das Bestehen jeglicher Gütergemeinschaft ausgeschlossen hätten, deren Ehe nach dem soeben genannten Stichtag jedoch vor dem 01.05.1995 geschieden worden wäre. In diesem Fall könnte aufgrund der güterrechtlichen Lösung des Hoge Raads ein Ausgleich von Rentenanwartschaften nicht erfolgen, obwohl der vom Gesetzgeber anerkannte Bedarf bestehe.[535] Teilweise wurde dies als Diskriminierung bewertet.[536]

II. Teilhabe an Rentenanwartschaften nach deutschem Recht

Das deutsche Recht sieht ebenfalls vor, dass die Ehegatten bei einer Ehescheidung an den während der Ehe erworbenen Rentenanwartschaften des jeweils

---

531 *Kamerstukken II* 1992/13, 21 893, Nr. 24, S. 1.
532 *Kamerstukken II* 1992/13, 21 893, Nr. 30, S. 1.
533 Siehe *Lutjens*, NJB 1997, S. 711; *Verschuur-de Sonnaville*, AA 1995, S. 870.
534 *Lutjens*, NJB 1997, S. 712.
535 *De Boer*, NJB 1995, S. 801; *Lutjens*, NJB 1997, S. 716; *Soons*, FJR 1995, S. 124.
536 *De Boer*, NJB 1995, S. 801; anderer Ansicht *Lutjens*, NJB 1997, S. 716, der es noch für vertretbar hält, dass der Gesetzgeber die Anwendbarkeit des WVPS von diesen Zeitpunkten abhängig macht.

anderen Ehegatten beteiligt werden. Zu diesem Zwecke wird bei einer Ehescheidung der sog. Versorgungsausgleich durchgeführt.

1. Grundprinzip des Versorgungsausgleichs

Die Einführung des Rechtsinstituts des Versorgungsausgleichs durch das erste Gesetz zur Reform des Ehe- und Familienrechts vom 14.06.1976 geht einher mit weiteren wesentlichen gesetzlichen Modifikationen, wie der Abkehr vom Schuldprinzip im Rahmen der Ehescheidung und der Reform des Unterhaltsrechts.[537] Der historische Gesetzgeber beabsichtigte, durch den nachträglichen Ausgleich der Rentenanwartschaften eine eigenständige Alters- und Invaliditätssicherung für den Ehegatten sicherzustellen, dem aufgrund der Arbeitsaufteilung in der bestehenden Ehe der Aufbau eigener Anrechte nicht möglich war. In der Gesetzesbegründung wird in diesem Zusammenhang darauf hingewiesen, dass die Ehen weitgehend noch durch die Trennung der Rolle des Erwerbstätigen und des Haushaltsführenden geprägt seien, weshalb es zu einer unterschiedlichen Entwicklung der Rentenanwartschaften komme.[538]

Der Versorgungsausgleich hat nach seiner erstmaligen Normierung im Bürgerlichen Gesetzbuch durch das erste Gesetz zur Reform des Ehe- und Familienrechts vom 14.06.1976 mit der Strukturreform zum 01.09.2009 wesentliche Veränderungen erfahren.[539] Kernstück ist die Ausgliederung des Versorgungsausgleichs aus dem Bürgerlichen Gesetzbuch. So nennt § 1587 BGB den Versorgungsausgleich und fasst die Funktion des Rechtsinstituts kurz zusammen, verweist jedoch hinsichtlich der maßgeblichen Bestimmungen auf die nunmehr maßgeblichen Vorschriften des Versorgungsausgleichsgesetzes (VersAusglG).[540] Ungeachtet der im Einzelnen noch näher darzustellenden Veränderungen durch die Strukturreform ist der Gesetzgeber jedoch nicht von seinem ursprünglichen Grundgedanken abgerückt. Er bezeichnet den Versorgungsausgleich als ein unverzichtbares Institut zur Durchsetzung einer gerechten Teilhabe durch Teilung der gemeinsam erwirtschafteten Rentenanwartschaften.[541]

---

537 Erstes Gesetz zur Reform des Ehe- und Familienrechts (1.EheRG) vom 14. Juni 1976, BGBl 1976 I, 1421 (1421).
538 BT-Drucks. 7/650, S. 154.
539 Gesetz zur Strukturreform des Versorgungsausgleichs (VaStrRefG) vom 3. April 2009, BGBl 2009 I, 700.
540 Vgl. *Wick*, Der Versorgungsausgleich, Rn. 15.
541 BT-Drucks. 16/10144, S. 29 f.

Dogmatisch sucht der Versorgungsausgleich sowohl Anschluss an das Rechtsinstitut des Zugewinnausgleichs als auch an das Unterhaltsrecht. Einerseits wird darauf verwiesen, dass die Leistungen beider Ehegatten in der Ehe ungeachtet der weithin bestehenden Rollenverteilung als gleichwertig anzusehen seien. Die während der Ehe erwirtschafteten Anwartschaften beruhten auf einer gemeinsamen Lebensleistung, die eine hälftige Beteiligung der Ehegatten an den Anwartschaften des jeweils anderen rechtfertige. Andererseits besitze der Versorgungsausgleich eine unterhaltsrechtliche Funktion, die auf der Zweckbestimmung der Rentenanwartschaften als Sicherung des zukünftigen Lebensbedarfs beruhe. Bei natürlicher Betrachtung sei davon auszugehen, dass Zweckbestimmung der später bezogenen Rente die Absicherung der Familie sei, was den anderen Ehegatten einschließe.[542] Das Bundesverfassungsgericht betont in seinen Ausführungen zur verfassungsrechtlichen Legitimation des Versorgungsausgleichs ebenfalls die Funktion der ehelichen Lebensgemeinschaft als Versorgungsgemeinschaft. Unerheblich sei, dass die Rentenanwartschaften rechtlich nur einem der Ehegatten zuzuordnen seien. Bei fortbestehender Ehe würden die Versorgungsanwartschaften der Absicherung beider Ehegatten dienen; der Versorgungsausgleich bewirke bei einem Scheitern der Ehe, dass bei einer Auflösung der Versorgungsgemeinschaft der ursprüngliche Zweck bis zum Zeitpunkt der Auflösung beibehalten werde.[543] Verfassungsrechtliche Grundlage des Versorgungsausgleichs im Verhältnis der Ehegatten untereinander sind die Art. 6 Abs. 1 und Art. 3 Abs. 2 GG.[544]

2. Die Konzeption des Versorgungsausgleichs vor und nach der Strukturreform

Bei der Schaffung des Versorgungsausgleichs orientierte sich der historische Gesetzgeber am bereits existierenden Rechtsinstitut des Zugewinnausgleichs. Wie bereits ausgeführt wurde, ist der Anspruch, den ein Ehegatte im Rahmen des Zugewinnausgleichs erwirbt, auf eine einmalige vermögensrechtliche Auseinandersetzung gerichtet. Maßgeblich für die Höhe des Anspruchs ist eine Saldierung des Gewinns bzw. des Vermögenszuwachses, den beide Ehegatten während der Ehe erzielt haben.[545] Dementsprechend war der Versorgungsausgleich ursprünglich als einmaliger Ausgleich durch den Ehegatten, der die

---

542 BT-Drucks. 7/650, S. 155; BT-Drucks. 16/10144, S. 29.
543 *BVerfG* FamRZ 1979, 477 (479).
544 *BVerfG* FamRZ 1979, 477 (480); FamRZ 1980, 326 (333); FamRZ 1993, 405 (406).
545 Ausf. hierzu siehe S. 104 ff.

höheren Rentenanwartschaften während der Ehe erwirtschaftet hatte, konzipiert. Soweit die Ehegatten in der Ehe Rentenanwartschaften begründet oder aufrechterhalten hatten, waren die jeweils erworbenen Anwartschaften zu addieren und gegenüberzustellen. Ergaben sich bei einem der Ehegatten höheren Ehegatten, waren diese – vereinfacht dargestellt – hälftig an den anderen Ehegatten zu übertragen.[546]

Der nach dieser Prämisse durchgeführte Versorgungsausgleich wies jedoch erhebliche Konstruktionsfehler auf. So setzte die Saldierung voraus, dass die jeweils erworbenen Rentenanwartschaften miteinander vergleichbar gewesen wären, was jedoch aufgrund der unterschiedlichen Finanzierung, Dynamik und Leistungsspektren der Versorgungssysteme nicht den Gegebenheiten entsprach. Die zur Umrechnung erforderlichen Prognosen der Wertentwicklung erforderten oftmals die Bildung eines fiktiven Versorgungsverlaufs und erwiesen sich aufgrund dessen als unsicher und fehlerhaft. Die zur Anpassung statischer oder teildynamischer Anwartschaften geschaffene Barwert-Verordnung war aufgrund undifferenzierter Umrechnungsfaktoren und veralteter Rechnungsgrundlagen nicht geeignet, den wirklichen Wert der Anwartschaften abzubilden.[547]

Mit der Novellierung des Versorgungsausgleichs durch die Einführung des Versorgungsausgleichsgesetzes hat der Gesetzgeber Abstand von der bisherigen Form des Ausgleichs genommen und den einmaligen Ausgleich zugunsten eines Ausgleichs grundsätzlich aller während der Ehe erworbenen oder aufrechterhaltenen Anwartschaften abgeschafft. Die neue gesetzliche Systematik soll dazu beitragen, dass die Ehegatten nicht nur an den während der Ehe erworbenen Anwartschaften partizipieren, sondern die Anwartschaften auch zukünftig die gleichen Chancen und Risiken teilen.[548]

3. Der Wertausgleich bei der Scheidung nach den Vorschriften des Versorgungsausgleichsgesetzes

Nachfolgend soll eine schematische Übersicht der Durchführung des Versorgungsausgleichs bei einer Ehescheidung nach den Vorschriften des Versorgungsausgleichsgesetzes gegeben werden. In diesem Zusammenhang werden Fragen

---

546 *Wälzholz*, DStR 2010, S. 383; *Wick*, Der Versorgungsausgleich, Rn. 6.
547 Ausf. dazu: *Borth*, Versorgungsausgleich, Kapitel 1, Rn. 10 – 12; *Eichenhofer*, FamRZ 2008, S. 950; *Glockner/Hoenes/Weil*, Der neue Versorgungsausgleich, S. 1 f.; *Norpoth*, in: Anwalts-Handbuch Familienrecht, S. 1161 ff.; *Ruland*, Versorgungsausgleich, Rn. 5 – 31; *Schmid*, FPR 2009, S. 197; *Wick*, Der Versorgungsausgleich, Rn. 5 – 13.
548 BT-Drucks. 16/10144, S. 30; siehe auch *Wälzholz*, DStR 2010, S. 384.

der Verfahrensgestaltung beantwortet. Zudem soll dargestellt werden, welche Anwartschaften dem Versorgungsausgleich unterfallen, wie die Anwartschaften geteilt werden und welche Ausnahmeregelungen das Versorgungsausgleichsgesetz kennt. Eine gegebenenfalls erforderliche Anpassung des Versorgungsausgleichs nach Eintritt der Rechtskraft soll nicht erörtert werden.

Die grundlegende Regelung ergibt sich aus § 1 Abs. 1 und Abs. 2 VersAusglG. Demgemäß sind die in der Ehezeit erworbenen Anteile an den bestehenden Anwartschaften, der sog. Ehezeitanteil, hälftig zwischen den Ehegatten zu teilen. Dem ausgleichsberechtigen Ehegatten steht die Hälfte des Wertes des Ehezeitanteils der jeweiligen Anwartschaft als Ausgleichswert zu. Beträgt die für die Durchführung des Versorgungsausgleichs maßgebliche Ehezeit jedoch nur bis zu drei Jahre von dem Monat, in welchem die Ehe geschlossen worden ist, bis zum Ende des Monats, der der Antragstellung im Ehescheidungsverfahren vorausgeht, ist der Versorgungsausgleich nur auf Antrag eines der beteiligten Ehegatten durchzuführen. Dies ergibt sich aus § 3 Abs. 3 VersAusglG. Der Gesetzgeber geht davon aus, dass bei einer derart kurzen Ehezeit die Durchführung des Ausgleichs für die Ehegatten grundsätzlich nicht erforderlich ist. Mit der Vorschrift wird zudem die Entlastung der Versorgungsträger und der zuständigen Gerichte bezweckt.[549]

Es bedarf zu einer Einleitung des gerichtlichen Verfahrens über den Versorgungsausgleich grundsätzlich keines gesonderten Antrages durch einen Verfahrensbeteiligten. Stellt ein Beteiligter einen Ehescheidungsantrag, ist das Amtsgericht als zuständiges Familiengericht gemäß § 137 Abs. 2 S. 2 FamFG von Amts wegen gehalten, die Durchführung eines Verfahrens über den Versorgungsausgleich zu prüfen und dieses erforderlichenfalls durchzuführen. Wird ein solches Verfahren eingeleitet, entscheidet das Familiengericht im Verbund gemäß § 137 Abs. 1 FamFG zusammen über die Ehescheidung und den Versorgungsausgleich. Mit der Verbundentscheidung des Familiengerichts werden die jeweiligen Versorgungsschicksale der Ehegatten in Form eines einmaligen und grundsätzlich endgültigen Ausgleichs getrennt.[550] Auch in den Fällen des § 3 Abs. 3 VersAusglG ist durch das zuständige Gericht von Amts wegen festzustellen, dass der Versorgungsausgleich nicht durchgeführt wird. Das materiellrechtliche Antragserfordernis wirkt sich mithin in prozessrechtlicher Hinsicht

---

549 BT-Drucks. 16/10144, S. 48.
550 *Borth*, Versorgungsausgleich, Kapitel 1, Rn. 6; *Borth/Grandel*, in: *Musielak/Borth*, FamFG, § 217, Rn. 2.

nicht aus.⁵⁵¹ Die gerichtliche Entscheidung erwächst nach Ablauf der Rechtsmittelfrist sowohl in formeller Rechtskraft gemäß § 705 ZPO als auch in materieller Rechtskraft gemäß § 322 Abs. 1 ZPO.

Der Gesetzgeber hat sowohl im Versorgungsausgleichsgesetz als auch im Bürgerlichen Gesetzbuch verschiedene Regelbeispiele von Anwartschaften genannt, die im Rahmen des Versorgungsausgleichs zu teilen sind.⁵⁵² In den Versorgungsausgleich sind gemäß § 2 Abs. 1 VersAusglG und § 1587 Abs. 1 BGB Anwartschaften der gesetzlichen Rentenversicherung, der Beamtenversorgung, der berufsständischen Versorgung und Anwartschaften aus der betrieblichen Altersversorgung oder aus der privaten Alters- und Invaliditätsvorsorge einzubeziehen. Welche Anwartschaften im Einzelnen bei der Durchführung des Versorgungsausgleichs zu berücksichtigen sind, unterliegt gemäß § 2 Abs. 2 VersAusglG drei Voraussetzungen.

So ist zunächst erforderlich, dass die Anwartschaften **durch Arbeit oder Vermögen geschaffen oder aufrechterhalten** worden sind. Dies schließt sowohl Anwartschaften mit ein, die unmittelbar auf dem Einsatz von Arbeitsleistung oder Vermögen beruhen, als auch solche, die nur mittelbar in Bezug zur Arbeit stehen, wie Versorgungsanwartschaften, die ausschließlich durch Steuermittel oder Arbeitgeberbeiträge finanziert worden sind.⁵⁵³ Die Tatbestandsmerkmale Schaffung und Aufrechterhalten unterscheiden sich dadurch, dass im ersten Fall die Anwartschaft während der Ehe entsteht oder weiter anwächst, während es im zweiten Fall genügt, dass die Bedingungen für eine künftige Versorgungsleistung während der Ehe erfüllt werden, ohne dass es zugleich zu einem Wertzuwachs der jeweiligen Anwartschaft kommen muss.⁵⁵⁴ Wesentlicher Ausgangspunkt beider Varianten ist, ob die erworbenen Anwartschaften auf einer gemeinsamen Lebensleistung der Ehegatten beruhen. Andernfalls ist ein Ausgleich über den

---

551 *Borth*, Versorgungsausgleich, Kapitel 11, Rn. 1151; *Borth/Grandel*, in: *Musielak/Borth*, FamFG, § 137, Rn. 27; *Götsche*, in: *Götsche/Rehbein/Breuers*, Versorgungsausgleichsrecht, § 3 VersAusglG, Rn. 51; MüKoBGB/*Dörr*, § 3 Versorgungsausgleichgesetz, Rn. 24.

552 BT-Drucks. 16/10144, S. 46.

553 *BGH* NJOZ 2013, 581 (582); NJW-RR 2018, 769 (770); zur alten Rechtslage *BGH* NJW-RR 2008, 665 (669); siehe auch MüKoBGB/*Dörr*, § 2 Versorgungsausgleichsgesetz, Rn. 5; *Wick*, Der Versorgungsausgleich, Rn. 93.

554 *Borth*, Versorgungsausgleich, Kapitel 1, Rn. 97 – 98; *Holzwarth*, in: *Johannsen/Henrich*, Familienrecht, § 2 VersAusglG, Rn. 17; MüKoBGB/*Dörr*, § 2 Versorgungsausgleichsgesetz, Rn. 14; *Wick*, Der Versorgungsausgleich, Rn. 108; siehe auch BT-Drucks. 7/650, S. 155.

Versorgungsausgleich nicht gerechtfertigt.[555] So sollen nach der Gesetzesbegründung solche Leistungen unberücksichtigt bleiben, die auf eine bloße Entschädigung gerichtet sind.[556]

Weitere Voraussetzung für die Berücksichtigung im Versorgungsausgleich ist, dass die Anwartschaften der **Absicherung im Alter oder bei Invalidität** dienen. Es ist davon auszugehen, dass Zweck einer Anwartschaft die Alterssicherung ist, falls die Versorgungsleistung aufgrund des Erreichens eines bestimmten Alters gewährt wird und die Versorgung nach Beendigung einer Erwerbstätigkeit sicherstellen soll.[557] Eine Vorsorge für Invalidität besteht, falls eine Leistung im Falle einer Minderung der Erwerbsfähigkeit vor Erreichen der Altersgrenze durch eine Erkrankung, Gebrechen oder einer anderen Schwäche gewährt wird.[558]

Die Anwartschaften müssen weiter grundsätzlich auf die **Zahlung einer Rente gerichtet** sein. Es bedarf mithin einer regelmäßig wiederkehrenden Geldleistung; eine Sachleistung ist nicht ausreichend.[559]

Führt das Familiengericht den Wertausgleich bei einer Scheidung durch, ist grundsätzlich eine **interne Teilung** der Anwartschaften im Sinne des § 10 Abs. 1 VersAusglG vorzunehmen. Das Familiengericht begründet hierbei zulasten des ausgleichspflichtigen Ehegatten Anwartschaften auf einem bestehenden oder neu zu begründenden Konto des ausgleichsberechtigten Ehegatten bei dem jeweiligen Rentenversicherungsträger in Höhe des Ausgleichswertes. Durch die interne Teilung wird mithin durch den richterlichen Gestaltungsakt eine reale Teilung der Rentenanwartschaften im jeweiligen Versorgungssystem bewirkt.[560]

In Ausnahmefällen ist eine **externe Teilung** durchzuführen. Im Gegensatz zur internen Teilung wird in diesem Fall ein Anrecht zugunsten des

---

555 *BGH* NJOZ 2013, 581 (582); zur alten Rechtslage *BGH* NJW-RR 2008, 665 (668); siehe auch *Wick*, Der Versorgungsausgleich, Rn. 92.
556 BT-Drucks. 16/10144, S. 46.
557 *Holzwarth*, in: *Johannsen/Henrich*, Familienrecht, § 2 VersAusglG, Rn. 23; MüKoBGB/ *Dörr*, § 2 Versorgungsausgleichsgesetz, Rn. 17; *Wick*, Der Versorgungsausgleich, Rn. 100.
558 MüKoBGB/*Dörr*, § 2 Versorgungsausgleichsgesetz, Rn. 17; *Wick*, Der Versorgungsausgleich, Rn. 101.
559 *Holzwarth*, in: *Johannsen/Henrich*, Familienrecht, § 2 VersAusglG, Rn. 30 – 35; MüKoBGB/*Dörr*, § 2 Versorgungsausgleichsgesetz, Rn. 19.
560 *Holzwarth*, in: *Johannsen/Henrich*, Familienrecht, § 10 VersAusglG, Rn. 4; MüKoBGB/ *Siede*, § 10 Versorgungsausgleichsgesetz, Rn. 5; *Wick*, Der Versorgungsausgleich, Rn. 437.

ausgleichsberechtigten Ehegatten bei einem anderen Rentenversorgungsträger begründet als dem Versorgungsträger, bei dem die Anwartschaften des ausgleichspflichtigen Ehegatten bestehen. Die reale Teilung durch richterlichen Gestaltungsakt erfolgt mithin außerhalb des bestehenden Versorgungssystems. Verpflichtet wird nicht der ursprüngliche Versorgungsträger, sondern der durch den Ausgleichsberechtigten gewählte Versorgungsträger oder – bei fehlender Wahl – die Versorgungsausgleichskasse.[561] Die Durchführung der externen Teilung ist als Ausnahmefall konzipiert und vom Vorliegen weiterer Voraussetzungen abhängig. So bedarf es gemäß § 14 Abs. 2 Nr. 1 VersAusglG einer entsprechenden Vereinbarung zwischen der ausgleichsberechtigten Person und dem Rentenversicherungsträger der ausgleichspflichtigen Person. Ferner kann eine externe Teilung gemäß § 14 Abs. 2 Nr. 2 VersAusglG vorzunehmen sein, wenn der Wert der auszugleichenden Anwartschaften gering ist und der Rentenversicherungsträger ausdrücklich die externe Teilung verlangt. Eine weitere Ausnahmeregelung findet sich in § 16 VersAusglG, die im Regelfall eine externe Teilung erforderlich macht. Erwirbt ein Ehegatte Anwartschaften aufgrund eines öffentlich-rechtlichen Dienst- oder Arbeitsverhältnisses, so erfolgt eine interne Teilung nur, wenn dies explizit normiert worden ist. Diese Regelung hat zur Folge, dass Anwartschaften bei einer Versorgung aus einem öffentlich-rechtlichen Dienst- oder Arbeitsverhältnis grundsätzlich extern durch Begründung von Anwartschaften in der gesetzlichen Rentenversicherung zu teilen sind.

Weder eine interne noch eine externe Teilung soll durchgeführt werden, falls entweder die Differenz der Ausgleichswerte von Anwartschaften gleicher Art nach § 18 Abs. 1 VersAusglG **geringwertig** sind. Gleichartig in diesem Sinne sind solche Anwartschaften, die sich in Struktur und Wertentwicklung entsprechen. Dazu müssten die wesentlichen wertbildenden Faktoren, wie Leistungsspektrum, Finanzierungsart, Anpassungsmöglichkeit von laufenden Versorgungen, Insolvenzschutz und Teilkapitalisierungsrechte, übereinstimmen.[562] Ferner kann von einem Ausgleich abgesehen werden, wenn der Ausgleichswert einer Anwartschaft im Sinne des § 18 Abs. 2 VersAusglG geringwertig ist.

---

561 *Holzwarth*, in: *Johannsen/Henrich*, Familienrecht, § 14 VersAusglG, Rn. 3; MüKoBGB/*Siede*, § 14 Versorgungsausgleichsgesetz, Rn. 6; *Wick*, Der Versorgungsausgleich, Rn. 485.

562 BT-Drucks. 16/10144, S. 55; siehe auch *BGH* NJW-RR 2013, 1409 (1410); *Holzwarth*, in: *Johannsen/Henrich*, Familienrecht, § 18 VersAusglG, Rn. 4 – 6; MüKoBGB/*Siede*, § 18 Versorgungsausgleichsgesetz, Rn. 7; *Wick*, Der Versorgungsausgleich, Rn. 416.

Die Ausnahme der Anwartschaften von der Durchführung des Versorgungsausgleichs, die die sogenannte **Bagatellgrenze unterschreiten**, dient der Vermeidung eines unverhältnismäßigen Aufwands für die betroffenen Versorgungsträger einerseits und der Verhinderung einer unwirtschaftlichen Splitterung von Rentenanwartschaften andererseits.[563] Die **Höhe der Bagatellgrenze** richtet sich gemäß § 18 Abs. 3 VersAusglG nach sozialrechtlichen Vorschriften und ist für das jeweilige Ehezeitende gesondert zu bestimmen. Endet die Ehezeit durch Zustellung des Scheidungsantrages im Jahr 2018, ist davon auszugehen, dass ein Ausgleichswert die Bagatellgrenze unterschreitet, falls er geringer ist als eine monatliche Rente von 30,45 Euro bzw. ein Kapitalwert von 3.654,00 Euro.[564]

Anzumerken ist, dass eine Durchführung des Versorgungsausgleichs nicht in jedem Fall unterbleibt, falls die Bagatellgrenze im Sinne von § 18 Abs. 1 oder Abs. 2 VersAusglG unterschritten wird. Die maßgebliche Vorschrift räumt dem Familiengericht ein Ermessen ein, wobei ausweislich des Wortlauts in der Regel kein Ausgleich durchgeführt werden soll. Dennoch hat das Familiengericht bei der **Ermessensausübung** sowohl den für die Einführung der Bagatellgrenze maßgeblichen Aspekt der Verwaltungsökonomie als auch das gegenläufige Interesse des Ausgleichsberechtigten an der Erlangung auch geringwertiger Anwartschaften zu berücksichtigen. Wird der Halbteilungsgrundsatz durch den Ausschluss unverhältnismäßig beeinträchtigt, tritt das Interesse an der Verwaltungsökonomie zurück.[565] Die Ermessensentscheidung erfordert stets eine Gesamtbetrachtung des jeweiligen Einzelfalls.[566]

Von entscheidender Bedeutung kann bei dieser Betrachtung sein, ob durch ein Absehen von der Durchführung des Versorgungsausgleichs der eigentliche Zweck der Bagatellgrenze noch erfüllt werden kann.[567] Dies kommt in Betracht, falls aufgrund der Tatsache, dass ein Versorgungsträger die externe Teilung der geringwertigen Anwartschaft vorschlägt, kein hoher Verwaltungsaufwand durch

---

563 BT-Drucks. 16/10144, S. 60; siehe auch *BGH* NJW-RR 2012, 193 (194); NJW 2012, 312 (314).
564 *Götsche*, in: *Götsche/Rehbein/Breuers*, Versorgungsausgleichsrecht, § 18 VersAusglG, Rn. 15.
565 *BGH* NJW-RR 2012, 193 (194); NJW 2012, 1281 (1282); FamRZ 2012, 189 (190); NJW-RR 2016, 967 (968); NJW-RR 2016, 1476 (1477).
566 *BGH* NJW-RR 2012, 193 (194); NJW-RR 2017, 129 (130); siehe auch *OLG Köln* FamRZ 2015, 1108 (1108), wonach allein der Umstand, dass der Versorgungsträger die externe Teilung wünscht, nicht ausreichend sei; zustimmend *Poppen*, NZFam 2015, S. 430.
567 *BGH* NJW 2012, 1281 (1282); *OLG Koblenz* FamRZ 2015, 1504 (1505); *OLG Stuttgart* NJOZ 2015, 287 (289).

die Teilung entsteht.[568] Der Bundesgerichtshof geht darüber hinaus davon aus, dass der Ausgleich von Anwartschaften in der gesetzlichen Rentenversicherung grundsätzlich nicht mit einem hohen Verwaltungsaufwand verbunden ist.[569]

Zudem kann das Gericht berücksichtigen, inwieweit der ausgleichsberechtigte Ehegatte auf die Durchführung des Versorgungsausgleichs angewiesen ist. Benötigt einer der Ehegatten die auszugleichenden Anwartschaften, um bestehende Wartezeiten aufzufüllen, kann dies dafürsprechen, ausnahmsweise auch geringwertige Anrechte auszugleichen.[570] Ebenfalls ist die Versorgungslage der jeweiligen Ehegatten zu berücksichtigen. Hat einer der Ehegatten nur unzureichende Anwartschaften erwirtschaftet hat und ist ihm der Aufbau weiterer Anwartschaften nicht oder nur eingeschränkt möglich, ist er eher auf den Ausgleich geringwertiger Anwartschaften angewiesen als der Ehegatte, der bereits über eine ausreichende Versorgung verfügt.[571]

Ferner ist der Wille der betroffenen Ehegatten zu berücksichtigen. Erklären die Ehegatten übereinstimmend, dass auch geringwertige Anrechte auszugleichen sind, kommt diesem Umstand bei der Ermessensentscheidung erhebliches Gewicht zu.[572] Es bedarf hierzu keiner wirksamen Vereinbarung über den Versorgungsausgleich.[573]

Auch kann eine Rolle spielen, ob weitere Anwartschaften bei demselben Versorgungsträger bestehen.[574]

Weiterhin kann ein Wertausgleich bei Ehescheidung gemäß § 19 Abs. 1 VersAusglG nicht durchgeführt werden, falls eine Anwartschaft **nicht ausgleichsreif**

---

568 *BGH* FamRZ 2012, 189 (190); NJW-RR 2016, 967 (968); *OLG Brandenburg* NJW 2015, 1221 (1222); *OLG Stuttgart* NJOZ 2015, 287 (289).
569 *BGH* NJW 2012, 312 (316); zustimmend unter Verweis auf vorherige Ausführungen *Bergner*, FamFR 2012, S. 28; siehe auch *OLG München* FamRZ 2011, 1062 (1063); *OLG Schleswig* FamRZ 2013, 218 (220).
570 *BGH* NJW 2012, 312 (315); *OLG Jena* NJW-RR 2011, 1159 (1161); *OLG Schleswig* FamRZ 2013, 218 (220).
571 *BGH* NJW 2012, 312 (315); NJW-RR 2016, 1476 (1477); *OLG Düsseldorf* FamRZ 2011, 1733 (1733); *OLG Koblenz* FamRZ 2015, 1504 (1505); *OLG Schleswig* FamRZ 2013, 218 (220); *OLG Stuttgart* NJW-RR 2011, 1088 (1090); *Schüßler*, NJW 2016, S. 2983 f.
572 *BGH* NJW 2012, 312 (315); *OLG Brandenburg* NJW 2015, 1221 (1222); *OLG Stuttgart* NJOZ 2015, 287 (289); zustimmend *Poppen*, NZFam 2015, S. 430; *Schüßler*, NJW 2016, S. 2983.
573 *Schüßler*, NJW 2016, S. 2983.
574 *BGH* FamRZ 2012, 189 (190); NJW 2012, 312 (315); NJW-RR 2016, 967 (968); NJW-RR 2016, 1476 (1477); *OLG Brandenburg* NJW 2015, 1221 (1222); *OLG Koblenz* FamRZ 2015, 1504 (1505); *OLG Schleswig* FamRZ 2013, 218 (220).

Dritter Ausgangspunkt: Der Ausgleich von Rentenanwartschaften

ist. Diese Regelung nimmt Anwartschaften vom Wertausgleich bei der Ehescheidung aus, bei denen zum Zeitpunkt der Scheidung eine Teilung noch nicht möglich ist.[575] Die gesetzliche Regelung schließt einen Ausgleich nicht kategorisch aus, sondern verweist auf die Ausgleichsansprüche nach der Scheidung. Insbesondere kommt ein Ausgleich im Rahmen des schuldrechtlichen Versorgungsausgleichs nach § 20 Abs. 1 VersAusglG in Betracht, der als unterhaltsähnlicher, schuldrechtlicher Anspruch auf Zahlung einer Ausgleichsrente gegen den anderen Ehegatten gerichtet ist.[576]

Im Einzelnen unterbleibt ein Ausgleich bei der Scheidung gemäß § 19 Abs. 2 VersAusglG in vier Fällen. Dies betrifft zunächst Anwartschaften im Sinne des Betriebsrentengesetzes, die **nicht unverfallbar** sind. Da aufgrund dessen nicht sicher ist, ob eine Rente bezogen werden kann, bleibt der Ausgleich dem schuldrechtlichen Versorgungsausgleich bei Rentenbezug vorbehalten. Weiterhin sind **abschmelzende Leistungen** nicht ausgleichsreif. Der Gesetzgeber führt hierzu aus, dass hinsichtlich der sogenannten degressiven Anrechte meist aus Gründen des Bestandsschutzes ein Anspruch bestehe, der auf Anpassungen der Versorgung angerechnet und somit letztlich abgeschmolzen werde. Ferner soll es an der Ausgleichsreife fehlen, falls der Wertausgleich bei der Scheidung für den ausgleichsberechtigten Ehegatten **unwirtschaftlich** wäre. Der Gesetzgeber hatte hier insbesondere vor Augen, dass ein Beamte oder eine Beamtin auf Lebenszeit durch Bildung von Anwartschaften in der gesetzlichen Rentenversicherung die allgemeine Wartezeit nicht mehr erfüllen könnte.[577] Ferner sind Anwartschaften, die bei einem **ausländischen, zwischen- oder überstaatlichen Versorgungsträger** bestehen, generell nicht ausgleichsreif. Diese Ausnahmeregel beruht auf dem Gedanken, dass die aufgeführten Versorgungsträger nicht durch eine Entscheidung eines deutschen Gerichts zur internen oder externen Teilung einer Anwartschaft verpflichtet werden können.[578]

Darüber hinaus kann der Versorgungsausgleich unterbleiben, soweit sich die Durchführung des Ausgleichs als **grob unbillig** im Sinne des § 27 S. 1 VersAusglG darstellt. Dies ist ausweislich des Gesetzeswortlautes dann der Fall,

---

575 BT-Drucks. 16/10144, S. 62.
576 MüKoBGB/*Ackermann-Sprenger*, § 20 Versorgungsausgleichsgesetz, Rn. 2.
577 BT-Drucks. 16/10144, S. 62; MüKoBGB/*Siede*, § 19 Versorgungsausgleichsgesetz, Rn. 12, weist darauf hin, dass diese Problematik nur noch in Ausnahmefällen bestehen dürfte. Aufgrund einer Gesetzesänderung sei es den betroffenen Beamten und Beamtinnen möglich, durch freiwillige Beitragszahlungen die Wartezeit zu erfüllen.
578 BT-Drucks. 16/10144, S. 62.

wenn die Gesamtumstände des jeweiligen Einzelfalls eine Abweichung vom Grundsatz der Halbteilung rechtfertigen. Das Vorliegen grober Unbilligkeit kann im Ergebnis sowohl den vollständigen Ausschluss als auch die teilweise Beschränkung der Durchführung des Versorgungsausgleichs rechtfertigen.[579]

Aufgrund des Grundprinzips des Versorgungsausgleichs, der davon ausgeht, dass die Ehegatten eine Versorgungsgemeinschaft bilden, in der alle Beiträge als gleichwertig anzusehen sind, ist der Ausschluss wegen grober Unbilligkeit als Härteklausel und Gerechtigkeitskorrektiv zu verstehen, von welchem nur zurückhaltend Gebrauch zu machen ist.[580] Die gesamten Umstände des Einzelfalls unter Einschluss der wirtschaftlichen, sozialen und persönlichen Verhältnisse beider Ehegatten müssen es rechtfertigen, vom Grundsatz der Halbteilung abzuweichen.[581] Der Bundesgerichtshof hat in jüngeren Entscheidungen davon gesprochen, dass die Härteklausel eine am Gerechtigkeitsgedanken orientierte Entscheidung ermöglichen solle, falls eine schematische Durchführung des Versorgungsausgleichs dazu führe, dass die grobe Pflichtverletzung eines Ehegatten prämiert oder gegen die tragenden Prinzipien des Versorgungsausgleichs verstoßen werden würde.[582]

Die in Rechtsprechung und Literatur entwickelten Fallgruppen setzen den Schwerpunkt für das Vorliegen von Umständen, die zu einer groben Unbilligkeit führen können, bei einem **wirtschaftlichen Ungleichgewicht** der Ehegatten einerseits und bei einem **vorwerfbaren, pflichtwidrigen Verhalten** eines Ehegatten andererseits. Ein wirtschaftliches Ungleichgewicht kann sich bereits bei einer langen Trennungszeit ergeben, in der die Versorgungsgemeinschaft nicht mehr bestand und in welcher sich beide Ehegatten wirtschaftlich voneinander unabhängig entwickelt haben.[583] Auch kommt ein wirtschaftliches Ungleichgewicht in Betracht, falls ein Ehegatte dem anderen während der Ehezeit eine Ausbildung oder ein Studium finanziert, an den Vorteilen daraus jedoch aufgrund des Scheiterns der Ehe nicht mehr partizipieren kann.[584] Die grobe Verletzung

---

579 *Borth*, Versorgungsausgleich, Kapitel 6, Rn. 853 – 854; *Elden/Norpoth*, NZFam 2016, S. 242; MüKoBGB/*Dörr*, § 27 Versorgungsausgleichsgesetz, Rn. 57.
580 *BGH* FamRZ 2015, 998 (999); FamRZ 2016, 35 (36); FamRZ 2016, 697 (699).
581 *BGH* FamRZ 2016, 35 (36); zur alten Rechtslage *BGH* NJW 2006, 1967 (1968).
582 *BGH* FamRZ 2015, 998 (999); NJW 2016, 1166 (1167); NJW 2016, 3722 (3723); diese Formulierung ist in der Literatur als Erweiterung der ursprünglichen Definition angesehen und aufgrund des bloßen Abstellens auf objektive Umstände kritisiert worden: *Hoppenz*, FamRZ 2015/II, S. 1000; *Norpoth*, NJW 2018, S. 3628 f.
583 *BGH* NJOZ 2013, 581 (583); *OLG Zweibrücken* NJW-RR 2016, 1347 (1348).
584 *Norpoth*, NJW 2018, S. 3628; zur alten Rechtslage *BGH* NJW-RR 2004, 1009 (1010).

von Unterhaltszahlungen während der Ehezeit kann ein persönliches und vorwerfbares Fehlverhalten darstellen, das zur Annahme einer groben Unbilligkeit im Sinne des § 27 S. 1 VersAusglG führt.[585] Darüber hinaus kann auch ein besonders krasses Fehlverhalten, das sich wirtschaftlich nicht ausgewirkt hat, Anlass für die Annahme grober Unbilligkeit sein, sofern dieses gravierende Auswirkung auf den anderen Ehegatten hatte.[586] Dies kann beispielsweise angenommen werden, wenn darüber getäuscht wurde, dass ein aus der Ehe hervorgegangenes Kind nicht vom rechtlichen Vater abstammt.[587] Die Tatsache, dass ein Ehegatte während der Ehe ein außereheliches Verhältnis unterhalten hat, genügt als solches jedoch regelmäßig nicht, um einen Ausschluss oder eine Beschränkung des Versorgungsausgleichs zu rechtfertigen.[588]

III. Vergleichende Synthese und Evaluation

Im folgenden Abschnitt werden zunächst die beiden Ausgleichssysteme im Rahmen einer vergleichenden Synthese gegenübergestellt. Ferner wird eine wertende Betrachtung der unterschiedlichen Regelungen vorgenommen.

Bei der Gegenüberstellung fällt dabei zunächst ins Auge, dass der Ausgleich der Rentenanwartschaften sowohl im niederländischen als auch im deutschen Recht auf einem ähnlichen Grundgedanken basiert. Eine Teilung der während der Ehe erworbenen Anwartschaften wird in beiden Rechtsordnungen als angemessen erachtet, da davon ausgegangen wird, dass der Erwerb dieser Anwartschaften auf dem Einsatz beider Ehegatten beruht und der Versorgung beider Ehegatten dienen soll. Zu diesem Zwecke soll, beschränkt auf die Dauer der Ehe, ermittelt werden, welche Rentenanwartschaften die Ehegatten erworben haben.

---

585 Ausf. dazu *Götsche*, in: *Götsche/Rehbein/Breuers*, Versorgungsausgleichsrecht, § 27 VersAusglG, Rn. 57 ff.; siehe auch *Bergmann*, NZFam 2014, 1025 f.; *Elden/Norpoth*, NZFam 2016, S. 244; *Norpoth*, NJW 2018, S. 3628; im Einzelfall ablehnend: *OLG Brandenburg* FamRZ 2016, 2017 (2017); *OLG Hamburg* NJW-RR 2010, 1084 (1085); *OLG Zweibrücken* NJW-RR 2016, 1347 (1348).
586 *Borth*, Versorgungsausgleich, Kapitel 6, Rn. 873; *Wick*, Der Versorgungsausgleich, Rn. 573.
587 *OLG Hamm* NJW-RR 2015, 1480 (1481 f.); zur alten Rechtslage *BGH* FamRZ 1983, 32 (33); FamRZ 1985, 267 (269); NJW 2012, 1446 (1447).
588 *OLG Brandenburg* FamRZ 2016, 2017 (2017); *OLG Köln* FamRZ 2012, 313 (314); *Götsche*, in: *Götsche/Rehbein/Breuers*, Versorgungsausgleichsrecht, § 27 VersAusglG, Rn. 65; zur alten Rechtslage *BVerfG* FamRZ 2003, 1173 (1174); *BGH* FamRZ 1984, 662 (665); FamRZ 2003, 1173 (1174); FamRZ 2005, 2052 (2053).

Ein wesentlicher Unterschied tritt jedoch bereits bei der Frage, welche Anwartschaften in den Ausgleich einzubeziehen sind, zutage. Das WVPS beschränkt sich ausdrücklich auf den Ausgleich von Altersrenten. Weder ist ein Ausgleich der Hinterbliebenen- oder Invaliditätsrente vorgesehen, noch wird die Rente nach den Bestimmungen des *Algemene Ouderdomswets* (AOW) in den Ausgleich einbezogen.

Das Versorgungsausgleichsgesetz hingegen hat einen größeren Anwendungsbereich und bezieht sowohl eine Absicherung für Alter als auch für Invalidität in die Durchführung des Versorgungsausgleichs ein. Zudem ist es nach den Bestimmungen des Versorgungsausgleichs grundsätzlich nicht relevant, ob die Anwartschaften dem konkreten Einsatz eines Ehegatten zugeordnet werden können.

Der unterschiedliche Anwendungsbereich der Systeme offenbart sich im Umgang der deutschen Rechtsprechung mit der niederländischen AOW-Rente. In der obergerichtlichen Rechtsprechung wurde unter der früheren Rechtslage nicht einheitlich beurteilt, ob die AOW-Rente als ausländische Anwartschaft den Vorschriften des Versorgungsausgleichsgesetzes unterfiel. Teilweise wurde davon ausgegangen, dass es sich bei dieser Anwartschaft aufgrund des Charakters der AOW-Rente als Bürgerversicherung nicht um eine Absicherung handele, die mit Hilfe des Vermögens oder durch eine Arbeit begründet worden sei. Folglich seien Anwartschaften auf eine solche Rente weder unmittelbar in den öffentlich-rechtlichen Versorgungsausgleich bei der Scheidung einzubeziehen noch im Rahmen des schuldrechtlichen Versorgungsausgleichs zu berücksichtigen.[589] In anderen Entscheidungen wurde darauf abgestellt, ob dem Erwerb der Anwartschaften im konkreten Fall Beitragszahlungen gegenüberstanden. Sofern dies der Fall sei, müsse die entsprechende Anwartschaft als durch Arbeit erworben klassifiziert werden und im Versorgungsausgleich Berücksichtigung finden.[590] Andere Obergerichte wie auch der Bundesgerichtshof berücksichtigten die Anwartschaften auf die AOW-Rente unabhängig von den Umständen des Einzelfalls bei der Durchführung des Versorgungsausgleichs. Zur Begründung wurde darauf verwiesen, dass es unerheblich sei, dass die Grundrente des niederländischen Rechts größtenteils aus Steuermitteln finanziert werde.

---

589 *OLG Bamberg* FamRZ 1980, 62 (63); *OLG Düsseldorf* FamRZ 2001, 1461 (1461); Beschluss vom 29.09.2006 – Az. II-2 UF 56/06, BeckRS 2008, 25290; *OLG Hamm* FamRZ 2001, 31 (31); *OLG Köln* FamRZ 2001, 31 (32); FamRZ 2001, 1461 (1461); zustimmend *Borth*, FamRZ 2003, S. 889.
590 *OLG Oldenburg* FamRZ 2002, 961 (961).

Auch die deutsche gesetzliche Rentenversicherung werde in nicht unerheblichem Maße aus Steuermitteln subventioniert. Entscheidend sei vielmehr, dass die AOW-Rente überwiegend aus Beiträgen finanziert werde, eine Versicherungspflicht bestehe und die Rente als subjektiver Anspruch ausgestaltet sei, der der Grundversorgung diene. Diesen Charakter verliere die AOW-Rente nicht dadurch, dass sie im Einzelfall auf die Dauer des Aufenthaltes in den Niederlanden zurückzuführen sei.[591] Unter der nunmehr geltenden Rechtslage stellt sich die zuvor umstrittene Frage, ob Rentenanwartschaften nach den Vorschriften des *Algemene Ouderdomswets* im öffentlich-rechtlichen Versorgungsausgleich zu berücksichtigen ist, nicht mehr. Die Novellierung des Versorgungsausgleichs durch die Strukturreform hat dazu geführt, dass eine Teilung ausländischer Anwartschaften nicht im Wertausgleich bei der Ehescheidung, sondern nur im Rahmen des schuldrechtlichen Versorgungsausgleichs durchzuführen ist. An einer allgemeinen Entscheidung zur nunmehr geltenden Rechtslage und der Berücksichtigungsfähigkeit der AWO-Rente fehlt es bislang. In der Literatur wird unter Verweis auf Argumentation des Bundesgerichtshofs zur früheren Rechtslage angenommen, dass Anwartschaften auf eine AOW-Rente ungeachtet der gesetzlichen Änderung im Rahmen des (schuldrechtlichen) Versorgungsausgleichs Berücksichtigung finden.[592]

Ein weiterer Unterschied besteht darin, dass die gerichtliche Entscheidung über den Rentenausgleich in den Niederlanden zunächst ausschließlich die Ehegatten untereinander bindet. Ausgehend von dieser Entscheidung kann ein Ehegatte zwar einen eigenen Anspruch gegenüber den jeweiligen Versorgungsträgern erwerben; er ist jedoch gehalten, diesen innerhalb einer bestimmten Frist anzumelden. Der Ausgleichsanspruch ist mit einem Unterhaltsanspruch vergleichbar und richtet sich auf eine monatliche Zahlung. Sollte ein Ehegatte versterben, hat dies erhebliche Auswirkungen auf den Versorgungsausgleich. Je nach Auswirkung des Rentenausgleichs entfällt entweder zugunsten des überlebenden Ehegatten die Kürzung der Versorgung oder die Beteiligung des überlebenden Ehegatten an der Versorgung des anderen endet.

Im Gegensatz dazu werden durch den richterlichen Gestaltungsakt im deutschen Recht die Anwartschaften vollständig durch eine interne oder externe

---

591 *BGH* NJW-RR 2008, 665 (668); NJW-RR 2009, 219 (219); *OLG Köln* FamRZ 2001, 1460 (1460); *OLG Naumburg*, Beschluss vom 30.11.2001 – Az. 14 UF 81/01, BeckRS 2001, 30223772.
592 So *Holzwarth*, in: *Johannsen/Henrich*, Familienrecht, § 2 VersAusglG, Rn. 18; MüKoBGB/*Dörr*, § 2 Versorgungsausgleichsgesetz, Rn. 8.

Teilung voneinander getrennt. Die Versorgungsträger sind als weitere Beteiligte des Verfahrens unmittelbar an diesen Beschluss gebunden und müssen eine Aufteilung der Versorgungsanwartschaften vornehmen. Da der gerichtliche Beschluss in Rechtskraft erwächst, führt auch das spätere Versterben eines Ehegatten grundsätzlich nicht zu einer Abänderung des Versorgungsausgleichs; die übertragenen Anwartschaften bleiben den jeweiligen Ehegatten erhalten. Nur ausnahmsweise kann die Kürzung des Versorgungsausgleichs zugunsten der ausgleichspflichtigen Person ausgesetzt werden, wenn die ausgleichsberechtigte Person bei Versterben maximal 36 Monate das aus dem Versorgungsausgleich erworbene Anrecht bezogen hat. Dies ergibt sich aus § 37 VersAusglG.

Die wertende Betrachtung der Rechtsinstitute orientiert sich, wie zu Beginn der Ausarbeitung dargestellt, an den Begriffen der Rechtssicherheit und der Gerechtigkeit unter Berücksichtigung von deren Spannungsverhältnis. Als rechtssicher ist in diesem Zusammenhang der Bestand der richterlichen Entscheidung über den Ausgleich bzw. die Teilung von Anwartschaften zu bewerten. Die Gerechtigkeit orientiert sich hingegen an dem gesetzlichen Leitbild des Ausgleichs der Rentenanwartschaften. In beiden Rechtsordnungen steht hierbei der Gedanke, dass ein Ausgleich angemessen ist, da beide Ehegatten am Aufbau dieser Anwartschaften beteiligt sind und die erworbenen Anwartschaften der Versorgung der Familie unter Einschluss beider Ehegatten dienen sollten, im Mittelpunkt. Aus diesem Grund müsste die jeweilige Regelung, die sich eher an diesem Gedanken orientiert, als gerechter bewertet werden.

Vor diesem Hintergrund ist der Versorgungsausgleich des deutschen Rechts als rechtssicherer im Vergleich zum niederländischen System zu bewerten. Dies ist darauf zurückzuführen, dass durch die Teilung der Anwartschaften im Rahmen des Versorgungsausgleichs die Versorgungsschicksale der Ehegatten dauerhaft voneinander getrennt werden, sodass sich auch spätere Veränderungen grundsätzlich nicht auf die Teilung auswirken, und sowohl die Ehegatten als auch die Versorgungsträger durch den gerichtlichen Beschluss unmittelbar gebunden werden. Die gerichtliche Entscheidung in der niederländischen Rechtsordnung bindet zunächst ausschließlich die Ehegatten und ist im Gegensatz zu einer Übertragung von Werten auf ein anderes Versicherungskonto als wiederkehrender Anspruch gegen den anderen Ehegatten ausgestaltet. Vor diesem Hintergrund ist der Ausgleich auch nicht von späteren Veränderungen, wie dem Versterben eines der Ehegatten, unabhängig.

Allerdings ist zu überlegen, ob die Teilung der Anwartschaften im Rahmen des WVPS sich nicht stärker am Grundgedanken des Ausgleichs orientiert. Schließlich soll erreicht werden, dass beide Ehegatten gleichermaßen an der gemeinschaftlich erwirtschafteten Vorsorge beteiligt werden, obwohl die

Ehe geschieden worden ist. Dies beinhaltet, dass durch den Ausgleich eine bei Fortbestehen der Ehe vergleichbare Versorgungslage geschaffen wird. Diesem Gedanken wird durch ein Anknüpfen an nachträgliche Veränderungen, wie das Versterben eines Ehegatten, eher Rechnung getragen. Bestünde die Ehe weiter fort, könnte der überlebende Ehegatte auch im deutschen Recht nur im Rahmen einer Hinterbliebenenrente von den Anwartschaften des anderen Ehegatten profitieren. Bei einer Ehescheidung erfolgt die Beteiligung grundsätzlich ausschließlich über den Versorgungsausgleich. Dadurch wird der überlebende Ehegatten, der im Rahmen des Versorgungsausgleich mehr Anwartschaften abgeben musste, im Vergleich zu einem Ehegatten, der während der Ehe mehr Anwartschaften erworben hat und zum Zeitpunkt des Todes des anderen Ehegatten noch mit diesem verheiratet ist, grundsätzlich benachteiligt.

3. Abschnitt: Der Ehevertrag

Im dritten Abschnitt sollen die Möglichkeiten dargestellt, die der Gesetzgeber den Ehegatten eröffnet, um Vereinbarungen über das Güterrecht, den nachehelichen Unterhalt und den Ausgleich der Rentenanwartschaften zu treffen und damit von der gesetzlichen Grundlage abzuweichen. Im deutschen Rechtsystem hat der Ehevertrag eine Klammerfunktion und kann alle Regelungen beinhalten, die in einem engen, inhaltlichen Zusammenhang zur Ehe stehen. Der Ehevertrag im weiteren Sinne kann damit Vereinbarungen über den nachehelichen Unterhalt oder den Versorgungsausgleich beinhalten. Eine schlichte Übertragung des deutschen Rechtsbegriffs des Ehevertrages in das niederländische Recht ist nicht möglich. Man sucht den Begriff des *huwelijkscontracts*, wie der Begriff Ehevertrag wörtlich zu übersetzen ist, im niederländischen Zivilgesetzbuch vergeblich. Dennoch sieht das niederländische Rechtssystem vor, dass Vereinbarungen über das Güterrecht, den nachehelichen Unterhalt oder den Ausgleich von Rentenanwartschaften von den Ehegatten getroffen werden können.

Nachstehend sollen daher sowohl die niederländischen Vereinbarungen über Güterrecht, Unterhalt und Ausgleich von Rentenanwartschaften als auch der Ehevertragsbegriff des deutschen Rechts untersucht werden.

A. Der Ehevertrag im niederländischen Recht – unter Einschluss von Vereinbarungen über den nachehelichen Unterhalt und den Ausgleich von Rentenanwartschaften

Wie bereits eingangs dargestellt, hat auch der niederländische Gesetzgeber vorgesehen, dass die Ehegatten durch Vereinbarungen die gesetzlichen Wirkungen der Ehe hinsichtlich des Güterstands, des nachehelichen Unterhalts sowie des Ausgleichs von Rentenanwartschaften abbedingen können. Es ist daher zunächst zu untersuchen, durch welche Rechtsinstitute es der niederländische Gesetzgeber den Ehegatten ermöglicht, abweichende Regelungen hinsichtlich des Güterrechts zu treffen. Dies ist in den Niederlanden durch die sogenannten *huwelijkse voorwaarden* möglich. In einem ersten Unterabschnitt soll die Historie dieses Rechtsinstituts dargestellt werden. Ein weiterer Abschnitt ist der Definition der *huwelijkse voorwaarden* im Sinne des heutigen *Burgerlijk Wetboek* gewidmet. Danach werden die notarielle Beurkundung, der Zeitpunkt, in welchem eine ehevertragliche Regelung zu wirken beginnt, und das Güterrechtsregister dargestellt. In zwei weiteren Hauptabschnitten sollen die Vereinbarungen über das Unterhaltsrecht und den Ausgleich der Rentenanwartschaften untersucht werden.

I. Vereinbarungen über das Güterrecht durch huwelijkse voorwaarden

Das *Burgerlijk Wetboek* (BW) enthält mit Art. 121 Abs. 1 des 1. Abschnitts des 8. Titels des 1. Buches eine Bestimmung, wonach Ehegatten durch die so genannten *huwelijkse voorwaarden* oder *Huwelijksvoorwaarden* den kraft Gesetzes geltenden Güterstand der (beschränkten) Gütergemeinschaft[593] ausschließen können, sofern dies nicht gegen zwingendes Recht, die guten Sitten oder die öffentliche Ordnung verstößt. Eine darüber hinausgehende Definition dieser Vereinbarung beinhaltet diese Vorschrift, ebenso wie das übrige *Burgerlijk Wetboek*, jedoch nicht.

> Art. 1:121 Abs. 1 BW:
> „1. Partijen kunnen bij huwelijkse voorwaarden afwijken van de regels der wettelijke gemeenschap, mits die voorwaarden niet met dwingende wetsbepalingen, de goeden zeden, of de openbare orde strijden. […]"
> Deutsch:
> Die Parteien können mittels eines Ehevertrages von den Vorschriften der gesetzlichen Gütergemeinschaft abweichen, unter der Voraussetzung, dass darin kein Verstoß gegen zwingendes Recht, gegen die guten Sitten oder die öffentliche Ordnung liegt. […]

Bei einer wörtlichen Übertragung des im *Burgerlijk Wetboek* enthaltenen Begriffs müsste die Vereinbarung zum Güterrecht als „eheliche Bedingungen" bezeichnet werden. Im Folgenden soll jedoch die Vereinbarung anstelle der wörtlichen Übersetzung als Ehevertrag bezeichnet werden. Dieser Übersetzungsmöglichkeit wird auch in der rechtsvergleichenden Literatur der Vorzug gegeben.[594] Durch die Bezeichnung des niederländischen Rechtsinstituts als Ehevertrag wird zwar derselbe Terminus wie für das Institut des deutschen Rechts verwendet; dies lässt allerdings nicht bereits den Rückschluss zu, dass auch die inhaltliche Ausfüllung beider Begriffe übereinstimmt.

---

593 Ausf. dazu siehe S. 28 ff.
594 Vgl. *Mom*, FamRZ 2009, S. 1553; *Nieper*, Niederländisches Bürgerliches Gesetzbuch – Buch 1, S. 96.

1. Historische Entwicklung des Ehevertrags

Der Ehevertrag im heutigen niederländischen Recht ist ein Rechtsinstitut mit einer weitreichenden Historie. Die Entwicklung von vertraglichen Vereinbarungen mit Bezug zur Ehe ist eng mit den zahlreichen Veränderungen der politischen, gesellschaftlichen und nicht zuletzt auch religiösen Gegebenheiten auf dem Gebiet der heutigen Niederlande verknüpft.

a) Germanischer Ursprung

Das Gebiet der heutigen Niederlande wurde in vorrömischer Zeit durch germanische Stämme besiedelt, die sich durch eine gemeinschaftliche oder zumindest verwandte Sprache, Kultur und Religion auszeichneten. An einer übergeordneten Organisationsstruktur fehlte es jedoch.[595] Die Wurzeln des Ehevertrags sind im Recht der verschiedenen germanischen Stämme zu finden, das als mündlich überliefertes Gewohnheitsrecht deren Zusammenleben prägte. Bemerkenswert ist, dass ursprünglich die **Frau in diesen Rechtsordnungen keine eigene Rechtspersönlichkeit** besaß, sondern als bloßes Besitztum angesehen wurde. Dementsprechend konnte der Ehemann mit seiner Frau wie mit anderen Eigentumsgegenständen nach Belieben verfahren und war beispielsweise dazu berechtigt, sie in Fällen des Ehebruchs zu töten oder in die Sklaverei zu verkaufen. In Folge dieser eingeschränkten Rechtsposition gestaltete sich eine Eheschließung auch nicht als Vertrag der zukünftigen, gleichberechtigten Ehegatten untereinander. Konstitutives Element einer Eheschließung war vielmehr allein eine Handlung des zukünftigen Ehemannes. Er musste die Braut zu seiner Frau machen, indem er mit ihr den Beischlaf vollzog.[596] Allerdings erforderte diese Handlung, dass die Frau unter der Herrschaft ihres zukünftigen Mannes war, was er einerseits durch eine vertragliche **Vereinbarung mit dem Vormund** oder andererseits durch den **Raub der Braut** gegen den Willen des Vormunds erreichen konnte. Auf welche Weise der Mann diese Herrschaft erlangte, hatte keine Auswirkung auf die Gültigkeit der Ehe.[597]

Mit dem Vordringen des Christentums veränderte sich insbesondere die **Rechtsposition der Frau** in den verschiedenen germanischen Rechtsordnungen. Zwar blieb sie eine geschäftsunfähige Person, erlangte jedoch eine eigene

---

595 *Milis*, in: *Blom/Lamberts*, Geschiedenis van de Nederlanden, S. 18 f.
596 *De Bruijn*, Het Nederlandse huwelijksvermogensrecht, S. 351; *Van Apeldoorn*, Geschiedenis van het Nederlandsche huwelijksrecht, S. 15 ff.
597 *Van Apeldoorn*, Geschiedenis van het Nederlandsche huwelijksrecht, S. 17.

Rechtspersönlichkeit. Folglich war es nicht mehr möglich, eine Ehe gegen den Willen der Frau einzugehen. Dies hatte ebenfalls Auswirkungen auf den Charakter der Eheschließung, die nicht mehr als alleinige Handlung des Mannes angesehen werden konnte, sondern als Vertrag zwischen Mann und Frau, gefolgt von dem Beischlaf, betrachtet werden musste.[598]

Die veränderte Rechtsstellung der Frau sollte jedoch noch weitere Veränderungen nach sich ziehen. Die Vereinbarung zwischen Vormund und zukünftigem Ehemann blieb zwar zunächst erforderlich, beschränkte sich aber auf den **Übergang der Vormundschaft** auf den Ehemann; die Braut war nicht mehr länger Gegenstand eines Kaufvertrages.[599] Einher mit der Veränderung der Rechtspersönlichkeit der Frau ging eine Veränderung dieser Vormundschaft: Beinhaltete sie zuvor noch ein unbeschränktes Eigentumsrecht an der Frau, verlieh sie nun lediglich dem Vormund bzw. dem Ehemann die Herrschaft über die Frau als unfähige Person. Die Vormundschaft diente nicht mehr dem Nutzen des Vormunds wie zuvor, sondern dem Schutz der unfähigen Person. Gleichwohl nahm die Bedeutung der Vormundschaft im Laufe der Zeit immer mehr ab. Die Vereinbarung über den Übergang der Vormundschaft wandelte sich zur Zustimmung des Vormunds zur Eheschließung, die zunächst noch erforderlich war, aber im weiteren Verlauf zur bloßen Formalität wurde.[600]

Aufgrund dieser Veränderungen schien es ungerechtfertigt, dem Vormund den Betrag, den der zukünftige Ehemann für seine Braut zahlte, zukommen zu lassen. Der Vormund gab daher anlässlich der Hochzeit der Braut diesen Kaufpreis ganz oder zum Teil mit. Schließlich wurde der Betrag, der ursprünglich dem Vormund übergeben werden sollte, der Frau in Form von Schmuck bzw. eines Brautschatzes bei Vollzug der Ehe überreicht. Dem Vormund hingegen wurde nur noch ein symbolischer Betrag in Form des sog. *handpennings* bzw. *arrha* gezahlt.[601] Eine weitere vermögensrechtliche Leistung stellte die Morgengabe dar. Dabei handelte es sich im Regelfall um Zierrat, den der Ehemann

---

598 *De Bruijn*, Het Nederlandse huwelijksvermogensrecht, S. 351; *Van Apeldoorn*, Geschiedenis van het Nederlandsche huwelijksrecht, S. 20 ff.
599 *De Bruijn*, Het Nederlandse huwelijksvermogensrecht, S. 351; *Monballyu*, Geschiedenis van het familierecht, S. 30; *Van Apeldoorn*, Geschiedenis van het Nederlandsche huwelijksrecht, S. 22.
600 *De Bruijn*, Het Nederlandse huwelijksvermogensrecht, S. 352; *Van Apeldoorn*, Geschiedenis van het Nederlandsche huwelijksrecht, S. 25, 29, 34.
601 *De Bruijn*, Het Nederlandse huwelijksvermogensrecht, S. 352; *Monballyu*, Geschiedenis van het familierecht, S. 30; *Van Apeldoorn*, Geschiedenis van het Nederlandsche huwelijksrecht, S. 34 f.

seiner Frau nach der ersten Hochzeitsnacht in Anerkennung des tatsächlichen Vollzugs der Ehe übergab.[602] Bereits vor der Eheschließung wurden sowohl die Art der vermögensrechtlichen Leistungen, als auch deren Umfang in einem *Huwelijkscontract* festgehalten. Dieser Vertrag vereinte das Versprechen der Ehegatten, einander zu heiraten, und die Voraussetzungen, Konditionen oder Bedingungen, unter welchen dies geschehen sollte. Dieser *Huwelijkscontract* ist als Ursprung des heutigen Ehevertrags anzusehen.[603]

b) Einfluss des kanonischen und reformierten Rechts

Im 12. Jahrhundert nahm der Einfluss der katholischen Kirche zu, die in der Ehe ein heiliges Sakrament sah und ihr dementsprechend keine weltliche, sondern eine religiöse Bedeutung zumaß. Aufgrund dieser religiösen Bedeutung der Ehe war die Kirche der Ansicht, ihr allein stehe die Gesetzgebung und Rechtsprechung in dieser Sache zu.[604] Die weltliche Obrigkeit hat in dieser Zeit die Vorschriften der Kirche für jeden und damit auch für sie selbst als verbindlich angesehen. Sofern sie eigene Vorschriften über die Ehe erlassen hat, dienten diese in der Regel der Ausführung kanonischen Rechts.[605]

Als in Folge des achtzigjährigen Kriegs die katholische Kirche als Gesetzgeber und Institution der Rechtsprechung in Ehesachen wegfiel, rückte die weltliche Obrigkeit in diese Position nach. Diese neue Obrigkeit war jedoch nicht mehr katholisch, sondern überwiegend protestantisch reformiert, sodass das nunmehr erlassene Recht als reformiertes Recht bezeichnet wird.[606] Im Gegensatz zum kanonischen Recht wurde die Ehe nicht als heiliges Sakrament, sondern als Teil des natürlichen Lebens angesehen. Die Ehe stand stärker in Verbindung mit Gesellschaft und Staat als mit der Religion.[607]

---

602 *De Bruijn*, Het Nederlandse huwelijksvermogensrecht, S. 352; *Monballyu*, Geschiedenis van het familierecht, S. 30.

603 *De Bruijn*, Het Nederlandse huwelijksvermogensrecht, S. 353; *Van der Ploeg*, WPNR 1957, S. 146.

604 *Monballyu*, Geschiedenis van het familierecht, S. 30, 31 f.; *Van Apeldoorn*, Geschiedenis van het Nederlandsche huwelijksrecht, S. 37 f.; *Van der Heijden*, in: Jaarboek van het Centraal Bureau voor Genealogie, S. 5.

605 *Van Apeldoorn*, Geschiedenis van het Nederlandsche huwelijksrecht, S. 38 f.; *Van der Heijden*, in: Jaarboek van het Centraal Bureau voor Genealogie, S. 6 f.

606 *Van Apeldoorn*, Geschiedenis van het Nederlandsche huwelijksrecht, S. 70 f.; *Van der Heijden*, in: Jaarboek van het Centraal Bureau voor Genealogie, S. 7.

607 *Monballyu*, Geschiedenis van het familierecht, S. 33; *Van Apeldoorn*, Geschiedenis van het Nederlandsche huwelijksrecht, S. 70; *Van der Heijden*, in: Jaarboek van het Centraal Bureau voor Genealogie, S. 7.

Im weiterhin gebräuchlichen **Huwelijkscontract** beschränkten sich die Vorschriften nicht nur auf vermögensrechtliche Aspekte. So konnten neben persönlichen Rechten und Pflichten, der Wohnort der Eheleute und die Gestaltung der Vormundschaft über die Kinder oder die Frage der religiösen Erziehung geregelt werden.[608] Nachdem insbesondere in den Provinzen *Vlaanderen*, *Holland* und *Zeeland* unter Einfluss des christlichen Verständnisses von Ehe die umfassende Gütergemeinschaft gebräuchlich wurde, nahmen Ehegatten die Möglichkeit wahr, diesen Güterstand über vertragliche Vereinbarungen zu verändern. Zunächst wurden nur kleinere Abweichungen vom gesetzlichen Recht vorgenommen. Schließlich gingen die Ehegatten jedoch dazu über, einen vollständigen Ausschluss der Gemeinschaft zu vereinbaren.[609]

c) Veränderung durch neutralisiertes Recht

Als die Niederlande im Jahre 1795 unter französische Herrschaft gerieten, wurden in der Folgezeit wichtige, juristische Reformen durchgeführt. Unter anderem wurde eine Kommission eingesetzt, die das *Wetboek Napoleon ingerigt voor het Koningrijk Holland* entwarf. Dabei handelte es sich um eine Bearbeitung des *Code Civil*, die sich zwar an diesem orientierte, aber auch alt-holländisches Recht enthielt.[610] Dieses Gesetzbuch machte unter anderem die umfassende Gütergemeinschaft zwischen den Ehegatten zur Grundlage des ehelichen Güterrechts, enthielt aber zugleich die Befugnis der Ehegatten, davon ausnahmsweise mit sogenannten **huwelijkse voorwaarden** abzuweichen.[611] Das *Wetboek Napoleon* war allerdings nur zwei Jahre in Kraft. Napoleon annektierte das Königreich der Niederlande im Jahre 1810 und unterstellte es französischer Herrschaft. Fortan galt in den Niederlanden französisches Recht.[612] Gleichwohl hat das damals geltende Gesetzbuch weiterhin Bedeutung für die Auslegung des heutigen

---

608 *De Bruijn*, Het Nederlandse huwelijksvermogensrecht, S. 353.
609 *De Bruijn*, Het Nederlandse huwelijksvermogensrecht, S. 354 f.; *Kunst*, Korte voorgeschiedenis, S. 21; *Monballyu*, Geschiedenis van het familierecht, S. 196 f.
610 *Erbe*, Belgien Niederlande Luxemburg, S. 191; *Huussen*, De codificatie van het Nederlandse huwelijksrecht, S. 198 f.; *Isenbeck*, Niederländisches Familienrecht, S. 23; *Kooy*, FJR 1989, S. 207; *Meijer/Meijer*, EJLE 2002, S. 229.
611 *Kunst*, Korte voorgeschiedenis, S. 22; *Lokin*, RMThemis 2001, S. 193; *Verstappen*, Rechtsopvolging, S. 339.
612 *Erbe*, Belgien Niederlande Luxemburg, S. 192; *Huussen*, De codificatie van het Nederlandse huwelijksrecht, S. 216; *Isenbeck*, Niederländisches Familienrecht, S. 23; *Meijer/Meijer*, EJLE 2002, S. 230; *Voorduin*, Geschiedenis der Nederlandsche wetboeken – I.I, S. 9.

Burgerlijk Wetboek, denn einige aktuelle Bestimmungen gehen auf Vorschriften des *Wetboek Napoleon* zurück.[613]

Im Anschluss an die französische Herrschaft entstand in den Niederlanden das Bedürfnis, eine nationale Kodifikation zu schaffen.[614] Im Jahre 1838 trat schließlich das *Burgerlijk Wetboek*, der Vorgänger des heutigen Gesetzbuches, in Kraft.[615] Dieses sah ebenfalls vor, dass zwischen Ehegatten grundsätzlich eine umfassende Gütergemeinschaft bestehen sollte, sofern nicht ein von ihnen geschlossener Ehevertrag eine abweichende Regelung enthielt.[616]

d) Zusammenfassung der historischen Entwicklung

Zusammenfassend ist festzustellen, dass in der Vergangenheit mit der Eheschließung regelmäßig vertragliche Vereinbarungen einhergingen, deren Charakter sich jedoch im Laufe der Zeit stark veränderte. Unterschiede bestehen insbesondere hinsichtlich der beteiligten Parteien und der inhaltlichen Ausgestaltung.

Diente die vertragliche Vereinbarung zwischen zukünftigem Ehemann und Vormund zunächst dazu, die Gewalt über die Frau zu erlangen, wandelte sie sich später zu einer Übertragung der Vormundschaft über die noch geschäftsunfähige Frau.

Erst im Laufe der Jahrhunderte wurde vereinbart, welche finanziellen Leistungen anlässlich der Eheschließung oder des Vollzugs der Ehe erbracht werden sollten. Dieser *Huwelijkscontract* entwickelte sich schließlich hin zu einer allgemeinen Vereinbarung, mit der auch Inhalte außerhalb des Vermögensrechts, wie der Wohnort sowie die Gestaltung der Vormundschaft über die Kinder und deren religiöse Erziehung, festgelegt werden konnten. Erst mit der Einführung der Gütergemeinschaft als Güterstand bestand auch Bedarf, durch den *Huwelijkscontract* von diesem abzuweichen. Im *Wetboek Napoleon* wurde eine solche Vereinbarung als *huwelijkse voorwaarden* bezeichnet.

Selbst wenn die historische Entwicklung des Ehevertrags kein einheitliches Bild dieses Rechtsinstituts vermittelt, wird dennoch deutlich, dass erst die jeweils geltende Rechtsordnung diesen Rechtsbegriff mit Leben füllen kann.

---

613 *Kunst*, Korte voorgeschiedenis, S. 23.
614 *Isenbeck*, Niederländisches Familienrecht, S. 25; *Voorduin*, Geschiedenis der Nederlandsche wetboeken – I.I, S. 10.
615 *Kunst*, Korte voorgeschiedenis, S. 27 f.; *Lokin*, RMThemis 2001, S. 194; *Verstappen*, Rechtsopvolging, S. 344.
616 *Lokin*, RMThemis 2001, S. 194; *Verstappen*, Rechtsopvolging, S. 345.

Folgerichtig muss die Frage gestellt werden, was das heutige *Burgerlijk Wetboek* unter dem Ehevertrag versteht.

2. Der Ehevertrag im Sinne des heutigen Burgerlijk Wetboek

Wie bereits eingangs erwähnt wurde, beinhaltet das *Burgerlijk Wetboek* keine Legaldefinition des Ehevertrags.

Auch in der jüngeren Rechtsprechung findet sich keine ausdrückliche Stellungnahme zu dieser Frage. Im Jahre 1892 hat der *Hoge Raad huwelijkse voorwaarden* zwar als eine Vereinbarung bezeichnet, mit der (zukünftige) Ehegatten die geldlichen Folgen ihrer Ehe regeln[617], jedoch ergibt sich aus diesem Urteil keine klare Definition, die heute noch umfassende Geltung beanspruchen kann. In der Literatur ist umstritten, welche Vereinbarungen als Ehevertrag zu bezeichnen sind. Prinzipiell werden die formelle, materielle und erweiterte formelle Definition unterschieden, die im Folgenden eingehender dargestellt werden sollen.

a) Formelle Definition

Teilweise wird versucht, dem Ehevertrag unter Verwendung einer formellen Definition eine Kontur zu geben. Demgemäß sind alle Vereinbarungen, unabhängig von ihrem jeweiligen Inhalt, zwischen zukünftigen Ehegatten mit Bezug zu deren Ehe als Ehevertrag anzusehen.[618]

Zur Begründung wird auf die historische Entwicklung des Ehevertrages, insbesondere auf das *Wetboek Napoleon* von 1809 und den Entwurf des *Burgerlijk Wetboek* aus dem Jahre 1820, verwiesen. Weder im *Wetboek Napoleon* noch im Entwurf sei eine Beschränkung des Anwendungsbereichs des Ehevertrags vorgesehen gewesen. In beiden Fällen würden sich die Vorschriften über *Huwelijksvoowaarden* in einem eigenen Titel finden, der keine Verbindung zu den Vorschriften des ehelichen Güterrechts enthielt. Zudem sei aus dem Wortlaut beider Gesetzestexte abzuleiten gewesen, dass es den Ehegatten freistehe, in Eheverträgen nach ihrem Belieben Bestimmungen aufzunehmen, sofern diese nicht gegen das Gesetz oder die guten Sitten bzw. die Art der Ehe verstoßen würden. Ebensowenig ergebe sich aus dem altniederländischen Recht eine Beschränkung des Anwendungsbereichs des Ehevertrags.[619]

---

617 HR 10.6.1892, W 1892/6199, S. 1.
618 So *Hamaker*, WPNR 1989, S. 184; *De Lange*, De huwelijksvoorwaarden, S. 6 f.
619 *Hamaker*, WPNR 1989, S. 181 f.; zustimmend unter Bezugnahme auf das altniederländische Recht *Van der Ploeg*, WPNR 1957, S. 146.

Die gegenläufige Annahme, der Gesetzgeber sei mit der Schaffung der Vorschriften des *Burgerlijk Wetboeks* von einer tradierten Definition abgewichen, sei nicht schlüssig. Es sei unlogisch, die Definition einer Vereinbarung anhand des Inhalts vorzunehmen, wenn diese Vereinbarung in der Vergangenheit zwar regelmäßig entsprechende Bestimmungen enthalten habe, aber keineswegs darauf beschränkt gewesen sei.[620] Ergänzend wurde angeführt, dass sich in den Vorschriften des *Burgerlijk Wetboeks* kein Anhaltspunkt für die Erforderlichkeit einer Berücksichtigung des Inhalts bei der Begriffsbestimmung des Ehevertrags finde. Vielmehr sei es möglich, jede Norm, die den Begriff Ehevertrag enthalte, unter Verwendung der formellen Definition zu lesen.[621]

b) Materielle Definition

Andere Stimmen in der Literatur weisen darauf hin, dass die Ausführungen zur formellen Definition unter Bezug auf eine Version des *Burgerlijk Wetboek* gemacht wurden, die nicht mehr in Kraft ist. Das Gesetzbuch habe mittlerweile tiefgreifende Veränderungen, wie die Möglichkeit, einen Ehevertrag auch während des Bestehens der Ehe abzuschließen, erfahren. Diese Veränderungen würden die Unterscheidung zwischen Vereinbarungen, die den Charakter von Eheverträgen aufweisen würden, und anderen Vereinbarungen der Ehegatten erforderlich machen und damit zu einer inhaltlichen Bestimmung des Ehevertrags zwingen.[622]

Dementsprechend findet sich in der aktuellen Literatur kaum ein Vertreter der formellen Definition. Vielfach wird nunmehr eine materielle Definition des Ehevertrags verwendet: Demnach handelt es sich bei einer Vereinbarung dann um einen Ehevertrag, wenn sie von (zukünftigen) Ehegatten getroffen wurde, um die vermögensrechtlichen Folgen der Eheschließung in Abweichung von den gesetzlichen Bestimmungen zu regeln.[623] Anknüpfend daran wird darauf

---

620 *Hamaker*, WPNR 1989, S. 171 f.
621 Ausf. dazu *Hamaker*, WPNR 1898, S. 183 f.; zustimmend unter Bezugnahme auf die frühere Fassung des BW *Van der Ploeg*, WPNR 1957, S. 146.
622 *Van der Burght/Doek*, Personen- en familierecht, Rn. 459; *Kolkman/Salomons*, in: *Asser* 1-II, Rn. 388; *Van der Ploeg*, WPNR 1957, S. 147.
623 *Van den Anker*, Woning, echtscheiding, verrekening, S. 22; *Breederveld*, FJR 2013/71; *De Bruijn*, Het Nederlandse huwelijksvermogensrecht, S. 363 f.; *De Bruijn/Huijgen/ Reinhartz*, Het Nederlandse Huwelijksvermogensrecht, 5. druk, S. 242; *Hidma/Van Duijvendijk-Brand*, Huwelijkse voorwaarden, S. 16 f.; *Kraan*, WPNR 1977, S. 626; *Luijten*, Huwelijksvermogensrecht, S. 170; *Luijten/Meijer*, in: *Klaassen/Eggens*, Huwelijksgoederenrecht, Rn. 384; *Parlementaire geschiedenis*, Boek 1, TM, S. 351; *Van der Ploeg*, WPNR 1957, S. 147; *Schonewille*, Partijautonomie in het relatievermogensrecht,

hingewiesen, dass Vereinbarungen, die zwar vermögensrechtliche Folgen hätten, aber die Eigenschaft der Vertragsparteien als Ehegatten nicht voraussetzen würden, mangels inhaltlichen Zusammenhangs mit der Ehe kein Ehevertrag seien.[624]

Umstritten ist unter den Vertretern dieser Auffassung allerdings, ob **Eheverträge** stets einen abweichenden Regelungsgehalt aufweisen, also **stets eine Modifizierung der ansonsten geltenden Rechtslage** zur Folge haben müssen.

Einerseits wird das Erfordernis einer Abweichung von der ansonsten geltenden Rechtslage abgelehnt. So sei es im Erbrecht üblich, dass ein Testament auch die gesetzliche Erbfolge enthalten dürfte und nicht zwangsläufig eine Abweichung davon vorgeschrieben werden müsste. Dieser Gedanke sei auf die Frage, ob ein Ehevertrag eine solche Abweichung vorschreiben müssten, zu übertragen.[625]

Andere Stimmen sind jedoch der Ansicht, dass ehevertragliche Bestimmungen notwendigerweise eine Abweichung von der sonst geltenden Rechtslage beinhalten müssten.[626] Fehle es an einer solchen Modifizierung, so handele es sich um eine sinnlose und überflüssige Regelung. Im Übrigen gehe der Vergleich mit der testamentarischen Regelung fehl. Die Einsetzung der gesetzlichen Erben im Testament sei zwar möglich, aber beinhalte keine selbstständige Regelung. Die Erben würden durch das Gesetz und nicht durch das Testament berechtigt.[627]

Es darf jedoch bezweifelt werden, dass in der Praxis überhaupt Eheverträge abgeschlossen werden, die ausschließlich die geltende Rechtslage wiedergeben, ohne zugleich eine Änderung dieser vorzusehen. Insbesondere infolge der obligatorischen Beteiligung eines Notars und den damit verbundenen Kosten erscheint der Abschluss eines solchen Ehevertrags unwahrscheinlich.[628]

S. 87; *Suijling*, Huwelijksgoederenrecht, S. 356; *Wortmann/Van Duijvendijk-Brand*, Personen- en familierecht, S. 138; *Zonnenberg*, Het verrekenbeding, 2. druk, S. 9.
624 *Kraan*, WPNR 1977, S. 626; *Luijten*, Huwelijksvermogensrecht, S. 171 f.; *Luijten/Meijer*, in: *Klaassen/Eggens*, Huwelijksgoederenrecht, Rn. 385; *Reijnen*, WPNR 2018, S. 423.
625 *De Bruijn*, Het Nederlandse huwelijksvermogensrecht, S. 357.
626 *De Bruijn/Huijgen/Reinhartz*, Het Nederlandse Huwelijksvermogensrecht, 5. druk, S. 240; *Hidma*, Huwelijksvoorwaarden staande huwelijk, S. 44; *Luijten*, Huwelijksvermogensrecht, S. 171; *Luijten/Meijer*, in: *Klaassen/Eggens*, Huwelijksgoederenrecht, Rn. 384; *Parlementaire geschiedenis*, Boek 1, TM, S. 351; *Suijling*, Huwelijksgoederenrecht, S. 356; *Wortmann/Van Duijvendijk-Brand*, Personen- en familierecht, S. 138.
627 *Luijten*, Huwelijksvermogensrecht, S. 171, *Luijten/Meijer*, in: *Klaassen/Eggens*, Huwelijksgoederenrecht, Rn. 384.
628 Ausf. zum Begriff und zur Aufgabe des Notars siehe S. 210 ff.

Dennoch ist aber nicht auszuschließen, dass ein Ehevertrag ausnahmsweise keine Abweichungen von der geltenden Rechtslage beinhaltet. Insofern ist eine Entscheidung des Streits erforderlich. Ausgehend vom Wortlaut des Art. 1:121 Abs. 1 BW[629], der ausdrücklich von einer Abweichung spricht, ist der Ansicht, die eine Modifikation der gesetzlichen Regelungen fordert, beizupflichten.

Ferner wird vertreten, dass die materielle Definition einzuschränken sei. Es handele sich ausschließlich um einen Ehevertrag, wenn eine **Vereinbarung zwischen (zukünftigen) Ehegatten mit abstrakter vermögensrechtlicher Wirkung** geschlossen werde. Sofern die Vereinbarung der Ehegatten jedoch einen konkreten Bezug aufweise, habe sie keinen ehevertraglichen Charakter.[630] Anlass für diesen Standpunkt ist eine Entscheidung des *Hoge Raads* zum sogenannten *Echtscheidingsconvenant*. Der Gerichtshof führte aus, dass eine Vereinbarung über die Zuteilung von Vermögensgütern, die von Ehegatten angesichts einer bevorstehenden Scheidung abgeschlossen worden war, nicht der für den Ehevertrag vorgeschriebenen Form genügen müsste.[631]

Diese einschränkende Auffassung wird teilweise mit der Begründung abgelehnt, dass sich für eine solche Einschränkung der materiellen Definition keine Stütze im *Burgerlijk Wetboek* finden lasse.[632] Zudem wird problematisiert, dass die Annahme, eine Vereinbarung habe nur dann eine ehevertraglichen Charakter, wenn sie eine abstrakte Regelung beinhalte, zum Entstehen von Rechtsunsicherheit führen würde, die sowohl für die Parteien selbst als auch für davon betroffene Dritte nicht hinnehmbar sei.[633] Bemerkenswert ist insoweit auch, dass von Vertretern des Erfordernisses der abstrakten Regelung darauf verwiesen wird, dass Vereinbarungen, die nicht unter die genannte Definition subsumiert werden könnten, einen Ehevertrag darstellen würden, falls das Gesetz dies vorgebe.[634]

---

629 Siehe S. 192.
630 *Hidma*, Huwelijksvoorwaarden staande huwelijk, S. 50; *Hidma/Van Duijvendijk-Brand*, Huwelijkse voorwaarden, S. 123; *Schonewille*, Partijautonomie in het relatievermogensrecht, S. 87; *Ten Kate*, NJ 1980, S. 48; *Reijnen*, WPNR 2018, S. 424 f., scheint sich dem anzuschließen. Er geht davon aus, dass eine Änderung des vermögensrechtlichen Regimes erforderlich ist. Eine Rücknahme des Ehevertrages vor der Eheschließung bedarf seiner Auffassung dennoch keiner bestimmten Form.
631 HR 26.01.1979, ECLI: NL: PHR:1979: AC6480, NJ 1980/19, S. 41 ff.; ausf. dazu S. 202 ff.
632 *Verstappen*, Rechtsopvolging, S. 392.
633 *De Bruijn/Huijgen/Reinhartz*, Het Nederlandse Huwelijksvermogensrecht, 5. druk, S. 243.
634 *Hidma*, Huwelijksvoorwaarden staande huwelijk, S. 50.

c) Erweiterte formelle Definition

Schließlich wird vertreten, dass das *Burgerlijk Wetboek* selbst vorgebe, was ein Ehevertrag sei: So soll der Begriff des Ehevertrags keinen inhaltlichen Zusammenhang aufweisen, sondern hauptsächlich dazu dienen, verschiedene Vorschriften dadurch miteinander zu verbinden, dass die Rechtsfolgen dieser Vorschriften ausschließlich dann eintreten, wenn eine Vereinbarung in der besonderen Form der *huwelijkse voorwaarden* erfolgt.[635] Insbesondere handele es sich bei Vereinbarungen, die den Güterstand der Ehe verändern, um einen Ehevertrag. Dies ergebe sich aus einer Vielzahl von Vorschriften des *Burgerlijk Wetboek*.[636]

Beispielhaft genannt werden können Art. 1:121 Abs. 1 BW[637] und Art. 1:93 BW.

Art. 1:93 BW:
„Bij huwelijkse voorwaarden kan uitdrukkelijk of door de aard der bedingen worden afgeweken van bepalingen van deze titel, behalve voorzover bepalingen zich uitdrukkelijk of naar hun aard tegen afwijking verzetten."
Deutsch:
Mittels eines Ehevertrags kann ausdrücklich oder durch die Art der Bestimmung von den Vorschriften dieses Titels abgewichen werden, sofern die Vorschrift einer Abweichung nicht ausdrücklich oder ihrer Art nach widerspricht.

d) Das Echtscheidingsconvenant – ein Ehevertrag?

Ausgehend von den verschiedenen Definitionen des Ehevertrages ist zwangsläufig umstritten, ob bestimmte besondere Vereinbarungen als Ehevertrag zu klassifizieren sind. Es erweist sich als schwierig, eine Antwort auf die Frage zu geben, ob es sich bei dem sogenannten *Echtscheidingsconvenant* um einen Ehevertrag handelt. Nach niederländischem Recht ist es Ehegatten gestattet, eine Vereinbarung in Form des *Echtscheidingsconvenants* zu schließen, mit der sie beabsichtigen, die familien- und vermögensrechtlichen Folgen einer von ihnen begehrten Ehescheidung zu regeln.[638] Übersetzt werden müsste dieser Begriff mit Scheidungsfolgenvereinbarung.

---

635 *Van der Burght/Doek*, Personen- en familierecht, Rn. 459; *Drion*, WPNR 1965, S. 134; *Kolkman/Salomons*, in: *Asser* 1-II, Rn. 389; *Van Mourik/Verstappen*, Nederlands vermogensrecht bij scheiding, Deel A, S. 254; *Wiersma*, WPNR 1966, S. 350.

636 *Van der Burght/Doek*, Personen- en familierecht, Rn. 460; *Kolkman/Salomons*, in: *Asser* 1-II, Rn. 389.

637 Siehe S. 192.

638 Zum Bergiff siehe *De Bruijn*, Het Nederlandse huwelijksvermogensrecht, S. 118; *Hidma*, WPNR 1989, S. 14; *Kolkman/Salomons*, in: *Asser* 1-II, Rn. 390; *Luijten*,

Der Gesetzgeber hat dieses Rechtsinstitut in Art. 1:100 Abs. 1 BW[639] einer gesetzlichen Regelung zugeführt. Bereits vor Erlass dieser Vorschrift musste sich der *Hoge Raad* im Jahre 1979 mit der Frage auseinandersetzen, ob eine derartige, mit Blick auf die nahende Scheidung vorgenommene Vereinbarung über die Aufteilung der Vermögensgüter ehevertraglichen Charakter hat.[640]

Der Entscheidung lag ein Rechtsstreit über die der Ehescheidung folgende Verteilung der Vermögensgüter zugrunde. Die Ehefrau gab an, dass sie mit ihrem Ehemann noch während der Ehe eine Abmachung über die Aufteilung geschlossen hätte, die vorsah, dass ihr die eheliche Wohnung bei Übernahme der diese belastenden Hypothek zugeteilt werden sollte. Im Gegenzug habe sie auf Unterhalt verzichtet.[641]

Der *Hof 's-Hertogenbosch* wies den Antrag der Ehefrau ab. Die Vereinbarung enthalte Modifizierungen der gesetzlichen Regelungen über die Gütergemeinschaft, sodass es sich um einen Ehevertrag handele. In Ermangelung der Wahrung der Formvorschrift sei die vorliegende Vereinbarung jedoch nichtig.[642]

Der *Hoge Raad* war im Gegensatz zu dem Gerichtshof der Ansicht, dass es sich bei der vorliegenden Vereinbarung um ein *Echtscheidingsconvenant* handele, also um eine Vereinbarung, die mit Blick auf eine bevorstehende Ehescheidung getroffen wurde. Sowohl der Wille des Gesetzgebers, als auch die seit Jahren vorgenommene Ausführung in der Praxis spreche dafür, dass eine solche Vereinbarung nicht der für den Ehevertrag vorgeschriebenen Form unterliege.[643]

Umstritten ist, ob der *Hoge Raad* damit die Auffassung vertreten hatte, dass es sich bei einer Scheidungsfolgenvereinbarung nicht um einen Ehevertrag handele oder eine solche Vereinbarung zwar ein Ehevertrag sei, aber nicht den besonderen Anforderungen an diesen genügen müsste.

Teilweise wird darauf verwiesen, dass eine Vereinbarung, die eine von der gesetzlichen Regelung abweichende Verteilung der aufgelösten Gütergemeinschaft vorsehe, kein Ehevertrag sei, da es sich ausschließlich um eine Abweichung von den vermögensrechtlichen Folgen der Ehe handele, nicht aber um eine Abweichung vom Güterrecht selbst. Folglich habe das *Echtscheidingsconvenant*

---

in: *Dijk*, Met recht verenigd, S. 87 f.; *ders.*, in: *Luijten/Keijser*, Echtscheidingsconvenant en boedelscheiding, S. 16; *Ten Kate*, NJ 1980, S. 48.
639 Siehe S. 84.
640 *HR* 26.1.1979, ECLI: NL: HR:1970: AC6480, NJ 1980/19, S. 41 ff.
641 *HR* (o. Fn. 640), S. 41 f.
642 *HR* (o. Fn. 640), S. 43.
643 *HR* (o. Fn. 640), S. 44 f.

keinen ehevertraglichen Charakter.[644] In diesem Zusammenhang werden auch die Ausführungen des obersten Gerichts der Niederlande zur langjährigen Gewohnheit in der Praxis abgelehnt. Selbst unter der Voraussetzung, dass eine solche Gewohnheit bestehe, könne diese nicht zu einer Veränderung der Gesetzeslage führen.[645]

Weiterhin wird vertreten, dass eine Scheidungsfolgenvereinbarung keine Abweichung vom Grundsatz der hälftigen Anteile aus Art. 1:100 Abs. 1 BW[646] darstelle, wenn das Abkommen eine Ausgleichsregelung für die Zuteilung eines bestimmten Vermögenswertes vorsehe. Nur in Fällen, in denen ein solcher Ausgleich nicht vereinbart worden sei, müsste das *Echtscheidingsconvenant* als Ehevertrag angesehen werden.[647]

Der Gesetzgeber hat, in Kenntnis der Entscheidung des *Hoge Raads*, ausdrücklich festgelegt, dass die Einhaltung der Schriftform genügt, wenn die Ehegatten in anderen Fällen als dem Tod oder der Aufhebung durch eine ehevertragliche Regelung vom Grundsatz der hälftigen Anteile an der Gütergemeinschaft abweichen möchten.[648] Damit erkennt der Gesetzgeber das *Echtscheidingsconvenant* an und statuiert für diese besondere Vereinbarung lediglich das Schriftformerfordernis, sodass es sich bei der Scheidungsfolgenvereinbarung nicht um eine solche handelt.[649]

Die Ehegatten sind bei der inhaltlichen Gestaltung der Scheidungsfolgenvereinbarung nicht auf die Abweichung des durch Art. 1:100 Abs. 1 BW[650] vorgegebenen Grundsatzes der hälftigen Anteile an der Gütergemeinschaft beschränkt. Das niederländische Recht sieht ausdrücklich vor, dass es den Ehegatten freisteht, weitere familienrechtliche Regelungen, wie Vereinbarungen zum nachehelichen Unterhalt oder Rentenausgleich, in einem *Echtscheidingsconvenant* zu treffen,

---

644 *Luijten*, NJ 1980, S. 50; *ders.*, in: *Luijten/Keijser*, Echtscheidingsconvenant en boedelscheiding, S. 20; *Luijten/Meijer*, in: *Klaassen/Eggens*, Huwelijksgoederenrecht, Rn. 389.
645 *Luijten*, in: *Dijk*, Met recht verenigd, S. 92; *ders.*, in: *Luijten/Keijser*, Echtscheidingsconvenant en boedelscheiding, S. 20.
646 Siehe S. 84.
647 *De Bruijn/Huijgen/Reinhartz*, Het Nederlandse Huwelijksvermogensrecht, 5. druk, S. 246; *Lubbers*, NJB 1979, S. 400 f.
648 *Parlementaire geschiedenis*, Inv. Boeken 3, 5 en 6, MvT Inv., S. 63.
649 *Van Mourik/Verstappen*, Nederlands vermogensrecht bij scheiding, Deel A, S. 520.
650 Siehe S. 84.

sodass grundsätzlich alle familien- und vermögensrechtlichen Folgen einer Ehescheidung in dieser besonderen Vereinbarung geregelt werden können.[651]

Vor diesem Hintergrund ist problematisch, wie *Echtscheidingsconvenant* und Ehevertrag, die letztlich dieselben Bestimmungen enthalten können, voneinander abzugrenzen sind.

Vertreten wird, dass ein *Echtscheidingsconvenant* ausschließlich abgeschlossen werden könnte, wenn eine Scheidung der Ehe bevorsteht.[652]

Ebenso wird vertreten, dass keine eindeutige Abgrenzung zwischen den unterschiedlichen Vereinbarungen möglich sei. Für die Zulässigkeit des *Echtscheidingsconvenants* genüge es, wenn die Vereinbarung mit Blick auf eine Scheidung geschlossen werde, was allerdings nicht einschließe, dass diese Scheidung zeitnah erfolgen müsste.[653] Hierbei wird jedoch der Wortlaut der gesetzlichen Vorschrift übergangen, woraus sich ergibt, dass der Gesetzgeber selbst auch davon ausgeht, dass die Scheidungsfolgenvereinbarung mit Blick auf eine bevorstehende Ehescheidung geschlossen werden kann.

e) Das Verblijvingsbeding – eine ehevertragliche Regelung?

Einen weiteren Sonderfall stellt das sogenannte *Verblijvingsbeding* dar. Mit dieser besonderen Bestimmung, die mit Verbleibensvereinbarung übersetzt werden kann, regeln die Ehegatten vorab, welche Güter bei einer Trennung im Eigentum welches Ehegatten verbleiben sollen, ohne dass es dazu einer konkreten Verteilung bedarf.[654] Möglich ist zudem, dass die Ehegatten vereinbaren, welche gemeinsamen Güter einem Ehegatten zugeteilt werden sollen oder welche Güter, die im Alleineigentum eines der Ehegatten stehen, von den anderen Ehegatten ganz oder teilweise übernommen werden sollen.[655]

Auch in diesem Fall ist umstritten, ob es sich um eine ehevertragliche Regelung handelt.

Zum Teil wird vertreten, dass die Verbleibensvereinbarung keinen ehevertraglichen Charakter aufweise. Diese Vereinbarung sei als Bedingung einer eventuell

---

651 Ausf. dazu *Van Mourik/Verstappen*, Nederlands vermogensrecht bij scheiding, Deel A, S. 501 ff.
652 *Kolkman/Salomons*, in: *Asser* 1-II, Rn. 390.
653 *Nuytinck*, AA 2012, S. 634; *Van Mourik/Verstappen*, Nederlands vermogensrecht bij scheiding, Deel A, S. 523.
654 *Van der Burght/Doek*, Personen- en Familierecht, Rn. 507; *Hidma*, Huwelijksvoorwaarden staande huwelijk, S. 44; *Kolkman/Salomons*, in: *Asser* 1-II, Rn. 362.
655 *Van der Burght/Doek*, Personen- en Familierecht, Rn. 513, 514; *Kolkman/Salomons*, in: *Asser* 1-II, Rn. 362.

folgenden Aufteilung der zwischen den Eheleuten bestehenden Gütergemeinschaft zu verstehen. Damit führe sie jedoch nicht zu einer Änderung der vermögensrechtlichen Folgen, sondern verändere vielmehr lediglich die Abwicklung der vermögensrechtlichen Folgen der Ehe bzw. deren Scheidung.[656]

Ebenfalls wird befürwortet, bei der Frage nach der Klassifizierung des *Verblijvingsbedings* als ehevertragliche Regelung zwischen den unterschiedlichen Arten dieser besonderen Vereinbarung zu unterscheiden. So stelle eine Vereinbarung, die vorsehe, dass ein Ehegatte ein Gut der Gemeinschaft erhalte, aber dafür keinen finanziellen Ausgleich leisten müsse, eine Abweichung vom gesetzlichen Grundsatz der hälftigen Anteile der Ehegatten an den Gütern ihrer Gemeinschaft dar und sei somit als Ehevertrag anzusehen. Werde durch das *Verblijvingsbeding* allerdings der bevorteilte Ehegatte zur Leistung eines Ausgleichs verpflichtet, bleibe der gesetzliche Grundsatz der hälftigen Anteile gewahrt, sodass es sich in diesem Fall nicht um eine ehevertragliche Regelung handele.[657]

Ferner wird vertreten, dass ein *Verblijvingsbeding* in jedem Fall ehevertraglichen Charakter habe, da jede Abweichung von dem gesetzlichen Grundsatz der hälftigen Anteile an der Gemeinschaft eine Abweichung von dem gesetzlich geregelten Güterrecht darstelle, unabhängig von der Frage, ob ein finanzieller Ausgleich vorgesehen werde.[658]

Gegen die Ansicht, die zwischen den verschiedenen Vereinbarungen unterscheidet, spricht, dass diese Unterscheidung zu einer nicht unerheblichen Rechtsunsicherheit führen würde, die angesichts der elementaren wirtschaftlichen Bedeutung des Ehegüterrechts nicht hingenommen werden kann. Weiterhin ist mit Blick auf die Auffassung, die eine Verbleibensvereinbarung nur als Änderung der Abwicklung der Ehe bzw. Scheidung sieht, problematisch, dass auch dieses Resultat zwingend das vorherige Bestehen der Ehe voraussetzt und somit letztlich als vermögensrechtliche Folge dieser gesehen werden kann. Problematisch ist zudem, dass im Falle einer Verbleibensvereinbarung bestimmte Güter von Anfang an der Disposition der Ehegatten entzogen werden, was *de facto* – unabhängig von einem Wertausgleich – zu einem Verlust des Anteils an

---

656 *Luijten*, Huwelijksvermogensrecht, S. 173 f.; *Luijten/Meijer*, in: *Klaassen/Eggens*, Huwelijksgoederenrecht, Rn. 392; *Zonnenberg*, Het verrekenbeding, 2. druk, S. 10.
657 *De Bruijn/Huijgen/Reinhartz*, Het Nederlandse Huwelijksvermogensrecht, 5. druk, S. 247; *Van der Burght/Doek*, Personen- en Familierecht, Rn, 508; *Lubbers*, NJB 1979, S. 400 f.; *Van der Ploeg*, WPNR 1957, S. 147.
658 *Kolkman/Salomons*, in: Asser 1-II, Rn. 391; *Parlementaire geschiedenis*, Boek 1, TM, S. 351; *Ten Kate*, NJ 1980, S. 48.

diesen Gütern führt. Damit beinhaltet jedoch jede Verbleibensvereinbarung eine Abweichung vom gesetzlichen Grundsatz der hälftigen Anteile an der Gütergemeinschaft, weshalb allein der Ansicht, die in der Verbleibensvereinbarung stets eine ehevertragliche Regelung sieht, der Vorzug zu geben ist.

f) Evaluation der unterschiedlichen Auffassungen

Im Ergebnis kann festgestellt werden, dass im niederländischen Recht drei unterschiedliche Auffassungen zur Begriffsbestimmung des Ehevertrags vertreten werden. Sowohl die formelle als auch die erweiterte formelle Definition lehnen eine Begriffsbestimmung des Ehevertrages anhand inhaltlicher Kriterien ab. Lediglich die materielle Definition stellt auf den Inhalt der Vereinbarung ab. Innerhalb der materiellen Definition ist umstritten, ob eine Änderung der von Gesetzes wegen bestehenden Rechtslage erforderlich ist und ob darüber hinaus die ehevertraglichen Regelungen einen abstrakten Charakter haben müssen.

Es stellt sich daher die Frage, anhand welcher Definition letztendlich zu ermitteln ist, ob es sich bei einer Vereinbarung um einen Ehevertrag handelt. Vorab ist zu beachten, dass in den meisten Fällen eine Vereinbarung nach allen Ansichten als *huwelijkse voorwaarden* zu klassifizieren ist. Eine Entscheidung zugunsten einer der Ansichten kann daher in den meisten Fällen unterbleiben. Dennoch sind bestimmte Fälle denkbar, bei denen die verschiedenen Auffassungen zu unterschiedlichen Ergebnissen gelangen. Folgt man der materiellen Definition, die eine abstrakte Regelung erfordert, ist beispielsweise ein *verblijvingsbeding*, das konkrete Güter benennt, die im Eigentum eines der Ehegatten verbleiben sollen, kein Ehevertrag. Nach den übrigen Ansichten ist die Verbleibensvereinbarung auch in dieser Form ein Ehevertrag. Die Einordnung einer Klausel als „ehevertraglich" hat Auswirkungen auf den weiteren Umgang mit der vertraglichen Regelung. Zunächst ist zu berücksichtigen, dass Eheverträge einer besonderen Formvorschrift unterliegen.[659] Würde einzelnen Bestimmungen, wie dem *verblijvingsbeding*, der ehevertragliche Charakter abgesprochen, bedürfte es zur Gültigkeit dieser Abrede keiner besonderen Form; die Vereinbarung könnte formlos geschlossen werden. Selbst bei Aufnahme in einen Ehevertrag wäre zu berücksichtigen, dass es den Ehegatten formlos möglich sein müsste, die Klausel, der ein ehevertraglicher Charakter fehlt, explizit oder konkludent durch ihr Verhalten abzuändern.[660] Folglich ist eine Streitentscheidung erforderlich.

---

659 Ausf. hierzu siehe S. 208 ff.
660 Siehe hierzu auch Rn. 662.

Die formelle Definition des Ehevertrages ist abzulehnen. Einerseits ist bereits problematisch, dass unter Anwendung dieser Definition die gesetzlichen Veränderungen nicht beachtet werden. Insbesondere bleibt unbeachtet, dass es aufgrund der Ermöglichung des Abschlusses einer ehevertraglichen Vereinbarung nach der Eheschließung notwendig ist, zwischen diesen und sonstigen Vereinbarungen der Ehegatten zu unterscheiden. Berücksichtigt man zudem noch, dass die Ehegatten heute wesentlich öfter als früher miteinander Vereinbarungen schließen, führt dies nur zu weiterer Unübersichtlichkeit.

Aus der Ablehnung der formellen Definition kann gleichwohl nicht der Rückschluss gezogen werden, die materielle Definition anzuwenden. Insbesondere ist kritisch zu bewerten, dass sie sowohl eine ausgedehnte, als auch eine beschränkte Auslegung ermöglicht, was *huwelijkse voorwaarden* sind. Dies führt jedoch letztlich zur Beliebigkeit der Definition.[661] Beispielhaft sei die Frage genannt, ob ein *Echtscheidingsconvenant* als Ehevertrag anzusehen ist.[662] Geht man davon aus, dass ein Ehevertrag vorliegt, wenn (zukünftige) Ehegatten eine Vereinbarung schließen, um vermögensrechtliche Folgen ihrer Eheschließung zu regeln, so müsste auch die Scheidungsfolgenvereinbarung, die vermögensrechtliche Regelungen enthält, als eine solche angesehen werden. Mit der Rechtsprechung des *Hoge Raads* aus dem Jahre 1979 hat sich die Auffassung in der Literatur hierzu verändert, die auf unterschiedlichste Weise begründen, ob es sich bei einer Scheidungsfolgenvereinbarung trotz Entfall des Erfordernisses der notariellen Form um einen Ehevertrag handelt oder dies nicht der Fall sein soll. Dies zeigt deutlich die Beliebigkeit der materiellen Definition auf. Der erweiterten formellen Definition, die davon ausgeht, dass anhand der Vorschriften des *Burgerlijk Wetboeks* über den ehevertraglichen Charakter einer Vereinbarung zu entscheiden ist, ist der Vorzug zu geben.

3. Die notarielle Beurkundung des Ehevertrags

Grundsätzlich unterliegen Vereinbarungen im niederländischen Recht keinem bestimmten Formerfordernis.[663] Eheverträge sind hingegen gemäß Art. 115 des 1. Abschnitts des 8. Titels des 1. Buches des *Burgerlijk Wetboek* abweichend von diesem Grundsatz in notarieller Form einzugehen.

---

661 So auch *Kolkman/Salomons*, in: *Asser* 1-II, Rn. 390; *Van Mourik/Verstappen*, Nederlands vermogensrecht bij scheiding, Deel A, S. 253.
662 Ausf. dazu siehe S. 202 ff.
663 *Hijma/Olthof*, Vermogensrecht, Rn. 47; *Pleysier*, in: *Hartlief/Stolker*, Contractvrijheid, S. 451.

Art. 1:115 BW:

„1. Huwelijkse voorwaarden moeten op straffe van nietigheid bij notariële akte worden aangegaan.

2. Een volmacht tot het aangaan van huwelijkse voorwaarden moet schriftelijk worden verleend en moet de in de huwelijkse voorwaarden op te nemen bepalingen bevatten."

Deutsch:

1. Der Ehevertrag muss unter Androhung der Nichtigkeit durch notarielle Beurkundung eingegangen werden.

2. Eine Vollmacht zur Eingehung eines Ehevertrages muss einerseits schriftlich erteilt worden sein und andererseits die in den Ehevertrag aufzunehmenden Bestimmungen enthalten.

Das Tatbestandsmerkmal des Eingehens ist nicht restriktiv auszulegen. Nicht nur der erstmalige Abschluss von Eheverträgen ist als ein Eingehen im Sinne des Gesetzestextes anzusehen, sondern ebenfalls die Änderung und Rücknahme der ehevertraglichen Bestimmungen.[664] Wird die notarielle Form beim Abschluss eines Ehevertrages oder einer Veränderung einer ehevertraglichen Regelung nicht gewahrt, knüpft Art. 1:115 Abs. 1 BW daran die Rechtsfolge der Nichtigkeit.

Dies macht eine Begriffsbestimmung der Nichtigkeit erforderlich. Eine Rechtshandlung wird in den Niederlanden als nichtig beschrieben, wenn diese Handlung an einem Mangel leidet und in Folge dessen die mit der Handlung beabsichtigten Rechtsfolgen nicht eintreten.[665] Der grobe Umriss des Begriffs der Nichtigkeit nach niederländischem Recht erfordert eine genauere Unterscheidung: Sind Rechtshandlung *van rechtswege nietig*, so schreibt das Gesetz selbst ausdrücklich vor, dass die mit der Handlung beabsichtigte Rechtsfolge nicht eintritt. Die Rechtshandlung ist somit unabhängig von späteren Ereignissen oder dem Willen der Betroffenen *ex-tunc* nichtig.[666] Weiterhin besteht die Möglichkeit, dass Rechtshandlungen lediglich *vernietigbaar* oder anfechtbar sind. In diesem Fall hängt es vom Willen einer bestimmten ausgewiesenen Person ab, ob die Nichtigkeit als Rechtsfolge eintritt oder die Rechtshandlung gleichwohl gültig sein soll. Die Nichtigkeit kann sodann nur durch eine durch außergerichtliche Erklärung oder eine Gerichtsentscheidung über die entsprechende Rechtsfolge erreicht werden.[667]

---

664 *De Bruijn/Huijgen/Reinhartz*, Het Nederlandse Huwelijksvermogensrecht, 5. druk, S. 264; *Hidma*, Huwelijksvoorwaarden staande huwelijk, S. 91.
665 *Hartkamp/Sieburgh*, in: *Asser* 6-III, Rn. 604.
666 *Hartkamp/Sieburgh*, in: *Asser* 6-III, Rn. 607; *Hijma/Olthof*, Vermogensrecht, Rn. 59; *Brahn/Reehuis*, Vermogensrecht, Rn. 148.
667 *Hartkamp/Sieburgh*, in: *Asser* 6-III, Rn. 608; *Hijma/Olthof*, Vermogensrecht. Rn. 63; *Brahn/Reehuis*, Vermogensrecht, Rn. 376.

Die entsprechende Regelung findet sich in Art. 3:49 BW.

Art. 3:49 BW:
„Een vernietigbare rechtshandeling wordt vernietigd hetzij door een buitengerechtelijke verklaring, hetzij door een rechterlijke uitspraak."
Deutsch[668]:
Ein anfechtbares Rechtsgeschäft wird entweder durch eine außergerichtliche Erklärung oder durch eine richterliche Entscheidung nichtig.

Das niederländische Recht unterscheidet zwischen absoluter und relativer Nichtigkeit. Eine Handlung ist relativ nichtig, wenn die Nichtigkeit nur bestimmten Personen gegenüber wirkt. Entfaltet sie gegenüber jedem Wirkung, so wird sie als absolute Nichtigkeit bezeichnet. Diese Begriffe werden nicht dogmatisch stringent verwendet: Oft wird der Begriff der absoluten Nichtigkeit als Synonym für die Nichtigkeit *van rechtswege* benutzt.[669] Wird die Formvorschrift des Art. 1:115 BW nicht beachtet, so folgt daraus die uneingeschränkte Nichtigkeit. Sie entfalten keine Rechtsfolgen.[670]

Fraglich ist ferner, welche Voraussetzungen im niederländischen Recht an den Begriff der notariellen Beurkundung geknüpft werden. Um diese Frage zu beantworten, sollen im Folgenden der Status des Notars im niederländischen Recht sowie dessen Aufgabe und das daraus resultierende Verhältnis zu den Vertragsparteien untersucht werden. Ergänzend wird die aktuelle Entwicklung bezüglich des Erfordernisses der notariellen Beurkundung dargestellt.

a) Status des Notars

In der Rechtsgeschichte ist der Notar kein neu entstandenes Rechtsinstitut. Zwar sind stets Personen als Notar aufgetreten, haben aber nicht immer dieselbe Funktion erfüllt.[671] Eine einheitliche Regelung des Notariats in den Niederlanden wurde erstmals durch Napoleon Bonaparte mit dem französischen Ventôse-Gesetz vorgenommen. Dieses Gesetz trat in den südlichen Provinzen am 16.03.1803 und in den nördlichen Provinzen am 01.03.1811 durch kaiserlichen

---

668 *Nieper*, Niederländisches Bürgerliches Gesetzbuch – Buch 3/4/5, S. 35.
669 *Hartkamp/Sieburgh*, in: *Asser* 6-III, Rn. 607.
670 *De Bruijn/Huijgen/Reinhartz,* Het Nederlandse Huwelijksvermogensrecht, 5. druk, S. 263; *Van der Burght/Doek*, Personen- en Familierecht, Rn. 472; *Hidma*, Huwelijksvoorwaarden staande huwelijk, S. 91; *Luijten/Meijer*, in: *Klaassen/Eggens*, Huwelijksgoederenrecht, Rn. 413.
671 *Huijgen/Pleysier*, Wetgeving op het notarisambt, S. 1; *Stille*, in: Naar een nieuw huwelijksvermogensrecht?, S. 45; *Van Mourik*, WPNR 1974, S. 119.

Erlass in Kraft und vereinheitlichte so die Struktur des Notariats in den gesamten Niederlanden nach französischem Vorbild.[672] Im heutigen niederländischen Recht findet sich eine Legaldefinition des Notars im *Wet op het notarisambt* (WN), das den Notar als Beamten definiert.
Dies ergibt sich aus Art. 1 Abs. 1 lit. a WN.

> Art. 1 Abs. 1 lit. a WN:
> „1. Deze wet en de daarop berustende bepalingen verstaan onder:
>   a. notaris: de ambtenaar, bedoeld in artikel 2; [...]"
> Deutsch:
> 1. Dieses Gesetz und die darauf beruhenden Vorschriften verstehen unter:
>   a. einem Notar: Der Beamte, der in Artikel 2 gemeint ist; [...]

Den Notar auf den Status eines Beamten zu reduzieren, wäre, wie in der Literatur verschiedentlich ausgeführt wird, eine fehlerhafte Schlussfolgerung. Vielmehr komme dem Notar eine **Doppelrolle als Amtsträger und Unternehmer** zu. Er sei kein Beamter im klassischen Sinne, sondern ein privatisierter Amtsträger.[673] Typische Merkmale eines Amtsträgers, wie die Ernennung und die Besoldung des Amtsträgers durch den Staat, die Ausübung einer amtlichen Tätigkeit, sowie die Pflicht zur Rechenschaft diesem gegenüber, treffen nur in gewissem Umfang auf den Notar zu.[674]

Dem Merkmal des Amtsträgers entspricht, dass der Notar die Befugnis, sein Amt auszuüben, in Form eines Hoheitsaktes gemäß Art. 3 Abs. 1 WN erhält – sofern er die zur Benennung erforderlichen Voraussetzungen erfüllt.[675] Zudem führt das *Bureau Financieel Toezicht* gemäß den Vorschriften des 2. Abschnitts des 9. Titel des *Wet op het notarisambt* eine Aufsicht über die Tätigkeit der niederländischen Notare in finanzieller und allgemeiner Hinsicht.[676] Allerdings erhält der Notar keine staatliche Besoldung, sondern ist als eigenständiger Unternehmer selbst für seinen Lohn und das Fortbestehen seines Unternehmens verantwortlich.[677]

---

672 *Gehlen*, in: Atlas du notariat/Atlas van het notariaat, S. 491; *Roes*, in: Handbuch der Geschichte des Notariats, S. 327 f.; *Schützeberg*, Notar in Europa, S. 168.
673 *De Vries*, WPNR 1992, S. 460; *Hillen-Muns*, Wet op het notarisambt, S. 16; *Melis/Waaijer*, De Notariswet, 8. druk, S. 24; *Schützeberg*, Notar in Europa, S. 169.
674 So *Van Mourik*, WPNR 1974, S. 121.
675 Ausf. dazu *Melis/Waaijer*, De Notariswet, 8. druk, S. 66 ff.
676 Ausf. dazu *Melis/Waaijer*, De Notariswet, 8. druk, S. 468 ff.
677 *Melis/Waaijer*, De Notariswet, 8. druk, S. 24.

Darüber hinaus gesteht der Gesetzgeber dem Notar zu, auf eine gewisse Weise unternehmerisch am Markt tätig zu sein. Beispielsweise ist es ihm möglich, über unterschiedliche Tarife mit anderen Notaren zu konkurrieren. Aufgrund seiner Doppelrolle unterliegt der Notar jedoch verschiedenen Einschränkungen, die einen gewöhnlichen Unternehmer nicht betreffen. So kann er einer Partei seine Dienstleistung nur unter begrenzten Umständen verweigern. Ebensowenig steht es ihm frei, seine Tätigkeit auf bestimmte Bereiche des Notariats zu beschränken.[678]

b) Aufgabe des Notars und Verhältnis zwischen Notar und Beteiligten des Ehevertrags

Das Aufgabenfeld des Notars ist gesetzlich festgelegt. Hauptsächlich ist es seine Aufgabe, Urkunden zu erstellen.
Dies ergibt sich aus Art. 2 Abs. 1 WN.

Art. 2 Abs. 1 WN:
„1. Het ambt van notaris houdt de bevoegdheid in om authentieke akten te verlijden in de gevallen waarin de wet dit aan hem opdraagt of een partij zulks van hem verlangt en andere in de wet aan hem opgedragen werkzaamheden te verrichten. [...]"
Deutsch:
Das Amt des Notars beinhaltet die Befugnis, öffentliche Urkunden zu errichten in den Fällen, in denen das Gesetz ihm dies aufträgt oder eine Partei eine solche Tätigkeit von ihm verlangt, und andere Tätigkeiten zu verrichten, die das Gesetz ihm aufgibt. [...]

Dabei entsteht die Frage, was unter dem Begriff der notariellen Urkunde zu verstehen ist. Das niederländische Recht kennt neben dieser Form der Urkunde auch die *authentieke akte*, was mit dem Begriff öffentliche Urkunde zu übersetzen ist, und die *onderhandse akte*, also die Privaturkunde. Eine Niederschrift ist eine Urkunde, wenn sie einerseits unterzeichnet worden ist und andererseits dazu bestimmt ist, zum Beweis zu dienen. Eine solche Niederschrift wird grundsätzlich zur *authentieke akte* oder öffentlichen Urkunde, wenn sie in der gesetzlich erforderlichen Form von einem Beamten, der durch oder aufgrund eines Gesetzes dazu ermächtigt wurde, ausgefertigt wurde. Wird in einer Formvorschrift ausdrücklich von einer notariellen Beurkundung gesprochen, so ist ausschließlich der Notar als Amtsträger zu dieser Beurkundung befugt.[679] Die

---

678 Melis/Waaijer, De Notariswet, 8. druk, S. 24 f. und S. 366 f.
679 Huijgen/Pleysier, Wetgeving op het notarisambt, S. 83; Melis/Waaijer, De Notariswet, 8. druk, S. 11; Snijders/Klaassen/Meijer, Nederlands burgerlijk procesrecht, Rn. 219.

onderhandse akte oder Privaturkunde hingegen ist nach dem Willen des Gesetzgebers jede Urkunde, die keine öffentliche Urkunde ist.[680]

Die Urkunde dient in erster Linie der **Beweisführung**.[681] Von der notariellen Urkunde geht dabei, wie von jeder öffentlichen Urkunde, in erster Linie eine Echtheitsvermutung aus. Die Urkunde beweist sich gewissermaßen selbst.[682] Damit verbunden ist die Vermutung, dass die Niederschrift von einem Notar angefertigt worden ist und nach Ausfertigung keine Veränderungen an der Urkunde vorgenommen worden sind.[683] Darüber hinaus entfaltet die notarielle Urkunde hinsichtlich der durch die Parteien geleisteten Unterschrift Beweiswirkung. Die Urkunde enthält zusätzlich zu der Erklärung der Parteien auch die Erklärung des Notars, welche Personen die Unterschrift geleistet haben.[684] Neben dieser formellen Beweiskraft entwickelt die notarielle Urkunde auch eine materielle Beweiskraft. Vermutet wird, dass der Notar wahrheitsgemäß und vollständig beurkundet hat, was die Parteien vorgetragen haben. Über den Wahrheitsgehalt der Parteierklärung selbst wird damit allerdings keine Aussage getroffen.[685]

Vielfach wird in der Literatur jedoch vertreten, dass das Formerfordernis *de facto* eine andere Bedeutung als der Beweisführung habe: Sind die Erklärungen der Parteien formbedürftig, so sind sie gleichfalls einer **notariellen Überprüfung** unterworfen. Dabei ist vom Notar zu prüfen, ob die Parteien der Vereinbarung fähig sind, einen Willen zu bilden. Der Notar muss seine Dienste verweigern, wenn der Geisteszustand einer der Parteien dies nicht zulässt oder eine Partei unter dem Einfluss von Alkohol oder Betäubungsmitteln steht.[686] Zudem zeigt die besondere Form den Parteien deutlich auf, dass sie im Begriff

---

680 *Snijders/Klaassen/Meijer*, Nederlands burgerlijk procesrecht, Rn. 219.
681 *Hidma/Van Duijvendijk-Brand*, Huwelijkse voorwaarden, S. 7 f.; *Van Mourik*, WPNR 1974, S. 119.
682 *Melis/Waaijer*, De Notariswet, 8. druk, S. 169; *Schützeberg*, Notar in Europa, S. 194.
683 *Huijgen/Pleysier*, Wetgeving op het notarisambt, S. 84 f.
684 *Huijgen/Pleysier*, Wetgeving op het notarisambt, S. 86; *Melis/Waaijer*, De Notariswet, 8. druk, S. 162.
685 *De Vries*, WPNR 1992, S. 461; *Hidma/Van Duijvendijk-Brand*, Huwelijkse voorwaarden, S. 8; *Huijgen/Pleysier*, Wetgeving op het notarisambt, S. 85; *Melis/Waaijer*, De Notariswet, 8. druk, S. 170; *Schützeberg*, Notar in Europa, S. 195; *Wissink*, NJ 2008, S. 1800.
686 *Hidma/Van Duijvendijk-Brand*, Huwelijkse voorwaarden, S. 8; *Melis/Waaijer*, De Notariswet, S. 115; *Schonewille*, in: Notaris en scheiding, S. 38.

sind, ein bedeutsames Rechtsgeschäft abzuschließen, und bietet somit einen **Schutz** vor übereilten Rechtshandlungen.[687]

Sowohl die Doppelrolle des Notars als auch die Bedeutung der notariellen Beurkundung beeinflussen das Verhältnis des Notars zu den Parteien einer Vereinbarung, insbesondere zu den Beteiligten eines Ehevertrages. Grundsätzlich handelt es sich bei diesem Verhältnis um eine verpflichtungsschaffende Vereinbarung zwischen dem Notar und Parteien.

Eine entsprechende Regelung findet sich in Art. 16 WN.

> Art. 16 WN:
> „Het verrichten van wettelijke werkzaamheden en werkzaamheden die de notaris in samenhang daarmee pleegt te verrichten, berust op een overeenkomst tussen de notaris en de cliënt, bedoeld in titel 5 van Boek 6 van het Burgerlijk Wetboek."
> Deutsch:
> Das Ausüben von gesetzlichen Tätigkeiten und Tätigkeiten, die der Notar in Zusammenhang mit diesen auszuüben pflegt, beruht auf einer Vereinbarung zwischen dem Notar und dem Klient, wie sie in Titel 5 des 6. Buches des Burgerlijk Wetboek beschrieben wird.

Die sich aus dieser Vereinbarung ergebenden Pflichten sind ebenfalls gesetzlich normiert. Demgemäß muss der Notar die betreffenden Klienten unabhängig, unparteiisch und mit größtmöglicher Sorgfalt beraten.

Dies ergibt sich aus Art. 17 Abs. 1 WN.

> Art. 17 Abs. 1 WN:
> „1. De notaris oefent zijn ambt in onafhankelijkheid uit en behartigt de belangen van alle bij de rechtshandeling betrokken partijen op onpartijdige wijze en met de grootst mogelijke zorgvuldigheid. […]"
> Deutsch:
> Der Notar übt sein Amt in Unabhängigkeit aus und beherzigt die Interessen von allen Parteien, die von der Rechtshandlung betroffen sind, auf unparteiische Weise und mit der größtmöglichen Sorgfältigkeit. […]

Die Verpflichtung des Notars zur **Unabhängigkeit** dient in erster Linie dazu, die Unparteilichkeit des Amtes zu sichern. Der Notar soll nicht in Situationen geraten, in denen er aufgrund seines Verhältnisses zu seinen Klienten nicht mehr entsprechend seines Berufsethos handeln kann.[688]

---

687 HR 27.06.2003, ECLI: NL: PHR:2003: AF7541, NJ 2003/524, S. 4101; *De Bruijn/Huijgen/Reinhartz*, Het Nederlandse Huwelijksvermogensrecht, 5. druk, S. 264; *Stille*, in: Naar een nieuw huwelijksvermogensrecht?, S. 46; *Van Duijvendijk-Brand*, WPNR 2007, S. 392; *Wissink*, NJ 2008, S. 1800.

688 *Melis/Waaijer*, De Notariswet, 8. druk, S. 37 f.

Fraglich ist jedoch, wie sich der Notar verhalten muss, um **unparteiisch** im Sinne der Bestimmungen des *Wet op het Notarisambts* zu sein. Ist dieser Begriff im Sinne einer absoluten Neutralität auszulegen, so müsste sich der Notar als *penhouder die partijen voeren* – also als Stifthalter, den die Parteien führen – darauf beschränken, das aufzuzeichnen, was die Parteien ihm vorgeben.[689] Tatsächlich handelt der Notar jedoch entgegen seiner Amtspflicht, wenn er sich darauf beschränkt, die Vereinbarung der Parteien zu protokollieren. Er hat darüber hinaus eine beratende und aufklärende Funktion. Erkennt der Notar, dass eine Partei bei einer bestimmten Rechtshandlung ins Hintertreffen gerät, so muss er im Rahmen seiner Sorgfaltspflicht korrigierend tätig werden.[690] Plakativ beschrieben ist der Notar für seine Klienten *zijn broeders hoeder*, also der Hüter seines Bruders.[691]

Diese Schutzpflicht des Notars gilt auch, wenn er Klienten hinsichtlich eines Ehevertrages berät. Dies hat der *Hoge Raad* ausdrücklich herausgestellt und hinzugefügt, dass es dem Notar aufgrund seiner Pflichten im Einzelfall obliegen könne, einzugreifen. Ein Notar ist gehalten, den Klienten im Allgemeinen und besonders über das spezifische Risiko der von ihnen angestrebten Rechtshandlung zu informieren.[692]

Der Entscheidung zugrunde lag die Schadensersatzforderung einer Ehefrau gegenüber dem Notar, der den Ehevertrag beurkundet hatte. Die Ehegatten hatten einander im Jahre 1951 unter Ausschluss der umfassenden Gütergemeinschaft geheiratet. Im Jahre 1973 geriet der Ehemann in finanzielle Schwierigkeiten, die der Ehefrau ihrer Aussage nach verborgen geblieben waren. Durch notarielle Beurkundung wurde der bisherige Güterstand im darauffolgenden Jahr zugunsten der umfassenden Gütergemeinschaft aufgehoben. Das Vermögen der Ehefrau wurde sodann größtenteils zur Begleichung der Schulden des Ehemannes aufgewendet.[693] Die Ehefrau forderte von dem beurkundenden Notar Schadensersatz. Er habe seiner Amtspflicht nicht genügt, da er sie nicht

---

689 So *Van Mourik*, WPNR 1974, S. 120.
690 *Hidma/Van Duijvendijk-Brand*, Huwelijkse voorwaarden, S. 9; *Melis/Waaijer*, De Notariswet, 8. druk, S. 30 f.; *Schonewille*, in: Notaris en scheiding, S. 38; *Van Mourik*, WPNR 1974, S. 120.
691 So *Hidma/Van Duijvendijk-Brand*, Huwelijkse voorwaarden, S. 11; *Van den Akker*, WPNR 2004, S. 587 f., führt aus, dass dem Notar auch gegenüber Dritten eine gewisse Fürsorgepflicht zukomme, insbesondere falls diese unmittelbar mit der vom Notar erstellten Urkunde in Berührung kommen würden.
692 *HR* 20.01.1989, ECLI: NL: PHR:1989: AD0586, NJ 1989/766, S. 3007.
693 *HR* (o. Fn. 692), S. 3006 f.

deutlich auf die Konsequenzen der von ihr vorgenommenen Rechtshandlung hingewiesen habe.[694]

Der *Hoge Raad* ging davon aus, dass der beurkundende Notar die ihm obliegende Pflicht verletzt habe. Aufgabe eines Notars sei es, zu verhindern, dass im Rechtverkehr die juristische Unkenntnis einer Person oder eine tatsächliche Vorherrschaft missbraucht werde. Sollte dies der Fall sein, müsste der Notar entsprechende Maßnahmen ergreifen, was er hier unterlassen habe. Erschwerend sei zu berücksichtigen, dass der Notar im vorliegenden Fall Kenntnis von der finanziellen Situation des Ehemannes gehabt habe, und somit die konkrete Möglichkeit bestand, dass sich das mit der Rechtshandlung einhergehende Risiko auch verwirklichen würde.[695]

Eine ähnliche Entscheidung hat der *Hof Amsterdam* getroffen. Er ging davon aus, dass die am Abschluss des Ehevertrags beteiligten Notare zulasten der Ehefrau gegen die ihnen obliegenden Verpflichtungen verstoßen hätten. Der Gerichtshof nahm an, dass es einem Notar bei äußeren Umständen, die einerseits eine ungleichmäßige Aufteilung des vorhandenen Vermögens nahelegen und andererseits eine beschränkte Sichtweise einer Partei auf die ehevertragliche Regelung offenbaren würden, obliege, mehr zu tun. Insbesondere obliege es dem Notar, die konkreten Umstände für den Entschluss, einen Ehevertrag zu schließen, zu ermitteln. Es genüge nicht, auf ein vermeintliches unternehmerisches Risiko abzustellen. Auch müsse der Notar sich vergewissern, dass den Parteien bewusst sei, welche gesetzlichen Rechte sie aufgeben würden.[696]

c) Aktuelle Entwicklungen

Derzeit bestehen Bestrebungen, ein Gesetzgebungsvorhaben in das Parlament einzubringen, welches es den Ehegatten erleichtern soll, anstatt der beschränkten Gütergemeinschaft den Güterstand der zuvor geltenden umfassenden Gütergemeinschaft zu wählen. Beabsichtigt ist, dass es den zukünftigen Ehegatten ermöglicht werden soll, spätestens einen Werktag vor der Eheschließung eine gemeinsame Erklärung gegenüber dem Standesbeamten abzugeben, in der sie anstatt des derzeit geltenden gesetzlichen Güterstands die umfassende Gütergemeinschaft als maßgeblichen Güterstand für ihre

---

694 *HR* (o. Fn. 692), S. 3001.
695 *HR* (o. Fn. 692), S. 3007.
696 *Hof Amsterdam* 25.08.2015, ECLI: NL: GHAMS:2015:3454, URL: https://uitspraken.rechtspraak.nl/inziendocument?id=ECLI:NL:GHAMS:2015:3454 (zuletzt abgerufen am 30.10.2018).

Ehe festlegen können. Dieser Güterstand soll in Art. 1:94a BW ausdrücklich normiert werden. Ausweislich des Gesetzgebungsvorschlags stimmt dieser Güterstand mit dem vor der ersten Novellierung zum 01.01.2012 geltenden gesetzlichen Güterstand überein.[697] In der Begründung des Vorschlags wird darauf verwiesen, dass es als erhebliche Einschränkung empfunden werde, dass zukünftige Ehegatten, die den Güterstand der umfassenden Gütergemeinschaft wählen wollten, nunmehr einen Ehevertrag abschließen müssten, was Kosten verursache. Es wird darüber hinaus deutlich gemacht, dass der Standesbeamte nicht verpflichtet werden soll, die Ehegatten über die güterrechtlichen Konstellationen zu belehren. In diesem Zusammenhang wird ausgeführt, dass der Standesbeamte nicht über die ausreichende Expertise verfüge. Dies sei vielmehr eine Aufgabe des Notars, der, im Gegensatz zum Standesbeamten auch eine Schutzpflicht gegenüber seinen Klienten habe. Es soll vielmehr den Ehegatten selbst obliegen, sich die entsprechenden Informationen zu verschaffen. Es sei davon abgesehen worden, den Ehegatten eine Informationspflicht aufzuerlegen, da dies als unzulässigen Eingriff in deren Freiheit angesehen werde.[698] Die weitere Entwicklung bleibt abzuwarten.[699]

Dieses Vorhaben ist in der Literatur vornehmlich unter fünf Gesichtspunkten kritisiert worden. Insbesondere wird darauf verwiesen, dass diese Regelung **für die Ehegatten nachteilig** sei.

Mit der beabsichtigten Verfahrensweise beim Wahlgüterstand der umfassenden Gütergemeinschaft entfalle der Schutz durch die notarielle Beurkundung völlig, die sowohl das Entstehen von Willensmängel als auch eine Übervorteilung des einen Ehegatten durch den anderen verhindern solle. Betont wird in diesem Zusammenhang, dass nach den Vorstellungen des Gesetzgebers der Standesbeamte ausdrücklich die Erklärungen weder auf Willensmängel prüfen

---

697 *Concept regeling*, URL: https://www.internetconsultatie.nl/notariskosten (zuletzt abgerufen am 30.10.2018).
698 *Ontwerp toelichting*, URL: https://www.internetconsultatie.nl/notariskosten (zuletzt abgerufen am 30.10.2018).
699 Zum Zeitpunkt der Disputation befand sich das Vorhaben ausweislich der Angaben der Website des Justizministerium weiterhin in der Vorbereitungsphase, siehe https://wetgevingskalender.overheid.nl/Regeling/WGK008918 (zuletzt abgerufen am 22.08.2020); die *Koninklijke Notariële Beroepsorganisatie* teilt auf ihrer Website mit, dass gemeinsam mit dem Ministerium ein Alternativvorschlag erarbeitet werde, siehe https://www.knb.nl/standpunten/algehele-gemeenschap-van-goederen-bij-burgerlijke-stand (zuletzt abgerufen am 22.08.2020).

solle noch die Ehegatten beraten solle.[700] In diesem Zusammenhang wird darauf hingewiesen, dass nicht ersichtlich sei, wer die Echtheit der Erklärungen prüfe. Der Gesetzgeber hat ausweislich der Begründung bewusst von einer Formvorschrift abgesehen, um die Abgabe der Erklärung zu vereinfachen. So sei auch die elektronische Abgabe der Erklärung möglich. Diese Konstellation eröffne jedoch ein erhebliches Missbrauchsrisiko.[701]

Kritisch sei ferner zu bewerten, dass der Entwurf keine Informationspflicht über die verschiedenen Güterstände vorsehe. Es sei zu befürchten, dass den Ehegatten die verschiedenen Varianten des Ehevertrags nicht bekannt seien.[702] Aufgrund der fehlenden Informationspflicht dürften sich die Ehegatten zudem der konkreten Wirkung des von ihnen gewählten Güterstands nicht bewusst sein. Es wird darauf verwiesen, dass es dem Interesse der Ehegatten häufiger entsprechen dürfte, intern wirkende Klauseln aufzunehmen, anstatt sich dem Risiko der Haftung für die durch den anderen Ehepartner eingegangenen Schulden auszusetzen.[703]

Es trage zur **Rechtsunsicherheit** bei, dass nicht vorgesehen sei, wie der Standesbeamte die vor ihm abgegebene Erklärung verwahren müsse. Soweit er ausschließlich den Ehegatten eine Bestätigung ausstelle, bestehe die Gefahr, dass diese untergehe oder bewusst von einem der Ehegatten bzw. beiden unterdrückt werde, sodass sich der Güterstand nicht ermitteln lasse. Fehle es an einer Eintragung im Ehegüterregister, sei in späteren Verfahren weder für Anwälte noch für das Gericht nachvollziehbar, in welchem Güterstand die Ehegatten letztlich miteinander verbunden wären.[704]

Andere Stimmen in der Literatur verweisen darauf, dass der Vorschlag des Gesetzgebers die **Interessen von Dritten** nicht ausreichend berücksichtige. Der Gesetzgeber habe es unterlassen, die Ehegatten zur Eintragung der Erklärung über das Bestehen der umfassenden Gütergemeinschaft in das Ehegüterregister zu verpflichten. Da mit dieser Eintragung, auch nach Vorstellung des Reformgesetzgebers, weiterhin Kosten verbunden seien, erscheine es unwahrscheinlich, dass Ehegatten eine Eintragung vornehmen ließen. Überspitzt wird formuliert,

---

700 *Blokland*, JBN 2018/28; *Van der Geld*, FBN 2018/6.
701 *Hoens*, EstateTip Review 2017/13; so auch *Blokland*, JBN 2018/28; *Schols*, Column „Met de wet ‚wegnemen notaris […]' terug naar een schuldeiserswalhalla?!".
702 *Breederveld*, FJR 2018, S. 63; *Van der Geld*, FBN 2018/6.
703 *Van der Geld*, FBN 2018/6; *Van der Geld/Schols*, WPNR 2018, S. 262; *Hoens*, EstateTip Review 2017/13.
704 *Blokland*, JBN 2018/28; *Van der Geld*, FBN 2018/6; *Van der Geld/Schols*, WPNR 2018, S. 263; ausf. zum Ehegüterregister siehe S. 221 ff.

dass dieses Bedürfnis nur dann bestehe, falls die Ehegatten für Kosten von derzeit 187,00 Euro der gesamten Welt mitteilen wollen würden, dass sie einander so sehr lieben würden, dass sie alles miteinander teilen werden. Das Unterlassen der Eintragung sei jedoch nachteilig für das Vertrauen des Rechtsverkehrs in den Bestand des Ehegüterregisters einerseits und nachteilig für Gläubiger der Ehegatten andererseits. Fehle es an einer Eintragung, müssten die Gläubiger davon ausgehen, dass der gesetzliche Güterstand der beschränkten Gütergemeinschaft gelte, was ihre Zugriffsmöglichkeiten einschränke. Den Ehegatten werde hiermit die Möglichkeit gegeben, ihre Gläubiger – und letztlich auch den Staat in steuerrechtlicher Hinsicht – bewusst zu benachteiligen.[705]

Kritisiert wird letztlich, dass das Vorhaben des Gesetzgebers **nicht schlüssig** sei. Unter Berücksichtigung der Tatsache, dass es verschiedene ehevertragliche Konstellationen gebe, die sich für die Ehegatten abhängig vom tatsächlich gelebten Ehetyp anbieten würden, sei nicht ersichtlich, warum nur die Wahl der allgemeinen Gütergemeinschaft ohne Notarkosten möglich sein soll.[706]

Soweit die Initiatoren des Vorhabens zudem ausführen, dass der Vorteil der umfassenden Gütergemeinschaft in ihrer Einfachheit liege, werde übersehen, dass auch dieser Güterstand Abwicklungsprobleme verursache. So sei bereits die Prämisse, dass durch den Güterstand der umfassenden Gütergemeinschaft in der Regel nur ein Vermögen entstehe, fehlerhaft. In der Praxis werde häufig bei erbrechtlichen und allgemeinen Zuwendungen Gebrauch von der Ausschlussklausel gemacht, sodass mehrere Vermögen entstehen würden.[707] Auch werde nicht gesehen, dass der Güterstand der umfassenden Gütergemeinschaft verschiedene Risiken und unerwünschte Folgen beinhalte; insbesondere wird in diesem Zusammenhang auf die Haftung des gemeinschaftlichen Vermögens für vorehelich eingegangene Verbindlichkeiten verwiesen.[708]

Es wird zudem bezweifelt, ob diese Regelung tatsächlich zur Ersparnis von Kosten beitrage. Da der Entwurf bewusst davon ausgehe, dass es den Ehegatten, die den Güterstand der umfassenden Gütergemeinschaft vereinbaren wollen, obliege, sich selbst zu informieren, sei davon auszugehen, dass in diesem Zusammenhang Kosten für eine juristische Beratung entstehen würden, sodass die Wahl des Güterstands letztlich nicht kostenlos sei.[709]

---

705 *Blokland*, JBN 2018/28.
706 *Breederveld*, FJR 2018, S. 63; *Van der Geld/Schols*, WPNR 2018, S. 263.
707 *Van der Geld/Schols*, WPNR 2018, S. 262; *Hoens*, EstateTip Review 2017/13.
708 *Van der Geld/Schols*, WPNR 2018, S. 262.
709 *Van der Geld/Schols*, WPNR 2018, S. 262.

Es wird daher als sinnvoller erachtet, die juristische Beratung kostenfrei zu ermöglichen.[710]

Das Vorhaben sei darüber hinaus unter Berücksichtigung der Rechtsgrundlagen des **internationalen Privatrechts** problematisch. Ausweislich der Gesetzesbegründung handele es sich bei den von den Ehegatten abgegebenen Erklärungen nicht um einen Ehevertrag im Sinne des *Burgerlijk Wetboeks*. Folglich handele es sich um eine Rechtsinstitut eigener Art, was jedoch zu Problemen bei der Anwendung der *Verordnung (EU) 2016/1103 des Rates vom 24.06.2016 zur Durchführung einer verstärkten Zusammenarbeit im Bereich der Zuständigkeit, des anzuwendenden Rechts und der Anerkennung und Vollstreckung von Entscheidungen in Fragen des ehelichen Güterstands* führen würde.[711]

Insgesamt wird das Vorhaben als Symbolgesetzgebung zugunsten der politischen Parteien, die Vorbehalte gegen die Modifizierung des gesetzlichen Güterstands in eine beschränkte Gütergemeinschaft hatten, bewertet.[712] Die zukünftige Entwicklung des Vorhabens, das derzeit noch nicht in das Parlament eingebracht worden ist, ist nicht abzusehen. Teilweise wird erwartet, dass das Gesetzgebungsverfahren bezüglich dieser Änderung aufgrund der erheblichen Kritik ohne Abschluss bleiben wird.[713] Anderseits wird darauf hingewiesen, dass die Änderung ungeachtet der bereits vorgebrachten Kritik durchgesetzt werden könnte, sofern das Ergebnis politisch erwünscht sei.[714]

4. Wirkungsbeginn des Ehevertrages

Diskutiert wird in der Literatur ferner, ob der Ehevertrag eine Regelung zum Inkrafttreten der jeweiligen vertraglichen Bestimmungen und mithin eine aufschiebende oder auflösende zeitliche Bedingung enthalten kann.[715] Das *Burgerlijk Wetboek* enthält hierzu Bestimmungen und unterscheidet in diesem Zusammenhang zwischen einer ehevertraglichen Regelung, die vor der Ehe getroffen worden ist, und dem während der Ehe geschlossenen Ehevertrag. Im ersten Fall gilt zwingend, dass die Wirkung der ehevertraglichen Bestimmung mit dem Moment eintritt, in welchem die Ehe vollzogen wird.

---

710 *Breederveld*, FJR 2018, S. 63.
711 Ausf. dazu *L'hoëst*, FTV 2018/7–8; siehe auch *Van der Geld*, FBN 2018/6.
712 *Breederveld*, FJR 2018, S. 63; *Van der Geld/Schols*, WPNR 2018, S. 262.
713 *Breemhaar*, FamRZ 2018, S. 1396; siehe auch Fn. 699.
714 *Van der Geld*, FBN 2018/6; siehe auch Fn. 699.
715 So beispielsweise *Schonewille*, Partijautonomie in het relatievermogensrecht, S. 96 f.; ausf. hierzu Rn. 425.

Eine entsprechende Regelung findet sich in Art. 1:117 Abs. 2 BW.

Art. 1:117 Abs. 2 BW:
„ [...] 2. Vóór het huwelijk gemaakte huwelijkse voorwaarden beginnen te werken van het tijdstip der voltrekking van het huwelijk; geen ander tijdstip kan daarvoor worden aangewezen."
Deutsch:
[...] 2. Vor der Ehe erstellte eheliche Bedingungen entfalten ihre Wirkung mit dem Zeitpunkt der Vollziehung der Ehe; kein anderer Zeitpunkt kann dafür angegeben werden.

Wird der Ehevertrag erst während bestehender Ehe geschlossen, so gilt, dass die darin enthaltenen Regelungen mit dem Tag, der dem Tag folgt, an dem die notarielle Urkunde erstellt wird, Wirkung entfalten, sofern nicht in der Urkunde selbst ein späterer Zeitpunkt angegeben wird. Eine Rückwirkung der ehevertraglichen Regelungen ist damit ausgeschlossen.
Dies ergibt sich aus Art. 1:120 Abs. 1 BW.

Art. 1:120 Abs. 1 BW:
„1. Tijdens het huwelijk gemaakte of gewijzigde huwelijkse voorwaarden beginnen te werken op de dag, volgende op die waarop de akte is verleden, tenzij in de akte een later tijdstip is aangewezen. [...]"
Deutsch:
1. Ein während des Bestehens der Ehe erstellter oder geänderter Ehevertrag entfalte seine Wirkung an dem Tag, der auf den Tag folgt, an dem die Urkunde erstellt wurde, wenn nicht in der Urkunde ein späterer Zeitpunkt angegeben ist.

Ergänzend ist darauf hinzuweisen, dass eine ehevertragliche Regelung, die während bestehender Ehe vereinbart worden ist, einem Dritten erst vierzehn Tage nach ihrer Eintragung in das Ehegüterregister entgegengehalten werden kann.
Dies ergibt sich aus Art. 1:.120 Abs. 2 BW.

Art. 1:120 Abs. 2 BW:
„[...] 2. Bepalingen in deze huwelijkse voorwaarden kunnen aan derden die daarvan onkundig waren, slechts worden tegengeworpen, indien zij ten minste veertien dagen in het huwelijksgoederenregister ingeschreven waren."
Deutsch:
2. Bestimmungen des Ehevertrages können Dritten, die davon keine Kenntnis hatten, nur entgegengehalten werden, wenn sie mindestens vierzehn Tage im Ehegüterregister eingeschrieben waren.

5. Das Ehegüterregister

Unter dem Ehegüterregister ist ein öffentliches Register zu verstehen, in welchem vermerkt wird, inwieweit ehevertraglich von den gesetzlichen Vorschriften abgewichen worden ist. Gesetzlich sind die Ehegatten jedoch nicht verpflichtet, eine Eintragung vorzunehmen. Gleichwohl ist eine solche Eintragung maßgeblich für das Verhältnis der Ehegatten zu Dritten. Unterlassen die Ehegatten es, die ehevertraglichen Regelungen einzutragen, legt das *Burgerlijk Wetboek* fest, dass sich Dritte, die keine Kenntnis vom Ehevertrag haben, eine von der gesetzlichen Grundlage abweichende Regelung nicht entgegenhalten lassen müssen.

Eine entsprechende Regelung findet sich in Art. 1:116 Abs. 1 BW.

> Art. 1:116 Abs. 1 BW:
> „1. Bepalingen in huwelijkse voorwaarden kunnen aan derden die daarvan onkundig waren, slechts worden tegengeworpen, indien die bepalingen ingeschreven waren in het openbaar huwelijksgoederenregister, gehouden ter griffie der rechtbank binnen welker rechtsgebied het huwelijk is voltrokken, of, indien het huwelijk buiten Nederland is aangegaan, ter griffie van de rechtbank Den Haag. [...]"
> Deutsch:
> 1. Bestimmungen des Ehevertrags können Dritten, die davon keine Kenntnis hatten, nur dann entgegengehalten werden, wenn diese Bestimmungen im öffentlichen Ehegüterregister, geführt von der Geschäftsstelle der *rechtbank*, in deren Bezirk die Ehe eingegangen wurde, oder, wenn die Ehe außerhalb der Niederlande eingegangen wurde, geführt von der Geschäftsstelle der *rechtbank Den Haag*, eingetragen waren.

Ausweislich der soeben aufgeführten Vorschrift erfolgt eine Eintragung grundsätzlich im Ehegüterregister bei der *rechtbank*[716], in deren Bezirk die Ehe vollzogen wurde. Zentrales Register für im Ausland geschlossene Ehen ist hingegen die *rechtbank* in Den Haag. Die dezentrale Installation bei unterschiedlichen Gerichten wurde von der Literatur als problematisch bewertet. Hauptkritikpunkt war, dass Dritte oftmals keine Kenntnis vom Ort der Eheschließung hätten, was die Einsichtnahme in das zutreffende Register erschwere.[717] Diesen Bedenken ist der Gesetzgeber unter anderem durch Schaffung einer Recherchemöglichkeit im Internet entgegengetreten.[718]

Im Gesetz wird nicht ausdrücklich erwähnt, ob eine **Abschrift aller ehevertraglichen Regelungen** in das Register einzutragen ist **oder die Eintragung von**

---

716 Bei der *rechtbank* handelt es sich um ein Organ der Rechtsprechung, das regelmäßig straf-, zivil- und familienrechtlich sowie öffentlich-rechtlich erstinstanzlich zuständig ist. Siehe hierzu https://www.rechtspraak.nl/Uw-Situatie/Juridische-begrippen#556 (zuletzt abgerufen am 30.10.2018).
717 *Van der Burght*, WPNR 2000, S. 501; *Kolkman/Salomons*, in: Asser 1-II, Rn. 422; *Rombach*, WPNR 1967, S. 175. *Wiarda*, WPNR 1966, S. 521.
718 Siehe http://hgr.rechtspraak.nl/ (zuletzt abgerufen am 30.10.2018).

bestimmten Vertragsklauseln genügt. Diese Entscheidung obliegt den Ehegatten selbst.[719]

In der Literatur werden hinsichtlich der Eintragungsbedürftigkeit von Ehevertragsklauseln unterschiedliche Ansichten vertreten – allerdings mit einem gemeinsamen Ausgangspunkt: Die Eintragung in das Ehegüterregister dient dem Schutz von Dritten. Daher sollten in das Register die ehevertraglichen Klauseln eingetragen werden, deren Regelungsgehalt Dritte betrifft. Hauptsächlich wird vertreten, dass primär Klauseln in das Register einzutragen seien, die eine externe Wirkung hätten. Eine Regelung, die nur intern wirke und damit nur die Ehegatten untereinander verpflichte, sei dagegen nicht einzutragen.[720] Vereinzelt wird gefordert, dass über die extern wirkenden Klauseln hinaus auch Bestimmungen, die einen Ehegatten zur Erbringung einer Leistung an den anderen verpflichten würden, eingetragen werden sollten. Damit werde berücksichtigt, dass der leistungsempfangende Ehegatte in ein Konkurrenzverhältnis zu den übrigen Gläubigern seines Ehepartners trete.[721]

Die letztgenannte Ansicht widerspricht jedoch dem Grundgedanken der Eintragung in das Ehegüteregister. Das Register soll Dritte vor einer spezifischen ehevertraglichen Benachteiligung schützen. Enthält der Ehevertrag interne Verpflichtungen, besteht zwischen den Ehegatten ein gewöhnliches Gläubiger-Schuldner-Verhältnis. Dass ein Schuldner mehrere Gläubiger hat, ist jedoch kein außergewöhnlicher Umstand und dem allgemeinen Lebensrisiko zuzuordnen.

Art. 1:120 BW rückt ferner den **Dritten, der vom Ehevertrag keine Kenntnis hatte**, in den Mittelpunkt.

Teilweise wird die bloße tatsächliche Unkenntnis des Dritten von den ehevertraglichen Regelungen als ausreichend angesehen. Ausschlaggebend sei, dass der Gesetzgeber bewusst den Begriff der Unkenntnis und nicht den des guten Glaubens verwendet habe.[722] Mehrheitlich wird jedoch vertreten, dass der Dritte

---

719 *Luijten/Meijer*, in: *Klaassen/Eggens*, Huwelijksgoederenrecht, Rn. 434.
720 *De Bruijn/Huijgen/Reinhartz*, Het Nederlandse Huwelijksvermogensrecht, 5. druk, S. 282; *Kolkman/Salomons*, in: *Asser* 1-II, Rn. 423; *Lieber*, in: GS Personen- en familierecht, Art. 1:116 BW, Rn. 2; *Luijten/Meijer*, in: *Klaassen/Eggens*, Huwelijksgoederenrecht, Rn. 434.
721 *Hidma*, Huwelijksvoorwaarden staande huwelijk, S. 111.
722 *Klein*, WPNR 1960, S. 528.

sich nur dann auf seine Unkenntnis berufen kann, wenn er guten Glaubens ist, also entschuldbar keine Kenntnis von der ehevertraglichen Regelung hatte.[723]

Fraglich ist, ob der Dritte nur dann gutgläubig im Sinne dieser Vorschrift ist, wenn er zuvor das Ehegüterregister eingesehen hat. Teilweise wird bei der Beantwortung dieser Frage auf die Definition der Gutgläubigkeit des allgemeinen Schuldrechts zurückgegriffen. Demnach ist gutgläubig, wer die Tatsachen oder die Rechtslage, auf die sich seine Gutgläubigkeit bezieht, weder kannte noch kennen musste. Unter Verweis auf die stetig zunehmenden Möglichkeiten der Einsichtnahme wird die Gutgläubigkeit des Dritten davon abhängig gemacht, ob er das Ehegüterregister eingesehen hat. Gleichzeitig soll dies nicht ausschließen, dass ein Dritter trotz fehlender Einsichtnahme in Ausnahmefällen gutgläubig sei. Diesbezüglich sei er allerdings beweispflichtig.[724]

Von anderen Stimmen in der Literatur wird das Erfordernis der Einsichtnahme abgelehnt. Primär wird in diesem Zusammenhang angeführt, dass die Einsichtnahme als Voraussetzung der Gutgläubigkeit eine unzulässige Verlagerung des Risikos auf den Dritten darstelle. Es bestehe keine Verpflichtung der Ehegatten, eine Eintragung im Ehegüterregister vorzunehmen, sodass es in ihrer Risikosphäre liege, ob sich ein Dritter auf seine Unkenntnis des Ehevertrages berufen könne. Die Eintragung minimiere dieses Risiko, könne es aber nicht umkehren.[725] Weiterhin wird die Beweisführung als problematisch bewertet. Der Dritte könnte in der Regel nicht beweisen, dass er das Register eingesehen hat, sodass in der Praxis eine Berufung auf die Gutgläubig so gut wie ausgeschlossen sein würde, was nicht dem Zweck der gesetzlichen Regelung entspreche.[726]

Dass die Eintragung in das Ehegüterregister den Schutz von Dritten bezweckt, unterstützt die letztgenannte Ansicht. Wird die Einsichtnahme zur Voraussetzung für die Gutgläubigkeit, verkehrt sich der Drittschutz in den Schutz der Ehegatten vor einer Inanspruchnahme durch ebendiese Dritte. Sofern die andere Auffassung darauf hinweist, dass eine Einsichtnahme nach dem heutigen Stand

---

723 *Hidma*, Huwelijksvoorwaarden staande huwelijk, S. 107 f.; *Kolkman/Salomons*, in: *Asser* 1-II, Rn. 428; *Luijten/Meijer*, in: *Klaassen/Eggens*, Huwelijksgoederenrecht, Rn. 425.

724 *Luijten/Meijer*, in: *Klaassen/Eggens*, Huwelijksgoederenrecht, Rn. 426.

725 *Hidma*, Huwelijksvoorwaarden staande huwelijk, S. 108; *Kolkman/Salomons*, in: *Asser* 1-II, Rn. 428; *Lieber*, in: GS Personen- en familierecht, Art. 1:116 BW, Rn. 6; *Rombach*, WPNR 1967, S. 174; ähnlich *Breedveld-de Voogd*, in: TK/Personen- en familierecht, Art. 1:116 BW, Rn. 2b., die eine Gutgläubigkeit in dem Sinne, dass das Register eingesehen werden muss, ablehnt.

726 *Wiersma*, WPNR 1966, S. 351; *Rombach*, WPNR 1967, S. 174.

einfach vorzunehmen sei, ist darauf zu erwidern, dass der Dritte nicht stets Kenntnis von der Ehe seines Vertragspartners haben muss oder weiß, wann und wo dessen Ehe geschlossen wurde. Diese Informationen sind allerdings (unabhängig von der gewählten Recherchemöglichkeit) notwendig, um das richtige Register einzusehen.

Im Zuge der Diskussion über den Vorschlag, die notarielle Beurkundung als Erfordernis entfallen zu lassen, falls die zukünftigen Ehegatten die umfassende Gütergemeinschaft wählen, ist des Weiteren diskutiert worden, dass die Einführung der beschränkten Gütergemeinschaft als gesetzlicher Güterstand erhebliche Auswirkungen auf die Funktion des Ehegüterregisters habe. Die grundlegende gesetzliche Bestimmung sei mit dem Hintergedanken formuliert worden, dass die Eintragung der ehevertraglichen Regelungen mit Drittwirkung sich für die Ehegatten stets günstig gegenüber möglichen Gläubigern auswirke. Dies sei jedoch nicht der Fall, wenn die Ehegatten die umfassende Gütergemeinschaft als Güterstand wählen würden. In diesem Fall würden die Ehegatten Gläubiger durch die Eintragung bevorteilen, da diesen im Vergleich zum gesetzlichen Güterstand ein extensiverer Zugriff auf Vermögensgegenstände ermöglicht werde. Es sei damit eigentlich im Interesse der Ehegatten, eine Eintragung dieser ehevertraglichen Regelung zu vermeiden.[727]

II. Unterhaltsvereinbarungen

Neben der Regelung des ehelichen Güterrechts durch einen Ehevertrag, ermöglicht das niederländische Recht es den Ehegatten, den nachehelichen Unterhaltsanspruch einer abweichenden vertraglichen Regelung zuzuführen.
Dies ergibt sich aus Art. 1:158 BW.

Art. 1:158 S. 1 BW:
"Vóór of na de beschikking tot echtscheiding kunnen de echtgenoten bij overeenkomst bepalen of, en zo ja tot welk bedrag, na de echtscheiding de één tegenover de ander tot een uitkering tot diens levensonderhoud zal zijn gehouden. [...]"
Deutsch:
Vor oder nach dem gerichtlichen Beschluss zur Ehescheidung können die Ehegatten in einer Vereinbarung bestimmen, ob und, wenn ja, in welcher Höhe nach der Ehescheidung der eine dem anderen gegenüber zur Zahlung zu dessen Lebensunterhalt verpflichtet sein soll.

---

727 *Blokland*, JBN 2018/28.

Ein Formerfordernis hat der Gesetzgeber nicht in das *Burgerlijk Wetboek* aufgenommen, sodass gemäß des Grundsatzes, wonach im niederländischen Recht Vereinbarungen nur dann einer Form unterliegen, wenn sich dies ausdrücklich aus dem Gesetz ergibt, Unterhaltsvereinbarungen **grundsätzlich formlos** geschlossen werden können.[728] Nur **im Ausnahmefall** ist die **Schriftform** erforderlich. Ausdrücklich hat der Gesetzgeber die Schriftform angeordnet, falls eine Unterhaltsvereinbarung beinhaltet, dass auch eine Veränderung der bei Abschluss der Vereinbarung vorliegenden Umstände den Richter nicht dazu berechtigt, diese Vereinbarung abzuändern.

Die entsprechende Regelung findet sich in Art. 1:159 Abs. 1 BW.

Art. 1:159 Abs. 1 BW:
„1. Bij de overeenkomst kan worden bedongen dat zij niet bij rechterlijke uitspraak zal kunnen worden gewijzigd op grond van een wijziging van omstandigheden. Een zodanig beding kan slechts schriftelijk worden gemaakt. […]"
Deutsch:
1. In der Vereinbarung kann bestimmt werden, dass sie durch eine richterliche Entscheidung aufgrund einer Veränderung der Umstände nicht abgeändert werden kann. Eine solche Bestimmung kann nur schriftlich vereinbart werden. […]

Der Ausschluss der Vertragsanpassung ist jedoch Einschränkungen unterworfen. So wird die diesbezügliche Klausel in der Vereinbarung unwirksam, wenn es sich um eine Vereinbarung handelt, die vor der Ehescheidung geschlossen worden ist, sofern der Ehescheidungsantrag nicht innerhalb von drei Monaten nach Vertragsschluss entweder von einer Partei oder gemeinsam von beiden Ehegatten gestellt wird. Das Gesetz enthält zudem eine Härtefallregelung, wonach eine Abänderung der Vereinbarung durch das Gericht auf Antrag einer Partei möglich bleibt, falls sich die Umstände derart einschneidend verändert haben, dass es treuwidrig wäre, an der Vereinbarung festzuhalten.

Dies ergibt sich aus Art. 1:159 Abs. 2 und 3 BW.

Art. 1:159 Abs. 2 und 3 BW:
„[…] 2. Het beding vervalt, indien de overeenkomst is aangegaan vóór de indiening van het verzoek tot echtscheiding, tenzij dit binnen drie maanden na de overeenkomst is ingediend. Het voorgaande is van overeenkomstige toepassing bij een gemeenschappelijk verzoek.
3. Ondanks een zodanig beding kan op verzoek van een der partijen de overeenkomst door de rechter bij de echtscheidingsbeschikking of bij latere beschikking worden

---

728 Vgl. *Hijma/Olthof*, Vermogensrecht, Rn. 47; *Pleysier*, in: *Hartlief/Stolker*, Contractvrijheid, S. 451.

gewijzigd op grond van een zo ingrijpende wijziging van omstandigheden, dat de verzoeker naar maatstaven van redelijkheid en billijkheid niet langer aan het beding mag worden gehouden."
Deutsch:
[...] 2. Die Regelung verfällt, falls die Vereinbarung vor der Eheschließung geschlossen wird, soweit nicht der Scheidungsantrag innerhalb von drei Monaten nach Abschluss der Vereinbarung eingereicht worden ist. Vorstehendes ist bei einem gemeinsamen Antrag entsprechend anzuwenden.
3. Ungeachtet einer solchen Regelung kann durch den Richter auf Antrag einer der beteiligten Vertragsparteien mit dem Ehescheidungsbeschluss oder einer späteren Entscheidung die Vereinbarung aufgrund einer derart einschneidenden Veränderung der Umstände, dass der Antragsteller nach dem Gebot von Treu und Glauben nicht länger an der Regelung festgehalten werden kann, abgeändert werden.

Da eine bestimmte Form der Unterhaltsvereinbarung nicht vorgeschrieben ist, ist fraglich, ob der Anspruch auf nachehelichen Unterhalt im Rahmen einer **Scheidungsfolgenvereinbarung** geregelt werden kann. Maßgeblich hierfür ist Art. 1:158 S. 1 BW, wonach eine Vereinbarung über den nachehelichen Unterhalt vor oder nach der Ehescheidung geschlossen werden kann. Die Aufnahme einer solchen Vereinbarung in ein *Echtscheidingsconvenant* bzw. eine Scheidungsfolgenvereinbarung, welche mit Blick auf eine bevorstehende Ehescheidung geschlossen wird, ist nach einhelliger Meinung unproblematisch.[729]

Umstritten ist, ob auch eine Vereinbarung über den nachehelichen Unterhalt auch im Rahmen eines **Ehevertrages** getroffen werden kann.

In der Rechtsprechung wird bezüglich dieser Frage zwischen vorehelichen und während der Ehe geschlossenen Eheverträgen differenziert. Der *Hoge Raad* hat in dieser Frage ausgeführt, dass eine vor der Ehe über den nachehelichen Unterhalt getroffene Vereinbarung und folglich auch eine vorehelich in einem Ehevertrag getroffene Regelung unwirksam ist. Der Gerichtshof verweist in diesem Zusammenhang auf den Willen des Gesetzgebers, der sich aus dem Wortlaut des Gesetzes ergebe. Soweit in Art. 1:158 S. 1 BW davon gesprochen werde, dass vor oder nach der Ehescheidung Unterhaltsvereinbarungen geschlossen werden könnten, habe der Gesetzgeber lediglich Vereinbarungen während der Ehe ermöglichen wollen. Dies ergebe sich auch aus einem Rückschluss aus dem Wortlaut anderer Vorschriften, wie Art. 1:114 BW, der festlege, dass Eheverträge

---

729 *De Bruijn/Huijgen/Reinhartz*, Het Nederlandse Huwelijksvermogensrecht, 5. druk, S. 54; *De Bruijn-Lückers*, Alimentatieverplichtingen, S. 100; *Kolkman/Salomons*, in: *Asser* 1-II, Rn. 667; *Wortmann*, in: GS Personen- en familierecht, Art. 1:158 BW, Rn. 1.

vor und während der Ehe geschlossen werden könnten. Habe der Gesetzgeber beabsichtigt, Vereinbarungen über den nachehelichen Unterhalt ebenfalls vor der Eheschließung zu ermöglichen, wäre in Art. 1:158 S. 1 BW ein entsprechender Wortlaut aufgenommen worden.[730] Die Literatur hat sich größtenteils dieser Auffassung angeschlossen.[731] So wird angeführt, dass durch das Absehen von jeglicher Pflicht zur Zahlung nachehelichen Unterhalts ein vom Gesetz abweichender Ehetypus eingeführt werden würde. Diese Entscheidung sollte jedoch dem Gesetzgeber vorbehalten bleiben. Eine voreheliche Unterhaltsvereinbarung, wonach ein gleichwertiger oder höherer Unterhaltsbetrag als gesetzlich vorgesehen gezahlt werde, wird dagegen für zulässig gehalten, da damit über die Vorstellung des Gesetzgebers hinausgegangen werde.[732]

Ferner wird darauf verwiesen, dass eine voreheliche Unterhaltsvereinbarung aufgrund der derzeitigen Gesetzeslage nicht getroffen werden könne. Dennoch sei nicht nachzuvollziehen, warum der Gesetzgeber eine voreheliche Vereinbarung über den nachehelichen Unterhalt verbiete, gleichzeitig aber andere voreheliche Vereinbarungen, wie über den Ausgleich von Rentenanwartschaften, ausdrücklich ermögliche. Es wird daher an den Gesetzgeber appelliert, eine einheitliche Regelung zu schaffen.[733]

Andere Stimmen in der Literatur meinen, dass auch der vorehelich geschlossene Ehevertrag eine Vereinbarung über den nachehelichen Unterhalt enthalten kann.[734] Die zuvor genannte Entscheidung des *Hoge Raads* wird in diesem Zusammenhang als unzulässige Beschränkung der Vertragsfreiheit bezeichnet.[735] Ansatzpunkt dieser Auffassung ist, dass der Wortlaut der Vorschrift unter

---

730 HR 07.03.1980, ECLI: NL: PHR:1980: AB7449, NJ 1980/363, S. 1194.
731 *De Bruijn/Huijgen/Reinhartz*, Het Nederlandse Huwelijksvermogensrecht, 5. druk, S. 54; Van *Coolwijk/Moons*, EB 2015, S. 176; *Kolkman/Salomons*, in: Asser 1-II, Rn. 667; *Van Mourik/Verstappen*, Nederlands vermogensrecht bij scheiding, Deel A, S. 210; *Vlaardingerbroek/Blankman/Van der Linden/Punselie/Schrama*, Personen- en familierecht, S. 171.
732 *Kolkman/Salomons*, in: Asser 1-II, Rn. 667; *Van Mourik/Verstappen*, Nederlands vermogensrecht bij scheiding, Deel A, S. 210.
733 *Reijnen*, WPNR 2012, S. 93 f.; *ders.*, WPNR 2014, S. 146.
734 *Hidma*, WPNR 1979, S. 172; *Nuytinck*, in: Miscellanea Jurisconsulto vero Dedicata, S. 312 f.; *ders.*, WPNR 2015, S. 876; *Schonewille*, Partijautonomie in het relatievermogensrecht, S. 161 ff.; *ders.*, REP 2012, S. 290; differenzierend *De Jong*, WPNR 1979, S. 553 f., wonach die voreheliche Vereinbarung zulässig sein soll, eine Abrede zur Unabänderlichkeit dieser jedoch nicht.
735 *Schonewille*, Partijautonomie in het relatievermogensrecht, S. 161 ff.

Verweis auf eine vor der Ehescheidung geschlossene Vereinbarung denknotwendig eine vor der Eheschließung geschlossene Vereinbarung einschließe, da diese zeitlich der Ehescheidung ebenfalls vorangehe.[736] Dies werde durch die Regelung des Art. 1:159 Abs. 2 BW gestützt, da die dreimonatige Frist ausschließlich bezüglich der Klausel gelte, wonach die Unterhaltsvereinbarung unabänderlich sein soll.[737] Auch verstoße eine voreheliche Unterhaltsvereinbarung in einem Ehevertrag nicht gegen die guten Sitten.[738]

Im Anschluss an den Wortlaut des Art. 1:158 S. 1 BW ist davon auszugehen, dass eine Vereinbarung über den nachehelichen Unterhalt nicht in einen vorehelich geschlossenen Ehevertrag oder in eine anderweitige voreheliche Vereinbarung aufgenommen werden kann. Die ablehnende Ansicht verkennt insoweit, dass, sofern der Gesetzgeber eine dementsprechende Einschränkung nicht hätte vornehmen wollen, ein Zusatz im Wortlaut, zu welchem Zeitpunkt eine Unterhaltsvereinbarung getroffen werden kann, nicht von Nöten gewesen wäre. Es überreizt den Wortlaut, davon auszugehen, dass auch eine vor der Eheschließung geschlossene Vereinbarung *de facto* vor der Ehescheidung geschlossen worden ist. Die Wirksamkeit der vorehelichen Vereinbarung kann ebensowenig von deren Inhalt abhängig gemacht werden, da eine dementsprechende Differenzierung nicht vom Wortlaut der Norm gedeckt ist.

Auch in der neueren Gesetzgebung wird davon ausgegangen, dass der Abschluss von vorehelichen Vereinbarungen über den nachehelichen Unterhalt nicht vom Wortlaut des Gesetzes gedeckt ist. Aus diesem Grund ist im Rahmen der Novellierung des Unterhaltsrechtes beabsichtigt, Art. 1:158 BW anzupassen. Die vorgeschlagene Änderung soll es den (zukünftigen) Ehegatten ermöglichen, unabhängig vom Zeitpunkt des Zustandekommens im Rahmen eines Ehevertrages auch eine Vereinbarung über den nachehelichen Unterhaltsanspruch zu treffen.[739]

Diese Veränderung wird von den Stimmen, die auch unter der derzeitigen Gesetzeslage eine voreheliche getroffene Vereinbarung über den nachehelichen Unterhalt für zulässig erachten, begrüßt.[740] Andererseits wird der Entwurf

---

736 *Hidma*, WPNR 1979, S. 170.
737 *Hidma*, WPNR 1979, S. 171.
738 *Hidma*, WPNR 1979, S. 171, im Anschluss an HR 15.11.1974, ECLI: N: PHR:1974: AC4375, NJ 1976/122, S. 324 f., wonach eine Unterhaltsvereinbarung in einer Scheidungsfolgenvereinbarung nicht ohne Weiteres sittenwidrig ist.
739 *Kamerstukken II* 2014/15, 34 321, Nr. 3, S. 23 (MvT).
740 *Nuytinck*, WPNR 2015, S. 876; *Schonewille*, REP 2012, S. 289.

kritisch bewertet. Es sei zu berücksichtigen, dass zukünftige Ehegatten die Entwicklung der Ehe regelmäßig unrealistisch einschätzen würden. Der abweichende Verlauf der Ehe, insbesondere bei der Geburt von Kindern, stelle die anfänglich getroffene Vereinbarung über nachehelichen Unterhalt erneut in Frage. Soweit die Begründung der Vorlage jedoch darauf verweist, dass die Ehegatten sodann die ehevertragliche Regelung anpassen müssten und Anschluss bei der Anpassung von Testamenten gesucht werde, werde übersehen, dass der Ehevertrag nicht einseitig geändert werden könne. Sollte eine Übereinstimmung von den Ehegatten nicht getroffen werden können, bliebe die ursprünglich getroffene Vereinbarung, die nicht mehr der sodann bestehenden Lebenssituation entspreche, in Kraft.[741]

Es bleibt abzuwarten, ob die Novellierung tatsächlich wie beabsichtigt umgesetzt werden kann. Dies ist derzeit nicht abzusehen.[742]

III. Vereinbarungen über den Ausgleich der Rentenanwartschaften

Unter welchen Voraussetzungen die Ehegatten im niederländischen Recht eine Vereinbarung über den Ausgleich der Rentenanwartschaften geschlossen werden kann, ist abhängig davon, welches Recht im jeweiligen Einzelfall auf den Ausgleich anzuwenden ist.

Findet das *Wet verevening pensioenrechten bij scheiding* keine Anwendung, sondern erfolgt der Ausgleich entsprechend der vom *Hoge Raad* in der Entscheidung vom 27.11.1981 dargestellten Grundsätze, ist eine Regelung im Rahmen eines Ehevertrags zu treffen. In Betracht kam ein Ausschluss des Rentenausgleichs durch Vereinbarung der Gütertrennung oder Beschränkung der Gütergemeinschaft mit der Folge, dass die Rentenansprüche nicht mehr Teil des Gemeinschaftsguts waren.[743] Diesbezüglich kann auf die obigen Ausführungen verwiesen werden.[744]

---

741 *Van Coolwijk/Moons*, EB 2015, S. 176.
742 Die Änderung von Art. 1:158 BW war nicht Gegenstand der gesetzlichen Novellierung des Unterhaltsrechts, die zum 01.01.2020 in Kraft getreten ist. Es verbleibt mithin bei der beschriebenen Rechtslage; URL: https://wetten.overheid.nl/BWBR0002656/2020-01-01#Boek1 (zuletzt abgerufen am 22.08.2020); siehe auch *Hoogeveen*, Nieuwe regels partneralimentatie.
743 *Siegman*, Pensioen en scheiding, S. 19 f.
744 Siehe S. 166 ff.

Sollte jedoch ein Ausgleich anhand der Vorschriften des WVPS in Betracht kommen, richtet sich die vertragliche Ausgestaltung des Ausgleichs nach den Vorschriften in diesem Gesetz, die im Folgenden näher dargestellt werden sollen. Es handelt sich bei den im WVPS enthaltenen Befugnissen um eine enumerative Aufzählung; darüber hinaus soll keine Abweichungsmöglichkeit bestehen.[745]

Die erste Abweichungsmodalität ergibt sich aus Art. 2 Abs. 1 WVPS[746]. Demnach steht es Ehegatten frei, die Anwendung Vorschriften des Gesetzes über den Ausgleich von Rentenansprüchen **gänzlich oder teilweise auszuschließen**. In Betracht komme insbesondere, bestimmte Anwartschaften vom Ausgleich anzunehmen.[747]

Weiterhin ermöglicht das Gesetz den Ehegatten, frei über die **Dauer des Zeitraums**, über den die Rentenansprüche gebildet wurden und der maßgeblich für die Feststellung des Ausgleichs ist, zu entscheiden. So sei beispielsweise eine Vereinbarung möglich, die die Zeit vor der Ehe, abweichend von der gesetzlichen Regelung, ebenfalls in die Berechnung einbeziehen würde. Ebenso können die Ehegatten die Quote, anhand derer sich der Anteil an den Rentenansprüchen bestimmt, vertraglich abändern.[748]

Diese Befugnisse ergeben sich aus Art. 4 Abs. 1 S. 1 WVPS.

Art. 4 Abs. 1 S. 1 WVPS:
„1. Bij huwelijkse voorwaarden of bij een bij geschrift gesloten overeenkomst met het oog op de scheiding kunnen de echtgenoten in afwijking van artikel 3, aanhef en onderdeel a van het eerste lid, overeenkomen het deel bedoeld in artikel 2, tweede lid, te bepalen op een door hen te kiezen vast percentage dan wel de in artikel 3, eerste lid, onder a, nader bepaalde periode te wijzigen. [...]"
Deutsch:
1. Mittels eines Ehevertrages oder einer schriftlichen abgeschlossenen Vereinbarung mit Blick auf die Scheidung können die Ehegatten in Abweichung von Art. 3 Abs. 1 lit. a. sowohl übereinkommen, den Teil, der in Art. 2 Abs. 2 genannt wird, anhand einer von ihnen zu wählenden Rate zu bestimmen, als auch den in Art. 3 Abs. 1 lit. a. genannten Zeitraum zu ändern. [...]

Letztlich ermächtigt das *Wet verevening pensioenrechten bij scheiding* die Ehegatten im Fall der Ehescheidung dazu, in der vertraglichen Vereinbarung festzuhalten, dass der ausgleichsberechtigte Ehegatte anstelle des Auszahlungsanspruchs und des Anspruchs auf Hinterbliebenenrente einen eigenständigen Anspruch

---

745 *Siegman*, Pensioen en scheiding, S. 95.
746 Siehe S. 169 f.
747 *Reijnen*, WPNR 2012, S. 92.
748 *Siegman*, Pensioen en scheiding, S. 95; *Verschuur-de Sonnaville*, AA 1995, S. 869.

auf die Zahlung einer Altersrente erhält. Dies wird als *conversie* bezeichnet und hat zur Folge, dass die grundsätzlich weiterhin bestehende Verbindung zwischen den ehemaligen Ehegatten aufgelöst wird. Dieser Rechtsbegriff ist in etwa mit **Umwandlung** zu übersetzen. So kann vermieden werden, dass der Ausgleichsanspruch des Berechtigten bei Versterben des ausgleichsverpflichteten Ehegatten untergeht. Andererseits führt das Versterben des ausgleichsberechtigten Ehegatten in diesem Fall nicht mehr dazu, dass der diesem zustehenden Anteil dem ausgleichsverpflichteten Ehegatten wieder anwächst.[749]

Eine entsprechende Regelung findet sich in Art. 5 Abs. 1 S. 1 WVPS.

Art. 5 Abs. 1 S. 1 WVPS:
„1. Bij huwelijkse voorwaarden of bij een bij geschrift gesloten overeenkomst met het oog op de scheiding kunnen de echtgenoten in geval van echtscheiding dan wel beëindiging van het geregistreerd partnerschap anders dan door de dood of vermissing overeenkomen, dat artikel 2, tweede tot en met zesde lid, buiten toepassing blijft en dat de echtgenoot die anders een recht op uitbetaling van pensioen zou hebben verkregen in de plaats van dat recht en zijn aanspraak op partnerpensioen jegens het uitvoeringsorgaan een eigen recht op pensioen verkrijgt. [...]"
Deutsch:
1. Mittels eines Ehevertrages oder einer schriftlich abgeschlossenen Vereinbarung mit Blick auf die Scheidung können die Ehegatten im Fall der Ehescheidung oder der Beendigung der registrierten Partnerschaft in anderen Fällen als dem Tod oder der Vermisstenmeldung vereinbaren, dass Art. 2 Abs. 2 bis 6 keine Anwendung findet und dass der Ehegatte, der anderenfalls ein Recht auf Ausbezahlung der Rente erhalten hätte, anstelle dieses Rechts und seines Anspruchs auf eine Hinterbliebenenrente gegenüber dem Ausführungsorgan einen eigenen Anspruch auf eine Rente erhält. [...]

Bezüglich der soeben dargestellten Abweichungsmodalitäten ist zu beachten, dass das Gesetz die Vereinbarung nur zulässt, wenn sie in Form des Ehevertrags oder des *Echtscheidingsconvenants* erfolgt. In anderer Form abgeschlossene Vereinbarungen zur Modifizierung des Rentenausgleichs sind unwirksam.

Vereinbarungen zum Ausgleich der Rentenanwartschaften finden sich in der Mehrzahl der Eheverträge wieder. Insbesondere die grundlegende Vereinbarung, wonach die Vorschriften des WVPS in der jeweiligen Ehe Anwendung finden sollen oder eine Anwendung des WVPS explizit ausgeschlossen wird, findet sich in Eheverträgen wieder. Im Rahmen einer stichprobenartigen, landesweiten Untersuchung der im Ehegüterregister eingetragenen ehevertraglichen

---

[749] *Hoens/Schols*, WPNR 2015, S. 146; *Siegman*, Pensioen en scheiding, S. 107; *Verschuur-de Sonnaville*, AA 1995, S. 869; *Vlaardingerbroek/Blankman/Heida/Van der Linden/Punselie*, Personen- en familierecht, S. 163.

Regelungen wurde festgestellt, dass im Zeitraum von 2004 bis 2009 durchschnittlich 55,95 Prozent der Eheverträge die Vorschriften des WVPS explizit für anwendbar erklären, während sich durchschnittlich 27,67 Prozent dazu entschlossen haben, die Vorschriften des WVPS nicht anzuwenden. Ein Ausschluss des güterrechtlichen Rentenausgleichs, der grundsätzlich ohnehin nicht möglich ist, wenn die Ehe nicht bis zum Inkrafttreten des WVPS geschieden worden ist, findet sich in der genannten Untersuchungsperiode kaum mehr in den Eheverträgen. Nur durchschnittlich 3,17 Prozent der Ehegatten schließen den güterrechtlichen Rentenausgleich aus.[750] Eine Übersicht der Jahreswerte ergibt sich aus der nachstehenden Tabelle.

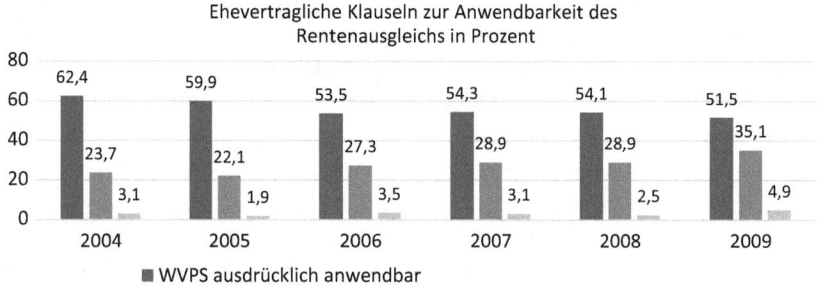

Ehevertragliche Klauseln zur Anwendbarkeit des Rentenausgleichs in Prozent

Jahr	WVPS ausdrücklich anwendbar	Anwendung WVPS ausgeschlossen, ggfs. anderweitiger Ausgleich	Güterrechtlicher Rentenausgleich ausgeschlossen
2004	62,4	23,7	3,1
2005	59,9	22,1	1,9
2006	53,5	27,3	3,5
2007	54,3	28,9	3,1
2008	54,1	28,9	2,5
2009	51,5	35,1	4,9

Abbildung 1 - Ehevertragliche Klauseln zur Anwendbarkeit des Rentenausgleichs von 2004 bis 2009 in Prozent

Soweit ehevertraglich der Geltungsbereich des WVPS ausgeschlossen wird, ergibt sich aus der Untersuchung, dass dennoch nicht gleichzeitig jegliche Beteilung ausgeschlossen werden muss. In der bereits genannten Untersuchungsperiode wurde in durchschnittlich 18,9 Prozent der Fälle der Ausschluss mit einer Verrechnungsklausel für den Fall einer Ehescheidung verknüpft.[751] In durchschnittlich 60,67 Prozent wurde zwar der Anwendungsbereich des WVPS

---

750 *Hoens/Schols*, WPNR 2015, S. 141.
751 *Hoens/Schols*, WPNR 2015, S. 142; in der Untersuchung wird ergänzend darauf verwiesen, dass bei einer bestimmten Formulierung der Verrechnungsklausel die Durchführung des güterrechtlichen Rentenausgleichs möglich wäre. Daher wird empfohlen, diesen ausdrücklich auszuschließen; ausf. zu Verrechnungsklauseln siehe S. 260 ff.

ausgeschlossen, aber eine Aufteilung der Hinterbliebenenrenten vereinbart. Teilweise wird dies als Kompensation für einen eventuell bei Versterben eines Ehepartners entfallenden Unterhaltsanspruch gesehen.[752]

B. Der Ehevertrag im deutschen Recht

Im Gegensatz zur fehlenden Definition im *Burgerlijk Wetboek* enthält das Bürgerliche Gesetzbuch mit § 1408 Abs. 1 BGB eine Legaldefinition des Ehevertrags. Demgemäß können die Ehegatten ihre güterrechtlichen Verhältnisse durch einen Ehevertrag regeln. Gleichwohl wird in der Rechtspraxis der Begriff Ehevertrag nicht ausschließlich für Verträge mit diesem Inhalt verwendet. Verlobte oder Ehegatten bezwecken mit Abschluss eines Ehevertrages vielfach, vorsorglich den Gesamtbereich der ehelichen Lebensgemeinschaft und/oder die Scheidungsfolgen in Ausübung ihrer gesetzlich gewährleisteten Dispositionsbefugnis zu regeln.[753] In diesem Zusammenhang hat sich in der familienrechtlichen Praxis der Begriff des erweiterten Ehevertrags etabliert.[754]

In der nachfolgenden Untersuchung soll der Regelungsgehalt der Legaldefinition, insbesondere unter Berücksichtigung der Frage, ob mit der Einführung des Versorgungsausgleichsgesetzes die Legaldefinition des Ehevertrags erweitert worden ist, dem Regelungsgehalt des erweiterten Ehevertrags gegenübergestellt werden.

I. Die Legaldefinition des § 1408 BGB – unter besonderer Berücksichtigung des Versorgungsausgleichs

§ 1408 Abs. 1 BGB nennt als Gegenstand des Ehevertrages das güterrechtliche Verhältnis der Ehegatten. Der Gesetzgeber hat an diesen Grundsatz angefügt, dass die Befugnis der Ehegatten insbesondere das Recht beinhaltet, den Güterstand während der Ehe aufzuheben oder zu ändern. Daraus lässt sich ableiten, dass sich die Regelung des güterrechtlichen Verhältnisses jedoch nicht auf die Änderung des Güterstands während der Ehe beschränkt. Unter den Begriff des güterrechtlichen Verhältnisses sind die vermögensrechtlichen Beziehungen der

---

752 *Hoens/Schols*, WPNR 2015, S. 145.
753 *Bergschneider*, in: Schulz/Hauß, Familienrecht, § 1408, Rn. 1; *Langenfeld*, NJW 2011, S. 966; *Simon*, in: Meyer-Götz, Familienrecht, § 15, Rn. 1; *Mayer*, in: Bamberger/Roth, BGB, § 1408, Rn. 6; MüKoBGB/*Kanzleiter*, Vor § 1408 BGB Rn. 2 – 6.
754 Erstmals benannt von *Langenfeld*, Eheverträge und Scheidungsvereinbarungen, 1. Auflage, Rn. 3.

Ehe zu subsumieren. Von entscheidender Bedeutung ist, dass nicht bereits jedes vermögensrechtliche Verhältnis der Ehegatten untereinander genügt, sondern dieses Verhältnis gerade durch die Eigenschaft der beteiligten Personen als Ehegatten geprägt wird.[755] Es muss sich um ein rechtliches Verhältnis der „Ehegatten als Ehegatten" handeln.[756]

Des Weiteren schreibt § 1408 Abs. 2 BGB vor, dass die §§ 6 und 8 des Gesetzes über den Versorgungsausgleich (VersAusglG) Anwendung finden, sofern ein Ehevertrag Vereinbarungen über den Versorgungsausgleich enthält. Da nach dem Gesetzeswortlaut ein Ehevertrag Vereinbarungen über den Versorgungsausgleich beinhalten kann, ergibt sich die Frage, ob mit dieser Vorschrift zugleich eine Erweiterung der Legaldefinition einhergeht oder dieser Regelungsgehalt eher dem erweiterten Begriff des Ehevertrags zuzuordnen ist.

Der Annahme, dass die Definition erweitert wurde, wurde durch die ursprüngliche Formulierung dieses Paragraphen Vorschub geleistet. Der Gesetzgeber hatte im Zuge der Schaffung des Versorgungsausgleichs § 1408 BGB einen zweiten Absatz hinzugefügt, wonach die Ehegatten in einem Ehevertrag den Versorgungsausgleich ausschließen konnten.[757]

Im Allgemeinen wurde allerdings vertreten, dass der Gesetzgeber keine derartige Erweiterung angestrebt hätte. Es sei lediglich beabsichtigt gewesen, die Vereinbarungen über den Versorgungsausgleich den speziellen Formvorschriften der Eheverträge zu unterwerfen.[758]

Mittlerweile wurden die Vorschriften über den Versorgungsausgleich aufgrund erheblicher Konstruktionsfehler[759] neu gestaltet und hauptsächlich im Versorgungsausgleichsgesetz (VersAusglG) angesiedelt[760]. Gemäß § 7 Abs. 1 und Abs. 3 VersAusglG sind Vereinbarungen über den Versorgungsausgleich vor der Scheidung grundsätzlich notariell zu beurkunden oder können im Rahmen eines Ehevertrages unter Beachtung des Formerfordernisses des § 1410 BGB erfolgen. Im Einzelfall kann gemäß § 7 Abs. 2 VersAusglG in Verbindung

---

755 *Bergschneider*, in: *Schulz/Hauß*, Familienrecht, § 1408, Rn. 3; *Mayer*, in: *Bamberger/Roth*, BGB, § 1408, Rn. 6 und 8; MüKoBGB/*Kanzleiter*, § 1408 BGB, Rn. 6 und 8; *Muscheler*, Familienrecht, Rn. 380.
756 So ausdrücklich *Muscheler*, Familienrecht, Rn. 380.
757 Erstes Gesetz zur Reform des Ehe- und Familienrechts (1. EheRG) vom 14. Juni 1976, BGBl 1976 I, 1421 (1423).
758 Siehe beispielhaft *Schultz*, Vertragskontrolle im Eherecht, S. 24.
759 Ausf. dazu siehe S. 175 f. mit weiteren Nennungen.
760 Gesetz zur Strukturreform des Versorgungsausgleichs (VaStrRefG) vom 3. April 2009, BGBl 2009 I, 700.

mit § 127a BGB die notarielle Form durch die Aufnahme der Vereinbarung in ein gerichtliches Vergleichsprotokoll ersetzt werden. Der moderne Gesetzgeber zeigt mit der Trennung von Versorgungsausgleichsvereinbarung und Ehevertrag im engeren Sinne auf, dass mit der Schaffung des Versorgungsausgleichs im Jahr 1976 keine Erweiterung des Begriffs des Ehevertrags einhergehen sollte. Die gesetzgeberische Entscheidung, gesondert auf die Möglichkeit des Abschluss einer Vereinbarung über den Versorgungsausgleich im Rahmen eines Ehevertrags hinzuweisen, verdeutlicht jedoch ebenso, dass ein Bedürfnis besteht, den Ehevertrag im engeren Sinne zu erweitern und weitere Bestandteile in diesen Vertrag aufzunehmen.

II. Erweiterter Ehevertragsbegriff

Über § 1408 Abs. 2 BGB hinaus finden sich im Gesetz keine den Regelungsgehalt des Ehevertrags erweiternden Vorschriften. In der Praxis werden neben der Vereinbarung über den ehelichen Güterstand und den Versorgungsausgleich weitere Regelungsinhalte in den notariellen beurkundeten Ehevertrag aufgenommen. Voraussetzung ist dabei, dass ein enger, inhaltlicher Zusammenhang mit der Ehe besteht. Neben allgemeinen Ehewirkungen, wie dem Ehenamen, dem Familienunterhalt und der ehelichen Rollenverteilung, kann der Ehevertrag daher auch Regelungen über den Unterhalt nach Beendigung der Ehe enthalten. Ebenso können weitere Scheidungsfolgen, wie das Sorgerecht für die gemeinsamen Kinder, die Benutzung der Ehewohnung, die Verteilung des Hausrats und die Verteilung der Kosten des Scheidungsverfahrens, festgeschrieben werden.[761]

Innerhalb der unterschiedlichen Regelungsinhalte kommt der **Vereinbarung über den nachehelichen Unterhalt** eine besondere Bedeutung zu, die sich auch in der aktuellen Rechtsprechung des Bundesgerichtshofs zur Ausübungs- und Inhaltskontrolle von Eheverträgen, die solchen Vereinbarungen aufgrund der engen Verbindung von Unterhalt und nachehelicher Solidarität besondere Bedeutung zumisst, widerspiegelt.[762]

In diesem Zusammenhang wird betont, dass die einheitliche Regelung dieser verschiedenen Inhalte in einem Ehevertrag sinnvoll sei, da die Parteien von

---

761 *Bergschneider*, in: *Schulz/Hauß*, Familienrecht, § 1408, Rn. 1; *Brambring*, Ehevertrag, Rn. 2; *Langenfeld*, Eheverträge und Scheidungsvereinbarungen, Rn. 10.; *Simon*, in: *Meyer-Götz*, Familienrecht, § 15, Rn. 2.
762 Ausf. hierzu siehe S. 408 ff.

den Notaren umfassend und sachgerecht beraten werden könnten und damit ein vollumfängliches Vertragswerk geschaffen werden könnte.[763]

III. Die notarielle Beurkundung des Ehevertrags

Der Notar nimmt eine zentrale Rolle beim Zustandekommen von Eheverträgen ein – unabhängig von der Frage, ob es sich um einen erweiterten Ehevertrag oder einen Ehevertrag im Sinne der Legaldefinition handelt.

Gemäß § 1410 BGB muss der Ehevertrag zur Niederschrift eines Notars geschlossen werden. Einschränkend sieht der Gesetzestext vor, dass beide Vertragspartner gleichzeitig beim Notar anwesend sein müssen, was eine sukzessive Beurkundung ausschließt. Eine Stellvertretung bleibt jedoch gleichwohl zulässig, da die Ehegatten nicht höchstpersönlich anwesend sein müssen.[764]

Eine Vereinbarung über den aus dem Zugewinn resultierenden Ausgleichsanspruch, die die Ehegatten während eines Verfahrens, das auf die Auflösung der Ehe gerichtet ist, treffen, ist grundsätzlich gemäß § 1378 Abs. 3 S. 2 BGB notariell zu beurkunden.[765]

Dies gilt gemäß § 1585c BGB auch für Vereinbarungen über den nachehelichen Unterhalt, sofern sie vor Rechtskraft der Scheidung getroffen werden.

Weiterhin schreibt § 7 Abs. 1 VersAusglG vor, dass eine Vereinbarung über den Versorgungsausgleich, sofern sie vor Rechtskraft der Entscheidung über den Wertausgleich bei der Scheidung geschlossen wird, vor einem Notar geschlossen werden muss. Ausnahmsweise kann in diesen Fällen, worauf ausdrücklich im Gesetz über den Versorgungsausgleich und im Bürgerlichen Gesetzbuch hingewiesen wird, die notarielle Beurkundung durch die Aufnahme in ein gerichtliches Protokoll ersetzt werden.[766] Letzteres setzt voraus, dass beide Verfahrensbeteiligte anwaltlich vertreten sind, da ein Verfahrensbeteiligter aufgrund der gemäß § 114 FamFG vorgeschriebenen anwaltlichen Vertretung andernfalls keine wirksamen Verfahrenshandlungen vornehmen kann.

---

763 So *Langenfeld/Milzer*, Eheverträge und Scheidungsvereinbarungen, § 1, Rn. 9.
764 *BGH* NJW 1998, 1857 (1858); siehe auch *Steiniger*, FamFR 2011, S. 530 f.
765 Nach der Rechtsprechung des Bundesgerichtshofs ist eine solche Vereinbarung auch vor Anhängigkeit eines auf die Auflösung der Ehe gerichteten Verfahrens zulässig, wenn eine Ehescheidung von den Ehegatten beabsichtigt wird; siehe *BGH* NJW 1983, 753 (755).
766 Siehe § 7 Abs. 2 VersAusglG, § 1378 Abs. 3 S. 2 und § 1585c S. 3 BGB.

Im Folgenden werden sowohl der Status des Notars als auch dessen Aufgabe erörtert. Im Rahmen der Aufgabe des Notariats ist zudem zu untersuchen, wie sich das Verhältnis zwischen Notar und Parteien gestaltet.

1. Status des Notars

Der Ursprung des „deutschen" Notariats liegt im römischen Recht. Die damals als Tabellione bezeichneten Notare boten vorrangig ihre Fähigkeit, zu schreiben, feil. Im Verlauf des Mittelalters fand das Notariat – nicht nur in dem geographischen Raum, der einmal Deutschland werden sollte – weitere Verbreitung zunächst über das kirchliche Recht und später in weltlichen Rechtsbereichen.[767]

Besonders kennzeichnend für die Entwicklung des Notariats in Deutschland sollte jedoch die rechtliche Entwicklung in Preußen sein: In dem Bestreben, Missstände in der Rechtspflege zu beenden, wurde 1771 die preußische Notarordnung geschaffen. Besondere Regelung war, dass der Notar, der zugleich Advokat war, nicht befugt war, eine Notariatshandlung vorzunehmen, wenn er zuvor bereits in derselben Sache als Advokat tätig gewesen war. Diese Regelung bildet, da sie notwendigerweise voraussetzt, dass eine Person zugleich Advokat und Notar ist, den Grundstein für das **Anwaltsnotariat**, also die Vereinigung von Notar und Anwalt in einer Person.[768]

Andererseits hatte auch das sogenannte französische Notariat einen besonderen Einfluss auf das Notariat im deutschen Recht. Nachdem bereits im Jahre 1794 verschiedene linksrheinische Gebiete durch französische Truppen besetzt und mit dem Ende des zweiten Koalitionskrieges französisches Staatsgebiet wurden, fand dort französisches Recht Eingang in das Rechtssystem. Dementsprechend war der Notar dort in der Tradition des Ventôse-Gesetzes vom 16.03.1803 ein öffentlicher Beamter, der zur urkundlichen Aufnahme von Rechtsakten und Verträgen eingesetzt wurde. Das Institut des **Nurnotariats** (die alleinige Tätigkeit eines Juristen als Notar) ist eine Folge dieser historischen Ereignisse.[769]

---

[767] *Anders/Hackert*, in: Notar als Berufung, FS Zimmermann, S. 2; *Conrad*, DNotZ 1960, S. 3 f.; *Ott*, DNotZ – Sonderheft 2001, S. 83*; *Lerch*, Notar als unabhängiger Träger eines staatlich gebundenen Amtes, S. 66; *Schubert*, in: Handbuch der Geschichte des Notariats, S. 203 f.

[768] *Anders/Hackert*, in: Notar als Berufung, FS Zimmermann, S. 3 f.; *Conrad*, DNotZ 1960, S. 15; *Lerch*, Notar als unabhängiger Träger eines staatlich gebundenen Amtes, S. 69 ff.; *Schubert*, in: Handbuch der Geschichte des Notariats, S. 209 ff.

[769] *Anders/Hackert*, in: Notar als Berufung, FS Zimmermann, S. 6 f.; *Becker*, JuS 1985, S. 339, 343; *Conrad*, DNotZ 1960, S. 19 f.; *Kluge*, MittBayNot 1986, S. 55 f.; *Lerch*,

Die Untergliederung der Notare in Anwalts- und Nurnotare wird heutzutage durch die Bundesnotarordnung weiter aufrechterhalten. Gemäß § 3 Abs. 2 BNotO werden in den Gerichtsbezirken, in denen am 01.04.1961 das Amt des Notars nur im Nebenberuf ausgeübt worden ist, weiterhin ausschließlich Rechtsanwälte als Notare zu gleichzeitiger Amtsausübung neben dem Beruf des Rechtsanwalts bestellt.

Der Unterschied zwischen Anwalts- und Nurnotariat wirkt sich jedoch nicht auf den Status der Notare aus. Sowohl Anwaltsnotare als auch Nurnotare sind gemäß § 1 BNotO **unabhängige Träger eines öffentlichen Amtes**. Wer als Notar berufen wird, nimmt folglich in der gesamten Ausübung seiner Tätigkeit staatliche Aufgaben wahr, wobei das Amt als staatliches Institut jeder Disposition entzogen und damit weder veräußerlich noch vererblich und darüber hinaus einer vertraglichen Verfügung entzogen ist.[770] Von Gesetzes wegen erlischt das Amt mit Erreichen der Altersgrenze von 70 Jahren oder mit dem Tode des Notars. Er kann jedoch auch freiwillig um die Entlassung aus dem Amt bitten oder wegen gravierender Verfehlungen des Amtes enthoben werden.[771]

Trotz seiner Eigenschaft als Träger eines öffentlichen Amtes ist der Notar nicht in einem öffentlich-rechtlichen Dienstverhältnis beschäftigt. Er übt sein Amt vielmehr im Rahmen eines **freien Berufs** aus.[772] So ist er nicht an Weisungen staatlicher Einrichtungen gebunden und übt seine Tätigkeit in persönlicher und sachlicher Unabhängigkeit aus. Stütze dieser Unabhängigkeit sind einerseits die Bestellung auf Lebenszeit und andererseits die Tatsache, dass der Notar grundsätzlich weder versetzt noch abgesetzt werden darf.[773] Gleichzeitig ergeben sich bei der Ausübung des Berufs des Notars Einschränkungen, die sich aus dem besonderen Status des Notars als Träger eines öffentlichen Amtes ergeben und denen andere freie Beruf nicht unterliegen. So ist das Notariat von der Teilnahme am freien Markt weitgehend ausgeschlossen. Der Notar kann sich weder

---

Notar als unabhängiger Träger eines staatlich gebundenen Amtes, S. 72 ff.; *Schubert*, in: Handbuch der Geschichte des Notariats, S. 211 ff.

770 *Doll*, Notariat in Deutschland, S. 107 f.; *Franz*, in: *Kilian/Sandkühler/vom Stein*, Praxishandbuch Notarrecht, § 1, Rn. 12 f.; *Schützeberg*, Notar in Europa, S. 59; *Starke*, in: Beck'sches Notar-Handbuch, 5. Auflage, Abschnitt L I, Rn. 8 f.

771 Siehe dazu die enumerative Aufzählung in § 47 BNotO.

772 *Franz*, in: *Kilian/Sandkühler/vom Stein*, Praxishandbuch Notarrecht, § 1, Rn. 20; *Ott*, DNotZ – Sonderheft 2001, S. 90*; *Preuß*, DNotZ 2008, S. 266.

773 *Franz*, in: *Kilian/Sandkühler/vom Stein*, Praxishandbuch Notarrecht, § 1, Rn. 23 f.; *Starke*, in: Beck'sches Notar-Handbuch, 5. Auflage, Abschnitt L I, Rn. 10.

am freien Wettbewerb beteiligen, entsprechend einem Gewerbetreibenden für seine Leistungen werben noch Kostennachlässe gewähren.[774]

2. Aufgabe des Notars und Verhältnis zwischen dem Notar und den Parteien

Aus § 1 BNotO ergibt sich auch die Hauptaufgabe der Notare, die auf dem Gebiet der vorsorgenden Rechtspflege in der Beurkundung besteht und ebenfalls unabhängig von dem unterschiedlichen Status der Nur- und Anwaltsnotare ist.

Der Staat bedient sich bei der Beurkundung von Rechtsgeschäften dem Notar aus verschiedenen Gründen.

Zunächst soll die besondere Form der Beurkundung durch den Notar sicherstellen, dass die am Rechtsgeschäft beteiligten Parteien sich der Bedeutung des jeweiligen Rechtsgeschäfts bewusst werden, womit der notariellen Form in erster Linie eine **Warnfunktion** zukommt. Dementsprechend wird von Gesetzes wegen die notarielle Form gerade in den Fällen vorgeschrieben, in denen der Gesetzgeber sicherstellen will, dass die Parteien die Willenserklärung im Bewusstsein über deren Tragweite abschließen.[775]

Die zweite Funktion der notariellen Urkunde besteht in der **Sicherung von Beweisen**. Dies erfolgt einerseits im Parteiinteresse und soll sicherstellen, dass der Vertragsinhalt zuverlässig festgestellt werden kann und für Dritte erkennbar ist. Andererseits dient es dem öffentlichen Interesse, da sich durch die Urkunde neben dem Vertragsinhalt auch die Identität der Unterzeichnenden ermitteln lässt.[776] Im Gegensatz zu lediglich privatschriftlichen oder öffentlich beglaubigten Urkunden entwickelt die notarielle Urkunde außerdem dahingehend Beweiskraft, dass die in der Urkunde bezeichneten Personen die aufgenommenen Erklärungen vor dem Notar tatsächlich abgegeben haben.[777]

Des Weiteren ist die durch den Notar vorgenommene **Belehrung der Parteien** eine weitere, elementare Funktion der notariellen Beurkundung. Ein Teil dieser Aufgabe des Notars dient der Sicherstellung der äußeren Wirksamkeit des

---

774 *Franz*, in: *Kilian/Sandkühler/vom Stein*, Praxishandbuch Notarrecht, § 1, Rn. 19; *Ott*, DNotZ – Sonderheft 2001, S. 91*; *Preuß*, DNotZ 2008, S. 270.
775 *Bernhard*, in: Beck'sches Notar-Handbuch, 5. Auflage, Abschnitt G, Rn. 12; *Doll*, Notariat in Deutschland, S. 182 f.; *Kanzleiter*, DNotZ – Sonderheft 2001, S. 76* f.
776 *Bernhard*, in: Beck'sches Notar-Handbuch, 5. Auflage, Abschnitt G, Rn. 13; *Doll*, Notariat in Deutschland, S. 183; *Schützeberg*, Notar in Europa, S. 76.
777 *Bernhard*, in: Beck'sches Notar-Handbuch, 5. Auflage, Abschnitt G, Rn. 14; *Preuß*, DNotZ 2008, S. 263 (§ 415 ZPO); *Schützeberg*, Notar in Europa, S. 76.

Rechtsgeschäfts. Durch die Belehrung soll vermieden werden, dass das Rechtsgeschäft infolge von Mängeln angreifbar wird.[778] Außerdem soll der Notar verhindern, dass unerfahrene und unterlegene Beteiligte durch die Vereinbarung benachteiligt werden und infolgedessen der Vertragsschluss auf heteronomen Motiven basiert. Der Notar sichert die Parität beider Vertragsparteien unter Wahrung seiner **Unparteilichkeit**.[779]

IV. Das Güterrechtsregister

Enthält ein Ehevertrag eine güterrechtliche Regelung, besteht die Möglichkeit, diese in ein beim Amtsgericht geführtes Güterrechtsregister eintragen zu lassen. Durch die Eintragung werden die ehevertraglichen Regelungen publiziert, sodass Zweck des Registers in erster Linie der **Schutz von gutgläubigen Dritten** im Rechtsverkehr ist. Daneben soll die Offenlegung der güterrechtlichen Verhältnisse auch der **Erleichterung des Rechtsverkehrs** dienen.[780]

Eine konstitutive Wirkung hat die Eintragung in das Güterrechtsregister nicht. Eine ehevertragliche Regelung entfaltet ihre Wirkung unabhängig von der Eintragung grundsätzlich mit Abschluss des Ehevertrages oder zu einem später bestimmten Zeitpunkt, sofern die Wirksamkeit ehevertraglich gemäß § 158 Abs. 1 BGB aufschiebend bedingt wurde. Sind die Ehegatten noch nicht miteinander verheiratet, wird der Ehevertrag frühestens im Zeitpunkt der Eheschließung wirksam.[781]

Gemäß § 1412 Abs. 1 BGB ist mit der Eintragung lediglich eine **negative Publizität** verbunden. Sich aus dem ehelichen Güterstand ergebende Einwendungen gegen ein Rechtsgeschäft mit einem Dritten können die Ehegatten diesem demgemäß nur entgegenhalten, wenn der Dritte die ehevertragliche Regelung kannte oder diese im Güterrechtsregister eingetragen war.

---

778 *Bernhard*, in: Beck'sches Notar-Handbuch, 5. Auflage, Abschnitt G, Rn. 16; *Doll*, Notariat in Deutschland, S. 183; *Ott*, DNotZ – Sonderheft 2001, S. 93*.
779 *Bernhard*, in: Beck'sches Notar-Handbuch, 5. Auflage, Abschnitt G, Rn. 17; *Kanzleiter*, DNotZ – Sonderheft 2001, S. 71* ff.; *Ott*, DNotZ – Sonderheft 2001, S. 93*; *Preuß*, DNotZ 2008, S. 269.
780 *BGH* NJW 1976, 1258 (1259); *OLG Braunschweig* NOJZ 2004, 2139 (2141); *OLG Köln* NJW-RR 1995, 390 (390); siehe auch *Gernhuber/Coester-Waltjen*, Familienrecht, § 33, Rn. 1 und 3; *Keilbach*, FamRZ 2000, S. 871.
781 *OLG Braunschweig* NOJZ 2004, 2139 (2140); zum Eintritt der Wirksamkeit siehe *BayObLG* BayObLGZ 1957, 49 (51); *Palandt/Brudermüller*, § 1408 BGB, Rn. 1 und 3.

Ausgehend von der Ausrichtung des Güterrechtsregisters auf die Ziele des Rechtsschutzes und der Erleichterung des Rechtsverkehrs werden ehevertragliche Regelungen als eintragungsfähig erachtet, die eine Außenwirkung entfalten und damit geeignet sind, die Rechtsposition von Dritten zu beeinflussen. Wirkt sich die ehevertragliche Regelung nur zwischen den Ehegatten aus, soll keine Eintragungsfähigkeit bestehen.[782] Es kann jedoch nicht pauschal festgestellt werden, in welchen Fällen eine ehevertragliche Regelung Außenwirkung hat. Teilweise wird vertreten, dass die Drittwirkung unmittelbar durch die güterrechtliche Modifikation eintreten müsse.[783] Andere Stimmen lehnen eine Unterscheidung danach, ob die ehevertraglichen Regelungen Dritte unmittelbar oder lediglich mittelbar betreffen, als unzureichend ab.[784] Teilweise wird zur Beantwortung der Frage der Eintragungsfähigkeit auch darauf abgestellt, ob die Drittwirkung nur unbedeutend sei.[785] Von wieder anderen Stimmen ist der Streit in dieser Sache als intensiv geführt, zugleich jedoch als praktisch bedeutungslos gekennzeichnet worden.[786] Mit Blick auf die eingeschränkte Wirkung des Güterrechtsregisters, die lediglich deklaratorischer Natur ist, und nur den Dritten schützt, der auf das Schweigen des Registers oder den Fortbestand einer eingetragenen Rechtslage vertraut hat, muss jede Regelung mit Drittwirkung ausreichend für eine Registereintragung sein. Dies entspricht auch der Rechtsprechung des Bundesgerichtshofs, der keine solche Unterscheidung trifft, sondern bereits genügen lässt, dass die Offenlegung des Güterstandes aus wirtschaftlichen Gründen, etwa aus Gründen der Kreditgewährung, im Interesse der Ehegatten oder Dritter liegt.[787]

Gemäß § 1560 S. 1 BGB erfolgt eine Eintragung bei dem Register des Amtsgerichts, in dessen Bezirk zumindest einer der Ehegatten seinen gewöhnlichen Aufenthalt hat, nur, sofern und soweit die Ehegatten dies ausdrücklich beantragen. Eine Pflicht zur Eintragung besteht nicht.[788] Entscheiden sich die Ehegatten

---

782 BGH NJW 1976, 1258 (1259); zustimmend: *OLG Braunschweig* NOJZ 2004, 2139 (2141); *OLG Köln* NJW-RR 1995, 390 (390); *Gaul/Althammer*, in: *Soergel*/BGB, Vor §§ 1558 – 1563, Rn. 4; *Gernhuber/Coester-Waltjen*, Familienrecht, § 33, Rn. 6; *Keilbach*, FamRZ 2000, S, 871; *Lange*, FamRZ 1964, S. 549 f.; *Palandt/Brudermüller*, § 1410 BGB, Rn. 3.
783 MüKoBGB/*Kanzleiter*, Vorbemerkungen § 1558 – § 1563 BGB, Rn. 6.
784 Ausdrücklich *OLG Köln* NJW-RR 1995, 390 (390).
785 *Johannsen*, LM 1971–1993, § 1412 BGB, Nr. 2; *Rauscher*, Familienrecht, Rn. 369.
786 *Langenfeld/Milzer*, Eheverträge und Scheidungsvereinbarungen, 2. Kapitel, § 7, Rn. 464.
787 BGH NJW 1976, 1258 (1259).
788 *Palandt/Brudermüller*, § 1560 BGB, Rn. 1.

gleichwohl für die Eintragung, ist ein darauf gerichteter Antrag in öffentlich beglaubigter Form zu stellen. Die Beglaubigung kann gesondert durchgeführt werden. Alternativ kann auch der Ehevertrag bereits den Antrag auf Eintragung enthalten.[789] Ergänzend ist darauf hinzuweisen, dass die Eintragung mit Wechsel des gewöhnlichen Aufenthalts eines Ehegatten in einen anderen Gerichtsbezirk gemäß § 1559 S. 1 BGB erneut beim nunmehr zuständigen Gericht vorzunehmen ist.

In Literatur wird auf die geringe praktische Bedeutung des Güterrechtsregisters hingewiesen. Teilweise wird das Register überspitzt als „gegenwärtig praktisch tot" beschrieben.[790] Zur Begründung wird angeführt, dass die Eintragung für die Ehegatten selbst nur geringe Bedeutung habe, da sie einerseits nicht erforderlich für die Wirksamkeit der ehevertraglichen Regelungen sie und andererseits nur wenige güterrechtliche Abänderung die Rechtsposition von Dritten gegenüber dem gesetzlichen Güterstand schmälerten.[791] Die geringe Praxisrelevanz ergebe sich ferner daraus, dass das Register außerordentlich selten von Dritten eingesehen werde, da kein Bewusstsein dafür bestehe, dass eine ehevertragliche Modifikation des Güterrechts ein Umstand sein könnte, der sich auf ein Rechtsgeschäft mit einem der Ehegatten auswirkt.[792] Einer effektiven Nutzung des Güterrechtsregisters dürfte auch die Obliegenheit, die ehevertraglichen Regelungen bei einem Wechsel des gewöhnlichen Aufenthalts in einen anderen Gerichtsbezirk erneut beim nunmehr zuständigen Amtsgericht einzutragen, entgegenstehen. Es dürfte den Ehegatten in vielen Fällen, insbesondere nach einem längeren Zeitraum, nicht bewusst sein, dass eine erneute Eintragung erforderlich ist. Im Ergebnis wird daher vermehrt eine Abschaffung des Güterrechtsregisters gefordert.[793]

Vereinzelt wird dennoch die Eintragung unter dem Gesichtspunkt der Verkehrserleichterung mit Blick auf eine mögliche Rechtswahl im Ehevertrag nach

---

789 *OLG Köln* OLGZ 1983, 267 (268); *Palandt/Brudermüller*, § 1560 BGB, Rn. 2.
790 So *Langenfeld/Milzer*, Eheverträge und Scheidungsvereinbarungen, 2. Kapitel, § 7, Rn. 462; siehe auch *Erman/Heinemann*, Vorbemerkungen §§ 1558 – 1563, Rn. 1; *Gernhuber/Coester-Waltjen*, Familienrecht, § 33, Rn. 2; *Rauscher*, Familienrecht, Rn. 369; *Reithmann*, DNotZ 1979, S. 75.
791 MüKoBGB/*Kanzleiter*, Vorbemerkungen § 1558 – § 1563 BGB, Rn. 3.
792 MüKoBGB/*Kanzleiter*, Vorbemerkungen § 1558 – § 1563 BGB, Rn. 3, siehe auch *Gernhuber/Coester-Waltjen*, Familienrecht, § 33, Rn. 2.
793 *Braga*, FamRZ 1967, S. 659; *Gernhuber/Coester-Waltjen*, Familienrecht, § 33, Rn. 2; *Reithmann*, DNotZ 1961, S. 16; *ders.*, DNotZ 1979, S. 76, schlägt stattdessen eine objektbezogene Eintragung im Grundbuch vor.

Art. 15 Abs. 2 EGBGB für sinnvoll erachtet.[794] Fraglich ist jedoch, ob allein mit dem Verweis auf den Vorteil der Eintragung einer im Ehevertrag ausgeübten Rechtswahl genügt, um das Güterrechtsregister aus seinem Schattendasein zu befreien. Dementsprechend wird darauf verwiesen, dass den Ehegatten untereinander der Nachweis im Ehevertrag genügen dürfte und weiterhin die durch die negative Publizität verursachten Einschränkungen in der Wirkung der Eintragung bestehen würden.[795]

C. Vergleichende Synthese und Evaluation

Im folgenden Abschnitt wird der Begriff des Ehevertrages des niederländischen Rechts dem entsprechenden Begriff des deutschen Rechts gegenübergestellt. Anschließend erfolgt in einem gesonderten Abschnitt eine wertende Betrachtung.

Sowohl das *Burgerlijk Wetboek* als auch das Bürgerliche Gesetzbuch definieren den Ehevertrag als Vereinbarung, mit der die Ehegatten ihre güterrechtlichen Verhältnisse regeln bzw. den gesetzlichen Güterstand einer abweichenden Regelung zuführen. Entsprechende Regelungen finden sich in Art. 1:121 Abs. 1 BW und § 1408 S. 1 BGB. Darüber hinaus kommt dem Ehevertrag im erweiterten Sinne im deutschen Recht eine Klammerfunktion zu, wonach der Vertrag weitere einzelne Regelungen enthalten kann, sofern diese in einem inhaltlichen Zusammenhang mit der Ehe stehen. Dies betrifft sowohl Klauseln zu allgemeinen Ehewirkungen als auch Vereinbarungen über den Versorgungsausgleich und den nachehelichen Unterhalt. Diese umfassende Klammerfunktion fehlt dem Ehevertrag des niederländischen Rechts, da nach der herrschenden Auffassung eine Aufnahme von Vereinbarungen über den nachehelichen Unterhalt nicht zulässig ist. Klauseln zum Rentenausgleich kann der Ehevertrag im niederländischen Recht gleichwohl enthalten. Von dieser Möglichkeit wird in der Praxis auch vielfach Gebrauch gemacht.

Darüber hinaus weisen die Rechtsordnungen erhebliche Gemeinsamkeiten auf. Es obliegt den Ehegatten sowohl in den Niederlanden als auch in Deutschland, güterrechtliche Regelungen des Ehevertrages, die einen Drittbezug

---

794 *Gaul/Althammer*, in: *Soergel*/BGB, Vor §§ 1558 – 1563, Rn. 5; *Langenfeld/Milzer*, Eheverträge und Scheidungsvereinbarungen, 2. Kapitel, § 7, Rn. 462; MüKoBGB/ *Kanzleiter*, Vorbemerkungen § 1558 – § 1563 BGB, Rn. 3; *Reithmann*, DNotZ 1979, S. 75 f., bejaht dies, stellt aber zugleich heraus, dass dies kaum praktische Relevanz besitzt.

795 *Mayer*, in: *Bamberger/Roth*, BGB, § 1558, Rn. 4.

aufweisen, in einem Güterregister zu veröffentlichen, sofern die Ehegatten die ehevertraglich getroffenen Regelungen Dritten entgegenhalten wollen. Probleme ergeben sich aus der eingeschränkten Wirkung der Registereintragungen aufgrund der negativen Publizität und der geringen praktische Relevanz der Register, die in beiden Ländern anscheinend nur in wenigen Fällen zur Auskunft herangezogen werden. Als Gegenmaßnahme wird in den Niederlanden versucht, eine Einsichtnahme in das Register durch Ermöglichung einer Recherche im Internet zu vereinfachen.

Status und Aufgabe des Notars ähneln in sich beiden Rechtsordnungen ebenfalls stark.[796] Sowohl in Deutschland als auch in den Niederlanden hatten das lateinische Notariat und das französische Recht in Form des Ventôse-Gesetzes einen erheblich Einfluss auf den Status des Notars. Die besondere Form des Anwaltsnotariats kennt das niederländische Recht hingegen nicht. In beiden Ländern ist der Notar zwar Träger hoheitlicher Aufgaben, aber übt diese Tätigkeit (hauptsächlich die Beurkundung) in gewissem Maße in einem freien Beruf bzw. unternehmerisch aus. Auch hinsichtlich der Aufgabe der Beurkundung finden sich viele Gemeinsamkeiten des niederländischen und deutschen Notariats. Beide Rechtsordnungen bedienen sich einerseits der notariellen Beurkundung wegen ihrer besonderen Beweiskraft und andererseits wegen der ihr innewohnenden Warn- und Schutzfunktion. Dabei kommt in beiden Rechtsordnungen der Belehrung der Vertragsparteien, wodurch deren Gleichheit gesichert werden soll, eine erhebliche Bedeutung zu.

Im Zuge einer wertenden Betrachtung ergibt sich, dass sich der Ehevertrag des niederländischen Rechts und der Ehevertrag des deutschen Rechts weitgehend entsprechen. Vor diesem Hintergrund erscheint eine Bewertung unter Berücksichtigung der Rechtssicherheit und Gerechtigkeit nicht zielführend. Von Bedeutung für die weitere Behandlung des Untersuchungsgegenstands ist jedoch, dass letztlich das deutsche Recht stets die notarielle Beurkundung für erforderlich hält, unabhängig davon, ob der Ehevertrag den Versorgungsausgleich, den nachehelichen Unterhaltsanspruch oder das Güterrecht ausgestaltet; das niederländische Recht hingegen schreibt ausschließlich hinsichtlich des Güterrechts die notarielle Form zwingend vor. Die Vereinbarung über den Rentenausgleich kann in Form einer Scheidungsvereinbarung geschlossen werden, für die Vereinbarung über den nachehelichen Unterhaltsanspruch ist grundsätzlich kein Formerfordernis vorgesehen. Insbesondere mit Blick auf die

---

796 Vgl. *Pintens*, in: Familienrecht in Theorie und Praxis, FS für Meo-Micaela Hahne, S. 103 f.

Funktion der Notare in beiden Rechtsordnungen dürfte es zur Rechtsunsicherheit beitragen, dass die Ehegatten in den Niederlanden teilweise über rechtliche Fragestellungen, die die nacheheliche Solidarität erheblich betreffen, ohne Beteiligung eines Notars verfügen können. Die notarielle Form dürfte sich zudem unmittelbar auf durch die Gerichte auszuübende Kontrolle des Ehevertrages auswirken, da diese Vereinbarungen aufgrund der Warn- und Schutz- sowie der Beweisfunktion der notariellen Urkunden einem anderen Maßstab unterliegen. Aufgrund dieser Prämisse soll nachstehend insbesondere auf das Güterrecht als Vertragsgegenstand eingegangen werden, da dieses in beiden Rechtsordnungen zwingend nur in einem Notarvertrag einer Regelung zugeführt werden kann.

4. Abschnitt: Modifikation des Güterrechts durch den Ehevertrag

Sowohl die Zugewinngemeinschaft des deutschen Rechts als auch die Gütergemeinschaft des niederländischen Rechts nehmen als gesetzliche Güterstände ein bestimmtes Lebensmodell zur Grundlage. In pluralistischen Gesellschaften, wie in Deutschland oder den Niederlanden, richten Menschen ihr Leben jedoch nicht nach einem einzigen Modell aus; die Lebenswirklichkeit ist vielfältiger. Das deutsche Recht ermöglicht den Ehegatten mit § 1408 Abs. 1 BGB, ihre güterrechtlichen Verhältnisse mittels eines Ehevertrages ihrer persönlichen Lebenswirklichkeit anzupassen. Auch das niederländische Recht kennt eine vergleichbare Ermächtigungsgrundlage, sodass es Ehegatten grundsätzlich freisteht, ihr güterrechtliches Verhältnis durch einen Ehevertrag zu regeln.

Im Folgenden soll untersucht werden, welche Modelle im niederländischen und deutschen Recht durch den Gesetzgeber und in der Praxis entwickelt worden sind, um von der gesetzlichen Grundlage der Gütergemeinschaft bzw. der Zugewinngemeinschaft abzuweichen. Anschließend erfolgen eine vergleichende Gegenüberstellung sowie eine Evaluation der entsprechenden Möglichkeiten.

A. Wahlgüterstände im niederländischen Recht

Zunächst werden die in der niederländischen Rechtsordnung bekannten Wahlgüterstände dargestellt. Eine Unterteilung der nachfolgenden Untersuchung danach, ob der jeweilige Wahlgüterstand gesetzlich vorgeschrieben ist oder es sich ein durch Rechtsprechung, Literatur und der notariellen Praxis entwickeltes Modell handelt, erfolgt nicht.

Vorangestellt wird die Frage, ob eine güterrechtliche Regelung in einem Ehevertrag unter einer aufschiebenden oder auflösenden Bedingung geschlossen werden kann.

Danach werden die konkreten Wahlgüterstände untersucht. Im zweiten Abschnitt wird der ehevertragliche Ausschluss jeder Form der Gütergemeinschaft dargestellt, in einem weiteren Abschnitt die in der Literatur entwickelten und letztlich durch den Gesetzgeber kodifizierten Verrechnungsklauseln. Sodann erfolgt eine Darstellung der Möglichkeiten, den gesetzlichen Güterstand entweder zu erweitern oder zu beschränken. In einem letzten Abschnitt wird der vormals gesetzlich geregelte Güterstand der gesetzlichen Teilhabe diskutiert.

I. Vereinbarung einer güterrechtlichen Regelung unter einer Bedingung?

Zweifelhaft ist die Zulässigkeit einer ehevertraglichen Klausel, nach der das güterrechtliche Regime der Ehe entweder vom Eintritt einer Bedingung abhängig gemacht oder für den Fall des Eintritts einer solchen aufgelöst wird.

Der *Hoge Raad* hat dies in einer grundlegenden Entscheidung aus dem Jahr 1944 verneint und die Kopplung von Bedingungen und güterrechtlichen Regelungen als unvereinbar mit dem Gesetz erachtet. Der streitgegenständliche Ehevertrag enthielt eine Klausel, wonach die Ehegatten nur dann eine Gütergemeinschaft entstehen lassen wollten, falls aus der Ehe Kinder hervorgehen sollten.[797] Als problematisch wurde angesehen, dass, falls eine solche Klausel zulässig wäre, der eheliche Güterstand rückwirkend geändert werde. Bis zum Bedingungseintritt bestünde ein schwebender und damit ungewisser Rechtszustand. Dies verstoße jedoch gegen die gesetzlich geregelten Prinzipien der Einheit und Unveränderlichkeit des ehelichen Güterstands. Hierbei sei auch der Schutz von Dritten zu berücksichtigen, der bei einer Ungewissheit über das güterrechtliche Regime nicht gewährleistet sei.[798]

Dennoch ist in der Literatur auch aktuell umstritten, ob Eheverträge bedingungsfeindlich sind. In diesem Zusammenhang ist zu berücksichtigen, dass der Gesetzgeber im Zuge der Novellierung des Familienrechts im Jahr 1957 vom Prinzip der Unveränderlichkeit des ehelichen Güterstands während des Bestehens der Ehe vollständig Abstand genommen hat.[799]

Gleichwohl werden Eheverträge durch die herrschende Auffassung weiterhin als **bedingungsfeindlich** eingestuft.[800] Hierbei wird Anschluss an das Prinzip der Einheitlichkeit des ehelichen Güterstands gesucht, welches, ungeachtet der Aufhebung des Prinzips der Unveränderlichkeit weiterhin gelte.

---

797 *HR* 21.01.1944, ECLI: NL: HR:1944:35, NJ 1944/120, S. 129.
798 *HR* (o. Fn. 797), S. 131.
799 Ausf. dazu S. 334.
800 *Rechtbank Utrecht* 05.04.2011, ECLI: NL: RBUTR:2011: BQ0234, RFR 2011/78, URL: http://deeplinking.kluwer.nl/?param=00AC18B6&cpid=WKNL-LTR-Nav2 (zuletzt abgerufen am 30.10.2018); Kolkman/Salomons, in: *Asser* 1-II, Rn. 416; *Lieber*, in: GS Personen- en familierecht, Art 1:120 BW, Rn. 1 und 3; *Luijten/Meijer*, in: Klaassen/Eggens, Huwelijksgoederenrecht, Rn. 417; *Vegter*, WPNR 2010, S. 32.

Insoweit wird insbesondere auf Art. 1:117 Abs. 2 BW[801] und 1:120 Abs. 1 BW[802] verwiesen. Der Gesetzgeber habe vorgesehen, dass ein vorehelich geschlossener Ehevertrag seine Wirkung nur im Zeitpunkt der Vollziehung der Ehe entfalten könne. Auch ein während der Ehe geschlossener Ehevertrag könne nur in begrenztem Rahmen eine zeitliche Bedingung enthalten. Entweder entfalte der Ehevertrag seine Wirkung am Tag nach Vertragsabschluss oder zu einem ausdrücklich bezeichneten späteren Zeitpunkt.[803] Auch schütze das Einheitsprinzip die Interessen von Dritten, die bei einer güterrechtlichen Regelung unter einer Bedingung in einer ungewissen und schwebenden Lage nicht berücksichtigt werden würden. Da sich der Bedingungseintritt güterrechtlich auswirke, verändere sich unmittelbar auch die Haftung für etwaige Verbindlichkeiten gemäß Art. 1:96 BW.[804]

Teilweise wird darauf hingewiesen, dass die Benachteiligung von Dritten nur bedingt dazu dienen könnte, den Ausschluss des Abschlusses eines Ehevertrages unter einer Bedingung zu rechtfertigen. Die Möglichkeit, einen Ehevertrag auch während bestehender Ehe abzuschließen oder eine einmal getroffene ehevertragliche Regelung abändern, sei gesetzlich ausdrücklich geregelt und führe ebenfalls dazu, dass die Interessen von Dritten durch eine von diesen nicht vorhersehbare Veränderung berührt werden.[805] Im Anschluss an diese Feststellung wird vertreten, dass ungeachtet der Auffassung des *Hoge Raads* aufgrund der zwischenzeitlich eingetretenen gesetzlichen Veränderungen der Abschluss eines **Ehevertrages unter einer Bedingung möglich** sei. Hierbei wird einerseits herausgestellt, dass nicht die Art des güterrechtlichen Regimes ungewiss sei, sondern lediglich der Zeitpunkt des Eintritts der ehevertraglichen Regelung, was unter der derzeitigen Gesetzeslage ohnehin der Fall sei.[806] Der erforderliche Drittschutz könnte unter Beachtung der Wirkung einer Eintragung ins Ehegüterregister sichergestellt werden. So werde die Bedingung kenntlich gemacht. Auf einen Bedingungseintritt könnten sich die Ehegatten gegenüber einem

---

801 Siehe S. 221.
802 Siehe S. 221.
803 *Kolkman/Salomons*, in: Asser 1-II, Rn. 415 f.; *Vegter*, WPNR 2010, S. 31 f.; *ders.*, WPNR 2017. S. 468.
804 *Vegter*, WPNR 2010, S. 32; *ders.*, WPNR 2017. S. 470; zur gesetzlichen Regelung siehe S. 220 f.
805 *Driessen-Kleijn*, JBN 2011/62.
806 *Bossers-Cnossen/Schols*, WPNR 2016, S. 57.

Gläubiger gleichwohl nur berufen, falls auch im Register vermerkt worden sei, dass dieser eingetreten sei.[807]

Dennoch ist unter Anschluss an den Willen des Gesetzgebers davon auszugehen, dass die güterrechtliche Regelung in einem Ehevertrag nicht unter eine aufschiebende oder auflösende Bedingung gestellt werden kann. Zwar ist zuzugestehen, dass aus den Materialen ein eindeutiger Wille des Gesetzgebers nicht abzuleiten ist.[808] Aus der Entscheidung des Gesetzgebers, bestimmte Formen des Bedingungseintritts ausdrücklich vorzusehen, kann jedoch im Umkehrschluss gezogen werden, dass keine weiteren Bedingungen an die ehevertraglichen Regelung geknüpft werden können. Wäre dies ohnehin möglich, wäre die gesetzliche Normierung überflüssig.

II. Ausschluss jeglicher Gütergemeinschaft

Einige Eheverträge sehen vor, dass zwischen den Ehegatten grundsätzlich das Entstehen gemeinsamen Vermögens ausgeschlossen wird. Dieser Güterstand wird in den Niederlanden als *koude uitsluiting*, also kalter Ausschluss, bezeichnet.[809] Im Folgenden soll nicht der Begriff der Gütertrennung, sondern die wörtliche Übersetzung des in den Niederlanden gebräuchlichen Begriffs für diesen Wahlgüterstand verwendet werden. Die Bezeichnung „kalter Ausschluss" dient im niederländischen Recht zunächst der Abgrenzung, enthält jedoch zugleich eine wertende Klassifikation des Güterstands, die bei einer Verwendung der Bezeichnung Gütertrennung verloren gehen würde. Nachfolgend soll zunächst auf die Rechtsfolgen dieses Güterstands eingegangen werden, um sodann die praktische Relevanz des kalten Ausschlusses und schließlich die Kritik an dieser ehevertraglichen Konstellation zu erörtern.

---

807 *Bossers-Cnossen/Schols*, WPNR 2016, S. 58.
808 Vgl. *Vegter*, WPNR 2010, S. 31 f.
809 So beispielsweise *Antokolskaia/Breederveld/Hulst/Kolkman/Salomons/Verstappen*, Koude uitsluiting, S. 16; *Boele-Woelki*, FamRZ 2011, S. 1456; *Declerck/Verstappen*, in: *Boele-Woelki/Swennen*, Vergelijkenderwijs, S. 129; *Dommerholt*, WPNR 2005, S. 571; *Hidma*, in: *Luijten*, Een kapitein, twee schepen, S. 73; *Kolkman/Salomons*, in: *Asser* 1-II, Rn. 453; *Luijten*, WPNR 1988, S. 15; *Luijten/Meijer*, in: *Klaassen/Eggens*, Huwelijksgoederenrecht, Rn. 607; *Meijer*, Afwikkeling van huwelijksvoorwaarden, S. 67; *Van Mourik*, WPNR 1987, S. 2; *ders.*, WPNR 1990, S. 247; *Schoordijk*, WPNR 1987, S. 445; *Verbeke*, NJB 2001, S. 2185.

1. Rechtsfolgen des kalten Ausschlusses

Vereinbaren die Ehegatten in einem Ehevertrag den Ausschluss jeglicher Form der Gütergemeinschaft, so treten die Rechtsfolgen des gesetzlichen Güterstands der beschränkten Gütergemeinschaft nicht ein. An die Eheschließung knüpfen sich keine unmittelbaren vermögensrechtlichen Folgen, es erfolgt keine Vergemeinschaftung von Gütern oder Schulden.[810]

Gemeinschaftliche Vermögensgegenstände oder gemeinsame Verbindlichkeiten können entstehen. Diese Ausnahmen sind jedoch nicht im Güterstand des kalten Ausschlusses angelegt, sondern entstehen grundsätzlich nur im Zuge der Anwendung des **allgemeinen Vermögensrechts** oder als Folge einer **allgemeinen Ehewirkung**, die unabhängig vom jeweiligen Güterstand gilt.

Die ehevertragliche Vereinbarung des kalten Ausschlusses hindert die Ehegatten zunächst nicht daran, weitere zivilrechtliche Vereinbarungen zu treffen und so Miteigentümergemeinschaften zu schaffen, beispielsweise, indem sie gemeinsam Vermögensgegenstände erwerben, eine Gesellschaft gründen oder ein gemeinsames Bankkonto eröffnen. Spiegelbildlich gilt, dass die Ehegatten gemeinschaftlich für Schulden haften, wenn sie diese gemeinsam eingegangen sind.[811]

Ferner kann aufgrund der allgemeinen Ehewirkungen eine gemeinsame Haftung der Ehegatten entstehen. Die entsprechenden Vorschriften finden sich im *Burgerlijk Wetboek* in einem dem Güterrecht vorangestellten Abschnitt und gelten folglich für jede Ehe, ungeachtet des Güterstands.[812] Eine gemeinsame Haftung ist für die im Zuge der Haushaltsführung entstandenen Kosten gesetzlich vorgesehen, wozu auch die Kosten für die Versorgung und Erziehung der Kinder gehören. Diese Kosten werden grundsätzlich durch das gemeinsame Einkommen der Ehegatten bedient. Soweit dieses unzureichend ist, werden die Kosten verhältnismäßig durch die jeweiligen Einkommen der Ehegatten getilgt. Für den Fall, dass auch das gemeinsame Einkommen nicht zur Tilgung der Kosten ausreicht, kann zunächst auf das gemeinsame Vermögen und anschließend (verhältnismäßig) auf das Privatvermögen beider Ehegatten zurückgegriffen werden. Im Außenverhältnis haftet jeder Ehegatte neben dem anderen insgesamt

---

810 *Meijer*, Afwikkeling van huwelijksvoorwaarden, S. 68 f.; *Wortmann/Van Duijvendijk-Brand*, Personen- en familierecht, S. 142.
811 *Meijer*, Afwikkeling van huwelijksvoorwaarden, S. 68 f.; *Wortmann/Van Duijvendijk-Brand*, Personen- en familierecht, S. 142 f.
812 *Wortmann/Van Duijvendijk-Brand*, Personen- en familierecht, S. 143.

für die Erfüllung der im Zusammenhang mit der Haushaltsführung eingegangenen Verbindlichkeiten.

Eine gesetzliche Regelung zur Verteilung der im Zuge der Haushaltsführung entstandenen Kosten findet sich in Art. 1:84 Abs. 1 S. 1 BW.

> Art. 1:84 Abs. 1 S. 1 BW:
> „1. De kosten der huishouding, daaronder begrepen de kosten van verzorging en opvoeding van de kinderen, komen ten laste van het gemene inkomen van de echtgenoten en, voor zover dit ontoereikend is, ten laste van hun eigen inkomens in evenredigheid daarvan; voor zover de inkomens ontoereikend zijn, komen deze kosten ten laste van het gemene vermogen en, voor zover ook dit ontoereikend is, ten laste van de eigen vermogens naar evenredigheid daarvan. [...]"
> Deutsch:
> 1. Die Kosten der Haushaltsführung, darin eingeschlossen die Kosten für Versorgung und Erziehung der Kinder, gehen zulasten des gemeinsamen Einkommens der Ehegatten und, soweit dies unzureichend ist, verhältnismäßig zulasten ihrer eigenen Einkommen; soweit die Einkommen unzureichend sind, gehen die Kosten zulasten des gemeinsamen Vermögens und, soweit dies auch unzureichend ist, verhältnismäßig zulasten des eigenen Vermögens. [...]

Die Haftung im Außenverhältnis ergibt sich aus Art. 1:85 BW.

> Art. 1:85 BW:
> "De ene echtgenoot is naast de andere voor het geheel aansprakelijk voor de door deze ten behoeve van de gewone gang van de huishouding aangegane verbintenissen, met inbegrip van die welke voortvloeien uit de door hem als werkgever ten behoeve van de huishouding aangegane arbeidsovereenkomsten."
> Deutsch:
> Der Ehegatte haftet neben dem anderen insgesamt für die von diesem zum Zwecke der gewöhnlichen Haushaltsführung eingegangenen Verbindlichkeiten, worunter auch die zu verstehen sind, die aus den Arbeitsverträgen folgen, die dieser als Arbeitgeber zum Zwecke der Haushaltsführung schließt.

2. Die praktische Relevanz des kalten Ausschlusses

Verschiedentlich wird vorgeschlagen, dass der Ausschluss jeglicher Gütergemeinschaft in bestimmten Fallkonstellationen sinnvoll sein kann. So kann bei Ehepartnern, die **bereits Kinder aus einer früheren Verbindung** haben, das Bedürfnis bestehen, sicherzustellen, dass ihre Kinder nach ihrem Tod das elterliche Vermögen erhalten. In diesem Fall bietet der kalte Ausschluss den Vorteil, dass dieses Vermögen nicht durch eine Auflösung der Gütergemeinschaft infolge des Todes der Mutter bzw. des Vaters reduziert werden kann.[813]

Weiterhin könnten Ehegatten, die bereits **zuvor verheiratet oder in einer Partnerschaft registriert** waren, Anlass sehen, ihr Vermögen vor einer weiteren Vergemeinschaftung zu schützen, und aus diesem Grund den kalten Ausschluss der gesetzlichen Gütergemeinschaft vorziehen. Angesichts der stetigen Zunahme der Ehescheidungen wird vertreten, dass diese Entwicklung zu einer steigenden Zahl von Eheverträgen, die einen kalten Ausschluss beinhalten, führen könnte.[814] Ein vergleichbares Interesse könnte zudem bei Personen bestehen, die erst **im hohen Lebensalter** eine erste oder eine zweite Ehe schließen.[815]

Zudem wird auf die **Veränderungen in der Gesellschaft** hingewiesen. Es sei aufgrund der **Emanzipation der Frau** und der Individualisierung innerhalb der Gesellschaft denkbar, dass Ehepartner, die in gleichem Maße erwerbstätig sind und sich die Hausarbeit und Erziehung der Kinder teilen, bewusst für einen kalten Ausschluss entscheiden.[816]

Ferner könnte für die Ehegatten der Schutzzweck bei Vereinbarung eines kalten Ausschlusses eine wesentliche Rolle spielen. Einerseits sei denkbar, dass der **Schutz des Ehepartners vor den Gläubigern** des anderen Ehegatten Anlass für den Ausschluss der Gütergemeinschaft ist. Andererseits könnte ein solcher Ehevertrag auch dem **Schutz des Unternehmens oder des Familienvermögens** vor der Inanspruchnahme durch den anderen Ehepartner bei einer Scheidung dienen.[817]

Schließlich wird angeführt, dass die Ehevertragsparteien oft die **simple Wirkung** dieses Güterstands bevorzugen würden, da keine Verrechnung vorzunehmen sei und so keine Diskussion über Einkommen oder Vermögen entstehen würde.[818]

---

813 De Bruijn/Huijgen/Reinhartz, Het Nederlandse Huwelijksvermogensrecht, 5. druk. S. 311.
814 Antokolskaia/Breederveld/Hulst/Kolkman/Salomons/Verstappen, Koude uitsluiting, S. 120; De Bruijn/Huijgen/Reinhartz, Het Nederlandse Huwelijksvermogensrecht, 5. druk, S. 311 f.
815 Van Mourik/Burgerhart, WPNR 2005, S. 1034.
816 Antokolskaia/Breederveld/Hulst/Kolkman/Salomons/Verstappen, Koude uitsluiting, S. 120; De Bruijn/Huijgen/Reinhartz, Het Nederlandse Huwelijksvermogensrecht, 5. druk. S. 312.
817 Antokolskaia/Breederveld/Hulst/Kolkman/Salomons/Verstappen, Koude uitsluiting, S. 120; Van Mourik/Burgerhart, WPNR 2005, S. 1035.
818 Antokolskaia/Breederveld/Hulst/Kolkman/Salomons/Verstappen, Koude uitsluiting, S. 120.

In regelmäßigen Abständen sind in den Niederlanden stichprobenartig die Eintragungen in den Ehegüterregistern überprüft worden, um den Inhalt der Eheverträge zu ermitteln.

Vereinbarung des kalten Ausschlusses in Prozent

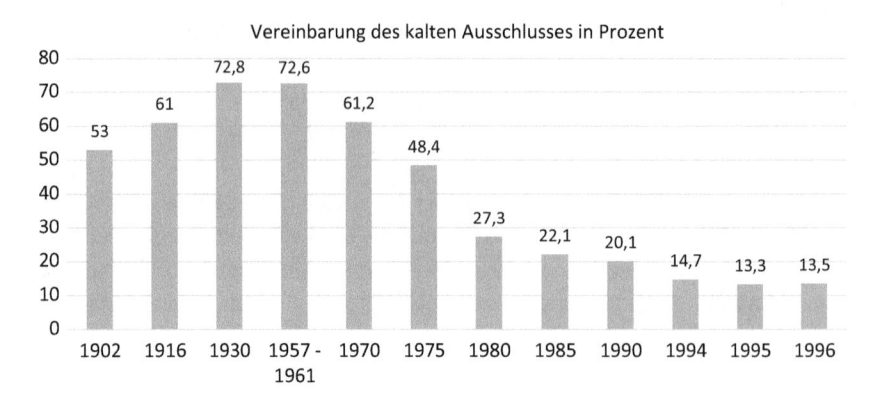

Jahr	Prozent
1902	53
1916	61
1930	72,8
1957-1961	72,6
1970	61,2
1975	48,4
1980	27,3
1985	22,1
1990	20,1
1994	14,7
1995	13,3
1996	13,5

Abbildung 2 - Eheverträge mit Vereinbarung des Ausschlusses jeglicher Gütergemeinschaft von 1902 - 1996

Die landesweite Untersuchung zeigt, dass der kalte Ausschluss bis in die siebziger Jahre des 20. Jahrhunderts hinein der hauptsächlich in Eheverträgen enthaltene Güterstand war. Seitdem ist der Anteil dieser ehevertraglichen Regelung stetig zurückgegangen. Im Zeitraum von 1994 bis 1996 wurde nur noch in durchschnittlich 13,84 Prozent der Eheverträge der kalte Ausschluss als Güterstand ausgewählt. Die in den jeweiligen Jahren ermittelten Werte sind in der vorstehenden Tabelle zu finden.[819] Der Rückgang wird einerseits auf darauf zurückgeführt, dass der kalte Ausschluss vermehrt Gegenstand von gerichtlichen Entscheidungen der Rechtsprechung und Diskussionen in der Literatur geworden ist. Andererseits sei zu berücksichtigen, dass wesentliche Rechtsinstitute, wie die Verrechnungsklauseln, erst in der zweiten Hälfte des 20. Jahrhunderts entwickelt worden sind. Die Popularität dieser Klauseln hat unmittelbar zum Rückgang der Vereinbarung des kalten Ausschlusses geführt.[820]

Im Rahmen einer neuen Untersuchungsperiode wurden leidglich 13 der 19 Ehegüterregister in die stichprobenartige Untersuchung einbezogen, da es nicht allen Registern möglich war, die erforderlichen Daten zur Verfügung zu stellen.

---

819 *Van Mourik*, WPNR 1998, S. 117.
820 *Van Mourik*, WPNR 1998, S. 117.

In dieser Untersuchungsperiode wurde die Definition des kalten Ausschlusses um die auf den Hausrat beschränkte Gemeinschaft erweitert. Trotz dieser Erweiterung sank der Durchschnittswert: Nur ungefähr 12,44 Prozent der Ehegatten, die Eheverträge abschlossen, kamen überein, einen kalten Ausschluss vorzunehmen. Die Jahreswerte ergeben sich aus der nachstehenden Tabelle.[821] Für die Zukunft wurde erwartet, dass sich der rückläufige Trend fortsetzen würde.[822]

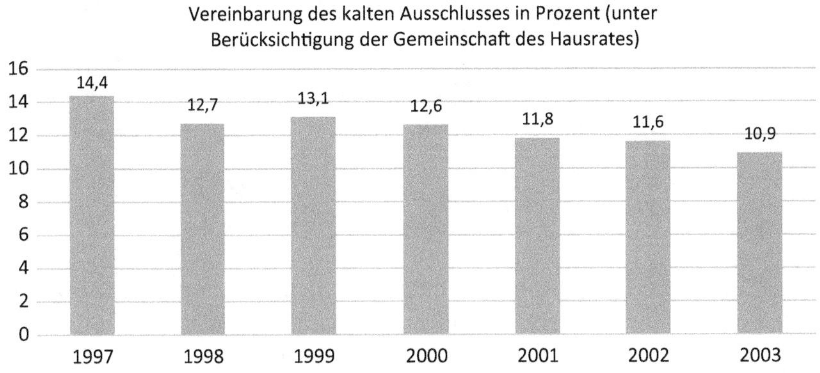

Vereinbarung des kalten Ausschlusses in Prozent (unter Berücksichtigung der Gemeinschaft des Hausrates)

Jahr	Prozent
1997	14,4
1998	12,7
1999	13,1
2000	12,6
2001	11,8
2002	11,6
2003	10,9

Abbildung 3 - Eheverträge mit Vereinbarung des Ausschlusses jeglicher Gütergemeinschaft von 1997 - 2003

Im nächsten Untersuchungszeitraum sind erneut Urkunden aller Ehegüterregister berücksichtigt worden. Stichprobenartig ist der Inhalt von 3.903 von insgesamt 122.063 Urkunden geprüft worden. Aus der Untersuchung kann abgeleitet werden, dass sich die zuvor getroffene Vorhersage nicht erfüllt hat. Der Anteil von Eheverträgen, die einen kalten Ausschluss vorsehen, hat über die Periode von 2004 bis 2009 – wie die nachfolgende Tabelle deutlich macht – eindeutig zugenommen. Durchschnittlich findet sich der kalte Ausschluss in 16,3 Prozent der in die Untersuchung einbezogenen Eheverträge wieder.[823]

---

821 *Van Mourik/Burgerhart*, WPNR 2005, S. 1034.
822 *Van Mourik/Burgerhart*, WPNR 2005, S. 1035.
823 *Schols/Hoens*, WPNR 2012, S. 950.

Abschnitt: Modifikation des Güterrechts durch den Ehevertrag

Vereinbarung des kalten Ausschluss in Prozent

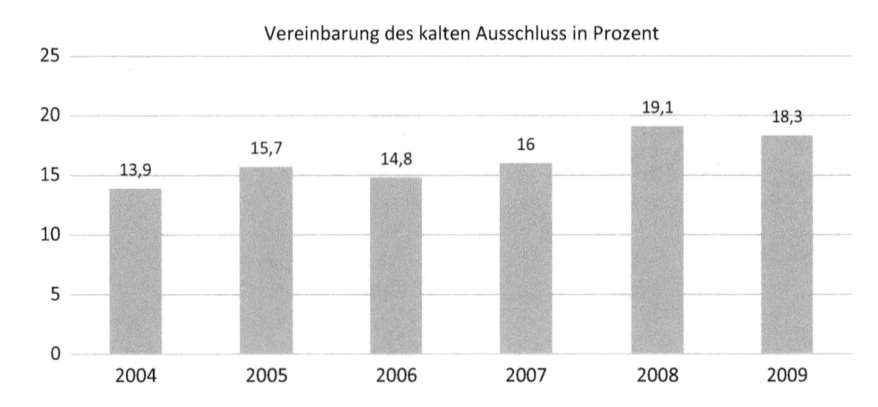

Jahr	Prozent
2004	13,9
2005	15,7
2006	14,8
2007	16
2008	19,1
2009	18,3

Abbildung 4 - Eheverträge mit Vereinbarung des Ausschlusses jeglicher Gütergemeinschaft von 2004 - 2009

Im Zuge dieser Untersuchung wird zudem darauf hingewiesen, dass bei einer Zählung der Eheverträge, die einen kalten Ausschluss beinhalten, die Verträge einzubeziehen sind, deren Rechtsfolgen denen des vollumfänglichen Ausschlusses entsprechen. Dazu werden einerseits solche Vereinbarungen gezählt, wonach zwischen den Ehegatten jegliche Gemeinschaft ausgeschlossen wird, aber im Todesfall eines Ehegatten eine Verrechnung ermöglicht wird. Weiterhin werden solche Vereinbarungen in die Berechnung einbezogen, mit denen die Ehegatten die Gütergemeinschaft auf den Hausrat beschränken. Dies führt zu einer wesentlichen Erhöhung der soeben tabellarisch dargestellten Prozentwerte, sodass in der Untersuchungsperiode durchschnittlich 26,18 Prozent der Eheverträge *de facto* einen kalten Ausschluss enthielten. Die einzelnen Werte ergeben sich aus der nachstehenden Tabelle.[824]

---

824 *Schols/Hoens*, WPNR 2012, S. 950 f.; siehe auch *Schols*, WPNR 2010, S. 754 f. und *Van Mourik/Nuytinck*, Personen- en familierecht, S. 131.

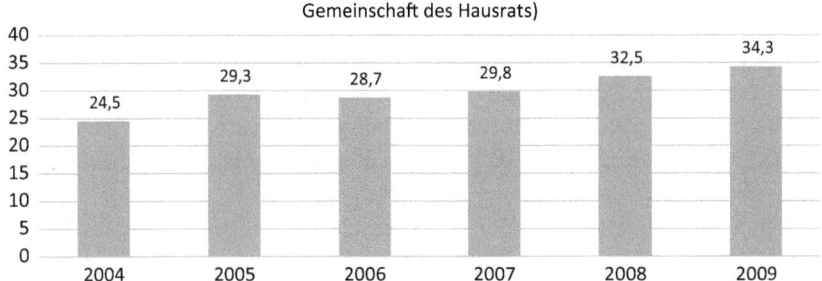

Vereinbarung des kalten Ausschluss (unter Berücksichitgung der Vereinbarung einer Verrechnung im Todesfall und der Gemeinschaft des Hausrats)

Jahr	Wert
2004	24,5
2005	29,3
2006	28,7
2007	29,8
2008	32,5
2009	34,3

Abbildung 5 - Eheverträge mit Vereinbarung des Ausschlusses jeglicher Gütergemeinschaft inklusive der Vereinbarung einer Verrechnung im Todesfall und der Gemeinschaft des Hausrates von 2004 - 2009

3. Kritik an der Vereinbarung des kalten Ausschlusses

In der Literatur wird die ehevertragliche Vereinbarung, mit der jegliche Gütergemeinschaft ausgeschlossen wird, stark kritisiert.

Insbesondere wird problematisiert, dass unter der derzeitigen Gesetzeslage im Falle der Ehescheidung einer der Ehegatten durch diesen Ausschluss unangemessen benachteiligt werden könnte.[825] Eine spezielle Untersuchung zur finanziellen Lage von Ehegatten nach einer Scheidung zeigt, dass diese teilweise in finanziell prekären Verhältnissen leben. Im Rahmen der Studie wird darauf hingewiesen, dass der Gesetzgeber zwar mit der Gütergemeinschaft und der nachehelichen Unterhaltsverpflichtung Regelungen geschaffen habe, um das Entstehen einer solchen Lage zu vermeiden. Diese Instrumente würden ihren Zweck jedoch nicht immer erfüllen. So hätten etwa 30 Prozent der Alleinerziehenden mit ausschließlich minderjährigen Kindern ein Einkommen unterhalb der Geringverdienergrenze. Die finanziell schwierige Lage treffe insbesondere Frauen, die nach der Scheidung für die Kinder sorgen. Die Tatsache, dass in der Ehe in der Regel Frauen eine eigene Erwerbstätigkeit zugunsten der

---

825 *Van der Burght*, WPNR 1992, S. 894; *Dommerholt*, WPNR 2005, S. 571; *Van Mourik*, WPNR 1987, S. 4; *ders.*, WPNR 1990, S. 247; *Schoordijk*, WPNR 1987, S. 445; *ders.*, NTBR 2003, S. 7; *ders.*, WPNR 2003, S. 272 f., *ders.*, WPNR 2005, S. 165 f.; *Verbeke*, WPNR 2001, S. 945; *ders.*, NJB 2001, S. 2185; *Verstappen*, WPNR 2000, S. 69.

Haushaltsführung und Kindererziehung zum Teil oder ganz aufgeben würden, würde letztlich zu einer Verminderung ihrer Erwerbsfähigkeit führen. Zudem müsste berücksichtigt werden, dass Frauen in vielen Fällen nach der Ehescheidung gemeinsam mit den Kindern eine Familie bilden würden. Dies führe zu einer Verminderung der Wohnqualität, einer Verminderung der Kaufkraft, zu einem geringeren Einkommen und berge damit die Gefahr, dass die neue Familie langfristig in Armut, also von einem Einkommen unterhalb des gemittelten Einkommens von Geringverdienern, leben müsse.[826]

Hätten die Ehegatten vereinbart, dass zwischen ihnen keine Form der Gütergemeinschaft bestehen soll, würde die kompensierende Funktion des ehelichen Güterrechts entfallen, was die Problematik, in der sich Frauen nach der Eheschließung befinden würden, noch vergrößern würde.[827]

Angesichts dieser Problematik wird teilweise die Auffassung vertreten, dass der Gesetzgeber eine gesetzliche Regelung schaffen müsste, um die Folgen des Ausschlusses von jeglicher Gütergemeinschaft auszugleichen. In der Literatur werden verschiedene Möglichkeiten diskutiert.

Unter anderem wird vorgeschlagen, eine Norm in das *Burgerlijk Wetboek* einzufügen, die Ehegatten verpflichtet, den anderen am Vermögenszuwachs während der Ehe teilhaben zu lassen. So könnte ein **schuldrechtlicher Anspruch auf eine gleichwertige Teilhabe** am während der Ehe Erwirtschafteten eingeführt werden, den beide Ehegatten für den Fall der Beendigung der Ehe durch Scheidung oder den Tod ungeachtet einer ehevertraglichen Regelung geltend machen könnten.[828] Ausgangspunkt für diese Forderung ist die Überlegung, dass die Ehe als Projekt beider Ehegatten zu sehen sei, zu dem beide in gleichem Maße beitragen würden – unabhängig davon, ob ihr Beitrag in einer Erwerbstätigkeit oder in der Haushaltsführung und Kindererziehung bestehe.[829] Eine solche Bestimmung war bereits in einer Gesetzesvorlage zum Gesetz über die erste Anpassung der gesetzlichen Gütergemeinschaft enthalten. Der Ehegatte, der den anderen in dessen Betrieb oder Unternehmen oder durch die Haushaltsführung unterstützte, sollte einen Vergütungsanspruch gegenüber dem anderen Ehegatten

---

826 Ausf. dazu *Antokolskaia/Breederveld/Hulst/Kolkman/Salomons/Verstappen*, Koude uitsluiting, S. 88 ff.
827 *Antokolskaia/Breederveld/Hulst/Kolkman/Salomons/Verstappen*, Koude uitsluiting, S. 98.
828 *Antokolskaia/Breederveld/Hulst/Kolkman/Salomons/Verstappen*, Koude uitsluiting, S. 316 f.; *Verbeke*, WPNR 2001, S. 947; ders., NJB 2001, S. 2186.
829 *Verbeke*, WPNR 2001, S. 946; ders., NJB 2001, S. 2186.

haben, falls er für seine Tätigkeit nicht bereits eine entsprechende Entlohnung erhalten hätte.[830] Allerdings wurde die Problematik des kalten Ausschlusses als zu kompliziert erachtet, um sie innerhalb der Diskussion um eine Änderung der Gütergemeinschaft zu erörtern. Aus diesem Grund wurde die Vorlage wieder zurückgenommen.[831] Der Gesetzgeber hat sein ursprüngliches Vorhaben bislang nicht wieder aufgegriffen.

Darüber hinaus wird empfohlen, bei der Erstellung von Eheverträgen neben dem Notar weitere **Sachverständige, wie Rechtsanwälte oder Steuerberater, zu beteiligen**, was derzeit bereits möglich, jedoch nicht vorgeschrieben ist. Die Vertragsparteien sollten gesetzlich dazu verpflichtet werden, sich vor dem Vertragsschluss einzeln durch einen unabhängigen Sachverständigen über die Wirkung der im Einzelfall angestrebten ehevertraglichen Regelung belehren zu lassen.[832]

Weiterhin wird die Schaffung einer **gesetzlichen Grundlage für ein richterliches Eingreifen** als zweckmäßig angesehen, um die Rechtsfolgen des kalten Ausschlusses auszugleichen. So könnte eine spezifische Regelung dafür Sorge tragen, dass sich eine ehevertragliche Regelung nicht ungünstig auf die Kinder der Parteien oder die Partei, die diese Kinder betreut, auswirken dürfte. Alternativ könne der Gesetzgeber eine allgemeine Norm für die richterliche Korrektur von Eheverträgen, die einen kalten Ausschluss beinhalten, schaffen.[833]

Zuletzt sei auch eine Möglichkeit, gesetzlich vorzuschreiben, dass der Ehepartner, der zum größten Teil die gemeinsamen, minderjährigen Kinder betreut habe, unabhängig von dem Inhalt eines Ehevertrags, **Anspruch auf die eheliche Wohnung und die gemeinsamen Haushaltsgegenstände** hat. Damit wären die für die Kinder wichtigsten Gegenstände der Wirkung des kalten Ausschlusses entzogen. Zugleich könnte der verzichtende Teil eine Ausgleichsforderung erhalten, deren Erfüllung aber über einen längeren Zeitraum gestreckt werden sollte.[834]

Die in der Literatur geäußerte Kritik am kalten Ausschluss sowie die durch den Gesetzgeber unternommenen Reformbestrebungen sind nachvollziehbar. Dem gesetzlichen Güterstand kommt im niederländischen Recht aufgrund der

---

830 *Kamerstukken II* 2007/08, 28 867, Nr. 15, S. 1 f.
831 *Handelingen II* 2007/08, Nr. 111, S. 8078 f.
832 *Antokolskaia/Breederveld/Hulst/Kolkman/Salomons/Verstappen*, Koude uitsluiting, S. 313.
833 *Antokolskaia/Breederveld/Hulst/Kolkman/Salomons/Verstappen*, Koude uitsluiting, S. 318; *Schoordijk*, NTBR 2003, S. 10.
834 *Antokolskaia/Breederveld/Hulst/Kolkman/Salomons/Verstappen*, Koude uitsluiting, S. 319 f.

unmittelbaren Teilhabe eine wesentliche Kompensationsfunktion zu. Eine Kompensation im Rahmen des nachehelichen Unterhaltsanspruchs ist bereits durch die gesetzlich normierte Befristung erheblich eingeschränkt. Vor diesem Hintergrund ist der Ausschluss der güterrechtlichen Teilhabe ein tiefgreifender Eingriff, der dazu führen kann, dass ein bedürftiger Ehegatte erheblich benachteiligt wird. Grundsätzlich ist auch vertretbar, dass der Gesetzgeber eine Regelung zum kalten Ausschluss in das *Burgerlijk Wetboek* aufnimmt. Gleichwohl dürfte es der Privatautonomie widersprechen, den Willen der Ehegatten, die bewusst die Gütergemeinschaft ausschließen, durch Normierung expliziter Kompensationsansprüche zu unterlaufen. Näher liegt es, die Ehegatten durch eine gesonderte Beratung unabhängiger Sachverständiger über die Wirkung des Güterstands aufzuklären, sodass dieser Güterstand nur bei einem tatsächlich bestehenden Bedarf ehevertraglich vereinbart wird.

III. Verrechnungsklauseln

Neben den bisher dargestellten Optionen, den ehelichen Güterstand abweichend von den gesetzlichen Vorschriften zu gestalten, können die Ehegatten in ihren Ehevertrag auch ein sogenanntes *verrekenbeding*, also eine Verrechnungsklausel, aufnehmen. Damit vereinbaren sie, untereinander eine andere Verrechnung des Vermögens vorzunehmen, als sich dies aus dem zwischen ihnen geltenden Güterstand ergeben würde. Allgemein kann zwischen der Möglichkeit, eine solche Abrechnung in regelmäßigen Zeitabständen während des Bestehens der Ehe, und der Möglichkeit, diese erst mit dem Ende der Ehe vorzunehmen, unterschieden werden.[835]

Die Verrechnungsklauseln haben keine güterrechtliche, sondern ausschließlich eine **schuldrechtliche Wirkung**.[836] Der *Hoge Raad* hatte bereits in seiner eingangs genannten Entscheidung aus dem Jahr 1944 auf eine derartige Möglichkeit hingewiesen: Unabhängig von der Wirkung des Güterstands sei es den Ehegatten grundsätzlich möglich, in einen Ehevertrag eine abweichende Regelung aufzunehmen, die ausschließlich intern, also nur zwischen ihnen, wirke.[837]

---

835 *De Bruijn/Huijgen/Reinhartz*, Het Nederlandse Huwelijksvermogensrecht, 5. druk, S. 319 f.; *Breederveld*, FJR 2013/71; *Meijer*, Afwikkeling van huwelijksvoorwaarden, S. 91 f.; *Zonnenberg*, Het verrekenbeding, 2. druk, S. 22.

836 *De Bruijn/Huijgen/Reinhartz*, Het Nederlandse Huwelijksvermogensrecht, 5. druk, S. 319; *Van Lierop/Van Onzenoort*, WPNR 2005, S. 1021; *Reinhartz*, in: Naar een nieuw huwelijksvermogensrecht?, S. 37; *Zonnenberg*, Het verrekenbeding, 2. druk, S. 23.

837 *HR* 21.01.1944, ECLI: NL: HR:1944:35, NJ 1944/120, S. 131.

Angesichts der Tatsache, dass die Verrechnungsklausel lediglich eine schuldrechtliche, aber keine güterrechtliche Wirkung hat, stellt sich die Frage, ob es sich dabei auch um eine ehevertragliche Regelung, also eine Regelung, die der Form des Ehevertrags bedarf, handelt.

So wird betont, dass die Verrechnungsklausel zwar selbst kein eigenständiger Güterstand sei, doch als verpflichtende Vereinbarung an einen solchen angefügt werde und in der Regel *de facto* die Rechtsfolgen dieses Güterstands zwischen den Ehegatten außer Kraft setze. Folglich sei die Vereinbarung dieser Klausel wirtschaftlich mit der Vereinbarung eines abweichenden Güterstands gleichzusetzen und als ehevertragliche Regelung anzusehen.[838]

Andererseits wird hingegen vertreten, dass eine Verrechnungsklausel keine ehevertragliche Klausel darstelle. Hier wird Anschluss an die materielle Definition des Ehevertrages gesucht, wonach ausschließlich dann ein Ehevertrag vorliege, wenn die Vereinbarung eine güterrechtliche Wirkung habe. Der Verrechnungsklausel fehle jedoch eine solche Wirkung.[839]

Geht man anhand der vorzugswürdigen Definition des Ehevertrags davon aus, dass eine Regelung dann in der Form eines Ehevertrags zu vereinbaren ist, wenn das Gesetz dies vorgibt, bedürfen die Verrechnungsklauseln als ehevertragliche Regelungen der notariellen Beurkundung.[840] Aus den zwischenzeitlich in das *Burgerlijk Wetboek* aufgenommenen Vorschriften zu den Verrechnungsklauseln ist abzuleiten, dass die maßgeblichen Vorschriften nur Anwendung finden, wenn die Verrechnung ehevertraglich vereinbart worden ist und der Ehevertrag zugleich keine abweichende Regelung enthält. Daraus lässt sich schließen, dass die Vereinbarung einer Verrechnungsklausel nach der gesetzlichen Systematik der ehevertraglichen Form bedarf und mithin eine ehevertragliche Regelung darstellt.

Dies ergibt sich aus Art. 1:131 BW.

---

838 *De Bruijn/Huijgen/Reinhartz*, Het Nederlandse Huwelijksvermogensrecht, 5. druk, S. 247; *Kolkman/Salomons*, in: Asser 1-II, Rn. 390; *Lieber*, in: GS Personen- en familierecht, Art. 1:132 BW, Rn. 4; *Van Mourik*, Het verrekenbeding, S. 12 f; *Schonewille*, Partijautonomie in het relatievermogensrecht, S. 90; *Zonnenberg*, Het verrekenbeding, 2.druk, S. 8.

839 *Breederveld*, FJR 2013/71; *Van Mourik/Verstappen*, Nederlands vermogensrecht bij scheiding, Deel A, S. 291, weisen darauf hin, dass die Verrechnungsklausel nicht nur intern wirke, sondern auch Auswirkungen auf andere Gläubiger habe, da die Ehegatten jeweils Gläubiger des anderen seien und mit den übrigen Gläubigern in einem Konkurrenzverhältnis stehen würden.

840 Siehe S. 202.

Art. 1:131 BW:
„1. Deze afdeling is van toepassing op huwelijkse voorwaarden die een of meer verplichtingen inhouden tot verrekening van inkomsten of van vermogen.
2. Tenzij anders is bepaald, kan van deze afdeling bij huwelijkse voorwaarden uitdrukkelijk of door de aard der bedingen worden afgeweken. "
Deutsch:
1. Dieser Abschnitt findet Anwendung auf Eheverträge, die eine oder mehrere Verpflichtungen zur Verrechnung von Einkünften oder Vermögen beinhalten.
2. Soweit nicht anders bestimmt, kann von diesem Abschnitt mittels eines Ehevertrages ausdrücklich oder durch die Art der Bestimmung abgewichen werden.

Die gesetzlichen Vorschriften über Verrechnungsklauseln haben erst im Nachgang zur ständigen Rechtsprechung des *Hoge Raads* Eingang in das *Burgerlijk Wetboek* gefunden. Der Gesetzgeber hat sich beim Erlass dieser Vorschriften bemüht, die bereits bestehende Rechtsprechung des *Hoge Raads* über Verrechnungsklauseln umzusetzen. Folglich sollte weder eine umfassende Regelung dieser Thematik erfolgen noch ein neuer Güterstand eingeführt werden.[841] Entsprechend wird davon ausgegangen, dass diese Gesetzesnovellierung für den rechtlichen Umgang mit Verrechnungsklauseln keine Folgen hat.[842]

Wie bereits im Rahmen der Erörterung des kalten Ausschlusses in Eheverträgen erwähnt worden ist, hat die Erschaffung des Rechtsinstituts der Verrechnungsklausel in der Praxis dazu geführt, dass die Ehegatten von einem reinen kalten Ausschluss Abstand genommen und Verrechnungsklauseln in die Eheverträge aufgenommen haben. Im Zeitabschnitt von 1997 bis 2003 enthielten ausweislich der landesweiten Untersuchung über zwei Drittel der Eheverträge (68,8 Prozent) eine Verrechnungsklausel.[843] Aus den einzelnen Jahreswerten lässt sich eine gleichmäßige Tendenz zur Aufnahme einer Verrechnungsklausel erkennen, die gegenüber den ersten Jahren, in denen Verrechnungsklauseln eingeführt wurden, eine erhebliche Steigerung erfahren hat. Dies gilt insbesondere gegenüber einem ersten Untersuchungswert aus dem Jahre 1970: In diesem Jahr fanden sich nur in 14,5 Prozent der Eheverträge Verrechnungsklauseln.[844] Die Jahreswerte sind in der nachfolgenden tabellarischen Darstellung zu finden.

---

841 *Kamerstukken II* 2000/01, 27 554, Nr. 3, S. 10 (MvT).
842 *Van der Burght*, WPNR 2001, S. 280; *Zonnenberg*, Het verrekenbeding, 2. druk, S. 187.
843 *Van Mourik/Burgerhart*, WPNR 2005, S. 1034.
844 *Van Mourik*, WPNR 1998, S. 117.

Verrechnungsklauseln in Eheverträgen in Prozent

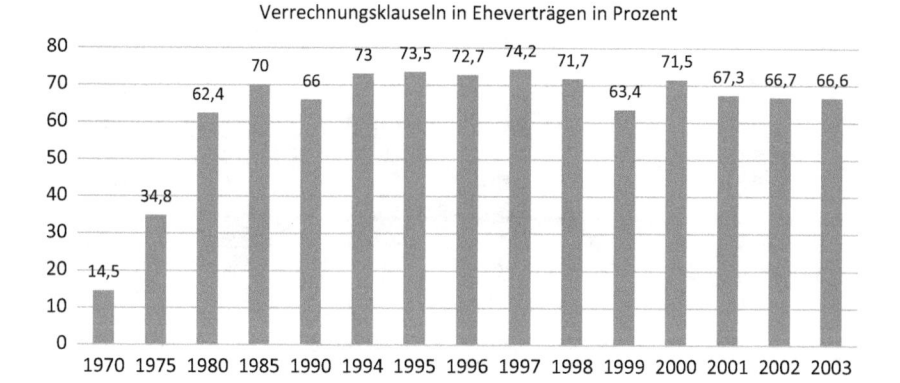

Jahr	1970	1975	1980	1985	1990	1994	1995	1996	1997	1998	1999	2000	2001	2002	2003
%	14,5	34,8	62,4	70	66	73	73,5	72,7	74,2	71,7	63,4	71,5	67,3	66,7	66,6

Abbildung 6 - Eheverträge mit Verrechnungsklauseln von 1970 bis 2003

In einem unmittelbaren Vergleich der Ergebnisse der vorherigen Untersuchungsperiode mit der Anzahl der Fälle, in denen im Zeitraum von 2004 bis 2009 ehevertraglich die Gütergemeinschaft ausgeschlossen wurde und dieser Ausschluss mit einer Verrechnungsklausel kombiniert worden ist, ist ein Rückgang festzustellen: Nur 51,4 Prozent der Eheverträge beinhalteten ein solches Verrechnungssystem.[845] Gleichzeitig ist jedoch zu berücksichtigen, dass Verrechnungsklauseln mit einer beschränkten Gütergemeinschaft kombiniert werden können. Diese Konstellation ist im Untersuchungszeitraum von 2004 bis 2009 in durchschnittlich 12,52 Prozent der Eheverträge zu finden.[846] Unter Berücksichtigung beider Varianten errechnet sich ein durchschnittlicher Wert von 63,92 Prozent für den oben genannten Zeitraum. In der nachfolgenden Tabelle ist eine Übersicht der jeweiligen Jahreswerte zu finden.

---

845 *Schols/Hoens*, WPNR 2012, S. 950.
846 *Schols/Hoens*, WPNR 2014, S. 34.

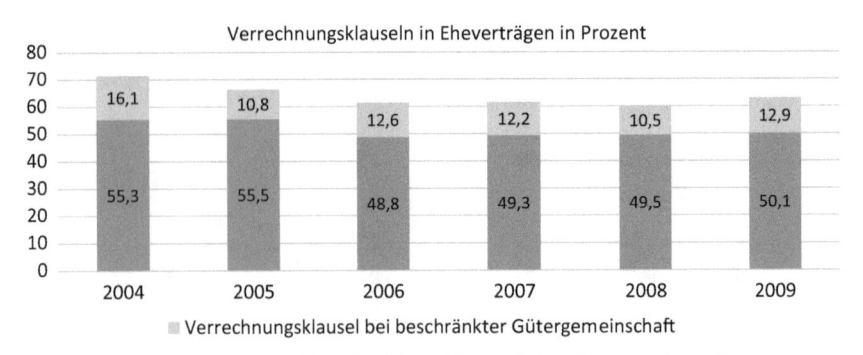

Verrechnungsklauseln in Eheverträgen in Prozent

Jahr	Verrechnungsklausel bei beschränkter Gütergemeinschaft	Verrechnungsklausel bei Ausschluss jeglicher Gütergemeinschaft
2004	55,3	16,1
2005	55,5	10,8
2006	48,8	12,6
2007	49,3	12,2
2008	49,5	10,5
2009	50,1	12,9

Abbildung 7 - Verrechnungsklauseln in Eheverträgen in Prozent von 2004 - 2009

1. Gestaltungsoptionen bei Verrechnungsklauseln

Wie bereits eingangs erwähnt wurde, werden in der Literatur zwei grundlegende Modelle der Verrechnungsklausel gehandhabt, die sich insbesondere danach unterscheiden, zu welchem Zeitpunkt die Verrechnung stattfinden soll – bereits während oder mit dem Ende der Ehe. Daneben besteht auch die Möglichkeit, eine Kombination beider Modelle in eine ehevertragliche Klausel aufzunehmen. Im folgenden Abschnitt werden diese drei Optionen eingehender dargestellt.

Vereinbaren die Ehegatten im Ehevertrag, **während der Ehe in regelmäßigen Abständen eine Verrechnung vorzunehmen**, wird in der niederländischen Literatur von dem sogenannten *periodiek verrekenbeding* gesprochen.[847] Dieser Begriff ist mit **periodischer Verrechnungsklausel** zu übersetzen.

Eine Ausgestaltung dieses Modells ist das sogenannte *Amsterdams verrekenbeding*. Wählen Ehegatten diese Variante, schließen sie ehevertraglich das Bestehen jeglicher Gütergemeinschaft aus und verpflichten sich zugleich dazu, eine Verrechnung ihrer Einkünfte in regelmäßigen Abständen vorzunehmen, wobei

---

[847] *Abas*, WPNR 1999, S. 687; *Van den Anker*, Woning, echtscheiding, verrekening, S. 13; *De Bruijn/Huijgen/Reinhartz*, Het Nederlandse Huwelijksvermogensrecht, 5. druk, S. 320; *Van Lierop/Van Onzenoort*, WPNR 2005, S. 1021; *Luijten*, WPNR 2006, S. 307; *Van Mourik*, Het verrekenbeding, S. 22 f.; *Nuytinck*, AA 2005, S. 474; *Reinhartz*, in: Naar een nieuw huwelijksvermogensrecht?, S. 36; *Zonnenberg*, Het verrekenbeding, 2. druk, S. 173.

als Intervall ein Kalenderjahr festgelegt wird. Mit dem Ablauf des Jahres fügen die Ehegatten ihre Einkünfte zusammen und nehmen, nachdem die Kosten der Haushaltsführung und für die Versorgung und Erziehung der Kinder abgezogen wurden, eine hälftige Aufteilung des verbleibenden Betrages vor.[848] Mit dieser Regelung soll erreicht werden, dass der Ehegatte, der sich Haushalt und Kindererziehung widmet, bereits während der Ehe am Vermögensaufbau teilhaben kann. Auf diese Weise könne dieser Ehegatte den Grundstein für die Bildung eines eigenen Vermögens legen. Zusätzlicher Effekt dieser Regelung sei, dass die Ehegatten vor den Gläubigern des anderen geschützt werden würden.[849]

Der Vollzug der periodischen Verrechnungsklausel ist in der Praxis oft problematisch. Dies ist insbesondere darauf zurückzuführen, dass die Ehegatten oftmals weder die vorgeschriebene Verrechnung ausführen noch ordnungsgemäß Buch über ihre Vermögensverhältnisse führen.[850] Außerdem wird kritisch gesehen, dass das *Burgerlijk Wetboek* keine Legaldefinition der periodischen Verrechnungsklausel enthält und die inhaltliche Gestaltung weiterhin den Parteien überlassen bleibt. Dies führe letztlich zu Rechtsunsicherheit.[851] Prinzipiell wird von der alleinigen Vereinbarung einer solchen Klausel abgeraten.[852]

Im Gegensatz zu der zuvor vorgestellten periodischen Klausel verpflichten sich die Ehegatten bei Vereinbarung einer **finalen Verrechnungsklausel** bzw. einem sogenannten *finaal verrekenbeding* dazu, erst **mit dem Ende der Ehe eine Verrechnung der Vermögen vorzunehmen**.[853]

In der Literatur wird vornehmlich herausgestellt, dass diese Klausel im Vergleich zur periodischen Verrechnungsklausel den Vorteil der einmaligen (und

---

848 Entworfen von *Van der Ploeg*, WPNR 1959, S. 243; siehe auch *De Bruijn/Huijgen/Reinhartz*, Het Nederlandse Huwelijksvermogensrecht, 5. druk, S. 320; *Kraan*, WPNR 1977, S. 625; *Van Lierop/Van Onzenoort*, WPNR 2005, S. 1017; *Reinhartz*, in: Naar een nieuw huwelijksvermogensrecht?, S. 38; *Verstappen*, WPNR 2000, S. 70.
849 *Van der Burght*, WPNR 2001, S. 253; *De Bruijn/Huijgen/Reinhartz*, Het Nederlandse Huwelijksvermogensrecht, 5. druk, S. 320; *Van Mourik*, Het verrekenbeding, S. 11 f.; *Verstappen*, WPNR 2000, S. 72.
850 *Reinhartz*, in: Naar een nieuw huwelijksvermogensrecht?, S. 39.
851 *Van der Burght*, WPNR 2001, S. 254 f.; *Kraan*, EB 2002, S. 9.
852 So *Gräler*, WPNR 2001, S. 289; *Verstappen*, WPNR 2000, S. 72; ders., WPNR 2004/6584, S. 531 f.
853 *Van den Anker*, Woning, echtscheiding, verrekening, S. 17; *Van Lierop/Van Onzenoort*, WPNR 2005, S. 1022; *Van Mourik*, Het verrekenbeding, S. 22 f.; *Reinhartz*, in: Naar een nieuw huwelijksvermogensrecht?, S. 36; *Verstappen*, WPNR 2000, S. 70; *Zonenberg*, Het verrekenbeding, S. 22 f.

damit einfacheren) Verrechnung biete.[854] Einer etwaigen Gefährdung aufgrund der nachehelichen Aufteilung könnte dadurch begegnet werden, dass die Ehegatten einvernehmlich den Zeitpunkt der finalen Verrechnung vorverlegen. Dies sei zu befürworten, wenn einer der Ehegatten beabsichtige, in naher Zukunft erstmals unternehmerisch tätig zu werden, da auf diese Weise der anderen Ehegatten vor dem Insolvenzrisiko des Unternehmers geschützt werde.[855]

Der Nachteil der finalen Verrechnungsklausel liegt jedoch darin, dass sie – im Gegensatz zur periodischen Klausel – keine Vermögensteilhabe während der Ehe ermöglicht. Dem Ehegatten, der den Haushalt führt und die Kinder aufzieht, entgeht somit die Möglichkeit, schon während der Ehe ein eigenes Vermögen aufzubauen.[856]

Darüber hinaus stehen den Ehegatten verschiedene **Kombinationsmöglichkeiten** zur Verfügung, wobei entweder die verschiedenen Verrechnungsklauseln miteinander verbunden werden können oder eine dieser Klauseln mit einer beschränkten Gütergemeinschaft kombiniert werden kann.

Im Falle einer **Verknüpfung von periodischer und finaler Verrechnungsklausel** werden beide Klauseln in den Ehevertrag aufgenommen.[857] Dies kann beinhalten, dass sowohl periodisch als auch final abzurechnen ist; die Ehegatten können jedoch auch vereinbaren, dass die Verpflichtung zur Verrechnung entfällt, sobald bereits anhand einer Variante Einkünfte und/oder Vermögen verrechnet worden sind. Welche Wahl die Ehegatten diesbezüglich getroffen haben, kann sich explizit oder mittelbar aus dem Wortlaut des Ehevertrags ergeben. Beziehe sich die finale Verrechnungsklausel auch auf Güter, die nach dem Ehevertrag bei der Ausführung der periodischen Klausel miteinzubeziehen sind, müsse der Parteiwille dahingehend ausgelegt werden, dass die finale Verrechnung in jedem Fall anwendbar sein solle. Dabei sei unerheblich, ob bereits eine periodische Verrechnung vorgenommen worden sei; die finale Klausel habe eine absorbierende Wirkung. Fehle es an einem ausdrücklichen Hinweis auf diese Form der finalen Verrechnungsklausel, entspreche es dem Parteiwillen, nur am Ende des Güterstands abzurechnen, auch wenn keine periodische Verrechnung

---

854 *De Bruijn/Huijgen/Reinhartz*, Het Nederlandse Huwelijksvermogensrecht, 5. druk, S. 321; *Verstappen*, WPNR 2004/II, S. 532.
855 *Reinhartz*, in: Naar een nieuw huwelijksvermogensrecht?, S. 37.
856 *De Bruijn/Huijgen/Reinhartz*, Het Nederlandse Huwelijksvermogensrecht, 5. druk, S. 321; *Verstappen*, WPNR 2000, S. 70; *ders.*, WPNR 2004/6584, S. 532.
857 *Stollenwerck*, FTV 2013/3; *Verstappen*, WPNR 2000, S. 70; *ders.*, EB 2006/11.

erfolgt ist.[858] Auch sei es möglich, vorzusehen, dass nur in Falle der Auflösung der Ehe durch den Tod eine Ausführung der finalen Verrechnungsklausel zu erfolgen habe.[859]

Ferner steht es den Ehegatten frei, die **Verrechnungsklausel mit einer beschränkten Gemeinschaft zu kombinieren**, wobei darauf hingewiesen wird, dass bei einer solchen Verknüpfung erhebliche Probleme entstehen könnten; etwa könnte sich die Aufteilung der gemeinschaftlichen Güter schwierig gestalten, wenn der Ehevertrag in diesem Fall keine ausdrückliche Regelung enthalte.[860]

Darüber hinaus können die Parteien in den Ehevertrag lediglich die Option aufnehmen, periodisch und/oder final zu einer Verrechnung von Einkünften bzw. Vermögen übergehen zu können. Dies wird als *facultative verrekenbeding* bezeichnet, was mit **fakultative Verrechnungsklausel** übersetzt werden kann.[861] In der Literatur wird als Vorteil hervorgehoben, dass die fakultative Verrechnungsklausel es ermögliche, während des Bestehens der Ehe Vermögensverschiebungen vorzunehmen und zugleich die im praktischen Umgang mit der periodischen Verrechnungsklausel entstehenden Probleme zu umgehen.[862] Auch wird es als sinnvoll erachtet, im Rahmen der Nachlassgestaltung von der fakultativen Klausel Gebrauch zu machen.[863]

Bedenklich ist, dass die fakultative Klausel eine Abrechnung nur optional ermöglicht und damit von dem übereinstimmenden Willen beider Ehegatten

---

858 *HR* 01.02.2008, ECLI: NL: HR:2008: BB9781, RFR 2008/40, URL: http://deeplinking.kluwer.nl/?param=0024AE29&cpid=WKNL-LTR-Nav2 (zuletzt abgerufen am 30.10.2018); *Meijer*, Afwikkeling van huwelijksvoorwaarden, S. 95 f.; *Zonnenberg*, Het verrekenbeding, 2. druk, S. 240 f.; siehe auch *HR* 19.01.2007, ECLI: NL: HR:2007: AZ1106, RFR 2007/41, URL: http://deeplinking.kluwer.nl/?param=00202D66&cpid=WKNL-LTR-Nav2 (zuletzt abgerufen am 30.10.2018), der dies entsprechend bei einem fehlenden ausdrücklichen Verweis auf den Güterstand der gesetzlichen Teilhabe festgestellt hat.
859 *Verstappen*, EB 2006/11.
860 Ausf. dazu *Meijer*, Afwikkeling van huwelijksvoorwaarden, S. 97 ff.; *Zonnenberg*, Het verrekenbeding, 2. druk, S. 241 ff.
861 *Hof Amsterdam* 22.06.2006, ECLI: NL: GHAMS:2006: AY3871, JPF 2008/117, URL: https://uitspraken.rechtspraak.nl/inziendocument?id=ECLI:NL:GHAMS:2006:AY3871 (zuletzt abgerufen am 30.10.2018); *Meijer*, Afwikkeling van huwelijksvoorwaarden, S. 93; *Mellem*a, REP 2015/6; *Reinhartz*, in: Naar een nieuw huwelijksvermogensrecht?, S. 36; *Zonnenberg*, Het verrekenbeding, 2. druk, S. 309.
862 *Meijer*, Afwikkeling van huwelijksvoorwaarden, S. 93 f.
863 *Mellem*a, REP 2015/6.

in dieser Frage abhängig ist. Die Rechtsprechung geht davon aus, dass eine Verrechnung grundsätzlich nicht gegen den Willen eines der Ehegatten durchgeführt werden kann.[864]
Kritisch wird angemerkt, dass sich der eine Ehegatte damit der Willkür des anderen ausliefere und es wahrscheinlich sei, dass diese Form der Verrechnungsklausel zum Entstehen prekärer Einkommens- und Vermögensverhältnisse nach einer Ehescheidung führe.[865] *De facto* sei diese Variante mit einem kalten Ausschluss gleichzusetzen.[866] In der Literatur wird daher vorgeschlagen, die Klausel so auszugestalten, dass ein einseitiger Anspruch begründet werde und eine Verrechnung auch stets vorzunehmen sei, wenn dies nur einer der Ehegatten verlange.[867]

2. Problematik der nicht ausgeführten periodischen Verrechnung

Im Rahmen der Darstellung der periodischen Verrechnungsklausel ist bereits auf die Problematik der praktischen Umsetzung dieser Regelung hingewiesen worden. Ehegatten gehen trotz Aufnahme einer solchen Klausel in ihren Ehevertrag in der Praxis nicht dazu über, die in der Klausel vorgesehene Abrechnung vorzunehmen.[868] Damit bleibt der Hauptzweck einer solchen Klausel – während der Ehe einen eigenen Vermögensaufbau zu ermöglichen – unerfüllt. Nach einer Ansicht disqualifiziert dies bereits das Rechtsinstitut der periodischen Verrechnungsklausel.[869]

---

864 *Hof Amsterdam* 22.06.2006, ECLI: NL: GHAMS:2006: AY3871, JPF 2008/117, URL: https://uitspraken.rechtspraak.nl/inziendocument?id=ECLI:NL:GHAMS:2006:AY3871 (zuletzt abgerufen am 30.10.2018); *Hof Arnhem* 13.06.2006, ECLI: NL: GHARN:2006: AY5543, RFR 2006/99, URL: https://uitspraken.rechtspraak.nl/inziendocument?id=ECLI:NL:GHARN:2006:AY5543 (zuletzt abgerufen am 30.10.2018); *Hof 's-Hertogenbosch* 11.11.2014, ECLI: NL: GHSHE:2014:4672, RFR 2015/22, URL: https://uitspraken.rechtspraak.nl/inziendocument?id=ECLI:NL:GHSHE:2014:4672 (zuletzt abgerufen am 30.10.2018).
865 *Verstappen*, WPNR 2007, S. 833.
866 *Verstappen*, WPNR 2009, S. 858.
867 *Verstappen*, WPNR 2000, S. 92 ff.; siehe auch *Mellem*a, REP 2015/6.
868 *Van den Anker*, Woning, echtscheiding, verrekening, S. 13 f.; *Van der Burght*, WPNR 1990, S. 337; *Van der Burght/Luijten/Meijer*, WPNR 2003, S. 653; *Van Duijvendijk-Brand*, WPNR 2007, S. 392; *Van Lierop/Van Onzenoort*, WPNR 2005, S. 1017; *Van Mourik*, WPNR 1990, S. 247; *Reinhartz*, in: Naar een nieuw huwelijksvermogensrecht?, S. 39; *Schols*, WPNR 2010, S. 758; *Stollenwerck*, FTV 2013/3; *Verstappen*, WPNR 2004/II, S. 522.
869 So ausdrücklich *Verstappen*, EB 2006/11.

Der *Hoge Raad* stellt zunächst auf den Parteiwillen ab. Seiner Einschätzung nach bleibe der Anspruch, die im Ehevertrag aufgeführte periodische Verrechnungsklausel auszuführen, bestehen, selbst wenn die Verrechnung von den Ehegatten während der Ehe nicht durchgeführt worden war. Eine Auslegung der Verrechnungsklausel anhand des Gebotes von Treu und Glauben führe dazu, dass die Wertsteigerungen des nichtverrechneten Vermögens in die Verrechnung einzubeziehen seien. Es sei davon auszugehen, dass bei einer regelmäßigen Aufteilung jeder der Ehegatten die Gelegenheit gehabt hätte, das erhaltene Vermögen anzulegen und so den Wert zu steigern.[870] Aus Gründen der Rechtssicherheit erklärte der *Hoge Raad* die Vorschriften über den Güterstand der gesetzlichen Teilhabe für entsprechend anwendbar.[871]

Die Vorgabe der analogen Anwendung dieser Vorschriften hat in der Literatur Kritik hervorgerufen. Wesentliche Vorschriften des Güterstands der gesetzlichen Teilhabe könnten auf periodische Verrechnungsklauseln keine Anwendung finden. Dies führe letztlich zu mehr Rechtsunsicherheit, da für die Praxis nicht ersichtlich sei, welche Normen Anwendung finden würden.[872]

Zudem wurde kritisiert, dass diese Anwendung nicht dem Parteiwillen entspreche. Die Ehegatten hätten bei Abschluss des Ehevertrages unter Einbeziehung einer periodischen Verrechnungsklausel weder erwarten können noch müssen, dass letztlich die Vorschriften der gesetzlichen Teilhaberschaft entsprechend anwendbar seien.[873]

In einer späteren Entscheidung hat der *Hoge Raad* herausgestellt, dass mit der Entscheidung vom 07.04.1996 nicht beabsichtigt worden sei, eine analoge Anwendung sämtlicher Vorschriften des Güterstands der gesetzlichen Teilhabe herbeizuführen.[874] Im Falle der nachträglichen Ausführung einer Verrechnungsklausel seien lediglich alle Vermögenswerte zu berücksichtigen, die nicht bereits während der Ehe verteilt wurden, aber in eine Verrechnung miteinbezogen hätten werden müssen. Dies gelte auch für den Mehrwert, den diese Vermögenswerte durch eine Anlage erfahren hätten.[875]

---

870 *HR* 07.04.1995, ECLI: NL: HR:1995: ZC1695, NJ 1996/486, S. 2642.
871 *HR* (o. Fn. 870), S. 2642.
872 *Van den Anker*, Woning, echtscheiding, verrekening, S. 14 f.; *Luijten*, JBN 1995/6, S. 5; ders., WPNR 1995, S. 494; *Soons*, JBN 1995/6, S. 3 f.; *Zonnenberg*, Het verrekenbeding, 2. druk, S. 76 f.
873 *Luijten*, WPNR 1995, S. 494; *Soons*, JBN 1995/6, S. 3 f.
874 *HR* 03.10.1997, ECLI: NL: HR:1997: ZC2444, NJ 1998/383, S. 2186.
875 *HR* (o. Fn. 874), S. 2186; *HR* 26.10.2001, ECLI: NL: PHR:2002: ZC3695, NJ 2002/93, S. 707; *HR* 10.07.2015, ECLI: NL: HR:2015:1875, JIN 2015/274, URL: https://

Eine entsprechende Regelung findet sich nunmehr in Art. 1:141 Abs. 1 BW.

Art. 1:141 Abs. 1 BW:
„1. Indien een verrekenplicht betrekking heeft op een in de huwelijkse voorwaarden omschreven tijdvak van het huwelijk en over dat tijdvak niet is afgerekend, blijft de verplichting tot verrekening over dat tijdvak in stand en strekt deze zich uit over het saldo, ontstaan door belegging en herbelegging van hetgeen niet verrekend is, alsmede over de vruchten daarvan. […]"
Deutsch:
1. Sofern eine Verpflichtung zur Verrechnung Bezug zu einem im Ehevertrag beschriebenen Zeitraum der Ehe hat und in diesem Zeitraum keine Verrechnung stattgefunden hat, bleibt die Verpflichtung zur Verrechnung über diesen Zeitraum instand und erfasst das Gewinnsaldo, entstanden durch Anlage und Wiederanlage von dem, was nicht verrechnet worden ist, sowie die Früchte davon. […]

Der Gesetzgeber hat mit dieser Vorschrift eine den Entscheidungen des *Hoge Raads* entsprechende Regelung kodifiziert.[876] Ergänzend ist darauf hinzuweisen, dass die Rechtsprechung des *Hoge Raads* und damit zugleich die gesetzliche Bestimmung zur nachträglichen Ausführung einer periodischen Verrechnungsklausel auf der typischen Form einer solchen Klausel beruhen. Findet sich im Ehevertrag eine von dieser spezifischen Variante abweichende Regelung, ist dies entsprechend zu berücksichtigen.[877]

3. Die Erfüllung des Anspruchs auf Durchführung der Verrechnung

Die Verpflichtung der Ehegatten zur Verrechnung besteht grundsätzlich wechselseitig, unabhängig davon ob sich diese Verpflichtung aus einer finalen oder periodischen Verrechnungsklausel ergibt. Jede der Parteien ist verpflichtet, eine Leistung zu erbringen, wenn sie eine Gegenleistung erhalten will. Die **Leistungen stehen** damit in einem Abhängigkeitsverhältnis, **in einem Synallagma**. Dies ergibt sich bereits aus dem Wortlaut der diesbezüglich geltenden Vorschrift.

Eine entsprechende Regelung findet sich in Art. 1:133 BW.

Art. 1:133 BW:
„1. De verplichting tot verrekening van inkomsten of van vermogen is wederkerig.

---

uitspraken.rechtspraak.nl/inziendocument?id=ECLI:NL:HR:2015:1875 (zuletzt abgerufen am 30.10.2018).
876 *Stollenwerck*, FTV 2013/3; *Vegter*, WPNR 2018, S. 707; siehe auch *Verstappen*, EB 2006/11, der die Vorschriften als Auffangtatbestände bezeichnet und darauf hinweist, dass deren Normgehalt teilweise von der Rechtsprechung des *Hoge Raads* abweiche.
877 So auch *Van Duijvendijk-Brand*, WPNR 2007, S. 394.

2. De verplichting tot verrekening heeft uitsluitend betrekking op inkomsten die of op vermogen dat de echtgenoten tijdens het bestaan van deze verplichting hebben verkregen. [...]"
Deutsch:
1. Die Verpflichtung zur Verrechnung von Einkünften oder Vermögen ist wechselseitig.
2. Die Verpflichtung zur Verrechnung bezieht sich ausschließlich auf die Einkünfte oder das Vermögen, die bzw. das die Ehegatten während des Bestehens dieser Verpflichtung erworben haben. [...]

Der Umstand, dass das *Burgerlijk Wetboek* eine synallagmatische Verpflichtung statuiert, schließt nicht aus, dass davon nicht mehr abgewichen werden kann. Wenn ein Ehevertrag eine abweichende Bestimmung enthält, ist für die Ehegatten vielmehr deren Wortlaut maßgeblich; die gesetzliche Vorschrift hat keinen zwingenden Charakter.[878] Insbesondere kommt in diesem Zusammenhang in Betracht, dass durch die ehevertragliche Bestimmung eine einseitige Verrechnungspflicht entsteht, also sich ausschließlich einer der Ehegatten dazu verpflichtet, sein Vermögen bzw. Einkommen zu übertragen.[879]

Die Verrechnungspflicht erstreckt sich gemäß Art. 1:133 Abs. 1 BW auf Einkünfte oder das Vermögen. Der Gesetzeswortlaut knüpft dabei an diese Begrifflichkeiten an, ohne zugleich eine Legaldefinition vorzugeben. Eine speziellere Definition dieser Begriffe kann nur zur Grundlage der Verrechnung gemacht werden, wenn die Parteien eine Begriffsbestimmung in den Ehevertrag aufgenommen haben. In Rechtsprechung und Literatur wird auch darauf hingewiesen, dass dies die Intention des Gesetzgebers bei der Schaffung der Vorschriften zu den Verrechnungsklauseln gewesen sei. Er habe bewusst davon abgesehen, den Ehegatten eine bestimmte Definition aufzudrängen, sondern diese Aufgabe den Vertragsparteien in Zusammenarbeit mit dem Notar überlassen.[880] Der *Hoge Raad* betont in diesem Zusammenhang die Verantwortlichkeit des Notars. Werde durch Auslegung ermittelt, ob die Parteien einen Vermögensgegenstand als zu verrechnendes Gut angesehen hätten, sei dem Gebot von Treu und

---

878 *Kamerstukken II* 2000/01, 27 554, Nr. 3, S. 12 (MvT).
879 *Reinhartz*, in: Naar een nieuw huwelijksvermogensrecht?, S. 36; *Meijer*, Afwikkeling van huwelijksvoorwaarden, S. 94; *Van Mourik,* Het verrekenbeding, S. 19.
880 HR 06.10.2006, ECLI: NL: HR:2006: AX8847, NJ 2008/565, S. 5925; zustimmend: *Van den Anker*, Woning, echtscheiding, verrekening, S. 8; *Duijvendijk-Brand*, WPNR 2007, S. 394; *Gräler*, WPNR 2001, S. 287; *Hidma/Van Duijvendijk-Brand*, Huwelijkse voorwaarden, S. 149; *Van Van Lierop/Van Onzenoort*, WPNR 2005, S. 1021; *Reinhartz*, in: Naar een nieuw huwelijksvermogensrecht?, S. 38; *Stollenwerck*, FTV 2013/3.

Glauben entsprechend auch relevant, was der Notar den Parteien im Rahmen seiner Erläuterung des Inhalts und Zwecks des Ehevertrags mitgeteilt habe.[881]

Die Gestaltungsoptionen sind vielseitig; die nachfolgende Darstellung dieser Umsetzung erhebt daher keinen Anspruch auf Vollständigkeit, sondern soll lediglich einen Überblick vermitteln. Eine Möglichkeit besteht darin, bestimmte Vermögensgegenstände, entweder einzeln oder nach ihrer Art, wie etwa vorehelich erworbenes Vermögen, von der Verrechnung auszunehmen.[882] Zudem kann anhand der Art der Einkünfte differenziert werden, ob diese in die Verrechnung einbezogen werden. So kann zwischen regelmäßigen Einkünften und solchen, die einmalig auftreten – wie beispielsweise ein Lotteriegewinn – unterschieden werden.[883] Auch kann die Klausel ausschließlich Bezug auf die gesparten Einkünfte haben. Der *Hoge Raad* geht davon aus, dass nur die Ersparnisse verrechnet werden sollen, falls die Ehegatten vereinbart haben, in gleichmäßig aufeinanderfolgenden Abständen miteinander abzurechnen. In diesem Zusammenhang sei zu berücksichtigen, dass die ersparten Einkünfte im Falle einer Kombination von finaler und periodischer Verrechnungsklausel bei einer Ausführung der periodischen Verrechnung dem Vermögensaufbau gedient hätten, sodass es redlich sei, diese in die abschließende Berechnung miteinzubeziehen.[884] Vereinbaren die Ehegatten allerdings, erst mit dem Ende der Ehe eine Verrechnung vorzunehmen, so beziehe sich die Verrechnung regelmäßig nicht auf die Einkünfte, sondern auf das insgesamt gebildete Vermögen.[885] Probleme ergeben sich in der Praxis regelmäßig, wenn im Ehevertrag nicht hinreichend deutlich ist, welche Definition gehandhabt wird und inwieweit auf die gesetzlich geltenden Bestimmungen Bezug genommen wird.[886]

---

881 *HR* 04.05.2007, ECLI: NL: HR:2007: BA1564, NJ 2008/187, S. 1799.
882 *Vegter*, WPNR 2018, S. 708; *Verstappen*, WPNR 2000, S. 70.
883 *De Bruijn/Huijgen/Reinhartz*, Het Nederlandse Huwelijksvermogensrecht, 5. druk, S. 331; *Hidma/Van Duijvendijk-Brand*, Huwelijkse voorwaarden, S. 149; *Van Mourik*, Het verrekenbeding, S. 18 f.; siehe auch *HR* 26.10.2001, ECLI: NL: PHR:2002: ZC3695, NJ 2002/93, S. 707.
884 *HR* 26.10.2001, ECLI: NL: PHR:2002: ZC3695, NJ 2002/93, S. 707; *HR* 08.06.2012, ECLI: NL: HR:2012: BV9605, NJ 2012/365, URL: http://deeplinking.kluwer.nl/?param=00B72B8C&cpid=WKNL-LTR-Nav2 (zuletzt abgerufen am 30.10.2018); siehe auch *Stollenwerck*, FTV 2013/3; *Vegter*, WPNR 2018, S. 708.
885 *De Bruijn/Huijgen/Reinhartz*, Het Nederlandse Huwelijksvermogensrecht, 5. druk, S. 331; *Van Mourik*, Het verrekenbeding, S. 19.
886 *HR* 01.02.2008, ECLI: NL: HR:2008: BB9781, NJ 2008/566, URL: http://deeplinking.kluwer.nl/?param=00280BC8&cpid=WKNL-LTR-Nav2 (zuletzt abgerufen am 30.10.2018); *HR* 26.09.2008, ECLI: NL: HR:2008: BF2295, NJ 2009/40, URL: http://

Kann anhand der ehevertraglichen Bestimmungen festgestellt werden, welche Vermögenswerte in die Verrechnung einzubeziehen sind, gibt das *Burgerlijk Wetboek* weiterhin vor, dass die Werte im Regelfall hälftig miteinander zu verrechnen sind.
Dies ergibt sich aus in Art. 1:135 Abs. 1 BW.

Art. 1:135 Abs. 1 BW:
„1. De verrekening van inkomsten of van vermogen geschiedt bij helfte. […]"
Deutsch:
1. Die Verrechnung von Einkünften oder Vermögen erfolgt hälftig. […]

Grundsätzlich wird die Verrechnungsverpflichtung nicht durch die hälftige Teilung des Vermögens oder der Einkünfte erfüllt, sondern durch Zahlung einer Geldsumme. Wechselseitige Forderungen werden von Gesetzes wegen aufgerechnet. Dies hat zur Folge, dass sich die gegenseitigen Forderungen der Ehegatten entweder gegenseitig aufheben oder lediglich eine der Forderungen bestehen bleibt – in der Höhe, in der sie die andere übersteigt.

Nur ausnahmsweise können Güter in Zahlung gegeben werden bzw. muss akzeptiert werden, dass diese in Zahlung gegeben werden. Voraussetzung für diese Substitution ist, dass sich die Zahlung einer Geldsumme nach dem Grundsatz der Angemessenheit und Billigkeit als unzumutbar erweist.

Eine entsprechende Regelung findet sich in Art. 1:137 BW.

Art. 1:137 BW:
„1. Onverminderd het derde lid, geschiedt een verrekening in geld.
2. Indien op grond van een verrekenbeding over en weer opeisbare vorderingen ontstaan, worden beide vorderingen van rechtswege met elkaar verrekend tot aan hun gemeenschappelijk beloop.
3. Een echtgenoot is slechts gehouden een inbetalinggeving van goederen te aanvaarden dan wel kan deze slechts verlangen in plaats van een verrekening in geld, voor zover de verrekening in geld naar maatstaven van redelijkheid en billijkheid onaanvaardbaar zou zijn."
Deutsch:
1. Ungeachtet des dritten Absatzes erfolgt eine Verrechnung in Geld.
2. Sofern aufgrund einer Verrechnungsklausel auf beiden Seiten einklagbare Forderungen entstehen, werden beide Forderungen von Rechts wegen miteinander verrechnet bis zu dem Wert, auf den sie sich gemeinschaftlich belaufen.

---

deeplinking.kluwer.nl/?param=002814C0&cpid=WKNL-LTR-Nav2 (zuletzt abgerufen am 30.10.2018).

3. Ein Ehegatte ist nur dann gehalten, die Hingabe von Gütern anstelle einer Zahlung hinzunehmen, oder kann dies anstatt einer Verrechnung in Geld verlangen, soweit die Verrechnung in Geld nach dem Gebot von Treu und Glauben unzumutbar sein sollte.

4. Untergang des Verrechnungsanspruchs

Der Durchsetzung des Anspruchs auf Erfüllung der Verrechnung können im Einzelfall Hindernisse entgegenstehen. So ist es möglich, dass dieser Anspruch bereits entsprechend den gesetzlichen Vorschriften verjährt ist oder die Ehegatten die Geltendmachung vertraglich an eine Frist gekoppelt haben, die im Zeitpunkt der Geltendmachung bereits abgelaufen ist.

Zunächst kann dem Anspruch auf Verrechnung die Einrede der **Verjährung** entgegenstehen. Die Verjährung tritt nach niederländischem Recht grundsätzlich ein, wenn ein bestimmter Zeitabschnitt verstreicht und während dieses Abschnitts keine vom Gesetz als relevant angesehenen Tatsachen eintreten, die darauf schließen lassen, dass ein Gläubiger vom Schuldner Erfüllung verlangt oder dieser die Schuld anerkennt. Dies hat zur Folge, dass der Gläubiger dauerhaft daran gehindert ist, vom Schuldner die Erfüllung der Forderung zu verlangen.[887] Grundsätzlich verjährt eine Forderung auf Erfüllung einer Verbindlichkeit nach Ablauf von fünf Jahren, beginnend mit dem Tag, der auf den Tag folgt, an dem die Forderung fällig geworden ist.

Eine entsprechende Regelung findet sich in Art. 3:307 Abs. 1 BW.

> Art. 3:307 Abs. 1 BW:
> „1. Een rechtsvordering tot nakoming van een verbintenis uit overeenkomst tot een geven of een doen verjaart door verloop van vijf jaren na de aanvang van de dag, volgende op die waarop de vordering opeisbaar is geworden. […]"
> Deutsch[888]:
> 1. Ein Anspruch auf Erfüllung einer Verbindlichkeit aus Vertrag zu einem Geben oder zu einem Tun verjährt mit Ablauf von fünf Jahren nach Beginn des Tages, der auf den folgt, an dem die Forderung fällig geworden ist. […]

Bei einer finalen Verrechnungsklausel gilt in der Regel, dass erst am Ende der Ehe ein finanzieller Ausgleich stattfinden soll. Folglich ist der diesbezügliche Anspruch auch erst mit dem Ende der Ehe fällig, sodass die fünfjährige Verjährungsfrist zu diesem Zeitpunkt zu laufen beginnt. Sind die Ehegatten hingegen

---

887 *Hartkamp/Sieburgh*, in: *Asser* 6-II, Rn. 377; *Hijma/Olthof*, Vermogensrecht, Rn. 95; *Brahn/Reehuis*, Vermogensrecht, Rn. 523 ff.
888 *Nieper*, Niederländisches Bürgerliches Gesetzbuch – Buch 3/4/5, S. 136.

übereingekommen, dass eine Verrechnung in periodischen Abständen zu erfolgen hat, so wird regelmäßig die Forderung auf eine solche Verrechnung mit Eintritt des vereinbarten Zeitpunkts, zu dem verrechnet werden soll, fällig sein. Die Verjährungsfrist würde in diesem Fall bereits während der Ehe, nämlich mit der Fälligkeit der Verrechnungsforderungen, beginnen.[889] Das *Burgerlijk Wetboek* normiert in diesem Zusammenhang allerdings, dass die Verjährungsfrist sich verlängert, wenn die Parteien miteinander verheiratet sind (ohne von Tisch und Bett geschieden zu sein) oder eine formelle Lebenspartnerschaft eingegangen sind.

Dies ergibt sich aus Art. 3:321 Abs. 1 lit. a und lit. g BW.

Art. 3:321 Abs. 1 lit. a und lit. g BW:
„1. Een grond voor verlenging van de verjaring bestaat:
a. tussen niet van tafel en bed gescheiden echtgenoten; [...]
g. tussen geregistreerde partners. [...]"
Deutsch:
1. Ein Grund für die Verlängerung der Verjährung besteht:
a. zwischen nicht von Tisch und Bett geschiedenen Ehegatten; [...]
g. zwischen Partnern einer formellen Lebenspartnerschaft.

Die Verlängerung der Frist hat zur Folge, dass diese während des Bestehens des Grundes für die Verlängerung nicht abläuft. Entfällt dieser Grund, tritt die Verjährung sechs Monate nach dem Wegfall ein. Dies gilt sowohl für Ansprüche, die während des Bestehens des Grundes verjährt wären, als auch für solche, die innerhalb von sechs Monaten nach dem Wegfall verjähren würden. Insofern entsteht eine einheitliche Verjährungsfrist.

Dies ergibt sich aus Art. 3:320 BW.

Art. 3:320 BW:
„Wanneer een verjaringstermijn zou aflopen tijdens het bestaan van een verlengingsgrond of binnen zes maanden na het verdwijnen van een zodanige grond, loopt de termijn voort totdat zes maanden na het verdwijnen van die grond zijn verstreken."
Deutsch[890]:
Wenn eine Verjährungsfrist während des Bestehens eines Verlängerungsgrundes oder innerhalb von sechs Monaten nach Entfallen eines solchen Grundes ablaufen würde, läuft die Frist weiter, bis sechs Monate nach dem Entfallen dieses Grundes verstrichen sind.

---

889 *De Bruijn/Huijgen/Reinhartz*, Het Nederlandse Huwelijksvermogensrecht, 5. druk, S. 327, 351; *Zonnenberg*, Het verrekenbeding, 2. druk, S. 173.
890 *Nieper*, Niederländisches Bürgerliches Gesetzbuch – Buch 3/4/5, S. 143.

Folge dieser Regelung wäre, dass der Zeitraum, in welchem der Anspruch auf Erfüllung der periodischen Verrechnung verjährt, wesentlich kürzer ist als die fünfjährige Verjährungsfrist des Anspruchs auf Erfüllung der finalen Verrechnungsklausel. Der Gesetzgeber hat die kurze Verjährungsfrist als unangemessen erachtet und mit einer speziellen Vorschrift Abhilfe geschaffen.[891] Ein Anspruch auf Erfüllung der periodischen Verrechnung verjährt daher erst drei Jahre nach Beendigung der Ehe oder Unwiderruflichkeit der gerichtlichen Entscheidung über die Scheidung von Tisch und Bett. Eine Abweichung davon ist ausdrücklich ausgeschlossen.

Dies ergibt sich aus Art. 1:141 Abs. 6 BW.

Art. 1:141 Abs. 6 BW:
„[…] 6. De vordering tot verrekening, bedoeld in het eerste lid, verjaart niet eerder dan drie jaren na de beëindiging van het huwelijk dan wel het onherroepelijk worden van de beschikking tot scheiding van tafel en bed. Deze termijn kan niet worden verkort."
Deutsch:
[…] 6. Die Forderung auf Verrechnung, bezeichnet im ersten Absatz, verjährt nicht eher als drei Jahre nach Beendigung der Ehe oder nachdem die Verfügung auf Scheidung von Tisch und Bett unwiderruflich geworden ist. Diese Frist kann nicht verkürzt werden.

Diese Bestimmung wird in der Literatur allerdings kritisiert. Es trage nicht zur Rechtssicherheit bei, dass der Anspruch auf Erfüllung der periodischen Verrechnungsklausel innerhalb einer anderen Frist verjähre als der auf Erfüllung finalen Verrechnungsklausel. Ebenso sei problematisch, dass eine Verkürzung der Frist im Falle einer periodischen Klausel ausgeschlossen sei, während eine entsprechende Regelung bei der finalen Verrechnungsklausel fehle.[892]

Weiterhin werden sogenannte **Verfallklauseln** in Eheverträgen aufgenommen, die in den Niederlanden als *vervalbedingen* bezeichnet werden. Diese Klauseln sollen dazu führen, dass eine Verrechnung der Einkünfte bzw. des Vermögens nach Ablauf einer im Ehevertrag näher bezeichneten Frist nicht mehr gefordert werden kann. Dieser Verfall des Forderungsrechts tritt unabhängig von der Verjährung ein.[893] Zweck einer solchen Klausel ist es, die Schwierigkeiten,

---

891 *Kamerstukken* II 2000/01, 27 554, Nr. 3, S. 17 f. (MvT).
892 *Meijer*, Afwikkeling van huwelijksvoorwaarden, S. 169; *Van Mourik*, WPNR 1990, S. 247; *Van Mourik/Nuytinck*, Personen- en familierecht, S. 135; *Zonnenberg*, Het verrekenbeding, 2. druk, S. 173.
893 *Van Lierop/Van Onzenoort*, WPNR 2005, S. 1017; *Van Mourik*, WPNR 1990, S. 247; *Zonnenberg*, Het verrekenbeding, 2. druk, S. 131.

die bei einer unterbliebenen Ausführung einer periodischen Verrechnungsklausel entstehen, zu vermeiden.[894]

Umstritten ist bereits, ob die Vereinbarung solcher Klauseln überhaupt zulässig ist.

Teilweise wird vertreten, dass diese Klausel gegen zwingendes Recht verstößt. Der Gesetzgeber habe im *Burgerlijk Wetboek* ausdrücklich die Verjährung von Ansprüchen der Ehegatten untereinander gehemmt[895], um den ehelichen Frieden nicht durch Handlungen, die zum Erhalt eines Anspruchs führen sollen, zu stören. Es stehe im eindeutigen Widerspruch zu der Entscheidung des Gesetzgebers, Verfallklauseln als zulässig zu erachten, da dies ein Tätigwerden der Ehegatten während der Ehe erforderlich mache.[896]

Im Gegensatz dazu sehen es andere als ungerechtfertigte Einschränkung der Privatautonomie an, den Abschluss einer solchen Vereinbarung zu untersagen. Für die Zulässigkeit dieser Vereinbarung spreche eine Schlussfolgerung *a maiore ad minus*: Wenn die Ehegatten dazu in der Lage seien, ehevertraglich jegliche Gemeinschaft auszuschließen, müssten sie ebenfalls dazu berechtigt sein, eine Verrechnungsklausel zu vereinbaren, deren Wirkung durch eine Verfallklausel begrenzt würde.[897] Der *Hoge Raad* hat in einer Entscheidung zu dieser Frage ebenfalls Stellung genommen. Er betonte, dass eine Verfallklausel weder einen Verstoß gegen zwingendes Recht beinhalte noch den gesetzlichen Normen über die Hemmung der Verjährung unter Ehegatten während des Bestehens ihrer Ehe widerspreche.[898] Aufgrund dieser Rechtsprechung wird die Vereinbarung einer Verfallklausel in der aktuellen Literatur nunmehr allgemein für zulässig gehalten.[899]

---

894 Meijer, Afwikkeling van huwelijksvoorwaarden, S. 170; *Van der Burght*, WPNR 1990, S. 337 f.; *Van Mourik*, WPNR 1990, S. 247.
895 Ausf. zur Verjährung siehe S. 274 ff.
896 *Van der Burght*, WPNR 1990, S. 337; *Van Mourik*, WPNR 1990, S. 248.
897 *De Bruijn/Huijgen/Reinhartz*, Het Nederlandse Huwelijksvermogensrecht, 5. druk, S. 349.
898 HR 18.02.1994, ECLI: NL: HR:1994: ZC1271, NJ 1994/463, S. 2206; siehe auch HR 15.09.2006, ECLI: NL: HR:2006: AW3044, NJ 2007/217, URL: https://uitspraken.rechtspraak.nl/inziendocument?id=ECLI:NL:HR:2006:AW3044 (zuletzt abgerufen am 30.10.2018).
899 *De Bruijn/Huijgen/Reinhartz*, Het Nederlandse Huwelijksvermogensrecht, 5. druk, S. 349; *Kolkman/Salomons*, in: *Asser* 1-II, Rn. 521; *Luijten/Meijer*, in: *Klaassen/Eggens*, Huwelijksgoederenrecht, Rn. 692 f.

Der *Hoge Raad* sieht diese Klausel in einem Spannungsfeld. Einerseits stellt er hohe Anforderungen an die Anwendbarkeit der Verfallklausel, deren Wirkung am Gebot von Treu und Glauben zu messen sei, wobei auch das Verhalten der Ehegatten Berücksichtigung finden könne. Insbesondere sei dabei zu beachten, dass diese Klausel die Wirkung der Verrechnungsklausel vereitele. Die Parteien seien sich in den wenigsten Fällen ihrer Wirkung bewusst und würden folglich keine jährliche Verrechnung vornehmen. Berufe sich dennoch eine Partei auf diese Klausel, obliege es ihr, den entsprechenden Beweis für die Rechtfertigung dieser Berufung zu führen.[900] Andererseits könne es auch einen Verstoß gegen Treu und Glauben darstellen, wenn sich eine Partei darauf berufe, nicht an die ursprünglich getroffene Vereinbarung gebunden zu sein.[901]

In der Literatur wird in Rezeption der höchstrichterlichen Entscheidung aus dem Jahr 1996 teilweise vertreten, dass die Berufung auf eine Verfallklausel in aller Regel scheitern müsste.[902] Allerdings wird einschränkend darauf hingewiesen, dass die in der Entscheidung in Rede stehende Frist, in welcher die Forderung verfallen sollte, mit drei Monaten ungewöhnlich kurz war. Folglich sei möglich, dass die Berufung bei einem längeren Fristlauf nicht treuwidrig sei.[903] Auch wird in Frage gestellt, wie mit der Verfallklausel umzugehen ist, sofern der Ehevertrag nach Veröffentlichung der ursprünglichen Entscheidung des *Hoge Raads* zu den Verfallklauseln geschlossen worden. Fraglich sei, ob aufgrund der notariellen Beurkundung und der sich daraus ergebenden Belehrungspflicht des Notars davon ausgegangen werden könnte, dass die konkret in den Ehevertrag

---

900 *HR* 19.01.1996, ECLI: NL: HR:1996: ZC1963, NJ 1996/617, S. 3489; *Hof's-Hertogenbosch* 02.10.2010, ECLI: NL: GHSHE:2010: BQ2262, RFR 2011/46, URL: http://deeplinking.kluwer.nl/?param=00A50933&cpid=WKNL-LTR-Nav2 (zuletzt abgerufen am 30.10.2018).
901 *HR* 15.09.2006, ECLI: NL: HR:2006: AW3044, NJ 2007/217, URL: https://uitspraken.rechtspraak.nl/inziendocument?id=ECLI:NL:HR:2006:AW3044 (zuletzt abgerufen am 30.10.2018); *Huijgen*, JBN 2007/7, und *Van Wijk-Verhagen*, Redelijkheid en billijkheid, S. 232, unterscheiden im Anschluss an den *Hoge Raad* danach, ob sich die Verfallklausel auf eine Verrechnung bei Kosten für die Haushaltsführung bezieht oder auf ein *Amsterdams verrekenbeding*; siehe auch *Hof Arnhem-Leeuwarden* 26.01.2017, ECLI: NL: GHARL:2017:542, REP 2017/5, URL: https://uitspraken.rechtspraak.nl/inziendocument?id=ECLI:NL:GHARL:2017:542 (zuletzt abgerufen am 30.10.2018).
902 *Kleijn*, NJ 2001, S. 2023 f.; *Kolkman/Salomons*, in: Asser 1-II, Rn. 521; *Van Mourik*, WPNR 1990, S. 248; *ders.*, WPNR 1996/I, S. 122; *Van Mourik/Nuytinck*, Personen- en familierecht, S. 135 f.; *Reinhartz*, in: Naar een nieuw huwelijksvermogensrecht?, S. 41; *Zonnenberg*, Het verrekenbeding, 2 druk, S. 134.
903 *Galjaart*, WPNR 2000, S. 712; *Luijten*, WPNR 1997, S. 532.

aufgenommene Verfallklausel eine bewusste Ausnahme von der in der Rechtsprechung des *Hoge Raads* entwickelten Grundregel darstelle. Dies müsste aufgrund einer Auslegung des konkreten Vertragstextes ermittelt werden.[904]

Der *Hoge Raad* hat bisher lediglich in einer Entscheidung die Berufung auf eine Verfallklausel anerkannt. In dem der Entscheidung zugrunde liegenden Rechtsstreit war die Ehefrau der Auffassung, dass ein finanzieller Ausgleich aufgrund einer nicht ausgeführten, periodischen Verrechnungsklausel zu erfolgen habe. Der *Hoge Raad* erkannte die Berufung des Ehemanns auf die ehevertraglich festgeschriebene Verfallklausel an. Die Anwendung der Klausel verstoße in diesem Fall nicht gegen Treu und Glauben. Der Ehemann wurde mit dem Anspruch erst 1996 konfrontiert, obwohl die Ehegatten bereits seit 1991 getrennt lebten und die Frau seit der Trennung anwaltlich vertreten war. Sie habe durch ihren Anwalt über die Wirkung des Ehevertrages aufgeklärt werden und entsprechend handeln müssen. Der Ehemann habe hingegen offensichtlich nicht mit einer nachträglichen Verrechnung gerechnet. Er habe seit dem Zeitpunkt der Trennung in seinen Betrieb investiert, was er unterlassen hätte, wenn er zugleich mit einer Verrechnungsforderung konfrontiert gewesen wäre. Zudem habe er angeboten, der Ehefrau einen Teil seines Vermögens zu übereignen. Diese Umstände führten zur Annahme des Gerichtshofs, dass in diesem Fall ein Abstellen auf das *vervalbeding* nicht treuwidrig sei. Der Ehemann könne sich bezüglich aller nicht ausgeführten Verrechnungen auf die in der Klausel geregelte Ausschlussfrist berufen.[905]

IV. Ehevertraglich modifizierte Gütergemeinschaften

Neben den vorangestellten Möglichkeiten, die den Ehegatten offenstehen, ihr güterrechtliches Verhältnis unabhängig vom gesetzlichen Güterstand zu gestalten, steht es ihnen auch frei, den gesetzlichen Güterstand zum Ausgangspunkt der ehevertraglichen Regelung zu machen und diesen zu modifizieren. Insoweit ergeben sich Differenzen zwischen der früheren und der derzeit geltenden Rechtslage. Während es aufgrund der zuvor weitgehend unbeschränkten Wirkung der Gütergemeinschaft nahe lag, diese durch eine ehevertragliche Regelung zu beschränken, dürfte der Fokus ehevertraglicher Modifikationen des gesetzlichen Güterstands aufgrund der derzeit geltenden beschränkten Gütergemeinschaft vornehmlich darauf liegen, deren Wirkungen auszuweiten.

---

904 *Van Wijk-Verhagen*, Redelijkheid en billijkheid, S. 231 f.
905 *HR* 23.06.2000, ECLI: NL: HR:2000: AA6299, NJ 2001/347, S. 2589 f.

1. Von der beschränkten zur umfassenden Gütergemeinschaft

In Betracht kommt dabei zunächst, dass der bestehende gesetzliche Güterstand der beschränkten Gütergemeinschaft so erweitert wird, dass letztlich zwischen den Ehegatten die umfassende Gütergemeinschaft entsteht. Eine Möglichkeit ist, dass die ehevertraglichen Regelungen die Wirkung des gesetzlichen Güterstands erweitern oder die bis zum 01.01.2018 geltenden gesetzlichen Vorschriften wiedergegeben.[906] Aufgrund des vermeintlichen Wunsches der Bürger, den beschränkten gesetzlichen Güterstand zugunsten einer umfassenden Gütergemeinschaft abzuändern, hat der Gesetzgeber den Vorschlag entwickelt, die umfassende Gütergemeinschaft ohne Beteiligung eines Notars zum ehelichen Güterstand machen zu können.[907]

Derzeit ist nicht abzusehen, welche Rolle die erweiterte Gütergemeinschaft langfristig in der Praxis einnehmen wird.

Aus einem Quartalbericht der *Koninklijke Notariële Beroepsorgansatie* (KNB) ergibt sich lediglich, dass in den ersten beiden Quartalen des Jahres 2018 weniger Eheverträge als im Vergleich zum Vorjahr geschlossen worden sind. Eine Differenzierung anhand des Inhalts nimmt die KNB jedoch nicht vor.[908] In der Literatur wird der Rückgang auf die öffentliche Wahrnehmung der Gesetzesnovellierung zurückgeführt. Die Ehegatten gingen davon aus, dass der gesetzliche Güterstand nunmehr einer ehevertraglichen Regelung entspreche und sie gewissermaßen automatisch, ohne notarielle Beurkundung Eheverträge schließen würden. Aus diesem Grund stehe zu vermuten, dass die Ehegatten die Gesetzesnovellierung nicht zum Anlass nehmen, selbst Vorsorge für eine ihren Lebensumständen entsprechende

---

906 Vgl. *Mellema-Kranenburg*, WPNR 2015, S. 274; *Breederveld*, FJR 2018, S. 63; *Van der Geld*, FBN 2018/6.

907 *Concept regeling*, URL: https://www.internetconsultatie.nl/notariskosten (zuletzt abgerufen am 30.10.2018), ausf. hierzu siehe S. 216 ff.; zum Zeitpunkt der Disputation befand sich das Vorhaben ausweislich der Angaben der Website des Justizministerium weiterhin in der Vorbereitungsphase, siehe https://wetgevingskalender.overheid.nl/Regeling/WGK008918 (zuletzt abgerufen am 22.08.2020); die *Koninklijke Notariële Beroepsorganisatie* teilt auf ihrer Website mit, dass gemeinsam mit dem Ministerium ein Alternativvorschlag erarbeitet werde, siehe https://www.knb.nl/standpunten/algehele-gemeenschap-van-goederen-bij-burgerlijke-stand (zuletzt abgerufen am 22.08.2020).

908 Factsheet akten Juli 2018, herausgegeben von der KNB, URL: file:///C:/Users/strut002/AppData/Local/Google/Chrome/Downloads/Factsheet%20akten%20(2).pdf (zuletzt abgerufen am 30.10.2018).

ehevertragliche Regelung zu treffen, sondern davon ausgehen würden, der Gesetzgeber habe eine angemessene Regelung verabschiedet.[909]

Ein Rückschluss für die Zukunft dürfte sich aus den vergangenen landesweiten Untersuchungen über den Inhalt von Eheverträgen nicht ableiten lassen. Die in den vergangenen Untersuchungsperioden durchgeführte Untersuchung zur Einschränkung der damals geltenden umfassenden Gütergemeinschaft zeigt zwar auf, dass ein Bedürfnis besteht, den gesetzlichen Güterstand zu modifizieren. Die Gründe, die Ehegatten veranlassen, die beschränkte Gütergemeinschaft auszuweiten, dürften jedoch völlig andere sein als die Beweggründe von Ehegatten, die umfassende Gütergemeinschaft einzuschränken.

2. Beschränkung der Gütergemeinschaft

Eine Ein- oder Beschränkung der Wirkungen des gesetzlichen Güterstands kam insbesondere unter den früheren Fassungen der Gütergemeinschaft in Betracht. Dabei wurden in der Literatur verschiedene Konstellationen erörtert. So sollte es möglich sein, entweder Güter von der Wirkung der gesetzlichen Gütergemeinschaft auszunehmen oder die Wirkung der gesetzlichen Vorschriften auf bestimmte Güter zu beschränken. Außerdem kam in Betracht, andere Rechtsfolgen der Gütergemeinschaft, wie die Verwaltungsbefugnis, abweichend von der gesetzlichen Regelung zu gestalten.

Die zum 01.01.2018 in Kraft getretene Form der beschränkten Gütergemeinschaft wird dazu führen, dass es nicht mehr notwendig ist, bestimmte Konstellationen der beschränkten Gütergemeinschaft ehevertraglich zu vereinbaren. So ist es grundsätzlich nicht mehr erforderlich, ehevertraglich festzulegen, dass vorehelich erworbenes Vermögen nicht Teil der Gütergemeinschaft wird, da dies der gesetzliche Güterstand ohnehin vorsieht. Dennoch kann Raum für die bereits entwickelten Modelle der beschränkten Gütergemeinschaft bestehen, die über die Beschränkungen des derzeitigen gesetzlichen Güterstands hinausgehen, wie die Beschränkung auf die eheliche Wohnung oder die Gemeinschaft des Hausrats.

In erster Linie kann eine beschränkte Gütergemeinschaft entstehen, indem die Ehegatten vereinbaren, grundsätzlich durch den gesetzlichen Güterstand verbunden zu sein, aber zugleich verfügen, dass bestimmte **Güter nicht Teil der entstehenden Gütergemeinschaft sein sollen**.[910] Um dies zu erreichen, stehen

---

909 *Schols*, Column „Met de wet ‚wegnemen notaris […]' terug naar een schuldeiserswalhalla?!"; siehe auch *Breederveld*, FJR 2018, S. 63.
910 *De Bruijn/Huijgen/Reinhartz*, Het Nederlandse Huwelijksvermogensrecht, 5. druk, S. 293.

den Ehegatten verschiedene Möglichkeiten offen. Zunächst können sie all jene Güter von der Zugehörigkeit zur Gütergemeinschaft ausschließen, die zu einer **bestimmten Art** gehören, wie beispielsweise bewegliche oder unbewegliche Güter.[911] Ferner ist es möglich, zu vereinbaren, dass Güter nicht Teil der Gütergemeinschaft werden, die sie **auf eine bestimmte Weise erworben** haben, ohne dabei Güter nach ihrer Art zu unterscheiden. Regelmäßig wurden unter der früheren Rechtslage Güter von den Wirkungen der Gemeinschaft ausgeschlossen, die die Ehegatten in Folge einer Erbschaft oder Zuwendung bzw. Schenkung erhalten haben oder die bereits vor Vollziehung der Ehe in ihrem Eigentum standen.[912]

Darüber hinaus kann eine beschränkte Gütergemeinschaft auch durch Verwendung eines gegenteiligen Konzepts entstehen: In diesem Fall vereinbaren die Ehegatten ehevertraglich, dass grundsätzlich keine Gütergemeinschaft entstehen soll, ordnen aber zugleich an, dass hinsichtlich **bestimmter Güter die Wirkungen der Gütergemeinschaft eintritt**. In der Praxis wird das Entstehen der Gütergemeinschaft **auf die eheliche Wohnung beschränkt**.[913] Daneben ist es möglich, die Wirkung der Gütergemeinschaft ergänzend dazu oder ausschließlich **auf Hausratsgegenstände zu beschränken**. Damit entsteht die sogenannte *gemeenschap van inboedel*, was in etwa mit Gemeinschaft des Hausrats übersetzt werden kann.[914] Das *Burgerlijk Wetboek* enthält zum Begriff des Hausrats

---

911 *Hof Den Haag* 06.09.2017, ECLI: NL: GHDHA:2017:2955, RFR 2018/19, URL: http://deeplinking.kluwer.nl/?param=00CF9681&cpid=WKNL-LTR-Nav2 (zuletzt abgerufen am 30.10.2018); *De Bruijn/Huijgen/Reinhartz*, Het Nederlandse Huwelijksvermogensrecht, 5. druk, S. 297 f.; *Meijer*, Afwikkeling van huwelijksvoorwaarden, S. 25; *Wortmann/Van Duijvendijk-Brand*, Personen- en familierecht, S. 128.

912 *Hof Arnhem* 31.08.2010, ECLI: NL: GHARN:2010: BN9598, RFR 2010/138, URL: http://deeplinking.kluwer.nl/?param=00A1F26B&cpid=WKNL-LTR-Nav2 (zuletzt abgerufen am 30.10.2018); *De Bruijn/Huijgen/Reinhartz*, Het Nederlandse Huwelijksvermogensrecht, 5. druk, S. 299.

913 *HR* 25.02.2011, ECLI: NL: HR:2011: BO7277, NJ 2011/99, S. 714; *HR* 14.07.2017, ECLI: NL: HR:2017:1358, RvdW 2017/874, URL: http://deeplinking.kluwer.nl/?param=00CE9DA6&cpid=WKNL-LTR-Nav2 (zuletzt abgerufen am 30.10.2018); siehe auch *De Bruijn/Huijgen/Reinhartz*, Het Nederlandse Huwelijksvermogensrecht, 5. druk, S. 301; *Meijer*, Afwikkeling van huwelijksvoorwaarden, S. 25; *Van Mourik/Nuytinck*, Personen- en familierecht, S. 118; *Van Mourik/Verstappen*, Nederlands vermogensrecht bij scheiding, 4. druk, S. 104.

914 *HR* 28.01.2005, ECLI: NL: HR:2005: AR5382, JOL 2005/58, URL: http://deeplinking.kluwer.nl/?param=001ACE9A&cpid=WKNL-LTR-Nav2 (zuletzt abgerufen am 30.10.2018); *HR* 18.12.2009, ECLI: NL: HR:2009: BI3660, BNB 2010/98, https://uitspraken.rechtspraak.nl/inziendocument?id=ECLI:NL:HR:2009:BI3660 (zuletzt abgerufen am 30.10.2018); *HR* 10.07.2015,ECLI: NL: HR:2015:1875, JIN 2015/274,

eine Legaldefinition. Demgemäß bilden die beweglichen Sachen einen Hausrat, die zur Ausstattung und Möblierung einer Wohnung dienen. Ausgenommen davon sind Bibliotheken, künstlerische oder wissenschaftliche Gegenstände und Gegenstände historischer Art.
Dies ergibt sich aus Art. 3:5 BW.

> Art. 3:5 BW:
> „Inboedel is het geheel van tot huisraad en tot stoffering en meubilering van een woning dienende roerende zaken, met uitzondering van boekerijen en verzamelingen van voorwerpen van kunst, wetenschap of geschiedkundige aard."
> Deutsch:
> Hausrat ist die Gesamtheit der zum Haushalt, zur Ausstattung und zur Möblierung einer Wohnung dienenden beweglichen Sachen, mit Ausnahme von Bibliotheken und Sammlungen von Objekten der Kunst, Wissenschaft oder historischer Art.

Umstritten ist in der Literatur, ob das Entstehen einer beschränkten Gütergemeinschaft zulässig ist, wenn im Ehevertrag **einzelne Güter ausdrücklich genannt** werden.

Teilweise wird dies mit der Begründung abgelehnt, dass eine solche Beschränkung eine unzulässige konkrete Regelung darstelle, die in einem Ehevertrag nicht getroffen werden könne.[915] Diese Ansicht geht von der Prämisse aus, dass eine vertragliche Vereinbarung nur als Ehevertrag zu klassifizieren sei, sofern sie abstrakte Regelungen enthalte.[916] Ergänzend wird darauf verwiesen, dass die *Boedelmenging* als primäre Wirkung der Gütergemeinschaft ihrem Begriff nach als Mischung einer unbestimmten Anzahl von Gütern zu verstehen sei. Wäre es möglich, die Gütergemeinschaft auf einzelne, benannte Güter zu beschränken, würde dies dem Verständnis der Wirkung der Gütergemeinschaft widersprechen.[917]

Nach anderer Ansicht ist eine Bezeichnung einzelner Güter im Ehevertrag zulässig.[918] Dabei wird darauf hingewiesen, dass die Beschränkung auf eine

---

URL: https://uitspraken.rechtspraak.nl/inziendocument?id=ECLI:NL:HR:2015:1875 (zuletzt abgerufen am 30.10.2018); siehe auch *De Bruijn/Huijgen/Reinhartz*, Het Nederlandse Huwelijksvermogensrecht, 5. druk, S. 299; *Kraan*, WPNR 1995/I, S. 98 – 100 (I), S. 116 – 118 (II); *Meijer*, Afwikkeling van huwelijksvoorwaarden, S. 25; *Van Mourik/Nuytinck*, Personen- en familierecht, S. 118; *Van Mourik/Verstappen*, Nederlands vermogensrecht bij scheiding, 4. druk, S. 104; *Wortmann/Van Duijvendijk-Brand*, Personen- en familierecht, 11. druk, S. 128.

915 *Hidma*, Huwelijksvoorwaarden staande huwelijk, S. 195; *ders.*, WPNR 1995, S. 296.
916 Siehe dazu S. 201.
917 *Van Mourik/Verstappen*, Nederlands vermogensrecht bij scheiding, 4. druk, S. 106.
918 *Kraan*, WPNR 1995/I, S. 117 f.; *Meijer*, Afwikkeling van huwelijksvoorwaarden, S. 25; *Van Mourik*, WPNR 1995/II, S. 203; *Wortmann/Van Duijvendijk-Brand*, Personen- en familierecht, 11. druk, S. 128.

abstrakte Regelung ausschließlich bei der Abgrenzung zwischen Scheidungsabkommen und Ehevertrag[919] Bedeutung habe. Bei einer Beschränkung der Anwendung der Vorschriften des gesetzlichen Güterstandes auf ein einziges Gut hingegen bedürfe es dieser Unterscheidung nicht, denn es sei nicht zulässig, eine solche Vereinbarung in einem Scheidungsabkommen zu treffen.[920]

Dieser Auffassung ist zu folgen, da die Ansicht, die eine Beschränkung auf einzelne Güter aufgrund des konkreten Charakters dieser Regelung ablehnt, verkennt, dass mit der Nennung einzelner Güter im Ehevertrag keine konkrete Verfügung wie bei der Verteilung im Rahmen eines Scheidungsabkommens vorliegt, sondern lediglich abstrakt bezüglich dieser Güter die Vorschriften der Gütergemeinschaft für anwendbar erklärt werden. Damit müsste selbst unter dieser einschränkenden Prämisse die Bezeichnung bestimmter Güter im Ehevertrag als zulässig erachtet werden. Darüber hinaus ist die Verwendung einer Definition des Ehevertrages unter Beschränkung auf abstrakte Regelungen in Ermangelung einer gesetzlichen Grundlage abzulehnen, wie bereits im Rahmen der Definition des Begriffs des Ehevertrages dargelegt wurde.[921]

Ausweislich der Ergebnisse der Untersuchung zu den Inhalten von Eheverträgen im Zeitraum von 2004 bis 2009 ist eine beschränkte Form der Gütergemeinschaft in durchschnittlich 22,43 Prozent der in die Untersuchung einbezogenen Eheverträge zu finden.[922] Die jeweiligen Jahreswerte sind in der nachfolgenden Tabelle zu finden.

---

919 Siehe dazu S. 201.
920 *Kraan*, WPNR 1995/I, S. 99 f.
921 Siehe S. 202 ff.
922 *Schols/Hoens*, WPNR 2012, S. 950.

Beschränkte Gütergemeinschaften in Eheverträgen in Prozent

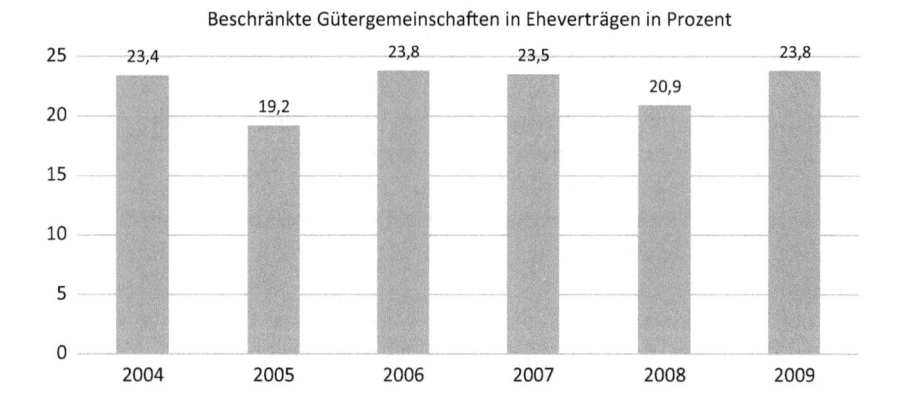

Jahr	Prozent
2004	23,4
2005	19,2
2006	23,8
2007	23,5
2008	20,9
2009	23,8

Abbildung 8 – Beschränkte Gütergemeinschaften in Eheverträgen in Prozent von 2004 – 2009 (unter Berücksichtigung der vormals gesetzlich geregelten beschränkten Gütergemeinschaften)

Ergänzend ist darauf hinzuweisen, dass diese Werte auch die vormals gesetzlich geregelten Wahlgüterstände der Gemeinschaft der Früchte und Einkünfte sowie der Gemeinschaft von Gewinn und Verlust umfassen, da es sich auch bei diesen Güterständen um beschränkte Gütergemeinschaften handelt. Gleichwohl ergibt diese Untersuchung, dass die Auswirkung der zusätzlichen Aufnahme in die statistische Erhebung begrenzt ist. Im Untersuchungszeitraum wurde lediglich in vier Eheverträgen einer der genannten Güterstände zugrunde gelegt.[923]

3. Beschränkte Gütergemeinschaften in der früheren Fassung des Burgerlijk Wetboeks

Früher enthielt das *Burgerlijk Wetboek* Vorschriften über zwei weitere Güterstände, die sog. *gemeenschap van vruchten en inkomsten* und die sog. *gemeenschap van winst en verlies*. Diese Begriffe sind in etwa mit Gemeinschaft der Früchte und Einkünfte sowie Gemeinschaft von Gewinn und Verlust zu übersetzen.

Im Zuge einer Novellierung des *Burgerlijk Wetboek* zum 18.04.2011 hat sich der Gesetzgeber dazu entschieden, die soeben genannten Güterstände aus dem Gesetzbuch zu entfernen.[924] Anlass für die Entfernung war die geringe Popularität dieser besonderen Gemeinschaften.[925] Trotz vorheriger Versuche des

---

923 *Schols/Hoens*, WPNR 2012, S. 950.
924 Siehe *Stb.* 2011, 205; *Stb.* 2011, 335.
925 *Kamerstukken II* 2002/03, 28 867, Nr. 3, S. 28 f. (MvT).

Gesetzgebers, diese Güterstände für Ehegatten attraktiver zu machen[926], entschieden sich bislang nur wenige Ehegatten dazu, diese als Güterstand auszuwählen. In der landesweiten Untersuchung über den Inhalt von Eheverträgen stellte sich heraus, dass im Zeitraum von 1994 bis 1996 durchschnittlich weniger als 0,2 Prozent der Eheverträge eine dieser Gemeinschaften als Güterstand enthielten.[927] Ähnlich gering fiel die Auswertung über den Zeitraum von 2004 bis 2009 aus. Nur in vier Fällen konnte festgestellt werden, dass der eheliche Güterstand die Gemeinschaft der Früchte und Einkünfte bzw. die Gemeinschaft von Gewinn und Verlust war.[928]

Trotz dieser geringen praktischen Relevanz und der Entfernung aus dem Zivilgesetzbuch ist eine Darstellung dieser Gemeinschaften nicht entbehrlich. Nach der Konzeption des Änderungsgesetzes ist die vorherige Rechtslage weiterhin anwendbar, sofern ein Ehevertrag eine dieser Gemeinschaft als ehelichen Güterstand benennen sollte, was unter Berücksichtigung der vorstehenden statistischen Erhebung nicht ausgeschlossen werden kann.[929] Zudem ist es den Ehegatten unbenommen, künftig durch einen Ehevertrag eine dieser Gemeinschaft als Güterstand auszuwählen. Es ist in diesen Fällen nicht ausreichend, auf die alte Fassung des *Burgerlijk Wetboek* zu verweisen. Die Bestimmungen, die zwischen den Ehegatten gelten sollen, müssen in der Vertragsurkunde explizit genannt werden.[930]

a) Die Gemeinschaft der Früchte und Einkünfte

Die Gemeinschaft der Früchte und Einkünfte wird in der vorherigen Fassung des *Burgerlijk Wetboek* als eine beschränkte Gemeinschaft gekennzeichnet, die grundsätzlich alle Güter der Ehegatten umfasst. Güter, die von den Ehegatten vor Entstehen der Gemeinschaft erworben wurden, und Güter, die einer der Ehegatten durch Erbnachfolge, letztwillige Verfügung oder als Zuwendung erhalten hat, sind jedoch von der grundsätzlichen Wirkung ausgenommen.

Dies ergibt sich aus Art. 1:124 Abs. 1 BW (a.F.).

Art. 1:124 Abs. 1 BW (a.F.):

---

926 Siehe dazu *Parlementaire geschiedenis*, Inv. Boeken 3, 5 en 6, MvT Inv., S. 66 f.; *Luijten*, WPNR 2001, S. 96; kritisch *Schols*, WPNR 1995, S. 289 f.
927 *Van Mourik*, WPNR 1998, S. 117.
928 *Schols/Hoens*, WPNR 2012, S. 950.
929 *Stb.* 2011, 205; *Stb.* 2011, 335.
930 *De Bruijn/Huijgen/Reinhartz*, Het Nederlandse Huwelijksvermogensrecht, 5. druk, S. 306; *Wortmann/Van Duijvendijk-Brand*, Personen- en familierecht, 11. druk, S. 127.

„1. De gemeenschap van vruchten en inkomsten omvat, wat haar baten betreft, alle goederen die echtgenoten tijdens het bestaan van de gemeenschap hebben verkregen anders dan door erfopvolging, making of gift, [...]"
Deutsch:
1. Die Gemeinschaft von Früchten und Einkünften umfasst, was ihre Aktiva betrifft, alle Güter, die die Ehegatten während ihres Bestehens auf andere Weise als durch Erbnachfolge, letztwillige Verfügung oder Zuwendung erhalten haben [...]

Spiegelbildlich gilt, dass auch Schulden Teil der Gemeinschaft der Früchte und Einkünfte werden. Von dieser Wirkung sind – ebenfalls spiegelbildlich – die Schulden ausgenommen, die bereits vor Beginn der Gemeinschaft bestanden haben oder auf einer Erbschaft oder Zuwendung beruhen. Darüber hinaus werden Schulden, die die Person oder ein eigenes Gut eines Ehegatten betreffen und regelmäßig weder ganz noch teilweise mit Einkünften erfüllt werden, nicht Teil der Gemeinschaft.

Eine entsprechende Regelung findet sich in Art. 1:125 S. 1 BW (a.F.).

Art. 1:125 S. 1 BW (a.F.):
„De gemeenschap van vruchten en inkomsten omvat, wat haar lasten betreft, alle schulden van de echtgenoten, met uitzondering van die welke hetzij bij de aanvang van de gemeenschap bestonden, hetzij op verkrijgingen door erfopvolging, making of gift drukken, hetzij slechts de persoon of eigen goederen van één van de echtgenoten betreffen en noch geheel noch gedeeltelijk uit inkomsten betaald plegen te worden. [...]"
Deutsch:
Die Gemeinschaft der Früchte und Einkünfte umfasst, was ihre Lasten betrifft, alle Schulden der Ehegatten, mit Ausnahme derer, die bereits bei Beginn der Gemeinschaft bestanden haben oder die auf Bereicherungen durch Erbschaft oder Zuwendung lasten oder die nur die Person oder Güter eines der Ehegatten betreffen und weder ganz noch teilweise aus Einkünften bezahlt zu werden pflegen.

Außerdem werden Güter und Schulden, die zum Betrieb oder freien Beruf eines der Ehegatten gehören, nicht Teil der Gemeinschaft der Früchte und Einkünfte. Dies gilt ausnahmsweise nicht, falls Güter auf den Namen des anderen Ehegatten in ein Register eingetragen worden sind. Diese Vorschrift soll in dreifacher Weise dem Schutz des Betriebes bzw. Berufes dienen. Zunächst ist auf diese Weise das Betriebsvermögen nicht der Verteilung bei der Auflösung der Gemeinschaft unterworfen und wird darüber hinaus von einer Insolvenz des anderen Ehegatten nicht berührt. Außerdem trägt diese Vorschrift zur Vereinfachung der Rechtslage bei, da das Betriebsvermögen von vorneherein nicht in die Unterteilung zwischen den verschiedenen Vermögensmassen einbezogen wird.[931]

---

931 *De Boer*, in: *Asser* 1, Rn. 477; *Van Mourik*, Onderneming in het nieuwe

Eine entsprechende Regelung findet sich in Art. 1:126 Abs. 1 BW (a.F.).

Art. 1:126 Abs. 1 BW (a.F.):
„1. Buiten de gemeenschap van vruchten en inkomsten vallen de goederen en schulden die behoren tot een door één van de echtgenoten uitgeoefend bedrijf of vrij beroep. Deze bepaling is niet van toepassing op registergoederen op naam van de andere echtgenoot. [...]"
Deutsch:
1. Nicht Teil der Gemeinschaft der Früchte und Einkünfte werden die Güter und Schulden, die zu einem durch einen der Ehegatten ausgeübten Betrieb oder freien Beruf gehören. Diese Bestimmung findet keine Anwendung auf Registergüter, die auf den Namen des anderen Ehegatten eingetragen sind.

Im Falle der Auflösung der Gemeinschaft der Früchte und Einkünfte kommt es zu einer Haftungsverteilung. Sollten die Güter der Gemeinschaft nicht ausreichen, um die Schulden der Gemeinschaft nach deren Auflösung zu erfüllen, so ist im Innenverhältnis der Ehegatte verpflichtet, die Schulden zu tragen, von dessen Seite aus sie in die Gemeinschaft gefallen sind.

In diesem Zusammenhang wird auf eine Missbrauchsgefahr hingewiesen: Es stehe zu befürchten, dass einer der Ehegatten vor der Auflösung die Schulden, die von seiner Seite aus in die Gemeinschaft gefallen sind, mit gemeinschaftlichen Gütern erfülle. Dies könnte zur Folge haben, dass die Güter der Gemeinschaft nicht mehr genügen würden, um auch die Schulden, die von der Seite des anderen Ehegatten aus in die Gemeinschaft gefallen sind, zu erfüllen, weshalb dieser Ehegatte im Innenverhältnis für diese Schulden hafte. Damit wirke sich die Regelung zu seinen Lasten aus, obwohl er dies nicht zu verantworten habe.[932]

Eine entsprechende Regelung findet sich in Art. 1:127 BW (a.F.).

Art. 1:127 BW (a.F.):
„Voor zover bij de ontbinding van de gemeenschap van vruchten en inkomsten de goederen van de gemeenschap, [...], niet toereikend zijn om de schulden van de gemeenschap te voldoen, worden deze gedragen door echtgenoot van wiens zijde zij in de gemeenschap zijn gevallen, voor zover de aard van de schulden niet tot een andere draagplicht leidt."
Deutsch:
Soweit bei der Auflösung der Gemeinschaft der Früchte und Einkünfte die Güter dieser Gemeinschaft [...] nicht genügen, um die Schulden der Gemeinschaft zu erfüllen,

---

huwelijksvermogensrecht, S. 88 f.
932 *De Boer*, in: *Asser 1*, Rn. 484; *De Bruijn/Huijgen/Reinhartz*, Het Nederlandse Huwelijksvermogensrecht, 4. druk, S. 324.

werden diese durch den Ehegatten getragen, von dessen Seite aus sie in die Gemeinschaft gefallen sind, sofern nicht die Art der Schulden zu einer anderen Haftung führt.

Ein vollständiges Bild der Gemeinschaft der Früchte und Einkünfte lässt sich anhand der soeben genannten Vorschriften des *Burgerlijk Wetboek*, die nun nicht mehr in Kraft sind, nicht zeichnen. Dies beruht darauf, dass dieser Güterstand als Variante der Gütergemeinschaft nur bedingt eigenständige Regelungen aufweist. Ergänzend finden die Vorschriften über die Gütergemeinschaft Anwendung – sofern dies nicht zu einem Widerspruch mit den Vorschriften über die spezielle Gemeinschaft führt oder die Ehegatten ehevertraglich eine abweichende Regelung vereinbart haben. Dies ergibt sich aus Art. 1:122 BW (a.F.).

Art. 1:122 BW (a.F.):
„De bepalingen van de vorige titel zijn van toepassing, voor zover daarvan niet uitdrukkelijk of door aard van de bedingen, bij de huwelijkse voorwaarden gemaakt, is afgeweken."
Deutsch:
Die Bestimmungen des vorangegangenen Titels sind anzuwenden, sofern davon nicht ausdrücklich oder durch die Art der Bestimmung in einem Ehevertrag abgewichen wurde.

b) Die Gemeinschaft von Gewinn und Verlust

Neben der Gemeinschaft der Früchte und Einkünfte enthielt das *Burgerlijk Wetboek* in einer früheren Fassung auch eine Vorschrift zur Gemeinschaft von Gewinn und Verlust. Der Regelungsgehalt dieser Bestimmung erschöpft sich allerdings in einem Verweis auf die entsprechende Anwendung der Vorschriften über die Gemeinschaft der Früchte und Einkünfte. Zugleich fehlt es allerdings an einem Verweis auf Art. 1:127 BW, wonach im Innenverhältnis eine besondere Haftung gilt, wenn bei einer Auflösung die gemeinschaftlichen Gütern zur Tilgung der gemeinschaftlichen Schulden nicht genügen. Damit sind in diesem Zusammenhang – die Verweisung gilt auch für die Gemeinschaft von Gewinn und Verlust – die Vorschriften der Gütergemeinschaft anwendbar.[933]

Eine entsprechende Regelung findet sich in Art. 1:128 BW (a.F.).

Art. 1:128 BW (a.F.):

---

[933] *De Bruijn/Huijgen/Reinhartz*, Het Nederlandse Huwelijksvermogensrecht, 4. druk, S. 325; *Van Mourik/Nuytinck*, Personen- en familierecht, S. 129; *Van Mourik/Verstappen*, Nederlands vermogensrecht bij scheiding, 4. druk, S. 102.

„Wanneer bij huwelijkse voorwaarden is overeengekomen dat er gemeenschap van winst en verlies zal bestaan, zijn de artt. 124-126 van dit boek van overeenkomstige toepassing, voor zover daarvan niet uitdrukkelijk of door aard van de bedingen is afgeweken."

Deutsch:
Wenn durch einen Ehevertrag übereingekommen wurde, dass eine Gemeinschaft von Gewinn und Verlust bestehen soll, so sind die Art. 124 bis 126 dieses Buches entsprechend anzuwenden, wenn davon nicht ausdrücklich durch die Art der Bestimmung abgewichen worden ist.

V. Güterstand der gesetzlichen Teilhabe

In einer früheren Variante enthielt das *Burgerlijk Wetboek* außerdem neben den Gemeinschaften der Früchte und Einkünfte und der von Gewinn und Verlust einen weiteren gesetzlichen Güterstand: Die *wettelijk deelgenootschap*, was mit gesetzlicher Teilhabe übersetzt werden kann. Die Vorschriften, die diesen Güterstand regelten, wurden jedoch mit Wirkung zum 14.03.2002 aufgehoben.[934] Der Gesetzgeber sah den Güterstand der gesetzlichen Teilhabe aufgrund von dessen geringer Relevanz in der Praxis seit der Einführung im Jahre 1970 einerseits und der kritischen Wahrnehmung in der Literatur andererseits als entbehrlich an.[935]

Dennoch hat der Gesetzgeber zugleich darauf hingewiesen, dass es den Ehegatten weiterhin möglich sei, Bestimmungen, die den Vorschriften über die Teilhaberschaft entsprechen würden, in ihren Ehevertrag aufzuheben und so im Güterstand der gesetzlichen Teilhaberschaft zu leben.[936] Außerdem hat der Gesetzgeber eine respektierende Wirkung in das Änderungsgesetz aufgenommen. Im Fall bestehender Teilhaberschaften gilt das alte Recht fort.[937] Dieser Güterstand ist zudem nicht vollständig verschwunden: Im Zuge der landesweiten Untersuchung zum Inhalt von Eheverträgen wurde festgestellt, dass im Zeitabschnitt von 2004 bis 2009 sechs Eheverträge den Güterstand der gesetzlichen Teilhabe enthielten.[938]

Mit der Einführung des Güterstands der gesetzlichen Teilhabe war beabsichtigt, einen Güterstand zu schaffen, der zwar die **Vermögen der Ehegatten**

---

934 *Stb.* 2002, 152.
935 *Kamerstukken II* 2000/01, 27 554, Nr. 3, S. 8 (MvT).
936 *Kamerstukken II* 2000/01, 27 554, Nr. 3, S. 8 f. (MvT).
937 *Stb.* 2002, 152.
938 Schols/Hoens, WPNR 2012, S. 950; siehe auch HR 03.02.2017, ECLI: NL: HR:2017:156, JPF 2017/121, URL: https://uitspraken.rechtspraak.nl/inziendocument?id=ECLI:NL:HR:2017:156 (zuletzt abgerufen am 30.10.2018).

voneinander trennen sollte, aber zugleich eine **Teilung** dessen stattfinden sollte, was die Ehegatten **während des Bestehens der Ehe bzw. dieses Güterstandes erworben** hätten.[939] Dementsprechend findet mit Eintritt des Güterstands keine Vergemeinschaftung von Gütern und Schulden der Ehegatten statt. Dies ist der wesentliche Unterschied zu den übrigen, ehemals im *Burgerlijk Wetboek* enthaltenen Wahlgüterständen.[940]
Eine entsprechende Regelung findet sich in Art. 1:132 BW (a.F.).

> Art. 1:132 BW (a.F.):
> „1. Het deelgenootschap verplicht de echtgenoten de vermeerdering van beider vermogen, die gedurende het deelgenootschap heeft plaatsgevonden, te delen.
> 2. Het deelgenootschap schept geen gemeenschappelijke recht op goederen en geen gemeenschappelijke aansprakelijkheid voor schulden."
> Deutsch:
> 1. Die Teilhaberschaft verpflichtet die Ehegatten, die Vermehrung beider Vermögen, die während der Teilhaberschaft stattgefunden hat, zu teilen.
> 2. Die Teilhaberschaft schafft kein gemeinschaftliches Recht auf Güter und keine gemeinschaftliche Haftung für Schulden.

Gemäß des Grundkonzeptes ist mit der Beendigung des Güterstands das aufzuteilen, was während der Ehe bzw. während des Bestehens dieses Güterstands erworben wurde. Dabei wird von der Prämisse ausgegangen, dass beide Ehegatten während des Bestehens des Güterstands der gesetzlichen Teilhabe Gewinne gemacht und so ihr Vermögen vermehrt haben. Im Zuge der Aufteilung überträgt der eine Ehegatte an den anderen so viel seiner Gewinne, dass letztlich das Vermögen von beiden um den gleichen Betrag vermehrt ist. Rechnerisch kommt es damit zu einer Übertragung der Hälfte des Betrages, um den der Gewinn des einen Ehegatten den des anderen übersteigt. Sofern allerdings einer der Ehegatten während des Bestehens des Güterstands Verluste gemacht hat, ist der andere Ehegatte ihm gegenüber zum Ausgleich verpflichtet – bis zur Höhe seines in diesem Zeitraum gemachten Gewinns.
Eine entsprechende Regelung findet sich in Art. 1:138 BW (a.F.)

> Art. 1:138 BW (a.F.):

---

[939] *Van der Burght*, Het wettelijke deelgenootschap, S. 83; *Luijten/Meijer*, in; *Klaassen/Eggens*, Huwelijksgoederenrecht, Rn. 581; *Zonnenberg*, Het verrekenbeding, 2. druk, S. 55.
[940] *Verstappen*, WPNR 2000, S. 69.

„1. De deling van de vermogensvermeerdering geschiedt doordat een der echtgenoten uit zijn vermogen zoveel aan de andere echtgenoot uitkeert, dat beider vermogen met een gelijk bedrag is vermeerderd.
2. Heeft een der echtgenoten een verlies geleden, dat groter is dan de winst, die de andere echtgenoot heeft gemaakt, dan wordt aan de eerstbedoelde echtgenoot slechts de door de andere echtgenoot gemaakte winst uitgekeerd."

Deutsch:
1. Die Teilung der Vermögensvermehrung geschieht dadurch, dass einer der Ehegatten aus seinem Vermögen so viel an den anderen Ehegatten überträgt, sodass beide Vermögen um einen gleichen Betrag vermehrt sind.
2. Hat einer der Ehegatten einen Verlust erlitten, der größer ist als der Gewinn, den der andere Ehegatte gemacht hat, so wird an den erstgenannten Ehegatten nur der durch den anderen Ehegatten erzielte Gewinn übertragen.

Ob ein Ehegatte Gewinne erzielt oder Verluste erlitten hat, wird durch **Abzug seines bei Beendigung des Güterstands vorhandenen Vermögens von dem Vermögen, das er zum Eintritt in den Güterstand besaß**, ermittelt. Der Vermögensbegriff umfasst in diesem Zusammenhang alle Güter und Schulden. Ausgenommen davon sind lediglich die Anteile der Ehegatten an einer zwischen ihnen bestehenden Gütergemeinschaft.

Dies ergibt sich aus Art. 1:139 BW (a.F.).[941]

Art. 1:139 BW:
"1. De vermeerdering of vermindering van het vermogen van een echtgenoot wordt vastgesteld door van het bedrag, waarop zijn vermogen op het in artikel 136 lid 2 van dit boek aangewezen ogenblik wordt geschat, de aanvangswaarde van zijn stamvermogen af te trekken.
2. Tot het vermogen van een echtgenoot worden al zijn goederen en schulden gerekend, met uitzondering van zijn aandeel in een tussen de echtgenoten bestaande gemeenschap van goederen."

Deutsch:
1. Die Vermehrung oder Minderung des Vermögens eines Ehegatten wird festgestellt, indem vom dem Betrag, worauf sein Vermögen im gemäß Artikel 136 Absatz 2 dieses Buches angewiesenen Zeitpunkt geschätzt wird, der Anfangswert seines Stammvermögens abgezogen wird.

---

941 Anmerkung: Bei dem in Art. 1:139 BW Abs. 1 BW (a.F.) bezeichneten Zeitpunkt handelt es sich um den Moment, in dem der Güterstand der gesetzlichen Teilhabe endet; also im Zeitpunkt des Todes eines der Ehegatten, des Endes der Ehe, der Scheidung von Tisch und Bett, im Zeitpunkt der gerichtlichen Entscheidung über die Aufhebung des Güterstands oder im Moment der Aufhebung durch einen späteren Ehevertrag. Vgl. Art. 1:134 BW (a.F.).

2. Zum Vermögen eines Ehegatten werden alle seine Güter und Schulden gerechnet, mit Ausnahme seines Anteils an einer zwischen den Ehegatten bestehenden Gütergemeinschaft.

Das Vermögen, das jeder Ehegatte zu Beginn des Güterstands der gesetzlichen Teilhabe besitzt, setzt sich zunächst aus den Gütern, die ihm zu diesem Zeitpunkt gehören, zusammen. Davon in Abzug zu bringen sind die in diesem Moment bestehenden Schulden. Darüber hinaus gehören zu diesem Anfangsvermögen auch während des Güterstands durch Erbfolge, Testament oder Zuwendung erhaltene Vermögensvorteile – abzüglich der auf diesen lastenden Schulden.

Zuwendungen von geringem Umfang werden allerdings nach dem Willen des Gesetzgebers nicht zum Stammvermögen gerechnet. Nicht eindeutig beantwortet werden kann, wann eine Zuwendung nur geringen Umfang hat. In der Literatur ist darauf hingewiesen worden, dass dieser Begriff unterschiedlich verstanden werden könnte. So sei fraglich, ob der geringe Umfang absolut oder relativ zum restlichen Vermögen der Ehegatten zu bestimmen sei. Hinsichtlich der absoluten Grenze sei keine eindeutige Höhe bestimmbar, während bei einer relativen Bestimmung unklar sei, zu welchem Zeitpunkt der Wert festzusetzen sei. Weiterhin wurde kritisiert, dass diese Regelung das Entstehen von Rechtsstreitigkeiten eher fördere als diese zu vermeiden, was wohl ursprünglich die Intention des Gesetzgebers war. In diesem Zusammenhang wurde darauf verwiesen, dass jeder Ehegatte für sein Stammvermögen und damit auch für Zuwendungen beweispflichtig sei. Enthalte das Anfangsvermögen jedoch solche Bevorteilungen, obliege es dem anderen Ehegatten, zu beweisen, dass diese lediglich geringen Umfangs seien.[942]

Eine entsprechende Regelung findet sich in Art. 1:140 Abs. 1 BW (a.F.).

Art. 1:140 Abs. 1 BW (a.F.):
"1. Het in het vorige artikel bedoelde stamvermogen van een echtgenoot wordt gevormd door:
a. de goederen, die de echtgenoot bij de aanvang van het deelgenootschap bezat, verminderd met zijn toenmalige schulden;
b. de goederen, die de echtgenoot tijdens het bestaan van het deelgenootschap door erfopvolging, making of gift heeft verkregen, verminderd met de op die verkrijging drukkende schulden en lasten. Onder de giften worden die, welke van geringe omvang zijn, niet opgenomen, onverschillig of zij tot beloning of om andere redenen zijn gedaan. [...]"
Deutsch:

---

942 *Van der Burght*, Het wettelijke deelgenootschap, S. 119 ff.

1. Das im vorangegangen Artikel genannte Stammvermögen eines Ehegatten setzt sich zusammen aus:
   a. Den Gütern, die der Ehegatte zu Beginn der Teilhaberschaft besaß, abzüglich seiner damaligen Schulden;
   b. Den Gütern, die der Ehegatten während des Bestehens der Teilhaberschaft durch Erbfolge, Testament oder Bevorteilung erhalten hat, abzüglich der auf dem Erhaltenen lastenden Schulden und Belastungen. Unter Bevorteilungen werden die nicht aufgenommen, die geringen Umfangs sind, unabhängig davon, ob sie zur Belohnung oder aus einem anderen Grund gewährt wurden.

In der Literatur wurde unter verschiedenen Gesichtspunkten **Kritik** an der *wettelijk deelgenootschap* geäußert.

Ein wesentlicher Kritikpunkt war, dass die Aufteilung nach den gesetzlichen Vorschriften als unangemessen zu bewerten sei, wenn einer der Ehegatten Verluste erlitten, während der andere Gewinne erzielt hatte. Beispielhaft wurde in diesem Zusammenhang der Fall eines Ehepaares angeführt, in dem die Ehefrau ursprünglich kein Vermögen besaß, während der Ehemann über ein großes Vermögen verfügte. Für den Fall, dass der Ehemann sein Vermögen verloren hätte, während die Ehefrau durch eigene Tätigkeit ein Vermögen erwirtschaftet hätte, müsste diese ihm nach den gesetzlichen Vorschriften einen Betrag in der Höhe seines Verlustes übereignen, selbst wenn dies ihren gesamten Gewinn ausmachen würde und die Ehefrau folglich wieder vermögenslos wäre.[943] Ergänzend wurde dazu angeführt, dass es den Ehegatten selbst obliege, diese unangemessene Situation aufzulösen, indem sie sich vorab im Ehevertrag dazu verpflichten würden, nur Beträge bis zur Höhe der Hälfte des eigenen Gewinns zu übertragen.[944]

Nachteilig sei auch, dass durch diesen Güterstand während der bestehenden Ehe eine Verrechnung nicht vorgenommen werden könne. Dadurch sei der Güterstand der gesetzlichen Teilhabe unflexibel.[945]

Weiterhin wurde als problematisch bewertet, dass nach dem System der gesetzlichen Regelung Wertsteigerungen von ansonsten unveränderten Gütern ebenfalls in die endgültige Aufteilung einzubeziehen seien. Es handele sich hier

---

943 *Van der Burght*, Het wettelijke deelgenootschap, S. 107 f.; *Heuff*, in: Waarvan akte, S. 65 f.; *Klein*, WPNR 1958, S. 112; *Kraan*, Huwelijksvermogensrecht, S. 167; *Luijten/Meijer*, in: Klaassen/Eggens, Huwelijksgoederenrecht, Rn. 609; *Reinhartz*, in: Naar een nieuw huwelijksvermogensrecht?, S. 35; *Zonnenberg*, Het verrekenbeding, 2. druk, S. 62.
944 *Kraan*, Huwelijksvermogensrecht, S. 167 f.
945 *Verstappen*, WPNR 2000, S. 69.

jedoch nur um scheinbare Gewinne.[946] Zudem könnte die Regelung im Einzelfall unangemessen wirken. Als Beispiel wurde der Betrieb eines Ehegatten angeführt, der bereits bei der Eheschließung bestand, aber während der Ehe in Umfang und Wert zugenommen hat. Werde in diesem Fall der Wertzuwachs ausgeglichen, würde dies zwangsläufig die finanzielle Substanz des Unternehmens angreifen und könnte in bestimmten Fällen zur Einstellung der unternehmerischen Tätigkeit führen.[947]

B. Wahlgüterstände im deutschen Recht

Ähnlich wie das niederländische Recht kennt auch das deutsche Wahlgüterstände.

In diesem Zusammenhang wird der Umfang der Ehevertragsfreiheit und die Frage, ob den Ehegatten bei der Gestaltung eines Wahlgüterstands Schranken auferlegt sind, diskutiert. Vielfach wird dabei auf einen *numerus clausus* der Familienrechtsverhältnisse verwiesen, der im Allgemeinen jedoch nicht als Beschränkung auf das gesetzliche normierte Güterrecht verstanden wird; vielmehr müssen ehevertragliche Regelungen lediglich den Rahmen des Bürgerlichen Gesetzbuches beachten.[948] Es steht den Ehegatten frei, die bestehenden Güterstände einer spezielleren Regelung zuzuführen; gleichwohl soll die ehevertragliche Vereinbarung von Phantasiegüterstände ausgeschlossen sein. Die ehevertragliche Regelung ist unzulässig, sofern der gewählte Vertragstypus durch die speziellere Regelung derartig abgeändert wird, dass das Wesen des ursprünglichen Güterstands nicht mehr zu erkennen ist. Insoweit wird teilweise von einer Typenbindung bzw. Typenbeschränkung gesprochen.[949] Die Wahlgüterstände sind dementsprechend im Wesentlichen im Bürgerlichen Gesetzbuch näher geregelt. In der Praxis hat sich zudem die modifizierte Zugewinngemeinschaft als weiterer, nicht explizit gesetzlich normierter Wahlgüterstand etabliert.

---

946 *Van der Burght*, Het wettelijke deelgenootschap, S. 110; *Heuff*, in: Waarvan akte, S. 64 f.; *Verstappen*, WPNR 2000, S. 69.
947 So *Heuff*, in: Waarvan akte, S. 64 f.
948 *Gaul/Althammer*, in: *Soergel*/BGB, Vor § 1408, Rn. 19; *Gernhuber/Coester-Waltjen*, Familienrecht, § 32, Rn. 21; *Schwab*, Familienrecht, Rn. 319.
949 *Gaul/Althammer*, in: *Soergel*/BGB, Vor § 1408, Rn. 20 – 21; *Münch*, Ehebezogene Rechtsgeschäfte, Rn. 1141; in diesem Sinne auch *Gernhuber/Coester-Waltjen*, Familienrecht, § 32, Rn. 23; *Zöllner*, FamRZ 1965, S. 120 f.; vgl. *BGH* FamRZ 1997, 800 (802); kritisch *Langenfeld/Milzer*, Eheverträge und Scheidungsvereinbarungen, § 2, Rn. 22 f; ablehnend aufgrund der fehlenden gesetzlichen Vorgabe *Maier*, Vertragliche Modifikationen, S. 140.

Im Folgenden sollen zunächst in separaten Abschnitten die gesetzlich geregelten Güterstände der Gütertrennung, der Gütergemeinschaft und die Wahl-Zugewinngemeinschaft näher untersucht werden. Der letzte Abschnitt ist der Darstellung der modifizierten Zugewinngemeinschaft gewidmet.

I. Gütertrennung

Das Bürgerliche Gesetzbuch enthält hinsichtlich des Güterstands der Gütertrennung lediglich eine Bestimmung zu den Voraussetzungen ihres Eintretens. Gemäß § 1414 S. 1 BGB tritt Gütertrennung ein, wenn Ehegatten durch eine ehevertragliche Regelung den gesetzlichen Güterstand ausschließen oder aufheben. Ferner tritt gemäß § 1414 S. 2 BGB dieser Wahlgüterstand ein, falls der Zugewinnausgleich ausgeschlossen oder eine zuvor vertraglich vereinbarte Gütergemeinschaft aufgehoben wird. Die Norm wird überwiegend als Auslegungsregel verstanden, die der Klarstellung dient, falls die Ehegatten eine der genannten Formulierungen in ihren Ehevertrag aufnehmen würden, ohne gesondert den nunmehr geltenden Güterstand zu nennen.[950]

Darüber hinaus fehlt es an gesetzliche Regelungen zu den rechtlichen Auswirkungen der Gütertrennung. Dieser Wahlgüterstand wird folglich durch den Umstand geprägt, dass die gesetzlichen Vorschriften, den Güterstand der Zugewinngemeinschaft betreffend, keine Anwendung finden. Die Ehegatten unterscheiden sich in güterrechtlicher Hinsicht nicht von einem unverheirateten Paar. Es verbleibt bei einer Trennung der Vermögen der Ehegatten; jeder Ehegatte verwaltet sein Vermögen eigenverantwortlich. Es fehlt zudem an einem Kompensationsanspruch, der mit dem Anspruch auf Ausgleich des Zugewinns gemäß § 1378 Abs. 1 BGB vergleichbar wäre.[951]

Nicht ausgeschlossen ist das Bestehen von schuld- und sachenrechtlichen Ansprüchen. Teils wird dazu ausgeführt, dass die Gütertrennung ob des Fehlens güterrechtlicher Regelungen mehr als andere Güterstände andere Ausgleichsansprüche erfordere.[952] In der Rechtsprechung wird davon ausgegangen, dass bei der Prüfung schuld- und sachenrechtlicher Ansprüche der Güterstand nicht

---

950 *Jaeger*, in: *Johannsen/Henrich*, Familienrecht, § 1414, Rn. 1; *Lange*, FamRZ 1964, S. 547; MüKoBGB/*Kanzleiter*, § 1414 BGB, Rn. 3; *Siede*, in: *Bamberger/Roth*, BGB, § 1414 BGB, Rn. 1; im Ergebnis wohl auch *Zöllner*, FamRZ 1965, S. 119.

951 *Jaeger*, in: *Johannsen/Henrich*, Familienrecht, § 1414, Rn. 3; *Langenfeld/Milzer*, Eheverträge und Scheidungsvereinbarungen, § 13, Rn. 359; *Schulz/Hauß*, Vermögensauseinandersetzung, Kapitel 3, Rn. 1088.

952 So *Siede*, in: *Bamberger/Roth*, BGB, § 1414 BGB, Rn. 15.

losgelöst von der Ehe betrachtet werden könne. Auch im Falle des Eintritts der Gütertrennung entspreche eine angemessene Beteiligung beider Ehegatten am gemeinsam Erarbeiteten dem Charakter der ehelichen Lebensgemeinschaft als einer Schicksals- und Risikogemeinschaft.[953] Diese Erwägung ist in der Literatur kritisiert worden. Ein entsprechender Rückschluss auf eine Teilhabe am gemeinsam Erwirtschafteten könne nicht gezogen werden. Dieser Gedanke mache das Wesen der Zugewinn- und Gütergemeinschaft aus, gegen die sich die Ehegatten durch Vereinbarung der Gütertrennung bewusst entschieden hätten.[954]

Unberührt von der güterrechtlichen Regelung bleiben die allgemeinen Ehewirkungen, das Unterhaltsrecht, die Regelungen zur Ehewohnung und dem ehelichen Hausrat sowie der Versorgungsausgleich.[955]

II. Gütergemeinschaft

Der Wahlgüterstand der Gütergemeinschaft unterscheidet sich wesentlich von der Zugewinngemeinschaft und dem Güterstand der Gütertrennung, die güterrechtlich kein gemeinschaftliches Vermögen entstehen lassen. Primäre Rechtsfolge der Gütergemeinschaft ist hingegen das Entstehen eines gesamthänderisch gebundenen gemeinsamen Vermögens.[956] Die praktische Relevanz dieses Güterstands wird vielfach angezweifelt; jedoch verweisen verschiedene Stimmen darauf, dass der Güterstand in landwirtschaftlich geprägten Regionen weiterhin anzutreffen sei.[957]

Gemäß § 1416 Abs. 1 S. 1 BGB entsteht von Gesetzes wegen durch den Eintritt der Gütergemeinschaft ein gemeinschaftliches Vermögen, das sogenannte **Gesamtgut**. Vermögen, das während des Bestehens des Güterstands erworben wird, ist grundsätzlich ebenfalls dem Gesamtgut zuzuordnen. Dies ergibt sich aus § 1416 Abs. 1 S. 2 BGB.

Ausgenommen von diesem Grundsatz ist das **Sondergut**, welches sich gemäß § 1417 Abs. 2 BGB dadurch auszeichnet, das es nicht rechtsgeschäftlich

---

953 *BGH* NJW 1982, 2236 (2237); FamRZ 1989, 599 (601); FamRZ 2012, 1789 (1791); vgl. *BGH* NJW 1953, 418 (418).
954 *Hoppenz*, FPR 2012, S. 87; *Rauscher*, NZFam 2014, S. 301; *Schulz/Hauß*, Vermögensauseinandersetzung, Kapitel 3, Rn. 1091; *Wellenhofer*, JuS 2013/I, S. 459.
955 *Bergschneider*, in: *Schulz/Hauß*, Familienrecht, § 1414, Rn. 1; *Jaeger*, in: *Johannsen/Henrich*, Familienrecht, § 1414, Rn. 4; *Schulz/Hauß*, Vermögensauseinandersetzung, Kapitel 3, Rn. 1088.
956 Siehe MüKoBGB/*Kanzleiter*, § 1415 BGB, Rn. 1.
957 *Klüber*, FPR 2001, S. 84.

übertragen werden kann. Dies betrifft zunächst alle Gegenstände, deren Übertragbarkeit von Gesetzes wegen ausgeschlossen ist, wie nicht abtretbare und unpfändbare Forderungen oder Nießbrauchrechte und beschränkt persönliche Dienstbarkeiten.[958] Umstritten ist, ob zum Sondergut auch solche Gegenstände gehören, deren Übertragbarkeit vereinbarungsgemäß ausgeschlossen ist, die jedoch grundsätzlich durch ein Rechtsgeschäft übertragen werden könnten. Teilweise wird dies unter Verweis auf den Wortlaut und den Sinn und Zweck von § 1417 BGB als Ausnahmeregelung zur Beseitigung von Widersprüchen abgelehnt.[959] Die Erweiterung auf vereinbarungsgemäß geschaffenes Sondergut eröffne den Ehegatten die Möglichkeit, dem Gesamtgut ohne Mitwirkung des anderen Ehegatten Gegenstände zu entziehen.[960] Zur Vermeidung von Wertungswidersprüchen sind jedoch richtigerweise Gegenstände als Sondergut einzustufen, unabhängig davon, ob sie kraft Gesetzes oder aufgrund einer Vereinbarung nicht übertragen werden können. Andernfalls würde der Gesetzgeber eine Verfügung über einen Gegenstand anordnen, der der Verfügungsmacht des einzelnen Ehegatten vertragsgemäß entzogen wäre.[961]

Eine weitere Ausnahme besteht hinsichtlich des **Vorbehaltsguts**, das ebenfalls nicht der Gütergemeinschaft zuzuordnen ist. Hierbei handelt es sich um Gegenstände, die gemäß § 1418 Abs. 2 BGB entweder ehevertraglich von der Gütergemeinschaft ausgenommen worden sind, die ein Ehegatte von Todes wegen oder durch eine unentgeltliche Zuwendung erwirbt, sofern der Erwerb mit einer entsprechenden Bestimmung verbunden ist, oder die im Wege der Surrogation erworben wurden, falls der ursprünglich vorhandene Gegenstand zum Vorbehaltsgut gehörte. Die Regelung dient der Erfüllung des praktischen Bedürfnisses, bestimmte Gegenstände von der Gütergemeinschaft auszunehmen, und ist folglich als Ausfluss der Privatautonomie zu sehen.[962]

Grundsätzlich verwalten die Ehegatten das Gesamtgut gemäß § 1421 S. 2 BGB gemeinschaftlich, sofern sie ehevertraglich keine abweichende Regelung

---

958 *Bohlscheid*, RNotZ 2005, S. 533; *Schotten/Schmellenkamp*, DNotZ 2007, S. 731; *Siede*, in: *Bamberger/Roth*, BGB, § 1417 BGB, Rn. 3.
959 *Bohlscheid*, RNotZ 2005, S. 533; *Gaul/Althammer*, in: *Soergel/BGB*, § 1417, Rn. 3; *Lutter*, AcP 1962, S. 169.
960 *Bohlscheid*, RNotZ 2005, S. 533; *Lutter*, AcP 1962, S. 169.
961 MüKoBGB/*Kanzleiter*, § 1417 BGB, Rn. 3; *Schotten/Schmellenkamp*, DNotZ 2007, S. 733 ff.; *Siede*, in: *Bamberger/Roth*, BGB, § 1417 BGB, Rn. 2.
962 Vgl. MüKoBGB/*Kanzleiter*, § 1418 BGB, Rn. 1; *Siede*, in: *Bamberger/Roth*, BGB, § 1418 BGB, Rn. 1.

dahingehend getroffen haben, dass einer der Ehegatten das Gesamtgut allein verwaltet.

In diesem Zusammenhang wird problematisiert, dass die gemeinschaftliche Verwaltung ein Hindernis im rechtsgeschäftlichen Verkehr darstelle, während die Alleinverwaltung zu einer Bevormundung führe.[963] Vor diesem Hintergrund besteht ein offensichtliches Bedürfnis, differenzierte Verwaltungsregelung in den Ehevertrag aufzunehmen. Ob und inwieweit dies zulässig ist, ist umstritten. Nach einhelliger Auffassung ist die Anordnung der Verwaltungsbefugnis unter einer aufschiebenden oder auflösenden Bedingung möglich.[964] Darüber hinaus wird teils vertreten, dass auch eine periodisch wechselnde Befugnis vereinbart werden könnte.[965] Keine Einigkeit besteht hinsichtlich der Frage, ob die Aufteilung der Verwaltungsbefugnis in verschiedene Teilbereiche möglich ist, die jeweils einem Ehegatten zugeordnet werden.[966] Umstritten ist des Weiteren, ob hinsichtlich des Gesamtguts beiden Ehegatten zugleich eine originäre und unabhängige Verwaltungsbefugnis eingeräumt werden kann.[967]

In der Literatur wird ferner darauf verwiesen, dass sich bei einer gemeinschaftlichen Verwaltung oft das Problem stelle, dass einer der Ehegatten die Verwaltung allein übernehme. Fehlt es an einer entsprechenden Berechtigung, sind die von diesem Ehegatten vorgenommenen Rechtshandlungen in Bezug auf das

---

963 So *Schwab*, Familienrecht, Rn. 200.
964 MüKoBGB/*Kanzleiter*, § 1421 BGB, Rn. 2; *Siede*, in: *Bamberger/Roth*, BGB, § 1421 BGB, Rn. 2; *Völker*, in: *Kaiser/Schnitzler/Friederici/Schilling*, Familienrecht, § 1421 BGB, Rn. 3.
965 MüKoBGB/*Kanzleiter*, § 1421 BGB, Rn. 2; *Völker*, in: *Kaiser/Schnitzler/Friederici/Schilling*, Familienrecht, § 1421 BGB, Rn. 3; andere Ansicht: *Gaul/Althammer*, in: *Soergel/BGB*, § 1421, Rn. 4; *Gernhuber/Coester-Waltjen*, Familienrecht, § 38, Rn. 46; *Palandt/Brudermüller*, § 1421 BGB, Rn. 1; im Ergebnis wohl auch *Siede*, in: *Bamberger/Roth*, BGB, § 1421 BGB, Rn. 2.
966 Aufgrund der möglichen Rechtsunsicherheit ablehnend: *Gernhuber/Coester-Waltjen*, Familienrecht, § 38, Rn. 46; *Siede*, in: *Bamberger/Roth*, BGB, § 1421 BGB, Rn. 2; zustimmend *Völker*, in: *Kaiser/Schnitzler/Friederici/Schilling*, Familienrecht, § 1421 BGB, Rn. 3.
967 Ablehnend: *BayObLG* NJW 1968 (896); *Gaul/Althammer*, in: *Soergel*/BGB, § 1421, Rn. 3; *Gernhuber/Coester-Waltjen*, Familienrecht, § 38, Rn. 46; MüKoBGB/*Kanzleiter*, § 1421 BGB, Rn. 2; *Palandt/Brudermüller*, § 1421 BGB, Rn. 1; *Siede*, in: *Bamberger/Roth*, BGB, § 1421 BGB, Rn. 2; zustimmend *Mikat*, in: Festschrift für Felgentraeger, S. 327.

Gesamtgut gemäß § 1453 Abs. 1 BGB in Verbindung mit § 1366 Abs. 1 BGB jedoch bis zur nachträglichen Genehmigung unwirksam.[968]

Vorbehalts- und Sondergut wird gemäß § 1417 Abs. 3 BGB und § 1418 Abs. 3 BGB durch den Ehegatten, in dessen Eigentum die zu diesem Gut stehenden Gegenstände gehören, selbstständig verwaltet. Die Verwaltung des Sonderguts erfolgt jedoch für Rechnung des Gesamtguts; die Verwaltung des Vorbehaltsguts hingegen auf eigene Rechnung.

Hinsichtlich der Haftung für Verbindlichkeiten ist zu unterscheiden, welches Vermögen in Anspruch genommen werden kann.

Die Gläubiger eines Ehegatten können sich grundsätzlich aus dem **Gesamtgut** befriedigen. Eine solche Verbindlichkeit bezeichnet das Gesetz als Gesamtgutsverbindlichkeit. Übt ein Ehegatte die Verwaltung vertragsgemäß allein aus, betrifft dies gemäß § 1437 Abs. 1 BGB zunächst nur Verbindlichkeiten zulasten dieses Ehegatten. Eine Haftung des Gesamtguts für Verbindlichkeiten des anderen Ehegatten ergibt sich nach § 1438 Abs. 1 BGB nur, falls der verwaltungsbefugte Ehegatte dem zustimmt oder das Rechtsgeschäft ausnahmsweise auch ohne seine Zustimmung wirksam ist. Bei einer gemeinschaftlichen Verwaltung erstreckt sich die Regelung gemäß § 1459 Abs. 2 BGB auf Verbindlichkeiten beider Ehegatten. Hat ein Ehegatte allein das maßgebliche Rechtsgeschäft abgeschlossen, haftet das Gesamtgut nur, falls der andere Ehegatte zustimmt oder das Rechtsgeschäft ausnahmsweise auch ohne die erforderliche Zustimmung wirksam ist.

Daneben ist ein Rückgriff auf das **persönliche Vermögen** der Ehegatten möglich. Bei einer Alleinhaftung haftet der verwaltungsbefugte Ehegatte gemäß § 1437 Abs. 2 S. 1 BGB persönlich als Gesamtschuldner für Gesamtgutsverbindlichkeiten; bei einer gemeinschaftlichen Verwaltung haften gemäß § 1459 Abs. 2 S. 1 BGB beide Ehegatten persönlich als Gesamtschuldner. Sonderregeln ergeben sich bezüglich des Vorbehalts- und Sonderguts. Insoweit ist grundsätzlich davon auszugehen, dass das Gesamtgut nicht für diese Verbindlichkeiten haftet. Entsprechende Regelungen finden sich in §§ 1439, 1440, 1461, 1462 BGB. Für persönliche Verbindlichkeiten haftet der jeweilige Ehegatte, der diese eingegangen ist, mit seinem persönlichen Vermögen.

Grundsätzlich ist der Bestand der Gütergemeinschaft an den der Ehe geknüpft. Wird die Ehe durch eine **Ehescheidung, die Auflösung oder den Tod** eines Ehegatten beendet, so endet auch die Gütergemeinschaft.[969]

---

968 *Klüber*, FPR 2001, S. 85.
969 *Siede*, in: *Bamberger/Roth*, BGB, § 1415 BGB, Rn. 10.

Die Gütergemeinschaft kann zudem – unabhängig vom Bestand der Ehe – auf **Antrag eines der Ehegatten** in einem gerichtlichen Verfahren **beendet** werden. Besitzt ein Ehegatte die alleinige Verwaltungsbefugnis, kann er diesen Antrag gemäß § 1448 BGB stellen, falls aufgrund einer Überschuldung des Gesamtguts durch Verbindlichkeiten des anderen Ehegatten die spätere Verteilung zu seinen Gunsten erheblich gefährdet wird. Auch der nicht zur Verwaltung befugte Ehegatte kann gemäß § 1447 BGB die Aufhebung unter bestimmten Voraussetzungen beantragen. Es bedarf einer erheblichen Gefährdung seiner zukünftigen Rechte oder des Familienunterhalts durch den verwaltenden Ehegatten, der erheblichen Gefährdung der Verteilung durch eine Überschuldung des Gesamtguts durch Verbindlichkeiten des verwaltenden Ehegatten. Der nicht zur Verwaltung befugte Ehegatte kann einen entsprechenden Antrag auch stellen, wenn die Verwaltung aufgrund einer Betreuung des ursprünglich verantwortlichen Ehegatten nunmehr dem Betreuer zufällt. Eine vergleichbare Regelung findet nach § 1469 BGB Anwendung, wenn die Ehegatten das Gesamtgut gemeinschaftlich verwalten. Ergänzend ist auch hier ein Aufhebungsantrag durch einen Ehegatten möglich, wenn der andere Ehegatte sich beharrlich weigert, an einer ordnungsgemäßen Verwaltung mitzuwirken.

Daneben besteht die Möglichkeit, dass die Ehegatten in einem **Ehevertrag** abweichende Regelungen treffen, die bereits während bestehender Ehe zu einer Beendigung der Gütergemeinschaft führen oder deren Fortsetzung für den Fall des Todes eines der Ehegatten mit den gemeinschaftlichen Abkömmlingen anordnen können.[970]

Die **Auseinandersetzung der Gütergemeinschaft** nach deren Beendigung erfordert eine Aufteilung des Gesamtgutes und damit zunächst das Erstellen einer Bilanz, in die sowohl Gegenstände des Gesamtguts als auch Gesamtgutsverbindlichkeiten aufzunehmen sind. Unerheblich ist, ob Verbindlichkeiten oder Forderungen des Gesamtguts bereits fällig sind; diese sind dennoch in die Bilanzierung aufzunehmen.[971] Bei der Aufteilung ist gemäß § 1475 Abs. 1 S. 2 BGB zurückzubehalten, was zur Erfüllung der Verbindlichkeiten erforderlich ist. Darüber hinaus kann die Ausgleichsbilanz im Falle der Ehescheidung auch durch den **Anspruch auf Wertersatz** gemäß § 1478 Abs. 1 BGB beeinflusst werden. Demgemäß hat ein Ehegatten Anspruch darauf, dass ihm der Wert der Gegenstände erstattet wird, die er in das Gesamtgut eingebracht hat. Dies betrifft Gegenstände, die dem Ehegatten bei Beginn des Güterstands gehörten, die er

---

970 Siede, in: *Bamberger/Roth*, BGB, § 1415 BGB, Rn. 10; siehe auch §§ 1483 – 1518 BGB.
971 *Klüber*, FPR 2001, S. 86.

im Wege einer Erbschaft, Schenkung oder als Ausstattung erworben hat, ohne dass es sich hierbei um Vorbehaltsgut handelt, oder solche Rechte, die mit dem Tode des Ehegatten erlöschen oder deren Erwerb durch den Tod des Ehegatten bedingt ist, wie Lebensversicherungen. Maßgeblich ist gemäß § 1478 Abs. 3 BGB der Wert zum Zeitpunkt der Einbringung. Dieser Anspruch ist im Verhältnis zu den übrigen Verbindlichkeiten gegenüber Dritten jedoch nachrangig, da, falls der Wert des Gesamtguts zur Begleichung aller Verbindlichkeiten nicht ausreicht, der Fehlbetrag gemäß § 1478 Abs. 1 S. 2 BGB von den Ehegatten nach dem Verhältnis des Wertes des von ihnen Eingebrachten zu tragen ist.[972]

Bei der Verteilung ist zunächst das Gesamtgut in Geld umzusetzen, soweit dies zur Begleichung der Gesamtgutsverbindlichkeiten erforderlich ist. Dies ergibt sich aus § 1475 Abs. 3 BGB. Verbleibt sodann ein Überschuss, gebührt dieser gemäß § 1476 Abs. 1 BGB den Ehegatten grundsätzlich **zu gleichen Teilen**.

Weiterhin hat das **Rücknahmerecht** im Sinne von § 1477 Abs. 2 BGB Einfluss auf die Durchführung der Teilung. Demgemäß kann jeder Ehegatte die von ihm in die Gütergemeinschaft eingebrachten Vermögensgegenstände nach Beendigung des Güterstands übernehmen. Entschließt sich ein Ehegatte, dieses Recht auszuüben, so ist er berechtigt, den eingebrachten Gegenstand dem Gesamtgut zu entziehen, muss jedoch den Wert dieses Guts erstatten. Das Rücknahmerecht schließt den Wertersatzanspruch gemäß § 1478 Abs. 1 BGB nicht aus; diese Ansprüche können nebeneinander geltend gemacht werden.[973] Es steht daher den Ehegatten auch frei, gegen einen Werterstattungsanspruch des Gesamtguts mit dem eigenen Wertersatzanspruch aufzurechnen.[974]

III. Deutsch-französischer Wahlgüterstand

Seit dem 01.05.2013 besteht gemäß § 1519 BGB außerdem die Möglichkeit, den ehelichen Güterstand nach den Vorschriften des Abkommens zwischen der Bundesrepublik Deutschland und der Französischen Republik über den Güterstand der **Wahl-Zugewinngemeinschaft** vom 04.02.2010 zu wählen.[975]

Dieser Güterstand zeichnet sich, wie der gesetzliche Güterstand der Zugewinngemeinschaft, gemäß Art. 2 Abs. 1 des Abkommens dadurch aus, dass der

---

972 Siehe auch *Klüber*, FPR 2001, S. 89.
973 *BGH* NJW 1952, 1330 (1331); so auch *Klüber*, FPR 2001, S. 88.
974 *BGH* FamRZ 1988, 926 (926).
975 Ausf. dazu *Becker*, FF 2013, S. 178; *Braeuer*, FF 2010, S. 114 f.; *Jäger*, DNotZ 2010, S. 804 ff.; *Klippstein*, FPR 2010, S. 510 ff.; *Knoop*, NJW-Spezial 2016, S. 708 f.; *Meyer*, FamRZ 2010, S. 612 ff.

Eintritt des Wahlgüterstands sich auf die Vermögen der Ehegatten nicht auswirkt; diese bleiben getrennt. Gemäß Art. 2 Abs. 2 des Abkommens wird bei Beendigung des Güterstands der von beiden erwirtschaftete Zugewinn untereinander ausgeglichen, wobei wie im gesetzlichen Güterstand der Zugewinn der Betrag ist, um den das Vermögen, das bei Beendigung des Güterstands vorhanden ist, das Vermögen, das zu Beginn des Güterstands vorhanden war, übersteigt.

Gleichwohl ist der Wahlgüterstand nicht mit der Zugewinngemeinschaft gleichzusetzen. Wesentliche Unterschiede ergeben sich insbesondere bei der Ermittlung des Anfangsvermögens und hinsichtlich des Ausgleichsanspruchs.

So setzt sich das Anfangsvermögen gemäß Art. 8 Abs. 2 des Abkommens aus dem bei Eintritt des Güterstands vorhandenen Vermögens sowie den Gegenständen zusammen, deren Erwerb privilegiert ist. Verbindlichkeiten sind über die Höhe des Vermögens hinaus abzuziehen. Im Gegensatz zur Zugewinngemeinschaft ist ein während des Güterstands erhaltenes Schmerzensgeld als eheneutraler Erwerb ebenfalls privilegiert. Ausstattungen bleiben im Abkommen unerwähnt.[976] Früchte, die aus dem Anfangsvermögen gezogen werden, und Gegenstände, die ein Ehegatte Verwandten in gerader Linie während des Bestehen des Güterstands im Wege der Schenkung übertragen hat, sind gemäß Art. 8 Abs. 3 des Abkommens im Anfangsvermögen nicht zu berücksichtigen.

Ähnlich wie der Wertermittlung des Zugewinnausgleichs ist der Wert des Anfangsvermögens anhand des jeweiligen Stichtages zu bemessen, sodass grundsätzlich die Ehegatten an einer Wertveränderung der jeweiligen Gegenstände während des Güterstands teilhaben. Bei Grundstücken und grundstücksgleichen Rechten sucht der Wahlgüterstand gleichwohl Anschluss an das französische Recht. Gemäß Art. 9 Abs. 2 des Abkommens sind diese Bestandteile mit dem Wert zu bemessen, den sie am Tag der Beendigung des Güterstands haben. Der Wertzuwachs wird damit nicht berücksichtigt.

Hinsichtlich des sich ergebenden Ausgleichsanspruchs ist zu beachten, dass Art. 14 des Abkommens eine Kappungsgrenze enthält. Grundsätzlich besteht gemäß Art. 12 Abs. 1 des Abkommens ein Anspruch gegen den anderen Ehegatten auf Zahlung einer Geldsumme in Höhe des hälftigen Betrages, um den das Endvermögen das Anfangsvermögen des betreffenden Ehegatten übersteigt. Dieser Anspruch ist jedoch – im Gegensatz zur Zugewinngemeinschaft – auf

---

976 Umstritten ist, ob die Ausstattung als Schenkung im Sinne des Abkommens zu sehen ist. Zustimmend *Krause*, ZFE 2010, S. 250; ablehnend MüKoBGB/*Koch*, Art. 8 WahlZugAbk, Rn. 3.

den *hälftigen* Wert des Vermögens des Ausgleichspflichtigen begrenzt, das am Endstichtag nach Abzug der Verbindlichkeiten vorhanden ist.

In der Literatur wird die Bedeutung des Wahlgüterstands für Ehen, in denen Immobilienvermögen vorhanden ist, dessen Wertsteigerungen im Rahmen des Ausgleichs nicht berücksichtigt werden sollen, und für die erbrechtliche Gestaltung hervorgehoben.[977]

IV. Modifizierte Zugewinngemeinschaft

Abschließend ist zu festzustellen, dass § 1408 BGB den Ehegatten allgemein ermöglicht, ihre güterrechtlichen Verhältnisse durch einen Ehevertrag zu regeln, was keine Beschränkung des möglichen Regelungsgehalts auf einen der vorstehend genannten Wahlgüterstände beinhaltet. Damit steht es den Ehegatten frei, den gesetzlichen Güterstand zum Ausgangspunkt einer ehevertraglichen Regelung zu machen, diesen jedoch im Einzelnen abweichend zu gestalten. Die nachstehende Darstellung soll einen Überblick über mögliche Gestaltungsvarianten geben, erhebt jedoch keinen Anspruch auf Vollständigkeit.

Vornehmlich kommt in Betracht, den **Zugewinnausgleich für den Fall der Eheschließung auszuschließen** und im Übrigen die gesetzliche Regelung weitgehend beizubehalten. Diese Regelung wird gegenüber der Gütertrennung als vorzugswürdig gesehen, da sie die mit dem Wahlgüterstand verbundenen erbrechtlichen Nachteile durch Verlust des Ehegattenerbrechts gemäß § 1371 Abs. BGB vermeidet.[978]

Ausdrücklich durch den Bundesgerichtshofs gebilligt worden ist, dass die Ehegatten einen bestimmten Vermögensbestandteil – im zur Entscheidung vorliegenden Fall das **Betriebsvermögen – dem Zugewinnausgleich entziehen**, indem dieser Bestandteil weder dem Anfangs- noch dem Endvermögen zuzurechnen ist.[979] Der Bundesgerichtshof wies darauf hin, dass der Zugewinnausgleichsanspruch bei Bestehen eines Unternehmens typischerweise hauptsächlich durch die Ertragskraft und Wertsteigerung des jeweiligen Unternehmens geprägt sei. Der sich aus dem Wert des Unternehmens ergebende Zugewinnausgleichsanspruch könnte häufig nur aus der Substanz des Unternehmens befriedigt

---

977 *Klippstein*, FPR 2010, S. 515; *Knoop*, NJW-Spezial 2016, S. 709; *Langenfeld/Milzer*, Eheverträge und Scheidungsvereinbarungen, § 13, Rn. 393; MüKoBGB/*Koch*, § 1519 BGB, Rn. 7.
978 *Brambring*, Ehevertrag, Rn. 94; *Münch*, Ehebezogene Rechtsgeschäfte, Rn. 1142.
979 BGH FamRZ 1997, 800 (801).

werden und gefährde dessen Bestand, sodass es angemessen und interessengerecht sein könnte, den Bestand durch die vorstehende Regelung zu schützen.[980] In der Literatur wird angemerkt, dass die Herausnahme eines Unternehmens aus dem Zugewinnausgleich nicht stets unproblematisch ist. So wird darauf verwiesen, dass bereits die Bestimmung des Unternehmens als Vermögensbestandteil abhängig von der jeweils gewählten Formulierung schwierig sei. Werde das Unternehmen namentlich bezeichnet, sei fraglich, ob dieses auch bei einem Wechsel der Rechtsform oder bei einer Neugründung vom Zugewinnausgleich ausgenommen werden sollte.[981] Die Verwendung des Begriffs des Betriebsvermögens schaffe insoweit keine Abhilfe, da dieser weder familienrechtlich noch steuerrechtlich eindeutig zu bestimmen sei.[982] Zudem bestehe ein erhebliches Missbrauchsrisiko, da der unternehmerisch tätige Ehegatte nach Belieben Vermögensgegenstände vom Privatvermögen in das betriebliche Vermögen und umgekehrt vom betrieblichen ins private Vermögen überführen könnte.[983]

Ferner kommt in Betracht, die gesetzlichen Regelungen dahingehend zu modifizieren, dass das **Anfangsvermögen** unter Hinzurechnung der privilegiert erworbenen Vermögensgegenstände **dem Zugewinnausgleich entzogen** wird. Diese Regelung bezweckt, dass Wertsteigerungen des Anfangsvermögens nicht berücksichtigt werden, und begegnet damit Bedenken gegen deren Einbeziehung unter Berücksichtigung des Grundgedankens des Zugewinnausgleichs als Halbteilung des in der ehelichen Lebens- und Wirtschaftsgemeinschaft gemeinsam erworbenen Vermögens.[984]

Zulässig soll ferner die Aufnahme einer **Bedingung** oder **Befristung** in den Ehevertrag sein. Eine derartige Beschränkung der ehevertraglichen Regelungen wird als sinnvoll erachtet, um einer vorhersehbaren Änderung der Ehekonstellation Rechnung zu tragen. So wird vorgeschlagen, den Ausschluss des

---

980 BGH FamRZ 1997, 800 (802); vgl. auch BGH NJW 2007, 2851 (2853).
981 *Langenfeld/Milzer*, Eheverträge und Scheidungsvereinbarungen, § 12, Rn. 291; *Maier*, Vertragliche Modifikationen, S. 303; *Münch*, Ehebezogene Rechtsgeschäfte, Rn. 1171.
982 *Langenfeld/Milzer*, Eheverträge und Scheidungsvereinbarungen, § 12, Rn. 295; *Maier*, Vertragliche Modifikationen, S. 304; *Münch*, Ehebezogene Rechtsgeschäfte, Rn. 1174 – 1179.
983 *Brambring*, Ehevertrag, Rn. 133; *Maier*, Vertragliche Modifikationen, S. 305 ff.; *Langenfeld/Milzer*, Eheverträge und Scheidungsvereinbarungen, § 12, Rn. 296; *Münch*, Ehebezogene Rechtsgeschäfte, Rn. 1181 – 1183; siehe auch BGH FamRZ 1997, 800 (803).
984 *Langenfeld/Milzer*, Eheverträge und Scheidungsvereinbarungen, § 12, Rn. 272; *Münch*, Ehebezogene Rechtsgeschäfte, Rn. 1224.

Zugewinnausgleichs für den Fall der Geburt von Kindern auflösend zu bedingen. Auch wird auf die Möglichkeit, den Ausschluss des Zugewinnausgleichs zu befristen, indem der Ausschluss nur greift, falls die Ehe eine im Einzelnen zu bestimmende Dauer nicht überschreitet.[985]

Teilweise wird ferner vertreten, dass die ehevertraglichen Regelungen auch ein **Rücktrittsrecht** enthalten können. Im Vergleich zur Bedingung oder Befristung, die automatisch zum Fortfall des Ausschlusses des Zugewinnausgleichs führen würden, erfordere das vertraglich vereinbarte Rücktrittsrecht eine weitere Erklärung des Berechtigten, der frei über die Ausübung entscheiden könnte.[986]

C. Vergleichende Synthese

Nachstehend erfolgt eine vergleichende Gegenüberstellung der Wahlgüterstände des niederländischen und deutschen Rechts. Eine wertende Betrachtungsweise in Form einer Evaluation wird in diesem Abschnitt nicht vorgenommen werden, da die verwendeten Wahlgüterstände die jeweiligen gesetzlichen Güterstände zum Ausgangspunkt nehmen, die sich in den Niederlanden und Deutschland, wie bereits im ersten Abschnitt dargelegt worden ist, erheblich voneinander unterscheiden.

In der juristischen Diskussion der gesetzlichen Güterstände ist in beiden Rechtsordnungen die Legitimation des jeweiligen Modells problematisiert worden, da dieses jeweils auf einen bestimmten Ehetypus ausgerichtet ist. Vor diesem Hintergrund besteht ein nachvollziehbares Bedürfnis, den gesetzlichen Güterstand durch einen Wahlgüterstand zu ersetzen, der dem jeweiligen Ehetypus im Einzelfall entspricht.

Dies kann zunächst dadurch erfolgen, dass der gesetzliche Güterstand der jeweiligen Rechtsordnung zwar Grundlage des güterrechtlichen Verhältnisses wird, dies jedoch in modifizierter Form.

Bei einer ehevertraglichen Gestaltung der Zugewinngemeinschaft kommt in Betracht, bestimmte Vermögensgegenstände von dieser auszunehmen oder das Anfangsvermögen zu modifizieren, um Wertsteigerungen dieses Vermögens bei der Ermittlung der Kompensation nicht zu berücksichtigen. Eine vergleichbare

---

985 *Brambring*, Ehevertrag, Rn. 95 – 96; *Langenfeld/Milzer*, Eheverträge und Scheidungsvereinbarungen, § 3, Rn. 25; *Maier*, Vertragliche Modifikationen, S. 265 f.; *Münch*, Ehebezogene Rechtsgeschäfte, Rn. 1235.

986 *Brambring*, Ehevertrag, Rn. 97; *Langenfeld/Milzer*, Eheverträge und Scheidungsvereinbarungen, § 3, Rn. 26; *Maier*, Vertragliche Modifikationen, S. 266 f.; *Münch*, Ehebezogene Rechtsgeschäfte, Rn. 1237.

Wirkung bezüglich der Wertsteigerung kann in Bezug auf Grundstücke durch den deutsch-französischen Wahlgüterstand erreicht werden, der weitegehend mit den Regelungen der Zugewinngemeinschaft übereinstimmt. Weiterhin könnte das Entstehen des Zugewinnausgleichsanspruchs von einer Bedingung oder Befristung abhängig gemacht oder ein Rücktrittsrecht vereinbart werden.

Die Gütergemeinschaft hingegen kann einerseits durch eine weitere Beschränkung auf bestimmte Vermögensgegenstände, die Ehewohnung oder den ehelichen Hausrat modifiziert werden. Auch kommt in Betracht, die Wirkung der Gütergemeinschaft nach der Neuregelung durch den Gesetzgeber zum 01.01.2018 auszuweiten. Das *Burgerlijk Wetboek* enthielt in einer früheren Fassung zudem die Wahlgüterstände der Früchte und Einkünfte und von Gewinn und Verlust, die jeweils gemeinschaftliche Vermögen entstehen lassen, jedoch im Vergleich zum damaligen Güterstand der *algehele goederengemeenschap* beschränkt waren.

Des Weiteren ist in beiden Rechtsordnungen eine Form der Gütertrennung bekannt, die zur Folge hat, dass sich an die Eheschließung keine güterrechtlichen Rechtsfolgen knüpfen. Die Bildung gemeinschaftlichen Vermögens als Folge der Eheschließung ist damit ebenso ausgeschlossen wie eine güterrechtliche Kompensation bzw. eine Teilhabe am von den Ehegatten erwirtschafteten Vermögen.

Insoweit ist allerdings zu berücksichtigen, dass die Gütertrennung des deutschen Rechts keine Veränderung der Vermögen im Vergleich zum gesetzlichen Güterstand herbeiführt, da auch die Zugewinngemeinschaft nicht zu einer Vergemeinschaftung von Vermögen führt.

Der kalte Ausschluss des niederländischen Rechts hingegen ist ein Gegenentwurf zum gesetzlichen Güterstand, da dieser auch in der derzeit vorliegenden Form ein gemeinschaftliches Vermögen schafft. Insbesondere die fehlende Kompensationswirkung des kalten Ausschluss ist in der niederländischen Literatur wiederholt kritisiert worden. Der kalte Ausschluss ist in der Praxis zwischenzeitlich mehrheitlich durch sogenannte Verrechnungsklauseln ergänzt worden, um den Ehegatten eine Teilhabe am erwirtschafteten Vermögen des anderen Ehegatten zu ermöglichen, die vorsehen, dass in regelmäßigen Abständen und/oder nach Beendigung des Güterstands eine Verrechnung des aufgebauten Vermögens erfolgt. Eine entsprechende Wirkung hat der zwischenzeitlich abgeschaffte Güterstand der gesetzlichen Teilhabe. Dieser Güterstand entspricht weitegehend dem gesetzlichen Güterstand der Zugewinngemeinschaft.

Der Gegenentwurf zur Zugewinngemeinschaft ist die Gütergemeinschaft des deutschen Rechts, die vergleichbar zur Gütergemeinschaft des niederländischen Rechts ein Gesamtgut entstehen lässt, das bei einer Beendigung auseinandergesetzt werden muss. Ein entsprechender Wahlgüterstand fehlt im niederländischen Recht naturgemäß.

5. Abschnitt: Der Ehevertrag unter richterlicher Aufsicht

Im nachfolgenden fünften Untersuchungsabschnitt soll thematisiert werden, ob und, sofern dies zutrifft, die ehevertraglichen Regelungen in Deutschland und den Niederlanden einer Kontrolle durch die Gerichte unterliegen. Dabei soll geprüft werden, ob sich einerseits aus dem jeweiligen Gesetz Beschränkungen der Vertragsfreiheit ergeben, die zur Unwirksamkeit des Vertrages führen können, und ob andererseits in der jeweiligen Rechtsordnung Rechtsinstitute existieren, die eine Anpassung des Vertrages ermöglichen.

A. Rechtslage in Niederlanden

Der Untersuchungsgang der niederländischen Rechtslage gliedert sich drei weitere Unterabschnitte. Einerseits soll geprüft werden, welche Schranken der Ehevertragsfreiheit in den Niederlanden bestehen. In einem weiteren Schritt wird die Auslegung ehevertraglicher Vereinbarungen untersucht. Im dritten Abschnitt soll dargestellt werden, anhand welcher Grundlagen den Gerichten eine Anpassung der ehevertraglichen Regelungen möglich ist.

I. Wirksamkeit des Ehevertrages

Schranken der Ehevertragsfreiheit, die zu Nichtigkeit oder Unwirksamkeit des Vertragswerks führen, ergeben sich unmittelbar aus dem *Burgerlijk Wetboek*. Nachfolgend wird in verschiedenen Abschnitten dargestellt, in welchen Fällen die vertragliche Regelung gegen zwingendes Recht, die guten Sitten oder die öffentliche Ordnung verstößt, sowie, wann ein Verstoß gegen spezifische eheliche und elterliche Pflichten vorliegt. Danach wird untersucht, ob und in welcher Form sich Willensmängel auf die Wirksamkeit des Vertrages auswirken können. Der letzte Abschnitt ist der Darstellung des Rechtsinstituts der gerichtlichen Genehmigung des Ehevertrages gewidmet.

1. Verstoß gegen zwingendes Recht, die guten Sitten oder die öffentliche Ordnung

Art. 1:121 Abs. 1 BW[987] nennt als allgemeinen Maßstab für alle Eheverträge, dass deren Vertragsinhalt von den Regelungen der gesetzlichen Gütergemeinschaft abweichen kann, solange damit kein Verstoß gegen zwingendes Recht, die guten Sitten oder die öffentliche Ordnung einhergeht. Derselbe Maßstab findet sich auch in einer Norm des allgemeinen Vermögensrechts wieder, die ebenfalls bei Eheverträgen Anwendung findet.[988] Dies macht eine Definition der einzelnen Rechtsbegriffe erforderlich, die im Folgenden vorgenommen werden soll.

a) Definition des zwingenden Rechts

In erster Linie ist bei Abschluss eines Ehevertrages zwingendes Recht zu beachten. Verstößt eine ehevertragliche Klausel gegen zwingendes Recht, ist diese nichtig, sodass näherer Bestimmung bedarf, welche Normen des niederländischen Rechts als zwingend anzusehen sind.

Das niederländische Rechtssystem unterscheidet hinsichtlich des **Begriffs des Rechts** zwischen formellem und materiellem Recht. Unabhängig vom Inhalt liegt **formelles Recht** vor, wenn es vom zuständigen Gesetzgeber in einem verfassungsrechtlich vorgesehenen Verfahren zustande gekommen ist.[989] In den Niederlanden setzt sich der Gesetzgeber aus der Regierung einerseits und dem *Staten-Generaal* andererseits zusammen. Als *Staten-Generaal* wird die Volksvertretung bezeichnet, die aus einer ersten und zweiten Kammer besteht.[990] Im Gegensatz dazu kommt bei der Frage, ob eine Norm dem **materiellen Recht** zuzuordnen ist, dem Inhalt dieser entscheidende Bedeutung zu. Voraussetzung für die Einordnung einer Norm oder Regel als materielles Recht ist, dass diese Norm Außenwirkung besitzt, sowohl Bürger als auch Staatsorgane an sie gebunden sind und/oder aus ihr Befugnisse ableiten können.[991]

Formelles Recht ist stets Recht im Sinne des Art. 1:121 Abs. 1 BW[992]. Materielles Recht hingegen unterfällt diesem Begriff nur ausnahmsweise. Erforderlich

---

987 Siehe S. 912.
988 *De Bruijn/Huijgen/Reinhartz*, Het Nederlandse Huwelijksvermogensrecht, 5. druk, S. 252; *Kolkman/Salomons*, in: Asser 1-II, Rn. 411.
989 *Böhtlingk/Logemann*, Wetsbegrip, S. 31; *Boon/Brouwer/Schilder*, Regelgeving, S. 6; *Mincke*, Einführung in das niederländische Recht, Rn. 52.
990 *Mincke*, Einführung in das niederländische Recht, Rn. 46.
991 *Böhtlingk/Logemann*, Wetsbegrip, S. 31; *Boon/Brouwer/Schilder*, Regelgeving, S. 6 f.
992 Siehe S. 192.

ist, dass der formelle Gesetzgeber seine Gesetzgebungskompetenz förmlich an andere rechtsetzende Instanzen übertragen hat. In jedem anderen Fall bleibt ausschließlich die Möglichkeit, den Verstoß gegen eine materielle Norm als Verstoß gegen die guten Sitten oder die öffentliche Ordnung geltend zu machen.[993]

Erforderlich ist weiterhin, dass die formelle oder materielle Rechtsnorm einen **zwingenden Charakter** hat. Dabei ist entscheidend, welche Intention der Gesetzgeber bei der Schaffung einer Vorschrift verfolgt hat. Es handelt sich um zwingendes Recht, wenn den Parteien ein bestimmtes Verhalten vorgegeben wird und es ihnen zugleich unmöglich gemacht werden sollte, eine Abweichung von dieser Vorgabe zu vereinbaren. Dieser Wille des Gesetzgebers kann sich einerseits im Gesetz wiederfinden, indem die gesetzliche Vorschrift diesen Willen ausdrücklich nennt oder bei abweichendem Verhalten die Rechtsfolge der Nichtigkeit oder *Vernietigbaarheid*[994] statuiert. Andererseits kann anhand der Gesetzesbegründung und/oder dem Sinn und Zweck der Vorschrift ermittelt werden, ob die Norm zwingenden Charakter hat.[995]

Im *Burgerlijk Wetboek* wird in einigen Normen ausdrücklich an einen Verstoß die Rechtsfolge der Nichtigkeit geknüpft. So ist es den Ehegatten nicht möglich, mittels einer Vereinbarung das Recht auszuschließen, bereits während der Ehe die **Auflösung der Gütergemeinschaft** zu beantragen. Darüber hinaus sieht Art. 1:117 Abs. 2 BW[996] vor, dass der **Zeitpunkt des Inkrafttretens des Ehevertrags** nicht verlegt werden kann, wenn dieser bereits vor der Ehe abgeschlossen worden ist. Gesetzlich zwingend vorgeschrieben ist, dass die ehevertraglichen Bestimmungen ihre Wirkung im Moment, in dem die Ehe eingegangen wird, entfalten.[997]

b) Definition der guten Sitten und der öffentlichen Ordnung

Neben dem zwingenden Recht sind bei Abschluss einer Rechtshandlung sowohl die guten Sitten als auch die öffentliche Ordnung zu berücksichtigen. Widerspricht eine Rechtshandlung, also auch ein Ehevertrag, diesen Normen, hat dies grundsätzlich deren Nichtigkeit zur Folge.

Einer Definition der Begriffe der guten Sitten und der öffentlichen Ordnung ist voranzustellen, dass es dabei um sogenannte **offene Normen** handelt.

---

993 *Hartkamp/Sieburgh*, in: *Asser* 6-III, Rn. 314; *Hijma/Olthof*, Vermogensrecht, Rn. 49.
994 Ausführlich zum Begriff der *Vernietigbaarheid* siehe S. 209.
995 *Hartkamp/Sieburgh*, in: *Asser* 6-III, Rn. 316; *Brahn/Reehuis*, Vermogensrecht, Rn. 456.
996 Siehe S. 221.
997 Ausf. hierzu *Kolkman/Salomons*, in: *Asser* 1-II, Rn. 411 f.

Kennzeichen einer solchen Norm ist die inhaltliche Flexibilität, die ermöglicht, sowohl auf unbekannte Situationen als auch auf neue gesellschaftliche Entwicklungen zu reagieren. In der Literatur wird aus diesem Grund auch darauf verweisen, dass die Begrifflichkeit den gesellschaftlichen Veränderungen unterworfen sei: Was den guten Sitten oder der öffentlichen Ordnung entspreche, sei abhängig von dem Zeitpunkt des Entstehens der Handlung, die zu einer Berufung auf die guten Sitten oder die öffentliche Ordnung geführt habe.[998] Damit stellt jede konkrete Ausformung dieser Begriffe in Rechtsprechung und Literatur allenfalls eine Momentaufnahme dar. Eine exakte und dauerhafte Definition sucht man vergebens.[999] Ein inhaltliches Grundgerüst kann gleichwohl erstellt werden.

Der Begriff der **guten Sitten** entstammt nicht dem geschriebenen Recht, sondern ist ein Begriff der Moral und Ethik. Die Literatur ist zu einem großen Teil der Auffassung, dass Recht und Moral zwar grundsätzlich zu trennen seien, aber dennoch ein gewisser Einfluss der Moral auf das Recht bestehe. Durch bestimmte Normen habe der Gesetzgeber ein Hineinwirken der Moral in das Recht ermöglicht.[1000] Insbesondere mit dem Begriff der guten Sitten verweise er auf Normen des ungeschriebenen Rechts, die sich aus einer gemeinsamen Vorstellung der Individuen einer Gesellschaft über das, was sich gehört, heraus bilden würden.[1001]

Im Gegensatz dazu wird die **öffentliche Ordnung** als die Gesamtheit von Bestimmungen und Normen verstanden, deren Einhalten als unverzichtbar für das Bestehen der heutigen Gesellschaft angesehen wird. Ein Verstoß gegen diese Ordnung erfolge, wenn eine Vereinbarung den elementaren Bestimmungen der heutigen gesellschaftlichen Organisation und den anerkannten Grundlagen des Rechts widerspreche.[1002] Zugleich wird festgestellt, dass diese grundlegenden

---

998 *Hoogervorst*, in: *Hartlief/Stolker*, Contractvrijheid, S. 139; *Van den Brink*, De goede zeden, S. 125 f.

999 *Hartkamp/Sieburgh*, in: *Asser* 6-III, Rn. 330; *Hoogervorst*, in: *Hartlief/Stolker*, Contractvrijheid, S. 139; *Van den Brink*, De goede zeden, S. 123.

1000 *Van den Brink*, De goede zeden, S. 194; *Van der Ley*, Strijd met de goede zeden, S. 16 f.; *Petit*, Strijd met de goede zeden, S. 5 f.

1001 *Van den Brink*, De goede zeden, S. 194; *Hartkamp/Sieburgh*, in: *Asser* 6-III, Rn. 330; *Hoogervorst*, in: *Hartlief/Stolker*, Contractvrijheid, S. 140; *Van der Ley*, Strijd met de goede zeden, S. 75 f.; *Petit*, Strijd met de goede zeden, S. 10; *Brahn/Reehuis*, Vermogensrecht, Rn. 453; *Zwalve*, WPNR 2002, S. 608.

1002 *Hartkamp/Sieburgh*, in: *Asser* 6-III, Rn. 345; *Hoogervorst*, in: *Hartlief/Stolker*, Contractvrijheid, S. 140; siehe auch *HR* 11.05.2001, ECLI: NL: PHR:2001: AB1555, NJ 2002/364, S. 2537; *Rechtbank Utrecht* 02.12.2009, ECLI: NL: RBUTR:2009: BK4972,

Bestimmungen zu einem großen Teil bereits Eingang in das geschriebene Recht gefunden hätten, weshalb der Verstoß gegen die öffentliche Ordnung regelmäßig mit einem Verstoß gegen zwingendes Recht einhergehe. Dementsprechend wird im niederländischen Rechtssystem selten angenommen, dass eine Handlung allein gegen die öffentliche Ordnung verstößt.[1003] Gleichwohl hat die *Rechtbank Utrecht* angenommen, dass eine ehevertragliche Klausel primär gegen die öffentliche Ordnung verstieß. Die Ehegatten hatten in Anlehnung an das 1971 abgeschaffte Verschuldensprinzip vorgesehen, dass der finanzielle Ausgleich beschränkt werden würde, falls der die Ehescheidung beantragende Ehegatte nach Auffassung eines von beiden Ehegatten zu benennenden Dritten moralisch für das Scheitern der Ehe verantwortlich sei. Die *rechtbank* war der Auffassung, dass die Strafklausel die gesetzliche Systematik negiere, wonach für eine Ehescheidung nur die dauerhafte Zerrüttung erforderlich sei. Die Klausel verstoße damit gegen grundlegende gesellschaftliche Bestimmungen.[1004]

Umstritten ist, in welchem **Verhältnis** der Begriff der guten Sitten zu dem Begriff der öffentlichen Ordnung steht. Teilweise wird vertreten, dass sich die Begriffe größtenteils überschneiden. In vielen Fällen würde ein Verstoß gegen die guten Sitten zugleich einen gegen die öffentliche Ordnung beinhalten; ein Verstoß gegen zwingendes Recht beinhalte regelmäßig einen solchen gegen die guten Sitten.[1005]

FJR 2010/47, URL: http://deeplinking.kluwer.nl/?param=00A3DBE7&cpid=WKNL-LTR-Nav2 (zuletzt abgerufen am 30.10.2018).
1003 So *Hartkamp/Sieburgh*, in: *Asser* 6-III, Rn. 345; *Hoogervorst*, in: *Hartlief/Stolker*, Contractvrijheid, S. 142 f.
1004 *Rechtbank Utrecht* 02.12.2009, ECLI: NL: RBUTR:2009: BK4972, FJR 2010/47, URL: http://deeplinking.kluwer.nl/?param=00A3DBE7&cpid=WKNL-LTR-Nav2 (zuletzt abgerufen am 30.10.2018); anders *Hof 's-Hertogenbosch* 08.07.2010, ECLI: NL: GHSHE:2010: BN1236, NJ 2012/16, URL: http://deeplinking.kluwer.nl/?param=00B61265&cpid=WKNL-LTR-Nav2 (zuletzt abgerufen am 30.10.2018), wonach die Aufnahme einer Verpflichtung zur Leistung einer Ausgleichszahlung für den Fall, dass der Ehemann die Scheidung einreicht, keinen Verstoß gegen die öffentliche Ordnung beinhaltet, da die streitgegenständliche Klausel nicht verschuldensabhängig ist.
1005 *Hartkamp/Sieburgh*, in: *Asser* 6-III, Rn. 311; *Brahn/Reehuis*, Vermogensrecht, Rn. 454; siehe auch *Rechtbank Utrecht* 02.12.2009, ECLI: NL: RBUTR:2009: BK4972, FJR 2010/47, URL: http://deeplinking.kluwer.nl/?param=00A3DBE7&cpid=WKNL-LTR-Nav2 (zuletzt abgerufen am 30.10.2018), die vornehmlich den Verstoß gegen die öffentliche Ordnung prüft, aber ohne weitere Begründung konstatiert, dass die streitgegenständliche Klausel ebenfalls gegen die guten Sitten verstoße.

Ferner wird vertreten, dass die Begriffe trotz der Überschneidungen in einem **Konkurrenzverhältnis** zueinanderstehen würden. In Einzelfällen sei nicht ohne weiteres ersichtlich, ob ein Verstoß gegen die guten Sitten vorliege, während der Verstoß gegen die öffentliche Ordnung offensichtlich sei. Dies lasse einen Rückschluss auf den unterschiedlichen Gehalt der Begrifflichkeiten zu.[1006]

Nach einer weiteren Ansicht komme den guten Sitten neben der öffentlichen Ordnung **keine eigenständige Bedeutung** zu. Ein Konkurrenzverhältnis bestehe nicht.[1007] Diese Begrifflichkeiten würden in ihrer Gesamtheit vielmehr solche Rechtsnormen bezeichnen, die ihren zwingenden Charakter nicht durch eine gesetzliche Vorschrift, sondern durch die gesellschaftliche Auffassung darüber, was gebührlich sei, erhalten.[1008] Selbst wenn im geschriebenen Recht nur einer der Begriffe erwähnt werde, sei dennoch regelmäßig der andere Begriff mitumfasst.[1009]

Eindeutig überschneidet sich der Anwendungsbereich der Begriffe. Teilweise kann ein Verstoß sowohl gegen die guten Sitten als auch gegen die öffentliche Ordnung angenommen werden, was zu einer Abgrenzungsproblematik führt. Bereits aus dem Bestehen dieser Problematik kann allerdings nicht darauf geschlossen werden, dass die Begriffe Synonyme darstellen. Zu berücksichtigen ist zudem, dass die Begriffe dem Wortlaut des Gesetzes nach nicht als gleichbedeutend zu verstehen sind, da sie durch eine Konjunktion getrennt werden. Der Ansicht, die ein Konkurrenzverhältnis zwischen den Begriffen der öffentlichen Ordnung und den guten Sitten annimmt, ist somit beizupflichten.

In der Literatur gibt es Stimmen, die die **Anwendung** der guten Sitten bzw. der öffentlichen Ordnung mit der Begründung **kritisieren**, dass bei der inhaltlichen Bestimmung dieser Begriffe vielfach auf ungeschriebenes Recht Bezug genommen würde, welches sich gerade durch seine Offenheit auszeichnen würde. Folglich fehle es an genauen Definitionen, wodurch den Gerichten in ihren Entscheidungen ein erheblicher Spielraum geöffnet werde. Als problematisch wird bewertet, dass dieser Spielraum bewusst ausgenutzt werden und eine unerwünschte Anwendung zur Folge haben könnte.[1010] Gleichwohl wird angemerkt, dass der Gesetzgeber sich bewusst für die Verwendung der offenen

---

1006 *Hartkamp/Sieburgh*, in: *Asser* 6-III, Rn. 345.
1007 *Van der Ley*, Strijd met de goede zeden, S. 20.
1008 *Petit*, Strijd met de goede zeden, S. 61.
1009 *Petit*, Strijd met de goede zeden, S. 62 f.; *Van der Ley*, Strijd met de goede zeden, S. 22.
1010 *Van den Brink*, De goede zeden, S. 172.

Normen entschieden habe. Es sei nicht beabsichtigt gewesen, die Gerichte in ihrem Urteil auf eine bestimmte Vorstellung der Sittlichkeit festzulegen.[1011]
Weiterhin wird die geringe Bedeutung, die den Begriffen der guten Sitten und der öffentlichen Ordnung für das niederländische Rechtssystem zukommt, diskutiert. Zwar wird eine Anwendung der Vorschriften, die einem Verstoß gegen die guten Sitten die Nichtigkeit folgen lassen, nicht vollständig ausgeschlossen; dies sei jedoch auf wenige bekannte Fälle und bislang unbekannte Situationen beschränkt, was darauf schließen lasse, dass weder dem einen noch dem anderen Begriff eine größere Bedeutung zukomme.[1012]

2. Verstoß gegen spezifische güterrechtliche und elterliche Pflichten

Speziell bei Eheverträgen sind neben dem Verstoß gegen zwingendes Recht, die guten Sitten und die öffentliche Ordnung weitere Beschränkungen der Vertragsfreiheit zu berücksichtigen, die ebenfalls zur Nichtigkeit führen. Grundlage für diese Beschränkungen ist entweder das eheliche Verhältnis oder das Verhältnis der Ehegatten als Eltern gemeinsamer Kinder.

Die gesetzliche Ausgestaltung findet sich in Art. 1:121 Abs. 2 und Abs. 3 BW.

Art. 1:121 Abs. 2 und Abs. 3 BW:
„[…] 2. Zij kunnen niet bepalen dat een hunner tot een groter aandeel in de schulden zal zijn gehouden, dan zijn aandeel in de goederen van de gemeenschap beloopt.
3. Zij kunnen niet afwijken van de rechten die uit het ouderlijk gezag voortspruiten, noch van de rechten die de wet aan een langstlevende echtgenoot toekent."
Deutsch[1013]:
2. Sie können nicht bestimmen, dass einer von ihnen zu einem größeren Anteil für Schulden einstehen soll, als sein Anteil an Gütern der Gemeinschaft beträgt.
3. Sie können weder abweichen von den Rechten, die sich aus der elterlichen Sorge ergeben, noch von den Rechten, die das Gesetz einem überlebenden Ehegatten zuspricht.

Die Beschränkung betrifft in erster Linie das güterrechtliche Verhältnis. Es ist den Ehegatten nicht möglich, ehevertraglich zu vereinbaren, dass der Anteil an den Schulden, für die ein Ehegatte einstehen muss, größer ist als sein Anteil an Gütern, die er bei einer Aufteilung der gemeinschaftlichen Güter erhalten würde. Vereinbarungen, die diesem Grundsatz widersprechen, sind nichtig.[1014]

1011 *Zwalve*, WPNR 2002, S. 609.
1012 *Van den Brink*, De goede zeden, S. 230.
1013 *Nieper*, Niederländisches Bürgerliches Gesetzbuch – Buch 1, S. 96.
1014 *De Bruijn/Huijgen/Reinhartz*, Het Nederlandse Huwelijksvermogensrecht, 5. druk, S. 228; *Kolkman/Salomons*, in: Asser 1-II, Rn. 412; *Lieber*, in: GS Personen- en

Jedoch ist mit dieser Beschränkung nicht in jedem Fall ausgeschlossen, dass mit einer ehevertraglichen Regelung vom Grundsatz der hälftigen Anteile an der Gütergemeinschaft abgewichen wird. Diese Möglichkeit wird den Ehegatten vom Gesetzgeber ausdrücklich eingeräumt.[1015] *De facto* soll nur eine konkrete Vertragsgestaltung, nämlich die übermäßige Aufteilung von Schulden zulasten eines Ehegatten bei gleichzeitiger Reduzierung seines Anteils an den Gemeinschaftsgütern, verhindert werden. Ziel der Regelung ist es, den jeweiligen Ehegatten vor einer einseitigen Belastung durch die Vermögensverschiebungen zu schützen.[1016]

Auch im Rahmen des elterlichen Verhältnisses unterliegen die Ehegatten einer Einschränkung. Gemäß Art. 1:121 Abs. 3 BW ist es ihnen nicht möglich, von den Rechten, die sich aus der elterlichen Sorge für ein gemeinsames Kind oder gemeinsame Kinder ergeben, abzuweichen. Dies betrifft neben Fragen der Personen- und Vermögenssorge auch die Vertretung des Kindes bzw. der Kinder. Nach einer Auffassung in der Literatur soll sich diese Beschränkung jedoch bereits aus dem Kindschaftsrecht als zwingendes Recht ergeben und der ausdrücklichen Normierung keine eigenständige Bedeutung zukommen. Die Ehegatten könnten über die elterlichen Rechte und Pflichten nicht frei verfügen, weshalb diese Rechte und Pflichten nicht Gegenstand einer Vereinbarung sein könnten.[1017] Zudem handele es sich bei elterlichen Rechten nur indirekt um vermögensrechtliche Sachverhalte, die durch einen Ehevertrag geregelt werden könnten.[1018]

Eine ähnliche Kritik besteht im Zusammenhang mit dem weiteren Halbsatz des dritten Absatzes, wonach die Ehegatten ehevertraglich keine Rechte außer Kraft setzen können, die das Gesetz einem überlebenden Ehegatten zuspricht.

---

familierecht, Art. 1:121 BW, Rn. 2; *Luijten/Meijer*, in: *Klaassen/Eggens*, Huwelijksgoederenrecht, Rn. 397.

1015 Siehe S. 84.
1016 *De Bruijn/Huijgen/Reinhartz*, Het Nederlandse Huwelijksvermogensrecht, 5. druk, S. 228.
1017 *De Bruijn/Huijgen/Reinhartz*, Het Nederlandse Huwelijksvermogensrecht, 5. druk, S. 229; *Kolkman/Salomons*, in: Asser 1-II, Rn. 413; *Lieber*, in: GS Personen- en familierecht, Art. 1:121 BW, Rn. 3, und *Luijten/Meijer*, in: *Klaassen/Eggens*, Huwelijksgoederenrecht, Rn. 400, gehen davon aus, dass diese Bestimmung nur auf vermögensrechtliche Pflichten Bezug nimmt, da die familienrechtlichen Vorschriften ohnehin zwingender Natur seien.
1018 *De Bruijn/Huijgen/Reinhartz*, Het Nederlandse Huwelijksvermogensrecht, 5. druk, S. 229.

Diese Formulierung wird als Verweis auf die erbrechtlichen Bestimmungen des vierten Buches, die dem Schutz des überlebenden Ehegatten dienen, verstanden. Stimmen in der Literatur zweifeln auch in diesem Fall die eigenständige Bedeutung der Norm an, da die erbrechtlichen Vorschriften entweder selbst zwingenden Charakter hätten oder eine Abweichung ausschließlich durch letztwillige Verfügung zulassen würden.[1019]

3. Vorliegen von Willensmängeln

Im Rahmen der bisherigen Darstellung der Grenzen und Einschränkungsmöglichkeiten der Ehevertragsfreiheit wurde primär auf den Inhalt der Urkunde abgestellt. Sollte eine ehevertragliche Regelung inhaltlich gegen zwingendes Recht, die guten Sitten oder die öffentliche Ordnung verstoßen oder spezifischen ehelichen und elterlichen Rechten widersprechen, wäre diese Regelung nichtig. Neben dem Vertragsinhalt können jedoch auch die den Vertragsschluss begleitenden Umstände Anknüpfungspunkt für die Beschränkung der Ehevertragsfreiheit sein. Möglich ist in diesem Zusammenhang, dass die für das Zustandekommen des Ehevertrages erforderlichen Willenserklärungen der Ehegatten mit einem Mangel behaftet sind.[1020] Zu unterscheiden ist der infolge eines Irrtums mangelhaft gebildete Wille von der Beeinträchtigung des Willensentschlusses durch Bedrohung, Betrug oder Missbrauch der Umstände.

Eine Willenserklärung, die aufgrund einer irrtümlichen Vorstellung, unter dem Einsatz von Zwang, aufgrund eines Betruges oder bei Missbrauch der Umstände zustande gekommen ist, ist anfechtbar. Die Vorschriften des *Burgerlijk Wetboek* knüpfen an das Vorliegen dieser Tatbestände in der Regel die Rechtsfolge der *vernietigbaarheid*. Der Gesetzgeber überlässt es damit den Parteien, zu entscheiden, ob sie die Willenserklärung gegen sich gelten lassen oder durch außergerichtliche Erklärung oder durch ein gerichtliches Urteil für nichtig erklären lassen wollen. Durch die Anordnung dieser Rechtsfolge wird die Schaffung eines Interessenausgleichs bezweckt. Denn während das Fortbestehen einer mangelhaft gebildeten Willenserklärung erheblich in die Freiheit der Willensbildung eingreift, führt die Unwirksamkeit einer Willenserklärung zum

---

1019 *De Bruijn/Huijgen/Reinhartz,* Het Nederlandse Huwelijksvermogensrecht, 5. druk, S. 229; *Kolkman/Salomons,* in: *Asser* 1-II, Rn. 413; *Lieber,* in: GS Personen- en familierecht, Art. 1:121 BW, Rn. 3.

1020 *Declerck/Verstappen,* in: *Boele-Woelki/Swennen,* Vergelijkenderwijs, S. 131; *Meijer,* Afwikkeling van huwelijksvoorwaarden, S. 89; *Van Mourik/Nuytinck,* Personen- en familierecht, S. 125.

Entstehen von Rechtsunsicherheit und berührt das Interesse der gegnerischen Partei an der Wirksamkeit der Erklärung bzw. Vereinbarung.[1021]

Nachfolgend werden zunächst die einzelnen Tatbestände, die zu einer mangelhaften Willensbildung führen können, und deren gesetzliche Voraussetzungen geschildert. Nach Schilderung des jeweiligen Tatbestands wird der Frage nachgegangen, ob sich in der Rechtsprechung Beispiele für Eheverträge finden lassen, die mit einem solchen Mangel behaftet sind.

a) Abgabe einer Willenserklärung aufgrund eines Irrtums

In erster Linie kommt in Betracht, dass Ehegatten bei der Abgabe der Willenserklärungen zum Abschluss eines Ehevertrages einem Irrtum unterlegen waren und diese aufgrund dessen mit einem Mangel behaftet waren.

Dabei ist zu beachten, dass das niederländische Recht zwei verschiedene Formen des Irrtums kennt: Den Irrtum im eigentlichen Sinne und die sogenannte *oneigenlijke dwaling*, also den uneigentlichen Irrtum. Der **Irrtum im eigentlichen** Sinne setzt voraus, dass die Willenserklärungen von zwei oder mehreren Parteien dem Wortlaut nach übereinstimmen und grundsätzlich ein Konsens unter ihnen besteht, sich der Wille jedoch aufgrund einer falschen Vorstellung gebildet hat und damit mangelhaft ist. Dabei kann sich die Vorstellung einerseits auf die Eigenschaften oder Beschaffenheit einer Sache oder Person beziehen, sowie andererseits auf Umstände, die bei Abschluss der Vereinbarung für die Partei bzw. die Parteien wichtig waren. Grundsätzlich entsteht im Falle des eigentlichen Irrtums eine wirksame Vereinbarung, die jedoch angreifbar ist.[1022] Von dieser Art des Irrtums ist die **oneigenlijke dwaling** zu unterscheiden. In diesem Fall haben die Parteien bzw. hat eine von ihnen beabsichtigt, eine bestimmte Willenserklärung abzugeben; tatsächlich wird jedoch eine Erklärung anderen Inhalts abgegeben. Dadurch fallen der Inhalt der Erklärung und der wirkliche Wille auseinander, was zur Folge hat, dass keine wirksame Vereinbarung entsteht.[1023] Die gesetzlichen Vorschriften zur irrtumsbedingt abgegebenen Willenserklärung gehen ausweislich des Wortlauts von einer wirksam geschlossenen Vereinbarung aus, sodass nur der eigentliche Irrtum einer Partei von Bedeutung ist.[1024]

1021 *Hartkamp/Sieburgh*, in: *Asser* 6-III, Rn. 208 – 213; *Brahn/Reehuis*, Vermogensrecht, Rn. 383.
1022 *Hartkamp/Sieburgh*, in: *Asser* 6-III, Rn. 218; *Smits*, Dwaling, S. 4; *Van Rossum*, Dwaling, S. 17.
1023 *Hartkamp/Sieburgh*, in: *Asser* 6-III, Rn. 219; *Van Rossum*, Dwaling, S. 55 f.
1024 *Hartkamp/Sieburgh*, in: *Asser* 6-III, Rn. 219.

Die gesetzliche Grundlage des Irrtums im eigentlichen Sinne findet sich in Art. 6:228 Abs. 1 BW.

Art. 6:228 Abs. 1 BW:
„1. Een overeenkomst die is tot stand gekomen onder invloed van dwaling en bij een juiste voorstelling van zaken niet zou zijn gesloten, is vernietigbaar:
a. indien de dwaling te wijten is aan een inlichting van de wederpartij, tenzij deze mocht aannemen dat de overeenkomst ook zonder deze inlichting zou worden gesloten;
b. indien de wederpartij in verband met hetgeen zij omtrent de dwaling wist of behoorde te weten, de dwalende had behoren in te lichten;
c. indien de wederpartij bij het sluiten van de overeenkomst van dezelfde onjuiste veronderstelling als de dwalende is uitgegaan, tenzij zij ook bij een juiste voorstelling van zaken niet had behoeven te begrijpen dat de dwalende daardoor van het sluiten van de overeenkomst zou worden afgehouden. [...]"
Deutsch:
1. Eine Vereinbarung, die unter Einfluss eines Irrtums zustande gekomen ist und bei einer richtigen Vorstellung der Umstände nicht abgeschlossen worden wäre, kann angefochten werden:
a. Wenn der Irrtum auf einer Auskunft der gegnerischen Partei beruht, es sei denn diese durfte davon ausgehen, dass die Vereinbarung auch ohne die Auskunft geschlossen worden wäre;
b. Wenn die gegnerische Partei im Zusammenhang mit dem, was sie über den Irrtum wusste oder wissen musste, den Irrenden hätte aufklären müssen;
c. Wenn die gegnerische Partei beim Abschluss der Vereinbarung von derselben unrichtigen Vorstellung wie der Irrende ausgegangen ist, es sei denn sie hätte auch bei einer richtigen Vorstellung der Umstände nicht erkennen müssen, dass der Irrende dadurch vom Abschluss der Vereinbarung abgehalten werden würde.

Aus dem Gesetzestext ergibt sich, dass neben einer Fehlvorstellung das Bestehen eines kausalen Zusammenhangs zwischen dem Irrtum und der zur Vereinbarung führenden Willenserklärung erforderlich ist. Außerdem gibt Art. 6:228 Abs. 1 lit. a bis lit. c BW weitere Tatbestandsvarianten an, wonach der Irrtum auf der Auskunft der anderen Partei, auf einer fehlenden Auskunftserteilung oder einer beidseitigen Fehlvorstellung beruhen muss. Die einzelnen Varianten stehen gleichrangig nebeneinander; sie müssen weder kumulativ vorliegen, noch schließen sie sich gegenseitig aus.[1025]

Für die Annahme eines **kausalen Zusammenhangs** zwischen Irrtum und Abschluss der Vereinbarung genügt es in der Regel, wenn eine Partei glaubhaft machen kann, dass die Vereinbarung in Folge des Irrtums zu anderen Konditionen geschlossen worden ist, als sie geschlossen worden wäre, wenn keine

---

1025 *Parlementaire geschiedenis*, Boek 6, MvA II, S. 910.

der Parteien einem Irrtum erlegen gewesen wäre. Nicht erforderlich ist, dass ein wesentlicher Unterschied zwischen der tatsächlichen und der hypothetischen Vereinbarung besteht. Jedoch darf die falsche Vorstellung sich auch nicht als gänzlich irrelevant für die Entscheidung, die vertragliche Vereinbarung zu schließen, herausstellen.[1026] Das Bestehen eines Nachteils aufgrund der Fehlvorstellung ist dennoch keine Voraussetzung.[1027]

Die erste Variante des Art. 6:228 Abs. 1 BW setzt voraus, dass der **Irrtum auf der Auskunft einer gegnerischen Partei** beruht.

Bei der Schaffung dieses Tatbestandsmerkmals war der Gesetzgeber bestrebt, eine gerechte Risikoverteilung zu erreichen. Nach seiner Vorstellung muss derjenige, der durch eine unrichtige Auskunft den Abschluss einer Vereinbarung herbeiführt, auch das Risiko dafür tragen, dass sein Vertragspartner nach Kenntnisnahme des durch die Auskunft verursachten Irrtums die Nichtigkeit dieser Vereinbarung erwirkt.[1028] Dies gilt jedoch nicht, falls die Auskunft erteilende Partei annehmen durfte, die Vereinbarung wäre auch ohne die erteilten Informationen geschlossen worden. Insbesondere ist dies anzunehmen, falls die Informationen nicht konkret genug waren und der Irrende ohne Hinzutreten weiterer Umstände nicht auf die Informationen vertrauen durfte oder die Gegenpartei nicht erwarten musste, dass die Vereinbarung ohne weitere, eigene Untersuchungshandlungen des Irrenden zustande kommt.[1029]

Unmittelbar ist dem Gesetzeswortlaut nicht zu entnehmen, ob der subjektive Tatbestand voraussetzt, dass die Partei, die die Auskunft erteilt, Kenntnis von der irrtümlichen Vorstellung der anderen Partei haben muss. In der Literatur wird diesbezüglich zumindest die Erkenntnis, dass das Objekt des Irrtums für den

---

1026 *HR* 17.01.1997, ECLI: NL: HR:1997: ZC2250, NJ 1997/222, S. 1238; *HR* 04.09.2009, ECLI: NL: HR:2009: BH7854, NJ 2010/398, URL: http://deeplinking.kluwer.nl/?param=002AE3E1&cpid=WKNL-LTR-Nav2 (zuletzt abgerufen am 30.10.2018); siehe auch *Hartkamp/Sieburgh*, in: *Asser* 6-III, Rn. 222; *Brahn/Reehuis*, Vermogensrecht, Rn. 388; *Smits*, Dwaling, S. 9.

1027 *HR* 19.01.2001, ECLI: NL: HR:2001: AA9559, NJ 2001/159, URL: http://deeplinking.kluwer.nl/?param=0019FD7E&cpid=WKNL-LTR-Nav2 (zuletzt abgerufen am 30.10.2018); *HR* 04.09.2009, ECLI: NL: HR:2009: BH7854, NJ 2010/398, URL: http://deeplinking.kluwer.nl/?param=002AE3E1&cpid=WKNL-LTR-Nav2 (zuletzt abgerufen am 30.10.2018).

1028 *Parlementaire geschiedenis*, Boek 6, TM, S. 901.

1029 *Hartkamp/Sieburgh*, in: *Asser* 6-III, Rn. 228.

Irrenden von grundlegender Bedeutung für seinen Entschluss war, als Voraussetzung gesehen.[1030]

Gemäß Art. 6:228 Abs. 1 lit. b BW kann die Vereinbarung weiterhin aufgrund eines Irrtums nichtig sein, wenn es an einer **Auskunft fehlt**. Dabei genügt es nicht, wenn die Gegenpartei eine Mitteilung unterlässt. Sie muss vielmehr verpflichtet sein, ihren zukünftigen Vertragspartner zu informieren. Eine solche Mitteilungspflicht kann nicht ohne weiteres angenommen werden; selbst wenn die Gegenpartei weiß, dass ein Irrtum vorliegt, muss nicht zwangsläufig eine Auskunfts- oder Aufklärungspflicht bestehen.[1031] In der Literatur wird dazu ausgeführt, dass keine allgemeine Regel, wann dennoch eine derartige Pflicht zur Auskunftserteilung bestehe, vorgegeben werden könne. Dies sei jeweils von den konkreten Umständen des Einzelfalls abhängig.[1032] Einschränkend müsse zudem berücksichtigt werden, ob es der irrenden Partei oblag, eine eigene Prüfung vorzunehmen. Sei dies der Fall, stünden beide Pflichten konträr zueinander. Ob die Aufklärungs- oder die Untersuchungspflicht schwerer wiege, sei anhand der Umstände des jeweiligen Falls zu entscheiden. Dabei könne eine Rolle spielen, ob die verletzte Auskunftspflicht gerade bezweckt habe, eine unvorsichtige Partei zu schützen.[1033]

Auch bei dieser Variante gilt, dass die Partei, die eine Aufklärung unterlässt, in subjektiver Hinsicht keine Kenntnis vom Irrtum haben, aber erkannt haben muss, welche der Eigenschaften für den Irrenden von grundlegender Bedeutung für den Abschluss der Vereinbarung sind bzw. waren.[1034]

Letztlich kann die Berufung auf einen Irrtum bei Abschluss einer Vereinbarung auch erfolgreich sein, wenn ein **beidseitiger Irrtum** vorliegt, also beide Parteien der gleichen Fehlvorstellung unterliegen. Einschränkend gilt, dass eine Berufung auf den Irrtum scheitert, wenn die Gegenpartei auch bei Kenntnis der tatsächlichen Umstände nicht hätte erkennen müssen, dass ihr Vertragspartner vom Abschluss der Vereinbarung abgehalten werden würde, wenn auch er die tatsächlichen Umstände kennen würde. Dies ergibt sich aus Art. 6:228 Abs. 1 lit. c BW.

1030 *Hartkamp/Sieburgh*, in: *Asser* 6-III, Rn. 227; *Brahn/Reehuis*, Vermogensrecht, R. 391; *Smits*, Dwaling, S. 8; *Van Rossum*, Dwaling, S. 43 f.
1031 *Parlementaire geschiedenis*, Boek 6, MvA II, S. 909.
1032 *Hartkamp/Sieburgh*, in: *Asser* 6-III, Rn. 232.
1033 HR 10.4.1998, ECLI: NL: PR:1998: ZC2629, NJ 1998/666, S. 3850; siehe auch *Castermans*, De mededelingsplicht, S. 126 ff.; *Van Rossum*, Dwaling, S. 39.
1034 *Hartkamp/Sieburgh*, in: *Asser* 6-III, Rn. 232; *Smits*, Dwaling, S. 8; *Van Rossum*, Dwaling, S. 43 f.

Die allgemeine Möglichkeit, die Nichtigkeit einer Vereinbarung aufgrund eines Irrtums geltend zu machen, besteht auch, wenn ein Ehegatte bei der Abgabe seiner Willenserklärung zum **Abschluss eines Ehevertrags einem Irrtum unterlag**. Der *Hoge Raad* hat in seiner Entscheidung vom 09.09.2005 die Rechtsauffassung des zuvor mit der Sache beschäftigten *Hofs* bestätigt und damit die erfolgreiche Geltendmachung eines Irrtums bei Abschluss des Ehevertrages anerkannt.[1035] Die Parteien des Rechtsstreits hatten bereits im Jahre 1975 geheiratet, schlossen jedoch erst am 18.04.1986 einen Ehevertrag ab, mit dem jegliche Gemeinschaft von Gütern ausgeschlossen werden sollte. Nach der Ehescheidung im Jahre 1997 machte die Ehefrau geltend, dass sie bei Abschluss des Ehevertrages von ihrem Ehemann nicht vollständig über die Auswirkung des Vertrages in Kenntnis gesetzt wurde. Auch eine Information seitens des beteiligten Notars sei nicht erfolgt. Aus diesen Gründen sei der gesamte Vertrag nichtig. Der zuvor mit dem Rechtsstreit befasste Gerichtshof stütze sich bei seiner Entscheidung besonders auf die konkrete Situation bei Abschluss des Ehevertrags. So müsse Berücksichtigung finden, dass der Ehemann als angehender Notar die Vertragsurkunde erstellt habe und die Beurkundung bei dem Arbeitgeber des Ehemanns erfolgt sei, dessen Kanzlei dieser wenig später übernommen habe. Die Ehefrau habe weder vorab einen Entwurf der Urkunde enthalten, noch sei sie vollständig bei Abschluss informiert worden. Zudem sei die Urkunde nur teilweise verlesen worden und habe die Formulierung, dass der Abschluss des Ehevertrages nur dazu diene, die Frau vor dem Risiko der zukünftigen Ausübung des Notariats durch den Ehemann zu schützen, enthalten. Folglich habe die Ehefrau die Konsequenzen des Abschlusses des Ehevertrages nicht erkennen können. Als Laie habe ihr keine weitgehende Untersuchungspflicht obliegen. Sie habe auf ihren Ehemann als erfahrenen Juristen vertrauen dürfen.[1036]

In einem anderen Fall ist der *Hof Arnhem-Leeuwarden* davon ausgegangen, dass die Ehefrau bei Abschluss des Ehevertrags durch den Ehemann getäuscht worden sei. Dieser habe seine Absicht für den Abschluss des Ehevertrages sowohl vor dem Notar als auch vor der Ehefrau verschleiert, da er offensichtlich eine Berechtigung der Ehefrau an seinem Unternehmen ausschließen wollte, der Ehefrau und dem Notar gegenüber jedoch angegeben habe, dass der Ehevertrag dazu diene, das Privatvermögen und insbesondere die eheliche Wohnung zu schützen. Der Ehemann habe darüber hinaus über den Wert seines Unternehmens getäuscht, indem er diesbezüglich falsche Angaben gemacht habe. Der

---

1035 *HR* 09.09.2005, ECLI: NL: HR:2005: AT8238, NJ 2006/99, S. 919.
1036 *HR* (o. Fn. 1035), S. 917.

Gerichtshof hat in diesem Zusammenhang auch berücksichtigt, dass die Ehefrau unstreitig nie im Unternehmen des Ehemanns gearbeitet und er mit ihr zu keinem Zeitpunkt die wirtschaftliche Lage des Unternehmens diskutiert oder ihr Einsicht in Unternehmensunterlagen gewährt hatte.[1037]

Auch ist in der Rechtsprechung anerkannt worden, dass ein beiderseitiger Irrtum zur *Vernietigbaarheid* des Ehevertrags führen kann. Der *Hof 's-Hertogenbosch* ging davon aus, dass sowohl die Ehefrau als auch der Ehemann nicht erkannt hätten, welche negativen Folgen für die Ehefrau mit der Beschränkung des Einkommensbegriffs in der ehevertraglichen Regelung im Falle einer Scheidung verbunden seien. Aufgrund dieser Unkenntnis seien die Ehegatten einem beidseitigen Irrtum unterlegen, was dazu führe, dass der Ehevertrag anfechtbar sei.[1038]

In den meisten Fällen dürften Versuche eines Ehegatten, die Nichtigkeit des Ehevertrages unter Berufung auf einen Irrtum bei Vertragsabschluss zu erwirken, jedoch scheitern.

Dabei ist einerseits zu berücksichtigen, dass die notarielle Beurkundung aufgrund der Schutzpflicht des Notars dazu beitragen kann, das Entstehen eines Irrtums zu verhindern.

Zudem ist grundsätzlich der irrende Ehegatte hinsichtlich des Vorliegens der Voraussetzungen darlegungs- und beweisbelastet. In vielen Fällen dürfte es ihm nicht gelingen, den erforderlichen Beweis zu erbringen.[1039] Nur in

---

1037 *Hof Arnhem-Leeuwarden* 19.06.2018, ECLI: NL: GHARL:2018:5813, URL: https://uitspraken.rechtspraak.nl/inziendocument?id=ECLI:NL:GHARL:2018:5813 (zuletzt abgerufen am 30.10.2018).

1038 *Hof 's-Hertogenbosch* 28.02.2012, RN 2012/46, URL: https://uitspraken.rechtspraak.nl/inziendocument?id=ECLI:NL:GHSHE:2012:BV7624 (zuletzt abgerufen am 30.10.2018); siehe auch *Rechtbank Breda* 09.02.2011, ECLI: NL: RBBRE:2011: BP3867, RFR 2011/50, URL: https://uitspraken.rechtspraak.nl/inziendocument?id=ECLI:NL:RBBRE:2011:BP3867 (zuletzt abgerufen am 30.10.2018).

1039 Vgl. *Hof Amsterdam* 13.04.2010, ECLI: NL: GHAMS:2010: BM2740, URL: https://uitspraken.rechtspraak.nl/inziendocument?id=ECLI:NL:GHAMS:2010:BM2740 (zuletzt abgerufen am 30.10.2018); *Hof Arnhem* 19.10.2010, ECLI: NL: GHARN:2010: BO9273, URL: https://uitspraken.rechtspraak.nl/inziendocument?id=ECLI:NL:GHARN:2010:BO9273 (zuletzt abgerufen am 30.10.2018); *Hof Arnhem-Leeuwarden* 11.07.2017, ECLI: NL: GHARL:2017:5969, URL: https://uitspraken.rechtspraak.nl/inziendocument?id=ECLI:NL:GHARL:2017:5969 (zuletzt abgerufen am 30.10.2018; *Hof 's-Hertogenbosch* 09.05.2017, ECLI: NL: GHSHE:2017:2100, RFR 2017/114, URL: https://uitspraken.rechtspraak.nl/inziendocument?id=ECLI:NL:GHSHE:2017:2100 (zuletzt abgerufen am 30.10.2018); *Hof 's-Gravenhage* 31.07.2008, ECLI: NL: GHSGR:2008: BD9337, RN

Ausnahmefällen besteht Anlass, die Darlegungs- und Beweislast unter Berücksichtigung des Gebotes von Treu und Glauben zu ändern. Dies ist abhängig von den im Einzelfall bestehenden Umständen, wobei unter anderem eine Rolle spielen kann, auf wessen Initiative der Ehevertrag geschlossen wurde, wie sich der jeweiligen Beteiligte im gerichtlichen Verfahren verhält, zu wessen Gunsten sich die ehevertraglichen Regelungen auswirken, ob der Ehevertrag in persönlicher Anwesenheit beider Teile geschlossen wurde, ob für beide Vertragsparteien der Umfang der jeweiligen Vermögen hinreichend deutlich war, ob sich die Umstände der notariellen Belehrung und deren Umfang klären lassen und ob bei Vertragsabschluss eine Trennung der Ehegatten absehbar war.[1040]

Eine weitere Beschränkung kann sich aus der Verjährung ergeben. Die Berechtigung, sich auf einen Irrtum bei Vertragsabschluss zu berufen, verjährt innerhalb von drei Jahren nach Kenntnis des Irrtums.[1041] So haben der *Hof 's-Hertogenbosch* und der *Hof Arnehm* die Berechtigung von Ehefrauen, sich auf einen Irrtum bei Abschluss des Ehevertrages zu berufen, als verjährt erachtet.[1042]

b) *Bildung des Willens unter äußerer, widerrechtlicher Einwirkung*

Neben einer Fehlvorstellung kann eine Einwirkung widerrechtlicher Art durch eine andere Person ebenso Ursache dafür sein, dass der gebildete Wille und folglich die darauf beruhende Willenserklärung mit einem Mangel behaftet sind.

2008/80, URL: http://deeplinking.kluwer.nl/?param=0028089A&cpid=WKNL-LTR-Nav2 (zuletzt abgerufen am 30.10.2018); *Rechtbank Den Haag* 03.10.2018, ECLI: NL: RBDHA:2018:11656, URL: https://uitspraken.rechtspraak.nl/inziendocument?id=ECLI:NL:RBDHA:2018:11656 (zuletzt abgerufen am 30.10.2018); *Rechtbank Overijssel* 16.07.2014, ECLI: NL: RBOVE:2014:4117, JPF 2014/108, URL: https://uitspraken.rechtspraak.nl/inziendocument?id=ECLI:NL:RBOVE:2014:4117 (zuletzt abgerufen am 30.10.2018); *Rechtbank Utrecht* 23.06.2010, ECLI: NL: RBUTR:2010: BM8943, URL: http://uitspraken.rechtspraak.nl/inziendocument?id=ECLI:NL:RBUTR:2010:BM8943 (zuletzt abgerufen am 30.10.2018).

1040 *Hof 's-Gravenhage* 04.08.2010, ECLI: NL: GHSGR:2010: BN4956, RFR 2010/140, URL: https://uitspraken.rechtspraak.nl/inziendocument?id=ECLI:NL:GHSGR:2010:BN4956 (zuletzt abgerufen am 30.10.2018).
1041 Ausf. zur Verjährung siehe S. 274 ff.
1042 *Hof Arnhem* 13.06.2006, ECLI: NL: GHARN:2006: AY5543, RFR 2006/99, https://uitspraken.rechtspraak.nl/inziendocument?id=ECLI:NL:GHARN:2006:AY5543 (zuletzt abgerufen am 30.10.2018); *Hof 's-Hertogenbosch* 05.04.2016, ECLI: NL: GHSHE:2016:1301, JIN 2016/104, URL: https://uitspraken.rechtspraak.nl/inziendocument?id=ECLI:NL:GHSHE:2016:1301 (zuletzt abgerufen am 30.10.2018).

Ausdrücklich nennt das *Burgerlijk Wetboek* in diesem Zusammenhang Fälle der Bedrohung, des Betrugs und des Missbrauchs der Umstände. Hat eine Person aufgrund der genannten Umstände eine Rechtshandlung vorgenommen, knüpft das Gesetz daran die Rechtsfolge der Anfechtbarkeit.
Dies ergibt sich aus Art. 3:44 Abs. 1 BW.

> Art 3:44 Abs. 1 BW:
> "1. Een rechtshandeling is vernietigbaar, wanneer zij door bedreiging, door bedrog of door misbruik van omstandigheden is tot stand gekomen."
> Deutsch:[1043]
> 1. Ein Rechtsgeschäft ist anfechtbar, wenn es durch Bedrohung, Betrug oder Missbrauch von Umstände zustande gekommen ist.

Gemein ist allen Varianten, dass der Handelnde die Rechtshandlung aufgrund der Drohung, des Betrugs oder des Missbrauchs der Umstände vorgenommen haben muss. Die äußerliche Einwirkung auf die Willensbildung muss **kausal** für die Vornahme sein. Dabei ist von der Partei, die geltend macht, bedroht, betrogen oder durch einen Missbrauch der Umstände zum Vertragsschluss veranlasst worden zu sein, darzulegen und zu beweisen, dass sie die Handlung bei fehlender äußerlicher Einwirkung entweder gänzlich unterlassen oder zumindest in anderer Form vorgenommen hätte.[1044]

aa) Drohung

Eine Rechtshandlung kann in erster Linie für nichtig erklärt werden, wenn eine Partei diese aufgrund einer Bedrohung abgegeben. Hinsichtlich der Bedrohung enthält das *Burgerlijk Wetboek* eine Legaldefinition: Derjenige, der einen anderen zur Vornahme einer Rechtshandlung veranlasst, indem er unrechtmäßig das Eintretens eines Nachteils für diesen selbst, einen Dritten oder ein Gut in Aussicht stellt, bedroht diesen.
Dies ergibt sich aus Art. 3:44 Abs. 2 BW.

> Art. 3:44 Abs. 2 BW:
> „2. Bedreiging is aanwezig, wanneer iemand een ander tot het verrichten van een bepaalde rechtshandeling beweegt door onrechtmatig deze of een derde met enig nadeel in persoon of goed te bedreigen. De bedreiging moet zodanig zijn, dat een redelijk oordelend mens daardoor kan worden beïnvloed."

1043 *Nieper*, Niederländisches Bürgerliches Gesetzbuch – Buch 3/4/5, S. 29.
1044 *Hartkamp/Sieburgh*, in: *Asser* 6-III, Rn. 253, 260 und 266; *Brahn/Reehuis*, Vermogensrecht, Rn. 388.

Deutsch[1045]:
2. Bedrohung liegt vor, wenn jemand einen anderen zur Vornahme eines bestimmten Rechtsgeschäfts dadurch bewegt, dass er diesen oder einen Dritten unerlaubt mit einem Nachteil für seine Person oder seine Güter bedroht. Die Bedrohung muss derart sein, dass ein vernünftig urteilender Mensch dadurch beeinflusst werden kann.

Anhand der Legaldefinition ergeben sich vier weitere Voraussetzungen für das Vorliegen einer Bedrohung. Zunächst ist erforderlich, dass die Drohung einen Nachteil beinhaltet und einen unrechtmäßigen Charakter aufweist. Zudem muss ein redlicher urteilender Mensch von der tatsächlich ausgesprochenen Drohung beeinflusst werden können und die Drohung kausal für die Vornahme der Rechtshandlung sein.

In erster Linie ist somit zu prüfen, ob der **Eintritt eines Nachteils** in Aussicht gestellt wird. In diesem Zusammenhang dürfte zunächst Gewalt als ein solcher Nachteil in Betracht kommen. In der Literatur wird jedoch darauf verweisen, dass der Nachteil nicht ausschließlich in der Anwendung physischer Gewalt bestehen muss. Weitaus häufiger werde mit indirekten, wirtschaftlichen Maßnahmen gedroht, was letztlich die Willensentschließungsfreiheit aber ebenso wie die Drohung mit der Anwendung von physischer Gewalt beeinflusse. Bei diesen indirekt wirkenden Maßnahmen könne es sich beispielsweise um einen Boykott oder Arbeitsniederlegung handeln.[1046]

Ferner müsste die Bedrohung **unrechtmäßiger Natur** sein. Aus diesem Erfordernis ergibt sich, dass nach der gesetzlichen Konzeption nicht jeder Nachteil, der in Aussicht gestellt wird, um die Gegenpartei zur Vornahme einer Handlung zu bewegen, tatbestandsmäßig ist. Die Bedrohung muss vielmehr einen sogenannten *ongeoorloofd karakter* haben. Dieser unrechtmäßige Charakter kann sich bereits aus der Art des Zwangsmittels ergeben – beispielsweise im Falle der Verwirklichung eines Straftatbestands. Weiterhin kann die Bedrohung auch aufgrund des Zwecks, zu dem sie eingesetzt wird, unrechtmäßig sein. In diesem Fall ist die Zufügung des Nachteils an sich rechtmäßig, wie bei Vollstreckung eines Titels oder Erstattung einer Strafanzeige. Die Unrechtmäßigkeit ergibt sich erst daraus, dass diese Nachteile mit der Erreichung eines anderweitigen Zwecks verknüpft werden. Dies erfordert stets eine einzelfallabhängige Beurteilung.[1047]

1045 *Nieper*, Niederländisches Bürgerliches Gesetzbuch – Buch 3/4/5, S. 29 f.
1046 *Hartkamp/Sieburgh*, in: *Asser* 6-III, Rn. 258; *Tjittes*, WPNR 1993, S. 294.
1047 *Hartkamp/Sieburgh*, in: *Asser* 6-III, Rn. 259; *Brahn/Reehuis*, Vermogensrecht, Rn. 408; *Tjittes*, WPNR 1993, S. 314.

Weiterhin sieht Art. 3:44 Abs. 2 S. 2 BW vor, dass die Bedrohung so beschaffen sein muss, dass ein **redlich urteilender Mensch davon beeinflusst werden kann.** In der Literatur wird darauf verwiesen, dass in Zusammenhang mit der Beeinflussbarkeit nicht auf eine durchschnittliche Person abzustellen sei, sondern auch spezielle Eigenschaften der bedrohten Person, wie etwa Alter, Vermögen, Entwicklung und Charakter Berücksichtigung finden müssten. Dies sei erforderlich, da ansonsten körperlich und geistig schwächere oder ältere Personen, die durch eine Drohung von verhältnismäßig geringem Gehalt zum Abschluss einer Rechtshandlung bewegt wurden, weniger Schutz genießen würden.[1048]

Eine solche Bedrohung könnte auch bei Abschluss eines Ehevertrages vorliegen, sodass die zu dessen Abschluss führende Willenserklärung für nichtig erklärt werden kann. In der Praxis dürfte es der Partei, die sich auf die Bedrohung beruft, schwerfallen, die tatbestandlichen Voraussetzungen zu beweisen, selbst wenn nach dem eigenen Vortrag eine solche vorliegt. Auch der *Hof Amsterdam* hat einen entsprechenden Antrag mit der Begründung abgewiesen, dass die sich auf die Bedrohung berufende Partei das Vorliegen dieser nicht habe beweisen können.[1049] In diesem Fall gab die Ehefrau an, ihr Ehemann habe ihr bei Abschluss des Ehevertrages für den Fall, dass sie diesen Vertrag nicht abschließen sollte, mit ihrer Rückführung nach Thailand gedroht. Der *Hof* stellte zunächst heraus, dass die Ehefrau hinsichtlich der Tatbestandsvoraussetzungen der Bedrohung durch ihren Ehemann beweispflichtig sei, was auch die Frage ihrer Staatsangehörigkeit einschließe. Zwischen den Beteiligten sei streitig, ob die Ehefrau zum Zeitpunkt des Vertragsschluss bereits die niederländische Staatsangehörigkeit besaß. Da sich jedoch aus der Vertragsurkunde ergab, dass sich die Ehefrau bei Vertragsabschluss vor dem Notar mit einem niederländischen Pass ausgewiesen habe, ging der Gerichtshof davon aus, dass sie zu diesem Zeitpunkt bereits Niederländerin gewesen war. Einer niederländischen Staatsangehörigen habe der Ehemann jedoch nicht mit der zwangsweise durchgeführten Rückführung ins Ausland drohen können, sodass eine Bedrohung entgegen der Behauptung der Ehefrau nicht vorgelegen habe.[1050]

Allein unter besonderen Umständen kommt in Betracht, dass ein Ehegatte erfolgreich geltend machen kann, im Rahmen des Abschluss des Ehevertrages

---

1048 *Hartkamp/Sieburgh*, in: *Asser* 6-III, Rn. 260; *Tjittes*, WPNR 1993, S. 314.
1049 *Hof Amsterdam* 13.04.2010, ECLI: NL: GHAMS:2010: BM2740, JPF 2010/113, URL: https://uitspraken.rechtspraak.nl/inziendocument?id=ECLI:NL:GHAMS:2010:BM2740 (zuletzt abgerufen am 30.10.2018).
1050 *Hof Amsterdam* (o. Fn. 1049).

bedroht worden zu sein, sodass der Ehevertrag *vernietigbaar* ist. Der *Hof 's-Hertogenbosch* ging davon aus, dass die Ehefrau den streitgegenständlichen Ehevertrag vornehmlich geschlossen hatte, da der Ehemann ihr zuvor damit gedroht hatte, sich andernfalls scheiden zu lassen und Mitglieder ihrer Familie wegen Steuerhinterziehung anzuzeigen. In dem gerichtlichen Verfahren wurden mehrere Zeugen gehört. Auch maß der Gerichtshof den Umständen des Zustandekommens eine besondere Bedeutung zu, die zwischen den Verfahrensbeteiligten unstreitig waren. So hatte der Ehemann selbst angegeben, dass er allein den Notar beauftragte, mit diesem zunächst allein gesprochen und auch den weiteren Kontakt allein aufrechterhalten habe. Aus den Schriftstücken ergebe sich zudem, dass der Ehemann den Notar hauptsächlich als seinen Interessenvertreter betrachtet habe. Die Vertragsentwürfe hatte der Notar direkt an den Ehemann übermittelt; eine Rücksprache durch den Notar mit der Ehefrau bezüglich der Vertragsänderungen erfolgte nicht. Es fand vor der Vertragsunterzeichnung leidglich ein gemeinsames Gespräch zwischen den Eheleuten und dem Notar statt, in welchem kein Konsens über den Vertragsinhalt erzielt werden konnte. Anschließend erfolgte Anpassungen des Vertragsentwurfs sind weiterhin ausschließlich an den Ehemann weitergeleitet worden.[1051]

bb) Betrug

Darüber hinaus kann nicht nur eine Rechtshandlung, die aufgrund einer Bedrohung zustande gekommen ist, sondern auch eine solche, die in Folge eines Betruges vorgenommen wurde, nach den Vorschriften des *Burgerlijk Wetboek* angefochten werden. Nach der gesetzlichen Definition liegt ein Betrug vor, wenn eine Partei aufgrund einer Handlung oder eines Unterlassens, die bzw. das darauf gerichtet ist, bei dieser Partei einen Irrtum hervorzurufen, eine Rechtshandlung vornimmt. Erforderlich ist, dass durch den Betrüger absichtlich ein Kunstgriff gebraucht wird.[1052] Das Gesetz unterscheidet dabei drei Varianten: Der Irrtum kann auf einer unrichtigen Mitteilung beruhen oder dem Unterlassen einer solchen, wenn der Betrügende zur Aufklärung verpflichtet war. Ferner kann Ursache für den Irrtum auch eine andere Täuschungshandlung sein, worunter beispielsweise das Annehmen eines falschen Namens oder die Vorgabe einer

---

1051 *Hof 's-Hertogenbosch* 11.04.2013, ECLI: NL: GHSHE:2013: BZ9638, JIN 2013/90, URL: https://uitspraken.rechtspraak.nl/inziendocument?id=ECLI:NL:GHSHE: 2013:BZ9638 (zuletzt abgerufen am 30.10.2018).
1052 Siehe auch *Hartkamp/Sieburgh*, in: *Asser* 6-III, Rn. 252; *Hijma/Olthof*, Vermogensrecht, Rn. 54; *Brahn/Reehuis*, Vermogensrecht, Rn. 409.

nicht existierenden persönlichen Eigenschaft zu verstehen sind. Gemein ist allen Varianten, dass der Betrügende absichtlich gehandelt haben muss. Die Legaldefinition ergibt sich aus Art. 3:44 Abs. 3 BW.

Art. 3:44 Abs. 3 BW:
„3. Bedrog is aanwezig, wanneer iemand een ander tot het verrichten van een bepaalde rechtshandeling beweegt door enige opzettelijk daartoe gedane onjuiste mededeling, door het opzettelijk daartoe verzwijgen van enig feit dat de verzwijger verplicht was mede te delen, of door een andere kunstgreep. Aanprijzingen in algemene bewoordingen, ook al zijn ze onwaar, leveren op zichzelf geen bedrog op."
Deutsch[1053]:
3. Betrug liegt vor, wenn jemand einen anderen durch eine absichtlich zu diesem Zweck gemachte unrichtige Mitteilung, durch absichtliches Verschweigen einer Tatsache, die der Verschweigende mitzuteilen verpflichtet war, oder durch eine andere Täuschungshandlung zur Vornahme eines bestimmten Rechtsgeschäfts bewegt. Anpreisungen in allgemeinen Worten, auch wenn sie unwahr sind, stellen für sich betrachtet keinen Betrug dar.

Jedoch ist nach dem Willen des Gesetzgebers nicht bereits jede unrichtige Angabe als tatbestandliche Täuschung anzusehen. Gemäß Art. 3:44 Abs. 3 S. 2 BW stellen Anpreisungen in allgemeinen Worten keinen Betrug dar, selbst wenn sie nicht der Wahrheit entsprechen. Insbesondere allgemeine Angaben im Rahmen eines Verkaufsangebots sind damit vom Anwendungsbereich ausgeschlossen. Ausschließlich wenn die Unwahrheit als derartig ungebührlich anzusehen ist, dass das erweckte Vertrauen nach der Verkehrsauffassung zu schützen ist, kann von einem Betrug gesprochen werden.[1054]

Zu beachten ist, dass Anlass für die Vornahme der Rechtshandlung durch eine Person nicht unmittelbar der Betrug ist, sondern der auf der betrügerischen Handlung beruhende Irrtum dieser Person. Der Betrug beinhaltet somit einen Irrtum. Allerdings ist der Betrug nicht stets Irrtum im Sinne des Art. 6:228 BW und umgekehrt: Der Betrug erfordert einschränkend, dass der Betrügende absichtlich handelt, während beim Irrtum die speziellen Voraussetzungen des Art. 6:228 BW lit. a bis lit. c vorliegen müssen. Im **Verhältnis von Betrug und Irrtum** besteht dennoch keine Exklusivität. Unter Berücksichtigung der unterschiedlichen Voraussetzungen von Betrug und Irrtum könne sich eine Partei stets sowohl darauf berufen könne, beim Abschluss einer Vereinbarung geirrt zu haben, als auch, dabei betrogen worden zu sein.[1055]

1053 *Nieper*, Niederländisches Bürgerliches Gesetzbuch – Buch 3/4/5, S. 30.
1054 Vgl. *Hartkamp/Sieburgh*, in: *Asser* 6-III, Rn. 252; *Brahn/Reehuis*, Vermögensrecht, Rn. 409.
1055 *Hartkamp/Sieburgh*, in: *Asser* 6-III, Rn. 256.

Grundsätzlich besteht die Möglichkeit, dass ein Ehegatte den anderen im Zuge des Abschlusses eines Ehevertrages im oben ausgeführten Sinne betrügt. In der Literatur wird allerdings bezweifelt, dass es dem betrogenen Ehegatten gelingt, vor Gericht den Nachweis für den Betrug zu führen.[1056] In diesem Sinne hat der *Hof Arnhem* in einem ihm zur Entscheidung vorliegenden Fall ausgeführt, dass die Ehefrau ihrer Darlegungs- und Beweislast bezüglich ihrer Behauptung, durch den Ehemann betrogen worden zu sein, nicht genügt habe, während der Ehemann ihre Behauptung unter Beweisantritt bestritten habe, sodass der Nachweis für einen Betrug seitens des Ehemanns nicht geführt worden sei.[1057] Die Ehefrau hatte zur Begründung ihrer Behauptung, dass sie beim Abschluss des Ehevertrages von ihrem Ehemann betrogen worden sei, ausgeführt, dass dieser ihr bei Abschluss des Vertrages nicht mitgeteilt habe, Eigentümer von Anteilen am Familienunternehmen in Höhe von 5 Prozent zu sein. Ferner seien beide Ehegatten zu Unrecht davon ausgegangen, sich die Aufgaben der Erziehung möglicherweise aus der Ehe hervorgehender Kinder hälftig zu teilen. Der Ehemann bestritt diese Behauptungen und trug vor, dass die Ehefrau Kenntnis von dem in seinem Eigentum befindlichen Firmenanteilen hatte, da sie seine geschäftlichen Papiere verwaltete. Zudem sei sie bei der Errichtungen seines notariellen Testaments anwesend gewesen, mit dem er habe festschreiben lassen, dass seine Firmenanteile im Falle seines Todes auf seinen Vater übertragen werden sollten.[1058]

Der Betrug muss zudem in unmittelbarem Zusammenhang mit dem Abschluss des Ehevertrages stehen bzw. auf dessen Abschluss gerichtet sein. Unzureichend ist, dass einer der Ehegatten geltend macht, dass er die Ehe nicht geschlossen hätte, sofern er nicht durch den anderen Ehegatten über dessen Vorleben getäuscht worden sei.[1059]

1056 *Meijer*, Afwikkeling van huwelijksvoorwaarden, S. 89.
1057 *Hof Arnehm* 19.10.2010, ECLI: NL: GHARN:2010: BO9273, JPF 2011/42, URL: https://uitspraken.rechtspraak.nl/inziendocument?id=ECLI:NL:GHARN:2010:BO9273 (zuletzt abgerufen am 30.10.2018); siehe auch *Hof Arnhem-Leeuwarden* 11.07.2017, ECLI: NL: GHARL:2017:5969, URL: https://uitspraken.rechtspraak.nl/inziendocument?id=ECLI:NL:GHARL:2017:5969 (zuletzt abgerufen am 30.10.2018); *Rechtbank Overijssel* 16.07.2014, ECLI: NL: RBOVE:2014:4117, JPF 2014/108, URL: https://uitspraken.rechtspraak.nl/inziendocument?id=ECLI:NL:RBOVE:2014:4117 (zuletzt abgerufen am 30.10.2018).
1058 *Hof Arnehm* (o. Fn. 1057).
1059 *Hof 's-Hertogenbosch* 02.02.2017, ECLI: NL: GHSHE:2017:350, URL: https://uitspraken.rechtspraak.nl/inziendocument?id=ECLI:NL:GHSHE:2017:350 (zuletzt abgerufen am 30.10.2018).

cc) Missbrauch der Umstände

Darüber hinaus sieht das *Burgerlijk Wetboek* vor, dass eine Rechtshandlung für nichtig erklärt werden kann, wenn diese Handlung vorgenommen wird, weil eine Person die Umstände des konkreten Falls missbraucht hat. Von einem solchen Missbrauch ist auszugehen, wenn jemand, der weiß oder wissen muss, dass ein anderer durch Vorliegen besonderer Umstände von der Vornahme einer Rechtshandlung abgehalten werden müsste, die Vornahme der Rechtshandlung fördert.

Die Legaldefinition ergibt sich aus Art. 3:44 Abs. 4 BW.

Art. 3:44 Abs. 4 BW:
„[…] 4. Misbruik van omstandigheden is aanwezig, wanneer iemand die weet of moet begrijpen dat een ander door bijzondere omstandigheden, zoals noodtoestand, afhankelijkheid, lichtzinnigheid, abnormale geestestoestand of onervarenheid, bewogen wordt tot het verrichten van een rechtshandeling, het tot stand komen van die rechtshandeling bevordert, ofschoon hetgeen hij weet of moet begrijpen hem daarvan zou behoren te weerhouden. […]"
Deutsch[1060]:
[…] 4. Missbrauch von Umständen liegt vor, wenn jemand, der weiß oder begreifen muss, dass ein anderer durch besondere Umstände, wie eine Notlage, Abhängigkeit, Leichtsinn, anormale Geisteszustände oder Unerfahrenheit, zur Vornahme eines Rechtsgeschäfts bewogen wird, das Zustandekommen des Rechtsgeschäfts fördert, obwohl das, was er weiß oder begreifen muss, ihn davon abhalten müsste. […]

Ausdrücklich nennt das *Burgerlijk Wetboek* die Notlage, Abhängigkeit, Leichtsinnigkeit, anormale Geisteszustände und Unerfahrenheit als besondere Umstände. Dabei ist zu berücksichtigen, dass das Gesetz keine abschließende Aufzählung enthält. Dies ergibt sich bereits aus der Verwendung des Wortes *zoals*, das deutlich aufzeigt, dass die nachfolgende Aufzählung lediglich Beispiele enthält.[1061]

Nach der Gesetzessystematik sind **zwei verschiedene Grundfälle** des Missbrauchs der Umstände zu unterscheiden. Einerseits kann ein Missbrauch in einer **Notlage**, also in Situationen, in denen sich die betroffene Person nicht selbst helfen kann, sondern auf die Hilfe Dritter angewiesen ist, erfolgen. Ist der Betroffene gezwungen, in diesen Situationen eine Rechtshandlung vorzunehmen, kann die Gestaltung der Handlung in erheblichem Maße durch den vermeintlich Helfenden vorgegeben werden. Ein solches Ungleichgewicht kann sich beispielsweise aus einer wirtschaftlichen Machtstellung bzw. Monopolstellung

---

1060 *Nieper*, Niederländisches Bürgerliches Gesetzbuch – Buch 3/4/5, S. 30.
1061 So auch *Hartkamp/Sieburgh*, in: *Asser* 6-III, Rn. 261.

ergeben.¹⁰⁶² Daneben kann ein Missbrauch in Fällen, in denen der **Handelnde einen Defekt aufweist** und aufgrund dessen nicht in der Lage, seine wirtschaftlichen Interessen zu überblicken oder angemessen zu berücksichtigen, zu besorgen sein.¹⁰⁶³

Voraussetzung ist in beiden Konstellationen, dass die Gegenpartei die Lage der betroffenen Person missbraucht. Nach dem Wortlaut des Gesetzes genügt es insoweit, dass die überlegene Partei **die Vornahme der Rechtshandlung fördert**. Die Literatur schließt daraus, dass an das Tun der überlegenen Partei geringe Anforderungen zu stellen sind. Es genüge bereits die Abgabe einer eigenen Erklärung, die Annahme einer Erklärung des Unterlegenen oder die Ausführung einer Anweisung des Unterlegenen.¹⁰⁶⁴

In der Rechtsprechung haben sich Ehegatten verschiedentlich darauf berufen, dass der andere Ehegatte im Zuge des Abschlusses des Ehevertrages die im Einzelfall vorliegenden Umstände missbraucht habe. In der Mehrzahl der Fälle ist die Geltendmachung eines Missbrauch der Umstände im Sinne des Art. 3:44 Abs. 4 BW jedoch gescheitert, da die Voraussetzungen nicht vorlagen oder der erforderliche Nachweis letztlich nicht werden konnte.¹⁰⁶⁵

1062 *Hartkamp/Sieburgh*, in: *Asser* 6-III, Rn. 262; *Hijma/Olthof*, Vermogensrecht, Rn. 55; *Brahn/Reehuis*, Vermogensrecht, Rn. 415.
1063 *Hartkamp/Sieburgh*, in: *Asser* 6-III, Rn. 263; *Hijma/Olthof*, Vermogensrecht, Rn. 55; *Brahn/Reehuis*, Vermogensrecht, Rn. 415.
1064 *Hartkamp/Sieburgh*, in: *Asser* 6-III, Rn. 267; *Hijma/Olthof*, Vermogensrecht, Rn. 55.
1065 Siehe *Hof Amsterdam* 13.04.2010, ECLI: NL: GHAMS:2010: BM2740, JPF 29010/113, URL: https://uitspraken.rechtspraak.nl/inziendocument?id=ECLI:NL:GHAMS:2010:BM2740 (zuletzt abgerufen am 30.10.2018); *Hof Arnhem* 19.10.2010, ECLI: NL: GHARN:2010: BO9273, URL: https://uitspraken.rechtspraak.nl/inziendocument?id=ECLI:NL:GHARN:2010:BO9273 (zuletzt abgerufen am 30.10.2018); *Hof Arnhem-Leeuwarden* 11.07.2017, ECLI: NL: GHARL:2017:5969, URL: https://uitspraken.rechtspraak.nl/inziendocument?id=ECLI:NL:GHARL:2017:5969 (zuletzt abgerufen am 30.10.2018); *Hof 's-Hertogenbosch* 09.05.2017, ECLI: NL: GHSHE:2017:2100, RFR 2017/114, URL: https://uitspraken.rechtspraak.nl/inziendocument?id=ECLI:NL:GHSHE:2017:2100 (zuletzt abgerufen am 30.10.2018); *Hof 's-Gravenhage* 19.05.2010, ECLI: NL: GHSGR:2010: BN0821, URL: https://uitspraken.rechtspraak.nl/inziendocument?id=ECLI:NL:GHSGR:2010:BN0821 (zuletzt abgerufen am 30.10.2018); *Rechtbank Overijssel* 16.07.2014, ECLI: NL: RBOVE:2014:4117, JPF 2014/108, URL: https://uitspraken.rechtspraak.nl/inziendocument?id=ECLI:NL:RBOVE:2014:4117 (zuletzt abgerufen am 30.10.2018); *Rechtbank Utrecht* 13.01.2010, ECLI: NL: RBUTR: BK9277, URL: https://uitspraken.rechtspraak.nl/inziendocument?id=ECLI:NL:RBUTR:2010:BK9277 (zuletzt abgerufen am 30.10.2018); *Rechtbank Utrecht* 23.06.2010,

Einen Ausnahmefall bildet die Entscheidung des *Hof's Gravenshage* aus dem Jahr 1983. Unstreitig hatten die Ehegatten zu verschiedenen Zeitpunkten während der Ehe über die Möglichkeit, nachträglich einen Ehevertrag abzuschließen, diskutiert. Ohne Beteiligung seiner Ehefrau entwickelte der Ehemann einen Vertragsentwurf, den er ebenfalls ohne Beteiligung seiner Ehefrau dem zuständigen Gericht durch einen befreundeten Prozessbevollmächtigten zur Genehmigung vorlegen ließ. Dabei wurde angegeben, dass der Ehevertrag dazu diene, die Ehefrau vor dem Risiko der Berufsausübung des Ehemanns zu schützen, was den Ausschluss der Gütergemeinschaft erfordere. Nachdem die Genehmigung erteilt worden war, schloss der Ehemann unter Verwendung einer Vollmacht seiner Frau den Ehevertrag im Jahre 1975 allein ab und verzichtete am darauffolgenden Tag im Namen seiner Frau auf sämtliche in Bezug auf die aufgelöste Gütergemeinschaft bestehende Rechte.[1066]

In den Entscheidungsgründen wies der Gerichtshof zunächst darauf hin, dass ein vollständiger Verzicht auf Rechte aus der Verteilung der aufgelösten Gütergemeinschaft in der Regel nur in Betracht komme, wenn sich im Zuge der Auflösung herausstelle, dass die Verluste der Gütergemeinschaft deren Gewinne überwiegen würden. Ferner ergebe sich aus den Bestimmungen des Vertrages, dass eine Verteilung der Güter noch zu erfolgen habe. Der Verzicht sei jedoch kein geeignetes Mittel, um die beabsichtigte Verteilung vorzunehmen – insbesondere vor dem Hintergrund, dass die Ehefrau während der gesamten Dauer der Ehe selbst gearbeitet und so zum Vermögen der Gütergemeinschaft beigetragen habe. Weiterhin sei das Zustandekommen des Ehevertrages, das zur Folge hatte, dass weder das genehmigende Gericht, noch der Notar Gelegenheit dazu hatten, die Parteien eingehend zu befragen bzw. über den Inhalt aufzuklären, als unüblich zu bewerten. Auch habe der Ehemann mit der Formulierung, dass eine Verteilung der Güter erfolgen werde, sowohl das Gericht als auch den Notar in die Irre geführt und so seine Absicht, im Namen der Frau auf ihrer Rechte zu verzichten, verschleiert.[1067]

Auch der *Hof Leeuwaarden* hat in einer seiner Entscheidung aus dem Jahr 2010 ausnahmsweise den Missbrauch von Umständen bei Abschluss eines Ehevertrags angenommen. Dabei hat sich der *Hof* darauf gestützt, dass die Ehefrau

---

ECLI: NL: RBUTR:2010: BM8943, URL: http://uitspraken.rechtspraak.nl/inziendocument?id=ECLI:NL:RBUTR:2010:BM8943 (zuletzt abgerufen am 30.10.2018).
1066 *Hof 's-Gravenhage* 22.12.1983, ECLI: NL: GHSGR:1983: AC8324, NJ 1985/860, S. 2826 f.
1067 *Hof 's-Gravenhage* (o. Fn. 1066), S. 2828.

von den psychischen Problemen und der Medikamenteneinnahme ihres Ehemannes wusste. Folglich habe sie gewusst oder hätte zumindest annehmen müssen, dass ihr Ehemann aufgrund dieser besonderen Umstände zur Abgabe der entsprechenden Willenserklärung bewogen wurde. Dennoch habe sie den Abschluss des Ehevertrages nicht verhindert, womit sie die Umstände missbraucht habe.[1068]

4. Gerichtliche Genehmigung bei der erstmaligen Vereinbarung

Eine Kontrolle der ehevertraglichen Bestimmungen durch die Gerichte erfolgte bis zum 01.01.2012 teilweise bereits vor dem eigentlichen Vertragsabschluss.

Das *Burgerlijk Wetboek* verpflichtete in einer früheren Ausführung die Ehegatten dazu, ihren Ehevertrag der *rechtbank* zum Zwecke der Genehmigung vorzulegen. Ein solches Genehmigungserfordernis bestand allerdings nur bei Eheverträgen, die während des Bestehens der Ehe abgeschlossen werden sollten. Der Gesetzgeber hatte dieses Erfordernis im Jahre 1957 als Reaktion auf die Abschaffung des **Prinzips der Unveränderlichkeit des ehelichen Güterstands** eingeführt.[1069] In Anwendung dieses Prinzips war es bis ins Jahr 1957 hinein nicht möglich, einen Ehevertrag während des Bestehens der Ehe abzuschließen oder zuvor vereinbarte ehevertragliche Regelungen zu ändern. Primär sollte durch diese Norm eine Beeinflussung des einen Ehegatten durch den anderen und eine darauf beruhende Veränderung des Güterstands zu dessen Nachteil verhindert werden. Sekundär diente das Prinzip der Unveränderlichkeit auch der Durchsetzung des ehemals geltenden Verbots der Schenkung unter Ehegatten und dem Schutz von Dritten vor einer Benachteiligung durch eine Veränderung des ehelichen Güterstands.[1070]

1068 *Hof Leeuwarden* 09.03.2010, ECLI: NL: GHLEE:2010: BL7182, URL: https://uitspraken.rechtspraak.nl/inziendocument?id=ECLI:NL:GHLEE:2010:BL7182 (zuletzt abgerufen am 30.10.2018).
1069 *Parlementaire geschiedenis*, Boek 1, TM, S. 350 f.; dieses Prinzip wurde durch die Literatur erheblich kritisiert, da es die teilweise notwendigen Änderung des Güterstands während der Ehe verhindere, obwohl der Drittschutz durch das Ehegüterregister gewährleistet sei; siehe *Fockema Andreae*, Rechtstoestand der gehuwde vrouw, S. 123 ff.; *De Lange*, De huwelijksvoorwaarden, S. 11 ff.
1070 *Parlementaire geschiedenis*, Boek 1, TM, S. 350; siehe auch: *Hidma*, Huwelijksvoorwaarden staande huwelijk, S. 21; *De Lange*, De huwelijksvoorwaarden, S. 11 f.; *Luijten*, Huwelijksvermogensrecht, S. 183; *Suijling*, Huwelijksgoederenrecht, S. 358 f.

Die gesetzliche Grundlage der Überprüfung findet sich in Art. 1:119 BW (a.F.).

Art. 1:119 BW (a.F.):
„1. Het maken of wijzigen van huwelijkse voorwaarden tijdens het huwelijk behoeft de goedkeuring van de rechtbank. Bij het verzoekschrift der echtgenoten wordt een ontwerp van de notariële akte overgelegd. Het verzoekschrift kan zonder tussenkomst van een advocaat worden ingediend.
2. De gehele of gedeeltelijke goedkeuring wordt slechts geweigerd, indien gevaar voor benadeling van schuldeisers bestaat, of indien een of meer voorwaarden strijden met dwingende wetsbepalingen, de goede zeden of de openbare orde.
3. Indien de akte niet is verleden binnen drie maanden na het in kracht van gewijsde gaan van de beschikking waarbij de goedkeuring is verleend, vervalt deze."
Deutsch:
1. Zur Erstellung oder Änderung von Eheverträgen während der Ehe bedarf es der Genehmigung der *rechtbank*. Dem Antrag der Ehegatten ist ein Entwurf der notariellen Urkunde beizufügen. Der Antrag kann ohne Vermittlung eines Rechtsanwalts eingereicht werden.
2. Die gesamte oder teilweise Genehmigung wird nur verweigert, wenn die Gefahr der Benachteiligung von Gläubigern besteht, oder wenn eine oder mehrere der Bestimmungen zwingendem Recht, den guten Sitten oder der öffentlichen Ordnung widersprechen.
3. Wenn die Urkunde nicht innerhalb von drei Monaten ab Rechtskraft der Entscheidung über die Verfügung, mit der die Genehmigung erteilt worden ist, errichtet worden ist, verfällt diese.

Obwohl das Genehmigungserfordernis nicht mehr in Kraft ist, ist die Vorschrift vor dem Hintergrund, dass ein Äquivalent aktuell im deutschen Recht fehlt, bemerkenswert.[1071] Es wird bereits Bezug genommen auf die Evaluation im sechsten Abschnitt, in welcher erörtert wird, ob die gerichtliche Genehmigung ehevertraglicher Regelungen ein taugliches Institut zur Lösung bestehender Problematiken darstellt.[1072] Aus diesem Grund soll trotz der Gesetzesänderung eine kurze Übersicht über das Erfordernis der richterlichen Genehmigung gegeben werden. Dabei soll neben den Voraussetzungen und der Wirkung der

---

1071 Gemäß § 1587o BGB (a.F.) bedurfte eine in einer Scheidungsvereinbarung getroffene Regelung des Versorgungsausgleichs der gerichtlichen Genehmigung. Diese durfte nur verweigert werden, wenn unter Einbeziehung der Vereinbarung zum Unterhalt und der Vermögensauseinandersetzung die vereinbarte Leistung nicht zur Sicherheit des Berechtigten für den Fall der Erwerbsunfähigkeit und des Alters geeignet war oder zu einem nach Höhe und Art unangemessen Ausgleich führt. Ausf. hierzu *Zimmermann*, Eheverträge, S. 84 – 95.
1072 Siehe S. 443.

Genehmigung insbesondere auf die Kritik an dieser Regelung durch die Literatur und die Motive des Gesetzgebers, das Genehmigungserfordernis entfallen zu lassen, eingegangen werden.

a) Voraussetzungen und Wirkung der Genehmigung

Ausgehend vom Wortlaut des Art. 1:119 BW (a.F.) war durch das Gericht primär zu prüfen, ob eine der ehevertraglichen Regelungen die Gläubiger der Ehegatten der **Gefahr der Benachteiligung** aussetzte. Eine solche Gefährdung konnte (und kann) prinzipiell durch jede Veränderung des ehelichen Güterrechts eintreten. Bei einer derartigen Auffassung wäre die Erteilung der Genehmigung jedoch praktisch ausgeschlossen gewesen. Aus diesem Grund wurde darauf abgestellt, ob die Umsetzung der vertraglichen Regelung die Gefahr einer **substantiellen Benachteiligung** von Dritten, nämlich Gläubigern, mit sich brachte.[1073]

In der Literatur wurde darauf hingewiesen, dass die **Einführung der Gütergemeinschaft nach ihrem vorherigen ehevertraglichen Ausschluss** zu einer substantiellen Benachteiligung der Gläubiger führe, wenn einer der Ehegatten (erheblich) mehr Schulden als der andere habe. Infolge des Entstehens einer gemeinsamen Vermögensmasse hätte sich die Masse, auf die Gläubiger des vermögenden Ehegatten zurückgreifen konnten, wesentlich verringert.[1074] Zugleich wurde allerdings angemerkt, dass das Zustandekommen eines Ehevertrags mit einem derartigen Inhalt in einer solchen Lage eine Ausnahme gewesen sein dürfte, da sich die Ehegatten neben den Gläubigern unmittelbar selbst benachteiligt hätten.[1075]

De facto seien die Interessen der Gläubiger häufiger durch Eheverträge gefährdet worden, mit denen die Ehegatten, die zunächst im gesetzlichen Güterstand gelebt hatten, **im Nachhinein das Bestehen jeglicher Gütergemeinschaft ausschließen** wollten.[1076] Diese vertragliche Ausgestaltung führte bereits dadurch zu einer Benachteiligung, dass nach der Zuteilung der gemeinschaftlichen Güter

---

1073 *Van Mourik/Verstappen*, Nederlands vermogensrecht bij scheiding, 4. druk, S. 349; *Verstappen*, WPNR 1993, S. 138 f.; *Hidma*, Huwelijksvoorwaarden staande huwelijk, S. 77, geht davon aus, dass sich das Genehmigungserfordernis nicht auf Klauseln erstreckte, die in die notarielle Urkunde aufgenommen worden sind, aber nach der von ihm vertretenen materiellen Definition des Ehevertrages keine ehevertragliche Regelung darstellen.
1074 *Dozy*, WPNR 1958, S. 537; *Hidma*, Huwelijksvoorwaarden staande huwelijk, S. 68.
1075 *Hidma*, Huwelijksvoorwaarden staande huwelijk, S. 68 f.
1076 *Dozy*, WPNR 1958, S. 537; *Hidma*, Huwelijksvoorwaarden staande huwelijk, S. 69; *Van Mourik/Verstappen*, Nederlands vermogensrecht bij scheiding, 4. druk, S. 352.

an einen der Ehegatten ebendiese dem Zugriff der Gläubiger des jeweils anderen entzogen waren.[1077] Schloss sich darüber hinaus eine ungleichmäßige Verteilung der gemeinschaftlichen Güter an die Auflösung der Gemeinschaft an, bestand die Gefahr einer unmittelbaren Benachteiligung. Den Gläubigern des Ehegatten, dem nur wenige Aktiva der Gütergemeinschaft zugeteilt worden waren, entstand ein ernstzunehmender Nachteil.[1078] Um zu verhindern, dass das Gericht aufgrund dieser Gefährdung den Ehevertrag nicht genehmigen würde, wurde dem Gericht vielfach ein schriftliches Konzept über die Verteilung der gemeinschaftlichen Güter vorgelegt. Problematisch war jedoch, dass der Verteilungsplan selbst keine ehevertragliche Regelung war und damit nicht dem Erfordernis der gerichtlichen Genehmigung unterlag. Dieses Schriftstück diente allein als Erkenntnisquelle für das Gericht. Die Ehegatten garantierten weder die Vollständigkeit des Plans, noch waren sie an ihn gebunden.[1079] Angesichts dieser Problematik wurde vielfach von den Gerichten verlangt, dass die Ehegatten die sogenannte *Dozy*-Klausel in ihren Ehevertrag aufnahmen. Diese Klausel enthielt die gegenseitige und unwiderrufliche Verpflichtung der Ehegatten, zugunsten der Gläubiger der aufgelösten Gütergemeinschaft gesamtschuldnerisch für alle Schulden der Gemeinschaft zu haften. Besonders betont wurde, dass diese Bestimmung für die Ehepartner keine Benachteiligung dargestellt habe. Sie konnten die Begleichung der Schulden vor der Aufteilung der Gütergemeinschaft vorantreiben und auf diese Weise einer Inanspruchnahme entgegenwirken. Zugleich sei es nicht unangemessen, von ihnen zu erwarten, dass sie die Interessen ihrer Gläubiger durch eine solche Bestimmung auch nach der Aufteilung der Gütergemeinschaft entsprechend absicherten.[1080]

Ferner erteilte das Gericht die Genehmigung nicht, wenn die Ehegatten mit dem vorgelegten Ehevertrag **gegen zwingendes Recht, die guten Sitten oder die öffentliche Ordnung verstießen**. Diese Regelung ist insoweit vergleichbar mit Art. 1:121 Abs. 1 BW, wonach jeder Ehevertrag – unabhängig davon, ob er vor oder während des Bestehens der Ehe abgeschlossen worden ist – diesen

---

1077 *Van Mourik/Verstappen*, Nederlands vermogensrecht bij scheiding, 4. druk, S. 352.
1078 *Dozy*, WPNR 1958, S. 537; *Hidma*, Huwelijksvoorwaarden staande huwelijk, S. 69 f.
1079 *Dozy*, WPNR 1958, S. 537; *Hidma*, Huwelijksvoorwaarden staande huwelijk, S. 74; *Verstappen, WPNR 1993*, S. 140.
1080 *Dozy*, WPNR 1958, S. 538; zustimmend: *Hidma*, Huwelijksvoorwaarden staande huwelijk, S. 74; *Verstappen*, WPNR 1993, S. 139; *Van Mourik/Verstappen*, Nederlands vermogensrecht bij scheiding, 4. druk, S. 352.

Anforderungen genügen muss. Zur Vermeidung von Wiederholungen ist auf die in diesem Zusammenhang gemachten Ausführungen zu verweisen.[1081]

Bei Vorliegen der soeben genannten Voraussetzungen waren die Gerichte dazu verpflichtet, den Ehevertrag (ganz oder teilweise) zu genehmigen. Verweigerte jedoch ein Gericht die Genehmigung oder hatten die Ehegatten bereits von vorneherein davon abgesehen, ihren Ehevertrag zur Genehmigung vorzulegen, war dieser Vertrag **absolut nichtig**. Rechtsfolgen daraus konnten weder im Verhältnis der Ehegatten untereinander noch in ihrem Verhältnis gegenüber Dritten entstehen.[1082]

Die Erteilung der Genehmigung wirkte sich darüber hinaus nicht aus. Insbesondere schloss die zuvor erteilte Genehmigung nicht aus, dass sich die Ehegatten oder einer von ihnen im Nachhinein auf die Unwirksamkeit des Vertrages, sei es infolge eines mangelhaft gebildeten Willens oder des Missbrauchs der Umstände durch den anderen, berufen konnte/n. Weder bewirkte die Genehmigung eine Heilung des Mangels noch führte sie dazu, dass derjenige, der sich auf den Willensmangel oder den Missbrauch berufen hat, mit diesem Einwand präkludiert war. Zur Begründung wurde angeführt, dass es sich beim Verfahren zur Einholung der Genehmigung nicht um ein streitiges Verfahren handelte, sondern der gemeinsame Antrag beider Ehegatten erforderlich war. Der Missbrauch einer Partei oder ein mangelhaft gebildeter Wille sei in einem derartigen einvernehmlichen Verfahren für das Gericht grundsätzlich nur schwer oder überhaupt nicht zu erkennen.[1083]

b) Entfall der gerichtlichen Genehmigung

In der Literatur wurde verschiedentlich Kritik an dem Erfordernis der gerichtlichen Genehmigung von während der Ehe abgeschlossenen Eheverträgen geübt. Teilweise wurde sogar an den Gesetzgeber appelliert, das Genehmigungserfordernis abzuschaffen.[1084]

1081 Siehe S. 310 ff.
1082 *HR* 02.05.1986, ECLI: NL: PHR:1986: AB7995, NJ 1987/353, S. 1270.
1083 *Hidma*, Huwelijksvoorwaarden staande huwelijk, S. 78; *Luijten*, Huwelijksvermogensrecht, S. 187; vgl. *Hof 's-Gravenhage* 22.12.1983, ECLI: NL: GHSGR:1983: AC8234, NJ 1985/860, S. 2828, der feststellte, dass der Ehemann sowohl den Notar als auch die *rechtbank* in die Irre geführt hatte.
1084 So ausdrücklich *Hidma/Van Duijvendijk-Brand*, Huwelijkse voorwaarden, S. 91; *Huijgen*, WPNR 2006, S. 601; *Soons*, WPNR 1995, S. 435; siehe auch *Luijten*, WPNR 2001, S. 98.

Das Genehmigungsverfahren wurde aufgrund der damit für die Ehegatten verbundenen Kosten kritisiert.[1085] Geltend gemacht wurde ferner, dass der richterlichen Genehmigung kein Mehrwert gegenüber dem Erstellen des Ehevertrages durch den Notar zukomme. Im Umgang mit ehevertraglichen Regelungen sei der Notar sogar qualifizierter als der Richter. Zudem wurde darauf verwiesen, dass ein wesentlicher Grund für die Einführung des Genehmigungserfordernisses, nämlich die ungeklärte Rolle des Notars, durch die Entscheidung des *Hoge Raads* vom 20.01.1989 zu dessen Schutzpflicht entfallen sei.[1086]

Der Gesetzgeber hat diese Kritik im Gesetzgebungsverfahren um die erste Novellierung der gesetzlichen Gemeinschaft von Gütern teilweise aufgegriffen und das Erfordernis einer richterlichen Genehmigung durch das Änderungsgesetz zum 01.01.2012 entfallen lassen.[1087] Er zweifelte insbesondere die Sinnhaftigkeit der gerichtlichen Kontrolle der Eheverträge an. In der Vergangenheit habe sich gezeigt, dass der Richter in der Regel keinen effektiven Schutz vor dem Missbrauch der Befugnis, einen Ehevertrag auch während der Ehe abzuschließen, leisten könne. Oftmals würden dem Gericht nicht alle Umstände des jeweiligen Falls zugetragen. Die Bedeutung der gerichtlichen Genehmigung sei auch deshalb gering, da die Parteien trotz dieser gegen einen möglicherweise erfolgten, aber vom Gericht nicht ermittelten Missbrauch vorgehen oder Willensmängel geltend machen könnten.[1088] Überdies berücksichtigte der Gesetzgeber praktische Erwägungen: Ein Wegfall des Erfordernisses der gerichtlichen Genehmigung würde zu einer Entlastung der Gerichte und zu einer finanziellen Entlastung der Ehegatten beitragen.[1089]

Diese Entscheidung des Gesetzgebers wird vereinzelt als problematisch bezeichnet, da sie dazu führe, dass der Notar die Funktion des Richters in diesem Zusammenhang übernehmen müsse. Während die Gerichte in ihren Entscheidungen jedoch stets unabhängig seien, sei der Notar der Aufsicht durch die

---

1085 *Hidma/Van Duijvendijk-Brand*, Huwelijkse voorwaarden, S. 43 f.; *Van Mourik/ Verstappen*, Nederlands vermogensrecht bij scheiding, 4. druk, S. 347; *Verstappen*, Rechtsopvolging, S. 391.
1086 *Hidma/Van Duijvendijk-Brand*, Huwelijkse voorwaarden, S. 90; *Van Mourik/Verstappen*, Nederlands vermogensrecht bij scheiding, 4. druk, S. 347; *Soons*, WPNR 1995, S. 434.
1087 *Stb.* 2011, 205; dieser Änderung zustimmend: *Breederveld*, FJR 2009, S. 70; *Huijgen*, WPNR 2006, S. 601; *Nuytinck*, WPNR 2008, S. 815.
1088 *Kamerstukken II* 2005/06, 28 867, Nr. 9, S. 19.
1089 *Kamerstukken II* 2005/06, 28 867, Nr. 9, S. 21.

Kamer van toezicht unterworfen und laufe zudem Gefahr, auf Schadensersatz in Anspruch genommen zu werden. Da der Notar nunmehr die alleinige Verantwortung für ein wirksames Zustandekommen des Ehevertrages trage, sei er zwangsläufig einem höheren Berufsrisiko ausgesetzt.[1090]

Die gerichtliche Genehmigung von Eheverträgen hat jedoch nie dazu gedient hat, den beteiligten Notar vor möglichen Fehlern und der daraus resultierenden Verantwortlichkeit zu bewahren. Das Verfahren wurde vielmehr eingeführt, um Dritte und benachteiligte Ehegatten zu schützen, hat diesen Zweck aber oftmals verfehlt. Dem Notar wird somit keine völlig neue Rolle zugewiesen, sondern letztlich wird die Entwicklung bestätigt, die dieses Amt in Folge der Rechtsprechung zu seiner Funktion und der daraus resultierenden Haftung genommen hat. Der Gesetzgeber betont die Verantwortlichkeit des Notariats, begründet diese aber keinesfalls neu.

II. Auslegung von Eheverträgen

In der niederländischen Rechtsprechung nimmt die Auslegung ehevertraglicher Regelungen eine wesentliche Stellung ein. Die Auslegung dient zunächst der Ermittlung des Willens der Vertragsparteien, ist jedoch zugleich Grundlage einer sich daran anschließenden inhaltlichen Überprüfung und gegebenenfalls erforderlichen Anpassung von Eheverträgen. Sie wird in der Praxis der richterlichen Ausübungskontrolle vorangestellt.

Nachfolgend sollen zunächst die Grundlagen der Auslegung herausgearbeitet werden. In einem zweiten Abschnitt wird auf die in der Rechtsprechung entwickelten Maßstäbe eingegangen, um in einem dritten Abschnitt darzulegen, welcher Maßstab bei Eheverträgen zu berücksichtigen ist.

1. *Grundlagen der Auslegung*

Es fehlt in den Niederlanden an einer gesetzlichen Regelung der Auslegung. Der Gesetzgeber hat sich im Zuge der Neufassung des *Burgerlijk Wetboek* explizit dagegen ausgesprochen, Normen, die sich mit der Auslegung von Erklärungen und Vereinbarungen auseinandersetzen, aufzunehmen. Er führte dazu aus, dass eine solche Normierung keinen besonderen Wert habe und in der Praxis überflüssig sei, da sie zu allgemein gehalten werden müsste.[1091] Folglich war die Rechtspraxis gehalten, selbst Vorgaben für die Auslegung von Erklärungen und

---

1090 *Pleysier*, in: *Hartlief/Stolker*, Contractvrijheid, S. 453; *Reinhartz*, FJR 2006, S. 9 f.
1091 *Parlementaire geschiedenis*, Boek 6, TM, S. 916.

Vereinbarungen zu entwickeln. Die Grundlage für die spätere Auslegung bilden nach einhelliger Auffassung die rechtlichen Bestimmungen zum Zustandekommen einer Vereinbarung, da die Auslegung das Zustandekommen reflektieren muss.[1092]
Fraglich ist somit zunächst, wie Willenserklärungen und Vereinbarung im niederländischen Recht zustande kommen. Das *Burgerlijk Wetboek* setzt für ein Rechtsgeschäft eine Erklärung voraus, in der sich ein Wille manifestiert, der auf das Setzen einer Rechtsfolge gerichtet ist.
Dies ergibt sich aus Art. 3:33 BW

> Art. 3:33 BW:
> „Een rechtshandeling vereist een op een rechtsgevolg gerichte wil die zich door een verklaring heeft geopenbaard."
> Deutsch[1093]:
> Ein Rechtsgeschäft setzt einen auf eine Rechtsfolge gerichteten Willen voraus, der sich durch eine Erklärung offenbart hat.

An einer vertraglichen Vereinbarung sind zwei oder mehrere Personen beteiligt, die jeweils durch Vornahme einer Rechtshandlung die Vereinbarung entstehen lassen. Erforderlich ist, dass die (zukünftigen) Parteien Erklärungen abgeben, die aufeinander abgestimmt sind und mit dem Ziel abgegeben wurden, Rechtsfolgen in Gestalt einer vertraglichen Übereinkunft zu schaffen. In erster Linie ist damit der durch die Erklärung verkörperte Wille der Parteien Grundlage für das Zustandekommen der Vereinbarung.[1094]

Sind die Erklärungen jedoch nicht aufeinander abgestimmt, steht infrage, ob überhaupt eine vertragliche Vereinbarung zustande kommen kann und, sofern dies der Fall ist, welchen Inhalt sie hat. In diesem Zusammenhang ist auf den Fall abzustellen, dass der Wille einer Partei nicht mit der Bedeutung übereinstimmt, die dieser Erklärung durch die jeweilige Gegenpartei beigemessen worden ist. Das *Burgerlijk Wetboek* gibt vor, dass eine Partei sich nicht auf eine fehlende Übereinstimmung berufen kann, wenn die Gegenpartei von einer abweichenden Bedeutung der Erklärung ausgegangen ist und sich diese Bedeutung in angemessener Weise erschlossen hat. In diesem Fall wird der Erklärung der Inhalt beigemessen, der ihr von der anderen Vertragspartei zu entnehmen war. Daher

---

1092 *Kornet*, Contract Interpretation and Gap Filling, S. 31; *Ras*, Contracteren 1/2010, S. 13; *Tjittes*, RMThemis 2005, S. 3; *Wissink*, WPNR 2004, S. 407.
1093 *Nieper*, Niederländisches Bürgerliches Gesetzbuch – Buch 3/4/5, S. 24.
1094 *Hartkamp/Sieburgh*, in: *Asser* 6-III Rn. 8; *Hijma/Olthof*, Vermogensrecht, Rn. 453; *Brahn/Reehuis*, Vermogensrecht, Rn. 357 – 363.

sind für den Inhalt einer Vereinbarung neben dem subjektiven Willen der erklärenden Partei auch objektive Ansatzpunkte maßgeblich.[1095]
Eine entsprechende Regelung findet sich in Art. 3:35 BW.

Art. 3:35 BW:
„Tegen hem die eens anders verklaring of gedraging, overeenkomstig de zin die hij daaraan onder de gegeven omstandigheden redelijkerwijze mocht toekennen, heeft opgevat als een door die ander tot hem gerichte verklaring van een bepaalde strekking, kan geen beroep worden gedaan op het ontbreken van een met deze verklaring overeenstemmende wil."

Deutsch[1096]:
Gegenüber demjenigen, der die Erklärung oder das Verhalten eines anderen, entsprechend dem Sinn, den er dieser bzw. diesem unter den gegebenen Umständen vernünftigerweise zuschreiben durfte, als eine durch den anderen an ihn gerichtete Erklärung eines bestimmten Inhalts aufgefasst hat, kann man sich nicht auf den Mangel eines mit der Erklärung übereinstimmenden Willens berufen.

Die Vornahme von Rechtshandlungen und das Entstehen von Vereinbarungen richten sich folglich nach einer Kombination aus **Berücksichtigung des Parteiwillens** einerseits **und** des **Vertrauens, das die Gegenpartei in das Bestehen des erkennbar nach außen tretenden Willens haben durfte**, andererseits. Diese Verknüpfung wird als *wil/vertrouwensleer* bezeichnet.[1097]

2. Auslegung von Vereinbarungen anhand von Haviltex- und CAO-Norm

Das Verhältnis von Beachtung des Parteiwillens und Vertrauensschutzes spiegelt sich in den von der Rechtsprechung entwickelten Grundsätzen zur Auslegung wider.

Der *Hoge Raad* hat noch vor der Neufassung des *Burgerlijk Wetboek* in einer seiner Entscheidungen, die als *Haviltex*-Urteil bezeichnet wird, zur Frage der Auslegung Stellung genommen. Anstoß für das gerichtliche Verfahren war der Streit darüber, wie eine Klausel in einem schriftlichen Kaufvertrag auszulegen war. Nach den vorliegenden Umständen bestand die Möglichkeit, dass die Klausel – je nach Lesart – zur Annullierung des Vertrages führen oder dessen

---

1095 *Hartkamp/Sieburgh*, in: *Asser* 6-III Rn. 125.
1096 *Nieper*, Niederländisches Bürgerliches Gesetzbuch – Buch 3/4/5, S. 25.
1097 Siehe unter anderem *Kornet*, Contract Interpretation and Gap Filling, S. 32; *Ras*, Contracteren 1/2010, S. 13; *Tjittes*, RMThemis 2005, S. 6; *Van Duijvendijk-Brand*, (Echt)scheiding, S. 96.

Wirksamkeit nicht berühren würde.[1098] Der *Hoge Raad* geht davon aus, dass bei der Auslegung zu berücksichtigen ist, welche Bedeutung die Parteien den Bestimmungen der Vereinbarung unter den gegebenen Umständen in redlicher Weise entnehmen und was die Parteien redlicherweise voneinander erwarten durften. In diesem Zusammenhang sei der gesellschaftliche Status der Parteien ebenso zu beachten, wie die Rechtskenntnis, die von ihnen erwartet werden könne.[1099] Der vom *Hoge Raad* entwickelte Grundsatz wird entsprechend des Namens der Entscheidung **Haviltex-Norm** oder *Haviltex*-Formel genannt.[1100] Bei einer Handhabung dieses Auslegungsgrundsatzes wird einerseits ein subjektiver Ansatz verfolgt. Ausgangspunkt ist der Wille der Parteien des jeweiligen Falls. Andererseits wird auch berücksichtigt, auf was die Parteien angesichts ihrer gesellschaftlichen Stellung und der von ihnen erwarteten Rechtskenntnis angemessener Weise vertrauen durften. Insofern hat die Auslegung auch einen objektiven Bezug. Grundlage der Auslegung anhand der *Haviltex*-Formel ist ein **subjektiv-objektiver Maßstab**.[1101]

Vertreten wird, dass selbst innerhalb der Anwendung der *Haviltex*-Norm Raum für einen **objektiveren Maßstab** sei. Dabei werden primär zwei Fälle angeführt: Einerseits sei dies erforderlich, wenn die Auslegung der Vereinbarung nicht auf dem gemeinschaftlichen Parteiwillen basiere. In einem solchen Fall würde entweder von keiner Partei zu einem gemeinschaftlichen Parteiwillen vorgetragen oder nicht ausreichend Beweis für die Annahme eines übereinstimmenden Parteiwillens erbracht.[1102] Daneben sei die Auslegung einer Vereinbarung anhand eines objektiven Maßstabs vorzunehmen, wenn dies die Art der Vereinbarung, etwa bei einer güterrechtlichen Vereinbarung über Registergüter, erfordere. In diesem Fall müsse der Parteiwille primär aus dem Wortlaut der notariellen Urkunde, der nach objektiven Maßstäben unter Berücksichtigung der gesamten Urkunde ausgelegt werden müsste, abgeleitet werden.[1103] Auch in der Rechtsprechung findet sich mittlerweile eine objektivere Variante der *Haviltex*-Norm wieder. So hat der *Hoge Raad* bestätigt, dass in bestimmten

---

1098 *HR* 13.03.1981, ECLI: NL: HR:1981: AG4158, NJ 1981/635, S. 2073.
1099 *HR* (o. Fn. 1098), S. 2075 f.
1100 *HR* 20.02.2004, ECLI: NL: PHR:2004: AO1427, NJ 2005/493, S. 4308; siehe auch *Van der Burght*, in: Liber Amicorum Walter Pintens, S. 1523; *Tanja-van den Broek*, WPNR 2005, S. 864; *Tjittes*, RMThemis 2005, S. 6; *Valk*, NTBR 1994, S. 112.
1101 *Bakker*, WPNR 2001, S. 479; *Van der Burght*, in: Liber Amicorum Walter Pintens, S. 1523.
1102 *Kornet*, Contract Interpretation and Gap Filling, S. 33; *Tjittes*, RMThemis 2005, S. 9.
1103 *Tjittes*, RMThemis 2005, S. 10.

Fällen der sprachlichen Auslegung das wesentliche Gewicht zukommen kann.[1104] Ausgangspunkt in diesen Verfahren waren rein kommerzielle Vereinbarungen, die von den Parteien unter Beteiligung von rechtskundigen Sachverständigen geschlossen wurden. Dementsprechend hat der Gerichtshof ausgeführt, dass der sprachlichen Auslegung Vorrang zukomme, wenn die Art der Übereinkunft dies erfordere und juristisch geschulte Sachverständige beim Zustandekommen der Vereinbarung beteiligt gewesen seien.[1105] Weiterhin wurden die Art des Zustandekommens der Vereinbarung, sowie deren Umfang und Detailliertheit als Faktoren genannt, die zu einer Anpassung der *Haviltex*-Norm führen könnten.[1106] Der *Hoge Raad* hat zudem einer Klausel, die zur Folge hatte, dass mit Abschluss der Vereinbarung andere Vereinbarungen der Parteien in derselben Angelegenheit unwirksam sein sollten, erhebliche Bedeutung für die Anwendung eines objektiveren Maßstabs beigemessen.[1107]

Der *Hoge Raad* hat im Jahre 1993 in zwei seiner Entscheidungen zum Kollektivarbeitsrecht einen weiteren Auslegungsmaßstab eingeführt. Er ist der Auffassung, dass bei bestimmten Vereinbarungen der Wortlaut einer der Bestimmungen unter Berücksichtigung des Inhalts der gesamten Vereinbarung grundsätzlich entscheidende Bedeutung hat.[1108] Dieser Maßstab wird in Anlehnung an den Begriff des Tarifvertrages, der in den Niederlanden als *collectieve arbeidsovereenkomst* bezeichnet wird, **CAO-Norm** genannt.[1109] Der *Hoge Raad* stellte heraus, dass bei Abschluss eines Tarifvertrages in der Regel weder die Arbeitnehmer noch die jeweiligen Arbeitgeber unmittelbar beteiligt gewesen seien. Folglich würden diesen zur Auslegung der Übereinkunft nur der Wortlaut und gegebenenfalls beigefügte Erklärungen zur Verfügung stehen, sodass diesen bei der Auslegung maßgebliche Bedeutung zukomme.[1110]

1104 *HR* 19.01.2007, ECLI: NL: HR:2007: AZ3178, NJ 2007/575, S. 5840; *HR* 29.06.2007, ECLI: NL: HR:2007: BA4909, NJ 2007/576, S. 5877; *HR* 09.04.2010, ECLI: NL: HR:2010: BK1610, NJB 2010/805, URL: http://deeplinking.kluwer.nl/?param=00A8A945&cpid=WKNL-LTR-Nav2 (zuletzt abgerufen am 30.10.2018).
1105 *HR* 19.01.2007, ECLI: NL: HR:2007: AZ3178, NJ 2007/575, S. 5842; *HR* 29.06.2007, ECLI: NL: HR:2007: BA4909, NJ 2007/576, S. 5877.
1106 *HR* 19.01.2007, ECLI: NL: HR:2007: AZ3178, NJ 2007/575, S. 5840.
1107 *HR* (o. Fn. 1106), S. 5840.
1108 *HR* 17.09.1993, ECLI: NL: HR:1993: ZC1059, NJ 1994/173, S. 749; *HR* 24.09.1993, ECLI: NL: HR:1993: ZC1072, NJ 1994/174, S. 757.
1109 Tanja-van den Broek, WPNR 2004, S. 863; Tjittes, RMThemis 2005, S. 11; Ras, Contracteren 1/2010, S. 14; Wissink, WPNR 2004, S. 407 f.
1110 *HR* 17.09.1993, ECLI: NL: HR:1993: ZC1059, NJ 1994/173, S. 749; *HR* 24.09.1993, ECLI: NL: HR:1993: ZC1072, NJ 1994/174, S. 757.

Der *Hoge Raad* hat seine Rechtsprechung zur *CAO*-Norm stetig erweitert. So wies der Gerichtshof darauf hin, dass bei der Auslegung die Rechtsfolgen der jeweiligen Auslegungsvariante zu berücksichtigen seien. Die Variante, die anhand der sich aus ihr ergebenden Rechtsfolgen akzeptabler sei, sei zu bevorzugen.[1111] In einer anderen Entscheidung zeigte er auf, dass auch die Absichten der Parteien des Tarifvertrages in die Auslegung einbezogen werden könnten, sofern sich dies anhand objektiver Kriterien aus den Bestimmungen des Tarifvertrages und den gegebenenfalls beigefügten Erklärungen ergebe. Den Parteien der individuellen Arbeitsverträge seien in diesem Fall die Absichten der Tarifvertragsparteien bekannt.[1112]

Thematisiert wird weiterhin, ob eine vertragliche Vereinbarung, bei der es sich nicht um einen Tarifvertrag handelt, anhand der *CAO*-Norm ausgelegt werden kann. Der *Hoge Raad* hat dies grundsätzlich bejaht, zugleich aber verschiedene Anforderungen an die Handhabung dieses Auslegungsmaßstabs gestellt. Primär ist erforderlich, dass die in Rede stehende Vereinbarung nach ihrer Art dazu bestimmt ist, die Rechtsposition von Dritten zu beeinflussen, die bei Abschluss der Vereinbarung nicht anwesend waren und weder Kenntnis von der Absicht der vertragsschließenden Parteien noch von den bei Vertragsschluss getätigten Erläuterungen haben.[1113] Darüber hinaus müsse die Anzahl der Dritten, die voraussichtlich durch die Vereinbarung gebunden werden, eine erhebliche Größe annehmen und in der Vereinbarung die Rechtsposition dieser Dritten einheitlich geregelt werden.[1114] In der Rechtsprechung wird die *CAO*-Norm insbesondere bei Sozialplänen angewendet.[1115] Die Literatur betont ein weiteres, negatives Kriterium: Eine Auslegung nach der *CAO*-Norm soll nicht in Betracht kommen, wenn die Parteien in der Lage sind, einer Vereinbarung selbst Form zu geben, indem sie beispielsweise eine vorgefertigte Standardvereinbarung abändern. In diesen Fällen seien die Absichten und Erklärungen der

---

1111 *HR* 31.05.2002, ECLI: NL: PHR:2002: AE2376, NJ 2003/110, S. 743.
1112 *HR* 28.06.2002, ECLI: NL: PHR:2002: AE4366, NJ 2003/111, S. 760; *HR* 20.02.2004, ECLI: NL: PHR:2004: AO1427, NJ 2005/493, S. 4308.
1113 *HR* 20.09.2002, ECLI: NL: PHR:2002: AE3381, NJ 2002/610, S. 4551.
1114 *Tjittes*, RMThemis 2005, S. 12, zieht dies als Schlussfolgerung aus *HR* 20.02.2004, ECLI: NL: PHR:2004: AO1427, NJ 2005/493, S. 4308.
1115 *HR* 26.05.2000, ECLI: NL: PHR:2000: AA5961, NJ 2000/473, S. 3166; *HR* 23.03.2001, ECLI: NL: HR:2001: AB0700, NJ 2003/715, S. 5559 f.; *HR* 17.01.2003, ECLI: NL: PHR:2003: AE9395, NJ 2004/384, S. 3276; *HR* 16.05.2003, ECLI: NL: PHR:2003: AF4621, NJ 2003/470, S. 3643; *HR* 20.02.2004, ECLI: NL: PHR:2004: AO1427, NJ 2005/493, S. 4308.

Parteien relevant, weshalb grundsätzlich eine Auslegung nach der *Haviltex*-Formel geboten sei.[1116]

Der *Hoge Raad* hat zwischenzeitlich herausgearbeitet, dass **Haviltex- und CAO-Norm nicht im Widerspruch** zueinanderstehen, sondern auf einer gemeinsamen Grundlage beruhen würden. Es bestehe ein fließender Übergang. Mit der Schaffung der verschiedenen Maßstäbe sei lediglich bezweckt worden, bei häufig auftretenden Vertragstypen die Auslegung durch Konkretisierung der gemeinsamen Grundlage zu vereinfachen. Die Basis sei in beiden Fällen, dass bei der Auslegung einer schriftlichen Vereinbarung alle Umstände des konkreten Falls, die anhand von Treu und Glauben bewertet werden müssten, von Bedeutung seien. Sowohl im Rahmen der *Haviltex*-Norm als auch bei einer Auslegung anhand der *CAO*-Norm verbiete es sich, lediglich eine Auslegung anhand der sprachlichen Bedeutung des Textes der Vereinbarung vorzunehmen.[1117]

3. Anwendung der Auslegungsgrundsätze auf Eheverträge

Aus der vorangegangenen Darstellung der Auslegung von Vereinbarungen im Allgemeinen ergibt sich, dass das niederländische Recht mit der *Haviltex*- und der *CAO*-Norm zwei verschiedene Auslegungsmaßstäbe kennt. Mit dieser Feststellung stellt sich zugleich die Frage, ob diese Grundsätze im Rahmen der Auslegung von Eheverträgen Anwendung finden.

Vorab ist festzustellen, dass die Parteien eines Ehevertrages aufgrund der Vertragsfreiheit grundsätzlich selbst vorschreiben können, wie die Bestimmungen des Vertrages auszulegen sind. So können die Parteien einen in der Urkunde verwendeten Begriff in der Vereinbarung selbst näher bestimmen oder festlegen, dass eine Auslegung nur unter Zugrundelegung des geschriebenen Wortes vorgenommen werden soll und/oder eine mündliche Modifikation der Vereinbarung unzulässig ist.[1118] In der Praxis ist es in einigen Fällen üblich, in den Ehevertrag derartige Klauseln aufzunehmen, um die Auslegung von unbestimmten Rechtsbegriffen festzulegen. Insbesondere im Rahmen einer Verrechnungsklausel wird zur Bestimmung der Begriffe der Einkünfte und des Vermögens davon Gebrauch gemacht.[1119]

1116 *Kornet*, Contract Interpretation and Gap Filling, S. 38; *Tjittes*, RMThemis 2005, S. 12; *Valk*, NTBR 1994, S. 113.
1117 HR 20.02.2004, ECLI: NL: PHR:2004: AO1427, NJ 2005/493, S. 4308.
1118 Ausf. dazu *Tjittes*, RMThemis 2005, S. 25 ff.; *ders.*, WPNR 2007, S. 421 f.
1119 *Van den Anker*, Woning, echtscheiding, verrekening, S. 8 f.; *De Bruijn/Huijgen/Reinhartz*, Het Nederlandse Huwelijksvermogensrecht, 5. druk, S. 331; *Gräler*, WPNR

Fehlt es jedoch an einer entsprechenden ehevertraglichen Bestimmung, stellt sich die Frage, anhand welcher der durch den *Hoge Raad* entwickelten Grundsätze der Ehevertrag im konkreten Fall auszulegen ist. Die Auslegung des Ehevertrages anhand der **CAO-Norm** wird in der Literatur abgelehnt, da die vom *Hoge Raad* vorausgesetzte unmittelbare Drittwirkung regelmäßig fehle. Ein Dritter müsse sich die ehevertraglichen Regelungen nur entgegenhalten lassen, wenn diese in das Ehegüterregister eingetragen worden sind. Selbst wenn dies der Fall sei, fehle es an der unmittelbaren Wirkung.[1120] Der *Hoge Raad* hat in seiner Rechtsprechung ebenfalls zum Ausgangspunkt genommen, dass bei der Auslegung ehevertraglicher Klauseln zu berücksichtigen sei, welche Bedeutung die Parteien den einzelnen Bestimmungen in redlicher Weise entnehmen und welche Erwartung sie dabei (ebenfalls in redlicher Weise) aneinander haben durften. Es dürfe nicht vornehmlich auf den Wortlaut abgestellt werden.[1121] Auch in weiteren Entscheidungen hat der Gerichtshof die **Haviltex-Norm** als Maßstab für die Auslegung von Eheverträgen verwendet.[1122] In diesem Zusammenhang nimmt der *Hoge Raad* auch Bezug auf den Grundsatz von Treu und Glauben.[1123] In einem ihm zur Entscheidung vorliegenden Fall war zwischen den Parteien umstritten, wie eine ehevertragliche Verrechnungsklausel auszulegen war. Nicht eindeutig war, ob die Wertsteigerung in die Verrechnung des während der Ehe nicht verrechneten Vermögens einbezogen werden müsste. Eine Auslegung der Verrechnungsklausel anhand des Gebotes von Treu und Glauben habe – so der *Hoge Raad* – zur Folge, dass auch die Wertsteigerungen des nichtverrechneten Vermögens in eine abschließende Berechnung einzubeziehen seien, da davon ausgegangen werden müsste, dass bei einer regelmäßigen Aufteilung jeder der Ehegatten die Gelegenheit gehabt hätte, das erhaltene Vermögen anzulegen und so den Wert zu steigern.[1124] Auch in weiteren Fällen hat der Gerichtshof im Zuge

---

2001, S. 286; *Meijer*, Afwikkeling van huwelijksvoorwaarden, S. 133 ff.; *Stollenwerck*, FTV 2013/3.
1120 *Subelack*, EB 2016, S. 45; *Tanja-van den Broek*, WPNR 2005, S. 865.
1121 *HR* 28.11.2003, ECLI: NL: HR:2003: AK3697, NJ 2004/116, S. 931.
1122 *HR* 06.10.2006, ECLI: NL: HR:2006: AX8847, RvdW 2006/923, S. 800; *HR* 04.05.2007, ECLI: NL: HR:2007: BA1564, NJ 2008/187, S. 1799; *HR* 25.02.2011, ECLI: NL: HR:2011: BO7277, RvdW 2011/312, URL: http://deeplinking.kluwer.nl/?param=0A46D95&cpid=WKNL-LTR-Nav2 (zuletzt abgerufen am 30.10.2018).
1123 Ausf. zu Treu und Glauben siehe S. 353 ff.
1124 *HR* 07.04.1995, ECLI: NL: HR:1995: ZC1695, NJ 1996/486, S. 2642.

der Auslegung nach der *Haviltex*-Formel auf den Grundsatz von Treu und Glauben zurückgegriffen.[1125]

Die uneingeschränkte Anwendung der *Haviltex*-Norm bei ehevertraglichen Regelungen kann sich jedoch im Einzelfall als problematisch erweisen. In Literatur und Rechtsprechung ist insbesondere die Anwendung der **Formvorschrift des Art. 1:115 Abs. 1 BW**[1126], wonach der Ehevertrag notariell zu beurkunden ist, in den Fokus gerückt worden. Die Anwendung der *Haviltex*-Norm führt grundsätzlich dazu, dass nicht der Wortlaut für den Inhalt der Vereinbarung maßgeblich ist, sondern der in Anwendung des Grundsatzes ermittelte Zweck, den die Parteien mit Abschluss der Vereinbarung verfolgt haben. Folglich kann der durch Auslegung ermittelte Inhalt (teilweise) in Kontrast zum Wortlaut stehen.[1127] In der Literatur wird darauf hingewiesen, dass diese Wirkung der *Haviltex*-Norm bei Eheverträgen der Wirkung der besonderen Formvorschrift widerspreche, da eine ehevertragliche Bestimmung ausschließlich geändert werden könne, indem erneut ein Ehevertrag unter Wahrung der Formvorschrift abgeschlossen wird.[1128] Dies entspricht der Rechtsprechung des *Hoge Raads*, der sich in Fragen der Auslegung nach der *Haviltex*-Formel mit dem Spannungsfeld zwischen der Ermittlung des wirklichen Willens und der gesetzlich vorgeschriebenen notariellen Form ehevertraglicher Reglungen auseinandersetzt. Der *Hooge Raad* hat problematisiert, dass zwar der wirkliche gemeinsame Wille der Parteien unter Berücksichtigung von Treu und Glauben maßgeblich sei, die Auslegung aber nicht dazu führen könne, dass der wirkliche Wille dem Wortlaut des Ehevertrages widerspreche, da der Ehevertrag der notariellen Form bedürfe und die Auslegung einer ehevertraglichen Klausel gegen den Wortlaut mangels notarieller Beurkundung keine Wirkung entfalten könnte.[1129]

An die vorstehenden Ausführungen schließt sich die Frage an, ob im Zuge der Auslegung einer ehevertraglichen Regelung nicht der von der Rechtsprechung geschaffene **objektivere Maßstab der *Haviltex*-Norm** gehandhabt werden

---

1125 *HR* 28.11.2003, ECLI: NL: HR:2003: AK3697, NJ 2004/116, S. 931; *HR* 06.10.2006, ECLI: NL: HR:2006: AX8847, RvdW 2006/923, S. 800; *HR* 04.05.2007, ECLI: NL: HR:2007: BA1564, NJ 2008/187, S. 1799.
1126 Siehe S. 209.
1127 *Tanja-van den Broek*, WPNR 2004, S. 863; *Tjittes*, RMThemis 2005, S. 8; *Wissink*, WPNR 2004, S. 408.
1128 *Van der Burght*, in: Liber Amicorum Walter Pintens, S. 1536; *Van Duijvendijk-Brand*, WPNR 2007, S. 392; *Tanja-van den Broek*, WPNR 2004, S. 865.
1129 *HR* 18.06.2004, ECLI: NL: PHR:2004: AO7004, NJ 2004/399, S. 3444; ausf. zu dieser Entscheidung siehe S. 363 f.

sollte. Dies würde dazu führen, dass der Wortlaut des Ehevertrags den primären Ausgangspunkt der Auslegung bildet, ohne zugleich den Rückgriff auf andere Ansatzpunkte auszuschließen. Sekundär könnten die Gerichte weiterhin auf das Verhalten der Parteien vor und nach dem Zustandekommen oder andere Umstände abstellen.[1130] Die Rechtsprechung hat fünf Kriterien für die Anwendung der objektiveren Variante der *Haviltex*-Norm angeführt: Die Art der Übereinkunft, die Beteiligung von Sachverständigen, die Art des Zustandekommens, Umfang und Detailliertheit der Vereinbarung und die Aufnahme einer Klausel, die zur Unwirksamkeit anderer Vereinbarungen führt.[1131] Nachfolgend ist zu prüfen, ob die aufgestellten Kriterien beim Abschluss eines Ehevertrages erfüllt werden.

In der Rechtsprechung wird bei der Beurteilung, ob die objektivere Variante der *Haviltex*-Norm anzuwenden ist, die **Art der Übereinkunft** als ein Kriterium genannt. Bisher hat der *Hoge Raad* dieses Merkmal in Fällen als erfüllt angesehen, in denen die auszulegenden Vereinbarungen einen rein sachlichen Charakter hatten, die Parteien einander ebenbürtig waren und hinsichtlich des jeweiligen Inhalts der Vereinbarung über eine gewisse Expertise verfügten. Eine Übertragung dieses Merkmals auf Eheverträge ist kritisch zu betrachten. Es ist nicht möglich, das Verhältnis der einzelnen Ehegatten untereinander pauschal als ebenbürtig oder unausgewogen zu charakterisieren. Allerdings dient das Ehegüterrecht zumindest teilweise dem Zweck, die Ehegatten vor sich selbst bzw. dem anderen zu schützen. Insofern geht das Gesetz selbst von der Prämisse aus, dass die Ehegatten einander nicht ebenbürtig sind. Zudem kann angezweifelt werden, ob ein Ehevertrag in einer rein sachlichen Atmosphäre zustande kommt. Wahrscheinlicher ist, dass die Ehegatten ihre vermögensrechtliche nicht von ihrer emotionalen Beziehung trennen können.[1132]

Das weitere Kriterium der **Beteiligung von Sachverständigen** ist auch unabhängig von der Prüfung des objektivierten Auslegungsmaßstabs als problematisch bei der Anwendung der klassischen *Haviltex*-Formel eingestuft worden. In erster Linie wird problematisiert, dass die Parteien des Ehevertrages keine eigenen Ansichten zum Vertragstext entwickeln könnten. Da die Parteien in der

---

1130 So ausdrücklich *HR* 05.04.2013, ECLI: NL: HR:2013: BY8101, NJ 2013/ 214, URL: https://uitspraken.rechtspraak.nl/inziendocument?id=ECLI:NL:HR:2013:BY8101 (zuletzt abgerufen am 30.10.2018).
1131 *Van Wijk-Verhagen*, Redelijkheid en billijkheid, S. 108 f.
1132 *Strutz/Verhagen*, WPNR 2013, S. 496; vgl. *Boele-Woelki/Braat/Oderkerk/Steenhoff*, Huwelijksvermogensrecht in rechtsvergelijkend perspektief, S. 272.

Regel keine eigene Expertise auf dem Gebiet des Ehegüterrechts hätten, sei zu bezweifeln, dass die (zukünftigen) Ehegatten eine Vorstellung davon hätten, welche Bedeutung sie den einzelnen ehevertraglichen Bestimmungen hätten beimessen können oder müssen.[1133] Vielmehr obliege es in der Regel den Notaren, die geäußerten Wünsche der Ehegatten bei der Gestaltung der Eheverträge zu berücksichtigen und in eine juristische Fachsprache zu übersetzen. Aufgrund der Unkenntnis der Parteien nehme der Notar teils sehr starken Einfluss auf die inhaltliche Ausgestaltung.[1134] Dementsprechend hat der *Hoge Raad* in einer Entscheidung angemerkt, dass bei einer Auslegung des Ehevertrags anhand der *Haviltex*-Norm dem besonderes Gewicht zukomme, was der Notar den Parteien im Rahmen seiner Belehrungspflicht über Inhalt und Zweck der Bestimmungen der Vereinbarung mitgeteilt hat. Ebenso sei dem typischen notariellen Sprachgebrauch eine erhebliche Bedeutung beizumessen.[1135] Ferner wird geltend gemacht, dass in der Praxis weitere Sachverständige, wie beispielsweise Buchhalter und Steuerberater, Einfluss auf die Ausgestaltung der ehevertraglichen Regelung nehmen würden. Ihrem Beitrag zur vertraglichen Gestaltung komme erhebliches Gewicht zu, wenn sie die Wünsche der Ehegatten selbst er- und sodann dem Notar übermitteln würden.[1136]

Des Weiteren kann nach Auffassung des *Hoge Raads* auch die **Art des Zustandekommens** für eine Auslegung nach der objektivieren *Haviltex*-Norm sprechen. In der Entscheidung des Gerichtshofs, die Anlass zu dieser Feststellung gegeben hat, hatten die Parteien über einen längeren Zeitraum Vertragsverhandlungen geführt. Der Wortlaut der in Rede stehenden Bestimmungen war ausdrücklich Gegenstand der Verhandlungen und ist im Zuge dieser verschiedentlich verändert worden.[1137] In diesem Zusammenhang kann nicht pauschal beurteilt werden, ob in der Regel ausführliche Verhandlungen zum Abschluss eines Ehevertrags geführt haben. Naheliegend ist es, hier zwischen Eheverträgen, die vor der Eheschließung geschlossen werden, und solchen, die während der Ehe abgeschlossen werden, zu unterscheiden. Im ersten Fall haben die zukünftigen Ehegatten vermutlich außer der bevorstehenden Hochzeit keinen

---

1133 *Van der Burght*, in: Liber Amicorum Walter Pintens, S. 1524; *Van Duijvendijk-Brand*, WPNR 2007, S. 389.
1134 *Van der Burght*, in: Liber Amicorum Walter Pintens, S. 1525; *Van Duijvendijk-Brand*, WPNR 2007, S. 389; *Subelack*, EB 2016, S. 44 f.; *Strutz/Verhagen*, WPNR 2013, S. 497; *Wissink*, NJ 2008, S. 1800.
1135 *HR* 04.05.2007, ECLI: NL: HR:2007: BA1564, NJ 2008/187, S. 1799.
1136 *Van der Burght*, in: Liber Amicorum Walter Pintens, S. 1525.
1137 *HR* 19.01.2007, ECLI: NL: HR:2007: AZ3178, NJ 2007/575, S. 5840.

konkreten Anlass für den Vertragsschluss. Vor diesem Hintergrund erscheint es unwahrscheinlich, dass sie sich ausführlich Gedanken über Regelungsmöglichkeiten gemacht haben und intensiv über den Inhalt der ehevertraglichen Bestimmungen verhandeln. Vielmehr liegt nahe, dass sie sich primär durch den Notar leiten lassen. Im zweiten Fall kann hingegen vermutet werden, dass ein konkreter Anlass besteht und die Ehegatten bereits (ausführlich) über die bestehenden Möglichkeiten gesprochen haben.[1138]

Ferner soll eine Auslegung eher anhand eines objektiven Maßstabs erfolgen, wenn **Umfang und Detailliertheit** der auszulegenden Vereinbarung dafürsprechen. Im Zuge des Abschlusses von Eheverträgen kann diesbezüglich erneut auf die Beteiligung des Notars daran verwiesen werden. Von einer notariellen Urkunde geht im Allgemeinen die Beweisvermutung aus, dass der Notar darin vollständig und wahrheitsgemäß das aufgenommen hat, was die Parteien ihm zuvor mitgeteilt haben. Diese Vermutung legt nahe, dass der Ehevertrag den Willen der Ehegatten vollumfänglich wiedergibt.[1139]

Ferner hat der *Hoge Raad* einer **Vertragsklausel**, die zur Folge hatte, dass **alle zuvor geschlossenen Vereinbarungen der Parteien mit demselben Gegenstand unwirksam** wurden, besondere Bedeutung beigemessen. Die Tatsache, dass nach dem Parteiwillen ausschließlich eine Vereinbarung für Rechtsfolgen maßgeblich sein soll, ist nach Ansicht des obersten Gerichts ein Ausgangspunkt für eine vornehmlich sprachliche Auslegung.[1140] Unabhängig von der Frage, ob in Eheverträgen in der Regel eine ähnliche Klausel zu finden ist, kommt dem notariellen Formerfordernis eine vergleichbare Wirkung zu. Den Ehegatten steht es nur frei, das Ehegüterrecht vertraglich zu regeln, wenn sie einen Notar daran beteiligen. Vereinbarungen der Ehegatten, die Regelungen in Bezug auf das Güterrecht beinhalten, aber nicht in notarieller Form abgeschlossen wurden, ziehen keine Rechtsfolgen nach sich. Widerspricht ein späterer Ehevertrag dem zuvor abgeschlossenen Vertrag, geht die spätere Regelung der früheren vor. Damit wirkt das notarielle Formerfordernis wie die vom *Hoge Raad* angeführte Vertragsklausel – in beiden Fällen werden ältere Vereinbarungen außer Kraft gesetzt; die Rechtsquelle ist allein die aktuelle Vereinbarung.[1141]

1138 *Strutz/Verhagen*, WPNR 2013, S. 497.
1139 *Strutz/Verhagen*, WPNR 2013, S. 496.
1140 HR 19.01.2007, ECLI: NL: HR:2007: AZ3178, NJ 2007/575, S. 5840.
1141 *Strutz/Verhagen*, WPNR 2013, S. 497; siehe auch *Subelack*, EB 2016, S. 44; *Van Wijk-Verhagen*, Redelijkheid en billijkheid, S. 107.

Abschließend ist festzustellen, dass die Beteiligung von Sachverständigen beim Abschluss von Eheverträgen, ihr Umfang und ihre Detailliertheit, sowie die Unwirksamkeit anderer Vereinbarungen infolge des Formerfordernisses dafürsprechen, diese Verträge unter Anwendung der objektivieren Variante der *Haviltex*-Norm auszulegen. Ob die Art des Zustandekommens des Ehevertrags für die Auslegung anhand des objektivieren *Haviltex*-Maßstabs spricht, hängt vom Zeitpunkt des Zustandekommens ab. Nach dem bisherigen Ergebnis widerspricht die Art des Ehevertrages einer Auslegung anhand der objektivieren *Haviltex*-Norm. Vereinzelt wird dennoch eine Handhabung dieses Auslegungsmaßstabs befürwortet.[1142]

Dafür spricht, dass die Mehrzahl der vom *Hoge Raad* für die Anwendung dieses Auslegungsmaßstabs vorgegebenen Kriterien erfüllt ist. Es ist nicht davon auszugehen, dass die genannten Kriterien kumulativ vorliegen müssen, um eine Anpassung der *Haviltex*-Norm zu rechtfertigen. Die Tatsache, dass der *Hoge Raad* in seinen bisherigen Entscheidungen nicht stets alle Kriterien aufgezählt hat, spricht dagegen, dass das Vorliegen aller Kriterien erforderlich ist, um zu einer objektiven Auslegung zu kommen.[1143] Zudem muss berücksichtigt werden, dass die Anwendung der objektivieren *Haviltex*-Norm nur zu einer Anerkennung der besonderen Bedeutung der sprachlichen Auslegung führt. Keinesfalls soll damit zugleich eine Auslegung aufgrund anderer Ansatzpunkte ausgeschlossen werden. Ob neben dem Wortlaut der Vereinbarung weitere Umstände beachtet werden können, ist folglich eine Frage des Einzelfalls, die von dem Gericht, das zur Entscheidung berufen wurde, beantwortet werden muss. Somit steht nicht zu befürchten, dass die Ehegatten durch Anwendung der objektivieren Variante der *Haviltex*-Norm an eine Vereinbarung, die beide keinesfalls in dieser Form abgeschlossen hätten, gebunden sind.

Darüber hinaus kann überlegt werden, ob nicht auch die **Betroffenheit von Dritten** durch die ehevertraglichen Regelungen für eine objektivere Auslegung des Ehevertrags spricht. Das *Burgerlijk Wetboek* bestimmt, dass mittels eines Ehevertrages Bestimmungen in Abweichung von den Vorschriften über den gesetzlichen Güterstand der Gütergemeinschaft vereinbart werden können. Eine solche Abweichung kann sich für Dritte, die einen schuldrechtlichen Anspruch gegen einen der Ehegatten haben, nachteilig auswirken. Zudem wird darauf

---

1142 *Strutz/Verhagen*, WPNR 2013, S. 499; *Van Wijk-Verhagen*, Redelijkheid en billijkheid, S. 205; zustimmend *Mellem*a, REP 2015/6; *Subelack*, EB 2016, S. 44.

1143 Siehe HR 19.01.2007, ECLI: NL: HR:2007: AZ3178, NJ 2007/575, S. 5840; HR 29.06.2007, ECLI: NL: HR:2007: BA4909, NJ 2007/576, S. 5877.

hingewiesen, dass auch im Rahmen von einer schuldrechtlichen Verpflichtung zur Verrechnung im Ehevertrag die Interessen von Dritten berührt werden können. Sollte beispielsweise bei der Ausführung einer Verrechnungsklausel fraglich sein, wie der Begriff des verbleibenden Gewinns oder Einkommens zu verstehen ist, könnte die Antwort auf diese Frage auch für die Vertragspartner der Ehegatten von wesentlicher Bedeutung sein.[1144] In diesen Fällen werden schützenswerte Interesse berührt, die dem Ehevertrag eine Außenwirkung verleihen, die anderen emotional aufgeladenen Verträgen, die nur die jeweiligen Parteien binden, in der Regel fehlt. Um die nachteilige Wirkung dieser Außenwirkung einzuschränken, ist es erforderlich, dass die Dritten den Inhalt des Ehevertrags leicht bestimmen können. Sollte die objektiviere *Haviltex*-Norm Anwendung finden, wäre diese Bestimmbarkeit gewährleistet.[1145] Somit besteht Anlass, den Begriff der Art der Übereinkunft weiter zu verstehen als dies in der Rechtsprechung bisher vertreten wird.[1146]

III. Richterliche Kontrolle der Vertragsausübung

Im folgenden Abschnitt soll untersucht werden, anhand welcher rechtlichen Grundlagen eine nachträgliche Anpassung des Ehevertrages möglich ist bzw. wie in der Rechtsprechung mit einer Diskrepanz zwischen der ehevertraglichen Regelung und der tatsächlichen Entwicklung umgegangen wird. Hierbei wird zunächst die Wirkung von Treu und Glauben im Ehegüterrecht untersucht. In einem weiteren Unterabschnitt soll thematisiert werden, ob eine Auflösung aufgrund der Nichterfüllung einer ehevertraglichen Regelung in Betracht kommt. Letztlich soll untersucht werden, inwieweit ein Interessenausgleich über das Nebengüterrecht möglich ist.

1. Vertragsanpassung nach Treu und Glauben

Bei jedem Schuldverhältnis, gleich welcher Art, ist der Grundsatz von Treu und Glauben zu berücksichtigen.[1147]

1144 So auch *Van Duijvendijk-Brand*, WPNR 2007, S. 391; *Subelack*, EB 2016, S. 44.
1145 *Strutz/Verhagen*, WPNR 2013, S. 498.
1146 Einer objektiveren Auslegung bei einer Drittwirkung grundsätzlich zustimmend: *Van Duijvendijk-Brand*, WPNR 2007, S. 391; *Du Perron*, NJ 2003, S. 3918; *Ras*, Contracteren 1/2010, S. 14; *Tjittes*, WPNR 2007, S. 419.
1147 *Hartkamp*, WPNR 1981, S. 229; *Van Duijvendijk-Brand*, (Echt)scheiding, S. 95.

Die grundlegende gesetzliche Regelung findet sich in Art. 6:2 Abs. 1 BW im allgemeinen Teil des Rechts der Schuldverhältnisse.

Art. 6:2 Abs. 1 BW:
„1. Schuldeiser en schuldenaar zijn verplicht zich jegens elkaar te gedragen overeenkomstig de eisen van redelijkheid en billijkheid. [...]"
Deutsch:
1. Gläubiger und Schuldner sind verpflichtet, sich gegenüber einander entsprechend dem Gebot von Treu und Glauben zu verhalten. [...]

Im allgemeinen Sprachgebrauch sind die Begriffe *redelijkheid* und *billijkheid* keine Synonyme für den jeweils anderen Begriff. Da sowohl in des Bestimmungen des *Burgerlijk Wetboek* als auch in der Rechtsprechung teilweise nur einer der Begriffe verwendet wurde bzw. wird, erscheint es folgerichtig, anzunehmen, dass beide Begriffe jeweils eine eigenständige Bedeutung haben. Allerdings handelt es sich dabei nicht um eine juristische relevante Unterscheidung; vielmehr stellen die *redelijkheid* und *billijkheid* einen einheitlichen Rechtsbegriff dar, selbst wenn nur einer der Begriffe Verwendung findet.[1148] Grundlage dieser Auffassung ist die Historie des zusammengesetzten Rechtsbegriffs. Das Gebot von Treu und Glauben geht auf die *bona fides* des römischen Rechts zurück und wurde vor der Neufassung des *Burgerlijk Wetboek* als *goede trouw* bezeichnet,[1149] was mit *guter Glaube* zu übersetzen ist. Früher wurde zwischen dem subjektiven und objektiven guten Glauben unterschieden. Um subjektiv gutgläubig zu sein, musste eine Partei keine Kenntnis von einer bestimmten Tatsache oder von einem Umstand besitzen oder durfte nicht zur Kenntnis verpflichtet sein. Der objektive gute Glaube hingegen war als Verhaltensmaßregel zu verstehen. Das Handeln der Parteien durfte nicht gegen eine objektive Norm des ungeschriebenen Rechts verstoßen. Ob der Handelnde subjektiv gutgläubig war, war bei der Prüfung eines Verstoßes unbeachtlich.[1150] Der objektive gute Glaube hat mit der Neufassung des *Burgerlijk Wetboek* in Form des Gebotes von Treu und Glauben Eingang in das heutige Recht gefunden.[1151]

Dieser Grundsatz wirkt sich in Schuldverhältnissen auf unterschiedliche Weise aus. Zunächst können Treu und Glauben im Rahmen der Auslegung der

---

1148 *Hartkamp*, WPNR 1981, S. 215; *ders.*, WPNR 2001, S. 317; *Hartkamp/Sieburgh*, in: *Asser* 6-III, Rn. 394; *Hijma/Olthof*, Vermogensrecht, Rn. 300.
1149 *Hartkamp*, WPNR 2001, S. 317; *Hartkamp/Sieburgh*, in: *Asser* 6-III, Rn. 392.
1150 *Hartkamp/Sieburgh*, in: *Asser* 6-III, Rn. 394.
1151 *Hartkamp*, WPNR 1981, S. 215; *Hartkamp/Sieburgh*, in: *Asser* 6-III, Rn. 394; *Valk*, WPNR 1999, S. 917; *Van Duijvendijk-Brand*, (Echt)scheiding, S. 94 f.

schuldrechtlichen Vereinbarung berücksichtigt werden. Weiterhin kann der Grundsatz zur Ergänzung der Vereinbarung herangezogen werden, bei unvorhergesehenen Umständen Anwendung finden oder sogar beschränkend wirken. Die verschiedenen Auswirkungen sollen im Folgenden ausführlich dargestellt werden. Zugleich ist zu untersuchen, ob und inwieweit Treu und Glauben bei ehevertraglichen Regelung eine Rolle spielen. Es ist jedoch zu beachten, dass die unterschiedlichen Wirkungen von Treu und Glauben vielfach ineinander übergehen, sodass eine klare Abgrenzung in der Regel nicht möglich ist.[1152]

a) Anwendung auf den Ehevertrag?

Fraglich ist, ob dieser allgemeine Grundsatz auch im Ehevertragsrecht Anwendung findet. Unter der alten Rechtslage war eine solche Anwendung umstritten. Diskutiert wurde, ob eine schuldrechtliche Bestimmung wie der gute Glaube auf Eheverträge anwendbar war, was teilweise unter Verweis auf die Klassifizierung des Ehevertrags als gewöhnliche Vereinbarung und damit als Schuldverhältnis bejaht wurde. Von anderen wurde der Vertrag jedoch als Rechtshandlung rein vermögensrechtlicher Art angesehen, auf die sich der gute Glaube nicht auswirkte.[1153]

Diese Problematik besteht durch die Neuregelung des *Burgerlijk Wetboek* nicht mehr. Nunmehr sind die allgemeinen Vorschriften über Vereinbarungen auf vermögensrechtliche Rechtshandlungen anwendbar, sofern nicht der Zweck der jeweiligen Vorschrift in Zusammenhang mit der Art der Rechtshandlung einer solchen Anwendung widerspricht. Daraus ergibt sich, dass bei Eheverträgen unabhängig davon, ob man diese als Schuldverhältnis oder als mehrseitige vermögensrechtliche Rechtshandlung betrachtet, Treu und Glauben zu beachten sind.[1154]

Die entsprechende Regelung findet sich in Art. 6:216 BW.

Art. 6:216 BW:
"Hetgeen in deze en de volgende drie afdelingen is bepaald, vindt overeenkomstige toepassing op andere meerzijdige vermogensrechtelijke rechtshandelingen, voor zover de strekking van de betrokken bepalingen in verband met de aard van de rechtshandeling zich daartegen niet verzet."
Deutsch:

1152 *Hartkamp/Sieburgh*, in: *Asser* 6-III, Rn. 402; *Snijders*, WPNR 2007, S. 8.
1153 Siehe dazu *Abas*, WPNR 1999, S. 681; *Pleysier*, WPNR 1987, S. 243; *Van Dunné*, WPNR 1987, S. 608; *Van Mourik*, WPNR 1987, S. 2.
1154 *Nuytinck*, AA 2005, S. 475; *Van Wijk-Verhagen*, Redelijkheid en billijkheid, S. 111.

Das, was in diesem und den folgenden drei Abschnitten geregelt ist, findet entsprechende Anwendung auf andere mehrseitige, vermögensrechtliche Rechtshandlungen, soweit der Zweck der herangezogenen Bestimmung in Zusammenhang mit Art der Rechtshandlung dem nicht widerspricht.

Der Gesetzgeber sucht hier Anschluss an eine der eingangs genannten Auffassungen und die ständige Rechtsprechung des *Hoge Raads*. Dieser hatte bereits im Jahr 1985 im Rahmen der Auslegung einer ehevertraglichen Verrechnungsklausel berücksichtigt, ob diese Auslegung *redelijk* war und damit das Gebot von Treu und Glauben unmittelbar angewendet.[1155]

b) Ergänzende Wirkung

Das *Burgerlijk Wetboek* sieht vor, dass das Gebot von Treu und Glauben zu einer Ergänzung der Parteivereinbarung führen kann, sodass diese nicht nur die Rechtsfolgen hat, die von den Parteien vorgesehen wurden oder die sich aus dem Gesetz oder Gewohnheitsrecht ergeben, sondern auch solche, die aus einer Anwendung des Grundsatzes von Treu und Glauben folgen.

Eine entsprechende Regelung findet sich in Art. 6:248 Abs. 1 BW.

Art. 6:248 Abs. 1 BW:
„1. Een overeenkomst heeft niet alleen de door partijen overeengekomen rechtsgevolgen, maar ook die welke, naar de aard van de overeenkomst, uit de wet, de gewoonte of de eisen van redelijkheid en billijkheid voortvloeien. [...]"
Deutsch:
1. Eine Vereinbarung hat nicht allein die Rechtsfolgen, auf die sich die Parteien geeinigt haben, sondern auch die, welche sich nach Art der Vereinbarung aus dem Gesetz, der Gewohnheit oder dem Gebot von Treu und Glauben ergeben. [...]

Die ergänzende Wirkung von Treu und Glauben kann nur Anwendung finden, wenn die Vereinbarung den zugrundeliegenden Sachverhalt nicht vollständig erfasst und eine **Lücke aufweist**. Weiterhin ist erforderlich, dass diese Lücke **nicht** vorrangig **durch eine gesetzliche Bestimmung oder das Gewohnheitsrecht geschlossen** werden kann. Das Gericht kann in diesem Fall aufgrund der ergänzenden Wirkung des Gebotes von Treu und Glauben eine weitere Rechtsfolge, die entweder zu einem Tun oder Unterlassen verpflichtet, anordnen.[1156]

1155 *HR* 15.02.1985, ECLI: NL: PHR:1985: AG4965, NJ 1985/885, S. 2893; zur Auslegung nach Treu und Glauben siehe S. 346 ff.
1156 *Van Duijvendijk-Brand*, (Echt)scheiding, S. 96; *Hartkamp*, WPNR 2001, S. 317; *Hartkamp/Sieburgh*, in: *Asser* 6-III, Rn. 403; *Van Wijk-Verhagen*, Redelijkheid en billijkheid, S. 109 f.

Als problematisch wird in diesem Zusammenhang angesehen, dass eine Abgrenzung zwischen der ergänzenden Wirkung von Treu und Glauben und der Auslegung anhand dieses Gebots in der Praxis nur schwerlich vorzunehmen ist. In beiden Fällen führe der Grundsatz von Treu und Glauben zu einer Änderung und Ergänzung der Parteivereinbarung. Diese Unterscheidung sei in der Praxis jedoch nicht relevant, da beide Varianten in der Regel zum gleichen Ergebnis führen würden.[1157]

Im Rahmen des Ehegüterrechts wird die ergänzende Wirkung von Treu und Glauben hauptsächlich bei der Annahme der sog. natürlichen Verbindlichkeit berücksichtigt. Diese im *Burgerlijk Wetboek* ausdrücklich normierte Verbindlichkeit ist Ausdruck einer moralischen Verpflichtung, deren Vornahme nicht mit Zwangsmitteln oder auf anderem Wege zwangsweise durchgesetzt werden kann.[1158] Unter Berücksichtigung der ergänzenden Wirkung hat der *Hoge Raad* beispielsweise die Vermögensverschiebung unter Ehegatten als Erfüllung einer natürlichen Verbindlichkeit bewertet, sodass mit diesem Rechtsinstitut ein Rechtsgrund für die Vermögensverschiebung bestand.[1159]

c) Beschränkende Wirkung

Neben der Berücksichtigung im Rahmen der Auslegung und der Ergänzung der Parteivereinbarung kann eine Anwendung von Treu und Glauben dazu führen, dass entweder die Parteivereinbarung insgesamt oder einzelne Klauseln nicht mehr gelten. Das niederländische Zivilgesetzbuch unterscheidet dabei zwischen der allgemeinen Anwendung des Grundsatzes einerseits und dessen Anwendung im Falle des Eintretens von nicht vorhergesehenen Umständen andererseits. Beide Varianten sind im Folgenden näher zu untersuchen und auf ihre Relevanz im Hinblick auf Eheverträge zu überprüfen.

Auffällig ist, dass der Gesetzgeber zwei unterschiedliche Normen geschaffen hat, die eine Beschränkung der Parteivereinbarung auf der Grundlage des Gebots von Treu und Glauben ermöglichen. Vor diesem Hintergrund stellt sich die Frage, in welchem **Verhältnis die Normen zueinander** stehen.

Vereinzelt wird vertreten, dass die Normen nebeneinander anwendbar seien. Bei der Vorschrift, die im Falle von unvorhergesehenen Umständen die Vereinbarung beschränke, handele es sich nicht um einen Spezialfall. Zwar sei dies

---

1157 Schonewille, Partijautonomie in het relatievermogensrecht, S. 212.
1158 Ausf. dazu siehe S. 375 ff.
1159 HR 04.12.1987, ECLI: NL: PHR:1987: AB8960, NJ 1988/610, S. 2162 f.; HR 30.01.1991, ECLI: NL: HR:1991: ZC4535, NJ 1992/191, S. 712 ff.

ursprünglich der Charakter der Norm gewesen, jedoch müsse in Folge einer Entscheidung des *Hoge Raads* aus dem Jahr 1999 davon ausgegangen werden, dass es sich um eine eigenständige Vorschrift handele.[1160] Der Gerichtshof hatte bei der Prüfung eines Dauerschuldverhältnisses festgestellt, dass sich eine Partei selbst dann auf die allgemein beschränkende Wirkung berufen könne, wenn sich die Umstände des Falls nachträglich geändert hätten und dies von den Parteien nicht vorhergesehen worden sei.[1161]

Diese Ansicht wird vermehrt abgelehnt. Einerseits wird darauf verwiesen, dass der Gerichtshof mit der oben genannten Entscheidung nicht das Verhältnis der Normen grundlegend bestimmen wollte, sondern eine Feststellung in einem Einzelfall getroffen habe.[1162] Ferner wird geltend gemacht, dass ein Spezialitätsverhältnis nicht bereits durch die daneben bestehende Anwendung der allgemeinen Vorschrift ausgeschlossen werden könne. Vielmehr wollte der *Hoge Raad* lediglich ausschließen, dass an das Vorliegen der Tatbestandsmerkmale der unterschiedlichen Vorschriften dieselben Rechtsfolgen geknüpft werden.[1163]

Der letztgenannten Ansicht ist zu folgen, da zu berücksichtigen ist, dass der jüngere Gesetzgeber die Vorschrift über die unvorhergesehenen Umstände ausdrücklich als *lex specialis* zu der allgemeinen Formulierung der beschränkenden Wirkung von Treu und Glauben konzipiert hat.[1164]

aa) Lex specialis: Anpassung bei unvorhergesehenen Umständen

Wurde eine Veränderung der Umstände des Einzelfalls durch die Parteien nicht vorhergesehen und kann aufgrund dieser Veränderung unter Berücksichtigung des Gebots von Treu und Glauben eine Einhaltung der Vereinbarung nicht erwartet werden, eröffnet das *Burgerlijk Wetboek* die Möglichkeit, die Wirkung der Vereinbarung zu beschränken.

Dies ergibt sich aus Art. 6:258 Abs. 1 S. 1 BW.

Art. 6:258 Abs. 1 S. 1 BW:

1160 *Abas*, WPNR 2000, S. 250.
1161 *HR* 25.06.1999, ECLI: NL: PHR:1999: AD3069, NJ 1999/602, S. 3444.
1162 *Valk*, WPNR 1999, S. 918; *Hartkamp*, WPNR 2000, S. 395.
1163 *Hartkamp*, WPNR 2000, S. 396; *Hartkamp/Sieburgh*, in: *Asser* 6-III, Rn. 456; *Valk*, WPNR 1999, S. 920; *ders.*, WPNR 2000, S. 4.; *Van den Brink*, MvV 2012, S. 24, stimmt dem Bestehen eines Spezialitätsverhältnis zu, konstatiert aber zugleich eine großzügige Handhabung durch den *Hoge Raad*.
1164 *Parlementaire geschiedenis*, Boek 6, MvA II, S. 973.

„1. De rechter kan op verlangen van een der partijen de gevolgen van een overeenkomst wijzigen of deze geheel of gedeeltelijk ontbinden op grond van onvoorziene omstandigheden welke van dien aard zijn dat de wederpartij naar maatstaven van redelijkheid en billijkheid ongewijzigde instandhouding van de overeenkomst niet mag verwachten. [...]"
Deutsch:
1. Der Richter kann auf Verlangen einer der Parteien die Folgen einer Vereinbarung ändern oder diese ganz oder teilweise auflösen auf Grund von unvorhersehbaren Umständen, die von solcher Art sind, dass die Gegenpartei nach dem Gebot von Treu und Glauben eine unveränderte Instandhaltung der Vereinbarung nicht erwarten darf. [...]

Aus dem Gesetzwortlaut lassen sich verschiedene Voraussetzungen ableiten. Einerseits bedarf es einer **Veränderung der Umstände**, deren Eintreten die Parteien bei Abschluss der Vereinbarung **nicht vorgesehen** haben. Daraus ergibt sich bereits, dass nur solche Veränderungen zu einer Anpassung führen können, die nach Vertragsabschluss eingetreten sind. Zudem dürfen die Parteien weder ausdrücklich noch stillschweigend Vorsorge für die Veränderung getroffen haben.[1165] Schließlich muss die Veränderung dazu führen, dass die **Geltendmachung eines aus der Vereinbarung abgeleiteten Anspruchs** von den Parteien unter Beachtung von Treu und Glauben **nicht mehr erwartet** werden kann.

Liegen die oben genannten Voraussetzungen vor, gibt das Gesetz dem Richter die Möglichkeit, die Rechtsfolgen der Vereinbarungen zu ändern oder die gesamte Vereinbarung oder einzelne Teile für unwirksam zu erklären. Dies erfordert ein entsprechendes ausdrückliches Begehren durch eine der Parteien.

Da Art. 6:258 Abs. 1 BW auf alle schuldrechtlichen Vereinbarungen und vermögensrechtlichen Handlungen anwendbar ist, steht es auch Ehegatten als Parteien eines Ehevertrages frei, sich darauf zu berufen, dass seit dem Abschluss eine nicht vorgesehene Veränderung der Umstände eingetreten ist, weshalb die Rechtsfolgen des Vertrages an die Veränderung angepasst werden müssten. Dies entspricht der ständigen Rechtsprechung des *Hoge Raads*.[1166]

Der *Hoge Raad* hat im Jahr 1987 herausgestellt, dass Treu und Glauben die ehevertragliche Regelung beeinflussen können, sofern sich die Umstände nach Vertragsschluss unvorhersehbar geändert haben.[1167] Im zur Entscheidung vorliegenden Fall hatten die Parteien einander im Jahr 1958 geheiratet und

---

1165 *Hartkamp/Sieburgh*, in: Asser 6-III, Rn. 441; *Hijma/Olthof*, Vermogensrecht, Rn. 507.
1166 HR 10.01.1992, ECLI: NL: HR:1992: ZC0469, NJ 1992/651, S. 2718; HR 29.06.1995, ECLI: NL: HR:1995: ZC1826, NJ 1996/88, S. 428.
1167 HR 12.06.1987, ECLI: NL: HR:1987: AC2558, NJ 1988/150, S. 635 ff.

ehevertraglich das Bestehen jeglicher Gütergemeinschaft ausgeschlossen. Im Verlauf der Ehe wurde die erste gemeinsam bewohnte Wohnung, die im alleinigen Eigentum der Frau stand, verkauft und der Erlös nacheinander in weitere Wohnungen investiert, die der Mann zum Alleineigentum erwarb. Bis zur Ehescheidung im Jahre 1982 war der Wert der Immobilien erheblich gestiegen. Die Parteien stritten im Rahmen der vermögensrechtlichen Auseinandersetzung darüber, ob bei einem Ausgleichsanspruch der Ehefrau neben dem Erlös für die erste eheliche Wohnung auch die Wertsteigerung der sodann angeschafften Wohnungen zu berücksichtigen sei.[1168]

Der *Hoge Raad* stellte zunächst fest, dass ein Anspruch auf Ausgleich – auch bei Fehlen jeglicher Gütergemeinschaft – entstehen könnte, wenn es unter den Ehegatten bzw. zwischen deren Vermögen zu einer Vermögensverschiebung gekommen sei. Dieser Ausgleich sei aber grundsätzlich nur in Höhe der Vermögensverschiebung zu leisten; später eingetretene Wertsteigerungen, Zinsen oder ein Wertverlust dürften nicht berücksichtigt werden. Sodann führte er weiter aus, dass ausnahmsweise eine Wertveränderung die Ausgleichsforderung beeinflussen könnte, wenn sie auf Umständen beruhe, die durch die Parteien nicht vorhergesehen worden seien. Im vorliegenden Fall stellte der *Hoge Raad* darauf ab, dass die positive Entwicklung des Immobilienmarkts über die Ehedauer von den Parteien nicht habe vorhergesehen werden können. Der Ehemann habe bei Beachtung von Treu und Glauben nicht davon ausgehen können, dass er trotz der positiven Entwicklung des Immobilienmarktes und der damit verbundenen Wertsteigerung seine Ausgleichspflicht mit der Rückzahlung eines Geldbetrages in Höhe des ursprünglich zur Verfügung gestellten Betrages erfüllt habe.[1169]

Zur weiteren Entscheidung hat der *Hoge Raad* die Sache an den *Hof 's-Gravenhage* verwiesen. Der Hof nahm die grundlegenden Ausführungen des Gerichtshofs zum Anlass, der Ehefrau eine gewisse Vergütung zuzusprechen. Hierbei ging er davon aus, dass es aufgrund von Treu und Glauben geboten sei, die Höhe der Forderung zu schätzen. Im Ergebnis setzte er einen Betrag von 20.000,00 Gulden fest.[1170]

Die Entscheidung des *Hoge Raads* und das daraus resultierende Prinzip der Normalität bzw. Äquivalenz sowie die eingeschränkte Korrektur bei

---

1168 *HR* (o. Fn. 1167) S. 635 f.
1169 *HR* (o. Fn. 1167) S. 636.
1170 *Hof 's-Gravenhage* 04.11.1988, ECLI: NL: GHSGR:1988: AB8919, NJ 1989/540, S. 1988 f.

unvorhersehbaren Umständen sind in der Literatur häufig als unredlich kritisiert worden.[1171]

Eine unvorhergesehene Veränderung der Umstände muss sich nicht in jedem Fall positiv für den anspruchsstellenden Ehegatten auswirken. Der *Hoge Raad* hat schon in der oben dargestellten Entscheidung ausgeführt, dass auch Wertminderungen berücksichtigt werden könnten, sollte sich die Lage auf dem Immobilienmarkt entsprechend entwickelt und die Ehegatten dies nicht vorhergesehen haben. Der *Hof 's-Gravenhage* hat unter Berücksichtigung der höchstrichterlichen Richtlinie den Wertverlust der ehelichen Wohnung als einen unvorhersehbaren Umstand angesehen, der ein Festhalten an einer zuvor abgeschlossenen Ausgleichsvereinbarung nach dem Grundsatz von Treu und Glauben unmöglich machte.[1172]

bb) Beschränkende Wirkung im Allgemeinen

Sollte im Einzelfall keine Veränderung vorliegen, die zum Entstehen unvorhersehbarer Umstände führt, bleibt dennoch Raum für eine Beschränkung der Rechtsfolgen durch Treu und Glauben. Die Anwendung einer zwischen zwei Parteien geltenden Regelung kann unterbleiben, wenn dies nach Maßgabe des Grundsatzes von Treu und Glauben unzumutbar sein sollte. Dabei ist es unerheblich, ob sich die unzumutbar wirkende Regelung aus dem Gesetz ergibt, gewohnheitsrechtlich gilt oder Folge eines Rechtsgeschäfts ist.

Dies ergibt sich aus Art. 6:2 Abs. 2 BW.

> Art. 6:2 Abs. 2 BW:
> „[…] 2. Een tussen hen krachtens wet, gewoonte of rechtshandeling geldende regel is niet van toepassing, voor zover dit in de gegeven omstandigheden naar maatstaven van redelijkheid en billijkheid onaanvaardbaar zou zijn."
> Deutsch:
> […] 2. Eine zwischen ihnen aufgrund Gesetzes, Gewohnheit oder Rechtsgeschäft geltende Regel ist nicht anzuwenden, soweit dies im Einzelfall nach Maßgabe des Gebots von Treu und Glauben unzumutbar sein sollte.

Daneben enthält das *Burgerlijk Wetboek* eine gesonderte Vorschrift zur beschränkenden Wirkung von Treu und Glauben bei Schuldverhältnissen.

1171 So beispielsweise *Abas*, WPNR 1990, S. 75; *Cohen Henriquez*, WPNR 1990, S. 76 f.; *Reinhartz*, FJR 2006, S. 3; *dies.*, FJR 2008, S. 29; *Schoordijk*, WPNR 1988, S. 202; anderer Ansicht *Luijten*, WPNR 1988, S. 169.

1172 *Hof 's-Gravenhage* 16.05.1986, ECLI: N: GHSGR:1986: AC9353, NJ 1987/737, S. 2489 f.; zustimmend *Cohen Henriquez*, WPNR 1990, S. 78.

Eine entsprechende Regelung findet sich in Art. 6:248 Abs. 2 BW.

Art. 6:248 Abs. 2 BW:

„[…] 2. Een tussen partijen als gevolg van de overeenkomst geldende regel is niet van toepassing, voor zover dit in de gegeven omstandigheden naar maatstaven van redelijkheid en billijkheid onaanvaardbaar zou zijn."

Deutsch:

[…] 2. Eine zwischen den Parteien aufgrund der Vereinbarung geltende Regel ist nicht anzuwenden, sofern dies im Einzelfall nach Maßgabe von Treu und Glauben unzumutbar sein sollte.

Beide Vorschriften normieren, dass eine Regelung zwischen Parteien keine Anwendung findet, sollte sich die Anwendung als unzumutbar erweisen. Die doppelte Normierung ist nicht als bloße Wiederholung oder Klarstellung zu sehen. In der Literatur wird der Zweck vielmehr darin gesehen, den Anwendungsbereich des Grundsatzes von Treu und Glauben auf solche Rechtshandlungen zu erweitern, auf die gemäß Art. 6:216 BW bestimmte Vorschriften des 6. Buches des *Burgerlijk Wetboek* entsprechend anzuwenden sind.[1173] Somit spielt der unter der alten Rechtslage bestehende Streit, ob Eheverträge als Schuldverhältnis oder vermögensrechtliche Rechtshandlung zu klassifizieren sind, auch bei der beschränkenden Wirkung des Grundsatzes von Treu und Glauben keine Rolle, da an diese – unabhängig von der Frage, aus welcher Norm sich die Rechtsfolgen ergeben – die gleichen Rechtsfolgen geknüpft werden.[1174]

Sowohl gemäß Art. 6:2 Abs. 2 BW als auch nach Art. 6:248 Abs. 2 BW ist zu prüfen, ob sich das **Festhalten am Ehevertrag bzw. einer Klausel des Ehevertrages** für einen Ehegatten als **unzumutbar** darstellt. Die beschränkende Wirkung hat zur Folge, dass entweder **Teile der Vereinbarung oder die Vereinbarung insgesamt keine Anwendung** mehr finden bzw. findet. Sollte sich eine Regelung als unzumutbar erweisen, treten die Rechtsfolgen von Gesetzes wegen ein. Eine richterliche Anordnung ist nicht erforderlich; das Gericht stellt lediglich fest, welche Rechtsfolgen sich infolge der beschränkenden Wirkung aus der Vereinbarung ergeben.[1175] Der *Hoge Raad* hat bereits in verschiedenen Entscheidungen deutlich gemacht, dass grundsätzlich auch bei Eheverträgen eine derartige Beschränkung in Betracht kommt.[1176]

1173 *Hartkamp/Sieburgh*, in: *Asser* 6-III, Rn. 403; *Hijma/Olthof*, Vermogensrecht, Rn. 493.
1174 Siehe S. 357.
1175 *Hartkamp/Sieburgh*, in: *Asser* 6-III, Rn. 414; *Van Wijk-Verhagen*, Redelijkheid en billijkheid, S. 113.
1176 HR 25.11.1988, ECLI: NL: PHR:1988: AD0529, NJ 1989/529, S. 1947 f.; HR 29.09.1995, ECLI: NL: HR:1995: ZC1826, NJ 1996/88, S. 428.

Ob die von einer Partei angeführte Unzumutbarkeit tatsächlich besteht, ist durch das Gericht anhand einer **Prüfung im Einzelfall** festzustellen. Im Allgemeinen wird darauf verwiesen, dass der Richter im Zuge der Feststellung aufgrund der Wortwahl des Gesetzgebers bei der Anwendung von Treu und Glauben zur Zurückhaltung verpflichtet ist. Es soll nicht ohne weiteres, sondern nur ausnahmsweise möglich sein, auf die Unzumutbarkeit einer vertraglichen Regelung zu schließen.[1177] In der Vergangenheit hat der *Hoge Raad* von der Klassifizierung einer ehevertraglichen Regelung als unzumutbar stets Abstand genommen, weil entweder keine unvorhergesehenen Umstände, die eine Vertragsanpassung ermöglicht hätten, vorlagen oder die darlegungs- und beweisbelastete Partei, die sich auf die beschränkende Wirkung berief, beweisfällig blieb.[1178]

Der Gerichtshof ging erstmals in seiner Entscheidung vom 18.06.2004 davon aus, dass die Anwendung der ehevertraglichen Regelung unzumutbar sein dürfte.[1179] Ausgangspunkt für die Entscheidung des *Hoge Raads* war der Rechtsstreit zwischen zwei ehemaligen Ehegatten um die Verteilung des Vermögens infolge der Ehescheidung. Während der bestehenden Ehe hatten die Ehegatten ehevertraglich das Bestehen jeglicher Gütergemeinschaft und damit zugleich das Bestehen von Ausgleichsansprüchen bei der Ehescheidung ausgeschlossen. Der Vertrag sah daneben vor, dass die Kosten der gemeinsamen Haushaltsführung durch die addierten Einkünfte der Ehegatten getilgt werden sollten; verbleibendes Einkommen sollte unter ihnen zu gleichen Teilen verteilt werden. Die Parteien vereinbarten des Weiteren, in jedem Kalenderjahr eine Abrechnung über die Einkünfte und Ausgaben zu erstellen und entsprechend dieser abzurechnen. Außerdem enthielt der Ehevertrag eine Klausel, wonach dem Ehemann ein Ausgleich dafür zufließen sollte, dass die meisten gemeinschaftlichen Güter der Ehefrau zugeteilt werden sollten.[1180]

Die zuerst mit dem Rechtsstreit befasste *rechtbank* stellte zunächst fest, dass vornehmlicher Zweck des Ehevertrages gewesen sei, den Zugriff von Gläubigern des Ehemannes auf das gemeinschaftliche Vermögen zu verhindern. Dennoch hätten die Ehegatten ihr Verhalten untereinander nicht der Änderung des

---

1177 *Van den Brink*, MvV 2012, S. 25; *Hartkamp/Sieburgh*, in: *Asser* 6-III, Rn. 413; *Hijma/Olthof*, Vermogensrecht, Rn. 300; *Reurich*, Wijzigen van overeenkomsten, S. 7; *Snijders*, WPNR 2007, S. 8; *Valk*, WPNR 2000, S. 4.
1178 Siehe *HR* 29.09.1995, ECLI: NL: HR:1995: ZC1826, NJ 1996/88, S. 428, zu unvorhergesehenen Umständen; siehe *HR* 25.11.1988, ECLI: NL: PHR:1988: AD0529, NJ 1989/529, S. 1947 f., zur Darlegungs- und Beweislast.
1179 *HR* 18.06.2004, ECLI: NL: PHR:2004: AO7004, NJ 2004/399, S. 3424 ff.
1180 *HR* (o. Fn. 1179), S. 3442.

Güterstandes angepasst. Weder habe eine Abrechnung entsprechend den vertraglichen Bestimmungen stattgefunden, noch sei es zu der vereinbarten Ausgleichszahlung an den Ehemann gekommen. Vor diesem Hintergrund lag es nach Auffassung der *rechtbank* näher, das Vermögen gemäß den gesetzlichen Vorschriften zur Gütergemeinschaft aufzuteilen, als an einer den Vertragsbestimmungen entsprechenden Aufteilung festzuhalten.[1181]

In der nächsten Instanz stellte der *Gerechtshof te 's-Gravenhage* jedoch heraus, dass unabhängig von der unstreitigen Absicht der Ehegatten, das Vermögen dem Zugriff der Gläubiger des Ehemannes zu entziehen, die Parteien ausdrücklich den Güterstand der Gütertrennung gewählt hätten. Die notarielle Urkunde sei diesbezüglich eindeutig und keiner anderen Auslegung zugänglich. Weder die eigentliche Absicht der Parteien noch Treu und Glauben könnten zu einer anderen als der im Ehevertrag vorgesehenen Aufteilung führen.[1182]

Teilweise bestätigte der *Hoge Raad* die Entscheidung des *Gerechtshofs te 's-Gravenhage*. Die (stillschweigende) Übereinkunft der Ehegatten, nur zum Zwecke der Vermögenssicherung die Gütertrennung als ehelichen Güterstand zu wählen und untereinander die Vorschriften des gesetzlichen Güterstands anzuwenden, sei eine güterrechtliche Vereinbarung, die der notariellen Beurkundung bedürfe. Da das Formerfordernis nicht erfüllt sei, könne die Vereinbarung keine Berücksichtigung finden. Unrichtig sei jedoch die Auffassung des Gerichtshofs, dass das Gebot von Treu und Glauben nicht zu einer Anpassung des Ehevertrages führen könnte, wenn die Anwendung der ehevertraglichen Regelung unzumutbar wäre. Bei der Beurteilung, ob dies der Fall sei, müsse auch das Verhalten der Ehegatten während der Ehe berücksichtigt werden.[1183]

Zur weiteren Behandlung und Entscheidung hat der *Hoge Raad* den Rechtsstreit an den *Gerechtshof te Amsterdam* verwiesen. Dieser hat unter Verweis auf die Rechtsprechung des *Hoge Raads* die Vorschriften des Ehevertrages nicht angewendet, sondern unter den Ehegatten eine Aufteilung entsprechend den Vorschriften über den gesetzlichen Güterstand vorgenommen.[1184]

1181 *HR* (o. Fn. 1179), S. 3443.
1182 *HR* (o. Fn. 1179), S. 3443.
1183 *HR* (o. Fn. 1179), S. 3444.
1184 *Hof Amsterdam* 19.01.2006, ECLI: NL: GHAMS:2006: AV9260, JPF 2006/98, URL: https://uitspraken.rechtspraak.nl/inziendocument?id=ECLI:NL:GHAMS:2006:AV9260 (zuletzt abgerufen am 30.10.2018).

cc) Kritische Würdigung der beschränkenden Wirkung

Im Ergebnis kann festgestellt werden, dass in der Rechtsprechung in mehreren Fällen der Grundsatz von Treu und Glauben herangezogen wird, um bei Streitigkeiten im Rahmen des ehelichen Güterrechts zu einer gerechten Urteilsfindung zu kommen. Dies kann dazu führen, dass die ehevertragliche Regelungen zu ergänzen oder bei einer unvorhersehbaren Änderung der Umstände oder bei der Unzumutbarkeit der mit der Vereinbarung einhergehenden Rechtsfolge(n) zu beschränken sind.

Im Allgemeinen wird auch von der Literatur die Anwendung von Treu und Glauben bei der gerichtlichen Prüfung von ehevertraglichen Regelungen befürwortet. Falls sich einer der Ehegatten aufgrund des Abschlusses des Ehevertrages, insbesondere bei einer Ehescheidung, in einer unzumutbaren Lage befinde, könne eine Anwendung des Grundsatzes von Treu und Glauben zu einer angemessenen Lösung beitragen.[1185] Dennoch besteht besonders im Hinblick auf die Entscheidung des *Hoge Raads* vom 18.06.2004 Kritik an einer solchen Anwendung, auf die im Folgenden näher eingegangen werden soll.

Kritisiert wird einerseits, dass **vorrangig** zu prüfen sei, ob eine **Auslegung des Ehevertrages** unter Berücksichtigung des Gebots von Treu und Glauben die im Einzelfall bestehende Problematik lösen könnte. Es sei erforderlich, eventuell entstehende Rechtsfolgen angesichts der Umstände des Einzelfalls bereits in die Auslegung einzubeziehen, bevor die beschränkende Wirkung des Grundsatzes von Treu und Glauben greifen könnte.[1186]

Richtig dürfte es sein, den Ehevertrag zunächst nach Maßgabe von Treu und Glauben auszulegen, bevor eine Beschränkung der vertraglichen Regelungen in Betracht kommt. In diesem Zusammenhang ist zu berücksichtigen, dass der Auslegung eines Ehevertrages jedoch aufgrund des Erfordernisses der notariellen Beurkundung Grenzen gesetzt sind. Im Gegensatz zur Auslegung anderer Vereinbarungen, die zum Ergebnis führen kann, dass die Vereinbarung entgegen ihres Wortlauts auszulegen ist, kann eine Auslegung von Eheverträgen nur

---

1185 *Abas*, WPNR 1999, S. 688; *De Boer*, in: *Asser* 1, Rn. 454 j; *De Bruijn/Huijgen/Reinhartz*, Het Nederlandse Huwelijksvermogensrecht, 5. druk, S. 314; *Declerck/Verstappen*, in: *Boele-Woelki/Swennen*, Vergelijkenderwijs, S. 134 f.; *Dommerholt*, WPNR 2005, S. 571; *Van Duijvendijk-Brand*, (Echt)scheiding, S. 93; *Van Mourik*, WPNR 1987, S. 4; *Van Mourik/Nuytinck*, Personen- en familierecht, S. 132, *Schoordijk*, NTBR 2003, S. 12; ders.,WPNR 2005, S. 158; ders., WPNR 2006, S. 309 f.
1186 *Snijders*, WPNR 2007, S. 7.

insoweit erfolgen, wie sie nicht im Widerspruch zum Wortlaut steht. Für die extensive Auslegung eines Ehevertrags verbleibt daher kein Raum.

Ein weiterer Kritikpunkt ist, dass der *Hoge Raad* das Verhalten der Ehegatten während der Ehe zum Ausgangspunkt für die Beschränkung des Ehevertrages nach Maßgabe von Treu und Glauben genommen hat. Vielmehr müsste vor einer Beschränkung des Ehevertrags geprüft werden, ob die Ehegatten durch ihr Verhalten **(ggfs. stillschweigend) ein Schuldverhältnis eingegangen** seien.[1187] Da es den Ehepartnern trotz Abschluss des Ehevertrages möglich sei, weitere Vereinbarungen abzuschließen, könnten die **Rechtsfolgen des jeweiligen Schuldverhältnisses zur Beseitigung der unzumutbaren Lage** herangezogen werden, sodass eine Beschränkung des Ehevertrags nicht erforderlich sei. Beispielhaft werden die *Lastgeving* oder die natürliche Verbindlichkeit genannt.[1188]

Auch in diesem Zusammenhang ist den Stimmen beizupflichten, dass eine (konkludent) abgeschlossene Vereinbarung der Ehegatten zum Ausgleich einer unzumutbaren Lage beitragen kann. Diese Vorgehensweise findet jedoch ihre Grenze im Verhalten der Ehegatten. Bietet deren Verhalten keinen Anlass, auf das Bestehen eines entsprechenden Willens zu schließen, kann keine Vereinbarung unterstellt werden. Diesbezüglich kann auf den Sachverhalt der in Rede stehenden Entscheidung des *Hoge Raads* verwiesen werden. Die Parteien hatten die ehevertragliche Regelung schlichtweg nicht beachtet. Aus einer bloßen Vernachlässigung des Ehevertrages kann jedoch nicht auf das Bestehen eines konkludenten Willens zur Begründung einer anderweitigen schuldrechtlichen Vereinbarung geschlossen werden.

Ferner wird befürchtet, dass die Rechtsprechung des *Hoge Raads* zur Anwendung der beschränkenden Wirkung des Gebots von Treu und Glauben bei Eheverträgen zum **Entstehen erheblicher Rechtsunsicherheit** führen könnte.[1189] Aufgrund der Anwendungsmöglichkeit von Treu und Glauben könne nicht mehr eindeutig beurteilt werden, in welchen Fällen eine vereinbarte ehevertragliche Regelung überhaupt noch bestandskräftig sei. Das Ergebnis von Rechtsstreitigkeiten sei nicht mehr abzusehen.[1190] Zudem wird kritisiert, dass die

---

1187 So *Abas*, WPNR 1999, S. 682; *Luijten*, WPNR 2006, S. 306; *Schoordijk*, WPNR 2005, S. 162.
1188 *Schoordijk*, WPNR 2005, S. 164 f.; ders., WPNR 2006, S. 309.
1189 *Luijten/Meijer*, in: *Klaassen/Eggens*, Huwelijksgoederenrecht, Rn. 571; *Luijten*, WPNR 2006, S. 306; *Nuytinck*, AA 2005, S. 476; *Van der Pas*, WPNR 1990, S. 453; *Van Duijvendijk-Brand*, (Echt)scheiding, S. 121.
1190 *Luijten/Meijer*, in: *Klaassen/Eggens*, Huwelijksgoederenrecht, Rn. 573.

Entscheidung des *Hoge Raads* möglicherweise als Ansporn gesehen werden könnte, bei nachteilig wirkenden ehevertraglichen Regelungen ein gerichtliches Verfahren einzuleiten, was zu einer erheblichen Zunahme der Verfahren führen würde.[1191] Auch trage zur Unsicherheit bei, dass das Verhalten innerhalb einer Ehe zu einer Änderung von Rechtsfolgen führen könnte, wenn die Ehegatten einen Ehevertrag abgeschlossen hätten, während das Verhalten von Ehegatten, die im gesetzlichen Güterstand verheiratet sind, nicht dazu führen könnte, dass bestimmte gesetzliche Vorschriften nicht angewendet werden würden.[1192]

Es ist nicht von der Hand zu weisen, dass jede Anwendung des Gebots von Treu und Glauben eine Einzelfallprüfung erfordert, die dazu führt, dass sich Ergebnisse im konkreten Fall nicht vorhersagen lassen. Anderseits erscheint es nicht nachvollziehbar, dass ein Gericht eine unzumutbare Rechtslage im Einzelfall bestehen lassen muss, um die Rechtssicherheit nicht zu gefährden. So ist – auch bereits in anderem Zusammenhang – darauf hingewiesen worden, dass das Entstehen von Rechtsunsicherheit nicht zu einer Handlungsunfähigkeit angesichts einer im Einzelfall bestehenden Unzumutbarkeit führen darf.[1193] Ausgeführt wird ferner, dass die Entscheidung über die Geltung des Ehevertrages nur die Ehegatten im konkreten Fall betreffen würde, die darüber hinaus kein Interesse an der Rechtsicherheit für zukünftige andere gerichtliche Verfahren hätten. Nur einer Partei, die das gerichtliche Verfahren in ähnlichen Angelegenheiten häufiger führt, würde daran gelegen sein, gerichtliche Entscheidung prognostizieren zu können, da sie ihr zukünftiges Verhalten daran ausrichten würde.[1194]

Die kritischen Stimmen lassen darüber hinaus außer Acht, dass eine Anwendung von Treu und Glauben nicht hauptsächlich zu einer Modifikation der Vereinbarung führt. In erster Linie verpflichtet dieser Grundsatz die Parteien dazu, die Vereinbarung umzusetzen und ihr Verhalten an den vereinbarten

---

1191 *Nuytinck*, AA 2005, S. 476.
1192 *Luijten/Meijer*, in: *Klaassen/Eggens*, Huwelijksgoederenrecht, Rn. 572; *Nuytinck*, AA 2005, S. 476.
1193 Vgl. *Holterman*, WPNR 1951, S. 132; *Schoordijk*, WPNR 1996, S. 15; ders., WPNR 2006, S. 166.
1194 *Antokolskaia/Breederveld/Hulst/Kolkman/Salomons/Verstappen*, Koude uitsluiting, S. 321; dementsprechend ist *Tjittes*, RMThemis 2005, S. 20, der Auffassung, dass es für bestimmte Parteien, wozu er Unternehmer zählt, von enormer Bedeutung sei, die Risiken eines gerichtlichen Prozesses einschätzen zu können, sodass sie eher Interesse an Rechtssicherheit als an einer angemessenen Entscheidung im konkreten Fall hätten.

Bestimmungen auszurichten.[1195] Dementsprechend legt die Rechtsprechung bei der Prüfung, ob die Veränderung der Umstände des Einzelfalls nicht vorherzusehen war oder die Lage für einen Beteiligten *unzumutbar* ist und die Vereinbarung aus diesem Grund *ausnahmsweise* ganz oder teilweise nicht anzuwenden ist, hohe Maßstäbe an. Nicht bereits jede Abweichung rechtfertigt eine Anpassung bzw. Beschränkung der ehevertraglichen Regelungen. Es ist vielmehr zu erwarten, dass die Eheverträge in der Regel der gerichtlichen Prüfung am Maßstab von Treu und Glauben standhalten werden. Dementsprechend ist in der Literatur verschiedentlich festgestellt worden, dass die Entscheidung des *Hoge Raads* aus dem Jahr 2004 entgegen den geäußerten Erwartungen nicht zu einer erheblichen Zunahme von Entscheidungen geführt hat, in denen der Ehevertrag aufgrund von Treu und Glauben nicht angewendet worden ist.[1196]

Im Ergebnis ist daher die bisherige gerichtliche Praxis im Umgang mit dem Gebot von Treu und Glauben bei Eheverträgen zu befürworten.

2. Auflösung bei Nichterfüllung

Ferner kann eine Partei eine Vereinbarung auflösen, wenn die gegnerische Partei eine sich aus der Vereinbarung ergebende Leistungspflicht nicht erfüllt hat. Das *Burgerlijk Wetboek* sieht vor, dass bei Vorliegen der Voraussetzungen die Vereinbarung entweder ganz oder teilweise aufgelöst werden kann. Einschränkend gilt, dass es zu keiner Auflösung kommt, wenn dies angesichts der Art der Pflichtverletzung oder ihrer geringen Bedeutung nicht gerechtfertigt ist.

Dies ergibt sich aus Art. 6:265 Abs. 1 BW.

Art. 6:265 Abs. 1 BW:
„1. Iedere tekortkoming van een partij in de nakoming van een van haar verbintenissen geeft aan de wederpartij de bevoegdheid om de overeenkomst geheel of gedeeltelijk te ontbinden, tenzij de tekortkoming, gezien haar bijzondere aard of geringe betekenis, deze ontbinding met haar gevolgen niet rechtvaardigt. [...]."
Deutsch[1197]:
1. Jede Pflichtverletzung einer Partei bei der Erfüllung einer ihrer Verbindlichkeiten gibt der anderen Partei das Recht, den Vertrag ganz oder teilweise aufzulösen, es sei denn,

---

1195 *Abas*, WPNR 1999, S. 684; *Biegman-Hartogh*, NJ 1989, S. 1946; *Hartkamp/Sieburgh*, in: *Asser* 6-III, Rn. 410; *Reurich*, Wijzigen van overeenkomsten, S. 8 f.
1196 *Flos*, FJR 2018, S. 46; *Van Wijk-Verhagen*, Redelijkheid en billijkheid, S. 224; vgl. *Hof Amsterdam* 17.05.2011, ECLI: NL: GHAMS:2011: BQ6893, RFR 2011/111, http://deeplinking.kluwer.nl/?param=00B4DA98&cpid=WKNL-LTR-Nav2 (zuletzt abgerufen am 30.10.2018).
1197 *Nieper*, Niederländisches Bürgerliches Gesetzbuch – Buch 6/7, S. 127.

dass die Pflichtverletzung, unter Beachtung ihrer besonderen Art oder geringen Bedeutung, diese Auflösung mit ihren Folgen nicht rechtfertigt.

Teilweise wird befürwortet, dass diese Vorschrift auch Anwendung findet, wenn eine in den Ehevertrag aufgenommene Leistungspflicht nicht erfüllt wird. Insbesondere komme dies in Betracht, wenn der Ehevertrag eine periodische Verrechnungsklausel enthalte, aber die Verrechnung während der Ehe nicht vorgenommen worden sei. Diese Verrechnungspflicht habe einen schuldrechtlichen Charakter, weshalb in diesem Fall die Vorschriften des allgemeinen Teils des Schuldrechts des *Burgerlijk Wetboek*, wie Art. 6:265 BW, unmittelbar anwendbar seien.[1198] Der *Hoge Raad* hat sich mit der Anwendbarkeit dieser Vorschrift bei ehevertraglichen Regelungen bislang nur in einem anderen Zusammenhang auseinandergesetzt. In diesem Fall enthielt der Ehevertrag eine Klausel zur ehelichen Treue. Der Gerichtshof hat es abgelehnt, an die Nichterfüllung des Treueversprechens die Folge von Art. 6:265 Abs. 1 BW zu knüpfen, da ein solches Versprechen nicht mit einer Strafe verbunden werden dürfte und somit auch die Auflösung als Folge der Nichterfüllung ausscheide.[1199] Die ablehnende Entscheidung in dieser Sache schließt jedoch nicht in allen Fällen die Anwendung von dieser Vorschrift bei Eheverträgen aus. Die Begründung der Entscheidung lässt diesen Rückschluss zu, da der *Hoge Raad* nicht bereits von vorneherein eine Anwendung abgelehnt hat, sondern dies von der Art der Klausel und deren Durchsetzbarkeit abhängig gemacht hat.

Sollte man wie Teile der Literatur eine Anwendbarkeit dieser Vorschrift bejahen, stellt sich allerdings die Frage, welche Rechtsfolge dies nach sich zieht.

Der Gesetzestext spricht generell von einer **Auflösung der Vereinbarung**. Diese einseitige Form der Beendigung lässt die unmittelbare Bindungswirkung der Vereinbarung für die Parteien **mit Wirkung für die Zukunft** entfallen.[1200]

Weiterhin ist zu berücksichtigen, dass die Vereinbarung gemäß Art. 6:265 Abs. 1 BW **ganz oder teilweise** aufgelöst werden kann, sodass entweder

---

1198 *Nuytinck*, AA 2005, S. 476 f.; *Groenleer*, EB 2009/18, weist darauf hin, dass Scheidungsabkommen typischerweise Klauseln enthalten, die die Wirkung dieser gesetzlichen Bestimmung abbedingen; vgl. *Hof Arnhem-Leeuwarden* 02.02.2014, ECLI: NL: GHARL:2014:1272, EB 2014/55, URL: http://deeplinking.kluwer.nl/?param=00C6D9E5&cpid=WKNL-LTR-Nav2 (zuletzt abgerufen am 30.10.2018).
1199 *HR* 24.06.2011, ECLI: NL: HR:2011: BP9502, RvdW 2011/799, URL: http://deeplinking.kluwer.nl/?param=00B03B59&cpid=WKNL-LTR-Nav2 (zuletzt abgerufen am 30.10.2018).
1200 *Brahn/Reehuis*, Vermogensrecht, Rn. 578.

ausschließlich der Teil der Vereinbarung, der nicht erfüllt wurde, aufgelöst wird oder die Auflösung die gesamte Vereinbarung erfasst. Eheverträge enthalten in der Regel eine periodische Verrechnungsklausel in Kombination mit dem Ausschluss der Gütergemeinschaft. Wird nur die periodische Verrechnungsklausel als nichterfüllte Verpflichtung aufgelöst, bleibt die Gütertrennung bestehen; wird hingegen der Ehevertrag als solches aufgelöst, leben die Parteien ab diesem Zeitpunkt im gesetzlichen Güterstand der Gütergemeinschaft. Welche dieser Alternativen Anwendung findet, hat somit für die Ehegatten erhebliche Auswirkungen. Vorgeschlagen wird, eine Entscheidung zwischen den Alternativen anhand des Zusammenhangs zwischen Verrechnungsklausel und Ausschluss der Gütergemeinschaft im konkreten Fall zu treffen. Bestehe zwischen diesen Teilen des Ehevertrags ein unmittelbarer Zusammenhang, so sei davon auszugehen, dass der Ausschluss nicht ohne die Verrechnungsklausel bestehen könne und umgekehrt.[1201]

3. Ausgleich über das Nebengüterrecht

Daneben wird in der Rechtsprechung und in der Literatur in Fällen, in denen sich einer der Ehegatten aufgrund der ehevertraglich vereinbarten Regelung in einer nachteiligen Lage befindet, versucht, diesen Nachteil über das Nebengüterrecht zu kompensieren. Eine solche Kompensation wird insbesondere angestrebt, wenn die Ehegatten durch den Ehevertrag das Entstehen gemeinsamen Vermögens ausgeschlossen haben, also ein kalter Ausschluss vorliegt.[1202]

Zur Erreichung dieses Ziels verfolgen sowohl Literatur als auch Rechtsprechung zwei unterschiedliche Ansätze: Sollte es zwischen den Ehegatten bereits während der Ehe zu einer Vermögensverschiebung gekommen sein, kann eine Kompensation dadurch erfolgen, dass diese Leistung nicht rechtsgrundlos erfolgte und der begünstigte Ehegatte nicht zur Herausgabe verpflichtet ist. Daneben besteht die Möglichkeit, einen Ausgleichsanspruch für eine während der Ehe vorgenommene Leistung des einen Ehegatten an den anderen anzuerkennen.

a) Rechtsgrundlagen für Vermögensverschiebungen

Zunächst ist zu ermitteln, welche Rechtsgrundlagen in der Literatur und in der Rechtsprechung für eine von einem Ehegatten vorgenommene Verfügung

---

1201 *Nuytinck*, AA 2005, S. 477.
1202 Siehe S. 250 ff.

herangezogen werden, die den empfangenden Ehegatten berechtigt, die Herausgabe zu verweigern. Wie bereits im Rahmen der kritischen Auseinandersetzung mit der Anwendung von Treu und Glauben aufgezeigt wurde, kann eine vertragliche Vereinbarung zu einer Kompensation des einzelnen Ehegatten beitragen. Allgemein anerkannt ist, dass der Abschluss eines Ehevertrags die Ehegatten nicht handlungsunfähig macht. Es bleibt ihnen unbenommen, weitere Vereinbarung miteinander zu schließen.[1203] Grundsätzlich kann eine solche Vereinbarung ausdrücklich oder stillschweigend geschlossen werden. Die Ehegatten sind insoweit nicht anders zu behandeln als andere Parteien, die nicht durch eine emotionale Beziehung miteinander verbunden sind.[1204]

aa) Andauernde Leihe

Insbesondere in Fällen, in denen einer der Ehepartner dem anderen ein Gut zur Verfügung stellt, kann eine vertragliche Vereinbarung in Form der *bruikleen*, was mit Leihe übersetzt werden kann, Grundlage der Verfügung sein. Im Rahmen der Leihe verpflichtet sich der eine Teil dazu, dem anderen den Besitz über eine Sache zu überlassen, ohne dafür eine Gegenleistung zu erhalten. Im Gegenzug ist der andere Teil verpflichtet, die Sache entweder zu einem bestimmten Zeitpunkt oder nach Abschluss des Gebrauchs zurückzugeben.[1205]

Eine entsprechende Regelung findet sich in Art. 7A:1777 BW.

> Art. 7A:1777 BW:
> „Bruikleening is eene overeenkomst, waarbij de eene partij aan de andere eene zaak om niet ten gebruike geeft, onder voorwaarde dat degene die deze zaak ontvangt, dezelve, na daarvan gebruik te hebben gemaakt, of na eenen bepaalden tijd, zal terug geven."
> Deutsch:
> Die Leihgabe ist eine Vereinbarung, wonach die eine Partei an die andere eine Sache ohne Gegenleistung zum Gebrauch gibt, unter der Bedingung, dass derjenige, der die Sache erhält, dieselbe, entweder nachdem er davon Gebrauch gemacht hat oder nach einer bestimmten Zeit, wieder herausgeben soll.

Der *Hoge Raad* ist in Übereinstimmung mit dem zuvor mit der Angelegenheit befassten Gerichtshof in einer seiner Entscheidungen davon ausgegangen, dass der Ehemann eine von ihm angemietete Wohnung der Ehefrau und den

---

1203 *De Boer*, in: Asser 1, Rn. 454 h.; *Van Duijvendijk-Brand*, (Echt)scheiding, S. 56; *Schoordijk*, WPNR 1976, S. 461; *ders.*, WPNR 1996, S. 13; *ders.*, WPNR 2002, S. 199.
1204 *De Boer*, in: Asser 1, Rn. 454 h.; *Declerck/Verstappen*, in: Boele-Woelki/Swennen, Vergelijkenderwijs, S. 139.
1205 *Van Schaick*, in: Asser 7-VIII, Rn. 174.

gemeinsamen Kindern auch nach der Ehescheidung im Wege der Leihe zur Verfügung gestellt hatte. Der *Hof* stellte fest, dass der Ehefrau die Wohnung überlassen worden sei, nachdem sie nach der Ehescheidung die Vormundschaft für die gemeinsamen Kinder übernommen habe. Auch bezog der *Hof* in seine Überlegungen mit ein, dass die Wohnung unstreitig für die Familie angemietet worden sei und die Ehefrau im Gegenzug für die weiterhin durch den Ehemann vorgenommenen Mietzahlungen keinen Anspruch auf Unterhalt geltend gemacht habe.[1206]

Die Klassifikation einer Vereinbarung von Ehegatten als Leihe begegnet in der Literatur grundsätzlich keinen Bedenken. Allerdings wird vertreten, dass bei einer Verfügung während der intakten Ehe die *Bruikleen* unter der auflösenden Bedingung der Ehescheidung abgeschlossen wird.[1207] Zudem wird erwähnt, dass nicht aufgrund der bloßen Hingabe einer Sache auf das Vorliegen einer Leihe im Sinne des *Burgerlijk Wetboek* geschlossen werden könne.[1208]

Tatsächlich kann die bloße Gebrauchsüberlassung ebenso als Indiz für andere Rechtsinstitute bewertet werden, sodass für die Annahme einer Leihe zwangsläufig das Vorliegen weiterer Indizien gefordert werden muss, die auf einen entsprechenden Willen der Ehegatten schließen lassen. Problematisch ist ebenfalls, dass bei Annahme einer stillschweigenden Vereinbarung während der Ehe nicht ohne weiteres auf den Willen geschlossen werden kann, dass dem anderen Ehegatten die Sache auch nach der Ehescheidung zur Verfügung stehen soll. Für einen solchen Rückschluss bedarf es weiterer Anhaltspunkte, wie sie in dem Fall vorlagen, über den der *Hoge Raad* zu befinden hatte.

bb) *(unentgeltliche) Zuwendungen*

Verfügt einer der Ehegatten über eine in seinem Eigentum stehende Sache, indem er sie dem anderen Ehegatten überlässt, kann dies nicht nur als Leihe, sondern auch als (unentgeltliche) Zuwendung angesehen werden. Bereichert eine Partei auf Kosten des eigenen Vermögens eine andere mit der Absicht, diese zu bevorteilen, unterscheidet das niederländische Zivilgesetzbuch in seiner aktuellen Fassung zwischen der *Schenking*, also Schenkung, und dem *Gift*, was in Abgrenzung dazu mit Zuwendung übersetzt werden müsste.[1209] Schenkung

---

1206 *HR* 13.02.1976, ECLI: NL: HR:1976: AC2863, NJ 1976/343, S. 1040.
1207 *Van Duijvendijk-Brand*, (Echt)scheiding, S. 57; *Van Mourik/Verstappen*, Nederlands vermogensrecht bij scheiding, Deel A, S. 512 f.
1208 *Van Duijvendijk-Brand*, (Echt)scheiding, S. 57.
1209 *Perrick*, in: *Asser* 4, Rn. 266; siehe auch *Hamaker*, WPNR 1904, S. 257 f.

und Zuwendung stehen im Spezialitätsverhältnis. Die Schenkung ist *lex specialis*, die Zuwendung *lex generalis*.[1210]

In der alten Fassung des *Burgerlijk Wetboek* war es den Ehegatten verboten, sich untereinander zu beschenken. Dieses Verbot diente als Stütze des Prinzips der Unveränderlichkeit[1211], wonach es den Ehegatten untersagt war, den Güterstand während bestehender Ehe zu ändern. Eheleute, die vor der Ehe einen Ehevertrag abgeschlossen hatten oder durch die umfassende Gütergemeinschaft miteinander verbunden waren, sollten nicht durch Schenkungen mittelbar eine tiefgreifende Veränderung des Güterstands vornehmen können.[1212] Daneben sollten eine Benachteiligung von Dritten, wie beispielsweise den Kindern eines Ehegatten, oder das Ausnutzen der emotionalen Bindung der Eheleute zulasten eines der Ehegatten verhindert werden.[1213]

Am 01.03.2003 ist das Schenkungsverbot entfallen.[1214] Grund für diese Gesetzesänderung war primär, dass mit der Abschaffung des Prinzips der Unveränderlichkeit im Jahr 1957 der wesentliche Grund für das Bestehen des Schenkungsverbots entfallen war. Zudem wurde ausgeführt, dass dieses Verbot sowohl die Vertragsfreiheit als auch die Freiheit des Individuums erheblich eingeschränkt hätte, ohne dass dies notwendig gewesen wäre.[1215]

Laut den Vorschriften des *Burgerlijk Wetboek* liegt eine **Schenkung** vor, wenn zwei Parteien eine Vereinbarung schließen, die bezweckt, dass die eine Partei auf Kosten des eigenen Vermögens die andere Partei bereichert. Die Leistung muss erfolgen, ohne dass dafür eine Gegenleistung erforderlich ist.

Dies ergibt sich aus Art. 7:175 Abs. 1 BW.

Art. 7:175 Abs. 1 BW:
„1. Schenking is de overeenkomst om niet, die ertoe strekt dat de ene partij, de schenker, ten koste van eigen vermogen de andere partij, de begiftigde, verrijkt."
Deutsch:

1210 *Perrick*, in: *Asser* 4, Rn. 266.
1211 Ausf. dazu S. 334.
1212 *Huijgen*, WPNR 2006, S. 595 f.
1213 *Huijgen*, WPNR 2006, S. 596; *Soons*, WPNR 1995, S. 431.
1214 *Stb*. 2002, 230; *Stb*. 2002, 558; ergänzend ist darauf hinzuweisen, dass die Vornahme einer bloßen Zuwendung nicht dem vormals geltenden Schenkungsverbot unterfiel, sondern als materielle Schenkung klassifiziert wurde, die auch Ehegatten vollziehen konnten; siehe dazu *Kraan*, WPNR 1985, S. 180; *Van Duijvendijk-Brand*, (Echt) scheiding, S. 62 ff.
1215 *Huijgen*, WPNR 2006, S. 596.

1. Schenkung ist eine unentgeltliche Vereinbarung, die bezweckt, dass die eine Partei, der Schenker, auf Kosten des eigenen Vermögens die andere Partei, den Begünstigten, bereichert.

Besonderes Merkmal der Vereinbarung einer Schenkung durch zwei Parteien ist dabei die Unentgeltlichkeit der Leistung des Schenkers. Eine solche Unentgeltlichkeit liegt grundsätzlich nur vor, wenn die durch den Schenker zugesagte Leistung in keinem juristischen Zusammenhang mit einer Leistung durch den Begünstigten, unabhängig davon, ob sie bereits vorgenommen wurde oder noch vorzunehmen ist, steht.[1216] Gleichwohl soll nach dem Willen des Gesetzgebers auch die Schenkung unter Vereinbarung einer Belastung möglich sein. Entscheidend ist, dass der unentgeltliche Charakter der Schenkung durch die Vereinbarung der Belastung nicht verloren geht. Dies ist einerseits der Fall, wenn weder der Schenker noch der Begünstigte einen Anspruch auf Erfüllung der Belastung haben. Ferner ist die Leistung unentgeltlich, wenn dem Begünstigten auch nach Erfüllung einer Belastung ein Wert verbleibt. Wird die *geschenkte* Bereicherung lediglich vermindert und verbleibt ein Restwert, verliert die Schenkung ihren unentgeltlichen Charakter nicht.[1217]

Ferner kennt das *Burgerlijk Wetboek* neben der Schenkung die **Zuwendung** als Möglichkeit, einen anderen durch eine Handlung auf Kosten des eigenen Vermögens zu bereichern.

Eine entsprechende Regelung findet sich in Art. 7:186 Abs. 2 S. 1 BW.

Art. 7:186 Abs. 2 S. 1 BW:
„2. Als gift wordt aangemerkt iedere handeling die er toe strekt dat degeen die de handeling verricht, een ander ten koste van eigen vermogen verrijkt. […]"
Deutsch:
2. Als Zuwendung wird jede Handlung angesehen, die bezweckt, dass derjenige, der die Handlung vornimmt, einen anderen auf Kosten seines eigenen Vermögens bereichert. […]

Im Vergleich zu der Schenkung fällt auf, dass der Tatbestand der Zuwendung weder die Vereinbarung zweier Parteien erfordert, noch die Unentgeltlichkeit dieser Vereinbarung vorschreibt. Erforderlich ist vielmehr lediglich die Vornahme einer Handlung, die zur Bereicherung des Begünstigten auf Kosten des Gebenden führt.

Die durch den Eintritt oder die Beendigung des gesetzlichen Güterstands ausgelösten güterrechtlichen Veränderungen stellen weder eine Schenkung

---

1216 *Perrick*, in: *Asser* 4, Rn. 262.
1217 *Perrick*, in: *Asser* 4, Rn. 264.

noch eine Zuwendung dar. Selbst wenn an die güterrechtlichen Veränderungen eine Absicht, den anderen Ehegatten zu bevorteilen, verbunden sein sollte, führt nicht bereits der Eintritt oder die Beendigung des Güterstands zu einer einseitigen Vermögensverschiebung.[1218] Gleichwohl können anderweitige Verfügungen im Ehegüterrecht als Schenkung oder Zuwendung zu definieren sein, wenn diese eine einseitige Bevorteilung eines Ehegatten beinhalten. Dies ist insbesondere der Fall, wenn die Ehegatten im Rahmen eines *verblijvingsbedings* Güter untereinander aufteilen, ohne dies von einer Gegenleistung abhängig zu machen.[1219]

Sowohl die Schenkung als auch die Zuwendung können im Ergebnis Rechtsgrundlagen für einen Ehegatten sein, den geschenkten bzw. zugewendeten Vermögensbestandteil behalten zu dürfen, ohne dafür eine (äquivalente) Gegenleistung vornehmen zu müssen. Es bedarf jedoch der freiwilligen Zuwendung durch den anderen Ehegatten.[1220]

cc) Sog. natürliche Verbindlichkeit

Ferner nimmt die Rechtsprechung in den Niederlanden an, dass ein finanzieller Ausgleich zwischen Ehegatten durch Erfüllung eines sog. *natuurlijke verbintenis* erreicht werden kann.[1221] Dieser Begriff kann mit natürliche Verbindlichkeit übersetzt werden. Gemäß den Vorschriften des niederländischen Zivilgesetzbuches besteht eine natürliche Verbindlichkeit, wenn eine Verfügung zugunsten eines anderen nach gesellschaftlicher Auffassung als Befolgung einer nicht zwangsweise durchsetzbaren moralischen Verpflichtung gesehen werden muss.

Eine entsprechende Regelung findet sich in Art. 6:3 Abs. 2 lit. b. BW.

Art. 6:3 Abs. 2 lit. b. BW:
„[…] 2. Een natuurlijke verbintenis bestaat: […]
b. wanneer iemand jegens een ander een dringende morele verplichting heeft van zodanige aard dat naleving daarvan, ofschoon rechtens niet afdwingbaar, naar maatschappelijke opvattingen als voldoening van een aan die ander toekomende prestatie moet worden aangemerkt."
Deutsch:
[…] 2. Eine natürliche Verbindlichkeit besteht: […]

1218 *HR* 17.03.1971, ECLI: NL: HR:1971: AC5095, NJ 1972/136, S. 406; *Luijten/Meijer*, in: *Klaassen/Eggens*, Huwelijksgoederenrecht, Rn. 728; *Perrick*, in: *Asser* 4, Rn. 242.
1219 *Perrick*, in: *Asser* 4, Rn. 270; ausf. zum *verblijvingsbeding* siehe S. 205 ff
1220 So auch *Reijnen*, WPNR 2014/I, S. 101.
1221 So bereits *HR* 18.02.1938, ECLI: NL: HR:1938:97, NJ 1938/323, S. 437; siehe auch *Flos*, FJR 2018, S. 44 f.

b. wenn jemand gegenüber einem anderen eine dringliche, moralische Verpflichtung von solcher Art hat, dass deren Befolgung, auch wenn sie rechtlich nicht erzwungen werden kann, nach gesellschaftlicher Auffassung als Vornahme einer von dem einen an den anderen zukommende Leistung angesehen werden muss.

Der Anwendungsbereich der natürlichen Verbindlichkeit überschneidet sich folglich mit der Schenkung, da beide eine Leistung zugunsten eines anderen zum Gegenstand haben, die keiner Gegenleistung bedarf. Der Gesetzgeber grenzt die natürliche Verbindlichkeit jedoch bewusst von der Schenkung ab.[1222] Diese Auffassung spiegelt sich in der Rechtsprechung des *Hoge Raads*, wonach es bei der Erfüllung einer natürlichen Verbindlichkeit an der Mildtätigkeit fehlt, die Grundlage der Schenkung oder Zuwendung ist.[1223]

Im Rahmen der Prüfung, ob eine dringliche moralische Verpflichtung vorliegt, deren Befolgung als Vornahme einer Leistung zu sehen ist, sind nach der Rechtsprechung des *Hoge Raads* **objektive Maßstäbe** anzuwenden. Unerheblich ist demnach, ob der Leistende im Glauben, aufgrund einer dringlichen moralischen Verpflichtung zu handeln, verfügt.[1224]

Dass für die Verfügung keine **Gegenleistung** erfolgt, hat nur Indizwirkung. Der *Hoge Raad* fordert, dass daneben weitere Umstände für das Vorliegen einer natürlichen Verbindlichkeit sprechen müssen, wobei unter anderem der **allgemeine Wohlstand** der Ehegatten oder deren **Bedarf** eine Rolle spielen kann.[1225]

Darüber hinaus kann als weiterer Umstand berücksichtigt werden, ob einer der Ehegatten während der Ehe eine **unbezahlte Arbeit** im Unternehmen des anderen Ehegatten verrichtet. In dem Fall, der dem *Hoge Raad* im Jahre 1987 zur Entscheidung vorlag, waren die Parteien seit 1965 miteinander verheiratet, hatten aber mit Beginn der Ehe das Bestehen einer ehelichen Gütergemeinschaft ausgeschlossen. Der Ehemann forderte von der Ehefrau von ihm geleistete Zahlungen auf das für einen im Eigentum der Ehefrau stehenden Geschäftsraum aufgenommene Immobiliendarlehen zurück.[1226] Die Ehefrau hingegen machte

---

1222 *Parlementaire geschiedenis*, Boek 6, TM, S. 87 f.
1223 So ausdrücklich HR 04.05.1932, ECLI: NL: HR:1932:254, NJ 1933, S. 384; *HR* 18.02.1938, ECLI: NL: HR:1938:97, NJ 1938/323, S. 437; *HR* 30.11.1945, ECLI: NL: HR:1945:14, NJ 1946/62, S. 75.
1224 *HR* 09.11.1990, ECLI: NL: PHR:1990: AC1105, NJ 1992/212, S. 801; *HR* 15.09.1995, ECLI: NL: HR:1995: ZC1808, NJ 1996/616, S. 3466; *HR* 01.10.2004, ECLI: NL: PHR:2004: AO9558, NJ 2005/1, S. 15 f.
1225 *HR* 15.9.1995, ECLI: NL: HR:1995: ZC1808, NJ 1996/616, S. 3466 f.; *HR* 01.10.2004, ECLI: NL: PHR:2004: AO9558, NJ 2005/1, S. 16.
1226 *HR* 04.12.1987, ECLI: NL: PHR:1987: AB8960, NJ 1988/610, S. 2162 f.

geltend, dass der Ehemann mit dieser Zahlung eine natürliche Verbindlichkeit erfüllt habe. Sie habe während der Ehe intensiv in seinem Betrieb mitgearbeitet, ohne dafür eine angemessene Bezahlung zu erhalten. Der Ehemann habe die Kosten für das Eigentum an den Geschäftsräumen getragen, um einerseits die Frau im Falle seines Todes finanziell zu versorgen und andererseits einen Ausgleich für die auf ihrer Arbeit beruhende Mehrung seines Vermögens zu schaffen. Der *Hoge Raad* stellte in seiner Entscheidung fest, dass die von der Frau vorgetragenen Umstände die Annahme einer natürlichen Verbindlichkeit rechtfertigen könnten, sodass die Zahlungen des Ehemannes als Erfüllung einer solchen angesehen werden könnten. Dies sei von den Gerichten, die zuvor mit dem Rechtsstreit befasst waren, nicht erkannt worden. Aus diesem Grund sei der Fall erneut vor dem *Hof te Arnhem* zu verhandeln.[1227]

Der *Hoge Raad* hat daneben auch dem **Zweck der Vermögensverschiebung** besondere Bedeutung beigemessen.[1228] Er stellte heraus, dass die von einem Ehegatten vorgenommenen Zahlungen auf ein Immobiliendarlehen als Erfüllung einer natürlichen Verbindlichkeit angesehen werden könnten, wenn Ehegatten, die unter Ausschluss jeglicher Gütergemeinschaft miteinander verheiratet seien, gemeinsam ein Gut erwerben und die Zahlungen auf das Darlehen ausschließlich von einem Ehegatten geleistet würden, um den anderen für den Todesfall abzusichern.[1229]

b) Mögliche Anspruchsgrundlagen

Weiterhin ist zu ermitteln, welche Ausgleichsansprüche herangezogen werden können, um eine Kompensation für eine während der Ehe vorgenommene Leistung des einen Ehegatten an den anderen zu erreichen.

aa) Gelddarlehen

Einerseits wird vertreten, dass es Ehegatten wie unverheirateten Paaren ungeachtet der emotionalen Beziehung möglich sei, einander ein Gelddarlehen zu gewähren.[1230] Rechtliche Grundlage für das Gelddarlehen bzw. die sog. *geldlening*

1227 *HR* (o. Fn. 1226), S. 2168.
1228 *HR* 30.01.1991, ECLI: NL: HR:1991: ZC4535, NJ 1992/191, S. 712 ff.
1229 *HR* (o. Fn. 1228), S. 717.
1230 *Kraan*, WPNR 1985, S. 180; *Schoordijk*, WPNR 1976, S. 456; *ders.*, WPNR 2002, S. 207; siehe *Cohen Henriquez*, WPNR 1980, S. 217, zum Gelddarlehen unter unverheirateten Paaren; vgl. *Hof Den Haag* 06.09.2017, ECLI: NL: GHDHA:2017:2955, RFR 2018/19, URL: http://deeplinking.kluwer.nl/?param=00CF9681&cpid=WKNL-LTR-Nav2 (zuletzt abgerufen am 30.10.2018), wonach ein Zinsanspruch besteht, da

ist das Institut der *verbruikleen,* wonach eine Partei einer anderen bestimmte Güter zum Zwecke des Verbrauchs überlässt.[1231]
Die grundlegende Vorschrift findet sich in Art. 7A:1791 BW.

Art. 7A:1791 BW:
„Verbruikleening is eene overeenkomst, waarbij de eene partij aan de andere eene zekere hoeveelheid van verbruikbare goederen afgeeft, onder voorwaarde dat de laastgemelde haar even zoo veel, van gelijke soort en hoedanigheid, terug geve."
Deutsch:
Die Verbrauchsleihe ist eine Vereinbarung, mit der sich die eine Partei verpflichtet, an die andere eine bestimmte Menge zu verbrauchender Güter anzugeben, unter der Bedingung, dass die letztgenannte ihr ebensoviel, von gleicher Art und Eigenschaft, zurückgebe.

Zweck der Verbrauchsleihe ist, dass das übergebene Gut vom Empfänger nicht lediglich gebraucht, sondern verbraucht wird. Im Gegensatz zur Leihe bzw. *bruikleen* werden im Rahmen der *verbruikleen* somit umfassende Rechte übertragen. Die begünstigte Partei begründet Eigentum am übergebenen Vermögensgegenstand bzw. an den Vermögensgegenständen und unterliegt bei der Verwendung grundsätzlich keinen Beschränkungen.[1232] Im Zuge der Abwicklung der Verbrauchsleihe ist der Begünstigte nach dem Gesetzeswortlaut lediglich verpflichtet, ein Gut bzw. Güter von gleicher Art und Eigenschaft an die Gegenpartei herauszugeben.

Im Falle des Gelddarlehens wird dementsprechend grundsätzlich nicht dasselbe Geld, das ursprünglich hingegeben wurde, sondern nur ein gleichwertiger Betrag zurückgegeben.[1233] Üblich ist es zudem, dass neben dem ursprünglichen Betrag von der Partei, die das Darlehen in Anspruch genommen hat, ein bestimmter Zins als Vergütung für die Gewährung des Gelddarlehens gezahlt wird. Erforderlich ist allerdings, dass die Parteien ausdrücklich oder stillschweigend einen solchen Zins vereinbart haben. Nach dem Konzept des *Burgerlijk Wetboek* wird das Gelddarlehen grundsätzlich zinslos gewährt.[1234]

Die Annahme eines Darlehens unter Ehegatten kann in verschiedenen Konstellationen einen finanziellen Ausgleich ermöglichen. Beispielsweise ist denkbar,

---

der zur Verfügung gestellte Geldbetrag zuvor ehevertraglich von der Gütergemeinschaft ausgesondert wurde.

1231 *Ballendux,* Geldlening, S. 4; *Van Schaick,* in: *Asser* 7-VIII, Rn. 246.
1232 *Ballendux,* Geldlening, S. 25 f.
1233 *Van Schaick,* in: *Asser* 7-VIII, Rn. 247.
1234 *Van Schaick,* in: *Asser* 7-VIII, Rn. 253.

dass eine Immobilie mit Mitteln eines Ehegatten erworben wird, aber im Eigentum des anderen stehen soll. In diesem Fall könnte angenommen werden, dass die Ehegatten miteinander ein zinsloses Gelddarlehen abgeschlossen haben. Bei einer gegebenenfalls erfolgenden Scheidung und Vermögensaufteilung der Ehegatten müsste der zum Erwerb der Immobilie aufgewendete Geldbetrag zurückgezahlt werden.

bb) Sog. Lastgeving

Ein weiterer Ausgleichsanspruch kann sich im Rahmen der *Lastgeving* oder Geschäftsbesorgung ergeben. In diesem Fall verpflichtet sich eine Partei, für die Gegenpartei eine oder mehrere Rechtshandlungen auf deren Rechnung vorzunehmen.

Eine entsprechende gesetzliche Vorschrift findet sich in Art. 7:414 Abs. 1 BW.

Art. 7:414 Abs. 1 BW:
„1. Lastgeving is de overeenkomst van opdracht waarbij de ene partij, de lasthebber, zich jegens de andere partij, de lastgever, verbindt voor rekening van de lastgever een of meer rechtshandelingen te verrichten."
Deutsch:
1. Geschäftsbesorgung ist die Vereinbarung eines Auftrags, bei dem die eine Partei, der Besorgende, sich gegenüber der anderen Partei, dem Geschäftsüberträger, verpflichtet, auf Rechnung des Überträgers eine oder mehrere Rechtshandlungen vorzunehmen.

Die Verpflichtung im Rahmen der *Lastgeving* erschöpft sich allerdings nicht bereits in der Vornahme einer oder mehrerer Rechtshandlungen; der übernehmende Teil verpflichtet sich darüber hinaus, weitere, die eigentliche Rechtshandlung unterstützende Handlungen vorzunehmen. In diesem Zusammenhang werden die gesetzlichen Vorschriften über den Auftrag entsprechend angewandt. Unter anderem ist der Übernehmende dazu verpflichtet, Sachen, die er im Rahmen der Geschäftsbesorgung erlangt hat, an den Übertragenden herauszugeben.[1235] Diese Verpflichtung zur Herausgabe findet sich nicht ausdrücklich im Auftragsrecht wieder, kann jedoch aus den Bestimmungen des *Burgerlijk Wetboek* abgeleitet werden.[1236]

Dies ergibt sich aus Art. 7:403 Abs. 2 BW.

Art. 7:403 Abs. 2 BW:
„[...] 2. De opdrachtnemer doet aan de opdrachtgever verantwoording van de wijze waarop hij zich van de opdracht heeft gekweten. Heeft hij bij de uitvoering van de

---

1235 *Tjong Tjin Tai*, in: *Asser* 7-IV, Rn. 225.
1236 *Tjong Tjin Tai*, in: *Asser* 7-IV, Rn. 115.

opdracht ten laste van de opdrachtgever gelden uitgegeven of te diens behoeve gelden ontvangen, dan doet hij daarvan rekening."
Deutsch:
[...] 2. Der Auftragnehmer ist dem Auftraggeber gegenüber verantwortlich für die Weise, auf die er den Auftrag erfüllt hat. Hat er bei der Ausführung des Auftrags zulasten des Auftraggebers Gelder ausgegeben oder hat er zu dessen Gunsten Gelder erhalten, legt er darüber Rechnung ab.

Der *Hoge Raad* hat sich bereits eingehend mit der Frage beschäftigt, ob die Vereinbarung einer *Lastgeving* einen Ausgleichsanspruch unter Ehegatten begründen kann.[1237] Die Parteien des der Entscheidung zugrundeliegenden Rechtsstreits hatten einander im Jahre 1948 geheiratet und dabei ehevertraglich das Bestehen jeglicher Gütergemeinschaft ausgeschlossen. Der Unterhalt der Familie wurde während der Ehe allein durch das Bekleidungsgeschäft der Ehefrau erwirtschaftet, in dem der Mann mitarbeitete. Zu Anlagezwecken erwarb der Ehemann mit dem Geld der Ehefrau Immobilien, die auf seinen Namen eingetragen wurden. Die Ehefrau machte geltend, dem Erwerb dieser Immobilien habe eine Geschäftsbesorgung zugrunde gelegen, während der Ehemann der Auffassung war, er sei alleiniger Eigentümer der Immobilien geworden.[1238]

Der *Hoge Raad* stellte heraus, dass in diesem Fall eine *Lastgeving* vorliegen könnte. Es überzeuge nicht, die Geschäftsbesorgung zwischen Ehegatten als grundsätzlich unzulässig anzusehen, wie dies der zuvor mit dem Rechtsstreit befasste Gerichtshof getan hatte.[1239] In einer weiteren Entscheidung wurde bestätigt, dass der Ehemann tatsächlich im Rahmen einer *Lastgeving* gehandelt hatte, als er zu Anlagezwecken mit dem Vermögen der Ehefrau Immobilien auf eigenen Namen kaufte. Folglich sei der Ehemann entsprechend den Vorschriften des *Burgerlijk Wetboek* verpflichtet, die Immobilien an die Ehefrau zu übertragen.[1240]

Die Auffassung des *Hoge Raads* wird von der Literatur grundsätzlich geteilt.[1241] Einschränkend wird jedoch darauf hingewiesen, dass die Anerkennung eines Ausgleichsanspruchs aufgrund einer Geschäftsbesorgung in der

---

1237 *HR* 02.04.1976, ECLI: NL: PHR:1976: AB6874, NJ 1976/450, S. 1318 ff. und *HR* 16.03.1984, ECLI: NL: PHR:1984: AB7952, NJ 1984/556, S. 1945 ff. nach Zurückverweisung der ersten Entscheidung an den *Hof 's-Gravenhage*.
1238 *HR* 02.04.1976, ECLI: NL: PHR:1976: AB6874, NJ 1976/450, S. 1318.
1239 *HR* (o. Fn. 1238), S. 1322 f.
1240 *HR* 16.03.1984, ECLI: NL: PHR:1984: AB7952, NJ 1984/556, S. 1946.
1241 *Van Duijvendijk-Brand*, (Echt)scheiding, S. 57; *Kraan*, WPNR 1985, S. 180; *Schoordijk*, WPNR 1976, S. 456.

Praxis auf einzelne Ausnahmefälle beschränkt sein dürfte. Bezweifelt wird, dass die Umstände der jeweiligen Fälle einen Rückschluss auf den Willen der Ehegatten, eine rechtsverbindliche Verpflichtung zur Übertragung zu schaffen, zulassen würden.[1242]

cc) Arbeitsvertrag

Eine weitere Vereinbarung, aus der sich ein finanzieller Ausgleich ergeben könnte, ist der Arbeitsvertrag. Der Arbeitnehmer hat aufgrund des Arbeitsverhältnisses gegen seinen Arbeitgeber einen Anspruch auf Zahlung von Lohn. Dies ergibt sich aus Art. 7:616 BW.

Art. 7:616 BW:
„De werkgever is verplicht de werknemer zijn loon op de bepaalde tijd te voldoen."
Deutsch:
Der Arbeitgeber ist verpflichtet, dem Arbeitnehmer seinen Lohn zur bestimmten Zeit zu zahlen.

Eine frühere Version des *Burgerlijk Wetboek* enthielt noch ein Verbot für Ehegatten, Arbeitsverträge miteinander abzuschließen. Der historische Gesetzgeber war der Auffassung, die einem Arbeitsverhältnis innewohnende Untergebenheit des Arbeitnehmers widerspreche dem Grundsatz der Gleichheit der Ehepartner, sodass zwischen ihnen kein Arbeitsverhältnis bestehen könne. Von dieser Auffassung ist der Gesetzgeber wieder abgerückt und hat das entsprechende Verbot aus dem Gesetz entfernt. Zur Begründung wurde angeführt, dass es nicht überzeuge, ein solches Verbot für Ehegatten aufrecht zu erhalten, während von einem vergleichbaren Verbot für andere emotionale verbundene Personen, wie unverheiratete Paare, abgesehen werde. Zudem werde im Falle der Beibehaltung des Verbots nicht zwischen der rechtlichen und der persönlichen Beziehung der Eheleute unterschieden.[1243]

Gleichwohl wird in der Literatur darauf hingewiesen, dass nicht bei jeder Form der Arbeitsleistung innerhalb der Ehe zu prüfen sei, ob die Ehegatten (ggfs. stillschweigend) einen Arbeitsvertrag miteinander geschlossen haben. Eine Vergütung aufgrund eines Arbeitsvertrages für die Arbeit im Haushalt sei ausgeschlossen, da diese Tätigkeit als Beitrag zur Lebensgemeinschaft zu sehen und damit Grundlage allein die eheliche Gemeinschaft sei. Ebenso fehle es in

---

1242 *Van Duijvendijk-Brand*, (Echt)scheiding, S. 57.
1243 *Van Duijvendijk-Brand*, (Echt)scheiding, S. 58; *Heerma van Voss*, in: *Asser 7-V*, Rn. 45.

den meisten Fällen an der für ein Arbeitsverhältnis erforderlichen Weisungsgebundenheit. Nehme beispielsweis ein Ehegatte Baumaßnahmen vor, sei dieser bei der Vornahme in aller Regel nicht an Weisungen des anderen Ehegatten gebunden.[1244]

Liege der Tätigkeit jedoch ein asymmetrisches Verhältnis zwischen den Ehepartnern zugrunde, wie dies im Arbeitsrecht typischerweise bestehe, könnte auf das Bestehen eines Arbeitsvertrages geschlossen werden. Dies sei insbesondere der Fall, wenn einer der Ehegatten im Unternehmen des anderen arbeite oder diesen bei seiner Berufsausübung unterstütze.[1245] Ergänzend wird darauf hingewiesen, dass sich die Ehegatten in der Regel nicht stillschweigend über die Höhe des Lohns verständigt hätten. Eine solche Lücke könne jedoch unter Anwendung von Treu und Glauben geschlossen werden, indem auf die übliche Entlohnung in vergleichbaren Verhältnissen abgestellt würde.[1246]

Die Annahme eines stillschweigenden Arbeitsverhältnisses ist jedoch aufgrund der bestehenden Pflichtversicherungen zum Schutze des Arbeitnehmers kritisch zu sehen. Dieser Versicherungsschutz entsteht von Gesetzes wegen mit Beginn des Arbeitsverhältnisses, unabhängig davon, ob der Arbeitgeber den individuellen Arbeitnehmer bei der Pflichtversicherung meldet oder die Versicherungsbeiträge entsprechend seiner Verpflichtung an die Versicherung zahlt.[1247] Sieht der Arbeitgeber von einer Anmeldung oder der Zahlung der Beiträge ab, ist er zur Nachzahlung verpflichtet. Zusätzlich kann eine Strafzahlung veranlasst werden.[1248] Unproblematisch ist es sicherlich, ein stillschweigend geschlossenes Arbeitsverhältnis anzunehmen, wenn der Arbeitgeber bzw. der Ehegatte, den anderen bei der Pflichtversicherung angemeldet und die Beiträge gezahlt hat. Fehlt es jedoch an Anmeldung und Zahlung, ist dies zweifelhaft. Es ist nicht wahrscheinlich, dass beide Ehegatten vom Bestehen eines Arbeitsverhältnisses ausgegangen sind, aber der vermeintliche Arbeitgeber – im Wissen darum, dass er im Nachhinein mit erheblichen finanziellen Ansprüchen konfrontiert werden kann – die verpflichteten Versicherungsbeiträge nicht bezahlt hat.

1244 *Van Duijvendijk-Brand*, (Echt)scheiding, S. 59; zur Weisungsgebundenheit im Arbeitsrecht siehe *Heerma van Voss*, in: *Asser* 7-V, Rn. 20.
1245 *Van Duijvendijk-Brand*, (Echt)scheiding, S. 59.
1246 *Van Duijvendijk-Brand*, (Echt)scheiding, S. 58.
1247 *Van Genderen/Fluit/Stefels/De Wolff*, Arbeidsrecht in de praktijk, S. 348; siehe auch *Heerma van Voss*, in: *Asser* 7-V, Rn. 81; *Pennings*, AA 2017, S. 621.
1248 Siehe hierzu *Kamerstukken II* 2004/05, 30 130, Nr. 2, S. 6 und 12, welche eine Untersuchung zur Erhebung und Zahlung der Pflichtversicherungsbeiträge enthalten.

Auch wird bezweifelt, ob es konsequent sei, von der Betätigung im Betrieb oder im Unternehmen des anderen Ehegatten auf das Bestehen eines Arbeitsvertrages zu schließen. Wahrscheinlicher sei es, dass die Ehegatten beabsichtigt hätten, gemeinsam Fortschritte zu machen und den daraus resultierenden Vorteil miteinander zu teilen. Damit liege jedoch eine Anwendung des Gesellschaftsrechts näher als die Annahme eines Arbeitsverhältnisses.[1249]

dd) Gesellschaftsrechtliche Ansprüche
Unter der Prämisse, dass es eher der Absicht der Ehegatten entspreche, gemeinsam Fortschritte zu machen und den daraus resultierenden Vorteil zu teilen, wenn einer der Ehegatten im Betrieb oder Unternehmen des anderen mitarbeitet, ergibt sich die Notwendigkeit, zu prüfen, ob sich ein Ausgleichsanspruch eines Ehegatten aus dem Gesellschaftsrecht ableiten lässt. Die einfache Gesellschaft oder *Maatschap*, wie die niederländische Bezeichnung lautet, ist die Vereinbarung von mindestens zwei Personen, wonach alle Teile etwas in die Gemeinschaft einbringen, um den dadurch entstehenden Vorteil miteinander zu teilen. Eine entsprechende gesetzliche Regelung findet sich in Art. 7A:1655 BW.[1250]

Grundsätzlich kann jeder Gesellschafter einmal im Jahr eine Feststellung des Gewinns und gegebenenfalls eine **Ausschüttung** verlangen. Ist das Bestehen der Gesellschaft jedoch nur auf kurze Zeit angelegt, soll die Feststellung und Ausschüttung erst nach der Auflösung der Gesellschaft erfolgen.[1251] Der Anteil an Gewinn (und Verlust) kann in der Gründungsvereinbarung bestimmt werden. Sofern die Gesellschafter in dieser Vereinbarung jedoch keine Regelung hinsichtlich der Anteile am Gewinn und Verlust festgehalten haben, steht der Anteil des einzelnen Gesellschafters im Verhältnis zu dem Einsatz, den dieser erbracht hat. Sollte der Einsatz jedoch ausschließlich in der Erbringung von Diensten bestehen, so richtet sich der Anteil an Gewinn und Verlust nach dem Anteil des Gesellschafters, der den geringsten Einsatz eingebracht hat.

Eine entsprechende Regelung findet sich in Art. 7A:1670 BW.

Art. 7A:1670 BW:
„1. Indien bij de overeenkomst van maatschap het aandeel van ieder vennoot in de winsten en de verliezen niet is bepaald, is elks aandeel geëvenredigd aan hetgeen hij in de maatschap heeft ingebragt.

1249 *Van Duijvendijk-Brand*, (Echt)scheiding, S. 59 f.
1250 Siehe S. 30.
1251 *Kroh*, De maatschap, S. 74 f.; *Van Olffen*, in: *Asser* 7-VII, Rn. 62.

2. Ten aanzien van degenen die slechts zijne nijverheid heeft ingebragt, wordt het aandeel in de winsten en de verliezen berekend gelijk te staan met het aandeel van dengenen der vennooten die het minst heeft ingebragt."
Deutsch:
1. Wenn in der Vereinbarung der Gesellschaft der Anteil jedes Gesellschafters an Gewinn und Verlust nicht bestimmt ist, so steht der jeweilige Anteil im Verhältnis zu dem, was er in die Gesellschaft eingebracht hat.
2. In Bezug auf den, der ausschließlich seine Dienstfähigkeit eingebracht hat, wird der Anteil an Gewinn und Verlust berechnet, wie der Anteil desjenigen Gesellschafters, der am wenigsten eingebracht hat.

Neben der Gewinnausschüttung kann ein **finanzieller Ausgleich bei Auseinandersetzung der Gesellschaft** vorgenommen werden. Erforderlich dafür ist, dass die Gesellschaft aufgelöst wird.[1252] Eine Auflösung kommt in verschiedenen Fällen in Betracht. So kann das Bestehen der Gesellschaft an den Ablauf einer Frist gebunden sein, mit deren Verstreichen die Gesellschaft aufgelöst wird. Ebenso kann der Zweck, der bei der Gründung der Gesellschaft vorlag, entfallen sein. Auch die Kündigung eines Gesellschafters gegenüber den anderen führt grundsätzlich zur Auflösung. Darüber hinaus wird die Gesellschaft beim Tod, der Einrichtung einer Pflegschaft oder der (drohenden) Zahlungsunfähigkeit eines Gesellschafters aufgelöst.

Erfolgt eine Auflösung, wird nach Abwicklung der laufenden Geschäfte und Abzug der noch bestehenden Verbindlichkeiten das Gesellschaftsvermögen verteilt. Eine Aufteilung des Vermögens richtet sich grundsätzlich nach den Absprachen der Gesellschafter. Fehlt es daran, so sind die eingebrachten Vermögenswerte zurückzugewähren. Etwaige Gewinne sind entsprechend der Anteile auszuzahlen, Verluste dementsprechend auszugleichen.[1253]

Des Weiteren besteht die Möglichkeit, dass die Gesellschafter im Gründungsvertrag abweichende Regelungen getroffen haben. In der Praxis wird dabei insbesondere für den Fall, dass einer der Gesellschafter stirbt oder kündigt, Vorsorge getroffen, sodass die Gesellschaft dennoch fortgeführt werden kann. In diesem Fall wird das Gesellschaftsvermögen aufgeteilt, die Gesellschaft jedoch nicht aufgelöst. Soll hingegen alternativ das Gesellschaftsvermögen unter den verbleibenden Gesellschaftern aufgeteilt werden, müssten sich die Gesellschafter darüber einigen, wie mit dem Anteil des ausscheidenden Gesellschafters zu

---

1252 *Kroh*, De maatschap, S. 128; *Van Olffen*, in: *Asser* 7-VII, Rn. 337.
1253 *Kroh*, De maatschap, S. 130 f.; *Van Olffen*, in: *Asser* 7-VII, Rn. 203 ff.

verfahren ist. Als Ausgleich erhält der ausscheidende Gesellschafter bzw. dessen Erben einen Anspruch auf Wertersatz.[1254]

Bei unverheirateten Paaren wird vielfach die analoge Anwendung des Gesellschaftsrechts in Betracht gezogen. Dies sei anzunehmen, wenn beide Partner, ohne dass dazu Anlass in Form einer vertraglichen Vereinbarung besteht, Vermögen einbringen oder während der Dauer der Beziehung Vermögen erwerben und die Absicht haben, dieses gemeinsame Vermögen zu teilen oder gemeinsam zu nutzen. Selbst wenn der Einsatz aus der Hausarbeit und der Erziehung der gegebenenfalls im Haushalt lebenden, gemeinsamen Kinder besteht, sei eine analoge Anwendung des Gesellschaftsrechts möglich. Die Arbeit im Haushalt habe einen wirtschaftlichen Wert und müsse folgerichtig als Einsatz in eine Gesellschaft eingebracht werden können.[1255]

Bereits im Jahre 1953 hatte der *Gerechtshof 's-Gravenhage* das Bestehen einer einfachen Gesellschaft eines unverheirateten Paares für zulässig erachtet.[1256] Der Mann betrieb ein Restaurant, in dem die Frau regelmäßig mitarbeitete. Gemeinsam berieten sie über Personalentscheidungen und die Betriebseinrichtung. Der Gewinn des Betriebes wurde zur Haushaltsführung genutzt. Zudem machte die Frau geltend, der Betrieb sei teilweise unter Einsatz ihres Vermögens errichtet worden.[1257] Der *Hof* war der Auffassung, dass im vorliegenden Fall aufgrund des gemeinsamen Einsatzes beider Partner das Bestehen einer einfachen Gesellschaft angenommen werden müsste.[1258]

Der *Hoge Raad* hat im Jahr 1985 hohe Anforderungen an das Bestehen einer Gesellschaft eines unverheirateten Paares gelegt. Er schloss sich dabei dem zuvor mit dem Rechtsstreit befassten *Hof* an und befand, dass es für die Gründung einer Gesellschaft insbesondere darauf ankomme, dass mit ihrer Einrichtung die Erwirtschaftung von Gewinnen bezweckt werde. Diesen Zweck hätten die Parteien des Rechtsstreits jedoch nicht verfolgt, sondern beabsichtigt, das gemeinsame Zusammenleben verbindlich zu regeln, ohne heiraten zu müssen.[1259] Das unverheiratete Paar hatte eine notarielle Vereinbarung über die Gründung einer Gesellschaft abgeschlossen und dabei bestimmt, dass einerseits ein Grundstück

---

1254 *Kroh*, De maatschap, S. 108 ff.; *Van Olffen*, in: *Asser* 7-VII, Rn. 238 ff.
1255 *Cohen Henriquez*, WPNR 1980, S. 218.
1256 *HR* 26.06.1953, ECLI: NL: GHSGR:1953:22, NJ 1954/205, S. 396 f.
1257 *HR* (o. Fn. 1256), S. 397.
1258 *HR* (o. Fn. 1256), S. 397.
1259 *HR* 08.07.1985, ECLI: NL: PHR:1985: AC0445, NJ 1986/358, S. 1423.

mit Wohnhaus und andererseits die Arbeit im Haushalt als eigener Anteil in die Gesellschaft eingebracht werden sollte.[1260]

In der Rechtsprechung des *Hoge Raads* ist die Möglichkeit des Bestehens einer Gesellschaft zwischen **Ehegatten** zwar anerkannt worden, jedoch im streitgegenständlichen Fall nicht angenommen worden.[1261] In Anlehnung an die soeben dargestellte Rechtsprechung wird in der Literatur vertreten, dass für das Bestehen einer *Maatschap* unter Ehegatten nur unter bestimmten Voraussetzungen Raum bleibt. Eine Gesellschaft mit Ehegatten als Gesellschaftern könne ausschließlich bestehen, wenn zumindest die Arbeitskraft in einen Betrieb eingebracht werde und die Gewinne dieses Betriebes beiden Ehegatten zugutekommen würden.[1262] Wesentliche Kriterien seien die Verteilung des erwirtschafteten Gewinns und die Beiträge an dessen Erwerb.[1263] Darüber hinaus sei die gleichberechtigte Stellung der Gesellschafter untereinander zu beachten. Diese Gleichberechtigung müsse sich im Verhältnis der Ehegatten innerhalb der Gesellschaft widerspiegeln, da ansonsten Zweifel am Bestehen einer einfachen Gesellschaft aufkommen könnten.[1264]

Rechtliche Probleme können sich bei der Auflösung der zwischen den Ehegatten bestehenden Gesellschaft ergeben. Zunächst gilt es zu beachten, dass die Auflösung der Gesellschaft nicht mit der Auflösung des zwischen ihnen geltenden Güterstands einhergeht. Strebt einer der Ehegatten die Scheidung an, hat dies prinzipiell keine Auswirkungen auf das Bestehen der Gesellschaft, wie auch der eheliche Güterstand unabhängig von der Auflösung der Gesellschaft bestehen kann. Um in diesem Fall ein Auflösen der Gesellschaft und damit einen Ausgleichsanspruch zu erwirken, muss einer der Ehegatten dem anderen gegenüber die Gesellschaft aufkündigen.[1265] Sofern die Ehegatten die alleinigen Gesellschafter sind bzw. waren, wirft das Ausscheiden eines Ehegatten erneut Probleme auf. Scheidet einer der Ehegatten aus, fehlt es am Mehrpersonenverhältnis, das nach der Definition des *Burgerlijk Wetboek* für das Bestehen einer

---

1260 *HR* (o. Fn. 1259), S. 1420 f.
1261 *HR* 02.04.1976, ECLI: NL: PHR:1976: AB6874, NJ 1976/450, S. 1320.
1262 *De Boer,* in: Asser 1, Rn. 454 c.; *Cohen Henriquez,* WPNR 1991, S. 234; *Declerck/ Verstappen,* in: *Boele-Woelki/Swennen,* Vergelijkenderwijs, S. 139; *Van Duijvendijk-Brand,* (Echt)scheiding, S. 62; *Kroh,* De maatschap, S. 96; *Van Olffen,* in: *Asser 7-VII,* Rn. 26; *Reijnen,* WPNR 2014/I, S. 101.
1263 *Reijnen,* WPNR 2014/I, S. 101.
1264 *Van Duijvendijk-Brand,* (Echt)scheiding, S. 60; *Kroh,* De maatschap, S. 96.
1265 *Kroh,* De maatschap, S. 96.

Maatschap erforderlich ist. Kommt es zu dieser Situation, muss die Gesellschaft in einer anderen Rechtsform fortgesetzt werden.[1266]

ee) Vertrag sui generis

Vertreten wird ferner, dass eine vertragliche Vereinbarung *sui generis* Grundlage für einen Anspruch auf finanziellen Ausgleich sein könne, falls im *Burgerlijk Wetboek* kein benannter Vertragstypus auf die Beziehung der Ehegatten untereinander passe. Maßstab für die Ausgestaltung der vertraglichen Vereinbarung sei dabei stets der wirkliche Wille der Parteien.[1267]

ff) Beistandspflicht gemäß Art. 1:81 BW

Neben den soeben genannten vertraglichen Grundlagen sollen auch gesetzliche Ansprüche zu einem finanziellen Ausgleich unter Ehegatten führen können. So wird unter anderem vertreten, dass sich im Falle einer Ehescheidung und Vermögensverteilung eine Verpflichtung zur Vergütung aus der gesetzlichen Beistandspflicht der Ehegatten ergeben könnte, wenn diese durch den Ehevertrag jede Form der Gemeinschaft ausgeschlossen hätten.[1268]

Eine gesetzliche Regelung der Beistandspflicht findet sich in Art. 1:81 BW:

Art. 1:81 BW:
„Echtgenoten zijn elkander getrouwheid, hulp en bijstand verschuldigd. Zij zijn verplicht elkander het nodige te verschaffen."
Deutsch:
Ehegatten sind gegenüber einander zur Treue, Hilfe und Beistand verpflichtet. Sie sind verpflichtet, einander das Nötige zu verschaffen.

Der Gesetzeswortlaut spricht einerseits von einer Verpflichtung der Ehegatten zur Treue, Hilfe und Beistand, was auf eine emotionale Verpflichtung der Ehegatten untereinander hinweist, während der Verweis auf die Pflicht, einander das Nötige zu verschaffen, die vermögensrechtliche Verpflichtung beinhaltet, einander zu unterhalten und zu versorgen.[1269]

Vereinzelt wird das Bestehen einer Vergütungspflicht gemäß Art. 1:81 BW auch nach der Ehescheidung für möglich gehalten. Insbesondere sei diese Pflicht nicht durch die Beendigung des ehelichen Zusammenlebens beendet. Soweit das

---

1266 *Kroh*, De maatschap, S. 104.
1267 *Van Duijvendijk-Brand*, (Echt)scheiding, S. 65.
1268 *Schoordijk*, WPNR 1987, S. 449; *ders.*, WPNR 1988, S. 201; zurückhaltend *Van Mourik*, WPNR 1987, S. 4.
1269 Siehe *Breederveld*, FJR 2013/71; *Kolkman/Salomons*, in: Asser 1-II, Rn. 142.

Gesetz vorsehe, dass die Vorschriften über die allgemeinen Ehewirkungen nach diesem Zeitpunkt keine Anwendung mehr finden könnten, sei zu berücksichtigen, dass die Vergütungsforderung nach Art. 1:81 BW während der Ehe entstanden sei.[1270]

Die herrschende Meinung weist folgerichtig darauf hin, dass es problematisch ist, die sich Art. 1:81 BW ergebende Beistandspflicht auf den Zeitraum nach Beendigung der ehelichen Verbundenheit auszudehnen. Die Beistandspflicht gelte schon unter Ehegatten nicht mehr, die von Tisch und Bett geschieden sind, sodass dies *a fortiori* für ehemalige Ehegatten gelten müsse, deren Ehe bereits geschieden sei.[1271]

Eine Regelung der Ausnahme von einer Anwendung der Vorschrift über die Beistandspflicht bei einer Scheidung von Tisch und Bett findet sich in Art. 1:92a BW:

> Art. 1:92a BW:
> „Deze titel is niet van toepassing op van tafel en bed gescheiden echtgenoten."
> Deutsch:
> Dieser Titel findet keine Anwendung auf Ehegatten, die von Tisch und Bett geschieden sind.

Zudem sei zu berücksichtigen, dass Art. 1:81 BW verschiedene, grundsätzliche Verpflichtungen der Ehegatten nenne, aber diese Verpflichtungen durch andere Normen des niederländischen Zivilgesetzbuches konkretisiert würden. Art. 1:81 BW diene in erster Linie als Auffangtatbestand und könne nur in Ausnahmefällen unmittelbar Grundlage für eine Verpflichtung sein. Zur nachehelichen Unterhaltspflicht finden sich bereits gesetzliche Regelungen im *Burgerlijk Wetboek*, sodass die Annahme einer Vergütungspflicht als Resultat der allgemeinen Beistandspflicht dem Willen des Gesetzgebers widersprechen würde.[1272]

gg) Ansprüche bei Beteiligung an der Bildung fremden Vermögens
Fraglich ist ferner, ob Ausgleichsansprüche unter Ehegatten aus einer Vermögensverschiebung zwischen diesen resultieren können. Insbesondere durch die

---

1270 Schoordijk, WPNR 1988, S. 201.
1271 HR 04.12.1987, ECLI: NL: PHR:1987: AB8961, NJ 1988/678, S. 2375; Luijten, WPNR 1988, S. 152; Luijten/Meijer, in: Klaassen/Eggens, Huwelijksgoederenrecht, Rn. 24; Van Mourik, in: Luijten, Een kapitein, twee schepen, S. 112; Nuytinck, in: Liber Amicorum Walter Pintens, S. 1043; Pleysier, FJR 1989, S. 113.
1272 Nuytinck, in: Liber Amicorum Walter Pintens, S. 1034; Van Mourik, in: Luijten, Een kapitein, twee schepen, S. 109 f.

Beschränkung der Gütergemeinschaft in Folge der Gesetzesnovellierung zum 01.01.2018 und das zwangsläufige Entstehen von Privatvermögen beider Ehegatten ist es wahrscheinlich, dass im Laufe der Ehe Güter angeschafft werden, die dem Vermögen eines Ehegatten oder der Gütergemeinschaft zuzuordnen sind, die jedoch zumindest teilweise mit eigenen Mitteln des anderen Ehegatten angeschafft worden sind.

In der Literatur ist bereits vor den Novellierungen des *Burgerlijk Wetboeks* zum 01.01.2012 und 01.01.2018 vertreten worden, dass sich ein Ausgleichsanspruch von Ehegatten bei einer Teilung des Vermögens nach der Ehescheidung aus dem sog. *economische eigendom* (wirtschaftliches Eigentum) ergeben kann. Haben die Ehegatten aufgrund des Ehevertrages kein gemeinschaftliches Eigentum an Vermögensgegenständen erworben, soll zugunsten des Ehegatten, dem einer dieser Vermögensgegenstände wirtschaftlich zusteht, eine Ausgleichsforderung bestehen.[1273] Wirtschaftliches Eigentum dient als Oberbegriff für alle Fälle, in denen eine Person rechtlicher Eigentümer eines Guts ist, dieses aber wirtschaftlich einer anderen Person zuzuordnen ist. Beispielhaft genannt wird dabei der Verkauf einer Sache unter Eigentumsvorbehalt. Dabei stehe dem Verkäufer das rechtliche Eigentum zu. Gleichwohl beginne der Käufer bereits zum Zeitpunkt der Übergabe der Sache, mit ebendieser zu wirtschaften. Folglich sei die Sache wirtschaftlich dem Käufer zuzuordnen, sodass ihm auch das wirtschaftliche Eigentum zustehe.[1274] Der Ursprung dieses Rechtsinstituts geht auf das englische Recht zurück.[1275] Im Ehegüterrecht könne das Vorliegen wirtschaftlichen Eigentums angenommen werden, wenn ein Ehegatte zwar der rechtliche Eigentümer einer Immobilie geworden ist, jedoch der andere Ehegatte zumindest wesentlich zum Erwerb beigetragen habe. Bestehe wirtschaftliches Eigentum zugunsten eines Ehegatten, müsste es im Rahmen der Verteilung nach Beendigung der Ehe entsprechend durch Übertragung der Immobilie oder Zahlung einer Ausgleichsforderung berücksichtigt werden.[1276] Teilweise wird zur Begründung des wirtschaftlichen Eigentums Anschluss an das *Burgerlijk Wetboek* gesucht. Gemäß Art. 1:94 Abs. 3 BW werden Güter oder Schulden, die mit einem der Ehegatten auf besondere Weise verbunden sind, nicht Teil der Gütergemeinschaft, soweit die besondere Verbundenheit den Rechtsfolgen des

---

1273 *Gisolf/Santen*, Notaris, echtscheiding en echtelijke woning, S. 94; *Hage*, WPNR 1979, S. 713 ff.; *Schoordijk*, WPNR 2002, S. 199 f.
1274 *Van Duijvendijk-Brand*, (Echt)scheiding, S. 193 f.
1275 *Hage*, WPNR 1979, S. 713; ausf. dazu *Schoordijk*, WPNR 1978, S. 444 ff.
1276 *Hage*, WPNR 1979, S. 714.

gesetzlichen Güterstands widerspricht.[1277] Das wirtschaftliche Eigentum stelle die Umkehr der gesetzlich geregelten besonderen Verbundenheit dar. Eine während der Ehe erworbene Immobilie weise eine besondere Verbundenheit zu der Person auf, die die Mittel für diese bereitgestellt habe.[1278]

Die Annahme eines Ausgleichsanspruchs aufgrund wirtschaftlichen Eigentums ist erheblicher Kritik ausgesetzt. Die Übernahme eines Rechtsbegriffes aus einer anderen Rechtsordnung sei höchst problematisch, da jede Rechtsordnung eine eigene Systematik und Terminologie aufweise. Ein einzelner Begriff könne nicht übernommen werden, ohne das zugrundeliegende System in die Überlegung um die Übernahme einzubeziehen.[1279] Auch wurde moniert, dass weder das System des niederländischen Ehegüterrechts noch das übrige *Burgerlijk Wetboek* oder ein anderes Gesetz einen Verweis auf dieses Rechtsinstitut enthalten würde.[1280]

Mit der Gesetzesnovellierung zum 01.01.2012 sind in das *Burgerlijk Wetboek* Normen aufgenommen worden, die Vergütungsansprüche explizit regeln, falls es zu einer Vermögensverschiebung unter den Ehegatten gekommen ist.

Dies betrifft einerseits den Fall, dass bei Bestehen des gesetzlichen Güterstands Vermögensverschiebungen eintreten. Wie bereits aufgezeigt, kann ein Vergütungsanspruch bestehen, falls mit gemeinschaftlichen Gütern ein Gut erworben wird, welches nur dem Privatvermögen eines Ehegatten zuzuordnen ist. Auch kann ein Vergütungsanspruch entstehen, falls mit den privaten Mitteln eines Ehegatten ein Gut erworben wird, das zur Gütergemeinschaft gehört. Eine entsprechende Regelung findet sich in Art. 1:95 Abs. 1 und 2 BW.[1281]

Eine vergleichbare Regel findet sich im Teil des Gesetzbuches über die allgemeinen Ehewirkungen, die auf alle Ehegatten, ungeachtet des geltenden Güterstands, Anwendung findet. Demgemäß besteht ein Vergütungsanspruch eines Ehegatten, falls unter Einsatz von dessen Vermögen ein Gut erworben wird, das zum Vermögen des anderen Ehegatten gehört, oder eine Verbindlichkeit des anderen Ehegatten teilweise getilgt oder erfüllt werden.

Dies ergibt sich aus Art. 1:87 Abs. 1 BW.

1277 Ausf. zur besonderen Verbundenheit S. 66 ff.
1278 *Gisolf/Santen*, Notaris, echtscheiding en echtelijke woning, S. 94.
1279 *Waaijer*, Echtscheidingsrecht, S. 145.
1280 *Van Duijvendijk-Brand*, (Echt)scheiding, S. 198 ff.; *Waaijer*, Echtscheidingsrecht, S. 148.
1281 Siehe S. 72.

Art. 1:87 Abs. 1 BW:
„1. Indien een echtgenoot ten laste van het vermogen van de andere echtgenoot een goed dat tot zijn eigen vermogen zal behoren, verkrijgt of indien ten laste van het vermogen van de andere echtgenoot een schuld ter zake van een tot zijn eigen vermogen behorend goed wordt voldaan of afgelost, ontstaat voor de eerstgenoemde echtgenoot een plicht tot vergoeding."
Deutsch:
1. Falls einer der Ehegatten zulasten des Vermögens des anderen Ehegatten ein Gut erwirbt, das zu seinem privaten Vermögen gehören wird, oder falls durch Einsatz des Vermögens des anderen Ehegatten eine Verbindlichkeit bezüglich eines zum privaten Vermögen des Ehegatten gehörenden Guts erfüllt oder getilgt wird, entsteht für den zuerst genannten Ehegatten eine Vergütungspflicht.

Art. 1:87 Abs. 1 BW stellt, auch nach Auffassung des Gesetzgebers, das Pendant zu Art. 1:95 Abs. 1 und 2 BW dar.[1282] Beabsichtigt wurde, mit der Novellierung Vorschriften einzuführen, um die bislang in diesem Zusammenhang angewandte Analogie zugunsten einer ausdrücklichen Regelung abzuschaffen. Dies sollte zudem der Rechtssicherheit dienen.[1283]

hh) Ungerechtfertigte Bereicherung

Ferner wird es für möglich gehalten, dass sich einer der Ehegatten auf Kosten des anderen bereichert. In diesem Fall soll, so Teile der Literatur, ein Anspruch des geschädigten Ehegatten nach den Vorschriften des niederländischen Zivilgesetzbuches über die ungerechtfertigte Bereicherung bestehen.[1284]

In der alten Fassung des *Burgerlijk Wetboek* fand sich keine allgemeine Vorschrift über die ungerechtfertigte Bereicherung. Das Gesetzbuch normierte ausschließlich vergleichbare Anspruchsgrundlagen für bestimmte Einzelfälle.[1285] Der *Hoge Raad* hat unter der alten Rechtslage stets das Bestehen einer allgemeinen Regelung bestritten, aber dennoch in begrenzten Einzelfällen einen Anspruch aus unbegründeter Vermögensvermehrung angenommen, der Anschluss bei den im *Burgerlijk Wetboek* normierten Fällen suchte und sich so in das gesetzliche System eingliederte.[1286]

1282 *Kamerstukken II* 2002/03, 28 867, Nr. 3, S. 17 (MvT).
1283 *Kamerstukken II* 2002/03, 28 867, Nr. 3, S. 22 (MvT).
1284 *Van Duijvendijk-Brand*, (Echt)scheiding, S. 65; *Van Mourik*, WPNR 1972, S. 6; *Schoordijk*, WPNR 1976, S. 455.
1285 *Parlementaire geschiedenis*, Boek 6, TM, S. 829; siehe auch *Hartkamp*, WPNR 2001, S. 313.
1286 *Hartkamp/Sieburgh*, in: *Asser* 6-IV, Rn. 454; vgl. *HR* 07.10.1994, ECLI: NL: HR:1994: ZC1472, NJ 1995/62, S. 280.

Mittlerweile findet sich eine ausdrückliche Anspruchsgrundlage in Art. 6:212 BW. Demgemäß hat eine Person einen Anspruch auf Schadensersatz, wenn sich eine andere Person auf ihre Kosten ungerechtfertigt bereichert. Dies gilt allerdings nur soweit ein solcher Anspruch redlich ist.
Dies ergibt sich aus Art. 6:212 BW.

> Art. 6:212 BW:
> „1. Hij die ongerechtvaardigd is verrijkt ten koste van een ander, is verplicht, voor zover dit redelijk is, diens schade te vergoeden tot het bedrag van zijn verrijking.
> 2. Voor zover de verrijking is verminderd als gevolg van een omstandigheid die niet aan de verrijkte kan worden toegerekend, blijft zij buiten beschouwing.
> 3. Is de verrijking verminderd in de periode waarin de verrijkte redelijkerwijze met een verplichting tot vergoeding van de schade geen rekening behoefde te houden, dan wordt hem dit niet toegerekend. [...]"
> Deutsch:
> 1. Wer ungerechtfertigt auf Kosten eines anderen bereichert ist, ist verpflichtet, soweit dies angemessen ist, dessen Schaden bis zur Höhe des Betrages, um den er bereichert ist, zu vergüten.
> 2. Soweit die Bereicherung in Folge eines Umstands, der dem Bereicherten nicht zugerechnet werden kann, vermindert ist, bleibt sie außer Betracht.
> 3. Ist die Bereicherung innerhalb des Zeitraums, in dem der Bereicherte angemessener Weise mit einer Verpflichtung zum Schadensersatz nicht rechnen musste, vermindert, dann wird ihm dies nicht zugerechnet. [...]

Voraussetzung ist zunächst, dass eine **Bereicherung** im Sinne des Art. 6:212 Abs. 1 BW vorliegt. Bereicherung in diesem Sinne ist die Vermehrung des Vermögens. Nach Ansicht der Literatur soll dieser Begriff nicht zu eng ausgelegt werden. Abhängig von den im Einzelfall vorliegenden Tatsachen handele es sich bei jeder Art der Zufügung zum Vermögen einer Person um eine Bereicherung.[1287]

Weiterhin müsste die Vermögensvermehrung **auf Kosten eines anderen** erfolgt sein. Bei der Definition dieses Terminus ist zu berücksichtigen, dass das niederländische Recht den Anspruch auf finanziellen Ausgleich in Folge einer ungerechtfertigten Bereicherung als Anspruch auf Schadensersatz versteht. Folglich sei das Merkmal „auf Kosten eines anderen" mit dem erlittenen Schaden dieser Person gleichzusetzen.[1288]

Diese gesetzliche Systematik wird kritisiert. Zweck des Anspruchs aus ungerechtfertigter Bereicherung sei, den erlangten Vorteil zu erhalten und nicht die Vergütung eines erlittenen Schadens zu erreichen. Die Voraussetzung, dass der

---

1287 *Hartkamp/Sieburgh*, in: *Asser* 6-IV, Rn. 461 f.; *Linssen*, WPNR 2002, S. 64.
1288 *Linssen*, WPNR 2002, S. 66; *Van Maanen*, WPNR 2001, S. 490.

Benachteiligte einen Schaden erlitten haben müsste, stimme somit nicht mit dem Zweck der ungerechtfertigten Bereicherung überein und müsse folglich abgeschafft werden.[1289] Bisher ist es jedoch zu keiner gesetzlichen Novellierung gekommen, die dieser Kritik entsprochen hat.

Die Vermehrung des Vermögens muss ferner **ungerechtfertigt** sein. Dieses Tatbestandsmerkmal wird nach allgemeiner Ansicht negativ definiert. Nicht entscheidend sei, wann eine Handlung ungerechtfertigt ist, sondern vielmehr in welchen Fällen dies nicht anzunehmen sei.[1290] Der Gesetzgeber selbst hat dazu ausgeführt, dass von einer ungerechtfertigten Bereicherung auszugehen ist, wenn weder eine angemessene Ursache noch ein Rechtfertigungsgrund für die Vermögensmehrung vorliegen. Ebenfalls fehlt es an einem solchen Grund, wenn ein Gesetz oder ein gerichtliches Urteil den Bereicherten zum Behalten der Bereicherung berechtigen.[1291] Vereinzelt wird der ähnliche Zweck des Anspruchs aufgrund ungerechtfertigter Bereicherung und des Anspruchs infolge einer unrechtmäßigen Handlung zum Anlass genommen, die Erkenntnisse über den Begriff der Unrechtmäßigkeit auf den Begriff der fehlenden Rechtfertigung anzuwenden. Zweck der genannten Anspruchsgrundlagen sei jeweils, Ungerechtigkeit zu beseitigen. Da allerdings die Begrifflichkeiten im Zusammenhang mit der unrechtmäßigen Handlung genauer definiert seien, biete sich eine Anwendung dieser bei der Prüfung der Ungerechtfertigkeit an.[1292] Andere Stimmen lehnen diese Anwendung jedoch ab. Insbesondere werde übersehen, dass ein Anspruch aufgrund unrechtmäßiger Handlung von weiteren Voraussetzungen abhängig sei, die bei der ungerechtfertigten Bereicherung keine Rolle spielen würden.[1293]

Das *Burgerlijk Wetboek* enthält jedoch nicht nur die anspruchsbegründenden Voraussetzungen, sondern setzt dem Anspruch aufgrund ungerechtfertigter Bereicherung zugleich einige **Grenzen**. So kann eine Vermögensvermehrung gemäß Art. 6:212 Abs. 1 BW nur herausgefordert werden, **soweit dies redlich ist**. Folge ist unter anderem, dass nur die Zahlung eines Betrages bis zur Höhe der Bereicherung verlangt werden kann. Zudem besteht kein Anspruch bei einer

---

1289 *Linssen*, WPNR 2002, S. 67.
1290 *Hartkamp/Sieburgh*, in: *Asser* 6-IV, Rn. 465; *Meijer*, Ongerechtvaardigde verrijking, S. 12.
1291 *Parlementaire geschiedenis*, Boek 6, TM, S. 829 f.; siehe auch *Linssen*, WPNR 2002, S. 70.
1292 *Meijer*, Ongerechtvaardigde verrijking, S. 172 ff.
1293 *Hartkamp/Sieburgh*, in: *Asser* 6-IV, Rn. 466.

aufgedrängten Bereicherung.[1294] Weiterer Ausdruck des Maßstabs der Redlichkeit ist die Vorschrift des Art. 6:212 Abs. 2 BW, wonach eine Minderung der Bereicherung, die aufgrund eines Umstands eingetreten ist, der dem Bereicherten nicht zugerechnet werden kann, außer Acht zu lassen ist. Ferner sind dem Bereicherten Minderungen, die innerhalb eines Zeitraums erfolgen, in welchem er nicht mit einer Verpflichtung zum Schadensersatz rechnen musste, nicht zuzurechnen.[1295]

Fraglich ist, in welchen Fällen davon auszugehen ist, dass sich eine Person auf Kosten seines Ehepartners ungerechtfertigt bereichert hat. In erster Linie wird in der Literatur dabei auf Überschreitung der Verwaltungsbefugnis bei Bestehen der umfassenden Gütergemeinschaft verwiesen. Verfüge ein Ehegatte über Güter, die der Verwaltungsbefugnis des anderen unterlägen, könnte sich ein Anspruch aufgrund ungerechtfertigter Bereicherung ergeben.[1296] Allerdings hat sich mit dem Gesetz über die Anpassung der gesetzlichen Gemeinschaft von Gütern, das am 01.01.2012 in Kraft getreten ist, die Verwaltungsbefugnis grundlegend geändert. Gemäß der geänderten Gesetzeslage sind nun beide Ehegatten grundsätzlich selbstständig und unabhängig voneinander zur Verwaltung der gemeinschaftlichen Güter berechtigt.[1297] Diese Veränderung hat zur Folge, dass für eine Überschreitung der Verwaltungsbefugnis nur wenig Raum bleibt. Die Möglichkeit, bei Bestehen der gesetzlichen Gütergemeinschaft einen Anspruch aus ungerechtfertigter Bereicherung abzuleiten, wird dadurch stark eingeschränkt.

Ferner wird darauf hingewiesen, dass sich auch im Falle des ehevertraglichen Ausschlusses der Gütergemeinschaft Ansprüche aufgrund einer ungerechtfertigten Bereicherung ergeben können.[1298] Der Ehevertrag selbst führe nicht zum Bestehen einer Verbindlichkeit, die der Anwendung von Art. 6:212 Abs. 1 BW entgegenstehe. Zwar würden durch einen solchen Vertrag Verpflichtungen begründet; diese seien in der Regel jedoch kein Rechtsgrund für einzelne Vermögensverschiebungen.[1299]

1294 *Parlementaire geschiedenis*, Boek 6, TM, S. 830; siehe auch *Hartkamp/Sieburgh*, in: Asser 6-IV, Rn. 480.
1295 *Hartkamp/Sieburgh*, in: *Asser* 6-IV, Rn. 482; *Linssen*, WPNR 2002, S. 65.
1296 *Van Mourik*, WPNR 1972, S. 6.
1297 Siehe hierzu *Kamerstukken II* 2002/03, 28 867, Nr. 3, S. 24 – 26 (MvT).
1298 *Van Duijvendijk-Brand*, (Echt)scheiding, S. 65 f.; *Schoordijk*, WPNR 1976, S. 456.
1299 *Van Duijvendijk-Brand*, (Echt)scheiding, S. 65 f.

Unabhängig von der Frage, ob die Ehegatten einen Ehevertrag abgeschlossen haben, wird die Relevanz des Anspruchs aufgrund einer ungerechtfertigten Bereicherung im ehelichen Verhältnis diskutiert. Vertreten wird, dass nur in einzelnen Ausnahmefällen vom Vorliegen der Tatbestandsvoraussetzungen ausgegangen werden könne. In der Regel sei anzunehmen, dass die Ehegatten eine (stillschweigende) Vereinbarung miteinander abgeschlossen hätten, die Grundlage für die irreversible Vermögensverschiebung sei.[1300]

Diese Erwägungen spiegeln sich in der bisherigen Rechtsprechung des *Hoge Raads* zur ungerechtfertigten Bereicherung unter Ehegatten wieder. Dieser hat zwar stets betont, dass grundsätzlich ein solcher Anspruch bestehen könnte, aber bisher in keiner seiner Entscheidungen das Vorliegen der erforderlichen Voraussetzungen angenommen.[1301]

So musste sich der oberste Gerichtshof in seiner Entscheidung vom 11.04.1986 mit der Frage auseinandersetzen, ob die wertsteigernden Arbeiten an der Wohnung der Ehefrau, die der Ehemann während des Bestehens der Ehe verrichtete, einen Anspruch aus ungerechtfertigter Bereicherung auslösen können.[1302] Der *Hoge Raad* prüfte die Voraussetzungen eines solchen Anspruchs, befand aber, dass ein Anspruch aus ungerechtfertigter Bereicherung mangels entstandener Kosten des Ehemannes abzulehnen sei. Der Ehemann sei während der Ausführung der Arbeiten arbeitslos gewesen und habe Arbeitslosengeld erhalten. Zudem sei aus seinem Vortrag nicht hervorgegangen, dass er die Arbeiten an einem anderen Ort gegen Bezahlung hätte ausführen können.[1303]

In einem anderen Fall sah sich der Ehemann mit dem Anspruch seiner Ehefrau auf Zahlung eines Ausgleichs für die Wertsteigerung der ehelichen Wohnungen konfrontiert. Diese verlangte von ihm neben der Zahlung des Betrages, den sie in die gemeinsamen Wohnungen investiert hatte, auch einen entsprechenden Anteil an der erfolgten Wertsteigerung der Wohnungen.[1304] Nach Ansicht des *Hoge Raads* hatte die Ehefrau jedoch über den ursprünglich hingegebenen Betrag in Bezug auf die Immobilie keine Kosten aufgewendet. Die Aufwendung solcher Kosten sei erforderlich, um einen Anspruch aus ungerechtfertigter

---

1300 *De Bruijn*, Het Nederlandse huwelijksvermogensrecht, S. 501 f.; *Van Duijvendijk-Brand*, (Echt)scheiding, S. 65 f.; *Schoordijk*, WPNR 1976, S. 457.
1301 *HR* 12.06.1987, ECLI: NL: HR:1987: AC2558, NJ 1988/150, S. 635 ff.; *HR* 22.05.1987, ECLI: NL: PHR:1987: AC9857, NJ 1988/231, S. 913 ff.; *HR* 11.04.1986, ECLI: NL: PHR:1986: AC1957, NJ 1986/622, S. 2313 ff.
1302 *HR* 11.04.1986, ECLI: NL: PHR:1986: AC1957, NJ 1986/622, S. 2313 ff.
1303 *HR* (o. Fn. 1302), S. 2313.
1304 *HR* 12.06.1987, ECLI: NL: HR:1987: AC2558, NJ 1988/150, S. 636.

Bereicherung zu begründen, weshalb der Klage der Ehefrau nicht stattgegeben werden könne.[1305]

Einer weiteren Entscheidung des *Hoge Raads* lag der folgende Sachverhalt zugrunde: Die Ehegatten hatten im Ehevertrag vereinbart, dass der Ehemann dazu berechtigt war, das Gehalt der Ehefrau, sofern sie arbeiten würde, zur Deckung der Haushaltskosten einzusetzen. Diese Regelung wurde trotz einer späteren Arbeitsaufnahme der Frau nicht in die Tat umgesetzt. Mit dem Ende der Ehe forderte der Ehemann nachträglich einen finanziellen Ausgleich.[1306] Der *Hoge Raad* stellte heraus, dass eine Inanspruchnahme der Ehefrau aufgrund des bisherigen Verhaltens des Ehemannes treuwidrig und deshalb abzulehnen sei. Ein Anspruch könne sich auch nicht aus ungerechtfertigter Bereicherung ergeben, wenn ein vertraglicher Anspruch zwar ursprünglich bestanden habe, aber nun nicht mehr eingeklagt werden könne.[1307]

ii) Unverschuldete Bezahlung

Ferner soll bei Vorliegen der erforderlichen Voraussetzungen ein Anspruch der Ehegatten untereinander aufgrund unverschuldeter Bezahlung bzw. *onverschuldigde betaling* möglich sein.[1308] Demnach ist derjenige verpflichtet, das Gut herauszugeben, welches ihm ein anderer ohne Rechtsgrund gegeben hat. Bezieht sich die Forderung auf Herausgabe von Geld, so genügt es nach dem Gesetz, einen Betrag in gleicher Höhe zurückzugeben. Die Anwendung eines solchen Anspruchs unter Ehegatten kommt insbesondere in Betracht, wenn ein Ehegatte in Annahme einer (stillschweigenden) Vereinbarung, die tatsächlich nicht bestand, eine Leistung gegenüber dem anderen Ehepartner vorgenommen hat und diese Leistung nach der Ehescheidung zurückverlangt.[1309]

Die Grundlage für einen Anspruch aufgrund unverschuldeter Bezahlung findet sich in Art. 6:203 des *Burgerlijk Wetboek*.

Art. 6:203 BW:
„1. Degene die een ander zonder rechtsgrond een goed heeft gegeven, is gerechtigd dit van de ontvanger als onverschuldigd betaald terug te vorderen.
2. Betreft de onverschuldigde betaling een geldsom, dan strekt de vordering tot teruggave van een gelijk bedrag.

1305 *HR* (o. Fn. 1304), S. 635.
1306 *HR* 22.05.1987, ECLI: NL: PHR:1987: AC9857, NJ 1988/231, S. 913 f.
1307 *HR* (o. Fn. 1306), S. 914.
1308 *Van Duijvendijk-Brand*, (Echt)scheiding, S. 71 f.
1309 *Van Duijvendijk-Brand*, (Echt)scheiding, S. 71 f.

3. Degene die zonder rechtsgrond een prestatie van andere aard heeft verricht, heeft eveneens jegens de ontvanger recht op ongedaanmaking daarvan."
Deutsch:
1. Derjenige, der einem anderen ohne Rechtsgrund ein Gut gegeben hat, ist berechtigt, dies vom Empfänger als unverschuldet bezahlt zurückzufordern.
2. Betrifft die unverschuldete Bezahlung eine Geldsumme, so bezweckt die Forderung die Rückgabe eines gleichen Betrags.
3. Derjenige, der ohne Rechtsgrund eine Leistung anderer Art verrichtet, hat ebenso gegen den Empfänger den Anspruch, diese ungeschehen zu machen.

Im allgemeinen Sprachgebrauch wird mit der **Bezahlung** regelmäßig die Übergabe von Geld gleichgesetzt. Der gesetzliche Begriff ist jedoch weitergehend zu verstehen. Nicht nur die Hingabe von Geld oder Gütern, sondern auch die Hingabe anderer Leistungen kann eine Bezahlung im Sinne des Art. 6:203 BW darstellen. Nach dem Willen des Gesetzgebers kommt es bei der Frage, ob die Handlung als Leistung bzw. Bezahlung angesehen werden kann, nicht auf die subjektive Ansicht des Leistenden an. Vielmehr ist anhand eines objektiven Maßstabs festzustellen, ob eine Leistung im Sinne der Vorschrift vorliegt.[1310]

Nach dem Wortlaut des Gesetzes müsste diese Bezahlung zudem vorgenommen worden sein, **ohne dass ein Rechtsgrund für diese besteht**. Der *Hoge Raad* hat in ständiger Rechtsprechung angenommen, dass ein Anspruch unabhängig davon besteht, ob zu Unrecht das Bestehen einer Schuld angenommen oder die Nichtigkeit im Nachhinein ermittelt wird.[1311] Diese Auffassung hat auch Eingang in das *Burgerlijk Wetboek* gefunden, da sich der Gesetzgeber bewusst entschieden hat, eine Zahlung ohne Rechtsgrund anstelle einer unverschuldeten Zahlung als Tatbestandsmerkmal aufzunehmen.[1312]

jj) Unrechtmäßige Handlung

Zuletzt ist denkbar, dass ein Anspruch auf finanziellen Ausgleich unter Ehegatten in Folge einer unrechtmäßigen Handlung besteht. Gemäß den Vorschriften des *Burgerlijk Wetboeks* ist derjenige, der unrechtmäßig handelt, zum Ersatz des

---

1310 *Parlementaire geschiedenis*, Boek 6, TM, S. 804; siehe auch *Scheltema*, Onverschuldigde betaling, S. 31.
1311 HR 20.04.1917, ECLI: NL: HR:1917:213, NJ 1917, S. 601; HR 10.03.1944, ECLI: NL: HR:1944:69, NJ 1944/267, S. 390; *HR* 02.12.1949, ECLI: NL: HR:1949:59, NJ 1950/265, S. 465.
1312 *Parlementaire geschiedenis*, Boek 6, TM, S. 806; siehe auch *Schrage*, Verbintenissen uit andere bron, Rn. 38.

daraus entstehenden Schadens verpflichtet, wenn ihm die Handlung zugerechnet werden kann.
Eine entsprechende Regelung findet sich in Art. 6:162 BW.

Art. 6:162 BW:
„1. Hij die jegens een ander een onrechtmatige daad pleegt, welke hem kan worden toegerekend, is verplicht de schade die de ander dientengevolge lijdt, te vergoeden.
2. Als onrechtmatige daad worden aangemerkt een inbreuk op een recht en een doen of nalaten in strijd met een wettelijke plicht of met hetgeen volgens ongeschreven recht in het maatschappelijk verkeer betaamt, een en ander behoudens de aanwezigheid van een rechtvaardigingsgrond.
3. Een onrechtmatige daad kan aan de dader worden toegerekend, indien zij te wijten is aan zijn schuld of aan een oorzaak welke krachtens de wet of de in het verkeer geldende opvattingen voor zijn rekening komt."

Deutsch:
1. Derjenige, der gegenüber einem anderen eine unrechtmäßige Tat begeht, die ihm zugerechnet werden kann, ist verpflichtet den Schaden, den der andere infolgedessen erleidet, zu vergüten.
2. Als unrechtmäßige Tat gilt ein Verstoß gegen ein Recht und ein Tun oder Unterlassen entgegen einer gesetzlichen Pflicht oder dem nach ungeschriebenem Recht im gesellschaftlichen Verkehr Gebührlichen, ausgenommen, es besteht ein Rechtfertigungsgrund.
3. Eine unrechtmäßige Tat kann dem Schuldner zugerechnet werden, wenn sie seiner Schuld oder einer Ursache, für die der Schuldner von Rechts wegen oder durch die im Verkehr geltende Auffassung verantwortlich ist, zugeschrieben werden kann.

Das *Burgerlijk Wetboek* gibt zunächst vor, dass der Schädiger eine **unrechtmäßige Handlung** vorgenommen haben muss. Gemäß Art. 6:162 Abs. 2 BW ist eine Handlung als unrechtmäßig zu qualifizieren, wenn mit dieser gegen ein Recht verstoßen wird, die Handlung oder deren Unterlassen einer gesetzlichen Pflicht widerspricht oder ein Verstoß gegen eine ungeschriebene Pflicht, die sich aus der im Verkehr geltenden Auffassung ergibt, vorliegt. Besteht ein Rechtfertigungsgrund für die vorgenommene Handlung, so entfällt allerdings trotz eines im Einzelfall bestehenden Verstoßes die Unrechtmäßigkeit.

Die unrechtmäßige Handlung müsste zudem **dem Täter zugerechnet werden** können. Nach Art. 6:162 Abs. 3 BW ist dies der Fall, wenn der Täter schuldhaft handelt oder ihm die Handlung wegen einer Ursache, für die er von Rechts wegen oder nach der im Verkehr geltenden Auffassung haftet, zugeschrieben werden kann.

Weiterhin müsste auf Seiten des Anspruchsinhabers ein **Schaden** entstanden sein. Der Begriff des Schadens sei zwar dem allgemeinen Sprachgebrauch entnommen, jedoch habe der Gesetzgeber mit der Aufnahme dieses Begriffs in das geschriebene Recht eine juristische Dimension des Begriffs geschaffen, womit eine rechtswissenschaftliche Begriffsbestimmung vorzunehmen sei. Dementsprechend wird ein Schaden angenommen, wenn der Geschädigte in Folge eines Ereignisses einen tatsächlichen Nachteil erlitten hat.[1313] Darüber hinaus ist das Bestehen von **Kausalität zwischen der unrechtmäßigen Handlung und dem entstandenen Schaden** erforderlich. Um dies zu ermitteln, wird im niederländischen Recht zunächst die *Conditio-sine-qua-non*-Formel angewendet. Demnach ist zu fragen, ob das schadensbegründende Ereignis – in diesem Fall die Handlung – nicht hinweggedacht werden kann, ohne dass der Schaden in seiner konkreten Form entfiele.[1314] Um darüber hinaus eine normative Bewertung der Kausalität zu ermöglichen, muss eine Verbindung zwischen Schaden und Handlung bestehen, sodass eine Zurechnung unter Beachtung der Art der Haftung und des Schadens erfolgen kann.

Eine entsprechende Regelung findet sich in Art. 6:98 BW.

Art. 6:98 BW:
„Voor vergoeding komt slechts in aanmerking schade die in zodanig verband staat met de gebeurtenis waarop de aansprakelijkheid van de schuldenaar berust, dat zij hem, mede gezien de aard van de aansprakelijkheid en van de schade, als een gevolg van deze gebeurtenis kan worden toegerekend."

Deutsch:
Für Vergütung kommt nur ein solcher Schaden in Betracht, der in derartiger Verbindung mit dem Ereignis steht, auf dem die Haftung des Schuldners beruht, dass sie ihm, unter Beachtung der Art der Haftung und des Schadens, als eine Folge dieses Ereignisses zugerechnet werden kann.

Werden ausschließlich die anspruchsbegründenden Voraussetzungen geprüft, führt dies zu einer umfangreichen Haftung, die selbst dann eintritt, wenn sich der Handelnde sozial-adäquat verhält. Um diese weite Haftung einzugrenzen, hat der Gesetzgeber das Bestehen des Anspruchs zusätzlich davon abhängig gemacht, ob die verletzte Norm den Zweck hat, das beschädigte Interesse des Geschädigten zu schützen. Dies wird als das **Erfordernis der Relativität** bezeichnet.[1315]

Dies ergibt sich aus Art. 6:163 BW.

Art. 6:163 BW:
„Geen verplichting tot schadevergoeding bestaat, wanneer de geschonden norm niet strekt tot bescherming tegen de schade zoals de benadeelde die heeft geleden."

1313 *Bloembergen*, Schadevergoeding, S. 11 ff.; *Hartkamp/Sieburgh*, in: *Asser* 6-II, Rn. 14.
1314 *Hartkamp/Sieburgh*, in: *Asser* 6-II, Rn. 50.
1315 *Hartkamp/Sieburgh*, in: *Asser* 6-II, Rn. 74.

Deutsch:
Keine Verpflichtung zur Schadensvergütung besteht, wenn die verletzte Norm nicht dazu dient, gegen den vom Geschädigten erlittenen Schaden zu schützen.

Der Gesetzeswortlaut knüpft an das Vorliegen der Tatbestandsmerkmale die Rechtsfolge der **Ersatz des entstandenen Schadens**. Unter dem Begriff des Schadensersatzes wird eine Wiedergutmachung durch Erbringung einer dem Schaden gleichwertigen Leistung zugunsten des Geschädigten im Rahmen des tatsächlich Möglichen verstanden.[1316] Allgemein erfolgt gemäß den Vorschriften des *Burgerlijk Wetboek* eine gleichwertige Leistung in Geld, ausnahmsweise kann jedoch auf Antrag des Geschädigten auf eine andere Weise, wie der Naturalrestitution oder der Herstellung des zuvor bestehenden Zustands, Ausgleich geleistet werden.

Eine entsprechende Regelung findet sich in Art. 6:103 BW.

Art. 6:103 BW:
„Schadevergoeding wordt voldaan in geld. Nochthans kan de rechter op vordering van de benadeelde schadevergoeding in andere vorm dan betaling van een geldsom toekennen. [...]"
Deutsch:
Schadensersatz wird in Geld geleistet. Dennoch kann das Gericht auf Antrag des Geschädigten auf Schadensersatz in anderer Form erkennen.

Der Anwendbarkeit des Anspruchs aufgrund einer unrechtmäßigen Handlung unter Ehegatten könnte entgegenstehen, dass es sich in diesem Fall bei Anspruchssteller und -gegner gerade um Personen handelt, deren Beziehung hauptsächlich emotional geprägt ist. In diesem Zusammenhang wird jedoch darauf verwiesen, dass dies zu dem unhaltbaren Ergebnis führen würde, dass es folglich möglich sei, einer Person, der man besonders nahesteht, in größerem Maße zu schaden als einem beliebigen Dritten. Das Verhältnis der Ehegatten wird nicht nur durch die speziellen Vorschriften des Eherechts, sondern auch durch allgemeine Rechtsgrundsätze und mithin durch das Deliktsrecht beherrscht.[1317] Allerdings unterliege der Anspruch aufgrund einer unrechtmäßigen Handlung bei der Anwendung auf Ehegatten gewissen Grenzen. Eine nichtvermögensrechtliche Leistung, wie die Verpflichtung zur ehelichen Treue nach Art. 1:81 BW[1318], solle nicht mittelbar eingeklagt werden können. Ein Anspruch gemäß

1316 *Bloembergen*, Schadevergoeding, S. 114.
1317 *Van Duijvendijk-Brand*, (Echt)scheiding, S. 72; Schoordijk, WPNR 1996, S. 13.
1318 Siehe S. 387.

Art. 6:162 Abs. 1 BW sei daher ausschließlich im Rahmen vermögensrechtlicher Verpflichtungen zu berücksichtigen.[1319]

Der *Gerechtshof te Amsterdam* hat in seiner Entscheidung vom 04.05.2006 den Ehemann aufgrund einer unrechtmäßigen Handlung gegenüber seiner Ehefrau zur Zahlung eines Ausgleichs verurteilt. Die Parteien des der Entscheidung zugrunde liegenden Rechtsstreits hatten einander im Jahre 1973 geheiratet und ehevertraglich jede Form der Gütergemeinschaft ausgeschlossen. Der Ehemann hatte zu diesem Zeitpunkt kein Vermögen, während die Ehefrau über Vermögen verfügte; die erste eheliche Wohnung stand bereits vor der Eheschließung in ihrem Eigentum. Vor dem *Hof* trug die Ehefrau unter Beweisantritt vor, dass der Mann in ihrer Ehe die vorherrschende Stellung eingenommen und auf sie während der Ehe erheblichen Druck, der teilweise mit Misshandlungen einherging, ausgeübt hatte. Dadurch habe der Ehemann erreicht, dass sowohl die späteren Wohnungen als auch das Elternhaus der Ehefrau auf seinen Namen eingetragen worden seien. Der *Hof* stellte heraus, dass in diesem Fall der Ehemann gegenüber seiner Frau unrechtmäßig gehandelt habe und ihr folglich den daraus entstanden Schaden ersetzen müsste. Der Ausgleichsanspruch umfasste die Hälfte des Gewinns, den der Ehemann durch den Verkauf der letzten ehelichen Wohnung erzielt hatte, sowie die Übertragung des Eigentums am Elternhaus der Ehefrau. Im Gegenzug musste die Ehefrau die auf diesem Haus lastende Hypothek übernehmen.[1320]

B. Inhalts- und Ausübungskontrolle im deutschen Recht

Der Umgang mit Eheverträgen in der deutschen Rechtsprechung ist von der rechtshistorischen Entwicklung geprägt. Entscheidungen des Bundesverfassungsgerichts haben mit der früher herrschenden Auffassung, dass das Bürgerliche Gesetzbuch den Ehegatten eine volle Vertragsfreiheit gewähre, gebrochen. Im Folgenden soll neben den Entscheidungen des Bundesverfassungsgerichts auch die frühere Rechtsprechung des Bundesgerichtshofs in diesem Zusammenhang sowie die Reaktion der Zivilgerichtsbarkeit auf die Vorgaben des Bundesverfassungsgerichts dargestellt werden. Ferner erfolgt eine Darstellung der weiteren Ausgleichsansprüche im Rahmen des Nebengüterrechts.

[1319] *Van Duijvendijk-Brand*, (Echt)scheiding, S. 72 f.
[1320] *Hof Amsterdam* 04.05.2006, ECLI: NL: GHAMS:2006: AX0775, RFR 2006/76, URL: https://uitspraken.rechtspraak.nl/inziendocument?id=ECLI:NL:GHAMS:2006:AX0775 (zuletzt abgerufen am 30.10.2018).

I. Rechtshistorische Entwicklung

Die Rechtsprechung hat bei einer Kontrolle von Eheverträgen in der Vergangenheit stets die Vertragsfreiheit der Ehegatten betont. Ausgangspunkt war der Gedanke, dass der Ehevertrag mit jeder anderen vertraglichen Übereinkunft vergleichbar sei und die Ehegatten primär in ihrer Rolle als Vertragsparteien zu sehen seien; die Privatautonomie war das Leitmotiv der gerichtlichen Kontrolle.[1321]

Das Bundesverfassungsgericht hingegen hat in zwei Entscheidungen im Jahr 2001 deutlich gemacht, dass diese eingeschränkte Form der Kontrolle die Grundrechte der Vertragsparteien unzureichend berücksichtige. Ungeachtet der Gewährleistung der Privatautonomie sei es Aufgabe der Zivilgerichte, dort einzugreifen, wo Parteien ins Hintertreffen geraten würden und ihre Grundrechte nicht mehr gewährleistet seien.[1322]

1. Frühere Rechtsprechung des Bundesgerichtshofs

Der Bundesgerichtshof hat in seiner früheren Rechtsprechung den Begriff der **vollen Vertragsfreiheit** geprägt. Grundlage dieser Auffassung war der Gedanke, dass zwischen Ehevertragsfreiheit und Eheschließungsfreiheit eine Verbindung bestehe: Da niemand gezwungen werden könnte, die Ehe gegen seinen Willen einzugehen, könnte niemand dazu gezwungen werden, die Ehe unter bestimmten, für ihn nicht hinnehmbaren Bedingungen einzugehen (oder aufrechtzuerhalten).[1323] Dies beinhaltete, dass Ehegatten grundsätzlich frei über die Scheidungsfolgen disponieren konnten. Ein ehevertraglicher Verzicht auf gesetzlich vorgesehene Ansprüche – wie beispielsweise bei einem Unterhaltsverzicht oder dem Ausschluss des Versorgungsausgleichs – war selbst dann möglich, wenn der Ehevertrag nicht zugleich der verzichtenden Partei eine Gegenleistung oder die Zahlung einer Abfindung zusicherte.[1324]

Nur für den Fall, dass eine ehevertragliche Regelung gegen ein gesetzliches Verbot im Sinne von § 134 BGB oder gegen die guten Sitten gemäß § 138 Abs. 1

1321 Siehe S. 402 ff.
1322 Siehe S. 405 ff.
1323 So *BGH* FamRZ 1996, 1536 (1537); siehe auch *Coester-Waltjen*, in: 50 Jahre BGH, S. 1005; *Grziwotz*, FamRZ 1997, S. 587; *Hoffmann/Brückner/Erler/Burlage/Busch/Ebbecke/Kiehl/Schaffeld/Schmitt*, in: Bürgerliches Gesetzbuch/II, S. 48.
1324 *BGH* FamRZ 1991, 306 (306); FamRZ 1995, 1482 (1483); FamRZ 1996, 1536 (1537); FamRZ 1997, 156 (157).

BGB verstieß, wurde die **Grenze der Ehevertragsfreiheit** als überschritten angesehen; dem Einzelfallcharakter dieser gesetzlichen Instrumente entsprechend traf dies nur **in Ausnahmefällen** zu. Insbesondere im Zusammenhang mit der Sittenwidrigkeit hat der Bundesgerichtshof stets betont, dass eine ehevertragliche Regelung nicht allein schon deshalb als sittenwidrig anzusehen sei, wenn sie sich ausschließlich oder überwiegend zulasten eines einzelnen Ehegatten auswirke. Vielmehr bedürfe es besonderer Umstände, um im Einzelfall das Verdikt der Sittenwidrigkeit eines Ehevertrages zu rechtfertigen.[1325]

Enthielt der Ehevertrag Regelungen, die sich bei einer Beachtung **zulasten von Dritten** ausgewirkt hätten, wurde die Ehevertragsfreiheit ausnahmsweise beschränkt. Der Bundesgerichtshof hat in mehreren Entscheidungen deutlich gemacht, dass die Vereinbarung eines Verzichts auf nachehelichen Unterhalt im Sinne von § 138 Abs. 1 BGB sittenwidrig sein könnte, wenn die Vertragsschließenden mit diesem Verzicht bewusst die Inanspruchnahme von Sozialleistungen einer Partei auslösen würden. Dabei sei nicht erheblich, ob die Parteien die Absicht gehabt hätten, den Träger der Sozialhilfe zu schädigen; vielmehr sei anhand des Inhalts, Beweggrunds und Zwecks zu ermittelnde Gesamtcharakter der Verzichtsvereinbarung entscheidender Maßstab bei der Feststellung der Sittenwidrigkeit.[1326] Ferner ging der Bundesgerichtshof davon aus, dass sich ein Unterhaltpflichtiger nicht auf den Verzicht des Unterhaltsberechtigten berufen könne, wenn dies aufgrund einer späteren Entwicklung treuwidrig sei. Eine solche Unvereinbarkeit des Unterhaltsverzichts mit Treu und Glauben sei anzunehmen, wenn diesem Verzicht überwiegende, schutzwürdige Interessen gemeinsamer Kinder entgegenstünden.[1327] In diesem Fall könne der Unterhaltsberechtigte, der das gemeinsame Kind betreue, allerdings nur solange Unterhalt verlangen, wie er neben einer Betreuung des Kindes keiner bedarfsdeckenden Erwerbstätigkeit nachgehen könnte.[1328] Zudem müsste der Unterhaltsanspruch grundsätzlich auf den notwendigen Unterhalt beschränkt werden.[1329]

[1325] *BGH* FamRZ 1997, 156 (157).
[1326] *BGH* FamRZ 1983, 137 (139); FamRZ 1987, 40 (42 f.); FamRZ 1992, 1403 (1403 f.); FamRZ 1996, 1536 (1536).
[1327] *BGH* FamRZ 1985, 787 (787 f.); FamRZ 1987, 46 (47); FamRZ 1987, 691 (692); FamRZ 1991, 306 (307); FamRZ 1992, 1403 (1404); FamRZ 1995, 291 (291).
[1328] *BGH* FamRZ 1985, 787 (788); NJW 1991, 913 (914); FamRZ 1992, 1403 (1405); FamRZ 1995, 291 (292).
[1329] *BGH* NJW 1991, 913 (914); FamRZ 1992, 1403 (1405); FamRZ 1995, 291 (291); NJW-RR, 897 (899).

Bezeichnender für die Rechtsprechung des Bundesgerichtshofs sind allerdings die Fälle, in denen dieser die Eheverträge nicht als sittenwidrig beurteilt hat, obwohl sich die Vertragsgestaltung zulasten eines Ehegatten auswirkte. Beispielsweise ist er in einer seiner Entscheidungen nicht der Argumentation der belasteten Ehefrau zur Sittenwidrigkeit des Ehevertrages gefolgt. Grundlage des Rechtsstreits war, dass der Ehemann die Heirat seiner späteren Ehefrau, die zum Zeitpunkt des Vertragsschlusses schwanger war, vom ehevertraglichen Ausschluss des Versorgungsausgleichs abhängig gemacht hatte. Der Bundesgerichtshof hat den Ehevertrag trotz der dargelegten Umstände nicht für sittenwidrig erachtet. Ausgangspunkt der Begründung war, dass der Mann die Wahlmöglichkeit habe, die Ehe einzugehen oder sich auf die Pflichten als nichtehelicher Vater zurückzuziehen. Folglich sei er auch dazu berechtigt, die Ehe unter den von ihm gewünschten Voraussetzungen einzugehen.[1330] Auch in einem ähnlichen gelagerten Fall konnte der Bundesgerichtshof keine die Sittenwidrigkeit begründenden Umstände feststellen. In diesem Fall hatte der Ehemann das Fortbestehen der ehelichen Lebensgemeinschaft vom Abschluss eines Ehevertrages abhängig gemacht. Obwohl die Ehefrau das gemeinsame Kind betreute und keiner Erwerbstätigkeit nachging, entsprach sie dessen Verlangen und unterzeichnete den Vertrag, der sowohl das Bestehen einer Gütertrennung vorsah, als auch Regelungen zum gegenseitigen Verzicht auf nachehelichen Unterhalt und auf Durchführung des Versorgungsausgleichs enthielt.[1331]

Lediglich vereinzelt wurde unter unterschiedlichen Gesichtspunkten **Kritik an der Rechtsprechung** geübt.[1332]

So wurde der von der Rechtsprechung gezogene Zusammenhang zwischen Ehevertrags- und Eheschließungsfreiheit kritisch bewertet. In diesem Zusammenhang wurde die Prämisse aufgestellt, dass der Wille, die Ehe einzugehen oder aufrechtzuerhalten, weder durch Fremd- noch Selbstbindung eingeschränkt werden könnte. Folglich könnte auch eine ehevertragliche Vereinbarung keine solche Bindung kreieren. Selbst wenn die Eheschließung oder ein Unterlassen der Scheidung für den Verzicht auf Unterhalt oder Versorgungsausgleich als Gegenleistung in Aussicht gestellt worden sei, könnten weder die Eheschließung noch das Unterlassen der Scheidung zwangsweise durchgesetzt werden. Es fehle mithin an einem Äquivalenzverhältnis der Verpflichtungen.[1333]

1330 Siehe dazu insbesondere *BGH* FamRZ 1996, 1536 (1537).
1331 *BGH* FamRZ 1997, 156 (157 f.).
1332 Siehe zur Auffassungen im Anschluss an die Rechtsprechung *Gerber*, in: FS 50 Jahre BGH, S. 65 f.; *Grziwotz*, FamRZ 1997, S. 589.
1333 *Coester-Waltjen*, in: 50 Jahre BGH, S. 1006.

Auch wurde kritisiert, dass der Bundesgerichtshof im Zuge seiner Rechtsprechung nicht ausreichend die Schutzwürdigkeit der Parteien, insbesondere die der (werdenden) Mutter, berücksichtigen würde. Die Schwangere habe nicht die Möglichkeit, sich auf die Pflichten einer nichtehelichen Mutter zurückzuziehen. In dieser Situation könnte der Mann die Eheschließung oder den Fortbestand der Ehe nach seinem Belieben von der Aufgabe aller Rechte für den Fall einer Scheidung abhängig machen. Es widerspreche dem Sinn von § 138 Abs. 1 BGB, die Beurteilung, ob eine Zwangslage vorliegt, davon abhängig zu machen, ob die Situation sich für den Bevorteilten, also den Mann, als solche Lage darstellen würde.[1334]

Teilweise wurde sogar vertreten, dass Eheverträge grundsätzlich einer Inhaltskontrolle bedürften. Die Notwendigkeit einer solchen Kontrolle ergebe sich aus einer strukturellen Unterlegenheit der Frau gegenüber dem Mann bei Verhandlungen über den Inhalt eines Ehevertrages, die verhindern würde, dass die Frau ihre Interessen adäquat durchsetzen könnte.[1335]

2. Wendepunkt durch Entscheidungen des Bundesverfassungsgerichts

Den Wendepunkt in der rechtshistorischen Entwicklung markieren zwei Entscheidungen des Bundesverfassungsgerichts aus dem Jahr 2001, die sich mit Urteilen der Oberlandesgerichte Stuttgart und Zweibrücken befassen, die der bislang herrschenden Auffassung zur Inhaltskontrolle von Eheverträgen entsprachen.[1336] Die Entscheidungen des Bundesverfassungsgerichts stehen diametral zur bis dahin in Rechtsprechung und Literatur herrschenden Auffassung und sind teilweise als *Paukenschlag* bezeichnet worden.[1337]

Das Bundesverfassungsgericht hat der Prüfung der vorangegangen Urteile der Instanzgerichte auf grundrechtliche Eingriffe die Frage vorangestellt, ob Grundrechte im Rahmen einer vertraglichen Vereinbarung zwischen Dritten überhaupt zu beachten seien. Unter Verweis auf die zivilrechtlichen Generalklauseln als Einfallstor für die Wirkung der Grundrechte unter Privaten stellte es allgemein fest, dass die Zivilgerichte gehalten seien, grundrechtlichen Schutz durch Auslegung und Anwendung der gesetzlichen Bestimmungen zu gewährleisten.[1338]

1334 *Büttner*, FamRZ 1997, S. 601; *Dethloff*, JZ 1997, S. 415.
1335 *Schwenzer*, AcP 1996, S. 108 f.
1336 *BVerfGE* 103, 89 (94 ff.); *BVerfG* FamRZ 2001, 985 (985 ff.).
1337 So ausdrücklich *Münch*, MittBayNot 2003, S. 107.
1338 *BVerfGE* 103, 89 (100).

Das Verfassungsgericht stellte heraus, dass der Schutzbereich des durch Art. 2 Abs. 1 GG gewährleisteten **Rechts auf Selbstbestimmung** auch die Privatautonomie als zivilrechtliche Freiheit umfasse. Den Ehegatten als Grundrechtsträgern stehe es frei, ob und in welcher Form sie eine vertragliche Bindung eingehen. Grundsätzlich müsse der Staat jede Vereinbarung, die Ausdruck des übereinstimmenden Willens der Vertragsparteien sei, als Ausdruck ihrer grundrechtlich gewährleisteten Freiheit respektieren. In Fällen, in denen aufgrund einer einseitigen Verteilung der vertraglichen Lasten und einer ungleichen Verhandlungsposition eine der Parteien praktisch allein den Inhalt der Vereinbarung bestimmen konnte, könne jedoch nicht von einem Vertragsschluss durch zwei selbstbestimmte Handlungen ausgegangen werden. In dieser Konstellation obliege es den Gerichten, auf eine Wahrung der Grundrechte hinzuwirken.[1339] Ergänzend bezog sich das Bundesverfassungsgericht auf die grundrechtlich durch Art. 3 Abs. 2 GG vorgegebene **Gleichberechtigung von Mann und Frau**. Grundrechtlich geschützt werde ausschließlich eine Ehe, in der Mann und Frau gleichberechtigt zueinanderstehen würden. Sofern ein Ehevertrag nicht als Ausdruck einer gleichberechtigten Partnerschaft zustande gekommen sei, sondern die Gestaltung vielmehr auf der einseitigen Dominanz eines Teils beruhe, obliege es den Gerichten über die Generalklauseln eine Kontrolle und gegebenenfalls eine Korrektur vorzunehmen.[1340] Deutlich lehnte das Bundesverfassungsgericht ab, von der Eheschließungsfreiheit auf die Freiheit zur nahezu unbegrenzten Ehevertragsgestaltung zu schließen. Die Freiheit des Einzelnen, eine Ehe mit einem selbst gewählten Partner einzugehen oder dies zu unterlassen, führe nicht dazu, dass es dem Staat verwehrt sei, eine ehevertragliche Regelung zu kontrollieren, wenn in dieser ein Eheversprechen abgegeben werde.[1341]

Darüber hinaus setzte sich das Bundesverfassungsgericht mit der tatsächlichen Situation schwangerer Frauen auseinander. Es konstatierte, dass jede Schwangerschaft zu grundlegenden Veränderungen im Leben einer Frau führe, wobei nichtverheiratete werdende Mütter im Vergleich zu verheirateten besonderen Belastungen ausgesetzt seien. Deren Leben werde erheblich von gesellschaftlichen und sozialen Zwängen, aber auch von ökonomischen Einbußen aufgrund der Schwanger- und späteren Mutterschaft geprägt. Der grundrechtlich durch Art. 6 Abs. 4 GG gewährleistete **Anspruch der Mutter auf Schutz und Fürsorge** durch den Staat verpflichte die Gerichte, der Schwangeren im

---

1339 *BVerfGE* 103, 89 (100 f.); *BVerfG* FamRZ 2001, 985 (985).
1340 *BVerfGE* 103, 89 (101).
1341 *BVerfGE* 103, 89 (101).

Rahmen der Überprüfung einer Vereinbarung Schutz vor Druck und Bedrängung aus ihrem sozialen Umfeld oder seitens des Kindsvaters zu gewähren.[1342] Zugleich machte das Verfassungsgericht jedoch deutlich, dass die Schwangerschaft der Frau bei Abschluss eines Ehevertrages lediglich ein Indiz für ihre unterlegene Position darstelle. Es müsste geprüft werden, ob der Inhalt des Ehevertrages eine Unterlegenheitsposition zum Ausdruck bringe und so die Schutzbedürftigkeit offenkundig werde. Das Vorliegen einer solchen Offenkundigkeit sei anzunehmen, wenn bei einer einseitigen Lastenverteilung die Interessen der Schwangeren keine Berücksichtigung finden würden. Dabei seien alle Faktoren des Einzelfalls zu berücksichtigen, wie die vorgesehene Rollenverteilung in der Ehe oder die berufliche Perspektive der Ehepartner. Im Allgemeinen könne eher von einer einseitigen Benachteiligung gesprochen werden, je mehr eine Vertragspartei auf gesetzliche Rechte verzichte und darüber hinaus zusätzliche Pflichten übernehme.[1343]

Des Weiteren prüfte das Bundesverfassungsgericht, ob die Instanzgerichte in ihren Entscheidungen die Begrenzung der Vertragsfreiheit durch den sich aus Art. 6 Abs. 2 GG ergebenden **Schutz des Kindeswohls** berücksichtigt haben. Das Grundrecht im Interesse des Kindes gewährleistet die Pflege und Erziehung der Kinder als ein natürliches Recht der Eltern und eine ihnen obliegende Pflicht. Das Verhalten der Eltern sei nicht schützenswert, sobald sie sich damit der Verantwortung für ihr Kind entziehen würden und eine Vernachlässigung des Kindes drohe.[1344] Grundsätzlich erfordere die Pflege des Kindes einen dem Vermögen der Eltern angemessenen Unterhalt, wobei es den Eltern freistehe, gemeinsam zu entscheiden, wie sie diese Aufgabe wahrnehmen wollen würden, und eine entsprechende Vereinbarung zu schließen. Dennoch machte das Bundesverfassungsgericht deutlich, dass einer Unterhaltsvereinbarung Grenzen zu setzen seien, wenn eine den Interessen des Kindes entsprechende Betreuung und ein den Verhältnissen der Eltern angemessener Unterhalt nicht mehr sichergestellt werden könnte und damit eine Gefährdung des Kindeswohls drohe. Dies sei insbesondere anzunehmen, wenn die Unterhaltsvereinbarung zur Folge habe, dass der betreuende Elternteil weder aus seinen Einkünften noch aus seinem Vermögen seinen eigenen und den Kindesunterhalt bestreiten könne. In diesem Fall müsse er entweder zulasten der Betreuung einer Erwerbstätigkeit nachgehen oder mit dem Kind weit unter angemessenen Verhältnissen leben,

---

1342 *BVerfGE* 103, 89 (102 f.); *BVerfG* FamRZ 2001, 985 (985).
1343 *BVerfGE* 103, 89 (104 f.); *BVerfG* FamRZ 2001, 985 (985).
1344 *BVerfGE* 103, 89 (107).

was als Ausdruck mangelnder elterlicher Verantwortung die Interessen des Kindes nachhaltig gefährden würde.[1345]

II. Inhalts- und Ausübungskontrolle

Mit den vorstehenden Ausführungen zur Kontrolle von Eheverträgen hat das Bundesverfassungsgericht deutliche Vorgaben für die zivilrechtliche Praxis gemacht. In der Rezeption dieser Entscheidungen erachtete die Literatur es für unmöglich, dass die Zivilgerichte weiter an der bisherigen Rechtsprechung zur Kontrolle von Eheverträgen würden festhalten können, sondern unter Beachtung der Vorgaben des Bundesverfassungsgerichts einen neuen Umgang mit dieser Problematik finden müssten.[1346] Zudem hat das Bundesverfassungsgericht Begriffe wie den der *Inhalts- und Vertragskontrolle*, der *einseitigen Lastenverteilung* und der *ungleichen Verhandlungsposition* verwendet, aber nicht weiter ausgeführt, was jeweils darunter zu verstehen war, sodass eine Ausfüllung dieser Begriffe Rechtsprechung und Literatur oblag.[1347]

In den nachfolgenden Abschnitten soll die Rechtsprechung des Bundesgerichtshofs, die diesen Anforderungen begegnet, untersucht werden. Allgemein geht der Bundesgerichtshof davon aus, dass sich nicht abschließend pauschal feststellen lasse, in welchen Fällen eine Vertragsanpassung vorzunehmen sei. Erforderlich sei vielmehr eine Gesamtabwägung im Einzelfall unter Betrachtung aller Aspekte der getroffenen Vereinbarung, der Gründe und Umstände ihres Zustandekommens, sowie der geplanten und tatsächlich verwirklichten Gestaltung des ehelichen Lebens.[1348]

1. Disponibilität der Scheidungsfolgen

Weiterhin ist die Privatautonomie ein zentrales Leitmotiv der Rechtsprechung des Bundesgerichtshofs. Mit ehevertraglichen Regelungen könnten die Ehegatten grundsätzlich weitreichend über die Folgen einer Eheschließung und –scheidung disponieren. Die Einhaltung eines Mindeststandards an Scheidungsfolgen sei durch das geltende Recht nicht vorgesehen.[1349] Diese Freiheit der Ehegatten

---

1345 *BVerfGE* 103, 89 (108 ff.).
1346 *Bergschneider*, FamRZ 2001, S. 1337; *Dauner-Lieb*, AcP 2001, S. 298; *Goebel*, FamRZ 2003, S. 1513; *Münch*, MittBayNot 2003, S. 107; *Schwab*, FamRZ 2001, S. 349.
1347 So *Dauner-Lieb*, AcP 2001, S. 324; *Schwab*, FamRZ 2001, S. 350.
1348 Grundlegend *BGH* FamRZ 2004, 601 (604).
1349 *BGH* FamRZ 2004, 601 (604); NJW 2005, 2386 (2388 f.); NJW 2006, 2331 (2332); NJW 2007, 2851 (2852); NJW 2008, 1076 (1077).

dürfe jedoch nicht als grenzenlose Regelungsbefugnis missverstanden werden. Jede gesetzliche Scheidungsfolge diene dem Schutz eines Ehepartners, der nicht durch eine Parteivereinbarung völlig unterlaufen werden dürfe. Der schützende Zweck einer gesetzlichen Scheidungsfolge werde umgangen, wenn Folge der ehevertraglichen Regelung eine evident einseitige Lastenverteilung wäre, die sich für den belasteten Ehegatten unter angemessener Beachtung der Interessen des anderen Ehepartners und seines Vertrauens auf den Bestand des Vertrages als unzumutbar darstelle.[1350]

Diese Erwägungen nimmt der Bundesgerichtshof zum Anlass, um eine **Hierarchie der gesetzlichen Scheidungsfolgen** zu erstellen. Dabei geht er davon aus, dass es bei einer Beurteilung der Zumutbarkeit einer vertraglichen Modifikation entscheidend darauf ankomme, welchen Platz die entsprechende gesetzliche Scheidungsfolge in die Hierarchie einnehme. Die höchsten Ränge in der Hierarchie bezeichnet der Bundesgerichtshof als Kernbereich des Scheidungsfolgenrechts. Je unmittelbarer die vertragliche Regelung die gesetzliche Regelung des Kernbereichs modifiziere, desto schwerer wiege die Belastung und umso genauer habe die gerichtliche Prüfung auszufallen.[1351]

Vorab ist darauf hinzuweisen, dass seit der ursprünglichen Rechtsprechung des Bundesgerichtshofs das Unterhaltsrecht mit der Reform 01.01.2008 erhebliche Veränderungen erfahren hat.[1352] Mithin stellt sich die Frage, ob mit dieser Reform eine Veränderung der Hierarchie des Scheidungsfolgenrechts und dessen Kernbereich einhergehen. Der Bundesgerichtshof hat zu dieser Frage nicht ausdrücklich Stellung genommen und in seiner Rechtsprechung bisher lediglich darauf verwiesen, dass eine richterliche Kontrolle „im Lichte der Unterhaltsrechtsreform" durchzuführen sei.[1353] In der Rezeption dieser Ausführung wird

---

1350 *BGH* FamRZ 2004, 601 (605); NJW 2005, 137 (138); NJW 2005, 139 (140); NJW 2005, 2386 (2388); NJW 2006, 2331 (2332); NJW 2006, 3142 (3144); NJW 2007, 907 (907); NJW 2007, 2848 (2849); NJW 2007, 2851 (2853); NJW 2008, 1076 (1077); NJW 2008, 1080 (1081); NJW 2008, 3426 (3427); NJW 2009, 842 (843); NJW 2009, 2124 (2124); NJW 2011, 2969 (2970); FamRZ 2013, 195 (196); FamRZ 2014, 629 (630); FamRZ 2018, 577 (578).
1351 *BGH* FamRZ 2004, 601 (605); NJW 2005, 137 (138); NJW 2005, 2386 (2388); NJW 2006, 2331 (2332); NJW 2006, 3142 (3144); NJW 2007, 907 (907); NJW 2007, 2851 (2853); NJW 2008, 1076 (1077); NJW 2008, 1080 (1081); NJW 2008, 3426 (3427); NJW 2009, 2124 (2124); FamRZ 2014, 629 (630); FamRZ 2018, 577 (578); erstmals den Begriff „Kernbereich des Scheidungsfolgenrechts" benennend *Dauner-Lieb*, AcP 2001, S. 319 f.
1352 Gesetz zur Änderung des Unterhaltsrechts vom 21. Dezember 2007, BGBl I, 3189.
1353 *BGH* NJW 2011, 2969 (2971).

vertreten, dass der Bundesgerichtshof die Unterhaltsreform in seine bisherige Rechtsprechung aufnehme und zukünftig keine Veränderung in der Hierarchie des Scheidungsfolgenrechts zu erwarten sei.[1354]

Den obersten Rang in der Hiernach nimmt der **Betreuungsunterhalt** gemäß § 1570 BGB ein. Dieser Unterhaltsanspruch sei aufgrund der Ausrichtung am Kindeswohl der freien Disposition der Ehegatten entzogen.[1355]

Dennoch sei eine vertragliche Anpassung nicht völlig ausgeschlossen.[1356] Der Bundesgerichtshof führt beispielhaft an, dass es möglich sei, eine abweichende Regelung zu vereinbaren, wenn es dem betreuenden Elternteil gelinge, Betreuung des Kindes und eine Erwerbstätigkeit zu vereinen, ohne dass damit eine Vernachlässigung des Betreuungsbedarfs des Kindes einhergehe. Auch es stehe den Eltern frei, zu vereinbaren, dass Dritte die Betreuung des Kindes übernehmen, um so eine Berufstätigkeit des betreuenden Elternteils zu ermöglichen.[1357] Ebenso verbiete sich nicht automatisch jede vertragliche Bestimmung über die Bindung der Betreuungsbedürftigkeit an niedrige Altersgrenzen oder über die Festlegung der Höhe des Unterhalts in Abweichung von den gesetzlichen Vorgaben. Es könnte sich jedoch als problematisch erweisen, wenn die Ehegatten die Unterhaltsbeträge im Ehevertrag festlegen und diese Vorgabe nicht annähernd geeignet ist, die ehebedingten Nachteile auszugleichen.[1358] So hat der Bundesgerichtshof in einem Fall die Festlegung des Unterhaltsbetrags beanstandet, in dem der Unterhalt auf das Existenzminimum begrenzt war und keine Wertsicherungsklausel vereinbart wurde.[1359] Auch kommt ein Verzicht in Betracht, wenn die Ehegatten keinen gemeinsamen Kinderwunsch hegen und keine Anhaltspunkte für die Absicht, eine Familie zu gründen, ersichtlich sind.[1360]

[1354] So *Mayer*, NJW 2011, S. 2972.
[1355] *BGH* FamRZ 2004, 601 (605); NJW 2005, 2386 (2388); NJW 2006, 3142 (3145); NJW 2007, 2851 (2853); NJW 2008, 1076 (1077); NJW 2008, 1080 (1081); FamRZ 2013, 195 (196); FamRZ 2017, 884 (886); ausf. zur Anspruchsgrundlagen siehe S. 150 ff.
[1356] *BGH* FamRZ 2004, 601 (605), NJW 2005, 2386 (2389); NJW 2006, 3142 (3145); NJW 2007, 2851 (2853); FamRZ 2017, 884 (886).
[1357] *BGH* FamRZ 2004, 601 (605).
[1358] *BGH* NJW 2005, 2386 (2389); NJW 2006, 3142 (3145); NJW 2008, 3426 (3427).
[1359] *BGH* NJW 2006, 3142 (3145).
[1360] *BGH* FamRZ 2013, 195 (196).

In der Hierarchie des Scheidungsfolgenrechts folgt auf den Betreuungsunterhalt der **Anspruch auf Alters- und Krankheitsunterhalt** gemäß § 1571 BGB und § 1572 BGB.[1361]

Die hochrangige Einordnung dieser Unterhaltsansprüche beruht auf der Entscheidung des Gesetzgebers, diesen Anspruchsgrundlagen als Ausdruck nachehelicher Solidarität besondere Bedeutung zumessen, indem er einen zeitlichen Zusammenhang mit der Ehe genügen lässt, um den Anspruch zu begründen. Der Bundesgerichtshof merkt in diesem Zusammenhang an, dass weder der Alters- noch der Krankheitsunterhalt an ehebedingte Nachteile anknüpfen, was einem hohen Rang im Scheidungsfolgenrecht eigentlich widerspreche.[1362]

Auch hinsichtlich dieser Unterhaltsansprüche ist eine ehevertragliche Modifikation nicht gänzlich ausgeschlossen. So könnten die Ehegatten eine entsprechende Vereinbarung treffen, wenn die Ehe erst nach Ausbruch der Krankheit oder im Alter geschlossen werde.[1363] Dementsprechend hat der Bundesgerichtshof in einer Entscheidung aus dem Jahr 2005 den Ausschluss von Alters- und Krankheitsunterhalt nicht beanstandet. Maßgeblich war hierbei, dass beide Ehegatten bei Vertragsabschluss über 40 Jahre alt waren und der Ehemann sich gleichzeitig verpflichtet hatte, im Falle der Erwerbslosigkeit der Ehefrau weiterhin Beiträge zur gesetzlichen Rentenversicherung und eine Abfindung von maximal 80.000 DM zu zahlen.[1364]

In der Hierarchie der Scheidungsfolgen ist der **Versorgungsausgleich** gleichrangig zu den Ansprüchen auf Alters- und Krankheitsunterhalt. Der Bundesgerichtshof stellt hierbei darauf ab, dass dem Versorgungsausgleich trotz seiner Doppelnatur und Verwandtschaft mit dem Zugewinnausgleich eine Funktion als vorweggenommener Altersunterhalt zukomme. Damit sei er wie der Altersunterhalt nur eingeschränkt disponibel und nach denselben Kriterien zu prüfen wie ein vollständiger oder teilweiser Unterhaltsverzicht.[1365]

1361 *BGH* FamRZ 2004, 601 (605); NJW 2008, 1080 (1082); NJW 2008, 3426 (3428); FamRZ 2013, 195 (196); FamRZ 2014, 629 (633); FamRZ 2017, 884 (886); ausf. zu den Anspruchsgrundlagen siehe S. 152 f.
1362 *BGH* FamRZ 2004, 601 (605); NJW 2005, 137 (138); NJW 2005, 139 (141); DNotZ 2005, 703 (704); NJW 2005, 2386 (2389); NJW 2005, 2391 (2391); NJW 2008, 1080 (1082); NJW 2008, 3426 (3428); NJW 2009, 2124 (2125).
1363 *BGH* FamRZ 2004, 601 (605); NJW 2005, 137 (138); NJW 2005, 139 (141); DNotZ 2005, 703 (704); NJW 2005, 2386 (2389); NJW 2005, 2391 (2391); NJW 2007, 2851 (2854); NJW 2008, 1080 (1082); NJW 2008, 3426 (3428); NJW 2009, 2124 (2125).
1364 *BGH* DNotZ 2005, 703 (705).
1365 *BGH* FamRZ 2004, 601 (605); NJW 2005, 137 (138); NJW 2005, 139 (141); DNotZ 2005, 703 (705); NJW 2005, 2386 (2390); NJW 2008, 1080 (1082); NJW 2008, 3426

In der Rechtsprechung hat sich gezeigt, dass sich die ehevertragliche Modifikation des Versorgungsausgleichs problematisch gestaltet. Sei bei Vertragsschluss deutlich, dass ein Ehegatte die Betreuung gemeinsamer Kinder unter Verzicht auf den Ausbau der eigenen Versorgung durch eine Erwerbstätigkeit übernehme, so verstoße die individuelle Regelung in hohem Maße gegen das Gebot der nachehelichen Solidarität, wenn kein Ausgleich für den Verzicht vorgesehen sei.[1366] Zudem könnte sich eine nach Vertragsschluss eintretende grundlegende Veränderung der ehelichen Lebensgemeinschaft als problematisch darstellen. Sollte als Folge dieser Veränderung einer der Ehegatten keine hinreichende Altersvorsorge aufbauen können, könnte die ehevertragliche Vereinbarung über den Versorgungsausgleich mit dem Gebot der nachehelichen Solidarität nicht mehr vereinbar sein. Der Bundesgerichtshof nimmt hierbei erneut Bezug auf die Aufgabe des eigenen Aufbaus einer Versorgung zugunsten der Betreuung gemeinsamer Kinder.[1367] Dennoch sei ein Verzicht auf die Durchführung des Versorgungsausgleichs nicht in jedem Fall ausgeschlossen. Bei deutlich gehobenen Versorgungsverhältnissen müsse ein solcher Verzicht möglich sein.[1368] Zudem komme ein Verzicht in Betracht, wenn die Ehe im Alter geschlossen werde.[1369] Auch sei zu beachten, ob es dem benachteiligten Ehegatten weiterhin möglich sei, eine eigene Altersversorgung aufzubauen.[1370]

Der **Unterhaltsanspruch wegen Erwerbslosigkeit** gemäß § 1573 Abs. 1 BGB steht hinter den Ansprüchen auf Betreuungsunterhalt, Alters- und Krankheitsunterhalt zurück. Grund für diese Nachrangigkeit ist nach Ansicht des Bundesgerichtshofs die gesetzlich vorgesehene Verlagerung des Arbeitsplatzrisikos. Sobald der Unterhaltsberechtigte einen gesicherten Arbeitsplatz gefunden habe, trage dieser gemäß § 1573 Abs. 4 BGB das Risiko für den Verlust seines Arbeitsplatzes, sodass die Schutzbedürftigkeit entsprechend gering sei.[1371]

In der Hierarchie des Scheidungsfolgenrechts folgen grundsätzlich Ansprüche auf **Krankenvorsorge- und Altersvorsorgeunterhalt** gemäß § 1578 Abs. 2

(3428); NJW 2009, 2124 (2125); FamRZ 2014, 629 (630); ausf. zum Versorgungsausgleich siehe S. 173 ff.
1366 *BGH* NJW 2005, 137 (138); FamRZ 2014, 629 (630).
1367 *BGH* NJW 2005, 137 (138); NJW 2005, 139 (141); NJW 2009, 2124 (2125).
1368 *BGH* FamRZ 2004, 601 (605).
1369 *BGH* NJW 2005, 137 (138); NJW 2005, 139 (141); NJW 2008, 1080 (1082).
1370 *BGH* NJW 2008, 1080 (1082).
1371 *BGH* FamRZ 2004, 601 (605); DNotZ 2005, 703 (705); NJW 2005, 2386 (2390); NJW 2005, 2391 (2391); NJW 2008, 1080 (1082); ausf. zur Anspruchsgrundlage siehe S. 153.

BGB und § 1578 Abs. 3 BGB dem Unterhalt wegen Erwerbslosigkeit nach.[1372] Ausnahmsweise ist jedoch bei der Einordnung in die Rangfolge nach Auffassung des Bundesgerichtshofs danach zu differenzieren, ob durch die Unterhaltspflicht ehebedingte Nachteile kompensiert werden sollen. In diesem Fall könne der Krankenvorsorge- und Altersvorsorgeunterhalt in der Rangfolge des Scheidungsfolgenrechts nicht nachrangig sein, da das durch die Scheidung verwirklichte Risiko gleichmäßig unter den Ehegatten zu verteilen sei. Innerhalb einer gleichmäßigen Lastenverteilung sei es nicht möglich, die Unterhaltszahlung auf den Elementarunterhalt zu beschränken und den Krankheitsvorsorge- und Altersvorsorgeunterhalt unbeachtet zu lassen.[1373]

Der geringste Stellenwert kommt in der Rangfolge des Unterhaltsrechts dem **Aufstockungs- und dem Ausbildungsunterhalt** zu. Maßgeblich für die Einstufung durch den Bundesgerichtshof ist sowohl im Falle des Anspruchs auf Aufstockungsunterhalt gemäß § 1573 Abs. 2 BGB als auch des Unterhaltsanspruchs bei Aufnahme einer Schul- oder Berufsausbildung gemäß § 1575 Abs. 1 S. 1 BGB die Feststellung, dass bereits das Gesetz selbst erhebliche Einschränkungsmöglichkeiten vorsehe.[1374]

Den Abschluss in der Rangfolge des Scheidungsfolgenrechts bildet nach Auffassung des Bundesgerichtshofs der **Zugewinnausgleich** als Folge des gesetzlichen Güterstands. Der gesetzliche Güterstand könne weitreichend abgeändert werden und biete somit im Vergleich zu den soeben genannten Scheidungsfolgen den größtmöglichen Raum für eine ehevertragliche Disposition.[1375] Die Gleichwertigkeit von Haushaltsführung und Erwerbstätigkeit ergebe nicht, dass eine bestimmte Zuteilung von Vermögenswerten erforderlich sei. § 1360 S. 2 BGB stelle nicht grundsätzlich die Haushaltsführung der Erwerbstätigkeit gleich, sondern statuiere lediglich deren Gleichwertigkeit bei der Erbringung des Familienunterhalts.[1376] Ebensowenig spreche der Ansatzpunkt der gesetzlichen Regelung des Zugewinnausgleichs, dass beide Ehegatten wirtschaftlich

---

1372 *BGH* FamRZ 2004, 601 (605); NJW 2005, 2386 (2388); NJW 2005, 2391 (2392); ausf. zur Anspruchsgrundlage siehe S. 155.
1373 *BGH* NJW 2005, 2391 (2392).
1374 *BGH* FamRZ 2004, 601 (605); DNotZ 2005, 703 (705); NJW 2005, 2391 (2391); NJW 2008, 1080 (1082); ausf. zu den Anspruchsgrundlagen siehe S. 154 f.
1375 *BGH* FamRZ 2004, 601 (605); NJW 2005, 1370 (1372); NJW 2005, 2386 (2388); NJW 2007, 2851 (2853); NJW 2008, 1076 (1078); NJW 2008, 1080 (1082); NJW 2008, 3426 (3428); FamRZ 2013, 269 (270); FamRZ 2014, 629 (632); FamRZ 2017, 884 (887); FamRZ 2018, 577 (578); ausf. zum gesetzlichen Güterstand siehe S. 90 ff.
1376 *BGH* FamRZ 2004, 601 (605).

gleichwertig zum Vermögenszuwachs beigetragen hätten, gegen die Modifizierung dieser Regelung durch die Ehegatten. Es handele sich hierbei nur um eine Fiktion der Gleichwertigkeit, die die Ehegatten nicht daran hindere, eine andere Vermögensordnung zu vereinbaren.[1377] Der Bundesgerichtshof zeigt ebenfalls auf, dass auch die nacheheliche Solidarität keine Beteiligung am Vermögen erfordere, das die Ehepartner während der Ehe erworben haben. Die nacheheliche Solidarität knüpfe vielmehr an gegenwärtige Versorgungsbedürfnisse an, welche im Unterhaltsrecht berücksichtigt würden. Eine solche Funktion komme dem Zugewinnausgleich nicht zu.[1378] Es könnte vielmehr im berechtigten Interesse eines Ehepartners liegen, den gesetzlichen Güterstand und damit den Zugewinnausgleich auszuschließen, wenn beispielsweise die wirtschaftliche Substanz eines Unternehmens nicht durch etwaige Ausgleichszahlung im Rahmen des Zugewinnausgleichs bedroht werden soll.[1379]

2. Richterliche Inhalts- und Ausübungskontrolle

Entsprechend den Vorgaben des Bundesverfassungsgerichts sind die Gerichte gehalten, dort einzugreifen, wo der Ehevertrag nicht Ausdruck von zwei selbstbestimmten Willenserklärungen ist. Der Bundesgerichtshof sieht es dabei als Aufgabe des Tatrichters an, zu überprüfen, ob es dem beschwerten Ehepartner unter Berücksichtigung der eingeschränkten Disponibilität der Scheidungsfolgen nicht zugemutet werden könne, eine ehevertragliche Vereinbarung aufgrund einer evident einseitigen Lastenverteilung hinzunehmen. Dabei können solche Umstände entweder bei Vertragsschluss vorliegen oder erst bei Anwendung des Ehevertrages im Falle der Scheidung zutage treten. Abhängig vom Einzelfall ist daher entweder eine Inhalts- oder Ausübungskontrolle durch den Tatrichter vorzunehmen.

a) Inhaltskontrolle – Ehevertrag bei Vertragsschluss sittenwidrig?

Zunächst ist im Rahmen einer Inhalts- oder Wirksamkeitskontrolle zu prüfen, ob die ehevertragliche Vereinbarung bereits zum Zeitpunkt des Zustandekommens einen der Ehegatten einseitig belastet, sodass der Ehevertrag gegen die guten Sitten verstößt und gemäß § 138 Abs. 1 BGB nichtig ist.

1377 *BGH* FamRZ 2004, 601 (605); FamRZ 2013, 269 (270).
1378 *BGH* FamRZ 2004, 601 (605); NJW 2008, 1076 (1079); kritisch *Hoppenz*, FamRZ 2015/I, S. 632.
1379 *BGH* NJW 2007, 2851 (2853); NJW 2008, 1076 (1078).

Grundsätzlich ist ein Rechtsgeschäft sittenwidrig, sofern es gegen das Anstandsgefühl aller billig und gerecht Denkenden verstößt.[1380] Dies setzt einerseits voraus, dass Inhalt oder Gesamtcharakter des Geschäfts in objektiver Hinsicht sittenwidrig sind, und erfordert andererseits in subjektiver Hinsicht zumindest die Kenntnis der die Sittenwidrigkeit begründenden Umstände.[1381]

Dementsprechend führt der Bundesgerichtshof in seiner Rechtsprechung zu Eheverträgen aus, dass der Inhalt der Vereinbarung schon im Zeitpunkt ihres Zustandekommens **offenkundig zu einer einseitigen Lastenverteilung** für den Scheidungsfall führen müsste, damit ihr ohne Beachtung der späteren Entwicklung der Ehe die Anerkennung durch die Rechtsordnung versagt werden könne.[1382] Das Verdikt der Sittenwidrigkeit sei nur auszusprechen, wenn mit der ehevertraglichen Vereinbarung eine gesetzliche Regelung des Kernbereichs des Scheidungsfolgenrechts außer Kraft gesetzt und dieser Nachteil weder durch die besonderen Verhältnisse der Ehegatten, gewichtige Belange des bevorteilten Ehegatten oder den gelebten Ehetypus gerechtfertigt werde oder ein entsprechender, angemessener Ausgleich für den benachteiligten Ehegatten vorgesehen sei.[1383]

Zur Prüfung des objektiven Tatbestands der Sittenwidrigkeit ist eine **Gesamtwürdigung** aller Umstände des jeweiligen Falls vorzunehmen, insbesondere unter Berücksichtigung der Einkommens- und Vermögensverhältnisse, des geplanten oder bereits verwirklichten Zuschnitts der Ehe sowie der Auswirkungen auf die Ehegatten und auf die Kinder.[1384] Die objektiven Ansatzpunkte müssen sich nicht zwangsläufig aus einer bestimmten Vertragsklausel ergeben; selbst wenn einzelne Regelungen des Ehevertrags für sich genommen das Verdikt der

---

1380 Grundlegend RGZ 80, 219 (221).
1381 Siehe hierzu bsplw. *Palandt/Ellenberger*, § 138 BGB, Rn. 7 – 8.
1382 *BGH* NJW 2005, 137 (138); NJW 2005, 139 (140); NJW 2006, 2331 (2332); NJW 2006, 3142 (3144); NJW 2007, 907 (907); NJW 2007, 2848 (2849); NJW 2007, 2851 (2853); NJW 2008, 1076 (1077); NJW 2008, 3426 (3427); FamRZ 2013, 195 (196); FamRZ 2014, 629 (630); FamRZ 2013, 770 (771); FamRZ 2014, 1978 (1979); FamRZ 2017, 884 (887); FamRZ 2018, 577 (578).
1383 *BGH* FamRZ 2004, 601 (606); NJW 2006, 3142 (3144); NJW 2007, 907 (907); NJW 2007, 2851 (2853); NJW 2008, 1076 (1078); FamRZ 2013, 770 (771); FamRZ 2013, 195 (196); FamRZ 2014, 629 (630).
1384 *BGH* FamRZ 2004, 601 (606); NJW 2005, 137 (138); NJW 2005, 139 (140); NJW 2006, 2331 (2332); NJW 2006, 3142 (3144); NJW 2007, 907 (908); NJW 2007, 2851 (2853); NJW 2008, 3426 (3427); NJW 2008, 1076 (1078); FamRZ 2013, 770 (771); FamRZ 2013, 195 (196); FamRZ 2014, 629 (630).

Sittenwidrigkeit in objektiver Hinsicht nicht zu rechtfertigen vermögen, kann sich der Ehevertrag **insgesamt als sittenwidrig** erweisen, wenn das objektive Zusammenwirken aller im Ehevertrag enthaltenen Regelungen erkennbar auf die einseitige Benachteiligung eines Ehegatten abzielt.[1385]

In subjektiver Hinsicht sind die von den Ehegatten mit der Abrede verfolgten Zwecke sowie die sonstigen Beweggründe, die den begünstigten und den benachteiligten Ehegatten zum Abschluss des Vertrages bewogen haben, zu beachten.[1386] Erforderlich ist, dass der durch die Vertragsgestaltung begünstigte Ehegatte in verwerflicher Gesinnung handelt. Dies werde durch objektive Lastenverteilung und eine unterlegene Verhandlungsposition lediglich indiziert; erforderlich sei jedoch, dass sich im Vertragsinhalt eine auf den ungleichen Verhandlungspositionen basierende **einseitige Dominanz** eines Ehegatten und damit einhergehend eine **Störung der subjektiven Vertragsparität** widerspiegle.[1387]

Es obliegt dem Tatrichter, die für die Gesamtwürdigung maßgeblichen Verhältnisse der Ehegatten zum Zeitpunkt des Vertragsschlusses zu ermitteln. Hierzu gehören die Einkommens- und Vermögensverhältnisse der Ehegatten, ihre Vorstellungen von der zukünftigen Entwicklung ihrer Ehe und der Stand ihrer persönlichen Beziehung. Ebenfalls muss das Gericht die Absichten und Beweggründe ermitteln, die zum Abschluss der ehevertraglichen Vereinbarung geführt haben. Weiterhin obliegt es dem Tatrichter, die Auswirkungen der vertraglichen Regelungen auf Kinder und auf die Ehegatten selbst zu beachten. Ferner muss ermittelt werden, was den bevorteilten Ehegatten dazu bewogen hatte, diese Bevorteilung zu verlangen, und welche Absichten der benachteiligte Ehegatte mit der Zustimmung zur Bevorteilung des anderen verfolgte. Unberücksichtigt bleibt in diesem Stadium der Prüfung die auf den Vertragsschluss folgende Entwicklung der Ehegatten und ihrer Lebensverhältnisse.[1388]

1385 *BGH* FamRZ 2013, 269 (271); FamRZ 2014, 629 (633); FamRZ 2017, 884 (887); FamRZ 2018, 577 (578).
1386 *BGH* NJW 2005, 137 (138); NJW 2005, 139 (140); NJW 2006, 3142 (3144); NJW 2007, 907 (908); NJW 2007, 2851 (2853); NJW 2008, 3426 (3427); FamRZ 2013, 195 (197); FamRZ 2013, 269 (272); FamRZ 2014, 629 (633); FamRZ 2014, 1978 (1979); FamRZ 2017, 884 (887); FamRZ 2018, 577 (579).
1387 *BGH* NJW 2009, 842 (845); FamRZ 2013, 195 (197); FamRZ 2013, 269 (272); FamRZ 2014, 629 (633); FamRZ 2014, 1978 (1979); FamRZ 2017, 884 (887); FamRZ 2018, 577 (579).
1388 Grundlegend *BGH* FamRZ 2004, 601 (606); siehe auch *BGH* FamRZ 2004, 601 (606 f.); NJW 2005, 137 (138 f.); NJW 2005, 139 (140); DNotZ 2005, 703 (704); NJW 2005, 2386 (2389); NJW 2005, 2391 (2391); NJW 2006, 2331 (2332); NJW 2006, 3142 (3144); NJW 2007, 904 (905); NJW 2007, 907 (908); NJW 2007, 2848 (2849);

aa) Das Verdikt der Sittenwidrigkeit begünstigende Umstände
Bei einer Analyse der Rechtsprechung ist festzustellen, dass das Vorliegen bestimmter Umstände bei Vertragsschluss die Feststellung der Sittenwidrigkeit begünstigt. Dies betrifft Konstellationen, in denen sich einer der Ehegatten aufgrund bestimmter Umstände in einer unterlegenen Verhandlungsposition befindet.

So hat der Bundesgerichtshof der **Schwangerschaft** einer Frau besonders Gewicht beigemessen, allerdings zugleich betont, dass allein das Bestehen einer Schwangerschaft unzureichend sei, um auf die Sittenwidrigkeit des Vertrags zu schließen. Diese Tatsache stelle lediglich ein Indiz für eine ungleiche Verhandlungsposition und damit für eine Disparität der Ehegatten bei Vertragsabschluss dar, die eine verstärkte richterliche Kontrolle unter einer Gesamtwürdigung rechtfertige.[1389] Es bedürfe weiterer Umstände, die erschwerend wirken und ein gerichtliches Eingreifen erforderlich machen. Dies sei beispielsweise anzunehmen, wenn die Frau Wert auf die Geburt eines ehelichen Kindes lege, der Ehemann allerdings auf dem Abschluss eines Ehevertrages bestehe, den die Frau letztlich nur unter Zurückstellung erheblicher Bedenken unterzeichne.[1390] Ebenfalls könnte es sich belastend auswirken, wenn der Mann erheblichen Druck auf die Schwangere ausübe und diese aufgrund geringer Chancen auf eine Erwerbstätigkeit Versorgungsengpässe zu befürchten habe.[1391]

Ebenfalls kann eine **wirtschaftliche und soziale Abhängigkeit** des einen Ehegatten von dem anderen eine Disparität bei Vertragsschluss indizieren. Der Abhängigkeit müsste dabei jedoch erhebliches Gewicht zukommen. Dem abhängigen Ehegatten müsste der Eintritt in eine eigene Erwerbstätigkeit, die zu einer wirtschaftlichen Selbstständigkeit führen würde, auf absehbare Zeit nicht möglich sein.[1392] Die bloße Mitarbeit im Betrieb des Ehegatten sowohl zum Zeitpunkt der Eheschließung als auch im Moment des Vertragsabschlusses ist nach

---

NJW 2007, 2851 (2853); NJW 2008, 1076 (1077 f.); NJW 2008, 1080 (1081); NJW 2008, 3426 (3427); NJW 2009, 842 (844); NJW 2009, 2124 (2124); NJW-RR 2011, 998 (999); NJW 2011, 2969 (2970); NJW 2012, 1209 (1209); FamRZ 2013, 195 (197); FamRZ 2018, 577 (578).

1389 *BGH* NJW 2005, 2386 (2389); NJW 2006, 3142 (3145); NJW 2007, 2848 (2849); NJW 2008, 1076 (1078); NJW 2008, 3426 (3429); NJW 2009, 842 (845); NJW 2009, 2124 (2124).
1390 *BGH* NJW 2005, 2386 (2389); NJW 2006, 3142 (3145).
1391 *BGH* NJW 2009, 2124 (2125).
1392 *BGH* NJW 2006, 2331 (2333); FamRZ 2013, 195 (197).

Auffassung des Bundesgerichtshofs dementsprechend unzureichend, um eine wirtschaftliche und soziale Abhängigkeit zu begründen.[1393]

Weiterhin sieht es der Bundesgerichtshof als problematisch an, wenn die (zukünftigen) Ehegatten und Parteien des Ehevertrags **sozial nicht gleichgestellt** sind. In einer seiner Entscheidung kam daher dem Umstand, dass die Parteien aus verschiedenen sozialen Schichten stammten und sich der gesellschaftliche Status erheblich unterschied, bedeutendes Gewicht zu. Erschwerend berücksichtigte der Bundesgerichtshof den wesentlichen Altersunterschied zwischen den Ehegatten von 20 Jahren.[1394]

Ferner wird sowohl der **Sprachkenntnis** der Ehegatten als auch dem Umstand, ob diese als **Ausländer** in einer rechtlich nachteiligen Position verkehren, Bedeutung beigemessen.

Einerseits kann eine Disparität durch die fehlende Kenntnis der Vertragssprache indiziert sein. Sollte eine Vertragspartei fast keinerlei Kenntnis der deutschen Sprache besitzen, der Ehevertrag aber in dieser Sprache abgefasst worden sein, müsste dies bei der Gesamtwürdigung berücksichtigt werden.[1395]

Andererseits ist nach Auffassung des Bundesgerichtshofs ebenso zu berücksichtigen, ob sich der ausländische Ehegatte durch seine rechtliche Stellung in einer ungleichen Verhandlungsposition befindet. Insbesondere wenn sich der ausländische Ehegatte bereits im Inland aufhalte und beabsichtige, sich dauerhaft in Deutschland niederzulassen und dort erwerbstätig zu werden, dieser Plan aber nur bei einer Heirat der Vertragsparteien umgesetzt werden könne, könnte es dem deutschen Vertragspartner möglich sein, den Inhalt des Ehevertrages weitgehend allein zu bestimmen.[1396]

Ferner kann sich ein Ehevertrag, dessen Regelungen sich **zulasten eines Dritten** auswirken, als sittenwidrig erweisen.

Obwohl der Bundesgerichtshof in Rezeption der Entscheidungen des Bundesverfassungsgerichts seine Rechtsprechung zur Inhaltskontrolle von Eheverträgen grundlegend geändert hat, beinhaltet dies nicht, dass die zuvor entwickelten Grundsätze keine Geltung mehr aufweisen. Es gelte weiterhin, dass die Ehegatten ehevertragliche Bestimmungen nicht zum Nachteil der Sozialhilfeträger gestalten dürften.[1397]

1393 *BGH* DNotZ 2005, 703 (704); siehe auch *BGH* NJW 2007, 907 (908).
1394 *BGH* NJW 2008, 3426 (3429); *OLG Hamm* FamRZ 2014, 1926 (1926).
1395 *BGH* NJW 2006, 2331 (2333); NJW 2007, 907 (908); FamRZ 2018, 577 (579).
1396 *BGH* NJW 2007, 907 (908); NJW-RR 2007, 1370 (1371); NJW 2009, 842 (845); FamRZ 2018, 577 (579).
1397 *BGH* NJW 2007, 904 (905 f.).

Insbesondere komme ein Verstoß einer ehevertraglichen Regelung gegen die guten Sitten in Betracht, wenn die Sozialhilfebedürftigkeit durch die Entstehung von ehebedingten Nachteilen im Rahmen der Gestaltung der ehelichen Lebensverhältnisse ausgelöst worden sei, die kompensierende Funktion des Unterhaltsrechts jedoch ehevertraglich ausgeschlossen sei.[1398] In der Rechtsprechung wird zudem problematisiert, dass sich auch die Verpflichtung zu Leistungen nachteilig für den Sozialhilfeträger auswirken könnte. Unterhaltsansprüche würden ihre Grenze in der Leistungsfähigkeit des Unterhaltsschuldners finden. Es gelte bereits grundsätzlich, dass eine Unterhaltspflicht, die den Verpflichteten in Art. 2 Abs. 1 GG einschränke, nur im Rahmen der verfassungsmäßigen Ordnung Bestand habe. Sollte sich die Leistungsverpflichtung als unzumutbar darstellen, sei sie nicht mehr Bestandteil der verfassungsrechtlichen Ordnung und genieße somit keinen grundrechtlichen Schutz. Die Aufnahme einer entsprechenden Unterhaltsverpflichtung könnte mithin zur Sittenwidrigkeit führen.[1399]

bb) Rechtsfolge der Sittenwidrigkeit

Liegen die entsprechenden Voraussetzungen vor, ist das jeweilige Rechtsgeschäft gemäß § 138 Abs. 1 BGB nichtig. Grundsätzlich erstreckt sich die Nichtigkeit auf das gesamte Rechtsgeschäft.[1400]

Eine Ausnahme von diesem Grundsatz bildet § 139 BGB. Die Nichtigkeit ist demgemäß auf eine einzelne Klausel zu beschränken, wenn allein diese Klausel als sittenwidrig anzusehen ist und die Parteien die in Rede stehende Vereinbarung auch bei Fehlen dieser Klausel abgeschlossen hätten.

Umstritten war in der Literatur, ob diese Vorschrift im Rahmen von Eheverträgen überhaupt Anwendung finden könne. Teilweise wurde vertreten, dass die Annahme einer **Teilnichtigkeit** im Falle einer sittenwidrigen Vereinbarung rechtsethischen Grundsätzen widerspreche. Es überzeuge nicht, eine Partei, die gegen die guten Sitten verstoßen habe, dadurch zu begünstigen, dass bestimmte Teile der vorwurfsauslösenden Vereinbarung aufgrund einer bloßen Teilnichtigkeit weiterhin in Kraft bleiben würden.[1401] In späteren Entscheidungen hat der

---

1398 *BGH* NJW 2007, 904 (906); NJW 2009, 842 (845).
1399 *BGH* NJW 2009, 842 (843 f.); zustimmend, aber im Ergebnis ablehnend *OLG Brandenburg* NJW-RR 2002, 578 (580); *OLG Stuttgart* FPR 2000, 280 (281); kritisch unter Verweis auf den vollstreckungsrechtlichen Schutz *Grziwotz*, NJW 2009, S. 846.
1400 *Erman/Schmidt-Räntsch*, § 138, Rn. 29.
1401 *Dauner-Lieb*, FF 2004, S. 68; *Sanders*, FF 2004, S. 250 f.; anderer Ansicht *Rakete-Dombek*, NJW 2004, S. 1275 f.

Bundesgerichtshof den Streit um eine frühere undeutliche Formulierung aufgegriffen und herausgestellt, dass § 139 BGB anwendbar sei. Grundsätzlich sei der gesamte Ehevertrag als nichtig anzusehen, sofern nicht angenommen werden könnte, der Ehevertrag sei auch ohne die beanstandeten Klauseln geschlossen worden.[1402]

Besondere Bedeutung kann in diesem Zusammenhang einer **salvatorischen Klausel** zukommen, wonach die Nichtigkeit einer bestimmten Klausel das Vertragswerk im Übrigen unberührt lassen oder bei Nichtigkeit einer Klausel ein andere Regelung an die Stelle des nichtigen Teils treten soll.[1403] Der Bundesgerichtshof weist in seiner Rechtsprechung zu Eheverträgen jedoch auch darauf hin, dass die Wirkung der salvatorische Klausel jeweils von den konkreten Umständen des Einzelfalls abhängig sei. So komme einer salvatorischen Klausel keine Bedeutung zu, wenn sich die Sittenwidrigkeit der getroffenen Vereinbarung aus der Gesamtwürdigung des Ehevertrages ergebe. In diesem Fall erstrecke sich die Nichtigkeit notwendigerweise auf den gesamten Vertrag.[1404]

b) Ausübungskontrolle – Anpassung des Ehevertrages?

Sollte sich im Zuge der Wirksamkeitskontrolle anhand § 138 Abs. 1 BGB nicht zeigen, dass die ehevertragliche Vereinbarung gegen die guten Sitten verstößt, ist nach Auffassung des Bundesgerichtshofs eine Ausübungskontrolle durch den Tatrichter vorzunehmen. Ansatzpunkt für die Kontrolle sind die tatsächlichen Umstände im Zeitpunkt des Scheiterns der Lebensgemeinschaft.[1405]

1402 *BGH* NJW 2005, 2386 (2388); NJW 2006, 2331 (2333); FamRZ 2018, 577 (578); vgl. auch *BGH* FamRZ 1995, 1482 (1483); FamRZ 2014, 629 (635).
1403 *BGH* NJW 2005, 2386 (2388); siehe auch *Mayer*, FPR 2004, S. 370; *Sarres*, FF 2004, S. 252 f.; ausf. zur salvatorischen Klausel *Erman/Schmidt-Räntsch*, § 139, Rn. 10.
1404 *BGH* NJW 2006, 2331 (2333); NJW 2008, 3426 (3429); FamRZ 2013, 269 (272).
1405 Grundlegend *BGH* FamRZ 2004, 601 (606); siehe auch *BGH* NJW 2005, 137 (139); NJW 2005, 139 (140); DNotZ 2005, 703 (706); NJW 2005, 2386 (2390); NJW 2005, 2391 (2392); NJW 2006, 2331 (2333); NJW 2006, 3142 (3144); NJW 2007, 904 (905); NJW 2007, 907 (908); NJW 2007, 2848 (2849 f.); NJW 2007, 2851 (2854); NJW 2008, 1076 (1079); NJW 2008, 1080 (1083); NJW 2008, 3426 (3427); NJW 2009, 2124 (2125); NJW-RR 2011, 998 (999); NJW 2011, 2969 (2970); NJW 2012, 1209 (1211); FamRZ 2014, 1978 (1980).

aa) Rechtliche Grundlage der Ausübungskontrolle

Die rechtliche Grundlage der Ausübungskontrolle sieht der Bundesgerichtshof hauptsächlich im Grundsatz von **Treu und Glauben**, der in § 242 BGB seine zivilrechtliche Grundlage findet.

Dieser Norm ist in der allgemeinen Rechtspraxis die Funktion zugekommen, gerechte Entscheidungen einzelner Sachverhalte herbeizuführen.[1406] Der offene Tatbestand dient dem Eingang sozialethischer Wertvorstellungen in das Recht und beinhaltet auch das Gebot der Rücksichtnahme auf schutzwürdige Interessen anderer Parteien.[1407] Im Zuge der Ausübungskontrolle ist zu prüfen, ob der Ehegatte, der sich im Scheidungsfall auf die Einhaltung des Ehevertrages beruft, seine Rechtsmacht missbrauche, wenn der andere Teil die Anordnung einer gesetzlichen Scheidungsfolge begehre. Ergebe sich zum Zeitpunkt des Scheitern der Lebensgemeinschaft, dass ein Einhalten der vertraglich vereinbarten Regelung für einen Ehegatten eine evident einseitige Belastung sei, die ihm selbst unter Berücksichtigung der Belange des anderen Ehegatten und seines Vertrauens in den Bestand der vertraglichen Abrede **nicht zugemutet** werden könne, halte die vertragliche Regelung der Ausübungskontrolle nicht stand.[1408] Maßgeblich ist auch in diesem Zusammenhang die Rangfolge der Scheidungsfolgen. Je höher die vertraglich ausgeschlossene Rechtsfolge in der Hierarchie des Scheidungsfolgenrechts rangiere, desto schwerer müssen die Gründe wiegen, die dennoch für ihren rechtmäßigen Ausschluss sprechen würden.[1409]

Ferner kommt nach Auffassung des Bundesgerichtshofs eine Anwendung der Grundsätze des **Wegfalls der Geschäftsgrundlage** in Betracht.[1410] Eine entsprechende gesetzliche Regelung findet sich in § 313 Abs. 1 BGB. Demnach kann eine Anpassung des Vertrages verlangt werden, wenn sich

---

1406 *Erman/Böttcher*, § 242, Rn. 1.
1407 *Erman/Böttcher*, § 242, Rn. 12.
1408 *BGH* FamRZ 2004, 601 (606); NJW 2005, 137 (139); NJW 2005, 139 (140); NJW 2005, 2386 (2390); NJW 2006, 3142 (3144); NJW 2007, 2848 (2850); NJW 2008, 1076 (1079); NJW 2008, 3426 (3427); FamRZ 2013, 195 (198); FamRZ 2013, 269 (272); FamRZ 2013, 770 (771); FamRZ 2013, 1543 (1544); FamRZ 2014, 1978 (1980); kritisch insbesondere aufgrund des Charakters von § 242 BGB als Einzelfallinstrument: *Dauner-Lieb*, AcP 2001, S. 328 f.; *Goebel*, FamRZ 2003, S. 1520; *Schervier*, MittBayNot 2001, S. 214; *Schwab*, DNotZ 2001, Sonderheft, S. 17* f.
1409 *BGH* FamRZ 2004, 601 (606).
1410 *BGH* NJW 2005, 2386 (2390); NJW 2008, 1076 (1080); FamRZ 2013, 269 (272); vgl. auch *BGH* FamRZ 2012, 525 (528); FamRZ 2013, 1543 (1545); FamRZ 2015, 824 (826).

Umstände, die zur Grundlage des Vertrags geworden sind, nach Vertragsschluss schwerwiegend verändert haben und die Parteien den Vertrag nicht oder mit anderem Inhalt geschlossen hätten, wenn sie diese Veränderung vorausgesehen hätten. Dies gilt allerdings nur, soweit einem Teil unter Berücksichtigung aller Umstände des Einzelfalls, insbesondere der vertraglichen oder gesetzlichen Risikoverteilung, das Festhalten am unveränderten Vertrag nicht zugemutet werden kann.[1411]

Die Anwendung der soeben aufgezeigten Grundsätze kommt bei Eheverträgen lediglich in Betracht, wenn die Ehegatten bei Abschluss des Ehevertrages die zukünftige Einkommens- und Vermögenslage als gewiss angesehen und den Ehevertrag entsprechend gestaltet hätten. Es genügt nicht, dass ein Vertragspartner bei Abschluss des Ehevertrages im Vergleich zu seinem Verdienst im Scheidungsfall ein wesentlich geringes Einkommen erzielt habe. Erforderlich ist vielmehr, dass die Ehegatten die gesetzlichen Scheidungsfolgen gerade mit Blick auf bereits bestehende oder zukünftige Unterschiede in den Vermögensverhältnissen abbedungen hätten.[1412]

bb) Rechtsfolge der Ausübungskontrolle

Fraglich ist, welche Rechtsfolge der Tatrichter an seine Überzeugung, dass ein Einhalten der ehevertraglichen Regelung für den belasteten Ehegatten unzumutbar ist, knüpfen muss.

Der Bundesgerichtshof führt dazu aus, dass weder die Unwirksamkeit der ehevertraglichen Regelung noch eine Anwendung der gesetzlichen Vorgabe in Betracht komme, wenn dem beschwerten Ehegatten eine der Regelungen des Ehevertrags nicht zugemutet werden könne. Vielmehr müsste der Richter ermitteln, welche Rechtsfolge den berechtigten Belangen beider Parteien in der nunmehr eingetretenen Situation in angemessener Weise Rechnung trage, und diese Rechtsfolge anordnen.[1413] Dabei sei erneut die Hierarchie des Scheidungsfolgenrechts zu berücksichtigen. Je höher die gesetzliche Regelung im

---

1411 *Erman/Böttcher*, § 313, Rn. 27.
1412 *BGH* NJW 2005, 2386 (2390); NJW 2008, 1076 (1080); FamRZ 2013, 195 (198).
1413 *BGH* FamRZ 2004, 601 (606); NJW 2006, 3142 (3144); NJW 2011, 2969 (2970); FamRZ 2013, 195 (198); FamRZ 2013, 269 (273); FamRZ 2013, 770 (772); FamRZ 2014, 1978 (1980).

Scheidungsfolgenrecht rangiere, desto stärker müsste sich der Richter bei der Anordnung der Rechtsfolge an der gesetzlichen vorgegebenen Regelung orientieren.[1414]

Betont wird, dass es nicht Ziel und Zweck der Vertragsanpassung in diesem Sinne sei, dass ein Risiko, was zunächst durch Vertrag ausgeschlossen worden sei, nun wieder von den (ehemaligen) Ehegatten gemeinsamen getragen werde. Verhindert werden sollte, dass ein Ehegatte einen Nachteil, der durch die Ehe bedingt entstanden ist, allein tragen müsste, sofern der **ehebedingte Nachteil** nach den Grundsätzen von Treu und Glauben von beiden Ehegatten gemeinsam zu tragen wäre.[1415] Dennoch dürfe der benachteiligte Ehegatte nicht besser gestellt werden, als er ohne die vertragliche Regelung stehen würde.[1416]

So ist der Bundesgerichtshof im Einzelfall davon ausgegangen, dass bei der Bemessung des Unterhalts aufgrund der Ausübungskontrolle keine Ausrichtung an den ehelichen Lebensverhältnissen zu erfolgen habe, sondern der konkrete Nachteil auszugleichen sei, den der betreuende Ehegatte durch Verzicht auf eine eigene Berufstätigkeit erlitten habe.[1417] Ferner nahm er im Fall der Vereinbarung über den Ausschluss des Versorgungsausgleichs an, dass die Ehegatten durch diesen Ausschluss zu erkennen gegeben hatten, eine Teilhabe an den Versorgungsrechten des anderen nicht zu wollen. Dementsprechend sei nur der ehebedingte Versorgungsnachteil auszugleichen, sodass der benachteiligte Ehepartner so zu stellen sei, wie er bei Weiterführung seiner Erwerbstätigkeit und durchgängigen Aufbau einer eigenen Vorsorge stehen würde.[1418]

Weiterhin lehnt es der Bundesgerichtshof ab, Umstände zu berücksichtigen, die bereits vor der Eheschließung vorgelegen haben und für die Gestaltung der ehelichen Lebensgemeinschaft erhebliche Bedeutung hatten. Die Entwicklungen, die einige Zeit vor der Ehe stattgefunden hätten, würden kein schützenswertes

---

1414 *BGH* FamRZ 2004, 601 (606); NJW 2005, 139 (140 f.); vgl. auch *BGH* FamRZ 2013, 269 (273), der davon ausgeht, dass sich die Berufung auf eine vereinbarte Gütertrennung nur in Ausnahmefällen als rechtsmissbräuchlich erweisen dürfte.
1415 *BGH* NJW 2005, 139 (141); NJW 2008, 1080 (1083 f.); FamRZ 2013, 770 (772); FamRZ 2014, 1978 (1980); *Hoppenz*, FamRZ 2015/I, S. 631, lehnt dies mit der Begründung ab, dass eine Ausrichtung anhand der Abweichung der tatsächlichen Entwicklung von den Vorstellungen der Ehegatten bei Vertragsschluss zu erfolgen habe.
1416 *BGH* NJW 2011, 2969 (2971); FamRZ 2013, 770 (772); FamRZ 2014, 1978 (1980).
1417 *BGH* NJW 2005, 2391 (2393); siehe auch BGH FamRZ 2014, 1978 (1980).
1418 *BGH* NJW 2005, 139 (141); FamRZ 2013, 195 (198).

Vertrauen in den Bestand der Ehe begründen, sodass in solchen Fällen nicht von einer Ehebedingtheit ausgegangen werden könne.[1419]

cc) Der Zugewinnausgleich in der Ausübungskontrolle

Der Zugewinnausgleich nimmt im Rahmen der Ausübungskontrolle eine besondere Stellung ein. Dieser rangiert, wie bereits dargestellt, im Scheidungsfolgenrecht auf der niedrigsten Stufe und ist folglich einer weitreichenden Disposition zugänglich. Vor diesem Hintergrund statuiert der Bundesgerichtshof, dass die Berufung auf eine zunächst wirksam vereinbarte Gütertrennung nur unter *engsten* Voraussetzungen rechtsmissbräuchlich sein dürfte. Zwar sei anzunehmen, dass grundsätzlich die Voraussetzungen für eine Vertragsanpassung vorliegen, wenn die Ehegatten bei Vertragsschluss davon ausgegangen seien, dass beide während der Ehe in wirtschaftlich vergleichbarer Weise gewinnbringend tätig werden würden, diese Planung sich jedoch aufgrund von Umständen, die dem gemeinsamen Risikobereich der Ehegatten zugehören, nicht habe verwirklichen lassen; selbst bei Vorliegen solcher Umstände erfolge jedoch eine Korrektur vorrangig über das Unterhaltsrecht.[1420] Die Anwendung der güterrechtlichen Vorschriften komme trotz eines ehevertraglichen Ausschluss im Rahmen der Ausübungskontrolle jedoch im Einzelfall in Betracht, falls eine Kompensation des haushaltsführenden Ehegatten über den Versorgungsausgleich scheitere, da der erwerbstätige Ehegatte – entgegen der ursprünglichen Vorstellung – Altersvorsorge durch Bildung von Privatvermögen betrieben habe. Begründet wird dies mit einer Funktionsäquivalenz von Versorgungs- und Zugewinnausgleich. Der Bundesgerichtshof betont jedoch zugleich, dass dies nur in besonderen Sachkonstellation geboten erscheine.[1421] Für eine Anpassung der güterrechtlichen Regelung im Rahmen der Ausübungskontrolle bleibt damit wenig Raum, was sich in der Praxis widerspiegelt.[1422]

Die Zurückhaltung der Rechtsprechung hinsichtlich einer Berücksichtigung des Zugewinnausgleichs im Rahmen der Ausübungskontrolle ist in der Literatur verschiedentlich kritisiert worden. So wird in Zweifel gezogen, ob es angemessen ist, den Zugewinnausgleich nicht dem Kernbereich des Scheidungsfolgenrechts zuzuordnen. Zur Begründung wird darauf verwiesen, dass auf die Kompensation

---

1419 *BGH* NJW 2011, 2969 (2970); kritisch *Mayer*, NJW 2011, S. 2972.
1420 *BGH* NJW 2008, 1076 (1079).
1421 *BGH* FamRZ 2014, 1978 (1981); vgl. *BGH* FamRZ 2013, 269 (273).
1422 So *Braeuer*, FamRZ 2014, S. 78; *Hoppenz*, FamRZ 2011, S. 1697; *Münch*, FamRZ 2014, S. 808.

ehebedingter Vermögenseinbußen aufgrund des Verzichts auf eigene Erwerbs- und Vermögensbildungschancen nicht vorab verzichtet werden könne. Falls bei einer Gütertrennung Raum für eine Ausübungskontrolle sei, müsse im Zuge eines Wertschöpfungsausgleichs zumindest die ehebedingte Vermögenseinbuße ausgeglichen werden.[1423] Auch wird kritisiert, dass der Bundesgerichtshof im Umgang mit dem Güterrecht bei Eheverträgen seiner übrigen Rechtsprechung widerspreche, in welcher er der Teilhabe am gemeinsam erwirtschafteten Vermögen einen hohen Stellenwert einräume.[1424]

Wieder andere stellen die Anwendung der Ausübungskontrolle hinsichtlich des Güterrechts insgesamt in Frage. Abgestellt wird in diesem Zusammenhang darauf, dass die ehevertragliche Regelung des Güterrechts keine Scheidungsfolge sei, sondern statusbildend wirke. Werde ehevertraglich Gütertrennung vereinbart, entstehe von vorneherein kein Zugewinnausgleichsanspruch als schuldrechtlicher Anspruch, der einer Ausübungskontrolle zugänglich sei. Ein Billigkeitsausgleich nach § 242 BGB widerspreche den gesetzlichen Grundlagen zum Zugewinnausgleich, der eine schematische Betrachtungsweise erfordere. Die in diesem Zusammenhang zur Unbilligkeit zu berücksichtigende Vorschrift des § 1381 BGB sperre einen Rückgriff auf § 242 BGB.[1425] Auch wird kritisiert, dass durch die Berücksichtigung von ehebedingten Nachteilen letztlich bei einer Anpassung des Güterrechts in der Ausübungskontrolle ein Schadensausgleich geschaffen werde. Die Berücksichtigung von Vermögenseinbußen als ehebedingter Nachteil und deren Ausgleich führe dazu, dass entgegen der gesetzlichen Regelung geteilt werde, was nicht vorhanden sei.[1426] Diese grundlegenden Bedenken werden nicht allgemein geteilt. So wird darauf verwiesen, dass sich die Problematik der Anwendung der Ausübungskontrolle hinsichtlich der güterrechtlichen Regelung nicht stelle, da eine Vertragsanpassung der unterhaltsrechtlichen Regelungen des Ehevertrages den geringeren Eingriff in die Vertragsfreiheit darstelle und daher vorrangig zu erfolgen habe.[1427]

[1423] *Dauner-Lieb*, AcP 2010, S. 607 f.; siehe auch *Brudermüller*, NJW 2010, S. 407; *Meder*, FPR 2012, S. 116, unter Verweis auf eine geänderte Funktion der Zugewinngemeinschaft.
[1424] *Bergschneider*, FamRZ 2010, S. 1859.
[1425] *Braeuer*, FamRZ 2014, S. 79.
[1426] *Braeuer*, FamRZ 2014, S. 83.
[1427] *Kanzleiter*, FamRZ 2014, S. 1000; siehe auch *Hoppenz*, FamRZ 2011, S. 1698.

III. Ausgleich durch das Nebengüterrecht

Bereits vor der Entwicklung der soeben aufgezeigten Inhalts- und Ausübungskontrolle hat die Rechtsprechung sich bemüht, in Situationen, in denen ein vermögensrechtlicher Ausgleich aufgrund der ehevertraglichen Vereinbarung nicht möglich war, dennoch einen solchen Ausgleich über das Nebengüterrecht zu schaffen, um ungerechte Konstellationen zu vermeiden. Ungerechtigkeiten können sich insbesondere ergeben, falls die Vereinbarung der Gütertrennung oder des modifizierten Zugewinnausgleichs weder sittenwidrig ist noch Raum für eine Vertragsanpassung im Rahmen der Ausübungskontrolle besteht, aber dennoch einer der Ehegatten den anderen durch seine Mitarbeit oder ein erhebliches Vermögensopfer unterstützt hat, ohne dafür eine Kompensation zu erhalten.[1428] Das Nebengüterrecht wird teilweise sogar als *Quasi-Zugewinnausgleich* bezeichnet, der dazu diene, Lücken im gesetzlichen System zu schließen.[1429]

Nachstehend sollen die Institute, die in der Rechtsprechung entwickelt worden sind, um einen Ausgleich zu schaffen, näher dargestellt werden.

1. schuldrechtliche Anspruchsgrundlagen

Ein Ausgleichsanspruch muss sich nicht stets aus den eigens entwickelten Rechtsinstituten ergeben. In der Literatur wird darauf hingewiesen, dass die Ehegatten weder aufgrund der Eheschließung noch in Folge des Ehevertrags daran gehindert seien, weitere vertragliche Vereinbarungen miteinander abzuschließen. Daher sei zunächst zu prüfen, ob sich ein Anspruch aus einem im Bürgerlichen Gesetzbuch bereits ausdrücklich geregelten Vertragsverhältnis ergeben könnte.[1430]

In Betracht kommt zunächst, dass die Hingabe eines Geldbetrages während der Ehe in Vollziehung eines **Darlehensvertrages** gemäß § 488 Abs. 1 S. 1 BGB erfolgt ist.[1431] Der den Betrag zur Verfügung stellende Ehegatte ist Darlehensgeber, der andere Darlehensnehmer im Sinne der Vorschrift. Der Darlehensnehmer ist gemäß § 488 Abs. 1 S. 2 BGB verpflichtet, das zur Verfügung gestellte Darlehen bei Fälligkeit zurückzuzahlen. Ist für die Rückzahlung eine Frist nicht

---

1428 *Falkner*, DNotZ 2013, S. 586.
1429 *Herr*, NJW 2012, S. 1848; *ders.*, in: *Münch*, Familienrecht, § 6, Rn. 14.
1430 *Schwab*, Familienrecht, Rn. 324.
1431 BGH NJW 1982, 2236 (2236); FamRZ 1994, 1167 (1167); *Münch*, FamRZ 2004, S. 237.

bestimmt, kann der Darlehensgeber nach § 488 Abs. 3 BGB den Darlehensvertrag kündigen und so das Darlehen zur Rückzahlung fällig stellen.

Auch könnten die Ehegatten während der bestehenden Ehe eine **Gesellschaft bürgerlichen Rechts** im Sinne von § 705 BGB gründen, um durch Einbringung verschiedener Beiträge die Erreichung eines gemeinsamen Zwecks zu fördern.[1432]

Während des Bestehens der Gesellschaft sind die Gesellschafter gemäß § 722 Abs. 1 BGB grundsätzlich zu gleichen Teilen an Gewinn und Verlust beteiligt, falls keine anderweitige Vereinbarung getroffen wurde.

Etwaige Ausgleichsansprüche der Gesellschafter können sich zudem bei einer Auflösung der Gesellschaft ergeben, die eine Auseinandersetzung und Beendigung nach sich zieht.[1433] Es bestehen verschiedene gesetzlich geregelte Auflösungsgründe. Hierzu zählt die Auflösung nach Zeitablauf im Sinne von §§ 723, 724 BGB, sofern die Gesellschaft für eine bestimmte Zeit eingegangen ist. Daneben kommt gemäß § 726 BGB eine Auflösung in Betracht, wenn der Zweck erreicht worden ist, zu welchem die Gesellschaft eingegangen worden ist. Der Gesellschaftsvertrag kann ferner gemäß § 723 Abs. 1 BGB jederzeit durch beide Gesellschafter gekündigt werden, was grundsätzlich zur Auseinandersetzung führt. Bei der Auseinandersetzung sind einem Gesellschafter die Gegenstände, die dieser der Gesellschaft zur Nutzung überlassen hat, gemäß § 732 S. 1 BGB zurückzugeben. Das erworbene Gesellschaftsvermögen ist grundsätzlich zunächst zur Deckung der gemeinschaftlichen Verbindlichkeiten einzusetzen. Ein verbleibender Überschuss ist gemäß § 734 BGB unter den Gesellschaften entsprechend dem Verhältnis der Ehegatten am Gewinn zu verteilen. Nur falls dies gesondert vertraglich vereinbart ist, kann die Gesellschaft nach § 736 Abs. 1 BGB fortbestehen.

Zudem kann zwischen den Ehegatten eine **Gemeinschaft nach Bruchteilen** bestehen, die es bei einer Trennung bzw. Ehescheidung aufzulösen gilt. Dies setzt voraus, dass die Ehegatten an einem Vermögensgegenstand anteilig berechtigt sind, wobei die Teilhaber im Innenverhältnis gemäß §§ 741 ff. BGB im Zweifelsfall zu gleichen Teilen berechtigt sind. Die Bruchteilsgemeinschaft kann ausdrücklich als Miteigentümergemeinschaft an einer Immobilie bestehen. Daneben kommt weiterhin in Betracht, dass sich dies aus den Umständen des Einzelfalls ergibt. Der Bundesgerichtshof hat dem Umstand, dass beide Ehegatten

---

[1432] *BGH* FamRZ 1994, 1167 (1167); FamRZ 2012, 1789 (1790); vgl. auch *BGH* FamRZ 1994, 295 (297).
[1433] Siehe dazu *Kindl*, Gesellschaftsrecht, § 11, Rn. 1.

auf ein Sparkonto, das ausschließlich einem der Ehegatten zuzuordnen ist, Einzahlungen vornehmen und Einvernehmen dahingehend besteht, dass die auf diesem Konto befindlichen Ersparnisse beiden zugutekommen, entscheidendes Gewicht beigemessen. Bei Vorliegen dieser Voraussetzungen könnte auf das Bestehen einer stillschweigenden Bruchteilsgemeinschaft geschlossen worden sein.[1434]

Des Weiteren wird darauf verwiesen, dass der Abschluss eines **Arbeitsvertrages** zwischen Ehegatten möglich sei.[1435] Ein solches Arbeitsverhältnis kann grundsätzlich nicht nur ausdrücklich, sondern auch konkludent begründet werden. Allerdings ist insoweit zu berücksichtigen, dass, vergleichbar mit der Problematik im niederländischen Recht, ein Rückschluss auf das Bestehen eines Arbeitsverhältnisses nicht zu ziehen sein wird, wenn sich der Arbeitgeber aufgrund des Unterlassens des Abführen von Sozialabgaben strafbar machen würde.

Weitere Ansprüche könnten sich bei Vorliegen eines **Treuhandauftrages** ergeben. Das Wesen des Treuhandauftrages besteht darin, dass der Treuhänder nach außen uneingeschränkt über das ihm übertragene Gut verfügen können soll. Gleichwohl ist er im Innenverhältnis Beschränkungen unterworfen und gemäß § 667 BGB verpflichtet, das Treuhandgut zurückzugeben. Unter Ehegatten betrifft dies Konstellationen, in denen ein Ehegatte dem anderen einen Geldbetrag zur Verfügung stellt, damit der Ehegatte treuhänderisch Handlungen vornehmen kann, die dem anderen aus tatsächlichen Gründen nicht möglich sind.[1436]

Ferner kommt in Betracht, dass die Hingabe eines Vermögensgegenstands eines Ehegatten an den anderen eine **Schenkung** im Sinne von § 516 Abs. 1 BGB darstellt.[1437] Mit dem Abschluss des Schenkungsvertrages werden sich Schenker und Beschenkter dahingehend einig, dass eine Übertragung des jeweiligen Gegenstands unentgeltlich, mithin unabhängig von einer Gegenleistung, erfolgt. Damit bildet die Schenkung primär die Grundlage für eine Berechtigung des Beschenkten, den jeweiligen Gegenstand nicht wieder herausgeben zu müssen.

Gleichwohl ist eine **Rückforderung** nicht stets ausgeschlossen; im Bürgerlichen Gesetzbuch finden sich einzelne Anspruchsgrundlagen, die zur

---

1434 *BGH* FamRZ 2002, 1696 (1697).
1435 *Münch*, FamRZ 2004, S. 234, unter Verweis auf *BGH* FamRZ 1990, 1580 (1581).
1436 *BGH* FamRZ 2005, 1667 (1670); *OLG Bremen* FamRZ 2017, 279 (280); *OLG Oldenburg* FamRZ 2011, 70 (71); siehe auch *BGH* NJW 1982, 2236 (2236).
1437 *BGH* NJW 1982, 2236 (2236); FamRZ 1994, 1167 (1167).

Rückforderung berechtigen. Im Rahmen der Ehegattenschenkung kommt in erster Linie in Betracht, dass eine Schenkung gemäß § 530 Abs. 1 BGB aufgrund groben Undanks widerrufen wird, was voraussetzt, dass sich der Beschenkte einer schwerwiegenden Verfehlung gegen den Schenker oder einen nahen Angehörigen schuldig gemacht hat. Die Verfehlung muss dementsprechend objektiv von einer gewissen Schwere und subjektiv Ausdruck einer Gesinnung sein, die in erheblichem Maße die vom Schenker erwartete Dankbarkeit vermissen lässt.[1438] Der Bundesgerichtshof hat in diesem Zusammenhang herausgestellt, dass auch eine schwere Eheverfehlung groben Undank im vorstehenden Sinne begründen kann.[1439] Dennoch bedarf es daneben der Feststellung undankbarer Gesinnung, sodass in der Literatur angenommen wird, nicht jede Verfehlung begründe das Widerrufsrecht. Erforderlich sei vielmehr ein exzessives Fehlverhalten.[1440] Auch hat der Bundesgerichtshof die Rückforderung einer Schenkung aufgrund eines Wegfalls der Geschäftsgrundlage gemäß § 313 BGB gebilligt. Maßgeblich war, dass der Ehemann bei der Schenkung davon ausging, das in der Ehe geborene Kind stamme von ihm ab.[1441]

2. Rückforderung der ehebezogenen Zuwendung

Die Hingabe von Vermögensgegenständen und Geldbeträgen findet ihre Grundlage nicht allein in den vorstehenden Vereinbarungen. Vielmehr kommt in Betracht, dass der Vermögenstransfer zwar zunächst ohne Gegenleistung erfolgt, aber zweckgebunden ist. Die Rechtsprechung geht insoweit davon aus, dass die Ehegatten familienrechtliche Verträge *sui generis* schließen können, wonach Geschäftsgrundlage wird, dass der Vermögenstransfer der Ausgestaltung, Verwirklichung und dem Erhalt der ehelichen Lebensgemeinschaft dienen soll.[1442] Dieses Rechtsinstitut wird als ehebedingte, ehebezogene oder unbenannte Zuwendung bezeichnet.[1443]

1438 *BGH* FamRZ 2000, 1490 (1491); FamRZ 2006, 196 (197); NJW 2000, 3201 (3201); NJW 2014, 3021 (3022).
1439 *BGH* DNotZ 1983, 103 (103); FamRZ 1983, 349 (349).
1440 *Schwab*, Familienrecht, Rn. 324; anders *BGH* FamRZ 1983, 349 (349).
1441 *BGH* FamRZ 2012, 1363 (1364).
1442 *BGH* NJW 1982, 2236 (2236); FamRZ 1989, 147 (149); FamRZ 1990, 1580 (1582); FamRZ 1994, 1167 (1168); FamRZ 1997, 933 (933); FamRZ 2003, 230 (230); FamRZ 2012, 1363 (1364); FamRZ 2012, 1789 (1790); *OLG Bamberg* FamRZ 1996, 1221 (1222); *OLG Bremen* FamRZ 2017, 279 (281).
1443 *Falkner*, DNotZ 2013, S. 591; *Herr*, in: *Münch*, Familienrecht, § 6, Rn. 148; *Schulz*, FPR 2010, S. 374.

Die ehebezogene Zuwendung scheint der Schenkung zu entsprechen. Im Unterschied zur Schenkung, die ihrem Wesen nach vollumfänglich freigiebig erfolgt, was sich unmittelbar auf Gegenleistung und Geschäftsgrundlage auswirkt, ist die Geschäftsgrundlage der ehebezogenen Zuwendung jedoch das Bestehen der Ehe.[1444] Indizien für das Vorliegen einer ehebezogenen Zuwendung können äußere Umstände, wie die zeitliche Nähe zur Eheschließung, oder innere Umstände, wie die Absichten der Ehegatten hinsichtlich der Verwendung der zugewendeten Gegenstände sein.[1445] Fehlen konkrete Ansatzpunkte für ehefremde Zwecke oder eine erkennbare anderweitige Vereinbarung, ist anzunehmen, dass es sich um eine ehebezogene Zuwendung handelt.[1446]

Scheitert die Ehe, entfällt die Geschäftsgrundlage für die ehebezogene Zuwendung, sodass es eine Vertragsanpassung nach § 313 Abs. 1 BGB vorgenommen werden kann. Ob der zugewendete Gegenstand zurückzugewähren ist, unterliegt der richterlichen Abwägung. Hierbei ist zu berücksichtigen, dass § 313 Abs. 1 BGB lediglich eine Billigkeitsabwägung und keinen unmittelbaren Rückgewähranspruch eröffnet. Es ist daher eine Gesamtabwägung aller Umstände des jeweiligen Falls vorzunehmen. Berücksichtigt werden können dabei die ursprünglich mit der Zuwendung verbundenen Motive, die Dauer der ehelichen Lebensgemeinschaft, das Alter der Ehegatten, Art und Umfang der Leistung, die jeweiligen Einkommens- und Vermögensverhältnisse und letztlich der Umstand, ob der Vermögensvorteil noch vorhanden ist.[1447] Auch ist zu berücksichtigen, ob der Zugewinnausgleich nicht bereits zu einem angemessenen Vermögensausgleich geführt hat. Die Vermögensverschiebung muss sich trotz des durchgeführten Zugewinnausgleichs als schlechthin unangemessen und untragbar erweisen.[1448] Ein Rückgewähranspruch des zugewendeten Gegenstands kommt

---

1444 *BGH* FamRZ 1990, 1580 (1582); FamRZ 1992, 293 (294); FamRZ 2012, 1363 (1364); FamRZ 2012, 1789 (1790); *OLG Bamberg* FamRZ 1996, 1221 (1222); *KG* FamRZ 2010, 33 (33); vgl. zur unbenannten Zuwendung von Schwiegereltern auch *BGH* FamRZ 1995, 1060 (1061); FamRZ 1998, 669 (670).
1445 *OLG Bamberg* FamRZ 1996, 1221 (1222).
1446 So *BGH* FamRZ 1992, 293 (294); *KG* FamRZ 2010, 33 (33); *OLG Bamberg* FamRZ 1996, 1221 (1222); *OLG Frankfurt* NJOZ 2006, 4724 (4724).
1447 *BGH* NJW 1982, 2236 (2237); FamRZ 1990, 1580 (1583); FamRZ 2012, 1789 (1791); *OLG München* FamRZ 1999, 1663 (1664); *OLG Oldenburg* FamRZ 2008, 993 (994); vgl. zur Zuwendung bei einer nichtehelichen Gemeinschaft *BGH* NJW 2011, 2880 (2882).
1448 *BGH* FamRZ 1989, 147 (149); FamRZ 1997, 933 (933); FamRZ 2003, 230 (230); *OLG Bremen* FamRZ 2017, 279 (281); *OLG München* FamRZ 1999, 1663 (1664); *OLG Oldenburg* FamRZ 2008, 993 (994); *OLG Stuttgart* FamRZ 1994, 1326 (1328).

dabei nur ausnahmsweise in Betracht. Grundsätzlich erfolgt ein Ausgleich durch eine entgeltliche Leistung.[1449]

3. Ausgleich im Rahmen der Ehegatteninnengesellschaft

Neben den sich unmittelbar aus dem Gesetz ergebenden schuldrechtlichen Anspruchsgrundlagen hat der Bundesgerichtshofs bereits in einer Entscheidung aus dem Jahr 1952 mit der Ehegatteninnengesellschaft eine gesonderte Grundlage für einen Ausgleichsanspruch herausgearbeitet. Im zur Entscheidung vorliegenden Fall war streitig, wie die Mitarbeit der Ehefrau in der auf den Ehemann zugelassenen Gastwirtschaft zu bewerten ist. Zu Beginn ihrer Ehe hatten der Mann und die Frau ehevertraglich den Güterstand der Gütertrennung vereinbart. Der Ehevertrag enthielt daneben eine Klausel, wonach die Ehefrau bei der Entscheidung über die Verwertung ihrer Arbeitskraft vollständig frei und insbesondere nicht von der Zustimmung des Ehemanns abhängig sein sollte. Der Bundesgerichtshof nahm diesen Rechtsstreit zum Anlass, festzustellen, dass es – auch unter Berücksichtigung familienrechtlicher Verpflichtungen zur Unterstützung des anderen Ehegatten – aufgrund des gesellschaftlichen Wandels verfehlt sei, anzunehmen, die Ehefrau habe die von ihr verrichteten Dienste unbezahlt erbracht. Vielmehr sei bei einem Arbeitseinsatz im Zweifel davon auszugehen, dass die Ehegatten einander im Rahmen einer Ehegatteninnengesellschaft an den wirtschaftlichen Vor- und Nachteilen beteiligen wollen würden.[1450] Die Ehegatteninnengesellschaft bindet ausschließlich die Ehegatten untereinander. Es handelt sich nicht um eine nach außen tretende und am Rechtsverkehr teilnehmende Rechtsperson. Gesamthandsvermögen wird nicht gebildet.[1451]

Die Entscheidung bildet den Ausgangspunkt für die ständige Rechtsprechung des Bundesgerichtshofs zur Ehegatteninnengesellschaft, durch die die Voraussetzungen für die Annahme dieses Rechtsinstituts weiter konkretisiert worden sind.

Erforderlich ist zunächst, dass die Ehegatten mit der stillschweigenden Gründung der Gesellschaft einen **Zweck verfolgen, der über die bloße Förderung der ehelichen Lebensgemeinschaft hinausgeht**.[1452] Dies ist insbesondere der

---

1449 *OLG Bremen* FamRZ 2017, 279 (281); vgl. zur unbenannten Zuwendung von Schwiegereltern *BGH* FamRZ 1998, 669 (670); FamRZ 2006, 394 (395).
1450 *BGH* NJW 1953, 418 (419).
1451 So ausdrücklich *BGH* NJW 1974, 2278 (2279).
1452 *BGH* NJW 1960, 428 (429); NJW 1967, 1275 (1277); NJW 1974, 1554 (1554 f.); NJW 1974, 2278 (2278); FamRZ 1989, 147 (148); FamRZ 1990, 1580 (1581); FamRZ 2002, 1696 (1696); FamRZ 2012, 1789 (1790); FamRZ 2016, 965 (966).

Fall, falls Vermögensbestandteile und/oder Arbeitsleistungen zur gemeinsamen Vermögensbildung eingesetzt werden.[1453] Ferner stellt die gemeinsame berufliche und gewerbliche Tätigkeit einen über die eheliche Lebensgemeinschaft hinausgehenden Zweck dar.[1454] Nicht als ausreichend ist es angesehen worden, dass der Zweck der Gesellschaft im Bau eines Familienheims bestand, der Bestellung einer Sicherheit diente oder die Mitarbeit nicht über Es bedarf grundsätzlich einer **gleichberechtigten Mitarbeit oder Teilhabe** beider Ehegatte an der Innengesellschaft. Es bedarf dabei nicht einer gleich hohen oder gleichartigen Beteiligung. Eine untergeordnete Tätigkeit genügt jedoch nicht.[1455]

Auch muss beiden Ehegatten **bewusst** sein, dass **Dinge, die formal-dinglich betrachtet im Alleineigentum eines von ihnen stehen, wirtschaftlich beiden zugeordnet** werden. Erforderlich ist jedoch nicht, dass die Ehegatten die Gründung einer Gesellschaft beabsichtigen.[1456]

Es bedarf zur Bildung der Ehegatteninnengesellschaft keines ausdrücklichen Gesellschaftsvertrages; der konkludente Zusammenschluss ist ausreichend. Der Bundesgerichtshof stellt in diesem Zusammenhang auf das Vorliegen von Indizien ab, die einen Rückschluss auf den Willen der Ehegatten zulassen.[1457] In der Literatur wird ergänzend darauf verwiesen, dass es in einer intakten Ehe üblich sei, dass Leistungen zugunsten des anderen Ehegatten schlichtweg erbracht würden; die vertragliche Vereinbarung werde von den Ehegatten in der Regel unberücksichtigt gelassen.[1458]

Fraglich ist, ob die Regelungen der Ehegatteninnengesellschaft nachrangig zum ehelichen Güterrecht sind, mithin nur Anwendung finden können, falls das eheliche Güterrecht keine gerechte Lösung vorsieht. Der Bundesgerichtshof geht davon aus, dass die Ehegatteninnengesellschaft dort einen interessengerechten Ausgleich ermögliche, wenn das Güterrecht dies nicht vorsehe.[1459] Insoweit

---

1453 *BGH* NJW 1960, 428 (429); FamRZ 1990, 1580 (1581); FamRZ 2016, 965 (966).
1454 *BGH* NJW 1974, 1554 (1555); FamRZ 1990, 1580 (1581).
1455 *BGH* NJW 1953, 418 (419); FamRZ 1990, 1580 (1582); FamRZ 2016, 965 (967).
1456 *BGH* FamRZ 1990, 1580 (1582).
1457 *BGH* NJW 1953, 418 (419); NJW 1960, 428 (429); NJW 1974, 2278 (2278); FamRZ 1989, 147 (148); FamRZ 1990, 1580 (1581); FamRZ 2012, 1789 (1790).
1458 *Herr*, in: *Münch*, Familienrecht, § 6, Rn. 42.
1459 *BGH* FamRZ 1999, 1580 (1581); vgl. auch *KG* FamRZ 2010, 33 (34); *OLG Frankfurt* NJOZ 2006, 4724 (4725).

scheint der Bundesgerichtshof von einer Nachrangigkeit auszugehen. In der Literatur wird diese Ansicht weitgehend geteilt.[1460]

Besteht eine Ehegatteninnengesellschaft, sind grundsätzlich die gesetzlichen Vorschriften über die Gesellschaft bürgerlichen Rechts analog anzuwenden. Dies hat zur Folge, dass sich die Rechtsfolgen einer Auseinandersetzung mit der Trennung der Ehegatten grundsätzlich nach den eingangs bereits genannten Normen richten.[1461] Allerdings bestehen Besonderheiten hinsichtlich der Durchführung des Ausgleichs. So erfolgt entgegen der Regelung des § 732 BGB keine dingliche Rückgabe der eingebrachten Vermögensgegenstände. Es bestehen grundsätzlich weder Übereignungs- oder Herausgabeansprüche noch hat der ausscheidende Ehegatteninnengesellschafter einen Anspruch auf Verwertung einzelner Vermögensgegenstände. Vielmehr entsteht mit der Beendigung der Gesellschaft ein entgeltlicher Ausgleichsanspruch.[1462] Dieser besteht grundsätzlich bei analoger Anwendung von § 722 Abs. 1 BGB in Höhe des hälftigen bilanziellen Gesellschaftsvermögens. Der Ausgleichsanspruch kann jedoch variieren, falls die Ehegatten eine anderweitige Vereinbarung hierzu abgeschlossen haben, welche auch konkludent getroffen werden kann.[1463] Dieser richtet sich nach den Umständen des jeweiligen Einzelfalls. So können die jeweils zur Wertschöpfung geleisteten Beiträge ein Indiz für die Bemessung des Ausgleichsanspruchs sein.[1464]

4. Familienrechtlicher Kooperationsvertrag

Da die Ehegatteninnengesellschaft stets voraussetzt, dass die Ehegatten gegenüber einander gleichberechtigt sind, kann eine Kompensation in Fällen, in denen ein Ehegatte zwar maßgeblich an der Wertschöpfung des anderen beteiligt ist, jedoch in einem Subordinationsverhältnis tätig ist, nicht im Rahmen dieses Rechtsinstituts erfolgen. Der Bundesgerichtshof geht dennoch davon aus, dass die Mitarbeit zugunsten des anderen Ehegatten in einem vertraglichen Rahmen erfolgt und stellt auf den sogenannten familienrechtlichen Kooperationsvertrag

---

1460 *Hahn*, in: Bamberger/Roth, BGB, § 1356, Rn. 22; *Langenfeld*, ZEV 2000, S. 14; *Münch*, FamRZ 2004, S. 234, unter Verweis auf den Auffangcharakter der Ehegatteninnengesellschaft; unentschieden *Grziwotz*, DNotZ 2000, S. 492.
1461 BGH FamRZ 1999, 1580 (1584).
1462 BGH NJW 1974, 2278 (2279); FamRZ 1999, 1580 (1584); *Münch*, FamRZ 2004, S. 236.
1463 BGH NJW 1953, 418 (419); FamRZ 1990, 973 (974); FamRZ 1999, 1580 (1585); FamRZ 2016, 965 (967); *Münch*, FamRZ 2004, S. 236.
1464 BGH FamRZ 1990, 973 (974); FamRZ 2016, 965 (967).

ab.¹⁴⁶⁵ Voraussetzung ist, dass ein Ehegatte im Vertrauen auf den Bestand der Ehe Arbeitsleistungen erbracht hat, die zur Ausgestaltung, Sicherung und zum Erhalt der ehelichen Lebensgemeinschaft einen Vermögenswert schaffen sollten. Der mitarbeitende Ehegatte müsste folglich durch die Mitarbeit einen eheimmanenten Zweck erfüllen.¹⁴⁶⁶ In der Literatur wird dies dahingehend ergänzt, dass es einer in Dauer und Regelmäßigkeit nachhaltigen Mitarbeit bedürfe, die zu einem messbaren Vermögenszuwachs geführt habe.¹⁴⁶⁷ Weiterhin wird vorausgesetzt, dass die Mitarbeit nicht durch eine vorrangig zu berücksichtigende Vereinbarung legitimiert wird, was auch die Ehegatteninnengesellschaft einschließt.¹⁴⁶⁸

Liegen die Voraussetzungen für die Annahme eines familienrechtlichen Kooperationsvertrages vor, kommt bei Scheitern der Ehe ein Billigkeitsausgleich nach den Grundsätzen des Wegfalls der Geschäftsgrundlage im Sinne von § 313 BGB in Betracht. Dementsprechend ist ein entgeltlicher Ausgleich zu zahlen, dessen Höhe sich an der Arbeitsleistung orientiert.¹⁴⁶⁹

C. Vergleichende Synthese und Evaluation

Nachstehend soll zunächst eine vergleichende Gegenüberstellung des vorstehenden Untersuchungsabschnitts vorgenommen werden, wobei insbesondere auf die Beschränkungen der Vertragsfreiheit einerseits und andererseits auf die Kontrollmöglichkeiten der Rechtsprechung in den jeweiligen Rechtsordnungen eingegangen werden soll. Anschließend erfolgt unter Berücksichtigung des im ersten Abschnitt gekennzeichneten Vergleichsmaßstabs von Rechtssicherheit und Gerechtigkeit eine wertende Betrachtungsweise.

Der Ehevertragsfreiheit wird sowohl im niederländischen als auch im deutschen Recht ein hoher Stellenwert eingeräumt; gleichwohl besteht keine vollumfängliche Vertragsfreiheit, da die Ehegatten gewissen gesetzlichen Beschränkungen unterliegen.

Diese ergeben sich im niederländischen Recht vornehmlich aus Art. 1:121 Abs. 1 BW, wonach eine Klausel nicht gegen zwingendes Recht, die guten Sitten oder die öffentliche Ordnung verstoßen darf. Gemäß Art. 1:121 Abs. 2 BW

1465 *BGH* FamRZ 1990, 1580 (1583); FamRZ 1992, 160 (162); FamRZ 1994, 1167 (1168); FamRZ 1999, 1580 (1583); vgl. auch *BGH* FamRZ 2010, 958 (963).
1466 *BGH* FamRZ 1994, 1167 (1168).
1467 *BGH* FamRZ 1994, 1167 (1168); *Herr*, in: *Münch*, Familienrecht, § 6, Rn. 245.
1468 So *OLG Bremen* FamRZ 1999, 227 (227).
1469 *BGH* FamRZ 1994, 1167 (1168).

kann ehevertraglich zudem nicht geregelt werden, dass gemeinschaftliche Verbindlichkeiten und Güter zulasten eines der Ehegatten aufgeteilt werden. Unzulässig ist auch ein Verstoß gegen spezifische elterliche Pflichten nach Art. 1:121 Abs. 3 BW. Eine besondere Bedeutung im Rahmen der richterlichen Kontrolle kommt den in Art. 1:121 BW normierten Grenzen der Vertragsfreiheit jedoch nicht zu. In der Rechtsprechung stellen Entscheidungen, in denen ein Ehevertrag an dieser Maßgabe scheitert, die absolute Ausnahme dar.

Eine vergleichbar geringe Bedeutung hat im deutschen Recht die Einschränkung nach § 134 BGB, wonach der Ehevertrag nicht gegen ein gesetzliches Verbot verstoßen darf.

Dieser Umstand dürfte auf die in beiden Rechtsordnungen erforderliche notarielle Beurkundung des Ehevertrags zurückzuführen sein, die jedenfalls geeignet ist, evidente Verstöße der ehevertraglichen Regelungen gegen geltendes Recht zu vermeiden.

Die Analyse der Rechtsprechung in beiden Rechtsordnungen zeigt jedoch auch auf, dass die notarielle Beurkundung nicht ausreichend Gewähr dafür bietet, dass Wirksamkeitshindernisse den Ehevertrag nicht berühren.

Im niederländischen Recht wird die Anfechtbarkeit des Ehevertrages aufgrund eines mangelhaft gebildeten Willens diskutiert. Dies betrifft nicht allein die fehlerhafte Willensbildung aufgrund eines Irrtums einer der Vertragsparteien. Vielmehr kommt auch in Betracht, dass die Willensbildung aufgrund von äußerer Einwirkung des anderen Ehegatten in Form von Bedrohung, Betrug oder Missbrauch von Umständen beeinträchtigt worden und mithin anfechtbar ist. Ein möglicher Anwendungsbereich ergibt sich bei der bewussten Unterdrückung von Unterlagen oder dem Vorenthalten von wesentlichen Informationen durch einen der beteiligten Ehegatten, gegebenenfalls unter Beteiligung des Notars. Ferner kommt in Betracht, dass ein Ehegatte eine Notsituation des anderen Ehegatten, der beispielsweise ohne die Eheschließung von der Ausweisung bedroht ist, ausnutzt. Dennoch scheitert die Geltendmachung einer fehlerhaften Willensbildung aufgrund einer äußeren widerrechtlichen Einwirkung in der Praxis meist an der fehlenden Möglichkeit, streitige Tatsachen dem Beweis zuzuführen, sodass eine Beweislastentscheidung ergeht.

Im deutschen Recht erfolgt eine Prüfung von Umständen, die die Wirksamkeit des Vertragsschluss in Frage stellen, im Rahmen der Inhaltskontrolle von Eheverträgen. Maßgeblich ist insoweit, ob die ehevertragliche Regelung eine offenkundig einseitige Lastenverteilung enthält, die die einseitige Dominanz eines Ehegatten und folglich eine Störung der Vertragsparität widerspiegelt. Das Rechtsgeschäft ist gemäß § 138 Abs. 1 BGB nichtig, wenn die vorstehenden Voraussetzungen vorliegen und der Ehevertrag als objektiv und subjektiv sittenwidrig anzusehen ist. In diesem Zusammenhang ist nach ständiger Rechtsprechung auch zu berücksichtigen, welche Scheidungsfolgen durch die ehevertragliche Regelung abbedungen werden, ob diese dem in der Rechtsprechung konkretisierten Kernbereich des Scheidungsfolgenrechtes zuzuordnen sind und ob der Ehevertrag kompensatorische Regelungen enthält. Zudem indizieren bestimmte Umstände bei Vertragsschluss eine unterlegene Verhandlungsposition und begünstigen mithin das Verdikt der Sittenwidrigkeit, wie eine Schwangerschaft, die wirtschaftliche und soziale Abhängigkeit, eine fehlende soziale Gleichstellung, die mangelnde Sprachkenntnis oder die Tatsache, dass einer der Ehegatten Ausländer ist.

Fehlt es an einer Unwirksamkeit aufgrund von Umstände bei Vertragsschluss, kommt weiterhin in beiden Rechtsordnungen eine nachträgliche Anpassung des Ehevertrages in Betracht.

In der niederländischen Rechtsprechung kommt zunächst der Auslegung des Ehevertrages besonderes Gewicht zu. Insbesondere wird auf die Auslegung bei Streitigkeiten der Ehegatten über die Anwendung von Verrechnungsklauseln zurückgegriffen. Daneben stellt die Rechtsprechung über den gesetzlich normierten Grundsatz von Treu und Glauben auf Billigkeitserwägungen ab. Dies kann bereits im Rahmen der Auslegung zu berücksichtigen sein. Daneben können Treu und Glauben – in den durch die besondere Formvorschrift vorgegebenen Grenzen – eine ergänzende oder beschränkende Wirkung auf den Ehevertrag haben. Insbesondere ist in Rechtsprechung und Literatur die beschränkende Wirkung von Treu und Glauben aufgrund unvorhergesehener Umstände im Sine von Art. 6:258 Abs. 1 S. 1 BW oder unter Bezugnahme auf die Generalklausel diskutiert worden. Diese Normen ermöglichen es, eine Billigkeitsabwägung vorzunehmen, die den Richter berechtigt, die ehevertragliche Regelungen teilweise oder insgesamt nicht anzuwenden. Eine grundsätzlich ebenfalls aus Billigkeitsgründen in Betracht kommende Vertragsergänzung wird regelmäßig am Erfordernis der notariellen Form scheitern.

Im Zuge der Inhalts- und Ausübungskontrolle der deutschen Gerichte kann, sofern der Ehevertrag nicht bereits sittenwidrig ist, berücksichtigt werden, ob sich die Einhaltung der ehevertraglichen Regelung für einen der Ehegatten als unzumutbar darstellt. Maßgebliche Vorschriften sind § 242 BGB und § 313 BGB, die jeweils eine Billigkeitsabwägung ermöglichen. Abzustellen ist auf die Entwicklungen nach Vertragsschluss. Liegen die Voraussetzungen vor, ist durch den Richter die Rechtsfolge anzuordnen, die den berechtigten Belangen beider Ehegatten im Einzelfall jeweils angemessen ist. Verhindert werden soll nach ständiger Rechtsprechung, dass ein Ehegatte allein einen ehebedingten Nachteil trägt, obwohl dieser grundsätzlich nach Treu und Glauben von beiden anteilig zu tragen wäre, indem der konkret bestehende Nachteil ausgeglichen wird.

Des Weiteren wird sowohl in den Niederlanden als auch in Deutschland das Nebengüterrecht herangezogen, um einen Ausgleich unter Ehegatten zu ermöglichen. Insoweit kann zwischen Anspruchsgrundlagen, die eine Rechtsgrundlage für bereits während der Ehe vorgenommene Vermögensverschiebungen bilden, und solchen, die nach der Beendigung der Ehe einen Ausgleich ermöglichen, unterschieden werden. Die herangezogenen Rechtsinstitute, wie solche des Gesellschaftsrechts oder der Darlehensvertrag, überschneiden sich in beiden Rechtsordnungen.

Bemerkenswert ist jedoch, dass in der niederländischen Rechtsprechung maßgeblich auf bereits normierte Rechtsinstitute Bezug genommen wird. Die in der Literatur aufgezeigte Möglichkeit, einen Ausgleich aufgrund eines Vertrages *sui generis* anzunehmen, ist in der niederländischen Rechtsprechung nicht aufgegriffen worden. Die deutsche Rechtsprechung hingegen stellt mit der Ehegatteninnengesellschaft, der ehebedingten Zuwendungen und dem familienrechtlichen Kooperationsvertrag vornehmlich auf gesetzlich nicht explizit geregelte Rechtsinstitute ab, um einen Ausgleich zu ermöglichen.

Abschließend ist eine wertende Betrachtung vorzunehmen, die sich an den Maßstäben Rechtssicherheit und Gerechtigkeit orientiert. In diesem Zusammenhang ist eine Regelung, die die jeweiligen Interessen der Ehegatten im Einzelfall hinreichend berücksichtigt, als gerecht zu klassifizieren. Als rechtssicher ist ein System zu bewerten, dass die Bestandskraft der ehevertraglichen Regelungen sichert. Zudem ist der Rechtssicherheit abträglich, falls gerichtliche Entscheidungen zur Wirksamkeit des Ehevertrags nicht vorhersehbar sind.

Festzustellen ist, dass beide Rechtsordnungen der Privatautonomie auch beim Abschluss von Eheverträgen einen hohen Stellenwert einräumen und sowohl für eine Unwirksamkeit des Ehevertrags als auch für eine Vertragsanpassung nur unter engen Voraussetzungen im Rahmen einer richterlichen Abwägung, in der auch Billigkeitsgesichtspunkte zu berücksichtigen sind, Raum bleibt. Im Rahmen der Billigkeitsentscheidung können zwar Umstände des jeweiligen Falls berücksichtigt werden, um eine interessengerechte Lösung herbeizuführen; gleichwohl sind die Voraussetzungen hierfür in beiden Rechtsordnungen hoch, sodass sich die Frage stellen lässt, ob eine gerechte Lösung letztlich nur in Extremfällen erzielt werden kann. Dies gilt insbesondere vor dem Hintergrund, dass in beiden Rechtsordnungen durch ehevertragliche Vereinbarungen letztlich vollständig von dem jeweils maßgeblichen gesetzlichen Leitbild, das den Ausgangspunkt für einen interessengerechten Ausgleich bildet, abgewichen werden kann.

Im Umkehrschluss garantieren die strengen Maßstäbe, dass nicht jeder Umstand zur Unwirksamkeit oder zur Anpassung des Vertrages führt, was dem Entstehen von Rechtsunsicherheit vorbeugt. Weiter ist zu berücksichtigen, dass das niederländische Recht bei einer Vertragsanpassung ausschließlich allgemein auf Treu und Glauben abstellt, während die deutsche Rechtsprechung mit der Kernbereichslehre und der Inhalts- und Ausübung seit der grundlegenden Entscheidung des Bundesgerichtshofs im Jahr 2004 ein dezidiertes System entwickelt hat, das eine Vorsehbarkeit der gerichtlichen Entscheidung ermöglicht und mithin eher zum Entstehen von Rechtssicherheit beiträgt.[1470]

1470 Vgl. dazu die Ausführungen von *Schonewille*, Partijautonomie in het relatievermogensrecht, S. 161 ff., zur Inhalts- und Ausübungskontrolle.

6. Abschnitt: Evaluation

Zu Beginn der Untersuchung wurden die Hauptfragen herausgearbeitet. Es sollte untersucht werden, ob das niederländischen und das deutsche Recht Eheverträge einer Kontrolle durch die Gerichte unterwerfen und ob, sofern dies zutrifft, die jeweils im Ehevertrag enthaltenen Regelungen bei Bedarf durch die Gerichte als unwirksam erachtet oder angepasst werden können. Ferner sollte erörtert werden, ob sich Rechtsgedanken des niederländischen Rechts in das deutsche Recht übertragen lassen bzw. ob sich Lösungen des deutschen Rechts in das niederländische übertragen lassen. Auch sollte geprüft werden, ob etwaig bestehende gleiche oder ähnliche Kernprobleme durch den Rechtsvergleich einer Lösung zugeführt werden können.

Aus der vorstehenden Untersuchung ergibt sich, dass sowohl im niederländischen als auch im deutschen Recht das Güterrecht, der nacheheliche Unterhalt und der Rentenausgleich grundsätzlich disponibel sind. Dies führt gleichwohl nicht zu einer unbeschränkten Vertragsfreiheit. In beiden Rechtsordnungen bestehen gesetzliche Einschränkungen der Vertragsfreiheit. Eheverträge unterliegen einer gerichtlichen Kontrolle. Die Beantwortung der zu Beginn der Untersuchung ebenfalls gestellten Teilfragen zeigt auf, dass in beiden Rechtsordnungen eine vergleichbare Systematik im Umgang mit Eheverträgen besteht: In der Rechtsprechung wird einerseits geprüft, ob Umstände im Zeitpunkt des Vertragsschlusses vorliegen, die zur Unwirksamkeit bzw. Anfechtbarkeit des Vertrages führen. Andererseits werden Entwicklungen während der Ehe, die ein Festhalten an der ehevertraglich vereinbarten Regelung treuwidrig erscheinen lassen, berücksichtigt. In den Niederlanden führen etwaige Umstände bei Vertragsschluss, die zur Folgen haben, dass die auf den Abschluss des Ehevertrages gerichtete Willenserklärung mit einem Mangel behaftet ist, zur *vernietigbaarheid* des Ehevertrages. Darüber hinaus kann über den Grundsatz von Treu und Glauben eine Vertragsanpassung erfolgen. In Deutschland werden im Rahmen der Inhalts- und Ausübungskontrolle sowohl eine eventuelle Sittenwidrigkeit bei Vertragsschluss als auch das Bedürfnis einer nachträglichen Vertragsanpassung aufgrund nach Vertragsschluss entstehender Umstände geprüft. Diese Rechtsprechung ist auf die besondere Natur des Ehevertrages zurückzuführen. In der Literatur wird darauf hingewiesen, dass die Vertragsparteien des Ehevertrags, anders als sonstige Vertragsparteien, vornehmlich eine emotionale Beziehung zueinander haben, die sich in beiden Rechtsordnungen in der ehelichen Solidarität widerspiegelt und erheblichen Einfluss auf ihre Verhandlungsposition haben dürfte.[1471] Daneben lassen sich anhand der vorangestellten Untersuchung weitere zentrale Problemstellungen herausarbeiten:

- Die Ehegatten besitzen grundsätzlich keine eigene Erfahrung oder Sachkunde im Familienrecht und sind daher auf eine rechtliche Beratung angewiesen. Ihr Blickwinkel auf die ehevertraglichen Regelungen wird dementsprechend hauptsächlich durch die rechtlichen Ansichten des jeweils beauftragten Experten geprägt, wobei auch deren Beratung durch die von den Ehegatten mitgeteilten Vorstellungen über den Vertragsinhalt oder der Begründung, warum überhaupt ein Ehevertrag geschlossen werden soll, eingeschränkt sein kann.
- Die Ehegatten unterliegen vor der Eheschließung idealistischen Vorstellungen über den Verlauf der Ehe sowie den gelebten Ehetypus. Es stellt sich die Frage, ob ihre Vorstellung überhaupt realisierbar ist. Auch können die Ehegatten während der Dauer der Ehe ihre Ansichten zum Ehetypus ändern.
- Während der Ehe werden die ehevertraglichen Regelungen oftmals nicht berücksichtigt. Die Ehegatten verhalten sich konträr zur vorab vereinbarten Regelung. Die ehevertragliche Regelung ist den Ehegatten oftmals schlichtweg nicht mehr bekannt.
- Eine gesonderte Buchführung über die Vermögensverhältnisse vor oder während der Ehe erfolgt nicht.
- Die ehevertraglichen Regelungen wirken sich für die Ehegatten als Vertragsparteien nicht unmittelbar aus, was die Besonderheit des Ehevertrages im Vergleich zu anderen Vereinbarungen unterstreicht.

Sowohl im deutschen als auch im niederländischen Recht besteht mit der Verpflichtung der notariellen Beurkundung des Ehevertrages und der daraus resultierenden Schutzfunktion des Notars ein Instrument, mit dem den herausgearbeiteten Problemen begegnet werden kann. Gleichwohl ergibt sich aus der Rechtsprechung in beiden Rechtsordnungen, dass die Beteiligung des Notars nicht stets ausreichend ist, um einerseits zu verhindern, dass der Ehevertrag unter Umständen zustande kommt, die zur Unwirksamkeit oder Anfechtbarkeit führen, oder andererseits eine Entwicklung vorwegzunehmen, aufgrund derer eine Anwendung der ehevertraglichen Regelungen gegen Treu und Glauben verstößt. Fraglich ist, ob sich aus durchgeführten rechtsvergleichenden Untersuchung Empfehlungen ableiten lassen, die neben die notarielle Beurkundung treten können.

1471 *Flos*, FJR 2018, S. 42 f.; *Strutz/Verhagen*, WPNR 2013, S. 496.

In Betracht kommt zunächst, einen veränderten Umgang mit der Anpassung von Eheverträgen in der Rechtsprechung herbeizuführen. Sowohl in den Niederlanden als auch in Deutschland wird in diesem Zusammenhang auf Generalklauseln des Zivilrechts zurückgegriffen, die ein Spannungsfeld eröffnen. Einerseits wird aufgrund dieser Bestimmungen die Vertragsanpassung ermöglicht, andererseits lässt sich aus diesen Bestimmungen ableiten, dass es den Vertragsparteien primär obliegt, sich an die getroffene Vereinbarung zu halten. Die Vertragsanpassung unterliegt daher hohen Anforderungen, wie beispielsweise der Feststellung, dass die Umstände für die Vertragsparteien unvorhersehbar waren. Die Gerichte sind verpflichtet, zurückhaltend Gebrauch von den Generalklauseln zu machen. Denkbar ist, die Vertragsanpassung bei Eheverträgen von geringeren Anforderungen abhängig zu machen, um eine dem jeweiligen Einzelfall gerecht werdende Lösung zu treffen. Möglich wäre es, **spezielle gesetzliche Bestimmungen** in das Bürgerliche Gesetzbuch und das *Burgerlijk Wetboek* eingeführt werden, anhand derer Eheverträge durch die Gerichte zu prüfen sind. Die Aufnahme einer derartigen Bestimmung ist jedoch unter verschiedenen Gesichtspunkten problematisch.

Einerseits ist zu berücksichtigen, dass eine Bestimmung, die eine Vertragsanpassung unter geringen Anforderungen ermöglicht, zwar eine im Einzelfall gerechte Lösung ermöglicht, dies jedoch zulasten der Rechtssicherheit, da auch ein am Vertragsschluss beteiligter Experte nicht vorhersehen kann, ob die vereinbarte Regelung weiterhin gilt.

Ferner ist problematisch, dass eine Gerechtigkeit im Einzelfall stets voraussetzt, dass die Rechtsfolgen genau auf den jeweiligen Fall zugeschnitten werden können, was letztlich nur dann möglich ist, wenn die Rechtsfolge nicht statisch festgelegt wird, sondern, abhängig von den Umständen des Einzelfall, durch den jeweiligen Richter festgelegt wird, in welcher Form die vertraglichen Regelungen angepasst werden. Sowohl in der niederländischen als auch in der deutschen Rechtsordnung ist dies nur über eine Anwendung von Generalklauseln möglich. Diese Möglichkeit besteht bereits in der derzeitigen gesetzlichen Systematik, sodass es selbst bei Bestehen einer spezielleren gesetzlichen Grundlage erforderlich sein wird, zu prüfen, ob Treu und Glauben eine Beibehaltung der vertraglichen Regelung oder eine Anpassung dieser erfordern.

Die im deutschen Recht entwickelte Kernbereichslehre versucht, Rechtssicherheit und Einzelfallgerechtigkeit zu versöhnen, indem die Rechtsfolgen der Ehescheidung anhand ihrer Verbindung zur nachehelichen Solidarität klassifiziert wurden. Das Festlegen dieser Rangfolge trägt zwar zur Rechtssicherheit bei, da anhand des jeweiligen Rangs einer Rechtsfolge ermittelt werden kann, ob und an welchen Anforderungen eine vertragliche Vereinbarung zu messen ist. Jedoch führt die Rangfolgenordnung zu einer statisch festgesetzten Rechtsfolge. Dies offenbart sich insbesondere im Bereich des ehelichen Güterrechts, das nach ständiger Rechtsprechung auf dem untersten Rang der Scheidungsfolgen rangiert und daher fast schrankenlos einer Modifikation zugänglich ist, was wieder eine Einzelfallgerechtigkeit verhindert. Es bietet sich daher nicht an, eine der Kernbereichslehre entsprechende Norm zu erstellen. Eine Übernahme der Kernbereichslehre in das niederländische Recht ist darüber hinaus nicht ohne weitere Anpassungen möglich. Der Ehevertrag des niederländischen Rechts ist nicht mit dem erweiterten Ehevertragsbegriff des deutschen Rechts gleichzusetzen. Der nacheheliche Unterhaltsanspruch, der einen wesentlichen Teil der Rangordnung einnimmt, ist kein Teil des niederländischen Ehevertrags. Auch wird die Gütergemeinschaft anders als die Zugewinngemeinschaft als vornehmliche Kompensationsmöglichkeit für während der Ehe hingenommene Einbußen gesehen.[1472]

Unter Berücksichtigung der soeben genannten Einschränkung von vorehelichen Unterhaltsvereinbarungen im niederländischen Recht, ist zu überlegen, ob es eine Lösung für die herausgearbeiteten Probleme darstellen kann, eine entsprechende **Einschränkung für Eheverträge** als solches in das Gesetz aufzunehmen, sodass ein solcher Vertrag nur noch **mit Blick auf eine bevorstehende Ehescheidung** geschlossen werden könnte. Damit würde zumindest dem Umstand begegnet, dass die Ehegatten die Entwicklung der Ehe bei Vertragsabschluss unrealistisch einschätzen, und verhindert, dass die Ehegatten sich während der Ehe nicht vereinbarungsgemäß verhalten. Diese Lösungsmöglichkeit stellt jedoch einen erheblichen Eingriff in die Vertragsfreiheit dar, der letztlich nicht gerechtfertigt sein dürfte. Es muss den Ehegatten möglich sein, die geltende Rechtslage ihrer Lebenswirklichkeit anzupassen, was sie in einem solchen Fall nur könnten, nachdem diese Lebenswirklichkeit nicht mehr besteht. Unabhängig von dieser Problematik ist zu berücksichtigen, dass etwaige güterrechtliche Klauseln keine Rückwirkung haben können. Wollen Ehegatten in den Niederlanden die Vergemeinschaftung von Gütern umgehen, wäre ihnen diese Möglichkeit *de facto* genommen. Dass ein solches Bedürfnis in der Praxis besteht, ergibt sich aus der in den Niederlanden durchgeführten landesweiten Untersuchung. Selbst wenn sie in einem Ehevertrag mit Blick auf die bevorstehende Ehescheidung die Vergemeinschaftung ausschließen, müsste die in der Vergangenheit bestehende Gütergemeinschaft verteilt werden. Auch ist in

---

1472 Siehe *Huijgen*, FTV 2014/10, der aus diesem Grund eine Beschränkung der Gütergemeinschaft als asozial bezeichnet hat.

diesem Zusammenhang erneut zu berücksichtigen, dass die Ehegatten, anders als sonstige Vertragsparteien, eine emotionale Bindung zueinander haben. Bei einer bevorstehenden Ehescheidung besteht die konkrete Gefahr, dass die Ehegatten sich von Emotionen leiten lassen und eine Auseinandersetzung über den Vertragsinhalt nicht sachgerecht geführt wird. Im Ergebnis stellt die Beschränkung der Vertragsfreiheit daher keine taugliche Grundlage dar, um den herausgearbeiteten Problemen zu begegnen.

Ferner kommt in Betracht, den Ehevertrag einer weiteren Kontrolle bei Abschluss zu unterwerfen. Insoweit könnte Anschluss an das Rechtsinstitut der **gerichtlichen Genehmigung** des während der Ehe abgeschlossenen Ehevertrags des niederländischen Rechts gesucht werden. Fraglich ist allerdings, ob eine erneute Einführung dieses Instituts zur Genehmigung sämtlicher Eheverträge überhaupt dazu dienen kann, den herausgearbeiteten Problemstellungen zu begegnen. In der niederländischen Literatur war die richterliche Genehmigung erheblicher Kritik ausgesetzt, da ihr, im Vergleich zur Beratung und Belehrung durch den Notar kein eigenständiger Wert zugekommen sei. Der niederländische Gesetzgeber hat sich dazu entschlossen, die gerichtliche Überprüfung abzuschaffen, da der Richter, insbesondere aufgrund des beschränkten Einblicks in die Angelegenheit, nicht in der Lage gewesen ist, Missbrauch zu verhindern. Hierbei dürfte zu berücksichtigen sein, dass es sich bei dem Genehmigungsverfahren nicht um ein kontradiktorisches Verfahren gehandelt hat, sodass es dem Richter aufgrund des fehlenden widerstreitenden Vortrag nicht möglich gewesen sein dürfte, ordnungsgemäß Beweis zu erheben, um eventuelle Willensmängel oder das Vorliegen eines Missbrauchs durch eine Vertragspartei zu überprüfen.

Verschiedentlich wird bereits in der Literatur vorgeschlagen, dem Ehevertrag eine **Präambel** beizufügen, in welcher der Notar, gegebenenfalls auch in eigenen Worten der Ehegatten, aufnimmt, welche Vorstellung diese bei Vertragsschluss von der noch zu führenden Ehe haben bzw. mit welchen Hintergedanken eine bestimmte Regelung in den Ehevertrag aufgenommen worden ist.[1473] Eine solche Erklärung könnte im niederländischen Recht sowohl im Rahmen der Auslegung ehevertraglicher Bestimmungen als auch bei einer möglichen Vertragsanpassung unter Berücksichtigung von Treu und Glauben durch den Richter herangezogen werden. Im Rahmen der Inhalts- und Ausübungskontrolle dürfte eine Präambel insbesondere bei der Frage, ob sich aufgrund der Umstände bei der

---

1473 So beispielsweise *Schnitzler/Brambring*, in: Münchener Anwalts Handbuch – Familienrecht, § 23, Rn. 175 f.; *Schonewille*, Partijautonomie in het relatievermogensrecht, S. 143.

Ehescheidung das Festhalten an einer ehevertraglichen Klausel für einen Ehegatten als unzumutbar darstellt, berücksichtigt werden.

Die Präambel stellt nach diesseitiger Auffassung eine sinnvolle Ergänzung dar, sofern die Ehegatten den Inhalt der Klausel selbst gestalten können. Diese Empfehlung beruht auf der in der Literatur mehrfach diskutierten Problematik, dass der Notar aufgrund seiner Expertise einen erheblichen Einfluss auf die konkrete Vertragsgestaltung hat, was sich denknotwendig auch auf die Präambel als Teil der Vertragsurkunde erstreckt. Es dürfte zu erwarten sein, dass Notare parallel zu Vertragsentwürfen – entsprechend der üblichen Praxis – Gestaltungsvarianten von Präambeln erstellen, die jeweils einem bestimmten Vertragsentwurf zugeordnet werden können. In diesem Falle kommt der Präambel jedoch kein Mehrwert gegenüber dem übrigen Vertragswerk zu, da diese nicht die Vorstellungen der Ehegatten sondern nur die mit den ehevertraglichen Regelungen ohnehin implizierten Erklärungen wiedergibt und folglich neben dem übrigen Vertragswerk zur Auslegung oder Vertragsanpassung nicht benötigt wird.

In der Praxis wird bereits teilweise von der Präambel Gebrauch gemacht, dies jedoch nicht stets in der vorliegend bevorzugten Form. Um die Aufnahme der vorangestellten Form der Präambel in Eheverträge zu fördern, wird vorgeschlagen, die Gesetzestexte zum notariellen Formerfordernis dahingehend zu ergänzen, dass Eheverträge eine Erklärung der Parteien enthalten sollen, in der sie in eigenen Worten wiedergeben, welche Vorstellungen der vertraglichen Gestaltung zugrunde liegen. Es wird bewusst davon abgesehen, die Präambel den Ehegatten über eine verbindliche Regelung aufzuzwingen. Unabhängig davon, dass dies die Privatautonomie der Ehegatten lediglich aufgrund einer sinnvollen Ergänzung zusätzlich einschränken würde, ergeben sich weitere Probleme, falls die Ehegatten durch die Nichtaufnahme der Präambel gegen zwingendes Recht verstoßen würden. Dies betrifft zunächst die Rechtsfolge des Verstoßes, der grundsätzlich zur Nichtigkeit des Ehevertrages führen würde, was unverhältnismäßig erscheint. Zudem führt dies zur Schwierigkeiten bei der Bestimmung eines tatbestandsmäßigen Verstoßes. Fraglich ist sodann, welche Anforderungen an die eigene Erklärung gestellt werden müssen. Diese Probleme werden umgangen, indem die Bestimmungen zur Präambel im Bürgerlichen Gesetzbuch und im *Burgerlijk Wetboek* als Soll-Regelungen gestaltet werden.

Gleichwohl führt die Verwendung einer Präambel nicht zu einer umfassenden Lösung der eingangs genannten Problemstellungen. Insbesondere verbleibt es dabei, dass die Ehegatten in der Regel keine eigene familienrechtliche Expertise haben und auf eine externe Beratung angewiesen sind.

Zweifelhaft erscheint unter Beachtung der Untersuchungsergebnisse, ob diese Beratung vollumfänglich durch den Notar geleistet werden kann. Hierbei ist zu berücksichtigen, dass dem Notar zwar in beiden Rechtsordnungen eine schützende Funktion zukommt, aufgrund derer er gehalten ist, zu verhindern, dass eine Vertragspartei seine bzw. ihre vorherrschende Stellung missbraucht und dass Willensmängel entstehen; gleichzeitig ist der Notar jedoch unparteiisch und kann nicht einseitig die Interessen einer Vertragspartei vertreten. Dies hat zur Folge, dass es dem Notar in Ausübung seiner Tätigkeit unmöglich ist, die Vertragsparteien umfassend über die Folgen der ehevertraglichen Regelung aufzuklären, falls dies beinhaltet, dass dezidiert gegenseitige Ansprüche der Vertragsparteien untereinander darzulegen sind. Dies entspricht vielmehr der Tätigkeit eines Rechtsanwalts in der familienrechtlichen Beratung. Die rechtsanwaltliche Tätigkeit ist auf eine streitige Auseinandersetzung des gesetzlichen Güterstands bei einer Trennung oder Ehescheidung sowie auf die Geltendmachung von Unterhaltsansprüchen und Ansprüchen aufgrund des Rentenausgleichs gerichtet. Weder die Tätigkeit des Notars des niederländischen Rechts noch die Tätigkeit der Nurnotare des deutschen Rechts als Vertragsgestalter umfassen die genannten Teilbereiche.[1474]

Vor diesem Hintergrund ist es naheliegend, die **Beratung der Ehegatten bei Abschluss eines Ehevertrages** vornehmlich **durch Rechtsanwälte** vornehmen zu lassen, die jeden Ehegatten gesondert zu den Rechtsfolgen der angestrebten Regelung unter ausdrücklichem Hinweis auf die ihm gesetzlich zustehenden Ansprüche beraten können. In diesem Zusammenhang ist festzustellen, dass es derzeit den Ehegatten weder in den Niederlanden noch in Deutschland unbenommen ist, den durch den Notar erstellten Vertragsentwurf zusätzlich einem Rechtsanwalt zur Prüfung vorzulegen. Es dürfte jedoch davon auszugehen sein, dass von dieser Möglichkeit kaum Gebrauch gemacht wird, da die Ehegatten darauf vertrauen, dass der Notar eine ihren Bedürfnissen angemessene Regelung in den Vertrag aufgenommen hat. Es darf darüber hinaus bezweifelt werden, dass die Ehegatten die Notwendigkeit der weiteren Überprüfung aufgrund ihrer Unkenntnis der Rechtslage und der Abweichung der ehevertraglichen Regelungen von dieser erkennen. Die im ersten Abschnitt erwähnte, durch das Bundesministerium für Familie, Senioren, Frauen und Jugend in Auftrag gegebene Studie hat aufgezeigt, dass in etwa 90 Prozent der Ehegatten eine falsche Vorstellung über das Ehegüterrecht haben.[1475]

1474 Nicht ausgeschlossen ist, dass Anwaltsnotare zugleich als Rechtsanwälte im Bereich des Familienrechts tätig sind und über die entsprechende Expertise verfügen. Dessen ungeachtet stellt die einseitige Beratung einer Vertragspartei einen Verstoß gegen die Unparteilichkeit dar.
1475 *BMFSFJ*, Partnerschaft und Ehe – Entscheidungen im Lebensverlauf, S. 49 f.

Unter Berücksichtigung der vorstehenden Ausführungen ist davon auszugehen, dass eine Beratung durch Rechtsanwälte bei Abschluss des Ehevertrages nur durch Schaffung zwingenden Rechts erreicht werden kann. Insoweit kommt eine Ergänzung der jeweiligen Vorschriften zur notariellen Beurkundung des Ehevertrages in Betracht. In den Tatbestand ist die **separate Aufklärung** beider Ehegatten **über den Inhalt und die Rechtsfolgen eines konkret vorliegenden Vertragsentwurfs** aufzunehmen. Da der Rechtsanwalt stets einseitiger Interessenvertreter ist, ist es notwendig, dass jeder der Ehegatten einen eigenen Rechtsanwalt mit der Beratung in der familienrechtlichen Angelegenheit beauftragt. Um den jeweiligen Ehegatten effektiv beraten und aufklären zu können, welche Vor- und Nachteile für ebendiesen mit der Vertragsgestaltung verbunden sind, ist es notwendig, dass dem Rechtsanwalt die konkret beabsichtigte Gestaltung des Ehevertrages bekannt ist. Gegebenenfalls kann der Notar einen Entwurf an den beauftragten Rechtsanwalt übermitteln.

Das vorstehende Procedere entspricht gemeinhin der üblichen Vorgehensweise, falls Rechtsanwälte bereits an der Gestaltung von notariell zu beurkundenden Rechtsgeschäften beteiligt sind. Es kann daher angenommen werden, dass die Erfüllung der tatbestandlichen Voraussetzungen in die bestehende Praxis ohne größere Umstellung implementiert werden kann.

Problematisch ist vornehmlich, wie der Nachweis geführt werden soll, dass die separate Beratung durchgeführt worden ist, und welche Rechtsfolge daran geknüpft werden soll, falls der Nachweis für die durchgeführte Beratung nicht erbracht werden kann. Dem Ehegatten, der Rechte aus der unterbliebenen Beratung ableiten möchte, obliegt es nach den allgemeinen Grundsätzen zur Darlegungs- und Beweislast, darzulegen und nachzuweisen, dass eine separate Beratung durch Rechtsanwälte nicht erfolgt ist. Die unterbliebene Beratung stellt folglich eine negative Tatsache dar, die für den jeweiligen Ehegatten kaum nachzuweisen sein wird. Dies insbesondere vor dem Hintergrund, dass der Ehevertrag für die Vertragsparteien erkennbar seine Wirkung regelmäßig erst zu einem weitaus späteren Zeitpunkt als dem Zeitpunkt des Vertragsabschlusses entfaltet. Vorgeschlagen wird daher, dass der **Vertragsurkunde Bestätigungsschreiben von Rechtsanwälten beigefügt** werden müssen. Aus den Schriftstücken muss sich ergeben, dass der jeweils den Rechtsanwalt beauftragende Ehegatte gesondert über die Rechtsfolgen des Ehevertrages aufgeklärt worden ist. Aufgrund der erheblichen Bedeutung der Aufklärung kommt eine Soll-Regelung, vergleichbar zur Aufnahme einer Präambel, nicht Betracht. Fehlen entsprechende schriftliche Bestätigungen, muss davon ausgegangen werden, dass keine Beratung erfolgt ist. Es bleibt dem anderen Ehegatten unbenommen, darzulegen und nachzuweisen, dass eine separate Beratung erfolgt ist. Das Fehlen der schriftlichen Erklärungen führt leidglich zu einer gesetzlichen Vermutung und damit zur **Umkehrung der Darlegungs- und Beweislast.**

Auf Seite der Rechtsfolgen kommt in Betracht, an den Umstand, dass keine Beratung durchgeführt worden ist, die Folge der Nichtigkeit oder die der Anfechtbarkeit des Vertragswerkes zu knüpfen. Die Nichtigkeit bei Unterbleiben der Beratung dürfte allerdings einen zu starken Eingriff in die Parteiautonomie darstellen, zumal so auch eine gegebenenfalls angemessene und ausgewogene Vertragsgestaltung, die von beiden Ehegatten gewollt ist, allein aufgrund formeller Umstände ohne weiteren Einfluss der Vertragsparteien unwirksam wäre. Näher liegt daher, es den Ehegatten zu ermöglichen **den Ehevertrag anzufechten bzw. sich auf die *Vernietigbaarheid* des Vertrags zu berufen, falls der Urkunde keine Erklärungen beigefügt** sind. Problematisch ist, dass das Anfechtungsrecht einen erheblichen Unsicherheitsfaktor darstellt, da die notarielle Urkunde nach Vertragsschluss bei Fehlen der Bestätigungen nicht mehr angepasst werden kann und somit ein ewiges Anfechtungsrecht bestünde. Das Anfechtungsrecht ist daher einzuschränken, indem es nur unter bestimmten formellen Voraussetzungen ausgeübt werden kann. Dies betrifft zunächst die Form der Erklärung. Aufgrund des notariellen Formerfordernisses für den Ehevertrag erscheint es angemessen, die Anfechtungserklärung ebenfalls in **notariell beurkundeter Form** abzugeben. Ferner sollte das Anfechtungsrecht **fristgebunden** sein. Ein Abstellen auf einen Zeitraum ab Beurkundung kommt hierbei jedoch nicht in Betracht. Den Ehegatten wird im Regelfall das Fehlen der schriftlichen Bestätigungen bzw. das sich daraus ergebende Anfechtungsrecht nicht bekannt sein, sodass eine Frist, die lediglich auf die Beurkundung abstellt, das Anfechtungsrecht letztlich vereitelt. In Anlehnung an §§ 123, 124 BGB erscheint es angemessen, wenn die Vertragsparteien innerhalb einer Jahresfrist ab Kenntnis von den Gründen, die zur Anfechtung des Ehevertrages berechtigen, die Anfechtung erklären müssen. Im niederländischen Recht ist die Berufung auf die *Vernietigbaarheid* einer Rechtshandlung grundsätzlich nicht fristgebunden, sondern eine zeitliche Begrenzung allein durch die Verjährung gegeben.[1476] Dennoch ist aus Gründen der Rechtssicherheit auch im niederländischen Recht eine zeitliche Begrenzung angezeigt.

Aufgrund der vorstehenden Überlegungen wird die nachstehende Ergänzung von § 1408 BGB und Art. 1:121 BW empfohlen. Die Ergänzungen wurden jeweils optisch hervorgehoben.

1476 Siehe *Hijma/Olthof*, Vermogensrecht, Rn. 64.

§ 1408 BGB

(1) Die Ehegatten können ihre güterrechtlichen Verhältnisse durch Vertrag (Ehevertrag) regeln, insbesondere auch nach der Eingehung der Ehe den Güterstand aufheben oder ändern. **Der Ehevertrag soll eine eigene Erklärung der Ehegatten enthalten, welche Vorstellungen den vertraglichen Regelungen zugrundeliegend.**

(2) Schließen die Ehegatten in einem Ehevertrag Vereinbarungen über den Versorgungsausgleich, so sind insoweit die §§ 6 und 8 des Versorgungsausgleichsgesetzes anzuwenden.

(3) Der notariellen Urkunde sind schriftliche Erklärungen von Rechtsanwälten beizufügen, die beinhalten, dass der den Rechtsanwalt beauftragende Ehegatte separat über die Rechtsfolgen des Ehevertrags aufgeklärt worden ist. Sind keine Erklärungen zur Akte genommen worden, aus denen sich ergibt, dass jeder der Ehegatten aufgeklärt worden ist, wird vermutet, dass keine Beratung durchgeführt worden ist. Der Ehevertrag ist sodann durch notarielle beurkundete Erklärung binnen Jahresfrist anfechtbar. Die Frist beginnt in dem Zeitpunkt zu laufen, in welchem der Berechtigte Kenntnis vom Fehlen der Bestätigungen und dem Bestehen des Anfechtungsgrundes erlangt.

Art. 1:115 BW

1. Huwelijkse voorwaarden moeten op straffe van nietigheid bij notariële akte worden aangegaan. **Huwelijkse voorwaarden dienen te worden voorzien van een bepaling waarin naar voren wordt gebracht welke bedoeling partijen bij de overeengekomen huwelijkse voorwaarden hadden.**

2. Een volmacht tot het aangaan van huwelijkse voorwaarden moet schriftelijk worden verleend en moet de in de huwelijkse voorwaarden op te nemen bepalingen bevatten.

3. Aan de minuut[1477] van de akte van huwelijkse voorwaarden dienen schriftelijke verklaringen van advocaten te worden aangehecht waarin wordt bevestigd dat ieder van de echtgenoten afzonderlijk door een advocaat is ingelicht over de gevolgen van de overeengekomen huwelijkse voorwaarden. Ontbreken de verklaringen, die bevestigen dat ieder echtgenoot is voorgelicht, wordt vermoed, dat geen aparte inlichting heeft plaatsgevonden. De huwelijkse voorwaarden zijn alsdan vernietigbaar door een verklaring bij notariële akte. De verklaring dient te worden afgelegd binnen een jaar, beginnend op het tijdstip waarop de partij, die de rechtshandeling wil vernietigen, kennis krijgt van het ontbreken van de verklaringen van de advocaten en de mogelijkheid om de huwelijkse voorwaarden te vernietigen.

1477 Als *minuut* wird im niederländischen Recht die ursprüngliche Abschrift der Urkunde

Es ist davon auszugehen, dass sich die vorgestellten Gesetzesänderungen unmittelbar auf die Möglichkeit der Gerichte, im Rahmen einer Kontrolle Einfluss auf Eheverträge zu nehmen, auswirken werden. Die Aufnahme einer Präambel, die durch die Ehegatten selbst verfasst ist, dürfte zur Auslegung herangezogen werden und die Ermittlung der Voraussetzungen für eine nachträgliche Vertragsanpassung vereinfachen. Die Pflicht, sich gesondert durch Rechtsanwälte belehren zu lassen, dürfte dazu führen, dass weniger Raum bleibt, die Eheverträge als sittenwidrig oder unwirksam aufgrund der bei Vertragsschluss bestehenden Umstände anzusehen, da es den Ehegatten nicht mehr gelingen dürfte, darzulegen und nachzuweisen, dass der auf den Vertragsabschluss gerichtete Wille mangelhaft gebildet worden ist oder sie sich in einer die Sittenwidrigkeit begründenden Lage befanden, obwohl durch die Beratung eine entsprechende Rechtskenntnis bestand. Insoweit tragen beide Ergänzungen zur Rechtssicherheit bei. Insbesondere durch die anwaltliche Beratung wird jedoch auch die Gerechtigkeit gefördert, da hinsichtlich des Ehevertrages sodann eine informierte Entscheidung in Kenntnis der Rechtsfolgen getroffen wird, die letztlich interessengerecht ist.

---

bezeichnet, die bei dem ausstellenden Amtsträger als Staatseigentum verbleibt. Siehe *Melis/Waaijer*, De Notariswet, 8. druk, S. 189.

Literaturverzeichnis

A

Abas, P.: De correctievergoeding van Anna Kriek, in: Weekblad voor Privaatrecht, Notariaat en Registratie, 1990, S. 74 – 75 (zitiert: *Abas*, WPNR 1990).

ders.: De invloed van de redelijkheid en billijkheid op de (afwikkeling van de) overeenkomst van huwelijkse voorwaarden, in: Weekblad voor Privaatrecht, Notariaat en Registratie, 1999, S. 681 – 688 (zitiert: *Abas*, WPNR 1999).

ders.: Over de verhouding tussen art. 6:248 en 6:258 BW, in: Weekblad voor Privaatrecht, Notariaat en Registratie, 2000, S. 249 – 251 (zitiert: *Abas*, WPNR 2000).

Van den Akker, E. J. A. M.: Notaris en zorgplicht jegens derden, in: Weekblad voor Privaatrecht, Notariaat en Registratie, 2004, S. 587 – 591 (zitiert: *Van den Akker*, WPNR 2004).

Anders, Monika/Hackert, Stephan: Das Anwaltsnotariat, Geschichte in Deutschland und Entwicklung in der Bundesrepublik, dargestellt am Beispiel des Landegerichtsbezirks Essen, in: Notar als Berufung, Festschrift für Stefan Zimmermann, Deutscher Notarverlag, Bonn 2010, S. 1 – 28 (zitiert: *Anders/Hackert*, in: Notar als Berufung, FS Zimmermann).

Van den Anker, B.: Woning, echtscheiding, verrekening, Het periodiek verrekenbeding en het voorhuwelijks vermogen, Celsus, Tilburg 2007 (zitiert: *Van den Anker*, Woning, echtscheiding, verrekening).

Antokolskaia, Masha/Breederveld, Bart/Hulst, Liesbeth/Kolkman, Wilbert/Salomons, Frits/Verstappen, Leon: Koude uitsluiting, Materiële problemen en onbillijkheden na scheiding van in koude uitsluiting gehuwde echtgenoten en na scheiding van ongehuwd samenlevende partners, alsmede instrumenten voor de overheid om deze tegen te gaan, Boom Juridische Uitgevers, Den Haag 2011 (zitiert: *Antokolskaia/Breederveld/Hulst/Kolkman/Salomons/Verstappen*, Koude uitsluiting).

Van Apeldoorn, L. J.: Geschiedenis van het Nederlandsche huwelijksrecht voor de invoering van de Fransche wetgeving, Uitgeversmaatschappij Holland, Amsterdam 1925 (zitiert: V*an Apeldoorn*, Geschiedenis van het Nederlandsche huwelijksrecht).

Asser-Serie: Mr. C. Assers Handleiding tot de beoefening van het Nederlands Burgerlijk Recht

o 1.II. Personen- en Familierecht, Deel II, Huwelijk, geregistreerd partnerschap en ongehuwd samenleven, bearbeitet von Wilbert Dirk Kolkman und Frits R.

Salomons, zuvor bearbeitet von Jan de Boer, Wolters Kluwer, Deventer, 2016 (zitiert: *Kolkman/Salomons*, in: *Asser* 1-II)
- 1. Personen- en familierecht, 18. druk, bearbeitet von Jan de Boer, Wolters Kluwer, Deventer 2010 (zitiert: *De Boer*, in: *Asser* 1)
- 4. Erfrecht en schenking, 16. druk, bearbeitet von Steven Perrick, Kluwer, Deventer 2017 (zitiert: *Perrick*, in: *Asser* 4)
- 6. II. Verbintenissenrecht, Deel II, De verbintenis in het algemeen, tweede gedeelte, 15. druk, bearbeitet von A. S. Hartkamp und C. H. Sieburgh, Kluwer, Deventer 2017 (zitiert: *Hartkamp/Sieburgh*, in: *Asser* 6-II).
- 6. III. Verbintenissenrecht, Deel III, Algemeen overeenkomstenrecht, bearbeitet von A. S. Hartkamp und C. H. Sieburgh, 14. druk, Kluwer, Deventer 2014 (zitiert: *Hartkamp/Sieburgh*, in: *Asser* 6-III).
- 6. IV. Verbintenissenrecht, Deel IV, De verbintenis uit de wet, bearbeitet von A. S. Hartkamp, C. H. Sieburgh, 14. druk, Kluwer, Deventer 2015 (zitiert: *Hartkamp/Sieburgh*, in: *Asser* 7-IV).
- 7. IV. Bijzondere overeenkomst, Deel IV, Opdracht incl. De geneeskundige behandelingsovereenkomst en de reisovereenkomst, bearbeitet von T. F. E. Tjong Tjin Tai, 3. druk, Kluwer, Deventer 2018 (zitiert: *Tjong Tjin Tai*, in: *Asser* 7-IV).
- 7. V. Bijzondere overeenkomsten, Deel V, Arbeidsovereenkomst, bearbeitet von G. J. J. Heerma van Voss, 2. druk, Kluwer, Deventer 2012 (zitiert: *Heerma van Voss*, in: *Asser* 7-V).
- 7. VII. Bijzondere overeenkomsten, Deel VII, Maatschap, vennootschap onder firma en commanditaire vennootschap, bearbeitet von M. van Olffen, 8. druk, Kluwer, Deventer 2017 (zitiert: *Van Olffen*, in: *Asser* 7-VII).
- 7. VIII. Bijzondere overeenkomsten, Deel VIII, Bewaarneming, borgtocht, vaststellingsovereenkomst, bruikleen, verbruikleen, altijddurende rente, spel en weddenschap, bearbeitet von A. C. van Schaick, 7. druk, Kluwer, Deventer 2012 (zitiert: *Van Schaick*, in: *Asser* 7-VIII).

B

Bärmann, Johannes: Das neue Ehegüterrecht, in: Archiv für die civilistische Praxis, 1958/1959, Band 157, S. 145 – 214 (zitiert: *Bärmann*, AcP 1958/1959).

Bakker, P. S.: Uitleg van commerciële contracten, in: Weekblad voor Privaatrecht, Notariaat en Registratie, 2011, S. 477 – 485 (I), S. 502 – 511 (II) (zitiert: *Bakker*, WPNR 2011).

Ballendux, F. J.: Geldlening, inflatie en goede trouw, Juridische implicaties van portefeuillevorming en efficiente markten, J. H. Pasmans, 's-Gravenhage 1980 (zitiert: *Ballendux*, Geldlening).

Bamberger, Heinz Georg/Roth, Herbert/Hau, Wolfgang/Poseck, Roman: Kommentar zum Bürgerlichen Gesetzbuch, herausgegeben von Heinz Georg Bamberger, Herbert Roth, Wolfgang Hau, Roman Poseck, 46. Edition, C. H. Beck, München 2018 (zitiert: *Bearbeiter*, in: *Bamberger/Roth*).

Battes, Robert: Sinn und Grenzen des Zugewinnausgleichs, in: Familie und Recht, 1990, S. 311 – 314 (zitiert: *Battes*, FuR 1990).

ders.: Echte Wertsteigerungen im Zugewinnausgleich, Ein Beitrag zur Reform des gesetzlichen Güterrechts, in: Zeitschrift für das gesamte Familienrecht, 2007, S. 313 – 321 (zitiert: *Battes*, FamRZ 2007).

Bartels, S. E./Boele-Woelki, Katharina/Kolkman, W. D./Lokin, J. H. A./Nuytinck, A. J. M./Schols, F. W. J. M./Sonneveldt, F./Stille, A.L.G.A./Stollenwerck, A.H.N./ Stubbé, J.P.M./Van Mourik, M. J. A./Verbeke, A./Verstappen, L. C. A./Vlaardingerbroek, P.: Erfenis niet vanzelf naar de schoonfamilie, in: NRC Handelsblad, 03.01.2008, S. 7 (zitiert: *Bartels/Boele-Woelki/Kolkman/Lokin/Nuytinck/ Schols/Sonneveldt/Stille/Stollenwerck/Stubbé/Van Mourik/Verbeke/Verstappen/Vlaardingerbroek*, in: NRC 03.01.2008)

Beers, J./Opgenoort, M. E. H./Schoenmaker, F. A. M.: Aandachtspunten bij het nieuwe goederenregime in 2018, in: Fiscaal Advies, 2018, S. 29 (zitiert: *Beers/ Opgenoort/Schoenmaker*, in: FA 2018).

Becker, Eva: § 1519 BGB – Neuer Wahlgüterstand ab 1.5.2013, in: Forum Familienrecht, 2013, S. 178 (zitiert: *Becker*, FF 2013).

Becker, Hans-Jürgen: Das Rheinische Recht und seine Bedeutung für die Rechtsentwicklung in Deutschland im 19. Jahrhundert, in: Juristische Schulung, 1985, S. 338 – 345 (zitiert: *Becker*, JuS 1985).

Belling, Detlev W.: Einführung in das Recht der gesetzlichen Erbfolge, in: Juristische Ausbildung, 1986, S. 579 – 587 (zitiert: *Belling*, Jura 1986).

Bergner, Ludwig: Zum Anwendungsbereich des § 18 VersAusglG nach der Rechtsprechung des BGH – Besprechung von BGH, Beschluss vom 30.11.2011 – XII ZB 344/10, NJW 2012, 312, in: Familienrecht und Familienverfahrensrecht, 2012, S. 25 – 28 (zitiert: *Bergner*, FamFR 2012).

Bergmann, Margarethe: Härtegründe im Versorgungsausgleich, in: Neue Zeitschrift für Familienrecht, 2014, S. 1023 – 1027 (zitiert: *Bergmann*, NZFam 2014).

Bergschneider, Ludwig: Zur Inhaltskontrolle bei Eheverträgen, Das Urteil des BVerfG v. 06.02.2001 und seine Konsequenzen für die Praxis, in: Zeitschrift für das gesamte Familienrecht, 2001, S. 1337 – 1340 (zitiert: *Bergschneider*, FamRZ 2001).

ders.: Güterrecht und richterliche Inhaltskontrolle – Eine kritische Bestandsaufnahme –, in: Zeitschrift für das gesamte Familienrecht, 2010, S. 1857 – 1860 (zitiert: *Bergschneider*, FamRZ 2010).

Biegman-Hartogh, A. G.: Conclusie genomen bij Hoge Raad, 25.11.1988, nr. 13363, in: Nederlandse Jurisprudentie, 1989, S. 1944 – 1947 (zitiert: *Biegman-Hartogh*, NJ 1989).

Bloembergen, A. R.: Schadevergoeding bij onrechtmatige daad, Damages in the law of torts, Kluwer, Deventer 1965 (zitiert: *Bloembergen*, Schadevergoeding).

Blokland, P.: Repelsteeltje in het huwelijksvermogensrecht, in: Juridische Berichten voor het Notariaat, 2018/28 (zitiert: *Blokland*, JBN 2018/28).

Blom, J. C. H./Lamberts, E.: Geschiedenis van de Nederlanden, onder red. van J. C. H. Blom en E. Lamberts, Prometheus Bakker, Amsterdam 2014 (zitiert: *Bearbeiter*, in: *Blom/Lamberts*, Geschiedenis van de Nederlanden).

Boehmer, Gustav: Zur Auslegung des § 1371 Abs. 1–3 n.F. BGB, in: Neue Juristische Wochenschrift, 1958, S. 524 – 527 (zitiert: *Boehmer*, NJW 1958).

Böhtlingk, F. R./Logemann, J. H. A.: Het wetsbegrip in Nederland, N. Samsom nv, Alphen aan de Rijn 1966 (zitiert: *Böhtlingk/Logemann*, Wetsbegrip).

Boele-Woelki, Katharina: Ersatzmutterschaft und „kalter Ausschluss" im Vermögensrecht von Ehegatten und nichtehelichen Partnern in den Niederlanden, in: Zeitschrift für das gesamte Familienrecht, 2011, S. 1455 – 1457 (zitiert: *Boele-Woelki*, FamRZ 2011).

Boele-Woelki, Katharina/Braat, B./Oderkerk, A. E./Steenhoff, G. J. W.: Huwelijksvermogensrecht in rechtsvergelijkend perspectief, Denemarken, Duitsland, Engeland, Frankrijk, Italië en Zweden, Kluwer, Deventer 2000 (zitiert: *Boele-Woelki/Braat/Oderkerk/Steenhoff*, Huwelijksvermogensrecht in rechtsvergelijkend perspectief).

Boele-Woelki, Katharina/Curry-Sumner, Ian/Jansen, Miranda/Schrama, Wendy: Huwelijk of geregistreerd partnerschap? Evaluatie van de wet openstelling huwelijk en de wet geregistreerd partnerschap, Kluwer, Deventer 2007 (zitiert: *Boele-Woelki/Curry-Sumner/Jansen/Schrama*, Huwelijk of geregistreerd partnerschap).

De Boer, J.: Discriminatoire overgangsbepaling in de Wet pensioenverevening, in: Nederlands Juristenblad, 1996, S. 801 (zitiert: *De Boer*, NJB 1996).

Bod, Theo: Pensioen en privaatrecht, Tjeenk Willink, Alphen aan den Rijn 1979 (zitiert: *Bod*, Pensioen en privaatrecht).

ders.: Pensioenverrekening bij echtscheiding II, Het Voorontwerp van wet verrekening pensioenrechten bij scheiding, in: Weekblad voor Privaatrecht,

Notariaat en Registratie, 1986, S. 149 – 157 (I), S. 169 – 175 (II) (zitiert: *Bod*, WPNR 1986).

Bohlscheid, Markus: Ausländer als Gesellschafter und Geschäftsführer einer deutschen GmbH, in: Rheinische Notar-Zeitschrift, 2005, S. 506 – 536 (zitiert: *Bohlscheid*, RNotZ 2005).

Boon, P. J./Brouwer, J. G./Schilder, A. E.: Regelgeving in Nederland, 4. druk, Kluwer, Deventer 2005 (zitiert: *Boon/Brouwer/Schilder*, Regelgeving).

Borth, Helmut: Praxis des Unterhaltsrechts, 3. Auflage, Ernst und Werner Gieseking, Bielefeld 2016 (zitiert: *Borth*, Praxis des Unterhaltsrechts).

ders.: Versorgungsausgleich in anwaltlicher und familiengerichtlicher Praxis, 8. Auflage, Luchterhand, Köln 2017 (zitiert: *Borth*, Versorgungsausgleich).

Bosch, F. W.: Freiheit und Bindung im neuen deutschen Familienrecht, in: Zeitschrift für das gesamte Familienrecht, 1958, S. 81 – 88 (zitiert: *Bosch*, FamRZ 1958/3).

ders.: Das neue Ehevermögensrecht, insbesondere das Ehegüterrecht – Grundlinien und Hauptprobleme, in: Zeitschrift für das gesamte Familienrecht, 1958, S. 289 – 298 (zitiert: *Bosch*, FamRZ 1958/8/9).

Bossers-Cnossen, J./Schols, B. M. E. M.: Het zo veranderlijke, voorwaardelijke huwelijksgoederenregime, in: Weekblad voor Privaatrecht, Notariaat en Registratie, 2016, S. 27 – 35 (I), S. 56 – 62 (II) (zitiert: *Bossers-Cnossen/Schols*, WPNR 2016).

Braeuer, Max: Kann der Zugewinn negativ sein?, in: Zeitschrift für das gesamte Familienrecht, 2010, S. 1614 – 1616 (zitiert: *Braeuer*, FamRZ 2010).

ders.: Der neue deutsch-französische Wahlgüterstand, in: Forum Familienrecht, 2010, S. 113 – 115 (zitiert: *Braeuer*, FF 2010).

ders.: Gütertrennung und Ausübungskontrolle, in: Zeitschrift für das gesamte Familienrecht, 2014, S. 77 – 83 (zitiert: *Braeuer*, FamRZ 2014).

ders.: Anmerkung zum Beschluss des BGH vom 12.11.2014 – XII ZB 469/13; in: Zeitschrift für das gesamte Familienrecht, 2015, S. 233 – 234 (zitiert: *Braeuer*, FamRZ 2015, S. 234)

Braga, Sevold: Das ehegüterrechtliche Erbrecht des überlebenden Ehegatten (Zum § 1371 BGB in der Fassung des GleichberG vom 18. Juni 1957), Erbrechtliche und internationalprivatrechtliche Aspekte, in: Zeitschrift für das gesamte Familienrecht, 1957, S. 334 – 342 (zitiert: *Braga*, FamRZ 1957).

ders.: Die „subjektive Theorie" oder was sonst? Ein Beitrag zu den §§ 1365 – 1369 BGB, in: Zeitschrift für das gesamte Familienrecht, 1967, S. 652 – 662 (zitiert: *Braga*, FamRZ 1967).

Brahn, O. K./Reehuis, W. H. M.: Zwaartepunten van het vermogensrecht, 13. druk, Kluwer, Deventer 2017 (zitiert: *Brahn/Reehuis*, Vermogensrecht).

Brambring, Günter: Ehevertrag und Vermögenszuordnung unter Ehegatten, 7. Auflage, C. H. Beck, München 2012 (zitiert: *Brambring*, Ehevertrag).

ders./Jerschke, Hans-Ulrich: Beck'sches Notar-Handbuch, 5. Auflage, C. H. Beck, München 2009 (zitiert: *Bearbeiter*, in: Beck'sches Notar-Handbuch, 5. Auflage).

Breederveld, Bart: Afschaffing algehele gemeenschap van goederen, waarom eigenlijk?, in: Tijdschrift voor Familie- en Jeugdrecht, 2003, S. 198 – 203 (zitiert: *Breederveld*, FJR 2003).

ders: De huwelijksgemeenschap bij echtscheiding, De omvang, ontbinding en verdeling door de rechter, Boom Juridische Uitgevers, Den Haag 2008 (zitiert: *Breederveld*, Huwelijksgemeenschap bij echtscheiding).

ders.: Da aanpassing van de algehele gemeenschap van goederen, in: Tijdschrift voor Familie- en Jeugdrecht, 2009, S. 66 – 70 (zitiert: *Breederveld*, FJR 2009).

ders.: Contractvrijheid in het huwelijksvermogensrecht, in: Tijdschrift voor Familie- en Jeugdrecht, 2013/71, URL: http://deeplinking.kluwer.nl/?param=00C32AD0&cpid=WKNL-LTR-Nav2 (zuletzt abgerufen am 30.10.2018) (zitiert: *Breederveld*, FJR 2013/71).

ders.: De aangepaste gemeenschap van goederen in verband met echtscheiding, Wolters Kluwer, Deventer 2011 (zitiert: *Breederveld*, De aangepaste gemeenschap van goederen).

ders.: Naar een beperkte gemeenschap van goederen: de stand van zaken met betrekking tot het wetsvoorstel 33987, in: Tijdschrift Relatierecht en Praktijk, 2015/3, URL: https://opmaat.sdu.nl/book/SDU_SDU_GENERIC_g_SDU_REP032015_36116/g_SDU_REP032015_36116 (zuletzt abgerufen am 30.10.2018) (zitiert: *Breederveld*, REP 2015/3).

ders.: Huwelijkse voorwaarden, in: Tijdschrift voor Familie- en Jeugdrecht, 2018, S. 63 (zitiert: *Breederveld*, FJR 2018).

Breedveld-de Voogd, C. G./Huijgen, W. G.: Naar een beperkte gemeenschap? Niet doen!, in: Weekblad voor Privaatrecht, Notariaat en Registratie, 2004, S. 43 – 50 (zitiert: *Breedveld-de Voogd/Huijgen*, WPNR 2004).

Breemhaar, Willem: Entwicklungen im niederländischen Familien- und Erbrecht 2017–2018, in: Zeitschrift für das gesamte Familienrecht, 2018, S. 1395 – 1396 (zitiert: *Breemhaar*, FamRZ 2018).

Van den Brink, Vincent: De rechtshandeling in strijd met de goede zeden, Boom Juridische uitgevers, 2002 (zitiert: *Van den Brink*, De goede zeden).

ders.: Redelijkheid en billijkheid en hun overlap met verwante wettelijke bepalingen, in: Maandblad voor Vermogensrecht, 2012, S. 23 – 27 (zitiert: *Van den Brink*, MvV 2012).

Brinkman, R. E./Burgerhart, W./Tuinstra, G. A./Verstappen, L. C. A.: Zaaksvervanging in het huwelijkksvermogensrecht, in: Weekblad voor Privaatrecht, Notariaat en Registratie, 2018, S. 466 – 474 (zitiert: *Brinkman/Burgerhart/Tuinstra/Verstappen*, WPNR 2018).

Brox, Hans/Walker, Wolf-Dietrich: Erbrecht, 26. vollständig neu bearbeitete Auflage, Verlag Franz Vahlen, München 2014 (zitiert: *Brox/Walker*, Erbrecht, 26. Auflage).

Brudermüller, Gerd: Die Neuregelung im Recht des Zugewinnausgleichs ab 1.9.2009, Negatives Anfangsvermögen, erweiterte Auskunftspflichten, Änderung des Stichtages und Konkretisierung der Beweislast, in: Zeitschrift für das gesamte Familienrecht, 2009, S. 1185 – 1191 (zitiert: *Brudermüller*, FamRZ 2009).

ders.: Der reformierte Zugewinnausgleich – Erste Praxisprobleme, in: Neue Juristische Wochenschrift, 2010, S. 401 – 407 (zitiert: *Brudermüller*, NJW 2010).

ders.: Die Zugewinngemeinschaft – ein zeitgemäßes Modell?, in: Forum Familienrecht, 2012, S. 280 – 291 (zitiert: *Brudermüller*, FF 2012).

De Bruijn, Arnout Rudolph: Het sluiten van zaken buiten de huwelijksgemeenschap door erflaters en schenkers overeenkomstig artikel 175 slot van het Burgerlijk Wetboek, W. D. Meinema, Delft 1945 (zitiert: *De Bruijn*, Het sluiten van zaken buiten de huwelijksgemeenschap).

ders.: Het Nederlandse huwelijksvermogensrecht, Gouda Quint/Bouwer & Zoon, Arnhem 1959 (zitiert: *De Bruijn*, Het Nederlandse huwelijksvermogensrecht).

De Bruijn, Arnout Rudolph/Huijgen, W. G./Reinhartz, B. E.: Het Nederlandse Huwelijksvermogensrecht, met een bijdrage van Mr. C. G. Breedveld-de Voogd, 4. druk, Kluwer, Deventer 2010 (zitiert: *De Bruijn/Huijgen/Reinhartz*, Het Nederlandse Huwelijksvermogensrecht, 4. druk).

De Bruijn, Arnout Rudolph/Huijgen, W. G./Reinhartz, B. E.: Het Nederlandse Huwelijksvermogensrecht, met een bijdrage van Mr. C. G. Breedveld-de Voogd, 5. druk, Wolters Kluwer, Deventer 2012 (zitiert: *De Bruijn/Huijgen/Reinhartz*, Het Nederlandse Huwelijksvermogensrecht, 5. druk).

De Bruijn-Lückers, M. L. C. C.: Monografieën (echt)scheidingsrecht, Deel 4a, Alimentatieverplichtingen, 15. druk, Sdu Uitgevers, Den Haag 2016 (zitiert: *De Bruijn-Lückers*, Alimentatieverplichtingen).

dies.: Recente ontwikkelingen alimentatie, in: Echtscheiding Bulletin, Tijdschrift voor scheidingsrecht, 2017, S. 147 – 150 (zitiert: *De Bruijn-Lückers*, EB 2017).

De Bruijn-Lückers, M. L. C. C./Labohm, A. N.: Alimentatie in tijden van crisis en maatschappelijke veranderingen, in: Weekblad voor Privaatrecht, Notariaat en Registratie, 2012, S. 711 – 717 (zitiert: *De Bruijn-Lückers/Labohm*, WPNR 2012).

Büte, Dieter: Brennpunkte im neuen Güterrecht, in: Forum Familienrecht, 2010, S. 279 – 293 (zitiert: *Büte*, FF 2010).

Büttner, Helmut: Unfair zu Gretchen, in: Zeitschrift für das gesamte Familienrecht, 1997, S. 600 – 601 (zitiert: *Büttner*, FamRZ 1997).

ders.: Der Betreuungsunterhalt nach § 1570 BGB, in: Familie Partnerschaft Recht, 2009, S. 92 – 97 (zitiert: Büttner, FPR 2009).

Burgerhart, W.: Is insluiten het spiegelbeeld van uitsluiten? Soms wel., in: EstateTip Review, 2018, Nr. 11, URL: https://www.bjutijdschriften.nl/tijdschrift/estatetip/2018/11/ET_1572-5421_2018_015_011_001.pdf (zuletzt abgerufen am 30.10.2018) (zitiert: *Burgerhart*, EstateTip Review 2018/11).

Van der Burght, Gr.: Het wettelijke deelgenootschap, Kluwer, Deventer 1973 (zitiert: *Van der Burght*, Het wettelijke deelgenootschap).

ders.: De vervaltermijn, het verrekenbeding en de gratis arbeid, in: Weekblad voor Privaatrecht, Notariaat en Registratie, 1990, S. 337 – 341 (zitiert: *Van der Burght*, WPNR 1990).

ders.: Het noodlot van 'veel voorkomend type', of: bij uitsluiting staat de vrouw in de kou, in: Weekblad voor Privaatrecht, Notariaat en Registratie, 1992, S. 890 – 895 (zitiert: *Van der Burght*, WPNR 1992).

ders.: Wetsvoorstel Nieuw Huwelijksvermogensrecht, Eerste deel: titel 6 en 8 Boek 1 BW; kamerstuk 27 084, in: Weekblad voor Privaatrecht, Notariaat en Registratie, 2000 S. 493 – 501 (zitiert: *Van der Burght*, WPNR 2000).

ders.: Wetsvoorstel Nieuw Huwelijksvermogensrecht, Beter laat dan nooit, maar toch te vroeg, Tweede deel: Wijziging titel 8 Boek 1 BW: regels verrekenbedingen; kamerstuk 27 554, in: Weekblad voor Privaatrecht, Notariaat en Registratie, 2001, S. 251 –259 (I), S. 277 – 280 (II) (zitiert: *Van der Burght*, WPNR 2001).

ders.: De ‚bedoeling' van partijen in huwelijksvoorwaarden, in: Confronting the Frontiers of Family and Succession Law, Liber Amicorum Walter Pintens, Bd. II, Intersentia, Cambridge (u.a.) 2012, S. 1519 – 1540 (zitiert: *Van der Burght*, in: Liber Amicorum Walter Pintens).

ders.: Het politieke wensdenken en exit de (Hollandse) nuchterheid? Eeen reactie op FTV 2013, nr. 59, in Fiscaal Tijdschrift Vermogen 2014/3, URL: https://opmaat.sdu.nl/algemeen/document?id=g-IMPRFTV-201403657 (zuletzt abgerufen am 30.10.2018) (zitiert: *van der Burght*, FTV 2014/3).

Van der Burght, Gr./Doek, J. E.: Pitlo, Het Nederlands Burgerlijk Wetboek, Deel 1, Personen- en familierecht, 12. druk, Kluwer, Deventer 2002 (zitiert: *Van der Burght/Doek*, Personen- en Familierecht).

Van der Burght, Gr./Luijten, E. A. A./Meijer, W. R.: De ingreep in de wettelijke gemeenschap; een mission impossible?, in: Weekblad voor Privaatrecht, Notariaat en Registratie, 2003, S. 649 – 657 (zitiert: *Van der Burght/Luijten/ Meijer*, WPNR 2003).

C

Castermans, Alex Geert: De mededelingsplicht in de onderhandelingsfase, Kluwer, Deventer 1992 (zitiert: *Castermans*, De mededelingsplicht).

Coester-Waltjen, Dagmar: Liebe – Freiheit – gute Sitten, Grenzen autonomer Gestaltung der Ehe und ihrer Folgen in der Rechtsprechung des Bundesgerichtshofs, in: 50 Jahre Bundesgerichtshof, Festausgabe der Wissenschaft, C. H. Beck, München 2000, S. 985 – 1008 (zitiert: *Coester-Waltjen*, in: 50 Jahre BGH).

Cohen Henriquez, E.: De huishoudelijke maatschap, in: Weekblad voor Privaatrecht, Notariaat en Registratie, 1980, S. 217 – 220 (I), S. 233 – 237 (II) (zitiert: *Cohen Henriquez*, WPNR 1980).

ders.: De rechtsverhouding tussen buiten elke gemeenschap gehuwde echtgenoten bij bepaalde onderlinge vermogensverschuivingen, in: Weekblad voor Privaatrecht, Notariaat en Registratie, 1990, S. 76 – 78 (zitiert: *Cohen Henriquez*, WPNR 1990).

ders.: Miskende maatschappen, in: Weekblad voor Privaatrecht, Notariaat en Registratie, 1991, S. 234 – 236 (zitiert: *Cohen Henriquez*, WPNR 1991).

Commissie inzake openstelling van het burgerlijk huwelijk voor personen van hetzelfde geslacht, Rapport, Den Haag 1997 (zitiert: *Commissie-Kortmann*).

Conrad, Hermann: Die geschichtlichen Grundlagen des modernen Notariats in Deutschland, in: Deutsche Notar-Zeitschrift, 1960, S. 3 – 33 (zitiert: *Conrad*, DNotZ 1960).

Van Coolwijk, R./Moons, J. E. M. C.: Reactie vFAS op wetsvoorstel herziening partneralimentatie, in: Echtscheiding Bulletin, Tijdschrift voor scheidingsrecht, 2015, S. 176 – 180 (zitiert: *Van Coolwijk/Moons*, EB 2015).

Curry-Sumner, Ian: All's well that ends registered?, The substantive and private international law aspects of non-marital registered relationships in Europe. A comparison of the laws of Belgium, France, The Netherlands, Switzerland and the United Kingdom, Intersentia, Antwerp, Oxford 2005 (zitiert: *Curry-Sumner*, All's well that ends registered?).

D

Dauner-Lieb, Barbara: Reichweite und Grenzen der Privatautonomie im Ehevertragsrecht, Zugleich Anmerkungen und Fragen zum Urteil des BVerfG vom 6.2.2001 – 1BvR 12/92, in: Archiv für die civilistische Praxis, 2001, S. 295 – 332 (zitiert: *Dauner-Lieb*, AcP 2001).

dies.: Richterliche Überprüfung von Eheverträgen nach dem Urteil des BGH v. 11.02.2004 – XII ZR 265/02, in: Forum Familienrecht, 2004, S. 65 – 69 (zitiert: *Dauner-Lieb*, FF 2004).

dies.: Gütertrennung zwischen Privatautonomie und Inhaltskontrolle, in: Archiv für die civilistische Praxis, 2010, S. 580 – 609 (zitiert: *Dauner-Lieb*, AcP 2010).

Declerck, Charlotte/Verstappen, L. C. A.: Koude uitslutiing in Nederland en België – een rechtsvergelijkende analyse, in: *Boele-Woelki, Katharina/Swennen, Frederik* (Red.), Vergelijkenderwijs, Actuele ontwikkelingen in het Belgische en Nederlandse familierecht, Boom Juridische Uitgevers, Den Haag 2012, S. 129 – 161 (zitiert: *Declerck/Verstappen*, in: *Boele-Woelki/Swennen*, Vergelijkenderwijs).

Dethloff, Nina: Anmerkungen zu BGH, Beschluss vom 18.9.1996 – XII ZB 206/94 (OLG Köln), in: Juristenzeitung 1997, S. 414 – 415 (zitiert: *Dethloff*, JZ 1997).

Dickhuth-Harrach, Hans-Jürgen von: Erbrecht und Erbrechtsgestaltung eingetragener Lebenspartnerschaften. in: Zeitschrift für das gesamte Familienrecht, 2001, S. 1660 – 1670 (zitiert: *Dickhuth-Harrach*, FamRZ 2001).

Diederichsen, Uwe: Teilhabegerechtigkeit in der Ehe, in: Zeitschrift für das gesamte Familienrecht, 1992, S. 1 – 12 (zitiert: *Diederichsen*, FamRZ 1992).

Doll, Christian: Das lateinische Notariat in Deutschland und die gemeinschaftsrechtliche Liberalisierung von Dienstleistungen, Verlag Dr. Kovač, Hamburg 2011 (zitiert: *Doll*, Notariat in Deutschland).

Dommerholt, G. J.: Vermogensrechtelijke aanspraken ondanks koude uitsluiting in geval van een gezamelijke geldlening, in: Weekblad voor Privaatrecht, Notariaat en Registratie, 2005, S. 571 – 578 (zitiert: *Dommerholt*, WPNR 2005).

Dozy, F. B.: Rondom de rechterlijke goedkeuring van huwelijkse voorwaarden, in: Weekblad voor Privaatrecht, Notariaat en Registratie, 1958, S. 513 – 515 (I), S. 525 – 528 (II), S. 537 – 539 (III) (zitiert: *Dozy*, WPNR 1958).

Driessen-Klein, J. J.: Verknochtheid van baten en schulden, in: Juridische Berichten voor het Notariaat, 2007/23 (zitiert: *Driessen-Klein*, JBN 2007/23).

dies.: Opheffing van huwelijkse voorwaarden onder tijdsbepaling/voorwaarden, in: Juridische Berichten voor het Notariaat, 2011/62 (zitiert: *Driessen-Klein*, JBN 2011/62).

Drielsma, H. A.: Aandelen in maatschappen en vennootschappen onder firma en de huwelijksgoederengemeenschap in het nieuwe B.W., in: Weekblad voor Privaatrecht, Notariaat en Registratie, 1955, S. 121 – 124 (I), S. 133 – 135 (II) (zitiert: *Drielsma*, WPNR 1955).

Drion, H.: De verbindingsfunctie van de term „huwelijksvoorwaarden" in het B.W., in: Weekblad voor Privaatrecht, Notaris-ambt en Registratie, 1965, S. 133 – 136 (zitiert: *Drion*, WPNR 1965).

Van Duijvendijk-Brand, Jannetjen: Afrekenen bij (echt)schieding, Kluwer, Deventer 1990 (zitiert: *Van Duijvendijk-Brand*, (Echt)scheiding).

dies.: Uitleg van huwelijkse voorwaarden, in: Weekblad voor Privaatrecht, Notariaat en Registratie, 2007, S. 388 – 397 (zitiert: *Van Duijvendijk-Brand*, WPNR 2007).

Van Dunné, J. M.: Het beginsel van de goede trouw en de afwikkeling van de huwelijksgemeenschap, Opmerkingen n.a.v. het debat op de Algemene Vergadering van 25 september 1987, in: Weekblad voor Privaatrecht, Notariaat en Registratie, 1987, S. 607 – 610 (zitiert: *Van Dunné*, WPNR 1987).

Du Perron, C. E.: Noot bij Hoge Raad, 18.10.2002, LJN: AE5160, in: Nederlandse Jurisprudentie, 2003, S. 3916–3919 (zitiert: *Du Perron*, NJ 2003).

Duynstee, F. M. J. J.: Verknochtheid, in: Een kapitein, twee schepen, Bundel opstellen aangeboden aan Prof. Mr. E. A. A. Luijten, Tjeenk Willink, Zwolle 1984, S. 57 – 71 (zitiert: *Duynstee*, in: *Luijten*, Een kapitein, twee schepen).

E

Ebert, Kurt Hanns: Rechtsvergleichung, Einführung in die Grundlagen, Stämpfli & Cie, Bern 1978 (zitiert: *Ebert*, Rechtsvergleichung).

Eggens, J.: Het wetsontwerp op de opheffing van de handelingsonbekwaamheid van de gehuwde vrouw (getoetst aan het karakter van de huwelijksgemeenschap), in: Weekblad voor Privaatrecht, Notariaat en Registratie, 1949, S. 595 – 598 (I), S. 607 – 610 (II) (zitiert; *Eggens*, WPNR 1949).

Eichenhofer, Eberhard: Drei Wege zum Versorgungsausgleich, in: Zeitschrift für das gesamte Familienrecht, 2008, S. 950 – 953 (zitiert: *Eichenhofer*, FamRZ 2008).

Elden, Erkan/Norpoth, Johannes: Die „hohe Hürde" der groben Unbilligkeit beim Ausschluss des Versorgungsausgleichs, in: Neue Zeitschrift für Familienrecht, 2016, S. 241 – 244 (zitiert: *Elden/Norpoth*, NZFam 2016).

Erbe, Michael: Belgien Niederlande Luxemburg, Geschichte des niederländischen Raumes, Kohlhammer, Stuttgart 1993 (zitiert: *Erbe*, Belgien Niederlande Luxemburg).

Erman, Bürgerliches Gesetzbuch, Handkommentar mit AGG, EGBGB (Auszug), ErbbauRG, LPartG, ProdHaftG, UKlaG, VBVG, VersAusglG und WEG, hrsg. von Westermann, Peter/Grunewald, Barbara/Maier-Reimer, Georg
o Band I, 15. Auflage, Verlag Dr. Otto Schmidt, Köln 2017
o Band II, §§ 759 – 2388, ProdHaftG, ErbbauRG, VersAusglG, VBVG, LPartG, WEG, EGBGB, 15. Auflage, Verlag Dr. Otto Schmidt, Köln 2017 (zitiert: *Erman/Bearbeiter*)

F

Falkner, Melanie: Das (Neben-)Güterrecht, in: Deutsche Notar-Zeitschrift, 2013, S. 586 – 596 (zitiert: *Falkner*, DNotZ 2013).

Ferid, Murad: Zwei Gesichtspunkte zur „erbrechtlichen Lösung" des Zugewinnausgleichs bei Auflösung der Ehe durch den Tod eines Ehegatten, in: Zeitschrift für das gesamte Familienrecht, 1957, S. 70 – 72 (zitiert: *Ferid*, FamRZ 1957).

Feuersänger, Klaus: Grundstücksübertragungen beim Zugewinnausgleich, in: Zeitschrift für das gesamte Familienrecht, 2003, S. 645 – 648 (zitiert: *Feuersänger*, FamRZ 2003).

Flos, A. G. F. M.: Vergoeding voor de meewerkende echtgenoot bij koude uitsluiting: de onderbelichte rol van de affectieve relatie van echtgenoten in rechtszaken, in: Tijdschrift voor Familie- en Jeugdrecht, 2018, S. 42 – 48 (zitiert: *Flos*, FJR 2018).

Fockema Andreae, Arnold Daniël Hermannus: De rechtstoestand der gehuwde vrouw, Kapteijn, Leiden 1898 (zitiert: *Fockema Andreae*, Rechtstoestand der gehuwde vrouw).

G

Galjaart, M. W.: Het Amsterdams verrekenbeding is nog volop in constructie, in: Weekblad voor Privaatrecht, Notariaat en Registratie, 2000, S. 711 – 712 (zitiert: *Galjaart*, WPNR 2000).

Gehlen, Antoon Florentijn: Het notariaat der lage landen in historisch perspectief, in: Atlas du notariat, Le notariat dans le monde, Huit siècles de notariat latin – Quatre décennies d'Union Internationale/Atlas van het notariaat, Het notariaat in de wereld, Acht eeuwen latijns notariaat – vier decennia Internationale Unie, Kluwer, Deventer 1989, S. 477 – 492 (zitiert: *Gehlen*, in: Atlas du notariat/Atlas van het notariaat).

Van der Geld, L. A. G. M.: De in- en uitsluitingsclausule in het nieuwe huwelijksvermogensrecht, in: Tijdschrift Erfrecht, 2017, S. 78 – 81 (zitiert: *Van der Geld*, TE 2017).

dies.: Herinvoering van de algehele gemeenschap van goederen?, in: Fiscale berichten voor het notariaat, 2018, Nr. 6, URL: https://opmaat.sdu.nl/algemeen/document?id=g-SDU_FBN062018_65559 (zuletzt abgerufen am 30.10.2018) (zitiert: *Van der Geld*, FBN 2018/6).

Van der Geld, L. A. G. M./Schols, F. W. J. M.: 'Algehele' relatievermogensrechtelijke gemeenschap op eigen risico betreden, Lastendruk over de rug van geliefden?, in: Weekblad voor Privaatrecht, Notariaat en Registratie, 2018, S. 261 – 263 (zitiert: *Van der Geld/Schols*, WPNR 2018).

Van Genderen, D. M./Fluit, P. S./Stefels, M. E./De Wolff, D. J. B.: Arbeidsrecht in de praktijk, 11. herziende druk, Sdu Uitgevers bv, Den Haag 2018 (zitiert: *Van Genderen/Fluit/Stefels/De Wolff*, Arbeidsrecht in de praktijk).

Gerber, Wolfgang: Vertragsfreiheit und richterliche Inhaltskontrolle bei Eheverträgen, in: Festschrift aus Anlaß des fünfzigjährigen Bestehens des Bundesgerichtshofs, Bundesanwaltschaft und Rechtsanwaltschaft beim Bundesgerichtshof, Carl Heymanns Verlag, Köln 2000, S. 49 – 66 (zitiert: *Gerber*, in: FS 50 Jahre BGH).

Gernhuber, Joachim/Coester-Waltjen, Dagmar: Familienrecht, 6. Auflage, C. H. Beck, München 2010 (zitiert: *Gernhuber/Coester-Waltjen*, Familienrecht).

Gisolf, Reurt Cornelis: Verknochtheid in het huwelijksvermogensrecht, Tjeenk Willink, Groningen 1974 (zitiert: *Gisolf*, Verknochtheid in het huwelijksvermogensrecht).

Gisolf, R. C./Santen, A. H. M.: Notaris, echtscheiding en echtelijke woning, Kluwer, Deventer 1978 (zitiert: *Gisolf/Santen*, Notaris, echtscheiding en echtelijke woning).

Glockner, Rainer/Hoenes, Ute/Voucko-Glockner, Arndt/Weil, Klaus: Der neue Versorgungsausgleich, C. H. Beck, München 2009 (zitiert: *Glockner/Hoenes/Weil*, Der neue Versorgungsausgleich).

Goebel, Joachim: In guten, nicht in schlechten Tagen? – Sechs Thesen zur richterlichen Kontrolle von Unterhaltsverzichten, in: Zeitschrift für das gesamte Familienrecht, 2003, S. 1513 – 1520 (zitiert: *Goebel*, FamRZ 2003).

Götsche, Frank/Rehbein, Frank/Breuers, Christian: Versorgungsausgleichsrecht, Handkommentar, 3. Auflage, Nomos, Baden-Baden 2018 (zitiert: *Bearbeiter*, in: *Götsche/Rehbein/Breuers*, Versorgungsausgleichsrecht).

Gräler, J. G.: Het inkomensbegrip in huwelijkse voorwaarden, in: Weekblad voor Privaatrecht, Notariaat en Registratie, 2001, S. 286 – 289 (zitiert: *Gräler*, WPNR 2001).

Grziwotz, Herbert: Das Ende der Vertragsfreiheit in Ehevermögens- und Scheidungsfolgenrecht?, in: Zeitschrift für das gesamte Familienrecht, 1997, S. 587 – 589 (zitiert: *Grziwotz*, FamRZ 1997).

ders.: Anmerkung zu BGH, Urteil v. 05.11.2008 – XII ZR 157/06 (OLG Karlsruhe), in: Neue Juristische Wochenschrift, 2009, S. 846 (zitiert: *Grziwotz*, NJW 2009).

Groene Serie, Personen- en familierecht, Redakteurin S. F. M. Wortmann, bearbeitet von S. F. M. Wortmann, Marielle Bruning, Gerard-René de Groot u.a., Wolters Kluwer, Deventer 2018 (zitiert: *Bearbeiter*, in: GS Personen- en familierecht).

Groenleer, M.: De aantastbaarheid van een echtscheidingsconvenant, in: Echtscheiding Bulletin, Tijdschrift voor scheidingsrecht, 2009/18, URL: http://deeplinking.kluwer.nl/?param=00A3E681&cpid=WKNL-LTR-Nav2 (zuletzt abgerufen am 30.10.2018) (zitiert: *Groenleer*, EB 2009/18).

De Groot, Hugo: Inleiding tot de Hollandsche rechts-gleertheid, Tweeden druck, Weduwe ende Erfgenamen van wijlen Hillebrand Jacobsz van Wouw, 's-Gravenhage 1631 (zitiert: *De Groot*, Inleiding tot de Hollandsche rechts-gleertheid).

Groß, Ingrid: § 1381 BGB – Unbestimmtheit des Tatbestandes contra Ausweitung von Einzelfallkorrekturen – Erweiterung der Billigkeitsgründe zu Gunsten des Ausgleichsberechtigten, in: Familie Partnerschaft Recht, 2007, S. 175 – 179 (zitiert: *Groß*, FPR 2007).

H

Häberle, Otmar: Zum Einfluß persönlicher Eheverfehlungen auf den Ehegattenunterhalt, in: Zeitschrift für das gesamte Familienrecht, 1982, S. 557 – 561 (zitiert: *Häberle*, FamRZ 1982).

Hage, J. C.: De echtelijke woning na echtscheiding, in: Weekblad voor Privaatrecht, Notariaat en Registratie, 1979, S. 708 – 715 (zitiert: *Hage*, WPNR 1979).

Hamaker, H. J.: Een rechtsvraag betreffende het begrip der huwelijksvoorwaarden, in: Weekblad voor Privaatrecht, Notaris-ambt en Registratie, 1898, S. 157 – 160 (I), S. 169 – 172 (II), S. 181 – 184 (III), S. 197 – 201 (IV) (zitiert: *Hamaker*, WPNR 1989).

ders.: Schenking, in: Weekblad voor Privaatrecht, Notaris-ambt en Registratie, 1904, S. 229 – 232 (I), S. 245 – 248 (II), S. 257 – 259 (III), S. 273 – 276 (IV), S. 285 – 288 (V) (zitiert: *Hamaker*, WPNR 1904).

Hammerstein, Alfred: Eigenlijke en oneigenlijke zaaksvervanging, Tjeenk Willink, Groningen 1977 (zitiert: *Hammerstein*, Zaaksvervanging).

Hampel, Herbert: Zur Pflichtteilsregelung bei der Beendigung der Zugewinngemeinschaft durch den Tod eines Ehegatten, in: Zeitschrift für das gesamte Familienrecht, 1958, S. 162 – 166 (zitiert: *Hampel*, FamRZ 1958).

Hartkamp, A. S.: Open normen (in het bijzonder de redelijk en bilijkheid in het nieuw BW, in: Weekblad voor Privaatrecht, Notariaat en Registratie, 1981, S. 213 – 217 (I), S. 229 – 233 (II), S. 315 (III) (zitiert: *Hartkamp*, WPNR 1981).

ders.: Reactie op het artikel ‚Over de verhouding tussen art. 6:248 en art. 6:258 BW' van prof mr. P. Abas in WPNR (2000) 6397, in: Weekblad voor Privaatrecht, Notariaat en Registratie, 2000, S. 395 – 396 (zitiert: *Hartkamp*, WPNR 2000).

ders.: Ongerechtvaardigde verrijking naast overeenkomst en onrechtmatige daad, in: Weekblad voor Privaatrecht, Notariaat en Registratie, WPNR 2001, S. 311 – 318 (I), S. 327 – 334 (II) (zitiert: *Hartkamp*, WPNR 2001).

Haußleiter, Martin/Kuch, Danielle: Illoyale Vermögensminderung beim Zugewinnausgleich, in: Neue Juristische Wochenschrift – Spezial, 2005, S. 343 – 344 (zitiert: *Haußleiter/Kuch*, NJW-Spezial 2005).

Heida, A.: Alimentatie en wangedrag, in: Echtscheiding Bulletin, Tijdschrift voor scheidingsrecht, 2008/1, URL: http://deeplinking.kluwer.nl/?param=00A3E734&cpid=WKNL-LTR-Nav2 (zuletzt abgerufen am 30.10.2018) (zitiert: *Heida*, EB 2008/1).

ders.: Het nieuwe huwelijksvermogensrecht: de belangrijkste wijzigingen op een rij, in: Echtscheiding Bulletin, Tijdschrift voor scheidingsrecht, 2018, S. 3 – 5 (zitiert: *Heida*, EB 2018).

Van der Heijden, Manon P. C.: Huwelijk, strafrecht en kerkelijke tucht in vroegmodern Holland, in: Jaarboek van het Centraal Bureau voor Genealogie, Deel 55, Centraal Bureau voor Genealogie, Den Haag 2001, S. 5 – 30 (zitiert: *Van der Heijden*, in: Jaarboek van het Centraal Bureau voor Genealogie).

Herr, Thomas: Das Schmerzensgeld im Zugewinnausgleich, in: Neue Juristische Wochenschrift, 2008, S. 262 – 266 (zitiert: *Herr*, NJW 2008).

ders.: Die Änderungen im ehelichen Güterrecht, in: Forum Familienrecht, 2010, S. 13 – 17 (zitiert: *Herr*, FF 2010).

Heuff, W.: Verrekeningsbedingen in huwelijksvoorwaarden, in: Waarvan akte, Opstellen aangeboden aan prof. mr. A. R. de Bruijn ter gelegenheid van zijn aftreden als hoogleraar in de wetenschap van het notariaat aan de Rijksuniversiteit te Utrecht, Kluwer, Deventer 1966, S. 55 – 71 (zitiert: *Heuff*, in: Waarvan akte).

Hidma, T. R.: 'Nihil-beding' art. 158 boek 1 BW; ook vóór het huwelijk overeen te komen, in: Weekblad voor Privaatrecht, Notariaat en Registratie, 1979, S. 170 – 172 (zitiert: *Hidma*, WPNR 1979).

ders.: Koude uitsluiting en huishoudelijke arbeid als redelijke grond voor wijziging van huwelijksvoorwaarden, in: Een kapitein, twee schepen, Bundel opstellen aangeboden aan Prof. Mr. E. A. A. Luijten, Tjeenk Willink, Zwolle 1984, S. 73 – 87 (zitiert: *Hidma*, in: *Luijten*, Een kapitein, twee schepen).

ders.: Huwelijksvoorwaarden staande huwelijk, Gouda Quint, Arnhem 1986 (zitiert: *Hidma*, Huwelijksvoorwaarden staande huwelijk).

ders.: Toepassingsmogelijkheden van huwelijksvoorwaarden staande huwelijk, in: Weekblad voor Privaatrecht, Notariaat en Registratie, 1989, S. 14 – 17 (zitiert: *Hidma*, WPNR 1989).

Hidma, T. R./Van Duijvendijk-Brand, J.: Huwelijkse voorwaarden in harmonie en conflict, Koninklijke Vermande, Lelystad 1994 (zitiert: *Hidma/Van Duijvendijk-Brand*, Huwelijkse voorwaarden).

Hijma, Jac./Olthof, M. M.: Compendium van het Nederlands vermogensrecht, 13. druk, Kluwer, Deventer 2015 (zitiert: *Hijma/Olthof*, Vermogensrecht).

Hillen-Muns, M. I. W. E.: Wet op het notarisambt, Kluwer, Deventer 2009 (zitiert: *Hillen-Muns*, Wet op het notarisambt).

Hoens, F. M. H.: Alimentatie en estate planning. Gewijzigd wetsvoorstel herziening partneralimentatie, in: EstateTip Review, 2017, Nr. 13, URL: https://www.bjutijdschriften.nl/tijdschrift/estatetip/2017/13/ET_1572-5421_2017_014_013_001.pdf (zuletzt abgerufen am 30.10.2018) (zitiert: *Hoens*, EstateTip Review 2017/13).

ders.: Wegnemen notariskosten bij ag. Een goed idee of weg ermee?, in: EstateTip Review, 2018, Nr. 9, URL: https://www.bjutijdschriften.nl/tijdschrift/estatetip/2018/9/ET_1572-5421_2018_015_009_001.pdf (zuletzt abgerufen am 30.10.2018) (zitiert: *Hoens*, EstateTip Review 2018/09).

Hoens, F. M. H./Schols, F. W. J. M.: CNR-Huwelijksvoorwaardenonderzoek, deel III: pensioen, De ontwikkelingen in de praktijk der huwelijks- en partnerschapsvoorwaarden in de periode 2004–2009. Resultaten van een voortgezet landelijk onderzoek, in: Weekblad voor Privaatrecht, Notariaat en Registratie, 2015, S. 137 – 151 (zitiert: *Hoens/Schols*, WPNR 2015).

Van Hoepen, A. J./Zandvoort-Gerritsen, C. A. W.: Geen warem hand voor de koude kant, in: Weekblad Fiscaal Recht, 2017, S. 799 – 802 (zitiert: *Van Hoepen/Zandvoort-Gerritsen*, WFR 2017).

Hoffmann/Brückner/Erler/Burlage/Busch/Kiehl/Schaffeld/Schmitt: Das Bürgerliche Gesetzbuch mit besonderer Berücksichtigung der Rechtsprechung des Reichsgerichts, erläutert von Georg Hoffmann, Brückner, Erler, Burlage, Busch, Dr. Ebbecke, Kiehl, Schaffeld und Schmitt, Reichsgerichtsräte o II. Band, Familienrecht, Erbrecht, U. E. Sebald, Nürnberg und Leipzig 1910 (zitiert: Hoffmann/Brückner/Erler/Burlage/Busch/Ebbecke/Kiehl/Schaffeld/ Schmitt, in: Bürgerliches Gesetzbuch/II).

Holterman, H. J.: Het verrekeningsbeding bij huwelijksvoorwaarden, in: Weekblad voor Privaatrecht, Notariaat en Registratie, 1951, S. 131 – 133 (zitiert: *Holterman*, WPNR 1951).

Hoogervorst, E. M.: Openbare orde en goede zeden in artikel 3:40 BW, in: *Hartlief, T./Stolker, C. J. J. M.*, Contractvrijheid, Kluwer, Deventer 1999, S. 137 – 152 (zitiert: *Hoogervorst*, in: *Hartlief/Stolker*, Contractvrijheid).

Hoogeveen, Sven: Nieuwe regels partneralimentatie, Bijdrage op de website DKT Notarissen, 28.06.2019, URL: https://dktnotarissen.nl/nieuwe-regels-partneralimentatie/ (zuletzt abgerufen am 22.08.2020) (zitiert: *Hoogeveen*, Nieuwe regels partneralimentatie).

Hoppenz, Rainer: Reformbedarf und Reformbestrebung im Zugewinnausgleich, in: Zeitschrift für das gesamte Familienrecht, 2008, S. 1889 – 1894 (zitiert: *Hoppenz*, FamRZ 2008).

ders.: Ehegattenzuwendungen, in: Familie Partnerschaft Recht, 2008, S. 84 – 88 (zitiert: *Hoppenz*, FPR 2008).

ders.: Die Ausübungskontrolle des Gütertrennungsvertrags – konkludente Ehegatteninnengesellschaft, ehebezogene Zuwendung und familienrechtlicher Kooperationsvertrag nur noch Auslaufmodelle?, in: Zeitschrift für das gesamte Familienrecht, 2011, S. 1697 – 1703 (zitiert: *Hoppenz*, FamRZ 2011).

ders.: Zur Gleichwertigkeit von Versorgungs- und Zugewinnausgleich bei der Inhaltskontrolle von Eheverträgen – zugleich eine Besprechung von BGH, Beschluss v. 8.10.2014 – XII ZB 318/11, in: Zeitschrift für das gesamte Familienrecht, 2015, S. 630 – 632 (zitiert: *Hoppenz*, FamRZ 2015/I).

ders.: Anmerkung zum Beschluss des BGH vom 01.04.2015 – XII ZB 701/ 13; in: Zeitschrift für das gesamte Familienrecht, 2015, S. 1000 – 1001 (zitiert: *Hoppenz*, FamRZ 2015/II).

Horn, Claus-Henrik: Die Zugewinnehe im Erb- und Pflichtteilsrecht, in: Neue Zeitschrift für Familienrecht, 2016, S. 539 – 542 (zitiert: *Horn*, NZFam 2016).

Huijgen, W. G.: Enige vragen rond de afschaffing van het schenkingsverbod tussen echtgenoten, in: Weekblad voor Privaatrecht, Notariaat en Registratie, 2006, S. 595 – 601 (zitiert: *Huijgen*, WPNR 2006),

ders.: Vervalbeding in huwelijkse voorwaarden onredelijk?, in: Juridische Berichten voor het Notariaat, 2007/7 (zitiert: *Huijgen*, JBN 2007/7).

ders.: Opnieuw: naar een beperkte gemeenschap als wettelijk stelsel van huwelijksvermogensrecht?, in: Fiscaal Tijdschrift Vermogen, 2014/10, URL: https://

opmaat.sdu.nl/algemeen/document?id=g-SDU_FTV102014_29640 (zuletzt abgerufen am 30.10.2018) (zitiert: *Huijgen*, FTV 2014/10).

ders.: De nieuwe beperkte gemeenschap van goederen: nog meer problemen gesignaleerd!, in: Fiscaal Tijdschrift Vermogen, 2015/1, URL: https://opmaat.sdu.nl/algemeen/document?id=g-SDU_FTV012015_32916 (zuletzt abgerufen am 30.10.2018) (zitiert: *Huijgen*, FTV 2015/1).

ders.: De beperkte gemeenschap van goederen na de nota's van wijziging (wo 33987): nog steeds niet doen!, in: Fiscaal Tijdschrift Vermogen, 2016/7–8, URL: https://opmaat.sdu.nl/algemeen/document?id=g-SDU_FTV07082016_49807 (zuletzt abgerufen am 30.10.2018) (zitiert: *Huijgen*, FTV 2016/7–8).

Huijgen, W. G./Pleysier, A. J. H.: De wetgeving op het notarisambt, 2. druk, Kluwer, Deventer 2001 (zitiert: *Huijgen/Pleysier*, Wetgeving op het notarisambt).

Huussen, Arend Hendrik: De codificatie van het Nederlandse huwelijksrecht, 1795 – 1838 (La codification du droit de mariage aux Pays-Bays, 1795 – 1838), Holland Universiteits Pers, Amsterdam 1975 (zitiert: *Huussen*, De codificatie van het Nederlandse huwelijksrecht).

Huzink, J.: Van uitsluitingsclausule naar insluitingsclausule?, in: Fiscaal Advies, 2017, S. 26 (zitiert: *Huzink*, FA 2017).

I

Isenbeck, Almut: Traditionelles niederländisches Familienrecht und europäische Einflüsse, MAKLU, Antwerpen 1995 (zitiert: *Isenbeck*, Niederländisches Familienrecht).

J

Jacobs, Rainer: Das Ende der Hausratsteilung – Das neue sachenrechtliche Regime des § 1568 b BGB, in: Neue Juristische Wochenschrift, 2012, S. 3601 – 3606 (zitiert: *Jacobs*, NJW 2012).

Jäger, Torsten: Der neue deutsch-französische Güterstand der Wahl-Zugewinngemeinschaft – Inhalt und seine ersten Folgen für die Gesetzgebung und Beratungspraxis, in: Deutsche Notar-Zeitschrift, 2010, S. 804 – 826 (zitiert: *Jäger*, DNotZ 2010).

Johannsen: Anmerkungen zu BGH, 14.4.1976 (BGHZ 66, 203), in: Lindenmaier-Möhring, Nachschlagewerk des BGH, 1971 – 1993, Band 13, §§ 1375 – 1587c, C. H. Beck, München (zitiert: *Johannsen*, LM 1971 – 1993).

Johannsen, Kurt H./Henrich, Dieter: Familienrecht, Scheidung, Unterhalt, Verfahren, mitbegründet von Kurt. H. Johannsen, herausgegeben von Dieter

Henrich, 6. Auflage, C. H. Beck, München 2015 (zitiert: *Bearbeiter*, in: *Johannsen/Henrich*, Familienrecht).

De Jong, G. T.: Nogmaals: 'Nihilbeding' ook vóór het huwelijk?, in: Weekblad voor Privaatrecht, Notariaat en Registratie, 1979, S. 552 – 555 (zitiert: *De Jong*, WPNR 1979).

K

Kanzleiter, Rainer: Die notarielle Beurkundung als ein Weg zum „richtigen Vertrag", in: 100 Jahre Deutsche Notar-Zeitschrift, Sonderheft der Deutschen Notar-Zeitschrift, 2001, S. 69*–82* (zitiert: *Kanzleiter*, DNotZ – Sonderheft 2001).

ders.: Ausschluss des Zugewinnausgleichs für den Fall der Ehescheidung und Ausübungskontrolle, in: Zeitschrift für das gesamte Familienrecht, 2014, S. 908 – 1000 (zitiert: *Kanzleiter*, FamRZ 2014).

Kaser, Max/Knütel, Rolf: Römisches Privatrecht, 19. Auflage, C. H. Beck, München 2008 (zitiert: *Kaser/Knütel*, Römisches Privatrecht).

Keilbach, Heinz: Zu den im Güterrechtsregister eintragungsfähigen Tatsachen, in: Zeitschrift für das gesamte Familienrecht, 2000, S. 870 – 871 (zitiert: *Keilbach*, FamRZ 2000).

Kilian, Mathias/Sandkühler, Christoph/vom Stein, Jürgen: Praxishandbuch Notarrecht, herausgegeben von Mathias Kilian, Christoph Sandkühler und Jürgen vom Stein, 2. Auflage, Deutscher Notarverlag, Bonn 2011 (zitiert: *Bearbeiter*, in: *Kilian/Sandkühler/vom Stein*, Praxishandbuch Notarrecht).

Kindl, Johann: Gesellschaftsrecht, Nomos, Baden-Baden 2011 (zitiert: *Kindl*, Gesellschaftsrecht)

Kleefmann, F.: Van een algehele gemeenschap van goederen naar een beperkte gemeenschap van goederen, in: Tijdschrift voor de Rechterlijke Macht, 2017/8, URL: https://opmaat.sdu.nl/algemeen/document?id=g-SDU_TREMA082017_61312 (zuletzt abgerufen am 30.10.2018) (zitiert: *Kleefmann*, TREMA 2017/8).

Kleijn, W. M.: De boedelscheiding, Gouda Quint/D. Brouwer en Zoon, Arnhem 1969 (zitiert: *Kleijn*, Boedelscheiding).

ders.: Een geclausuleerde uitsluitingsclausule mogelijk?, in: Juridische Berichten voor het Notariaat, 1996/87 (zitiert: *Kleijn*, JBN 1996/87).

ders.: Nogmaals de geclausuleerde uitsluitingsclausule, in: Juridische Berichten voor het Notariaat, 1997/41 (zitiert: *Kleijn*, JBN 1997/41).

ders.: Noot bij Hoge Raad, 23.6.2000, Nr. R99/155HR, in: Nederlandse Jurisprudentie, 2001, S. 2023 – 2024 (zitiert: *Kleijn*, NJ 2001).

Klein, J.: Gemeenschap of deelgenootschap?, in: Weekblad voor Privaatrecht, Notariaat en Registratie, 1958, S. 111 – 114 (zitiert: *Klein*, WPNR 1958).

ders.: Enige opmerkingen over de bescherming van derden in het nieuwe huwelijksgoederenrecht, in: Weekblad voor Privaatrecht, Notariaat en Registratie, 1960, S. 527 – 530 (zitiert: *Klein*, WPNR 1960).

Klippstein, Thomas: Der deutsch-französische Wahlgüterstand der Wahl-Zugewinngemeinschaft, in: Familie Partnerschaft Recht, 2010, S. 510 – 515 (zitiert: *Klippstein*, FPR 2010).

Kluge, Alfred: Kurze Geschichte des Notariats in der Rheinpfalz, in: Mitteilungen des Bayerischen Notarvereins, der Notarkasse und der Landesnotarkammer Bayern, 1986, S. 53 – 64 (zitiert: *Kluge*, MittBayNot 1986).

Knigge, Geert: Verandering van wetgeving, beschouwingen over der artt. 4 A.B. en 1 Sr., Gouda Quint, Arnhem 1984 (zitiert: *Knigge*, Wetgeving).

Knoop, Martina: Der deutsch-französische Wahlgüterstand, in: Neue Juristische Wochenschrift – Spezial, 2016, S. 708 – 709 (zitiert: *Knoop*, NJW-Spezial 2016).

dies.: Korrektur unbilliger Ergebnisse beim Zugewinnausgleich, in: Neue Zeitschrift für Familienrecht, 2016, S. 54 – 56 (zitiert: *Knoop*, NZFam 2016).

Koch, Elisabeth: Die Entwicklung der Rechtsprechung zum Zugewinnausgleich, in: Zeitschrift für das gesamte Familienrecht, 2015, S. 1076 – 1079 (zitiert: Koch, FamRZ 2015)

De Kok, Arthur: Partner- en kinderalimentatie, in: *Schonewille, F.* (Hrsg.), Notaris en scheiding, Maklu, Apeldoorn (u.a.) 2009, S. 157 – 182 (zitiert: *De Kok*, in: Notaris en scheiding).

Kokkini-Iatridou, Dimitra (u.a.): Een inleiding tot het rechtsvergelijkende onderzoek, Kluwer, Deventer 1988 (zitiert: *Kokkini-Iatridou*, Inleiding tot het rechtsvergelijkende onderzoek).

Kolkman, W. D.: De grenzen van het verzorgingsvruchtgebruik, in: Nieuw Erfrecht, 2006, S. 27 – 30 (zitiert: *Kolkman*, NE 2006).

ders.: Gemeenschap van goederen gemoderniseerd, in: Fiscaal Tijdschrift Vermogen, 2013/12, URL: https://opmaat.sdu.nl/algemeen/document?id=g-IMPRFTV-201312557 (zuletzt abgerufen am 30.10.2018) (zitiert: *Kolkman*, FTV 2013/12).

ders.: Het einde van het schuldeisersparadijs, in: Weekblad voor Privaatrecht, Notariaat en Registratie, 2014, S. 1213 – 1221 (zitiert: *Kolkman*, WPNR 2014).

Kolkman, W. D./Verstappen, L. C. A.: De uitsluitingsclausule en de legitime portie, in: Weekblad voor Privaatrecht, Notariaat en Registratie, 2006, S. 54 – 56 (zitiert: *Kolkman/Verstappen*, WPNR 2006).

Kooy, G. A.: De huwelijksopvattingen der Nederlanders, in: Tijdschrift voor Familie- en Jeugdrecht, 1989, S. 206 – 209 (zitiert: *Kooy*, FJR 1989).

Kornet, Nicole: Contract Interpretation and Gap Filling: Comparative and Theoretical Perspectives, Intersentia, Antwerpen (u.a.) 2006 (zitiert: *Kornet*, Contract Interpretation and Gap Filling).

Kraan, C. A.: Een paar vragen over het nieuwe Amsterdamse verrekenbeding, in: Weekblad voor Privaatrecht, Notariaat en Registratie, 1977, S. 625 – 629 (zitiert: *Kraan*, WPNR 1977).

ders.: Schenking of lastgeving? Of geen van beide?, in: Weekblad voor Privaatrecht, Notariaat en Registratie, 1985, S. 179 – 181 (zitiert: *Kraan*, WPNR 1985).

ders.: Het huwelijksvermogensrecht, tweede druk, Gouda Quint, Arnhem 1994 (zitiert: *Kraan*, Huwelijksvermogensrecht).

ders.: De gemeenschap van één onroerende zaak, in: Weekblad voor Privaatrecht, Notariaat en Registratie, 1995, S. 98 – 100 (I), S. 116 – 118 (II) (zitiert: *Kraan*, WPNR 1995/I).

ders.: De voorwaardelijke uitsluitingsclausule, in: Weekblad voor Privaatrecht, Notariaat en Registratie, 1995, S. 262 – 266 (zitiert: *Kraan*, WPNR 1995/II).

ders.: De herziening van het huwelijksvermogensrecht, in: Echtscheiding Bulletin, Tijdschrift voor scheidingsrecht, 2002, S. 7 – 13 (zitiert: *Kraan*, EB 2002).

Kraan, C. A./Q. J. Marck: Het huwelijksvermogensrecht, Zesde druk, Boom Juridische uitgevers, Den Haag 2012 (zitiert: *Kraan/Marck*, Huwelijksvermogensrecht).

Krause, Lambert: Die Wahl-Zugewinngemeinschaft als neuer Güterstand, in: Zeitschrift für Familien- und Erbrecht, 2010, S. 247 – 252 (zitiert: *Krause*, ZFE 2010).

Krenzler, Michael/Borth, Helmut: Anwalts-Handbuch Familienrecht, herausgegeben von Michael Krenzler und Helmut Borth, 2. Auflage, Verlag Dr. Otto Schmidt, Köln 2012 (zitiert: *Bearbeiter*, in: Anwalts-Handbuch Familienrecht).

Kroh, Gundo Guy: De maatschap, Die bürgerlich-rechtliche Gesellschaft in den Niederlanden, Ein Vergleich mit der deutschen BGB-Gesellschaft, 1997 (zitiert: *Kroh*, De maatschap).

Kunst, A. J. M.: Korte voorgeschiedenis van het Nederlands Burgerlijk Wetboek, 3. druk, Tjeenk Willink, Zwolle 1967 (zitiert: *Kunst*, Korte voorgeschiedenis).

L

Labohm, A. N.: De aanpassing va de wettelijke gemeenschap van goederen gezien door de bril van de rechter, in: Tijdschrift Relatierecht en Praktijk, 2015/3,

URL: https://opmaat.sdu.nl/algemeen/document?id=g-SDU_REP032015_36107 (zuletzt abgerufen am 30.10.2018) (zitiert: *Labohm*, REP 2015/3).

Labohm, A. N./Stollenwerck, A. H. N.: De onderneming(swinst) in het wetsvoorstel Aanpassing van de wettelijke gemeenschap van goederen, in: Weekblad voor Privaatrecht, Notariaat en Registratie, 2015, S. 314–319 (zitiert: *Labohm/ Stollenwerck*, WPNR 2015).

De Lange, C. J.: De huwelijksvoorwaarden in theorie en in de praktijk, Eduard Ijdo, Leiden 1920 (zitiert: *De Lange*, De huwelijksvoorwaarden).

Langenfeld, Gerrit: Handbuch der Eheverträge und Scheidungsvereinbarungen, 1. Auflage, C. H. Beck, München 1984 (zitiert: *Langenfeld*, Eheverträge und Scheidungsvereinbarungen, 1. Auflage).

ders.: Wandlungen des Ehevertrages, in: Neue Juristische Wochenschrift, 2011, S. 966 – 970 (zitiert: Langenfeld, NJW 2011).

Langenfeld, Gerrit/Milzer, Lutz: Handbuch der Eheverträge und Scheidungsvereinbarungen, 8. Auflage, C. H. Beck, München 2018 (zitiert: *Langenfeld/ Milzer*, Eheverträge und Scheidungsvereinbarungen).

Lange, Heinrich: Die Stellung des überlebenden Ehegatten bei der Zugewinngemeinschaft, in: Neue Juristische Wochenschrift, 1957, S. 1381 – 1387 (zitiert: *Lange*, NJW 1957).

Lange, Hermann: Ehevertrag und Güterrechtsregister, in: Zeitschrift für das gesamte Familienrecht, 1964, S. 546 – 550 (zitiert: *Lange*, FamRZ 1964).

Lerch, Klaus: Der Notar als unabhängiger Träger eines staatlich gebundenen Amtes in Geschichte und Gegenwart unter besonderer Berücksichtigung der europäischen Rechtsentwicklung, Deutscher Notarverlag, Bonn 2011 (zitiert: *Lerch*, Notar als unabhängiger Träger eines staatlich gebundenen Amtes).

Van der Ley, Jelte Nicolaas: Overeenkomsten, in strijd met de goede zeden, Versluys, Amsterdam 1899 (zitiert: *Van der Ley*, Strijd met de goede zeden).

L'hoëst, B. F. P.: Het toepasselijke huwelijksvermogensregime: volstaat een verklaring bij de ambtenaar va de burgerlijke stand?, in: Fiscaal Tijdschrift Vermogen, 2018, Nr. 7-8, URL: https://opmaat.sdu.nl/algemeen/document?id=g-SDU_FTV07082018_75334 (zuletzt abgerufen am 30.10.2018) (zitiert: *L'hoëst*, FTV 2018/7–8).

Lieber, J. H.: De gemeenschap van goederen alsnog beperkt, in: Weekblad voor Privaatrecht, Notariaat en Registratie, 2014, S. 1129–1144 (zitiert: *Lieber*, WPNR 2014).

ders.: Schulden in het huwelijksvermogensrecht naar huidig en komend recht, in: Tijdschrift voor Familie- en Jeugdrecht, 2016, S. 214 – 221 (zitiert: *Lieber*, FJR 2016).

Van Lierop, D./Van Onzenoort, P. A.: Verrekenbedingen in huwelijksvoorwaarden van ondernemende echtgenoten, in: Weekblad voor Privaatrecht, Notariaat en Registratie, 2005, S. 1016 – 1023 (zitiert: *Van Lierop/Van Onzenoort*, WPNR 2005).

Linssen, J. G. A.: Ongerechtvaardigde verrijking, in: Weekblad voor Privaatrecht, Notariaat en Registratie, 2002, S. 64 – 70 (zitiert: *Linssen*, WPNR 2002).

Lokin, J. H. A.: Levensgemeenschap en goederengemeenschap, in: Rechtsgeleerd Magazijn Themis, 2001, S. 193 – 194 (zitiert: *Lokin*, RMThemis 2001).

Lubbers, A G.: Pensioen en gemeenschap, in: Weekblad voor Privaatrecht, Notariaat en Registratie, 1961, S. 551 – 556 (zitiert: *Lubbers*, WPNR 1961).

ders.: Behoeft een staande huwelijk gemaakt echtscheidingsconvenant rechterlijke goedkeuring en de authentieke vorm?, in: Nederlands Juristenblad, 1979, S. 399 – 401 (zitiert: *Lubbers*, NJB 1979).

Luijten, E. A. A.: Het nieuwe huwelijksvermogensrecht, Tjeenk Willink, Zwolle 1962 (zitiert: *Luijten*, Huwelijksvermogensrecht).

ders.: Noot bij Hoge Raad, 26.1.1979, rek.nr. 11311, in: Nederlandse Jurisprudentie, 1980, S. 49 – 50 (zitiert: *Luijten*, NJ 1980).

ders.: Het grensgebied tussen huwelijksvoorwaarden en echtscheidingsconvenant, in: Met recht verenigd, Notariële en privaatrechtelijke opstellen, aangeboden aan prof. P. L. Dijk, Gouda Quint, Arnhem 1986, S. 83 – 96 (zitiert: *Luijten*, in: *Dijk*, Met recht verenigd).

ders.: De Hoge Raad, huwelijksvoorwaarden en de rechtszekerheid, in: Weekblad voor Privaatrecht, Notariaat en Registratie, 1988, S. 151 – 154 (I), S. 168 – 172 (II) (zitiert: *Luijten*, WPNR 1988).

ders.: Het echtscheidingsconvenant, Ontwikkeling, in het bijzonder in relatie tot huwelijksvoorwaarden, in: Luijten, E. A. A./ Keijser, J. A. M. P., Echtscheidingsconvenant en boedelscheiding, Preadviezen uitgebracht door de Vereniging voor Burgerlijk Recht, Koninklijke Vermande, Lelystad 1989, S. 7 – 40 (zitiert: *Luijten*, in: *Luijten/Keijser*, Echtscheidingsconvenant en boedelscheiding).

ders.: Overzicht der Nederlandse Rechtspraak, Huwelijksvermogensrecht 1990 – 1992, in: Weekblad voor Privaatrecht, Notariaat en Registratie, 1994, S. 227 – 229 (I), S. 245 – 247 (II), S. 261 – 264 (III), S. 281 – 283 (IV), S. 299 – 301 (V) (zitiert: *Luijten*, WPNR 1994).

ders.: Recente Rechtspraak, De rechtszekerheid gediend?, HR 7 april 1995, RvdW 88c, in: Weekblad voor Privaatrecht, Notariaat en Registratie, 1995, S. 492 – 495 (zitiert: *Luijten*, WPNR 1995).

ders.: Het arrest van 7 april 1995, een misgreep, in: Juridische Berichten voor het Notariaat, 1995, Nr. 6, S. 5 – 6 (zitiert: *Luijten*, JBN 1995/6).

ders.: Overzicht der Nederlandse Rechtspraak, Huwelijksvermogensrecht, in: Weekblad voor Privaatrecht, Notariaat en Registratie, 1997, S. 467 – 470 (I), S. 486 – 490 (II), S. 508 – 512 (III), S. 530 – 553 (IV) (zitiert: *Luijten*, WPNR 1997).

ders.: Panta rhei, ook in het huwelijksvermogensrecht, in: Weekblad voor Privaatrecht, Notariaat en Registratie, 2001, S. 95 – 101 (zitiert: *Luijten*, WPNR 2001).

ders.: Scheppen huwelijksvoorwaarden nog zekerheid?, in: Weekblad voor Privaatrecht, Notariaat en Registratie, 2006, S. 303 – 307 (zitiert: *Luijten*, WPNR 2006).

Luijten, E. A. A./Meijer, W. R.: Klaassen-Eggens, Huwelijksgoederen- en erfrecht, Eerste gedeelte, Huwelijksgoederenrecht, herschreven door prof. mr. E. A. A. Luijten en prof. mr. W. R. Miejer, 13. druk, Kluwer, Deventer 2005 (zitiert: *Luijten/Meijer*, in: *Klaassen/Eggens*, Huwelijksgoederenrecht).

dies.: Het Nederlandse huwelijksvermogensrecht in de overgang, in: Weekblad voor Privaatrecht, Notariaat en Registratie, 2013, S. 75 – 78 (zitiert: *Luijten/Meijer*, WPNR 2013).

Luijten, J. A. J. A.: Het overnamerecht in het vernieuwde huwelijksvermogensrecht, in: Echtscheiding Bulletin, Tijdschrift voor scheidingsrecht, 2018, S. 47 – 50 (zitiert: *Luijten*, EB 2018).

Lutjens, E.: Pensioenverevening bij scheiding, Een juridische slangenkuil, in: Nederlands Juristenblad, 1997, S. 711–717 (zitiert: *Lutjens*, NJB 1997).

Lutter, Marcus: Zum Umfang des Sondergut, in: Archiv für die civilistische Praxis, 1962, S. 153 – 176 (zitiert: *Lutter*, AcP 1962).

M

Van Maanen, G. E.: ‚Verrijking' en ‚verarming' in art. 6:212 BW. Een vraag aan Hartkamp, in: Weekblad voor Privaatrecht, Notariaat en Registratie, 2001, S. 490 – 491 (zitiert: *Van Maanen*, WPNR 2001).

Maier, Florian: Vertragliche Modifikationen der Zugewinngemeinschaft, Verlag Dr. Kovač, Hamburg 2013 (zitiert: *Maier*, Vertragliche Modifikationen).

Mayer, Jörg: Zur Inhaltskontrolle von Eheverträgen, in: Familie Partnerschaft Recht, 2004, S. 363 – 371 (zitiert: *Mayer*, FPR 2004).

ders.: Abhängigkeiten von Ehegüter- und Ehegattenerbrecht und Gestaltungsüberlegungen, in: Familie Partnerschaft Recht, 2006, S. 129 – 135 (zitiert: *Mayer*, FPR 2006).

ders.: Anmerkung zu BGH, Urteil v. 2.2.2011 – XII ZR 11/09 (KG), in: Neue Juristische Wochenschrift, 2004, S. 2972 (zitiert: *Mayer*, NJW 2011).

Meder, Stephan: Gütertrennung als Argument bei der richterlichen Inhaltskontrolle von Eheverträgen, in: Familie Partnerschaft Recht, 2012, S. 113 - 116 (zitiert: *Meder*, FPR 2012).

Meijer, Gerrit/Meijer, Sjoerd Y. Th.: Influence of the Code Civil in the Netherlands, in: European Journal of Law and Economics, 2002, S. 227 - 236 (zitiert: *Meijer/Meijer*, EJLE 2002).

Meijer, J. W. M. K.: Ongerechtvaardigde verrijking, een systematische analyse van het begrip ongerechtvaardigheid, toegepast op kostenverhaal bij bodemsanering, Sdu Uitgevers, 2007 (zitiert: *Meijer*, Ongerechtvaardigde verrijking).

Meijer, W. R.: De uitsluitingsclausule, standaard met variaties, in: Weekblad voor Privaatrecht, Notariaat en Registratie, 1996, S. 628 - 630 (I), S. 647 - 649 (II) (zitiert: *Meijer*, WPNR 1996).

dies.: Monografieën (echt)scheidingsrecht, Deel 2, De afwikkeling van huwelijksvoorwaarden, 4. druk, Sdu Uitgevers, Den Haag 2008 (zitiert: *Meijer*, Afwikkeling van huwelijksvoorwaarden).

Melis, J. C. H./Waaijer, B. C. M.: De Notariswet, 8. druk, Kluwer, Deventer 2012 (zitiert: *Melis/Waaijer*, De Notaiswet, 8. druk).

Mellema, C. M.: Een facultatief verrekenbeding, hoe zit dat nou?, in: Tijdschrift Relatierecht en Praktijk, 2015/6 URL: https://opmaat.sdu.nl/book/SDU_SDU_GENERIC_g_SDU_REP062015_40418/g_SDU_REP062015_40418 (zuletzt abgerufen am 30.10.2018) (zitiert: *Mellema*, REP 2015/6).

Mellema-Kranenburg, Tea J.: Maakt wetsvoorstel 33987 huwelijkse voorwaarden overbodig of juist noodzakelijk?, in: Weekblad voor Privaatrecht, Notariaat en Registratie, 2015, S. 270 - 275 (zitiert: *Mellema-Kranenburg*, WPNR 2015).

dies.: Is de beperkte gemeenschap van goederen een verbetering voor ons huwelijksvermogensrecht?, in: Ars Aequi, 2016, S. 937 - 941 (zitiert: *Mellema-Kranenburg*, AA 2016).

Meyer, Thomas: Der neue deutsch-französische Wahlgüterstand, in: Zeitschrift für das gesamte Familienrecht, 2010, S. 612 - 617 (zitiert: *Meyer*, FamRZ 2010).

Meyer-Götz, Karin: Familienrecht - Vereinbarungen, Verfahren, Außergerichtliche Korrespondenz, 4. Auflage, Nomos, Baden-Baden 2018 (zitiert: *Bearbeiter*, in: *Meyer-Götz*, Familienrecht).

Meyer-Wehage, Brigitte: Das eheliche Güterrecht, Defizite der lex lata - ein Überblick aus Sicht der Praxis, in: Neue Zeitschrift für Familienrecht, 2016, S. 1057 - 1061 (zitiert: *Meyer-Wehage*, NZFam 2016).

Michalski, Lutz: BGB-Erbrecht, 4. Auflage, C. F. Müller, Heidelberg 2010 (zitiert: *Michalski*, Erbrecht).

Mikat, Paul: Schranken der Vertragsfreiheit im Ehegüterrecht, in: Wilhelm Felgentraeger, Festschrift zum 70. Geburtstag, Otto Schwartz, Göttingen 1969, S. 323 – 352 (zitiert: *Mikat*, in: Festschrift für Felgentraeger).

Mikosch, Felix: Wie steht es mit dem Zugewinnausgleich, wenn ein Partner grundlos aus der Ehe ausgebrochen ist?, in: Monatsschrift für Deutsches Recht, 1978, S. 886 – 889 (zitiert: *Mikosch*, MDR 1978).

Mincke, Wolfgang: Einführung in das niederländische Recht, C. H. Beck, München 2002 (zitiert: *Mincke*, Einführung in das niederländische Recht).

Mom, Andreas: Reformen im niederländischen Familienrecht, in: Zeitschrift für das gesamte Familienrecht, 2009, S. 1551 – 1553 (zitiert: *Mom*, FamRZ 2009).

Monballyu, Jos: Geschiedenis van het familierecht, Van de late middeleuwen tot heden, Acco, Leuven/Voorburg 2006 (zitiert: *Monballyu*, Geschiedenis van het familierecht).

Van Mourik, M. J. A.: De onderneming in het nieuwe huwelijksvermogensrecht, Beschouwingen over de onderneming en haar bijzondere plaats in het huwelijksvermogensrecht, Tjeenk Willink, Zwolle 1970 (zitiert: *Van Mourik*, Onderneming in het nieuwe huwelijksvermogensrecht).

ders.: Het verrekenbeding als huwelijkse voorwaarden, Tjeenk Willink, Zwolle 1971 (zitiert: *Van Mourik*, Het verrekenbeding).

ders.: Vergoedingsrechten en -plichten bij algehele gemeenschap van goederen na overschrijding van bestuursmacht, in: Weekblad voor Privaatrecht, Notariaat en Registratie, 1972, S. 1 – 6 (zitiert: *Van Mourik*, WPNR 1972).

ders.: De functie van de notaris en de structuur van het notariaat, in: Weekblad voor Privaatrecht, Notariaat en Registratie, 1974, S. 119 – 122 (zitiert: *Van Mourik*, WPNR 1974).

ders.: Elkander het nodige verschaffen, in: Een kapitein, twee schepen, Bundel opstellen aangeboden aan Prof. Mr. E. A. A. Luijten, Tjeenk Willink, Zwolle 1984, S. 109 – 118 (zitiert: *Van Mourik*, in: *Luijten*, Een kapitein, twee schepen).

ders.: Huwelijkse voorwaarden en de eisen van redelijkheid en billijkheid, in: Weekblad voor Privaatrecht, Notariaat en Registratie, 1987, S. 1 – 5 (zitiert: *Van Mourik*, WPNR 1987).

ders.: Vervaltermijn en (periodiek) verrekenbeding: een treurige combinatie, in: Weekblad voor Privaatrecht, Notariaat en Registratie, 1990, S. 247 – 249 (zitiert: *Van Mourik*, WPNR 1990).

ders.: Rechtsvragenrubriek, 1. De reikwijdte van de uitsluitingsclausule, in: Weekblad voor Privaatrecht, Notariaat en Registratie, 1995, S. 13 (zitiert: *Van Mourik*, WPNR 1995/I).

ders.: Rechtsvragenrubriek, 5. Gemeenschap van huis en „automatische" wijziging huwelijksvermogensregime, in: Weekblad voor Privaatrecht, Notariaat en Registratie, 1995, S. 203 – 204 (zitiert: *Van Mourik*, WPNR 1995/II).

ders..: Hoge Raad: beroep op vervalbeding bij periodiek verrekenbeding in beginsel onaanvaardbaar, in: Weekblad voor Privaatrecht, Notariaat en Registratie, 1996, S. 121 – 122 (zitiert: *Van Mourik*, WPNR 1996/I).

ders.: Rechtsvragenrubriek, 9. Uitsluitingsclausule en overlevingsclausule, in: Weekblad voor Privaatrecht, Notariaat en Registratie, 1996, S. 510 – 511 (zitiert: *Van Mourik*, WPNR 1996/II).

ders.: De ontwikkelingen in de praktijk der huwelijkse voorwaarden, Een voortgezet landelijk onderzoek over de periode 1994–1996, in: Weekblad voor Privaatrecht, Notariaat en Registratie, 1998, S. 115 – 123 (zitiert: *Van Mourik*, WPNR 1998).

ders.: De omvang van de nieuwe wettelijke gemeenschap van goederen, in: Weekblad voor Privaatrecht, Notariaat en Registratie, 2003, S. 637 – 644 (zitiert: *Van Mourik*, WPNR 2003).

ders.: Vereenvoudiging geboden!, in: Weekblad voor Privaatrecht, Notariaat en Registratie, 2004, S. 165 – 167 (zitiert: *Van Mourik*, WPNR 2004).

ders.: Boekbespreking, B. Breederveld, De huwelijksgemeenschap bij echtscheiding, proefschrift Vrije Universiteit Amsterdam 2008, 586 bldz, Boom Juridische Uitgevers 2008, ISBN 978-90-8974-024-3, Promotor: prof. mr. Gr. van der Burght, in: Weekblad voor Privaatrecht, Notariaat en Registratie, 2009, S. 583 – 587 (zitiert: *Van Mourik*, WPNR 2009).

ders.: Vernieuwd huwelijksvermogensrecht, in: Weekblad voor Privaatrecht, Notariaat en Registratie, 2012, S. 1–9 (zitiert: *Van Mourik*, WPNR 2012).

Van Mourik, M. J. A./Burgerhart, W.: De ontwikkelingen in de praktijk der huwelijks- en partnerschapsvoorwaarden in de periode 1997–2003, Resultaten van een voortgezet landelijk onderzoek, in: Weekblad voor Privaatrecht, Notariaat en Registratie, 2005, S. 1027 – 1043 (zitiert: *Van Mourik/Burgerhart*, WPNR 2005).

Van Mourik, M. J. A./Nuytinck, A. J. M.: Personen- en familierecht, huwelijksvermogensrecht en erfrecht, 5. druk, Kluwer, Deventer 2012 (zitiert: *Van Mourik/Nuytinck*, Personen- en familierecht).

Van Mourik, M. J. A./Verstappen, L. C. A.: Handboek Nederlands vermogensrecht bij scheiding, 4. druk, Kluwer, Deventer 2006 (zitiert: *Van Mourik/Verstappen*, Nederlands vermogensrecht bij scheiding, 4. druk).

dies.: Handboek Nederlands vermogensrecht bij scheiding, Algemeen Deel A, 5. druk, Kluwer, Deventer 2014 (zitiert: *Van Mourik/Verstappen*, Nederlands vermogensrecht bij scheiding, Deel A).

dies.: Handboek Nederlands vermogensrecht bij scheiding, Bijzonder Deel B, 5. druk, Kluwer, Deventer 2014 (zitiert: *Van Mourik/Verstappen*, Nederlands vermogensrecht bij scheiding, Deel B).

Müller-Freienfels, Wolfram: Kernfragen des Gleichberechtigungsgesetzes, in: Juristenzeitung, 1957, S. 685 – 696 (zitiert: *Müller-Freienfels*, JZ 1957).

Münch, Christof: Inhaltskontrolle von Eheverträgen – Erste Umsetzungen der Entscheidungen des BVerfG in die obergerichtliche Praxis (zugleich Besprechung des Urteils des OLG München vom 1.10.2002 – 4 UF 7/02), in: Mitteilungen des Bayerischen Notarvereins, der Notarkasse und der Landesnotarkammer Bayern, 2003, S. 107 – 112 (zitiert: *Münch*, MittBayNot 2003).

ders.: Familienrecht in der Notar- und Gestaltungspraxis, herausgegeben von Christof Münch, C. H. Beck, München 2013 (zitiert: *Bearbeiter*, in: *Münch*, Familienrecht).

ders.: Vertragsfreiheit im Eherecht, in: Zeitschrift für das gesamte Familienrecht, 2014, S. 805 – 808 (zitiert: *Münch*, FamRZ 2014).

ders.: Ehebezogene Rechtsgeschäfte, Handbuch der Vertragsgestaltung, 4. Auflage, ZAP Verlag, Heidelberg 2015 (zitiert: *Münch*, Ehebezogene Rechtsgeschäfte).

Münchener Kommentar zum Bürgerlichen Gesetzbuch, hrsg. von Franz Jürgen Säcker, Roland Roxecker, Hartmut Oetker

o Band 7, Familienrecht I, §§ 1297 – 1588, Versorgungsausgleichsgesetz, Gewaltschutzgesetz, Lebenspartnerschaftsgesetz, bearb. von Dörr, Claus/Eichenhofer, Eberhard/Ey, Gabriele u.a., C. H. Beck, München 2013 (zitiert: MüKoBGB/*Bearbeiter*).

Muscheler, Karlheinz: Erbrecht

o Band I, Mohr Siebeck, Tübingen 2010 (zitiert: *Muscheler*, Erbrecht, Band I).

ders.: Familienrecht, 2. Auflage, Verlag Franz Vahlen, München 2012 (zitiert: *Muscheler*, Familienrecht).

Musielak, Hans-Joachim/Borth, Helmut/Grandel, Mathias: Familiengerichtliches Verfahren, 1. und 2. Buch, Kommentar, 6. Auflage, Verlag Franz Vahlen, München 2018 (zitiert: *Bearbeiter*, in: *Musielak/Borth*, FamFG).

N

Naber, Jean Charles: Een nieuwe studie over mede-eigendom, in: Weekblad voor het notariaat, 1913, S. 109 – 111 (I), S. 117 – 119 (II), S. 129 – 133 (III), S. 141 – 143 (IV), S. 185 – 187 (V), S. 209 – 212 (VI), S. 229 – 232 (VII), S. 241 – 244 (VIII), S. 289 – 292 (IX), S. 301 – 304 (X), S. 313 – 316 (XI), S. 325 – 328 (XII), S. 393 – 396 (XIII), S. S. 417 – 420 (XIV), S. 429 – 432

(XV), S. 501 – 504 (XVI), S. 513 – 516 (XVII), S. 541 – 544 (XVIII), S. 553 – 555 (XIX), S. 578 – 580 (XX) (zitiert: *Naber*, WN 1913).

Neumann, Thurid: Begriff der Haushaltsgegenstände, in: Neue Zeitschrift für Familienrecht, 2014, S. 481 -483 (zitiert: *Neumann*, NZFam 2014).

Nieper, F.: Niederländisches Bürgerliches Gesetzbuch, Buch 1, Personen- und Familienrecht, C. H. Beck/Kluwer, München/The Hague (u.a.) 1996 (zitiert: *Nieper*, Niederländisches Bürgerliches Gesetzbuch – Buch 1).

ders.: Niederländisches Bürgerliches Gesetzbuch, Buch 3, Allgemeiner Teil des Vermögensrechts, Buch 4, Erbrecht, Buch 5, Sachenrecht, C. H. Beck/Kluwer, München/The Hague (u.a.) 1996 (zitiert: *Nieper*, Niederländisches Bürgerliches Gesetzbuch – Buch 3/4/5).

ders.: Niederländisches Bürgerliches Gesetzbuch, Buch 6, Allgemeiner Teil des Schuldrechts, Bücher 7 und 7A, Besondere Verträge, C. H. Beck/Kluwer, München/The Hague (u.a.) 1996 (zitiert: *Nieper*, Niederländisches Bürgerliches Gesetzbuch – Buch 6/7).

Nomos Kommentar, BGB

o Band 4, Familienrecht, §§ 1297–1921, hrsg. von Dagmar Kaiser, Klaus Schnitzler, Peter Friederici, Roger Schilling, 3. Auflage, Nomos, 2014 (zitiert: *Bearbeiter*, in: *Kaiser/Schnitzler/Friederici/Schilling*, Familienrecht).

Norpoth, Johannes: Grobe Unbilligkeit im Versorgungsausgleich, in: Neue Juristische Wochenschrift, 2018, S. 3627 – 3629 (zitiert: *Norpoth*, NJW 2018).

Nuytinck, A. J. M.: De HR en de huwelijksgemeenschap, in: Weekblad voor Privaatrecht, Notariaat en Registratie, 1989, S. 445 – 446 (zitiert: *Nuytinck*, WPNR 1989).

ders.: De invloed van het algemene vermogensrecht op het familie(vermogens)recht, in: Miscellanea Jurisconsulto vero Dedicata, J. Ten Kate, R. J. P. Kottenhagen, A. I M. van Mierlo en J. H. Wansink (red.), Kluwer, Deventer 1997, S. 307–318 (zitiert: *Nuytinck*, in: Miscellanea Jurisconsulto vero Dedicata).

ders.: Huwelijkse voorwaarden en daarvan afwijkend, onderling overeenstemmend gedrag van echtgenoten, in: Ars Aequi, 2005, S. 472 – 477 (zitiert: *Nuytinck*, AA 2005).

ders.: Voortgezette verknochtheid en zaaksvervanging in het huwelijksvermogensrecht, in: Ars Aequi, 2008, S. 806 – 811 (zitiert: *Nuytinck*, AA 2008).

ders.: Hoe nu verder met het onthoofde wetsvoorstel 28 867 (Wet aanpassing wettelijke gemeenschap van goederen)?, in: Weekblad voor Privaatrecht, Notariaat en Registratie, 2008, S. 813 – 819 (zitiert: *Nuytinck*, WPNR 2008).

ders.: De verwatering van het onderscheid tussen huwelijkse voorwaarden en echtscheidingsconvenant, in: Ars Aequi, 2012, S. 630 – 634 (zitiert: *Nuytinck*, AA 2012)

ders.: Gerechtigdheid voor het geheel in geval van wettelijke gemeenschap, in: Weekblad voor Privaatrecht, Notariaat en Registratie, 2012, S. 932–934 (zitiert: *Nuytinck*, WPNR 2012).

ders.: Rechten en plichten van echtgenoten (Titel 1.6 BW): Meer regelend recht?, in: Confronting the Frontiers of Family and Succession Law, Liber Amicorum Walter Pintens, Bd. II, Intersentia, Cambridge (u.a.) 2012, S. 1033 – 1045 (zitiert: *Nuytinck*, in: Liber Amicorum Walter Pintens).

ders.: Wet herziening partneralimentatie: voorhuwelijkse alimentatieovereenkomst wordt geldig, in: Weekblad voor Privaatrecht, Notariaat en Registratie, 2015, S. 873 – 876 (zitiert: *Nuytinck*, WPNR 2015).

ders.: Privaatrecht Actueel, Breukdelenvisise of gezamenhandse visie?, in: Weekblad voor Privaatrecht, Notariaat en Registratie, 2017, S. 477 – 478 (zitiert: *Nuytinck*, WPNR 2017).

ders.: De nieuwe draagplichtregel van art. 1:100 lid 2 BW is te eng; in: Weekblad voor Privaatrecht, Notariaat en Registratie, 2018, S. 209 – 210 (zitiert: *Nuytinck*, WPNR 2018).

O

Olshausen, Eberhard von: Gesetzliches Ehegattenerbrecht neben Großeltern und deren Abkömmlingen im Güterstand der Zugewinngemeinschaft, in: Zeitschrift für das gesamte Familienrecht, 1981, S. 633 – 635 (zitiert: *Olshausen*, FamRZ 1981).

Olzen, Dirk: Erbrecht, 1. Auflage, Walter de Gruyter, Berlin 2013 (zitiert: *Olzen*, Erbrecht).

Ott, Claus: Das Notariat im Spannungsfeld von überliefertem Rechtsstatus und wirtschaftlicher Entwicklung, in: 100 Jahre Deutsche Notar-Zeitschrift, Sonderheft der Deutschen Notar-Zeitschrift, 2001, S. 83*–104* (zitiert: *Ott*, DNotZ – Sonderheft 2001).

P

Palandt, Bürgerliches Gesetzbuch mit Nebengesetzen, insbesondere mit Einführungsgesetz (Auszug) einschließlich Rom I- und Rom II-Verordnungen sowie dem Haager Unterhaltsprotokoll, Allgemeines Gleichbehandlungsgesetz (Auszug), Wohn- und Betreuungsvertragsgesetz, BGB-Informationspflichten-Verordnung, Unterlassungsklagengesetz, Produkthaftungsgesetz, Erbbaurechtsgesetz, Wohnungseigentumsgesetz, Versorgungsausgleichsgesetz, Lebenspartnerschaftsgesetz, Gewaltschutzgesetz, bearb. v. *Bassenge, Peter/*

Brudermüller, Gerd/Diederichsen, Uwe u.a., 77. Auflage, C. H. Beck, München 2018 (zitiert: *Palandt/Bearbeiter*).

Van der Pas, J. G.: Het arrest Smit-Kriek: een tussen-station!, in: Weekblad voor Privaatrecht, Notariaat en Registratie, 1990, S. 451 – 456 (zitiert: *Van der Pas*, WPNR 1990).

Parlementaire geschiedenis van het nieuwe Burgerlijk Wetboek, Parlementaire stukken systematisch gerangschikt en van noten voorzien, Boek 1, Personen- en familierecht, door C. J. van Zeben in overleg met W. G. Belinfante en O. W. van Ewijk, Kluwer, Deventer 1962 (zitiert: *Parlementaire geschiedenis*, Boek 1).

Parlementaire geschiedenis van het nieuwe Burgerlijk Wetboek, Parlementaire stukken systematisch gerangschikt en van noten voorzien, Boek 6, Algemeen gedeelte van het verbintenissenrecht, door C. J. van Zeben en J. W. Du Pon met medewerking van M. M. Olthoff, Kluwer, Deventer 1981 (zitiert: *Parlementaire geschiedenis*, Boek 6).

Parlementaire geschiedenis van het nieuwe Burgerlijk Wetboek, Parlementaire stukken systematisch gerangschikt en van noten voorzien, Invoering Boeken 3, 5 en 6, Aanpassing Burgerlijk Wetboek, door W. H. M. Reehuis en E. E. Slob, Kluwer, Deventer 1991 (zitiert: *Parlementaire geschiedenis*, Inv. Boeken 3, 5 en 6).

Pennings, Frans: Autonomie in het socialezekerheidsrecht, in: Ars Aequi, 2017, S. 618 – 627 (zitiert: *Pennings*, AA 2017).

Perrick, Steven: Gemeenschap, schuldeisers en verdeling, Beschouwingen over titel 3.7 van het nieuw Burgerlijk Wetboek, Tjeenk Willink, Zwolle 1986 (zitiert: *Perrick*, Gemeenschap, schuldeisers en verdeling).

ders.: Het wetsontwerp strekkende tot beperking van de wettelijke gemeenschap van goederen schiet ernstig tekort, in: Weekblad voor Privaatrecht, Notariaat en Registratie, 2015, S. 605 – 612 (zitiert: *Perrick*, WPNR 2015).

Petit, Charles Jean Jospeh Marie: Overeenkomsten in strijd met de goede zeden, Eduard Ijdo, Leiden 1920 (zitiert: *Petit*, Strijd met de goede zeden).

Pintens, Walter: Formerfordernisse in dem Vorschlag für eine EU-Verordnung im Bereich des Ehegüterrechts, in: Familienrecht in Praxis und Theorie, Festschrift für Meo-Micaela Hahne, herausgegeben von *Dieter Schwab* und *Hans-Joachim Dose*, Gieseking, Bielefeld 2012, S. 99 – 110 (zitiert: *Pintens*, in: Familienrecht in Praxis und Theorie, FS für Meo-Micaela Hahne).

Plettenberg, Ina: Illoyales Verhalten beim Zugewinnausgleich, in: Neue Zeitschrift für Familienrecht, 2016, S. 492 – 495 (zitiert: *Plettenberg*, NZFam 2016).

Pleysier, A. J. H.: Huwelijkse voorwaarden en de eisen van de redelijkheid en billijkheid, Reactie op het artikel van prof. mr. M. J. A. van Mourik in WPNR

(1987) 5811, in: Weekblad voor Privaatrecht, Notariaat en Registratie, 1987, S. 243 – 244 (zitiert: *Pleysier*, WPNR 1987).

ders.: Iets over de inhoud en reikwijdte van art. 1:81 BW, in Tijdschrift voor Familie- en Jeugdrecht, 1989, S. 111 – 116 (zitiert: *Pleysier*, FJR 1989).

ders.: De rol van de notaris bij de totstandkoming van overeenkomsten, in: *Hartlief, T./Stolker, C. J. J. M.*, Contractvrijheid, Kluwer, Deventer 1999, S. 451 – 459 (zitiert: *Pleysier*, in: *Hartlief/Stolker*, Contractvrijheid).

Van der Ploeg, P. W.: Welke overeenkomsten zijn huwelijksvoorwaarden?, in: Weekblad voor Privaatrecht, Notaris-ambt en Registratie, 1957, S. 145 – 148 (I), S. 157 – 160 (II) (zitiert: *Van der Ploeg*, WPNR 1957).

ders.: De positie van de vrouw in het regime van de uitsluiting van elke gemeenschap van goederen, in: Weekblad voor Privaatrecht, Notariaat en Registratie, 1959, S. 241 – 243 (I), S. 253 – 255 (II) (zitiert: *Van der Ploeg*, WPNR 1959).

ders.: Heeft naar de rechtspraak van de Hoge Raad de maatschap een afgescheiden vermogen?, in: Weekblad voor Privaatrecht, Notariaat en Registratie, 1960, S. 505 – 508 (I), S. 515 – 518 (II) (zitiert: *Van der Ploeg*, WPNR 1960).

ders.: De ouderlijke boedelverdeling op de langstlevende van de in algehele gemeenschap gehuwde echtgenoten en HR 9 september 1988, NJ 1989,239, Reactie op het artikel van mr. A.J.M. Nuytinck in WPNR (1989) 5925, in: Weekblad voor Privaatrecht, Notariaat en Registratie, 1990, S. 41 – 42 (zitiert: *Van der Ploeg*, WPNR 1990).

Poppen, Enno: Berücksichtigung einer auf das Leben eines Kindes abgeschlossenen Lebensversicherung im Versorgungsausgleich, in: Neue Zeitschrift für Familienrecht, 2015, S. 430 (zitiert: *Poppen*, NZFam 2015).

Preuß, Nicola: Der Notar als Außenstelle der Justiz – Erfüllung staatlicher Rechtspflegeaufgaben durch externe Funktionsträger, in: Deutsche Notar-Zeitschrift, 2008, S. 258 – 277 (zitiert: *Preuß*, DNotZ 2008).

Prütting, Hanns/Wegen, Gerhard/Weinreich, Gerd: BGB Kommentar, 13. Auflage, Luchterhand Verlag, Köln 2018 (zitiert: *Bearbeiter*, in: *Prütting/Wegen/Weinreich*, BGB).

R

Radbruch, Gustav: Rechtsphilosophie, 3. Auflage, Quelle & Meyer, Leipzig 1932 (zitiert: *Radbruch*, Rechtsphilosophie).

Rakete-Dombek, Ingeborg: Das Ehevertragsurteil des BGH – Oder: Nach dem Urteil ist vor dem Urteil, in: Neue Juristische Wochenschrift, 2004, S. 1273 – 1277 (zitiert: *Rakete-Dombek*, NJW 2004).

Rapport van de Commissie rechten en plichten van echtgenoten, Verslag van het onderzoek, alsmede een aantal aanbevelingen, verricht in opdracht van het Ministerie van Justitie, december 1997, in: Naar een nieuw huwelijksvermogensrecht?, Verslag studiedag FJR en KNB, 21 januari 1998, Kluwer, Deventer 1999, S. 63 – 138 (zitiert: *Rapport van de Commissie rechten en plichten van echtgenoten*).

Ras, P.: Het uitleggen van overeenkomsten: een handleiding voor de praktijkjurist; in: Contracteren, 1/2010, S. 12 – 18 (zitiert: *Ras*, Contracteren 1/2010).

Rauscher, Thomas: Familienrecht, 2. Auflage, C. F. Müller, Heidelberg 2008 (zitiert: *Rauscher*, Familienrecht).

ders.: Ehegattenzuwendungen, in: Neue Zeitschrift für Familienrecht, 2014, S. 298 – 302 (zitiert: *Rauscher*, NZFam 2014).

Reijnen, T. F. H.: Huwelijkse voorwaarden, pensioensverevening en alimentatie, in: Weekblad voor Privaatrecht, Notariaat en Registratie, 2012, S. 90 – 94 (zitiert: *Reijnen*, WPNR 2012).

ders.: De betekenis van vergoedingsrechten sinds de invoering van de derde tranche huwelijksvermogensrecht, in: Weekblad voor Privaatrecht, Notariaat en Registratie, 2014, S. 99 – 106 (zitiert: *Reijnen*, WPNR 2014/I).

ders.: De voorhuwelijkse alimentatieovereenkomst: een nog steeds onvoltooide vertelling, *in:* Weekblad voor Privaatrecht, Notariaat en Registratie, 2014, S. 144 – 146 (zitiert: *Reijnen*, WPNR 2014/II).

ders.: De nieuwe gemeenschap van goederen, in: Fiscale berichten voor het notariaat, 2016/3, URL: https://opmaat.sdu.nl/algemeen/document?id=g-SDU_FBN032016_45918 (zuletzt abgerufen am 30.10.2018) (zitiert: *Reijnen*, FBN 2016/3).

ders.: Huwelijkse voorwaarden: Nomen est omen of What's in a name?, in: Weekblad voor Privaatrecht, Notariaat en Registratie, 2018, S. 422 – 426 (zitiert: *Reijnen*, WPNR 2018).

Reinecke, Heinrich: Ausbildungsunterhalt für den geschiedenen Ehegatten, in: Familie Partnerschaft Recht, 2008, S. 373 – 377 (zitiert: *Reinecke*, FPR 2008).

Reinhartz, B. E.: De omvang van de verrekeningsplicht bij periodieke en finale verrekenbedingen, in: Naar een nieuw huwelijksvermogensrecht?, Verslag studiedag FJR en KNB, 21 januari 1998, Kluwer, Deventer 1999, S. 35 – 43 (zitiert: *Reinhartz*, in: Naar een nieuw huwelijksvermogensrecht?).

dies.: Toekomst voor de wettelijke gemeenschap van goederen?, in: Weekblad voor Privaatrecht, Notariaat en Registratie, 2001, S. 823 – 827 (zitiert: *Reinhartz*, WPNR 2001).

dies.: Die nieuwe voorstellen ter aanpassing van de wettelijke gemeenschap van goederen, in: Tijdschrift voor Familie- en Jeugdrecht, 2006, S. 3 – 11 (zitiert: *Reinhartz*, FJR 2006).

dies.: Een uitweg uit de impasse van wetsvoorstel 28 867, de herziening van de gemeenschap van goederen?, in: Tijdschrift voor Familie- en Jeugdrecht, 2008, S. 28 – 35 (zitiert: *Reinhartz*, FJR 2008).

dies.: Scenes uit een huwelijk, in: Tijdschrift voor Familie- en Jeugdrecht, 2015, S. 4 – 12 (zitiert: *Reinhartz*, FJR 2015).

Reinicke, D.: Zum Ausgleich des Zugewinns beim Tode eines Ehegatten, in: Neue Juristische Wochenschrift, 1958, S. 121 – 123 (zitiert: *Reinicke*, NJW 1958).

Reinken, Werner: Einzelprobleme beim Leistungsverweigerungsrecht des Zugewinnausgleichspflichtigen nach § 1381 BGB, in: Familienrecht und Familienverfahrensrecht, 2013, S. 412 – 414 (zitiert: *Reinken*, FamFR 2013).

Reithmann, Christoph: Schutz des Rechtsverkehrs bei Geschäften mit verheirateten Personen, in: Deutsche Notar-Zeitschrift, 1961, S. 3 – 19 (zitiert: *Reithmann*, DNotZ 1961).

ders.: Die Aufgaben öffentlicher Register, in: Deutsche Notar-Zeitschrift, 1979, S. 67 – 82 (zitiert: *Reithmann*, DNotZ 1979).

Reurich, L.: Het wijzigen van overeenkomsten en de werking van de redelijkheid en billijkheid, Kluwer, Deventer 2005 (zitiert: *Reurich*, Wijzigen van overeenkomsten).

Rittner, Fritz: Zur Auslegung des § 1371 Abs. 2 BGB n.F., in: Deutsche Notar-Zeitschrift, 1958, S. 181 – 200 (zitiert: *Rittner*, DNotZ 1958).

Rombach, J.: Iets over de werking van artikel 175 lid 2 B.W., in: Weekblad voor Privaatrecht, Notariaat en Registratie, 1960, S. 307 – 309 (zitiert: *Rombach*, WPNR 1960).

ders.: Hoe het Huwelijksgoederenregister effectiever maken?, in: Weekblad voor Privaatrecht, Notariaat en Registratie, 1967, S. 174 – 175 (zitiert: *Rombach*, WPNR 1967).

Van Rossum, M. M.: Dwaling, in het bijzonder bij koop van onroerend goed, Beschouwingen over inhoud en betekenis van dwaling in het contractenrecht, toegespitst op koop van onroerend goed, in vergelijking met het Engelse recht, Kluwer, Deventer 1991 (zitiert: *Van Rossum*, Dwaling).

Roth-Stielow, Klaus: Der „prämierte Ausbruch" aus der Ehe, in: Neue Juristische Wochenschrift, 1986, S. 1594 – 1596 (zitiert: *Roth-Stielow*, NJW 1986).

Ruland, Franz: Versorgungsausgleich – Ausgleich, steuerliche Folgen und Verfahren –, 4. Auflage, C. H. Beck, München 2015 (zitiert: *Ruland*, Versorgungsausgleich).

S

Sanders, Anne: Ein bisschen sittenwidrig? – Rechtsfolgen der Sittenwidrigkeit von Eheverträgen, Zugleich Anmerkung zum Beschluss des OLG Düsseldorf v. 15.10.2003 – 16 UF 186/02, in: Forum Familienrecht, 2004, S. 249 – 251 (zitiert: *Sanders*, FF 2004).

Sarres, Ernst: Salvatorische Klausel: Sicherheit für Eheverträge und Scheidungsvereinbarungen, in: Forum Familienrecht, 2004, S. 251 – 253 (zitiert: *Sarres*, FF 2004).

Scheltema, Martijn Willem: Onverschuldigde betaling, Kluwer, 1997 (zitiert: *Scheltema*, Onverschuldigde betaling).

Schervier, Joachim: Anmerkungen zu Bundesverfassungsgericht, Urteil vom 06.02.2001 – 1 BvR 12/92, in: Mitteilungen des Bayerischen Notarvereins, der Notarkasse und der Landesnotarkammer Bayern, 2001, S. 213 – 215 (zitiert: *Schervier*, MittBayNot 2001).

Schlüter, Wilfried/Röthel, Anne: Erbrecht, Ein Studienbuch, 17. völlig neu bearbeitete Auflage, C. H. Beck, München 2015 (zitiert: *Schlüter/Röthel*, Erbrecht, 17. Auflage).

Schmid, Matthias: Die Strukturreform des Versorgungsausgleichs: Reformbedarf, Gesetzgebungsverfahren, Leitlinien des neuen Rechts, in: Familie Partnerschaft Recht, 2009, S. 196 – 201 (zitiert: *Schmid*, FPR 2009).

Schmoeckel, Mathias/Schubert, Werner: Handbuch zur Geschichte des Notariats der europäischen Traditionen, 1. Auflage, Nomos, Baden-Baden 2009 (zitiert: *Bearbeiter*, in: Handbuch der Geschichte des Notariats).

Schnitzler, Klaus: Münchener Anwalts Handbuch, Familienrecht, hrsg. von Klaus Schnitzler, 4. Auflage, C. H. Beck, München 2014 (zitiert: *Schnitzler/ Bearbeiter*, in: Münchener Anwalts Handbuch – Familienrecht).

Schols, F. W. J. M.: Gemeenschap van vruchten en inkomsten, Een nieuw toekomst?!; in: Weekblad voor Privaatrecht, Notariaat en Registratie, 1995, S. 288 – 290 (zitiert: *Schols*, WPNR 1995).

ders.: Er was eens ... een huwelijksvermogensrechtelijke wolf in schaapskleren, in: Weekblad voor Privaatrecht, Notariaat en Registratie, 2010, S. 754 – 759 (zitiert: *Schols*, WPNR 2010).

ders.: De vermoedelijke huwelijksvermogensrechtelijke wil, in: Weekblad voor Privaatrecht, Notariaat en Registratie, 2014, S. 1127 – 1128 (zitiert: *Schols*, WPNR 2014).

ders.: Over het nieuwe relatievermogensrechtelijke basisstelsel, averij, spoken, gemiste en nieuwe kansen, in: Actuele ontwikkelingen in het familierecht, Twaalfde UCERF symposium, Ars Aequi Libri, Nijmegen 2018, S. 11 – 25 (zitiert: *Schols*, UCERF 2018).

ders.: Met de wet ‚wegnemen notaris [...]' terug naar een schuldeiserswalhalla?!, Column op de website van het Centrum voor Postacademisch Juridisch Onderwijs, 03.07.2018, URL: https://www.ru.nl/cpo/verderdenken/columns/wet-wegnemen-notaris-terug-schuldeiserswalhalla/ (zuletzt abgerufen am 30.10.2018) (zitiert: *Schols*, Bijdrage „Met de wet ‚wegnemen notaris [...]' terug naar een schuldeiserswalhalla?!").

Schols, F. W. J. M./Hoens, F. M. H.: CNR-Huwelijksvoorwaardenonderzoek, deel I: algemeen en koude voorwaarden, De ontwikkelingen in de praktijk der huwelijks- en partnerschapsvoorwaarden in de periode 2004–2009. Resultaten van een voortgezet landelijk onderzoek, in: Weekblad voor Privaatrecht, Notariaat en Registratie, 2012, S. 943 – 953 (zitiert: *Schols/Hoens*, WPNR 2012).

dies.: CNR-Huwelijksvoorwaardenonderzoek, deel II: verrekenbedingen en bijzondere facetten, De ontwikkelingen in de praktijk der huwelijks- en partnerschapsvoorwaarden in de periode 2004–2009. Resultaten van een voortgezet landelijk onderzoek, in: Weekblad voor Privaatrecht, Notariaat en Registratie, 2014, S. 33 – 44 (zitiert: *Schols/Hoens*, WPNR 2014).

Schonewille, F.: De voorhuwelijkse alimentatieovereenkomst *revisited*. Of: het belang van het opnemen van een considerans in huwelijkse voorwaarden, in: Weekblad voor Privaatrecht, Notariaat en Registratie, 2007, S. 161 – 168 (zitiert: *Schonewille*, WPNR 2007).

ders.: De werkwijze van de notaris in (echt)scheiding en mediation, in: Schonewille, F. (Hrsg.), Notaris en scheiding, Maklu, Apeldoorn (u.a.) 2009, S. 37 – 43 (zitiert: *Schonewille*, in: Notaris en scheiding).

ders.: Partijautonomie in het realtievermogensrecht, Maklu, Apeldoorn (u.a.) 2012 (zitiert: *Schonewille*, Partijautonomie in het relatievermogensrecht).

ders.: Partneralimentatieclausules in premaritale huwelijkse voorwaarden, in: Tijdschrift Relatierecht en Praktijk, 2015, S. 289 – 294 (zitiert: *Schonewille*, REP 2015).

Schoordijk, H. C. F.: Inbreuk van de ene echtgenoot op de bestuursmacht van de andere door obligatoire rechtshandelingen, in: Weekblad voor Privaatrecht, Notariaat en Registratie, 1971, S. 73 – 77 (I), S. 85 – 88 (II) (zitiert: *Schoordijk*, WPNR 1971).

ders.: Aan een actie uit ongegronde verrijking dienen wij in geval van een contract niet toe te komen, in: Weekblad voor Privaatrecht, Notariaat en Registratie, 1976, S. 455 – 463 (zitiert: *Schoordijk*, WPNR 1976).

ders.: Notaris, echtscheiding en echtelijke woning, Bespreking van het preadvies uitgebracht voor de jaarvergadering 1978 van de Koninklijke Notariële Broederschap, in: Weekblad voor Privaatrecht, Notariaat en Registratie, 1978, S. 437 – 447 (I), S. 453 – 461 (II) (zitiert: *Schoordijk*, WPNR 1978).

ders.: De civielrechtelijke aspecten van verevening van pensioenrechten bij echtscheiding, meer in het bijzonder die tussen in algehele gemeenschap gehuwde echtgenoten, in: Weekblad Fiscaal Recht, 1982/205, URL: http://deeplinking.kluwer.nl/?param=00A8E813&cpid=WKNL-LTR-Nav2 (zuletzt abgerufen am 30.10.2018) (zitiert: *Schoordijk*, WFR 1982/205).

ders.: Rechtsvragenrubriek II, in: Weekblad voor Privaatrecht, Notariaat en Registratie, 1982, S. 401 (zitiert: *Schoordijk*, WPNR 1982).

ders.: Vermogensverschuivingen onder een regime van koude uitsluiting van iedere gemeenschap, in: Weekblad voor Privaatrecht, Notariaat en Registratie, 1987, S. 445 – 449 (zitiert: *Schoordijk*, WPNR 1987).

ders.: Luijtens visie op de koude uitsluiting, in: Weekblad voor Privaatrecht, Notariaat en Registratie, 1988, S. 199 – 202 (zitiert: *Schoordijk*, WPNR 1988).

ders.: De betekenis van de rechtswetenschap voor het notariaat, in: Weekblad voor Privaatrecht, Notariaat en Registratie, 1996, S. 11 – 17 (zitiert: *Schoordijk*, WPNR 1996).

ders.: Het arrest van de Hoge Raad van 26 oktober 2001 (RvdW [2001] 165) en zijn gevolgen voor het huwelijksvoorwaardenrecht van de toekomst, S. 199 – 207 (zitiert: *Schoordijk*, WPNR 2002).

ders.: De syllabus errorum van de koude uitsluiting, Waarom de wetgever aan de zgn. koude uitsluiting bij voorrang aandacht dient te schenken, in: Nederlands Tijdschrift voor Burgerlijk Recht, 2003, S. 7 – 12 (zitiert: *Schoordijk*, NTBR 2003).

ders.: Het huwelijk als partnership, Vanuit rechtsvergelijkend perspectief, in: Weekblad voor Privaatrecht, Notariaat en Registratie, 2003, S. 272 – 278 (zitiert: *Schoordijk*, WPNR 2003).

ders.: Een principieel en leerrijk arrest. Huwelijkse voorwaarden en daaraan contrair gedrag (HR 18 juni 2004), in: Weekblad voor Privaatrecht, Notariaat en Registratie, 2005, S. 158 – 166 (zitiert: *Schoordijk*, WPNR 2005).

ders.: En de Hoge Raad, hij ploegde voort, in: Weekblad voor Privaatrecht, Notariaat en Registratie, 2006, S. 308 – 310 (zitiert: *Schoordijk*, WPNR 2006).

Schoordijk, H. C. F./Vilain, H. J.: Verrekening van pensioenrechten bij scheiding (een voorontwerp van wet), in: Weekblad Fiscaal Recht, 1985, S. 1703 – 1716 (zitiert: *Schoordijk/Vilain*, WTF 1985).

Schotten, Günther/Schmellenkamp, Cornelia: Der Vorrang des Gesellschaftsrechts vor dem Güterrecht, in: Deutsche Notar-Zeitschrift, 2007, S. 729 – 739 (zitiert: *Schotten/Schmellenkamp*, DNotZ 2007).

Schrage, E. J. H.: Monografieën Burgerlijk Wetboek, B53, Verbintenissen uit andere bron dan onrechtmatige daad of overeenkomst, 2. druk, Kluwer, Deventer 2009 (zitiert: *Schrage*, Verbintenissen uit andere bron).

Schröder, Rudolf: Der Zugewinnausgleich auf dem Prüfstand, in: Zeitschrift für das gesamte Familienrecht, 1997, S. 1 – 8 (zitiert: *Schröder,* FamRZ 1997).

Schützeberg, Jost: Der Notar in Europa, Eine rechtsvergleichende Untersuchung des deutschen, französischen, niederländischen und englischen notariellen Berufsrechts, Deutscher Anwaltverlag, Bonn 2005 (zitiert: *Schützeberg,* Notar in Europa).

Schüßler, Marc: Geringfügige Anrechte im Versorgungsausgleich, in: Neue Juristische Wochenschrift, 2016, S. 2982 – 2987 (zitiert: *Schüßler,* NJW 2016).

Schultz, Michael: Zivilgerichtliche Vertragskontrolle im Eherecht, Cuvillier Verlag, Göttingen 2008 (zitiert: *Schultz,* Vertragskontrolle im Eherecht).

Schulz, Werner: Ausgleich gegenseitiger Leistungen bei Scheitern der nichtehelichen Lebensgemeinschaft, in: Familie Partnerschaft Recht, 2010, S. 373 – 378 (zitiert: *Schulz,* FPR 2010).

Schulz, Werner/Jörn Hauß: Familienrecht, Handkommentar, 6. Auflage, Nomos, Baden-Baden 2015 (zitiert: *Bearbeiter,* in: *Schulz/Hauß,* Familienrecht).

dies.: Vermögensauseinandersetzung bei Scheidung und Trennung, 6. Auflage, C. H. Beck, München 2015 (zitiert: *Schulz/Hauß,* Vermögensauseinandersetzung).

Schuttevâer, H.: Bepaling, door erflater of schenker, dat hetgeen is nagelaten of geschonken buiten de huwelijksgemeenschap zal blijven (art. 94 lid 1 slot BW), in: Weekblad voor Privaatrecht, Notariaat en Registratie, 1981, S. 871 – 872 (zitiert: *Schuttevâer,* WPNR 1981).

Schwab, Dieter: Neue Rechtsprechung zum Zugewinnausgleich, in Zeitschrift für das gesamte Familienrecht, 1984, S. 429 – 443 (zitiert: *Schwab,* FamRZ 1984).

ders.: Anmerkung zu Bundesverfassungsgericht, Urteil vom 06.02.2001 – 1 BvR 12/92, in: Zeitschrift für das gesamte Familienrecht, 2001, S. 349 – 350 (zitiert: *Schwab,* FamRZ 2001).

ders.: From Status to Contract? – Aspekte der Vertragsfreiheit im Familienrecht im Lichte seiner Reformen, in: 100 Jahre Deutsche Notar-Zeitschrift, Sonderheft der Deutschen Notar-Zeitschrift, 2001, S. 9*–42* (zitiert: *Schwab,* DNotZ – Sonderheft 2001).

ders.: Zur Reform des Unterhaltsrechts, in: Zeitschrift für das gesamte Familienrecht, 2005, S. 1415 – 1425 (zitiert: *Schwab,* FamRZ 2005).

ders.: Zugewinnausgleich und Wirtschaftskrise, in: Zeitschrift für das gesamte Familienrecht, 2009, S. 1445 – 1450 (zitiert: *Schwab,* FamRZ 2009).

ders.: Handbuch des Scheidungsrechts, herausgegeben von Dieter Schwab, bearbeitet von Helmut Borth, Meo-Micaela Hahne, Andreas Holzwarth, Stefan Motzer, Dieter Schwab, Martin Streicher, 7. Auflage, Verlag Franz Vahlen, München 2013 (zitiert: *Bearbeiter,* in: Handbuch des Scheidungsrecht).

ders.: Familienrecht, 26. Auflage, C. H. Beck, München 2018 (zitiert: *Schwab*, Familienrecht).

Schwenzer, Ingeborg: Vertragsfreiheit im Ehevermögens- und Scheidungsfolgenrecht, in: Archiv für die civilistische Praxis, 1996, S. 88 – 113 (zitiert: *Schwenzer*, AcP 1996).

Siegman, P. M.: Monografieën (echt)scheidingsrecht, Deel 3, Pensioen en scheiding, 7. druk, Sdu Uitgevers, Den Haag 2012 (zitiert: *Siegman*, Pensioen en scheiding).

Smalbraak, J. Th.: Rechtsvragenrubriek, De uitsluitingsclausule van BW 1.94, in: Weekblad voor Privaatrecht, Notariaat en Registratie, 1982, S. 480 – 481 (zitiert: *Smalbraak*, WPNR 1982).

Smidt, H. J.: Geschiedenis van het Wetboek van Strafrecht (1^e en 2^e deel), Tjeenk Willink, Haarlem 1881 (zitiert: Smidt, Geschiedenis van het Wetboek van Strafrecht).

Smits, J. M.: Dwaling en niet-nakoming bij overeenkomsten: parallellen en verschillen, W. E. J. Tjeenk Willink, Deventer 1999 (zitiert: *Smits*, Dwaling).

Smits, P. R.: De huwelijksgemeenschap en het aandeel van een echtgenootvennoot in de goederen der maatschap of vennootschap, in: Weekblad voor Privaatrecht, Notariaat en Registratie, 1963, S. 341 – 343 (I), S. 353 – 355 (II), S. 365 – 367 (III) (zitiert: *Smits*, WPNR 1963).

Snijders, H. J./Klaassen, C. J. M./Meijer, G. J.: Nederlands burgerlijk procesrecht, 7. druk, Kluwer, Deventer 2017 (zitiert: *Snijders/Klaassen/Meijer*, Nederlands burgerlijk procesrecht).

Snijders, W.: Beperkende werking, een paradox of een instrument?, in: Weekblad voor Privaatrecht, Notariaat en Registratie, 2007, S. 6 – 12 (zitiert: *Snijders*, WPNR 2007).

Spalter, Naomi: Duur van partneralimentatie, in: Nederlands Juristenblad, 2012, S. 1577 – 1582 (zitiert: *Spalter*, NJB 2012).

Soergel, Bürgerliches Gesetzbuch mit Einführungsgesetz und Nebengesetzen
o Band 17/1, Familienrecht 1/1, §§ 1297 – 1588, 13. Auflage, Stand: Sommer 2012, W. Kohlhammer, Stuttgart 2013 (zitiert: *Bearbeiter*, in: *Soergel*/BGB).

Soons, A. L. M.: Schenking en Huwelijksvermogensrecht, in: Weekblad voor Privaatrecht, Notariaat en Registratie, 1995, S. 431 – 435 (zitiert: *Soons*, WPNR 1995).

ders.: Verrassend arrest over Amsterdams verrekenbeding, in: Juridische Berichten voor het Notariaat, 1995, Nr. 6, S. 2–4 (zitiert: *Soons*, JBN 1995/6).

ders.: Wet verevening pensioenrechten bij scheiding, in: Tijdschrift voor Familie- en Jeugdrecht, 1995, S. 122 – 124 (zitiert: *Soons*, FJR 1995).

Statistisches Bundesamt: Datenreport 2016, Ein Sozialbericht für die Bundesrepublik Deutschland, herausgegeben von dem Statistischen Bundesamt (Destatis) und dem Wissenschaftszentrum Berlin für Sozialforschung, in Zusammenarbeit mit dem Sozio-ökonomischen Panel (SOEP) am Deutschen Institut für Wirtschaftsforschung, Bundeszentrale für politische Bildung/bpb, Bonn 2016 (zitiert: *Statistisches Bundesamt*, Datenreport 2016).

Steiniger, Heinz Jürgen: Die Haftungsfalle des § 1585c BGB, Das Kreuz mit der richtigen Form versus das Damoklesschwert bei der Haftung, in: Familienrecht und Familienverfahrensrecht, 2011, S. 529 – 533 (zitiert: *Steiniger*, FamFR 2011)

Stille, A. L. G. A.: De rol van de notaris bij huwelijkse voorwaarden, in: Naar een nieuw huwelijksvermogensrecht?, Verslag studiedag FJR en KNB, 21 januari 1998, Kluwer, Deventer 1999, S. 45 – 55 (zitiert: *Stille*, in: Naar een nieuw huwelijksvermogensrecht?).

Stollenwerck, A. H. N.: Het niet nagekomen periodiek verrekenbeding, in: Fiscaal Tijdschrift Vermogen, 2013/3, URL: https://opmaat.sdu.nl/algemeen/document?id=g-IMPRFTV-201303555 (zuletzt abgerufen am 30.10.2018) (zitiert: *Stollenwerck*, FTV 2013/3).

ders.: Een IPR-uitzondering op de Nederlandse boedelmenging?, in: Fiscaal Tijdschrift Vermogen, 2014/10, URL: https://opmaat.sdu.nl/algemeen/document?id=g-SDU_FTV102014_29638 (zuletzt abgerufen am 30.10.2018) (zitiert: *Stollenwerck*, FTV 2014/10).

Stollenwerk, Christoph: Berücksichtigung von „unbilligen Positionen" im Zugewinnausgleich, in: Familie Partnerschaft Recht, 2007, S. 179 – 182 (zitiert: *Stollenwerk*, FPR 2007).

Van Straaten, J. C.: Rechtskarakter huwelijksgemeenschap (civiel en fiscaal), in: Fiscaal Tijdschrift Vermogen, 2017/10, URL: https://opmaat.sdu.nl/algemeen/document?id=g-SDU_FTV102017_61389 (zuletzt abgerufen am 30.10.2018) (zitiert: *Van Straaten*, FTV 2017/10).

Strutz, M./Verhagen E. M. J. M. C.: Uitleg van huwelijkse voorwaarden, een verkenning, in: Weekblad voor Privaatrecht, Notariaat en Registratie, 2013, S. 492 – 499 (zitiert: *Strutz/Verhagen*, WPNR 2013).

Subelack, T. M.: Nieuw huwelijksvermogensrecht vanuit het perspectief van een echtscheiding(sadvocaat), in: Weekblad voor Privaatrecht, Notariaat en Registratie, 2014, S. 1182 – 1188 (zitiert: *Subelack*, WPNR 2014).

ders..: De uitleg van familierechtelijke contracten, in: Echtscheiding Bulletin, Tijdschrift voor scheidingsrecht, 2016, S. 41 – 45 (zitiert: *Subelack*, EB 2016).

Suijling, J. Ph.: Inleiding tot het burgerlijk recht, 7e stuk, Huwelijksgoederenrecht, F. Bohn, Haarlem 1943 (zitiert: *Suijling*, Huwelijksgoederenrecht).

T

Tanja-van den Broek, T. H.: Uitleg van overeenkomsten in het familierecht, in: Weekblad voor Privaatrecht, Notariaat en Registratie, 2005, S. 862 – 868 (zitiert: *Tanja-van den Broek*, WPNR 2005).

Tekst & Commentaar, Erfrecht, Redaktion Wilbert Kolkman, Barbara Reinhartz, bearbeitet von Wouter Burgerhart, Nicole Gubbels u.a., Wolters Kluwer, Deventer 2018 (zitiert: *Bearbeiter*, in: TK/Erfrecht).

Tekst & Commentaar, Personen- en familierecht, Redaktion Theo Koen, Paul Vonken, bearbeitet von Theo Bod, Clementine Breedveld-de Voogd u.a., Wolters Kluwer, Deventer 2018 (zitiert: *Bearbeiter*, in: TK/Personen- en familierecht).

Ten Kate, Th. B.: Conclusie genomen bij Hoge Raad, 26.1.1979, rek.nr. 11311, in: Nederlandse Jurisprudentie, 1980, S. 45 – 49 (zitiert: *Ten Kate*, NJ 1992).

Thiele, Wolfgang: Die Nahtstellen von Erbrecht und Güterrecht in der Zugewinngemeinschaft, Über das Problem der Abgrenzung von erbrechtlicher und güterrechtlicher Lösung, in: Zeitschrift für das gesamte Familienrecht, 1958, S. 393 – 398 (zitiert: *Thiele*, FamRZ 1958).

Thielen, J. E. D. M.: Oude en nieuwe opvattingen over het ontstaan van de algehele gemeenschap van goederen, A. Jongbloed, 's-Gravenhage 1965 (zitiert: *Thielen*, Ontstaan van de algehele gemeenschap van goederen).

Thierfelder, Hans: Echter und unechter „Zugewinn", Zum Problem des Zugewinnausgleichs bei echten Wertsteigerungen und in Fällen nur scheinbarer (unechter) Werterhöhung, in: Zeitschrift für das gesamte Familienrecht, 1959, S. 225 – 227 (zitiert: *Thierfelder*, FamRZ 1959/6).

ders.: Die wesentlichen Bedenken gegen den gesetzlichen Güterstand der Zugewinngemeinschaft, in: Zeitschrift für das gesamte Familienrecht, 1959, S. 389 – 92 (zitiert: *Thierfelder*, FamRZ 1959/10).

Tiedtke, Klaus: Die Verpflichtung eines Ehegatten, an der Zusammenveranlagung zur Einkommenssteuer mitzuwirken – Zugleich eine Besprechung des BGH-Urteils vom 13-10-1976 – IV R 104/74, in: Zeitschrift für das gesamte Familienrecht, 1977, S. 686 – 691 (zitiert: *Tiedtke*, FamRZ 1977).

Tjittes, R. P. J. L.: Economische Bedreiging, in: Weekblad voor Privaatrecht, Notariaat en Registratie, 1993, S. 294 – 298 (I), S. 312 – 315 (II) (zitiert: *Tjittes*, WPNR 1993).

ders.: Uitleg van schriftelijke contracten, in: Rechtsgeleerd Magazijn Themis, 2005, S. 2 – 29 (zitiert: *Tjittes*, RMThemis 2005).

ders.: Terug naar de tekst – Een herwaardering van de tekstuele uitleg van contracten, in: Weekblad voor Privaatrecht, Notariaat en Registratie, 2007, S. 417 – 423 (zitiert: *Tjittes*, WPNR 2007).

U

Ulmer, Kurt: Über die Notwendigkeit einer Fristverlängerung für das Inkrafttreten der Normen des Gleichberechtigungsgesetzes betr. den gesetzlichen Güterstand der Zugewinngemeinschaft, Eine kritische Betrachtung über die „erbrechtliche Lösung" des Zugewinnausgleichsproblems, in: Zeitschrift für das gesamte Familienrecht, 1958, S. 113 –115 (zitiert: *Ulmer*, FamRZ 1958/4).

ders.: Verbietet das Wesen der Ehe den güterrechtlichen Zugewinnausgleich beim Tode des Ausgleichsberechtigten?, in: Zeitschrift für das gesamte Familienrecht, 1958, S. 251 – 252 (zitiert: *Ulmer*, FamRZ 1958/7).

V

Valk, W. L.: De grenzen van de Haviltexformule en de uitleg van algemene voorwaarden, in: Nederlands Tijdschrift voor Burgerlijk Recht, 1994, S. 111 – 113 (zitiert: *Valk*, NTBR 1994).

ders.: Opzegging en de verhouding tussen art. 6:248 en 6:258 BW, N.a.v. HR 25 juni 1999, NJ 1999, 602, Vereniging voor Effectenhandel/CSM, in: Weekblad voor Privaatrecht, Notariaat en Registratie, 1999, S. 917 – 920 (zitiert: *Valk*, WPNR 1999).

ders.: Tien jaar redelijkheid en billijkheid, Bespreking van enkele grote lijnen van de rechtontwikkeling op het terrein van de redelijkheid en billijkheid, vooral aan de hand van de rechtspraak van de Hoge Raad, in: Weekblad voor Privaatrecht, Notariaat en Registratie, 2000, S. 2 – 7 (zitiert: *Valk*, WPNR 2000).

Vegter, J. B.: Verknochtheid van schulden in echtscheidingssituaties, in: Weekblad voor Privaatrecht, Notariaat en Registratie, 1993, S. 750 – 756 (zitiert: *Vegter*, WPNR 1993).

ders.: Over het verhaalsrecht van schuldeisers in het wetsvoorstel tot aanpassing van de wettelijke gemeenschap van goederen, in: Weekblad voor Privaatrecht, Notariaat en Registratie, 2003, S. 645 – 649 (zitiert: *Vegter*, WPNR 2003).

ders.: Over het eenheidsbeginsel in het huwelijksvermogensrecht en over de flexibilisering van de uitsluitingsclausule, in: Weekblad voor Privaatrecht, Notariaat en Registratie, 2010, S. 30 – 34 (zitiert: *Vegter*, WPNR 2010).

ders.: Over voorwaardelijk werkende goederenrechtelijke huwelijksvermogensregimes en in- of uitsluitingsclausules, in: Weekblad voor Privaatrecht, Notariaat en Registratie, 2017, S. 466 – 474 (zitiert: *Vegter*, WPNR 2017).

ders.: Over de vormgeving van huwelijksvermogensrechtelijke finale alsof verrekenbedingen, in: Weekblad voor Privaatrecht, Notariaat en Registratie, 2018, S. 707 – 715 (zitiert: *Vegter*, WPNR 2018).

Verbeke, A. L. P. G.: Weg met de algehele gemeenschap!, in: Weekblad voor Privaatrecht, Notariaat en Registratie, 2001, S. 984 - 987 (zitiert: *Verbeke*, WPNR 2001).

ders.: Wettelijke verbod van koude uitsluiting, in: Nederlands Juristenblad, 2001, S. 2185 - 2186 (zitiert: *Verbeke*, NJB 2001).

ders.: Overgangsrecht in de derde tranche huwelijksvermogensrecht, in: Weekblad voor Privaatrecht, Notariaat en Registratie, 2003, S. 658 - 664 (zitiert: *Verbeke*, WPNR 2003).

ders.: Beperkte gemeenschap. Evenwicht en eenvoud, in: Weekblad voor Privaatrecht, Notariaat en Registratie, 2004, S. 168 - 174 (zitiert: *Verbeke*, WPNR 2004).

Verschuur-de Sonnaville, L. M. A.: Verevening pensioenrechten bij scheiding, in: Ars Aequi, 1995, S. 866 - 871 (zitiert: *Verschuur-de Sonnaville*, AA 1995).

Verstappen, L. C. A.: Goedkeuring maken of wijziging huwelijkse voorwaarden staande huwelijk, in: Weekblad voor Privaatrecht, Notariaat en Registratie, 1993, S. 138 - 141 (zitiert: *Verstappen*, WPNR 1993).

ders.: Rechtsopvolging onder algemene titel, Een wetenschappelijke proeve op het gebied van de Rechtsgeleerdheid, Kluwer, Deventer 1996 (zitiert: *Verstappen*, Rechtsopvolging).

ders.: Heeft de algehele gemeenschap van goederen nog bestaansrecht?, in: Naar een nieuw huwelijksvermogensrecht?, Verslag studiedag FJR en KNB, 21 januari 1998, Kluwer, Deventer 1999, S. 1 - 33 (zitiert: *Verstappen*, in: Naar een nieuw huwelijksvermogensrecht?).

ders.: Naar nieuwe verrekenstelsels, in: Weekblad voor Privaatrecht, Notariaat en Registratie, 2000, S. 67 - 72 (I), S. 92 - 95 (II) (zitiert: *Verstappen*, WPNR 2000).

ders.: Algemene beschouwingen derde tranche wijzigingen huwelijksvermogensrecht, in: Weekblad voor Privaatrecht, Notariaat en Registratie, 2003, S. 629 - 636 (zitiert: *Verstappen*, WPNR 2003).

ders.: Reactie op de bijdragen in het themanummer ‚Exit algehele gemeenschap van goederen?', in: Weekblad voor Privaatrecht, Notariaat en Registratie, S. 174 - 183 (zitiert: *Verstappen*, WPNR 2004/I).

ders.: De Wet regels verrekenbedingen in de praktijk, in: Weekblad voor Privaatrecht, Notariaat en Registratie, 2004, S. 521 - 532 (zitiert: *Verstappen*, WPNR 2004/II).

ders.: Het verrekenbeding, in: Echtscheiding Bulletin, Tijdschrift voor scheidingsrecht, 2006/11, URL: http://deeplinking.kluwer.nl/ ?param=00A3E67B&cpid=WKNL-LTR-Nav2 (zuletzt abgerufen am 30.10.2018) (zitiert: *Verstappen*, EB 2006/11).

ders.: Een verrekenbeding als fopspeen, in: Weekblad voor Privaatrecht, Notariaat en Registratie, 2007, S. 830 – 834 (zitiert: *Verstappen*, WPNR 2007).

ders.: Boekbespreking, L.H.M. Zonnenberg, Het verrekenbeding, Deventer, Kluwer, 2009, 376 p., ISBN 9789013068566, in: Weekblad voor Privaatrecht, Notariaat en Registratie, 2009, S. 851 – 859 (zitiert: *Verstappen*, WPNR 2009).

ders.: Noot bij Hoge Raad, 05.10.2012, in: Nederlandse Jurisprudentie, 2013/140, URL: https://www.navigator.nl/document/id87749ebda9bc47edb72de82e1e-ec70c2/nj-2013140-aansprakelijkheid-effectenbemiddelaar-onrechtmatig-handelen-door-zonder-vergunning-op-te-treden-art-7-wte-1995-of-zonder-goedgekeu (zuletzt abgerufen am 30.10.2018) (zitiert: *Verstappen*, NJ 2013/140).

ders.: De modernisering van het huwelijksvermogensrecht, Een historisch perspectief, in: Justitiële verkenningen, 2016, S. 74 – 96 (zitiert: *Verstappen*, JV 2016).

Vlaardingerbroek, P./Blankman, K./Van der Linden, A. P./Punselie, E. C. C./ Schrama, W.: Het hedendaagse personen- en familierecht (behoudens het huwelijksvermogensrecht), 8. druk, Kluwer, Deventer 2017 (zitiert: *Vlaardingerbroek/Blankman/Van der Linden/Punselie/Schrama*, Personen- en familierecht).

Voorduin, J. C.: Geschiedenis en beginselen der Nederlandsche wetboeken, volgens de beraadslagingen deswege gehouden bij de Tweede kamer der Staten-generaal, I. Deel, I. Stuk, Algemeene inleiding, Robert Natan, Utrecht 1837 (zitiert: *Voorduin*, Geschiedenis der Nederlandsche wetboeken – I.I).

Vranken, J. B. M.: Recente Rechtspraak, Rechtspraak van de Week, december 1990, januari en februari 1991, in; Weekblad voor Privaatrecht, Notariaat en Registratie, 1991, S. 196 – 200 (zitiert: *Vranken*, WPNR 1991).

De Vries, W. G.: De notariële ambtsbediening (lijdelijkheid), in: Weekblad voor Privaatrecht, Notariaat en Registratie, 1992, S. 460 – 462 (zitiert: *De Vries*, WPNR 1992).

Vroom, J. W. L.: Over de berekening der aanbrengsten bij tweede huwelijk, in: Regt en wet, Tijdschrift voor het notaris-ambt, 1867, S. 401 – 424 (zitiert: *Vroom*, RW 1867).

W

Waaijer, J. M. A.: Het moderne vermogensrechtelijke echtscheidingsrecht, Kluwer, Deventer 1981 (zitiert: *Waaijer*, Echtscheidingsrecht).

ders.: Het huwelijksvermogensrecht breidt slechts de aansprakelijkheid uit, doch niet het aantal schuldenaren, in: Weekblad voor Privaatrecht, Notariaat en Registratie, 1982, S. 646 – 647 (zitiert: *Waaijer*, WPNR 1982).

Wälzholz, Eckhard: Der Versorgungsausgleich nach der Versorgungsausgleichsreform 2009, in: Deutsches Steuerrecht, 2010, S. 383 – 388 (zitiert: *Wälzholz*, DStR 2010).

Wellenhofer, Marina: Familienrecht: Ausgleichsansprüche für unbenannte Zuwendungen unter Ehegatten, Keine Differenzierungen zwischen Zuwendungen vor und während der Ehe, in: Juristische Schulung, 2013,S. 458 – 459 (zitiert: *Wellenhofer*, JuS 2013/I).

dies.: Familienrecht: Inhaltskontrolle von Eheverträgen, Wirksamkeit der Vereinbarung von Gütertrennung, in: Juristische Schulung, 2013, S. 844 – 846 (zitiert: *Wellenhofer*, JuS 2013/II).

*Wendl, Philipp/Dose, Hans-*Joachim: Das Unterhaltsrecht in der familienrichterlichen Praxis; Die neuste Rechtsprechung des Bundesgerichtshofs und die Leitlinien der Oberlandesgerichte zum Unterhaltsrecht und zum Verfahren in Unterhaltssachen,.H. Beck, München 2015 (zitiert: *Bearbeiter*, in: *Wendl/ Dose*, Das Unterhaltsrecht in der familienrichterlichen Praxis).

Wiarda, J.: Het Huwelijksgoederenregister, het *Allgemeines Landrecht für die preussischen Staaten* van 1794, en de Ontwerp-Invoeringswet Boek 1 Nieuw Burgerlijk Wetboek, in: Weekblad voor Privaatrecht, Notariaat en Registratie, 1966, S. 518 – 521 (zitiert: *Wiarda*, WPNR 1966).

Wick, Hartmut: Der Versorgungsausgleich, 4. neu bearbeitete und erweiterte Auflage, Erich Schmidt Verlag, Berlin 2017 (zitiert: *Wick*, Der Versorgungsausgleich).

Wiersma, K.: Lex van Oven en het Ontwerp Invoeringswet Boek 1, in: Weekblad voor Privaatrecht, Notariaat en Registratie, 1966, S. 347 – 352 (zitiert: *Wiersma*, WPNR 1966).

Van Wijk-Verhagen, E. M. J. M. C.: Redelijkheid en billijkheid in het personen- en familierecht, meer in het bijzonder in het huwelijks- en echtscheidingsvermogensrecht, Wonderolie van flexibiliteit of gif van rechtsonzekerheid?, Boom Juridische Uitgevers, Den Haag 2018 (zitiert: *Van Wijk-Verhagen*, Redelijkheid en billijkheid).

Van Wijk-Verhagen, E. M. J. M. C./Yildiz, Y.: Reactie op "De nieuwe draagplichtregel van art. 1:100 lid 2 BW is te eng" van prof. mr. A. J. M. Nuytinck in WPNR 2018/7184, in: Weekblad voor Privaatrecht, Notariaat en Registratie, 2018, S. 603 – 604 (zitiert: *Van Wijk-Verhagen/Yildiz*, WPNR 2018).

Wippermann, Carsten/Borgstedt, Silke/Möller-Slawinski, Heide: Partnerschaft und Ehe – Entscheidungen im Lebensverlauf, Einstellungen, Motive, Kenntnisse des rechtlichen Rahmens, hrsg. vom Bundesministerium für Familie, Senioren, Frauen und Jugend, 5. Auflage, Berlin 2014 (zitiert: *BMFSFJ*, Partnerschaft und Ehe – Entscheidungen im Lebensverlauf).

Wissink, M. H.: Uitleg volgens Haviltex of de CAO-Norm? Over een vloeiende overgang en de noodzaak om toch te kiezen, in: Weekblad voor Privaatrecht, Notariaat en Registratie, 2004, S. 407 – 415 (zitiert: *Wissink*, WPNR 2004).

ders.: Noot bij Hoge Raad, 04.05.2007, LJN: BA1564, in: Nederlandse Jurisprudentie, 2008, S. 1800 – 1802 (zitiert: *Wissink*, NJ 2008).

Wortmann, Sylvia F. M.: Noot bij Hoge Raad, 30.03.2012, in: Nederlandse Jurisprudentie, 2012/407, S. 3526–3527 (zitiert: *Wortmann*, NJ 2012/407).

Wortmann, Sylvia F. M./Van Duijvendijk-Brand, Jannetjen: Compendium van het personen- en familierecht, 11. druk, Kluwer, Deventer 2012 (zitiert: *Wortmann/Van Duijvendijk-Brand*, Personen- en familierecht, 11. druk)

dies.: Compendium van het personen- en familierecht, 13. druk, Kluwer, Deventer 2018 (zitiert: *Wortmann/Van Duijvendijk-Brand*, Personen- en familierecht).

Z

Zimmermann, Stefan: Eheverträge, Scheidungs- und Unterhaltsvereinbarungen, Deutscher Anwaltverlag, Bonn 1991 (zitiert: *Zimmermann*, Eheverträge).

Zöllner, W.: Vertragsfreiheit und Bindung an den Typus im ehelichen Güterrecht, in: Zeitschrift für das gesamte Familienrecht, 1965, S. 113 – 121 (zitiert: *Zöllner*, FamRZ 1964).

Zonnenberg, L. H. M.: Nihilstelling, limitering of definitieve beëindiging alimentatie en motivering daarvan, in: Echtscheiding Bulletin, Tijdschrift voor scheidingsrecht, 2004/60, URL: http://deeplinking.kluwer.nl/?param=00A3E6C0&cpid=WKNL-LTR-Nav2 (zuletzt abgerufen am 30.10.2018) (zitiert: *Zonnenberg*, EB 2004/60).

ders.: Het verrekenbeding, 2. druk, Kluwer, Deventer 2012 (zitiert: *Zonnenberg*, Het verrekenbeding, 2.druk).

ders.: Derde versie Wetsvoorstel beperking goederengemeenschap, in: Echtscheiding Bulletin, Tijdschrift voor scheidingsrecht, 2015, S. 181–185 (zitiert: *Zonnenberg*, EB 2015).

ders.: De gemeenschap is beperkt, in: Echtscheiding Bulletin, Tijdschrift voor scheidingsrecht, 2017, S. 143 – 146 (zitiert: *Zonnenberg*, EB 2017).

Zwalve, W. J.: Redelijkheid en bilijkheid, goede zeden en restitutie, in: Weekblad voor Privaatrecht, Notariaat en Registratie, 2002, S. 606 – 611 (zitiert: *Zwalve*, WPNR 2002).

Zweigert, Konrad/Hein, Kötz: Einführung in die Rechtsvergleichung auf dem Gebiete des Privatrechts, 3. Auflage, Mohr, Tübingen 1996 (zitiert: *Zweigert/ Kötz*, Einführung in die Rechtsvergleichung).

Abbildungsverzeichnis

Abbildung 1 Ehevertragliche Klauseln zur Anwendbarkeit des Rentenausgleichs von 2004 bis 2009 in Prozent 233

Abbildung 2 Eheverträge mit Vereinbarung des Ausschlusses jeglicher Gütergemeinschaft von 1902 - 1996 254

Abbildung 3 Eheverträge mit Vereinbarung des Ausschlusses jeglicher Gütergemeinschaft von 1997 - 2003 255

Abbildung 4 Eheverträge mit Vereinbarung des Ausschlusses jeglicher Gütergemeinschaft von 2004 - 2009 256

Abbildung 5 Eheverträge mit Vereinbarung des Ausschlusses jeglicher Gütergemeinschaft inklusive der Vereinbarung einer Verrechnung im Todesfall und der Gemeinschaft des Hausrates von 2004 - 2009 257

Abbildung 6 Eheverträge mit Verrechnungsklauseln von 1970 bis 2003 ... 263

Abbildung 7 Verrechnungsklauseln in Eheverträgen in Prozent von 2004 - 2009 264

Abbildung 8 Beschränkte Gütergemeinschaften in Eheverträgen in Prozent von 2004 – 2009 (unter Berücksichtigung der vormals gesetzlich geregelten beschränkten Gütergemeinschaften) 285

Zusammenfassung

Die vorliegende Inaugural-Dissertation setzt sich mit der Handhabung von Eheverträgen in der Rechtsprechung in den Niederlanden und Deutschland auseinander. Der in der Untersuchung vorgenommene Rechtsvergleich dient dazu, die Lösungsmodelle in beiden Rechtsordnungen gegenüberzustellen und zu evaluieren. Kernfrage ist, ob Eheverträge einer Kontrolle unterliegen und, sofern dies zutrifft, inwieweit eine Kontrolle und Anpassung der ehevertraglichen Regelungen durch die Gerichte vorgenommen wird. Darauf aufbauend soll erörtert werden, ob sich aus dem Rechtsvergleich Lösungsansätze für die einzelnen Rechtsordnungen ableiten lassen.

Zur Beantwortung der vorstehenden Hauptfragen werden im weiteren Untersuchungsgang vier weitere Teilfragen gestellt. Zunächst soll untersucht werden, welche Rechtsmaterie Ausgangspunkt ehevertraglicher Modifikation sein kann. In einem weiteren Abschnitt wird die Definition des Ehevertrags im niederländischen und deutschen Recht dargestellt. Ein weiterer Abschnitt dient der Untersuchung der bestehenden Optionen zur Gestaltung der güterrechtlichen Verhältnisse. Abschließend soll untersucht werden, ob und inwieweit Eheverträge einer Überprüfung der Gerichte unterliegen.

1.) Ausgangspunkte vertraglicher Modifikation können in beiden Rechtsordnungen das eheliche Güterrecht, der Anspruch auf nachehelichen Unterhalt und der Versorgungsausgleich sein.

Der gesetzliche Güterstand im niederländischen und deutschen Recht unterscheidet sich erheblich. Während in den Niederlanden eine beschränkte Gütergemeinschaft mit dem Ziel besteht, eine Teilhabe am während der Ehe erworbenen Vermögen zu ermöglichen, treten infolge der Zugewinngemeinschaft als gesetzlichem Güterstand des deutschen Rechts keine unmittelbaren Rechtsfolgen für die Vermögen der Ehegatten ein. Vielmehr schließt sich an die Auflösung der Ehe ein Anspruch auf Auszahlung des während der Ehe erwirtschafteten Gewinns in einer Geldsumme an.

Der nacheheliche Unterhaltsanspruch setzt in beiden Rechtsordnungen das Bestehen eines Bedarfs, die Bedürftigkeit des Unterhaltsberechtigten und die Leistungsfähigkeit des Unterhaltsverpflichteten voraus. Zudem sehen sowohl das niederländische als auch das deutsche Recht vor, dass der Unterhaltsanspruch befristet und beschränkt werden kann.

Der Ausgleich von Rentenanwartschaften beruht in beiden Rechtsordnungen auf dem Grundgedanken, dass der Erwerb dieser Anwartschaften auf dem Einsatz beider Ehegatten beruht und der beidseitigen Versorgung dienen soll. Unterschiede ergeben sich aus der gesetzgeberischen Entscheidung, welche Anwartschaften in den Ausgleich einzubeziehen sind, und durch die Gestaltung der konkreten Durchführung des Versorgungsausgleichs.

2.) Ausgehend von der Legaldefinition des Ehevertrags in beiden Rechtsordnungen dient dieser Vertragstypus zunächst dazu, das eheliche Güterrecht einer abweichenden Regelung zuzuführen.

Darüber hinaus kommt dem Ehevertrag im deutschen Recht eine Klammerfunktion zu; der Ehevertrag kann weitere einzelne Regelungen enthalten, sofern diese in einem inhaltlichen Zusammenhang mit der Ehe stehen. Dies betrifft hauptsächlich Vereinbarungen über den Versorgungsausgleich und den nachehelichen Unterhalt. Die vorstehenden Regelungen bedürfen vor Eintritt der Rechtskraft der Ehescheidung der Beurkundung durch einen Notar.

Dem Ehevertrag im niederländischen Recht fehlt eine solche Klammerfunktion. Zwar ist es auch möglich, Vereinbarung über den nachehelichen Unterhalt und den Versorgungsausgleich zu schließen, jedoch bedürfen diese nicht derselben Form wie eine Vereinbarung über das eheliche Güterrecht. Bezüglich des Versorgungsausgleichs wird ausdrücklich ermöglicht, von der gesetzlichen Regelung abweichende Bestimmungen auch in einen Ehevertrag aufzunehmen. Hinsichtlich des nachehelichen Unterhalts ist umstritten, ob dieser Anspruch überhaupt wirksam in einem (vorehelichen) Ehevertrag einer Regelung zugeführt werden kann.

3.) Sowohl im niederländischen als auch im deutschen Recht bestehen verschiedene Möglichkeiten, das eheliche Güterrecht einer vertraglichen Regelung zuzuführen. So hat der jeweilige nationale Gesetzgeber gesetzliche Wahlgüterstände in das geschriebene Recht aufgenommen. Darüber hinaus sind in der Literatur und Rechtsprechung verschiedene weitere Modelle entwickelt worden. Ausgangspunkt ist dabei jeweils der gesetzliche Güterstand. In den Niederlanden haben daher – insbesondere in der Vergangenheit – im Wesentlichen der Ausschluss der Gütergemeinschaft und daran anknüpfende Ausgleichsregelungen Eingang in Literatur und Rechtsprechung gefunden.

4.) Der Ehevertragsfreiheit wird in beiden Rechtsordnungen als Ausfluss der Privatautonomie eine erhebliche Bedeutung eingeräumt; schrankenlos ist diese Freiheit jedoch weder im niederländischen noch im deutschen Recht.

Zusammenfassung

In der Rechtsprechung wird sowohl diskutiert, in welchen Fällen von einer Unwirksamkeit der vertraglichen Regelung ausgegangen werden, als auch, inwieweit die ehevertragliche Regelung einer Vertragsanpassung zugeführt werden kann. Hierbei greifen die Rechtsysteme auf verschiedene Institute zurück, die ein richterliches Eingreifen nur unter engen Voraussetzungen ermöglichen, wobei auch Billigkeitsgesichtspunkte zu berücksichtigen sind. Die Gerichte in den Niederlanden prüfen zunächst, ob die Willenserklärung der Ehegatten bei Vertragsabschluss mangelhaft gebildet worden ist. Ferner kommt in Betracht, dass der Ehevertrag unter Anwendung von Treu und Glauben angepasst wird. In der deutschen Rechtsordnung wird im Rahmen der Inhalts- und Ausübungskontrolle zunächst überprüft, ob der Ehevertrag zum Zeitpunkt des Zustandekommens sittenwidrig ist, um sodann festzustellen, ob sich die Einhaltung der ehevertraglichen Regelung für einen der Ehegatten als unzumutbar darstellt.

Zum Teil wird sowohl im niederländischen als auch im deutschen Recht ein Ausgleich über das Nebengüterrecht gesucht.

Unter Berücksichtigung der vorstehenden Ausführungen werden die nachstehenden Schlussfolgerungen gezogen:

Sowohl im niederländischen als auch im deutschen Recht besteht die Möglichkeit, das eheliche Güterrecht, den nachehelichen Unterhaltsanspruch sowie den Versorgungsausgleich einer vertraglichen Regelung zuzuführen. Eine unbeschränkte Vertragsfreiheit besteht in keiner der beiden Rechtsordnungen. Vielmehr können sowohl Umstände, die bei Vertragsschluss vorlagen, als auch Entwicklungen während bestehender Ehe einen Eingriff in die Vertragsfreiheit durch die Gerichte rechtfertigen.

Die Untersuchung offenbart, dass in beiden Rechtsordnungen vergleichbare Problemstellungen bestehen: Die Ehegatten verfügen über keine familienrechtliche Expertise. Weiterhin zeigt die untersuchte Rechtsprechung auf, dass die Ehegatten vor der Eheschließung idealistischen Vorstellungen über den gelebten Ehetypus und den Verlauf der Ehe unterliegen, die der späteren tatsächlichen Entwicklung nicht entsprechen. Die ehevertraglichen Regelungen und deren Rechtsfolgen werden im späteren ehelichen Zusammenleben nicht weiter beachtet. Eine gesonderte Buchführung wird während des Bestehens der Ehe nicht vorgenommen. Das Bestehen dieser Problemstellungen ist auch darauf zurückzuführen, dass sich die getroffenen Regelungen für die Ehe zunächst nicht unmittelbar auswirken.

Vor diesem Hintergrund wird in der vorliegenden Dissertation vorgeschlagen, sowohl das Bürgerliche Gesetzbuch als auch das *Burgerlijk Wetboek* (BW) um gesetzliche Regelungen zu ergänzen, die zur Aufnahme einer durch die jeweiligen Ehegatten eigenständig formulierten Präambel in den Ehevertrag anregen und die die vorherige eigenständige Beratung durch einen Rechtsanwalt vorschreiben. Eine entsprechende Ergänzung des bestehenden Gesetzestexts könnte in § 1408 BGB und Art. 1:115 BW aufgenommen werden.

Samenvatting

Deze inaugurele dissertatie gaat over de toepassing van huwelijkse voorwaarden in de Nederlandse en Duitse rechtspraak. Dit rechtsvergelijkend onderzoek strekt ertoe om de oplossingen in beide rechtssystemen te vergelijken en te evalueren. De kernvraag is of huwelijkse voorwaarden aan controle zijn onderworpen en, zo ja, in hoeverre zij door de rechter worden getoetst en aangepast. Daarop voortbouwend wordt besproken of uit de rechtsvergelijking oplossingen voor de afzonderlijke rechtsstelsels kunnen worden afgeleid.

Ter beantwoording van de bovenstaande hoofdvragen worden in een volgende stap in het onderzoek vier subvragen gesteld. Allereerst moet worden onderzocht welke juridische kwesties in huwelijkse voorwaarden kunnen worden aangepast. Vervolgens wordt de definitie van „huwelijkse voorwaarden" in het Nederlandse en het Duitse recht weergegeven. In een volgende stap worden de bestaande mogelijkheden voor de vormgeving van de vermogensverhoudingen onderzocht. Ten slotte zal worden nagegaan of en in hoeverre huwelijkse voorwaarden aan rechterlijke toetsing zijn onderworpen.

1.) In beide rechtsstelsels kunnen het huwelijksgoederenregime, de aanspraak op partneralimentatie na het huwelijk en de verevening van pensioenrechten in huwelijkse voorwaarden worden aangepast.

Er bestaan aanzienlijke verschillen tussen het Nederlandse en het Duitse wettelijke huwelijksgoederenregime. Terwijl in Nederland sprake is van een beperkte gemeenschap van goederen met als doel om de verdeling van het gedurende het huwelijk verworven vermogen mogelijk te maken, heeft het wettelijk deelgenootschap als huwelijksvermogensstelsel in het Duitse recht geen rechtstreekse rechtsgevolgen voor het vermogen van de echtgenoten. Veeleer heeft de ontbinding van het huwelijk tot gevolg dat een aanspraak ontstaat op uitbetaling van de gedurende het huwelijk gerealiseerde winst in de vorm van een geldbedrag.

Als voorwaarde voor een alimentatieaanspraak geldt in beide rechtsstelsels dat er sprake is van een noodzaak, waarbij gekeken wordt naar de behoefte van de alimentatiegerechtigde en de draagkracht van de alimentatieplichtige. Bovendien is zowel in het Nederlandse als het Duitse recht bepaald dat de duur en de hoogte van de partneralimentatie kunnen worden beperkt.

De verevening van pensioenrechten berust in beide rechtsstelsels op de grondgedachte dat de verwerving van deze rechten is gebaseerd op de inspanningen van beide echtgenoten en bedoeld is voor de wederzijdse pensioenvoorziening. Verschillen vloeien voort uit de beslissing van de wetgever en betreffen de rechten waarop de verevening betrekking heeft en de wijze waarop de pensioenverevening in de praktijk wordt uitgevoerd.

2.) Gelet op de juridische definitie van „huwelijkse voorwaarden" in beide rechtsstelsels is dit type contract in de eerste plaats bedoeld om een regeling vast te leggen die afwijkt van het wettelijke huwelijksgoederenregime.

In het Duitse recht hebben huwelijkse voorwaarden tevens een „Klammerfunktion" (verbindende functie); zij kunnen verdere individuele bepalingen bevatten, voor zover deze inhoudelijk verband houden met het huwelijk. Hierbij gaat het voornamelijk om afspraken over de pensioenverevening en de partneralimentatie. Vorenstaande regelingen moeten voordat de echtscheiding onherroepelijk is in een notariële akte worden neergelegd.

In het Nederlandse recht hebben huwelijkse voorwaarden niet een dergelijke verbindende functie. Afspraken over de partneralimentatie en de pensioenevening kunnen weliswaar ook in huwelijkse voorwaarden worden vastgelegd, maar hiervoor is niet dezelfde vorm vereist als voor afspraken over het huwelijksgoederenregime. Wat de pensioenverevening betreft is uitdrukkelijk geregeld dat afspraken die van de wettelijke regeling afwijken ook in huwelijkse voorwaarden kunnen worden opgenomen. Met betrekking tot de partneralimentatie is het omstreden of deze aanspraak doeltreffend kan worden vastgelegd in huwelijkse voorwaarden (die vóór het huwelijk worden overeengekomen).

3.) Zowel in het Nederlandse als in het Duitse recht bestaan verschillende mogelijkheden om aan het huwelijksvermogensrecht contractuele regelingen toe te voegen. Zo hebben beide nationale wetgevers wettelijke keuzestelsels in het geschreven recht opgenomen. Daarnaast zijn er diverse andere modellen ontwikkeld in de literatuur en de jurisprudentie. Uitgangspunt is hierbij steeds het wettelijke huwelijksvermogensregime. In Nederland hebben daarom – vooral in het verleden – in wezen de uitsluiting van de gemeenschap van goederen en de daarmee samenhangende vereveningsregelingen ingang gevonden in de literatuur en de jurisprudentie.

4.) In beide rechtsstelsels neemt de huwelijkse contractvrijheid als uiting van de individuele autonomie een belangrijke plaats in. Deze vrijheid is echter in het Nederlandse recht noch in het Duitse recht onbeperkt.

In de jurisprudentie zijn de meningen verdeeld over zowel de gevallen waarin een contractuele regeling als ongeldig wordt verondersteld, als over de mate waarin de huwelijkse voorwaarden kunnen worden aangepast. De rechtsstelsels maken hierbij gebruik van verschillende instrumenten die de tussenkomst van de rechter alleen onder strikte voorwaarden mogelijk maken, waarbij tevens rekening dient te worden gehouden met de maatstaven van redelijkheid en billijkheid. De Nederlandse rechter onderzoekt allereerst of er ten tijde van het opstellen van de huwelijkse voorwaarden sprake was van wilsgebreken bij de echtgenoten. Voorts wordt overwogen of de huwelijksvoorwaarden onder toepassing van het beginsel van goede trouw worden aangepast. In het Duitse rechtsstelsel wordt in het kader van de toetsing van de inhoud en de uitvoering allereerst nagegaan of de huwelijkse voorwaarden op het moment van het opstellen ervan in strijd zijn met de goede zeden en wordt vervolgens vastgesteld of de naleving van die huwelijkse voorwaarden ten aanzien van een van de echtgenoten onaanvaardbaar is.

Zowel in het Nederlandse recht als in het Duitse recht wordt deels op grond van het bijkomende goederenrecht een mogelijkheid tot verevening gevonden.

Met inachtneming van de bovenstaande uiteenzettingen worden de volgende conclusies getrokken:

Zowel in het Nederlandse als in het Duitse recht wordt de mogelijkheid geboden om met betrekking tot het huwelijksgoederenregime, de aanspraak op partneralimentatie en de pensioenverevening huwelijkse voorwaarden overeen te komen. Er bestaat in beide rechtsstelsels geen onbeperkte contractvrijheid. Integendeel, zowel de omstandigheden ten tijde van het opstellen van de huwelijkse voorwaarden als de ontwikkelingen gedurende het huwelijk kunnen een inmenging in de contractvrijheid door de rechter rechtvaardigen.

Het onderzoek laat zien dat er in beide rechtsstelsels vergelijkbare probleemstellingen bestaan: de echtgenoten hebben geen kennis van het familierecht. Voorts blijkt uit de onderzochte rechtspraak dat de echtgenoten vóór het huwelijk idealistische voorstellingen hebben van het huwelijk en het verloop ervan, die niet overeenstemmen met de latere feitelijke ontwikkeling. De huwelijkse voorwaarden en de rechtsgevolgen daarvan worden in het latere huwelijk niet meer nageleefd. Er wordt tijdens het huwelijk geen aparte boekhouding gevoerd. Het bestaan van deze problemen is ook te wijten aan het feit dat de overeengekomen voorwaarden vooreerst geen rechtstreekse gevolgen hebben voor het huwelijk.

Tegen deze achtergrond wordt in de onderhavige dissertatie voorgesteld om zowel het Duitse *Bürgerliche Gesetzbuch* (BGB; Duits burgerlijk wetboek) als het Nederlandse Burgerlijk Wetboek (BW) aan te vullen met wettelijke regelingen, die ervoor zorgen dat een door de echtgenoten zelf geformuleerde inleidende bepaling in de huwelijkse voorwaarden wordt opgenomen en dat vooraf juridisch advies bij een advocaat moet worden ingewonnen. Een desbetreffende aanvulling van de bestaande wettekst zou in § 1408 BGB en artikel 1:115 BW kunnen worden neergelegd.

Dankeswort

Zum Abschluss der vorliegenden Ausarbeitung möchte ich mich bei den Personen bedanken, ohne deren Unterstützung und Ansporn die Dissertation nicht entstanden wäre.

Zunächst gilt mein Dank meinem Doktorvater, Herrn Prof. Dr. Heinz-Peter Mansel, sowie der Korreferentin Frau Prof. Dr. Barbara Dauner-Lieb. Herr Prof. Dr. Mansel hat zur Wahl der bearbeiteten Thematik angeregt und die Vorbereitung und Erstellung durch seine fachliche Betreuung wesentlich gefördert. Für seine Unterstützung und Ermutigung bedanke ich mich herzlich. Frau Prof. Dr. Dauner-Lieb danke ich herzlich für die Erstellung des Zweitgutachtens. Beiden danke ich ferner für das anregende Gespräch im Rahmen der Disputation.

Ich bedanke mich in diesem Zusammenhang bei den ehemaligen und aktuellen Mitarbeitern des Instituts für internationales und ausländischen Privatrecht für deren Unterstützung.

Frau Dr. Heidelinde Riedel, Frau Dr. Galina Daskalov, Herrn Martin Drewes und Frau Chrysanthoula Fouloglidou danke ich für die animierenden, gelegentlich auch über die eigentliche Thematik der Dissertation hinausgehenden Gespräche während der ersten Bearbeitungsphase in der Bibliothek des Hauses des internationalen Rechts.

Mein besonderer Dank gilt weiterhin Frau Prof. Dr. Katharina Boele-Woelki und Frau Prof. Dr. Wendy Schrama, die mir die Möglichkeit gegeben haben, meine Kenntnisse der Materie im Rahmen von Forschungsaufenthalten am Utrecht Centre for European Research into Family Law der Universität Utrecht zu vertiefen. Ich bedanke mich herzlich für die offenen Gespräche, die kritische Auseinandersetzung mit der vorliegenden Dissertation und die hilfreichen Anregungen.

Dank gebührt ebenfalls den Mitarbeitern der Universität Utrecht, die erheblich zu der Erweiterung meines Horizonts beigetragen haben. Vielen Dank an Frau Dr. Evelien Van Wijk-Verhagen für den stetigen Austausch und die richtungsweisenden Denkanstöße. Ich möchte auch Frau Dr. Jaki Gray, Frau Jacqueline van Leeuwen, Frau Dr. Natalie Nikolina, Frau Laura van Kessel, Herrn Prof. Dr. Elbert de Jong, Frau Dr. Jessy Emaus, Frau Dr. Rianka Rijnhout, Frau Dr. Merel Jonker, Frau Yasemin Yildiz, Frau Charlotte Mol, Frau Soraya Bou-Sfia, Herrn Joost Huijer, Frau Femke de Kievit, Frau Babette Berrocal-van den Brink, Frau Jeanne Wijnans, Frau Dr. Christina Jeppesen-de Boer, Frau Prof. Dr. Anne Keirse, Frau Dr. Susanne Burri, Frau Dr. Marjolein Van den Brink, Frau

Dr. Susanne Heeger-Hertter und Frau Dr. Jet Tigchelaar für die herzliche Aufnahme am *Molengraaff Insituut voor Privaatrecht* und die überaus angenehme Arbeitsatmosphäre danken. Ich muss mich sicherlich bereits zum gegenwärtigen Zeitpunkt dafür entschuldigen, jemanden nicht ausdrücklich genannt zu haben. Ich bitte insoweit um Nachsicht.

Abschließend möchte ich bei meiner Familie bedanken. Mein Dank gilt in erster Linie meinen Eltern – meinem Vater sowohl für die fachlichen Streitgespräche als auch für die finanzielle Freiheit, meiner Mutter insbesondere für die ausdrücklich gewährte Entscheidungsfreiheit über den weiteren Umgang mit der Dissertation. Ich danke auch meinen Geschwistern Anaela, Friederike und Dennis sowie allen weiteren Familienmitgliedern, die die Erstellung der Dissertation über die vergangenen zehn Jahre begleitet haben. Besonders danke ich meiner Schwester Aline für den kollegialen Rat und die gemeinsamen wöchentlichen Aufenthalte in der Eifel zur Fertigstellung der Dissertationsschriften.

Recklinghausen im Juli 2020
Maximilian Strutz

STUDIEN ZUM VERGLEICHENDEN UND INTERNATIONALEN RECHT

Herausgeber: Bernd von Hoffmann (†), Erik Jayme, Heinz-Peter Mansel,
Christine Budzikiewicz, Michael Stürner, Karsten Thorn
und Marc-Philippe Weller

Band 1 Ferdinand Henke: Die Datenschutzkonvention des Europarates. 1986.

Band 2 Peter Czermak: Der express trust im internationalen Privatrecht. 1986.

Band 3 Peter Kindler: Der Ausgleichsanspruch des Handelsvertreters im deutsch-italienischen Warenverkehr. Eine rechtsvergleichende und kollisionsrechtliche Untersuchung. 1987.

Band 4 Wilhelm Denzer: Stellung und Bedeutung des Engineers in den FIDIC-Bauvertragsbedingungen. 1988.

Band 5 Marijan-Maximilian Lederer: Die internationale Enteignung von Mitgliedschaftsrechten unter besonderer Berücksichtigung der französischen Enteignungen 1982. 1989.

Band 6 Rainer Esser: Klagen gegen ausländische Staaten. 1990.

Band 7 Chang Jae-Ok: Auf dem Weg zu einer Materialisierung des Immateriellen? Personen-, Persönlichkeitsschutz und Geldersatz des immateriellen Schadens in rechtsvergleichender Hinsicht am Beispiel des koreanischen und japanischen Zivilrechts unter besonderer Berücksichtigung des deutschen Rechts. 1990.

Band 8 Paul-Frank Weise: Lex mercatoria. Materielles Recht vor der internationalen Handelsschiedsgerichtbarkeit. 1990.

Band 9 Werner Born: Der Auftrittsvertrag für Musikgruppen im Bereich der Rock- und Popmusik. 1990.

Band 10 Ralf Erich Jürgens: IPR und Verfassung in Italien und in der Bundesrepublik Deutschland. 1990.

Band 11 Rainer Gildeggen: Internationale Schieds- und Schiedsverfahrensvereinbarungen in Allgemeinen Geschäftsbedingungen vor deutschen Gerichten. 1991.

Band 12 Klaus Grabinski: Die kollisionsrechtliche Behandlung des Durchgriffs bei rechtlich verselbständigten Unternehmen in privater oder öffentlicher Hand. 1991.

Band 13 Dieter Stummel: Konkurs und Integration. Konventionsrechtliche Wege zur Bewältigung grenzüberschreitender Insolvenzverfahren. 1991.

Band 14 Joachim Güntzer: Die Rechtsstellung des Geschäftsführers im spanischen Aktienrecht. Die Neuregelung des spanischen Aktienrechts nach dem Beitritt Spaniens zur EG. 1991.

Band 15 Sabine Isenburg-Epple: Die Berücksichtigung ausländischer Rechtshängigkeit nach dem Europäischen Gerichtsstands- und Vollstreckungsübereinkommen vom 27.9.1968. Untersuchungen zum Anwendungsbereich von Art. 21 EuGVÜ unter schwerpunktmäßiger Behandlung der Frage nach der Bestimmung eines europäischen Streitgegenstandsbegriffs. 1992.

Band 16 Ulrich Nickl: Die Qualifikation der culpa in contrahendo im Internationalen Privatrecht. 1992.

Band 17 Theo Rauh: Leistungserschwerungen im Schuldvertrag. Eine rechtsvergleichende Untersuchung des englischen, US-amerikanischen, französischen und deutschen Rechts unter besonderer Berücksichtigung der gerichtlichen Praxis. 1992.

Band	18	Bernadette Chaussade-Klein: Vorvertragliche "obligation de renseignements" im französischen Recht. 1992.
Band	19	Josef Sievers: Verbraucherschutz gegen unlautere Vertragsbedingungen im französischen Recht. Vom Code civil zum "Code de la consommation" – die Entstehung eines Sonderprivatrechts für Verbraucher. 1993.
Band	20	Achim Schäfer: Grenzüberschreitende Kreditsicherung an Grundstücken, unter besonderer Berücksichtigung des deutschen und italienischen Rechts. 1993.
Band	21	Eugenio Hernández-Breton: Internationale Gerichtsstandsklauseln in Allgemeinen Geschäftsbedingungen. Unter besonderer Berücksichtigung des deutsch-südamerikanischen Rechtsverkehrs (dargestellt am Beispiel Argentinien, Brasilien und Venezuela). 1993.
Band	22	Ingo Reng: Unterhaltsansprüche aufgrund nichtehelicher Lebensgemeinschaft – Internationales Privatrecht und ausländisches materielles Recht. 1994.
Band	23	Stefanie Roloff: Die Geltendmachung ausländischer öffentlicher Ansprüche im Inland. 1994.
Band	24	Katharina Ludwig: Der Vertragsschluß nach UN-Kaufrecht im Spannungsverhältnis von Common Law und Civil Law. Dargestellt auf der Grundlage der Rechtsordnungen Englands und Deutschlands. 1994.
Band	25	Malte Diesselhorst: Mehrparteienschiedsverfahren. Internationale Schiedsverfahren unter Beteiligung von mehr als zwei Parteien. 1994.
Band	26	Manfred Kost: Konsensprobleme im internationalen Schuldvertragsrecht. 1995.
Band	27	Wolff-Heinrich Fleischer: Das italienische Wettbewerbsrecht und die Probleme des selektiven Parfümvertriebs unter Berücksichtigung der Rechtslage in Frankreich und Deutschland. 1995.
Band	28	Angelika Fuchs: Lateinamerikanische Devisenkontrollen in der internationalen Schuldenkrise und Art. VIII Abschn. 2 b) IWF-Abkommen. 1995.
Band	29	Jacques Matthias Aull: Der Geltungsanspruch des EuGVÜ: "Binnensachverhalte" und Internationales Zivilverfahrensrecht in der Europäischen Union. Zur Auslegung von Art. 17 Abs. 1 S. 1 EuGVÜ. 1996.
Band	30	Hartmut Ost: EVÜ und fact doctrine. Konflikte zwischen europäischer IPR-Vereinheitlichung und der Stellung ausländischen Rechts im angelsächsischen Zivilprozeß. 1996.
Band	31	Stefan Wagner: Die Testierfähigkeit im Internationalen Privatrecht. 1996.
Band	32	Wolfgang Jakob Hau: Positive Kompetenzkonflikte im Internationalen Zivilprozeßrecht. Überlegungen zur Bewältigung von *multi-fora disputes*. 1996.
Band	33	Markus Schütz: UN-Kaufrecht und *Culpa in contrahendo*. 1996.
Band	34	Volker Geyrhalter: Das Lösungsrecht des gutgläubigen Erwerbers. Ein "vergessener" Kompromiß und die Auswirkungen auf das heutige deutsche Recht unter besonderer Berücksichtigung des internationalen Sachenrechts. 1996.
Band	35	Andreas Kramer: Abwicklungsstörungen bei Kaufverträgen. Die Lieferung vertragswidriger Sachen im deutschen und italienischen Recht. 1996.
Band	36	Petra Krings: Erfüllungsmodalitäten im internationalen Schuldvertragsrecht. 1997.
Band	37	Tonja Gaibler: Der rechtsgeschäftliche Irrtum im französischen Recht. 1997.

Band	38	Dirk Otto: Rechtsspaltung im indischen Erbrecht. Bedeutung und Auswirkungen auf deutsch-indische Nachlaßfälle. 1997.
Band	39	Gregor W. Decku: Zwischen Vertrag und Delikt. Grenzfälle vertraglicher und deliktischer Haftung dargestellt am Beispiel der Berufs- und Expertenhaftung zum Schutze des Vermögens Dritter im deutschen und englischen Recht. 1997.
Band	40	Gregor W. Decku: Zwischen Vertrag und Delikt. Grenzfälle vertraglicher und deliktischer Haftung dargestellt am Beispiel der Berufs- und Expertenhaftung zum Schutze des Vermögens Dritter im deutschen und englischen Recht. 1997.
Band	41	Ulrike Höpping: Auswirkungen der Warenverkehrsfreiheit auf das IPR unter besonderer Berücksichtigung des Internationalen Produkthaftungsrechts und des Internationalen Vertragsrechts. 1997.
Band	42	Helene Boriths Müller: Die Umsetzung der europäischen Übereinkommen von Rom und Brüssel in das Recht der Mitgliedstaaten. Dargestellt am Beispiel Deutschlands und Dänemarks. 1997.
Band	43	Bernd von Hoffmann / Myong-Chang Hwang (eds.): The Public Concept of Land Ownership. Reports and Discussions of a German-Korean Symposium held in Seoul on October 7-9, 1996. 1997.
Band	44	Oliver Heeder: Fraus legis. Eine rechtsvergleichende Untersuchung über den Vorbehalt der Gesetzesumgehung in Deutschland, Österreich, der Schweiz, Frankreich und Belgien unter besonderer Berücksichtigung des Internationalen Privatrechts. 1998.
Band	45	Heinrich Schütt: Deliktstyp und Internationales Privatrecht. Dargestellt an grenzüberschreitenden Problemen der Arzthaftung. 1998.
Band	46	Axel Steiner: Die stillschweigende Rechtswahl im Prozeß im System der subjektiven Anknüpfungen im deutschen Internationalen Privatrecht. 1998.
Band	47	Martina Schulz: Der Eigentumsvorbehalt in europäischen Rechtsordnungen. Rechtsvergleichende Untersuchung des deutschen, englischen und französischen Rechts unter besonderer Berücksichtigung von Erweiterungen und Verlängerungen. 1998.
Band	48	Karin Dreher: Die Rechtswahl im internationalen Erbrecht. Unter besonderer Berücksichtigung des italienischen IPR-Reformgesetzes N. 218 vom 31. Mai 1995. 1999.
Band	49	Giuliano Gabrielli: Das Verhältnis zwischen der Anfechtung wegen Eigenschaftsirrtums und den Gewährleistungsansprüchen im deutschen, österreichischen und italienischen Recht. 1999.
Band	50	Bernd von Hoffmann / Myong-Chan Hwang (eds.): Developments in Land Law. Reports and Discussions of a German-Korean Symposium held in Berlin and Trier on July 21-24, 1997. 1999.
Band	51	Volker Heidbüchel: Das UNCITRAL-Übereinkommen über unabhängige Garantien und Standby Letters of Credit. Vergleiche mit den Richtlinien der Internationalen Handelskammer, dem deutschen, englischen und US-amerikanischen Recht. 1999.
Band	52	Jan Christoph Nordmeyer: Pflichtteilsansprüche und Wiedervereinigung. Eine systematische Analyse der Ausgleichsansprüche nach BGB-Pflichtteilsrecht unter besonderer Berücksichtigung der durch den Wiedervereinigungsprozeß eingetretenen Wertveränderungen. 1999.
Band	53	Bettina Linder: Vertragsabschluß beim grenzüberschreitenden Verbraucherleasing. 1999.

Band 54 Almontasser Fetih: Die zivilrechtliche Haftung bei Vertragsverhandlungen. Eine rechtsvergleichende Studie zum deutschen, französischen, ägyptischen und islamischen Recht. 2000.

Band 55 Sona Rajani: Die Geltung und Anwendung des Gemeinschaftsrechts im Vereinigten Königreich von Großbritannien und Nordirland. Der Grundsatz der Parlamentssouveränität im Wandel. 2000.

Band 56 Joachim Kayser: Gegenmaßnahmen im Außenwirtschaftsrecht und das System des europäischen Kollisionsrechts. Eine Analyse der EU-Abwehrverordnung gegen die Auswirkungen extraterritorialer Rechtserstreckung eines Drittlandes. 2001.

Band 57 Albrecht Conrad: Qualifikationsfragen des Trust im Europäischen Zivilprozeßrecht. 2001.

Band 58 Bernd Borgmann: Die Entsendung von Arbeitnehmern in der Europäischen Gemeinschaft. Wechselwirkungen zwischen Kollisionsrecht, Grundfreiheiten und Spezialgesetzen. 2001.

Band 59 Aleksandar Jaksic: Arbitration and Human Rights. 2002.

Band 60 Islamisches und arabisches Recht als Problem der Rechtsanwendung. Symposium zu Ehren von Professor Emeritus Dr. iur. Omaia Elwan. Veranstaltet vom Institut für ausländisches und internationales Privat- und Wirtschaftsrecht der Universität Heidelberg und der Gesellschaft für Arabisches und Islamisches Recht e.V. Herausgegeben von Herbert Kronke, Gert Reinhart und Nika Witteborg. 2001.

Band 61 Patrick Fiedler: Stabilisierungsklauseln und materielle Verweisung im internationalen Vertragsrecht. 2001.

Band 62 Werner Mangold: Die Abtretung im Europäischen Kollisionsrecht. Unter besonderer Berücksichtigung des spanischen Rechts. 2001.

Band 63 Eike Dirk Eschenfelder: Beweiserhebung im Ausland und ihre Verwertung im inländischen Zivilprozess. Zur Bedeutung des US-amerikanischen discovery-Verfahrens für das deutsche Erkenntnisverfahren. 2002.

Band 64 Bernd Ehle: Wege zu einer Kohärenz der Rechtsquellen im Europäischen Kollisionsrecht der Verbraucherverträge. 2002.

Band 65 Heiko Lehmkuhl: Das Nacherfüllungsrecht des Verkäufers im UN-Kaufrecht. 2002.

Band 66 Jochen Nikolaus Schlotter: Erbrechtliche Probleme in der Société Privée Européenne. IPR-Harmonisierung im einheitlichen Europäischen Rechtsraum. 2002.

Band 67 Konrad Ost: Doppelrelevante Tatsachen im Internationalen Zivilverfahrensrecht. Zur Prüfung der internationalen Zuständigkeit bei den Gerichtsständen des Erfüllungsortes und der unerlaubten Handlung. 2002.

Band 68 Tobias Bosch: Die Durchbrechungen des Gesamtstatuts im internationalen Ehegüterrecht. Unter besonderer Berücksichtigung deutsch-französischer Rechtsfälle. 2002.

Band 69 Ursula Philipp: Form im amerikanischen Erbrecht. Zwischen Formalismus und harmless error. 2002.

Band 70 Christian Stefan Wolf: Der Begriff der wesentlich engeren Verbindung im Internationalen Sachenrecht. 2002.

Band 71 André Fomferek: Der Schutz des Vermögens Minderjähriger. Ein Vergleich des deutschen und englischen Rechts unter Berücksichtigung des schottischen und irischen Rechts. 2002.

Band 72 nicht erschienen

Band	73	Markus Dreißigacker: Sprachenfreiheit im Verbrauchervertragsrecht. Der Verbraucher im Spannungsfeld zwischen kultureller Identität und Privatautonomie. 2002.
Band	74	Vassiliki Myller-Igknay: Auskunftsansprüche im griechischen Zivilrecht. Auswirkungen im deutsch-griechischen Rechtsverkehr sowie im deutschen internationalen Privat- und Verfahrensrecht. 2003.
Band	75	Stefan Bruinier: Der Einfluss der Grundfreiheiten auf das Internationale Privatrecht. 2003.
Band	76	Nika Witteborg: Das gemeinsame Sorgerecht nichtverheirateter Eltern. Eine Untersuchung im soziologischen, rechtsgeschichtlichen, verfassungsrechtlichen, rechtsvergleichenden und internationalen Kontext. 2003.
Band	77	Peter Stankewitsch: Entscheidungsnormen im IPR als Wirksamkeitsvoraussetzungen der Rechtswahl. 2003.
Band	78	Jan Wilhelm Ritter: Euro-Einführung und IPR unter besonderer Berücksichtigung nachehelicher Unterhaltsverträge. Eine Untersuchung mit Blick auf das deutsche, französische und schweizerische Recht. 2003.
Band	79	Wolf Richard Herkner: Die Grenzen der Rechtswahl im internationalen Deliktsrecht. 2003.
Band	80	Ira Ditandy: Internationale Zuständigkeit. Neuregelung durch die LOPJ 1985. Vergleich mit dem europäischen Vorbild und Auswirkungen auf das spanische internationale Zivilverfahrensrecht. 2003.
Band	81	Andrea Verena Schefold: Werbung im Internet und das deutsche Internationale Privatrecht. 2004.
Band	82	Klaus Herkenrath: Die Umsetzung der Richtlinie 93/13/EWG über missbräuchliche Klauseln in Verbraucherverträgen in Deutschland, dem Vereinigten Königreich, Frankreich und Italien. Auswirkungen nationaler Umsetzungstechniken auf dem Harmonisierungserfolg. 2003.
Band	83	Alexander Thünken: Das kollisionsrechtliche Herkunftslandprinzip. 2003.
Band	84	Barbara v. Daumiller: Die Rechtswahl im italienischen internationalen Erbrecht: und ihre Auswirkungen im deutsch-italienischen Rechtsverkehr. 2003.
Band	85	Robert Mödl: Macht, Verantwortlichkeit und Zurechnung im Konzern. Eine rechtsvergleichende Untersuchung auf der Grundlage des deutschen, spanischen und US-amerikanischen Rechts. 2003.
Band	86	Ursula Kerpen: Das Internationale Privatrecht der Persönlichkeitsrechtsverletzungen. Eine Untersuchung auf rechtsvergleichender Grundlage. 2003.
Band	87	Barbara Ploeckl: Umgangsrechtsstreitigkeiten im deutsch-französischen Rechtsverkehr. Bestehende internationale und nationale Regelungen und der geplante *europäische Besuchstitel*. 2003.
Band	88	Katrin Wannemacher: Die Außenkompetenzen der EG im Bereich des Internationalen Zivilverfahrensrechts. Der räumliche Anwendungsbereich des Art. 65 EGV am Beispiel der EuGVO und der EheVO. 2003.
Band	89	Maren B. Eilinghoff: Das Kollisionsrecht der ungerechtfertigten Bereicherung nach dem IPR-Reformgesetz von 1999. 2004.
Band	90	Patrick Niehr: Die zivilprozessuale Dokumentenvorlegung im deutsch-englischen Rechtshilfeverkehr nach der deutschen und der englischen Prozessrechtsreform. 2004.

Band	91	Anna Christina Gördes: Internationale Zuständigkeit, Anerkennung und Vollstreckung von Entscheidungen über die elterliche Verantwortung. Die VO(EG) Nr. 1347/2000, ihre geplanten Änderungen und das Verhältnis beider zum Minderjährigen- und Kinderschutzabkommen. 2004.
Band	92	Martin Rädler: Rechtsbehelfe des Käufers eines Unternehmens oder einer unternehmerischen Beteiligung gegen den Verkäufer im deutschen und französischen Recht. 2004.
Band	93	Marc-Yngve Dietrich: Rechtsstellung und Beteiligung der Gläubiger im französischen Insolvenzverfahren. 2004.
Band	94	Katia Niemann: Die rechtsgeschäftliche und organschaftliche Stellvertretung und deren kollisionsrechtliche Einordnung. Deutschland und England im Vergleich. 2004.
Band	95	Daniel Ludwig: Neuregelungen des deutschen Internationalen Insolvenzverfahrensrechts. Eine Untersuchung unter vergleichender Heranziehung der Europäischen Insolvenzver-ordnung. 2004.
Band	96	Cordelia Faulenbach: Der gemeinschaftsrechtliche Vorbehalt im europäischen Wettbewerbsrecht. Die Herkunftslandanknüpfung der E-Commerce-Richtlinie unter dem Einfluss der Grundfreiheiten. 2004.
Band	97	Ulf Dörner: Der Vertragsgerichtsstand nach dem Protokoll von Buenos Aires. 2004.
Band	98	Martin Schmidhuber: Verhaltenskodizes im nationalen und grenzüberschreitenden elektronischen Geschäftsverkehr. Zur Frage der Integration der Selbstregulierung durch Private in die staatliche Rechtsordnung. 2004.
Band	99	Florian Kienle: Die fehlerhafte Banküberweisung im internationalen Rechtsverkehr. Unter besonderer Berücksichtigung des Artikels 4A US Uniform Commercial Code. 2004.
Band	100	Thomas Alexander Brandt: Die Adoption durch eingetragene Lebenspartner im internationalen Privat- und Verfahrensrecht. 2004.
Band	101	Florian Pulkowski: Subunternehmer und Internationales Privatrecht. Der Subunternehmer als Quasi-Verbraucher im Europäischen Kollisionsrecht. 2004.
Band	102	Ulrich Becker: Grundrechtsschutz bei der Anerkennung und Vollstreckbarerklärung im europäischen Zivilverfahrensrecht. Bestimmung der Grenzen für die Einführung eines europäischen Vollstreckungstitels. 2004.
Band	103	Thomas Badelt: Aufrechnung und internationale Zuständigkeit unter besonderer Berücksichtigung des deutsch-spanischen Rechtsverkehrs. 2005.
Band	104	Florian D. Wagner: Vorvertragliche Aufklärungspflichten im internationalen Franchising. Zur Harmonisierung von Delikts- und Vertragsstatut im internationalen Privatrecht unter besonderer Berücksichtigung der Franchise-Gesetzgebung des US-Bundesstaates Kalifornien. 2005.
Band	105	Vera Heine: Die Umsetzung der *EG-Richtlinie über missbräuchliche Klauseln in Verbraucherverträgen* im englischen und deutschen Recht. 2005.
Band	106	Alexander Franz: Überregionale Effektentransaktionen und anwendbares Recht. Eine kollisionsrechtliche Untersuchung unter besonderer Berücksichtigung der Vorschrift des § 17 a DepotG. 2005.
Band	107	Hanna-Maria Uhlenbrock: Gesetzliche Regelungen für nichteheliche Lebensgemeinschaften in Deutschland und Frankreich. Ein Vergleich des Unterhaltsrechts bei der eingetragenen Lebenspartnerschaft und beim Pacte civil de Solidarité. 2005.

Band 108 Katrin Stieß: Anknüpfungen im internationalen Urheberrecht unter Berücksichtigung der neuen Informationstechnologien. 2005.

Band 109 Hendrik Otto: Der gesetzliche Abschlussprüfer im italienischen Recht. Eine rechtsvergleichende Untersuchung unter besonderer Berücksichtigung der zivilrechtlichen Haftung. 2005.

Band 110 Frauke Stuphorn: Bankhaftung für Kreditauskünfte im deutschen und französischen Recht. 2005.

Band 111 Nina Fürer: Die zivilrechtliche Haftung für Raucherschäden. 2005.

Band 112 Giovanni B. Barillà: *Contratto autonomo di garanzia* e *Garantievertrag*. Categorie civilistiche e prassi del commercio. 2005.

Band 113 Timo Torz: Gerichtsstände im Internationalen Insolvenzrecht zur Eröffnung von Partikularinsolvenzverfahren. 2005.

Band 114 Martina Schmid: Die Grenzen der Auslegungskompetenz des EuGH im Vorabentscheidungsverfahren nach Art. 234 EG. Dargestellt am Beispiel der überschießenden Richtlinienumsetzung. 2005.

Band 115 Stephan Lesage-Mathieu: Dispositives Kollisionsrecht im prozessualen Kontext. 2005.

Band 116 Jürgen Görtz: Die subjektiven Grenzen der Rechtskraft US-amerikanischer Urteile. 2005.

Band 117 Vera Hoppe: Die Einbeziehung ausländischer Beteiligter in US-amerikanische class actions. Unter Berücksichtigung des Class Action Fairness Act 2005. 2005.

Band 118 Silke Pütz: Parteiautonomie im internationalen Urhebervertragsrecht – Eine rechtsdogmatische und rechtspolitische Betrachtung der Grenzen freier Rechtswahl im internationalen Urhebervertragsrecht unter besonderer Berücksichtigung des neuen deutschen Urhebervertragsrechts. 2005.

Band 119 Alice Nieroba: Die europäische Rechtshängigkeit nach der EuGVVO (Verordnung (EG) Nr. 44/2001) an der Schnittstelle zum nationalen Zivilprozessrecht. 2006.

Band 120 Jan Kayser: Alternative Formen gerichtlicher und außergerichtlicher Streitbeilegung im deutschen und französischen Zivilprozess. Les modes alternatifs judiciaires et extrajudiciaires de résolution des conflits en procédure civile allemande et française. 2006.

Band 121 Mirko Ehrich: Der internationale Anwendungsbereich des deutschen und französischen Rechts gegen irreführende Werbung. Freie Wahl von Form und Mittel, Rom II und Herkunftslandprinzip. 2006.

Band 122 Daniel Thelen: Die Haftung des Sekundärschädigers für Gewalttaten anderer im US-amerikanischen Deliktsrecht ausgehend von dem Problem rechtsextremistisch motivierter Gewalttaten. 2006.

Band 123 Anne Winterling: Die Entscheidungszuständigkeit in Arbeitssachen im europäischen Zivilverfahrensrecht. 2006.

Band 124 Sarah Gerling: Die Gleichstellung ausländischer mit inländischen Vollstreckungstiteln durch die Verordnung zur Einführung eines Europäischen Vollstreckungstitels für unbestrittene Forderungen. Im Vergleich zum bisherigen Recht und zur Rechtslage in den USA. 2006.

Band 125 Christian Bank: Präventivmaßnahmen börsennotierter Gesellschaften zur Abwehr feindlicher Übernahmeversuche in Deutschland und Großbritannien. Eine rechts-

		vergleichende Untersuchung des deutschen und britischen Rechts unter Berücksichtigung der Europäischen Übernahmerichtlinie. 2006.
Band	126	Christian Weis: Kaufrechtliche Gewährleistung und Garantievergabe in Deutschland und Spanien. Unter besonderer Berücksichtigung des Unternehmenskaufs. 2006.
Band	127	Emilio Maus Ratz: Der Nacherfüllungsanspruch nach UN-Kaufrecht. Im Lichte der deutschen, spanisch-mexikanischen und US-amerikanischen Rechtswissenschaft. 2006.
Band	128	Constanze Jacobs: Die Sachmängelgewähr im deutschen und belgischen Kaufrecht nach Umsetzung der Verbrauchsgüterkauf-Richtlinie. 2006.
Band	129	Ulrike Teichert: Lückenfüllung im CISG mittels UNIDROIT-Prinzipien – Zugleich ein Beitrag zur Wählbarkeit nichtstaatlichen Rechts. 2007.
Band	130	Sascha Reichardt: Internationale Zuständigkeit im Gerichtsstand der unerlaubten Handlung bei Verletzung europäischer Patente. 2006.
Band	131	Bilgehan Cetiner: Die Sachmängelhaftung des Verkäufers im UN-Kaufrecht und im neuen deutschen Schuldrecht. Eine rechtsvergleichende Studie. 2006.
Band	132	Jan Streer: Die Umsetzung der Verbrauchsgüterkaufrichtlinie im englischen Recht durch die Sale and Supply of Goods to Consumer Regulations 2002. 2007.
Band	133	Kathrin Wannenmacher: Einstweilige Maßnahmen im Anwendungsbereich von Art. 31 EuGVVO in Frankreich und Deutschland: Eine Betrachtung ausgesuchter Verfahren des einstweiligen Rechtsschutzes im internationalen Zivilverfahrensrecht – gerichtliche Zuständigkeit, Anerkennung und Vollstreckung. 2007.
Band	134	Wim Kreytenberg: Die individuelle Schwerpunktbestimmung internationaler Schuldverträge nach der Ausweichklausel des Artikel 4 Absatz 5 Satz 2 EVÜ. Ein Beitrag zur Förderung von Rechtssicherheit und Einzelfallgerechtigkeit im europäischen Kollisionsrecht der Schuldverträge. 2007.
Band	135	Nikolaus Geiben: Der Vorvertrag im Internationalen Privatrecht. Unter besonderer Berücksichtigung des Immobilienerwerbs im portugiesischen und brasilianischen Recht. 2007.
Band	136	Predrag Maksimovic: Der Kapitalschutz im europäischen, serbischen und deutschen Recht der Gesellschaft mit beschränkter Haftung. 2007.
Band	137	Alexander Rathenau: Die Anwendung des EuGVÜ durch portugiesische Gerichte unter Berücksichtigung des autonomen internationalen Zivilverfahrensrechts. 2007.
Band	138	Matthias Creydt: Die Besicherung von Weltraumvermögenswerten. Ein neues einheitliches internationales Sicherungsrecht und dessen Vergleich zum US-amerikanischen Mobiliarsicherungsrecht. 2007.
Band	139	Oliver Borkhardt: Registerpublizität und Kollisionsrecht besitzloser Mobiliarsicherheiten nach dem neuen Art. 9 UCC. 2007.
Band	140	Jens Engelmann-Pilger: Deliktische Haftung für das Fehlverhalten Dritter im Common Law. 2007.
Band	141	Bastian Rotmann: Der Schutz des Dritten in der europäischen Mobiliarzwangsvollstreckung. Eine rechtsvergleichende Untersuchung vor dem Hintergrund der Verordnung (EG) Nr. 805/2004 zur Einführung eines Europäischen Vollstreckungstitels für unbestrittene Forderungen. 2007.

Band 142 Oliver Ratzel: Die Präklusion isolierter Unterhaltsverfahren durch den ausländischen Scheidungsverbund. Zugleich ein Beitrag zur internationalen Verbundszuständigkeit im Lichte der Quellenveränderung. 2007.

Band 143 Bettina Maria Stade: Die Konstitutionalisierung des Zivilprozessrechts in Spanien und Deutschland vor dem Hintergrund der Europäisierung des Zivilprozessrechts. 2007.

Band 144 Julia El-Bitar: Der deutsche und der französische Kulturgüterschutz nach der Umsetzung der Kulturgüterrückgaberichtlinie. Eine materiellrechtliche und kollisionsrechtliche Untersuchung. 2007.

Band 145 Aris Kaschefi: Sachmängelhaftung im französischen Kaufrecht vor und nach Umsetzung der Verbrauchsgüterkaufrichtlinie. Mit rechtsvergleichenden Hinweisen zum deutschen Recht unter besonderer Berücksichtigung von Weiterfressersachverhalten. 2007.

Band 146 Isabel Roth: Die internationale Zuständigkeit deutscher Gerichte bei Persönlichkeitsrechtsverletzungen im Internet. 2007.

Band 147 Theresa Wilhelmi: Das Weltrechtsprinzip im internationalen Privat- und Strafrecht. Zugleich eine Untersuchung zu Parallelitäten, Divergenzen und Interdependenzen von internationalem Privatrecht und internationalem Strafrecht. 2007.

Band 148 Alice Halsdorfer: Privat- und kollisionsrechtliche Folgen der Verletzung von Kulturgüterschutznormen auf der Grundlage des UNESCO-Kulturgutübereinkommens 1970. 2008.

Band 149 Thomas Müller-Froelich: Der Gerichtsstand der Niederlassung im deutsch-amerikanischen Rechtsverkehr. Eine Untersuchung zu Fragen der Entscheidungs- und Anerkennungszuständigkeit. 2008.

Band 150 Christopher Luhn: Privatautonomie und Inhaltskontrolle von Eheverträgen. Ein kritischer Vergleich des deutschen und des australischen Rechts mit Bezügen zum Internationalen Privatrecht. 2008.

Band 151 Kristin Kohler: Die grenzüberschreitende Verbraucherverbandsklage nach dem Unterlassungsklagengesetz im Binnenmarkt. 2008.

Band 152 Dorothee Maria Kaulen: Die Anerkennung von Gesellschaften unter Artikel XXV Abs. 5 S. 2 des deutsch-US-amerikanischen Freundschafts-, Handels- und Schifffahrtsvertrags von 1954. 2008.

Band 153 Birka Vanessa Stroschein: Parteizustellung im Ausland. Eine systemvergleichende Untersuchung des Gemeinschafts- und Staatsvertragsrechts unter Einbeziehung des deutschen, französischen, englischen und US-amerikanischen Zustellungsrechts. 2008.

Band 154 Nancy Gruschinske: Das europäische Kollisionsrecht der Aufrechnung unter besonderer Beachtung des Insolvenzfalles. 2008.

Band 155 Hans-Christian Frick: Sprachrisiko im Zeitalter des Ethnomarketings. US-amerikanische Erfahrungen und europäische Rechtsentwicklung. 2009.

Band 156 Stephan Mangold: Verbraucherschutz und Kunstkauf im deutschen und europäischen Recht. 2009.

Band 157 Robert Beier: Die gesetzlichen Rechte des überlebenden Ehegatten nach dem deutschen und spanischen Kollisionsrecht. Unter besonderer Berücksichtigung der *viudedad aragonesa*. 2009.

Band 158 Julia-Marie Oppermann: Internationale Handelsschiedsgerichtsbarkeit und Verjährung. 2009.

Band 159 Stephan Boese: Strukturprinzipien im Gläubigerschutz. Eine rechtsvergleichende Untersuchung zur GmbH und zur englischen Limited Company. 2009.

Band 160 Thomas Rosa: Das Kaufrecht nach dem Zivilgesetzbuch der Tschechischen und Slowakischen Republik. Eine rechtsvergleichende Darstellung im Lichte des deutschen Bürgerlichen Gesetzbuches. 2009.

Band 161 Roland Weis: Rechnungslegungspflichten von EU-Scheinauslandsgesellschaften im Land ihrer tatsächlichen wirtschaftlichen Betätigung. Insbesondere im Hinblick auf in Deutschland tätige englische Limiteds. 2009.

Band 162 Henning Frase: "Leoninische Vereinbarungen" und Ergebnisbeteiligungspflicht im deutschen und italienischen Gesellschaftsrecht. Zum *patto leonino* des italienischen Rechts und möglichen Entsprechungen im deutschen Recht. 2010.

Band 163 Christiane Tödter: Europäisches Kindschaftsrecht. Nach der Verordnung (EG) Nr. 2201/2003. 2010.

Band 164 Edda Gampp: *Perpetuatio fori internationalis* im Zivilprozeß und im Verfahren der freiwilligen Gerichtsbarkeit. 2010.

Band 165 Mei Wu: Die Reform des chinesischen Beweisrechts vor dem Hintergrund deutscher und US-amerikanischer Regelungsmodelle. 2010.

Band 166 Corina Leimert: Stand und Entwicklung des italienischen Rechts der Unternehmenszusammenschlüsse (gruppi di società / gruppi di imprese). 2010.

Band 167 Kasim Özen: Die Scheidungsgründe im türkischen Zivilgesetzbuch. 2010.

Band 168 Helena Isabel Maier: Marktortanknüpfung im internationalen Kartelldeliktsrecht. Eine internationalzuständigkeits- und kollisionsrechtliche Untersuchung unter Einbeziehung rechts-vergleichender Überlegungen zum englischen Recht. 2011.

Band 169 Thomas Spernat: Die gleichgeschlechtliche Ehe im Internationalen Privatrecht. Unter besonderer Berücksichtigung des Einflusses des EG-Vertrags. 2011.

Band 170 Max Johann Lipsky: Statutenwechsel im italienischen Sachenrecht – Auswirkungen auf den Im- und Export von Mobiliarsicherheiten. Eine Untersuchung der rechtlichen Beständigkeit dinglicher Kreditsicherheiten im deutsch-italienischen Rechtsverkehr. 2011.

Band 171 Silvia Karolina Seilstorfer: Die Umsetzung der Verbrauchsgüterkaufrichtlinie in Portugal mit rechtsvergleichenden Hinweisen zum deutschen Recht. 2011.

Band 172 Stephan Georg Knöchel: Anerkennung französischer Urteile mit Drittbeteiligung. Eine Untersuchung der Anerkennung von Drittbindungswirkungen nach der EuGVVO und autonomem deutschem Recht. 2011.

Band 173 Kristina Menzel: Vollstreckungsschutz zugunsten privater Altersvorsorge. Eine rechtsvergleichende Untersuchung zum deutschen und schweizerischen Recht. 2011.

Band 174 Manuela Krach: Scheidung auf Mexikanisch. Das materielle Recht der Scheidung im Mehrrechtsstaat Mexiko unter Berücksichtigung von Eheschließung und Ehewirkungen. 2011.

Band 175 Vanessa Sofia Wagner: Verkehrsschutz beim redlichen Erwerb von GmbH-Geschäftsanteilen. Ein Vergleich des Rechts für Gesellschaften mit beschränkter Haftung in Deutschland, England und Italien. 2011.

Band 176 Alexander Swienty: Der Statutenwechsel im deutschen und englischen internationalen Sachenrecht unter besonderer Betrachtung der Kreditsicherungsrechte. 2011.

Band 177 Kathrin Süß: Streitbeilegungsmechanismen im Verbraucherrecht. Unter besonderer Berücksichtigung der australischen Rechtsordnung. 2011.

Band 178 Efe Direnisa: Die materielle Rechtskraft im deutschen und türkischen Zivilverfahrensrecht. 2012.

Band 179 Julia Faenger: Leistungsunabhängige Nebenpflichten zum Schutz des Integritätsinteresses im deutschen und französischen Recht. Eine rechtsvergleichende Betrachtung ausgehend von den Rücksichtspflichten des § 241 Abs. 2 BGB. 2012.

Band 180 Dorothea Heine: Das Kollisionsrecht der Forderungsabtretung. UNCITRAL-Abtretungs-konvention und Rom I-Verordnung. 2012.

Band 181 Lisa B. Möll: Kollidierende Rechtswahlklauseln in Allgemeinen Geschäftsbedingungen im internationalen Vertragsrecht. 2012.

Band 182 Jutta Jasmin Uusitalo: Einbeziehung von AGB im unternehmerischen Geschäftsverkehr zwischen Deutschland und Finnland. 2012.

Band 183 Darya Alikhani Chamgardani: Der Allgemeine Teil des iranischen Schuldvertragsrechts. Im Spannungsverhältnis zwischen rezipiertem französischen und traditionellem islamischem Recht. 2013.

Band 184 Volker Anton: Aktuelle Entwicklungen des Bankgeheimnisses im Rechtsvergleich unter besonderer Berücksichtigung seiner exterritorialen Wirkungen. Deutschland, Luxemburg, Österreich, Schweiz und Liechtenstein. 2013.

Band 185 Charlotte Wilhelm: Die Regelung der Geld- und Warenkreditsicherheiten nach dem deutschen Recht im Vergleich zum Draft Common Frame of Reference (DCFR). 2013.

Band 186 Michael Nehmer: Erbunwürdigkeit und Elternunterhalt im Internationalen Privatrecht. Eine historisch-rechtspolitische Betrachtung. 2013.

Band 187 Pınar Amilolu-Riegermann: Türkisches und deutsches Vertragshändlerrecht im Rechtsvergleich. 2014.

Band 188 Elvan Er: Realsicherheiten des türkischen Mobiliarsachenrechts. Eine Darstellung des geltenden türkischen Rechts unter vergleichender Berücksichtigung des deutschen und schweizerischen Kreditsicherungsrechts. 2014.

Band 189 Maya Mandery: Party Autonomy in Contractual and Non-Contractual Obligations. A European and Anglo-Common Law perspective on the freedom of choice of law in the Rome I Regulation on the law applicable to contractual obligations and the Rome II Regulation on the law applicable to non-contractual obligations. 2014.

Band 190 Gregor Nikolas Rutow: Rechtsvergleich über die Zulässigkeit von Haftungsausschlüssen, Haftungsbeschränkungen und pauschaliertem Schadensersatz in einzelnen arabischen Rechtsordnungen. 2014.

Band 191 Christoph Rödter: Das Gesellschaftskollisionsrecht im Spannungsverhältnis zur Rom I- und II-VO. Eine Untersuchung zur Reichweite des Gesellschaftsstatuts in Abgrenzung zu den Kolligionsregeln der Rom I- und II-VO. 2014.

Band 192 Melanie Kaspers: Die gemischten und verbundenen Verträge im Internationalen Privatrecht. 2015.

Band 193 Tong Xue: Parteiautonomie im chinesischen Internationalen Privatrecht. Am Beispiel der Rechtswahl im Internationalen Vertrags-, Delikts-, und Sachenrecht. 2016.

Band 194 Martin Metz: US-Menschenrechtsklagen und Neoterritorialismus. 2017.

Band 195   Matthias A. Sauter: Mitveräußerungspflichten im deutschen und italienischen Recht. 2018.

Band 196   Daniel Brauner: Die Anwendungsbereiche von CISG und PR CESL im Vergleich. 2018.

Band 197   Christina Bohländer. MAC-Klauseln in Unternehmenskaufverträgen nach US-amerikanischem und deutschem Recht. 2018.

Band 198   Steven Leunert. Die Verteidigungsmechanismen des Haftenden im Internationalen Produkthaftungsrecht der Rom II-Verordnung. 2018.

Band 199   Niki Nozari: Applicable Law in International Arbitration – The Experience of ICSID and Iran-United States Claims Tribunal. 2019.

Band 200   Bahar Tuna Kurtoglu: Die unbezifferte Forderungsklage. Analyse, Problemstellungen und Lösungsansätze, bezogen auf das türkische, schweizerische und deutsche Recht. 2019.

Band 201   Valesca Tabea Profehsner: Disposition im Internationalen Erbrecht. Rechtswahl und parteiautonome Zuständigkeitsbestimmung nach der Europäischen Erbrechtsverordnung unter besonderer Berücksichtigung der beteiligten Interessen. 2019.

Band 202   Panagiotis Kabolis: Das griechische Immobilienrecht. Eine rechtsvergleichende Darstellung in Bezug auf das deutsche Recht. 2019

Band 203   Natalia Chor: Deliktische Gehilfenhaftung und Haftung wegen Organisationsverschuldens nach russischem und deutschem Recht im Rechtsvergleich. 2019

Band 204   Samy Sakka: Der Konzern im Kompetenzrecht der EuGVVO. Unternehmensgruppe und internationale Zuständigkeit. 2019

Band 205   Florian Alexander Sippel: Die Anerkennungsfähigkeit von US-amerikanischen punitive damages awards vor dem Hintergrund der Wirkung des Verhältnismäßigkeitsprinzips im Schadensrecht. 2020

Band 206   Henning Grosser: Das internationale Nachlassinsolvenzverfahren. 2020

Band 207   Jana Braksiek: Urteilswirkungen gegenüber Dritten im US-amerikanischen Recht und deren Anerkennung in Deutschland. 2020

Band 208   Bashkim Preteni: Contractual Transfer of Ownership in Immovable Property. A Kosovo Law Perspective on Contract and Property Law Rules and Legal Interaction with other Fields of Civil Law. 2020

Band 209   Hanswerner Odendahl: Die Auseinandersetzung der Errungenschaftsbeteiligung in der Rechtsprechung des türkischen Kassationshofs. 2020

Band 210   Maximilian Strutz: Der niederländische Ehevertrag unter richterlicher Aufsicht. Eine Untersuchung im Spiegel des deutschen Rechts. 2021

www.peterlang.com

Printed by
CPI books GmbH, Leck